UTB **1000**

Eine Arbeitsgemeinschaft der Verlage

Beltz Verlag Weinheim und Basel
Böhlau Verlag Köln · Weimar · Wien
Wilhelm Fink Verlag München
A. Francke Verlag Tübingen und Basel
Paul Haupt Verlag Bern · Stuttgart · Wien
Verlag Leske + Budrich Opladen
Lucius & Lucius Verlagsgesellschaft Stuttgart
Mohr Siebeck Tübingen
C. F. Müller Heidelberg
Quelle & Meyer Verlag Wiebelsheim
Ernst Reinhardt Verlag München und Basel
Ferdinand Schöningh Verlag Paderborn · München · Wien · Zürich
Eugen Ulmer Verlag Stuttgart
Vandenhoeck & Ruprecht Göttingen
WUV Wien

Was ist Philosophie?

Neuere Texte zu ihrem Selbstverständnis

herausgegeben und eingeleitet von
Kurt Salamun

4., verbesserte und erweiterte Auflage

Mohr Siebeck

KURT SALAMUN ist Professor für Philosophie in Graz/Österreich. Geboren 1940, Promotion 1965, Habilitation 1973.

Die Deutsche Bibliothek – CIP-Einheitsaufnahme

Was ist Philosophie? : neuere Texte zu ihrem Selbstverständnis / hrsg. von Kurt Salamun. – 4., verb. und erw. Aufl.. – Tübingen : Mohr Siebeck, 2001
(UTB für Wissenschaft ; 1000)
ISBN 3-8252-1000-6
ISBN 3-16-147583-6

1. Auflage 1980
2. Auflage 1986
3. Auflage 1992
4. Auflage 2001

© dieser Ausgabe: Kurt Salamun / J. C. B. Mohr (Paul Siebeck) Tübingen 2001
© einzelner Texte: siehe Quellennachweis auf Seite 375
Satz: Gulde-Druck, Tübingen, Druck: Presse-Druck, Augsburg, Einbandgestaltung: Atelier Reichert, Stuttgart

ISBN 3-8252-1000-6   UTB Bestellnummer

Inhaltsverzeichnis

VII. Das Philosophieverständnis verschiedener anderer Autoren

Vorwort

zur 4. verbesserten und erweiterten Auflage

Ich habe dieser Auflage einen eigenen Artikel über konstruktive und kritische Aufgaben der Philosophie hinzugefügt. Dieser Artikel erscheint gerade in einer Zeit, die von einseitig ökonomieorientierten, geist- und philosophiefeindlichen Effizienz-Ideologemen geprägt ist, als wichtige Ergänzung zu den bisher in diesem Band dargelegten Auffassungen von Philosophie. Darüberhinaus wurden notwendige Aktualisierungen vorgenommen und das Literaturverzeichnis um wesentliche Neuerscheinungen ergänzt.

Dieses Buch erfüllt, wie auch die Auflagenzahlen bestätigen, ganz bestimmte Aufgaben und verfolgt spezifische Ziele:

– Es dient als Textgrundlage und Lehrbuch bei philosophischen Einführungsveranstaltungen an Universitäten und verschiedenen Schultypen.

– Es ist für alle Personen, die Interesse an Philosophie haben, als kurze und verständliche Einführung gut zu gebrauchen.

– Es soll über eine Vielzahl von oft sehr verschiedenen Auffassungen von Philosophie informieren. Damit wird die Pluralität von Standpunkten vor Augen geführt, die es bereits bei der Vorannahme gibt, was man überhaupt unter Philosophie verstehen solle.

– Es soll ein leicht verständlicher Überblick über Hauptgedanken und Hauptrichtungen der Philosophie des 20. Jahrhunderts geboten werden, die als grundlegende philosophische Paradigmen aller Voraussicht nach auch das Philosophieren im 21. Jahrhundert entscheidend bestimmen werden.

Die Zusammenstellung des Bandes erfolgte aus der Idee heraus, in den ersten sechs Kapitel je zwei bekannte Philosophen, die für eine philosophische Denkströmung des 20. Jahrhunderts repräsentativ sind, mit Texten zu Wort kommen zu lassen, in denen sie ihr spezifisches Verständnis von Philosophie darlegen. Die Einleitungen zu diesen Kapiteln informieren über weitere Hauptvertreter, über Entstehung, Charakteristika, Vorzüge und Nachteile der jeweiligen philosophischen Richtung. Damit sollen die ausgewählten Texte in einen breiteren Kontext gestellt und dadurch leichter les- und interpretierbar werden. Zugleich wird damit ein grober Gesamtüberblick über die

Strömungen des Neopositivismus, der Existenzphilosophie, der Philosophischen Hermeneutik, des Marxismus (insbesonders des Marxismus-Leninismus), der Kritischen Theorie und des Kritischen Rationalismus vermittelt. Das siebente Kapitel bietet ergänzend eine Reihe von weiteren Texten zum Selbstverständnis der Philosophie, die nicht so ohne weiteres in eine philosophische Schulrichtung einzuordnen sind.

Es versteht sich auch in diesem Buch von selbst, daß die Auswahl der Texte und die Einleitungen, die zu den einzelnen Kapiteln geschriebenen wurden, vom philosophischen Standort des Herausgebers mitbestimmt sind. Dies ist ein Standort, der dem Kritischen Rationalismus sowie einer Analytischen Philosophie im weiteren Sinne verpflichtet ist. Trotz des Bemühens um eine möglichst objektive Darlegung von Hauptmerkmalen, Vorzügen und Nachteilen der behandelten philosophischen Denkrichtungen kommt dieser Standpunkt vor allem bei der Bewertung der einzelnen Richtungen zum Ausdruck.

Gegen so allgemeine und zusammenfassende Darstellungen von Denkströmungen, wie sie in den Einleitungen zu den Hauptkapiteln dieses Buches gegeben werden, läßt sich natürlich stets der Einwand erheben, daß die Unterschiede zwischen den einzelnen Denkern, die den jeweiligen Strömungen zugeordnet werden, viel zuwenig herausgearbeitet sind. Ich habe versucht, diesen Mangel zumindest in einigen Fällen durch ergänzende Fußnoten zu mildern.

Graz, Jänner 2001   Kurt Salamun

I. Neopositivismus

Allgemeine Einführung

1. Historische Wurzeln und Hauptvertreter

Der Neopositivismus, auch »logischer Positivismus« oder »logischer Empirismus« genannt, hat seine geistesgeschichtlichen Wurzeln im Empirismus *(Hume)*, im älteren oder klassischen Positivismus *(Auguste Comte, John Stuart Mill)*, im Empiriokritizismus *(Ernst Mach, Richard Avenarius)* und im wissenschaftstheoretischen Konventionalismus *(Henri Poincaré, Pierre Duhem)*. Wichtige Impulse zur Herausbildung dieser philosophischen Richtung gingen auch von logischen, erkenntnis- und sprachtheoretischen Arbeiten von *Gottlob Frege, Bertrand Russell* und vor allem von *Ludwig Wittgenstein* aus. Die meisten zentralen Gedanken des Neopositivismus wurden im sog. *»Wiener Kreis«* entwickelt. Dieser Kreis entstand in den zwanziger Jahren dieses Jahrhunderts in Wien, nachdem *Moritz Schlick*, ein Schüler des Physikers *Max Planck*, 1922 auf die Lehrkanzel für Philosophie der induktiven Wissenschaften der Wiener Universität berufen worden war. Diese Lehrkanzel hatte vor ihm schon der bedeutende Physiker *Ernst Mach* inne und auch ein anderer berühmter Physiker, *Ludwig Boltzmann,* hatte im Rahmen dieser Lehrkanzel eine Zeitlang Lehraufgaben erfüllt. Um *Moritz Schlick* (1882–1936) bildete sich bald eine Diskussionsgruppe[1], der sowohl mathematisch und naturwissenschaftlich geschulte Philosophen angehörten, unter ihnen *Rudolf Carnap* (1891–1970), *Friedrich Waismann* (1896–1961), *Victor Kraft* (1880–1975) und *Herbert Feigl* (1902–1988), als auch philosophisch interessierte Einzelwissenschaftler und Mathematiker, von denen *Otto Neurath* (1882–1945), *Hans Hahn* (1879–1934), *Kurt Gödel* (1906–1978), *Philipp Frank* (1884–1966) und *Karl Menger* (geb. 1902) die Bekanntesten waren[2]. Im Wiener Kreis erörterte man vor allem logische und erkenntnistheoretische Fragestellungen. Seine Mitglieder propagierten eine wissenschaftliche Weltauf-

[1] Ludwig Wittgenstein, der oft fälschlich als ein Mitglied des Wiener Kreises bezeichnet wird, nahm selbst nie an den Sitzungen dieser Gruppe teil. Seine Gedanken, die auf diesen Kreis einen wichtigen Einfluß ausübten, wurden darin vor allem von Schlick zur Diskussion gestellt, der genauso wie Waismann zu Wittgenstein in persönlichem Kontakt stand. Vgl. dazu u. a.: Joachim SCHULTE, Wittgenstein. Eine Einführung, Stuttgart 1989. S. 18 f.

[2] Zur Geschichte des Wiener Kreises vgl. Victor KRAFT, Der Wiener Kreis. Der Ursprung des Neopositivismus. Wien 1950. 3. erw. Aufl. 1997; Hans-Joachim DAHMS (Hrsg.), Philosophie, Wissenschaft, Aufklärung. Beiträge zur Geschichte und Wirkung des Wiener Kreises. Berlin 1985.

fassung im Gegensatz zu idealistisch-metaphysischen Weltbildern[3]. Parallel zum Wiener Kreis bildete sich in den zwanziger Jahren auch in Berlin in der dortigen »*Gesellschaft für empirische Philosophie*« eine Schule neopositivistischen Denkens heraus. Als ihre Hauptvertreter gelten *Hans Reichenbach* (1891–1953) und *Walter Dubislav* (1895–1937). Auch *Carl Gustav Hempel* (geb. 1905) ist aus dieser Schule hervorgegangen. Diese beiden Schulen neopositivistischen Denkens gaben als gemeinsames Publikationsorgan die Zeitschrift »*Erkenntnis*« (1930–1939) heraus. In England wurde *Alfred J. Ayer* (1910–1989), der in Wien studiert hatte, ein prominenter Vertreter neopositivistischen Gedankenguts. Mit der Berufung Carnaps in die USA (1935), der Ermordung Schlicks an der Wiener Universität im Jahr 1936 und der Machtergreifung des Nationalsozialismus ging die Ära dieser philosophischen Denkrichtung in Mitteleuropa zu Ende. Viele Vertreter des Neopositivismus emigrierten in angelsächsische Länder und waren dort entscheidend an der Ausbildung jener philosophischen Strömung beteiligt, die heute in diesen Ländern als »philosophy of sience« bekannt ist und die in deutschsprachigen Ländern als »Wissenschaftsphilosophie« (»Wissenschaftstheorie«) oder in einem weiteren Sinne vestanden, als »Analytische Philosophie« erst wiederum in den sechziger und siebziger Jahren in die allgemeine philosophische Diskussion Eingang gefunden hat. Besondere Verdienste um die Wiedereinführung dieser Denkströmung in die deutschsprachige philosophische Diskussion erwarb sich der viele Jahre an der Universität München lehrende Wolfgang Stegmüller (1923–1991).

2. Kurzcharakteristik

a) Zu den Hauptcharakteristika des Neopositivismus gehört eine ausgeprägte *antimetaphysische Tendenz*. Die Neopositivisten lehnen die Vorstellung ab, daß es über die durch Sinneserfahrung zugängliche Wirklichkeit hinaus noch eine meta-empirische Wirklichkeit gibt, die Gegenstand der Philosophie wäre. Gegen philosophische Auffassungen, die z. B. ein empirisch nicht aufweisbares »Wesen« von Dingen oder Phänomenen behaupten, wird der Vorwurf erhoben, sie vermittelten bloß ein Scheinwissen und seien vorwissenschaftlich oder unwissenschaftlich. Alle metaphysischen Aussagen sind in den Augen von Neopositivisten »sinnlose« Sätze, weil sie keinen Erkenntniswert in bezug auf die Wirklichkeit besitzen. Sie werden bloß als Ausdruck des menschlichen Lebensgefühls angesehen. Das Lebensgefühl aber läßt sich weit adäquater in

---

[3] Vgl. dazu vor allem: Rudolf CARNAP/Hans HAHN/Otto NEURATH, Wissenschaftliche Weltauffassung – Der Wiener Kreis. Wien 1929.

der Kunst (Literatur, Musik usw.) artikulieren als in der Metaphysik. »Metaphysik ist Lyrik in der Verkleidung einer Theorie. Sie ist bloßer Gefühlsausdruck, gibt sich aber durch die sprachliche Einkleidung in Behauptungssätze den Anschein, als gebe sie Erkenntnis« (Carnap)[4]. Eine wichtige Aufgabe der Philosophie im Verständnis der Neopositivisten ist die Entlarvung von metaphysischen Problemen als bloße Scheinprobleme, deren Sätze zu Unrecht einen Erkenntnisanspruch erheben[5].

b) Ein weiteres Charakteristikum des Neopositivismus ist die *empiristische Grundausrichtung*. Sie wird u. a. an jener Einstellung deutlich, aus der heraus die neopositivistischen Philosophen jegliche Erkenntnis leugnen, die unabhängig von der Erfahrung durch reine Spekulation zustande käme. Erkenntnisse sind für den Neopositivisten das Ergebnis von erfahrungsbezogenen Hypothesen, die es immer wieder an der Erfahrung auf ihre Wahrheit und Falschheit zu prüfen gilt. Neben den Sätzen der Logik und Mathematik (analytischen Sätzen) werden nur solche Aussagen als sinnvoll angesehen, die prinzipiell durch Erfahrung prüfbar sind. Synthetische Aussagen a priori werden grundsätzlich abgelehnt. Um die sinnvollen Aussagen von den sinnlosen Sätzen (wozu auch alle metaphysischen Aussagen gehören) abzugrenzen, hat man ein Sinnkriterium (»empiristisches Sinnkriterium«, »neopositivistisches Verifikationsprinzip«) aufgestellt, das in einer strikten Fassung folgendermaßen gelautet hat: Nur jene (nichtanalytischen) Aussagen sollen als sinnvoll gelten, von denen wenigstens angegeben werden kann, durch welche mögliche Erfahrung sie bestätigt (verifiziert) oder widerlegt würden. Dieses Kriterium ist im Verlauf der weiteren Diskussion von Neopositivisten selbst mehrmals abgeändert und erweitert worden[6].

c) Als typisch für das neopositivistische Denken gilt auch dessen *szientistische Grundeinstellung*, das ist die *Orientierung am Erkenntnis- und Methodenideal der Naturwissenschaften*. So haben Vertreter des Neopositivismus eine Zeitlang die Idee einer physikalischen Einheitswissenschaft verfochten (»Physikalismus«), in deren Raum-Zeit-Sprache letztlich alle Aussagen übersetzbar sein müßten, die als »wissenschaftlich« gelten sollen. Mit

---

[4] Rudolf CARNAP, Theoretische Fragen und praktische Entscheidung. In: Natur und Geist, Bd. 2 (1934). Wiederabgedruckt in: Hubert SCHLEICHERT (Hrsg.), Logischer Empirismus – Der Wiener Kreis. Ausgewählte Texte mit einer Einleitung. München 1975. S. 175.

[5] Vgl. Rudolf CARNAP, Scheinprobleme in der Philosophie. Berlin 1928. Neuauflage mit einem Vorwort von G. Patzig. Frankfurt 1966. S. 47ff.

[6] Vgl. dazu: Carl G. HEMPEL, Problems and Changes in the Empiricist Criterion of Meaning. In: Revue International de Philosophie 11 (1950). Wiederabgedruckt in: Leonard LINSKY (Hrsg.), Semantics and the Philosophy of Language. Urbana 1952. S. 163ff.; Arthur PAP, Analytische Erkenntnistheorie. Wien 1955. S. 1ff.; Wolfgang STEGMÜLLER, Hauptströmungen der Gegenwartsphilosophie. Bd. I. 3., erw. Aufl. Stuttgart 1965. S. 380ff.

dem Prinzip der Einheit der Wissenschaften ist nach der Aufgabe dieser
Idee dann vor allem die Auffassung vertreten worden, daß in den einzelnen Wissenschaftsdisziplinen über alle Unterschiede in den spezifischen
Forschungstechniken hinaus eine Einheit in der Forschungslogik und
Wissenschaftsmethode gegeben sei. Die These vom methodischen Dua-
lismus von Geistes- und Naturwissenschaften wird von den Neopositivisten abgelehnt. Aus neopositivistischer Sicht gibt es keine für die Geisteswissenschaften spezifische Methode des Verstehens (verstehenden
Einfühlens) im Gegensatz zur Methode der Kausalerklärung in den Naturwissenschaften. Auch in den Geisteswissenschaften gilt es die erklä-
rende Methode anzuwenden, auch wenn die Anwendung dieser Methode auf Grund der methodischen Zurückgebliebenheit der Geisteswissenschaften dort noch unterentwickelt ist. Die szientistische Grundeinstellung der Neopositivisten äußert sich nicht zuletzt auch in der Ansicht,
daß die Philosophie zu einer Art von »Dienerin« an den Wissenschaften
werden müsse. Sie hat als meta-wissenschaftliche Disziplin die logische
Struktur der wissenschaftlichen Aussagensysteme zu klären und diese
von Scheinfragen zu reinigen. »Was aber bleibt für die Philosophie überhaupt noch übrig, wenn alle Sätze, die etwas besagen, empirischer Natur
sind und zur Realwissenschaft gehören? Was bleibt, sind nicht Sätze, keine
Theorie, kein System, sondern nur eine Methode, nämlich die der logischen Analyse. Sie dient zur Ausmerzung bedeutungsloser Wörter, sinnloser Scheinsätze. In ihrem positiven Gebrauch dient sie zur Klärung der
sinnvollen Begriffe und Sätze, zur logischen Grundlegung der Realwissenschaft und der Mathematik ... Die angedeutete Aufgabe der logischen
Analyse, der Grundlagenforschung, ist es, die wir unter ›wissenschaftlicher Philosophie‹ im Gegensatz zur Metaphysik verstehen.« (Carnap)[7].

d) Von großer Bedeutung im Denken der Neopositivisten ist das *Prinzip der Intersubjektivität der Erkenntnis*[8]. Man billigt nur solchen Aussagen
einen legitimen Anspruch auf Erkenntnis zu, die im Prinzip von jedem
nachprüfbar sind, der hinreichend intelligent ist und über die im Einzelfall erforderliche Ausbildung und Ausrüstung verfügt. Damit wird gegen elitäre oder aristokratische Erkenntnisideale Stellung genommen, die
bestimmten Personen, sozialen Gruppen, Rassen oder Klassen nicht
überprüfbare Erkenntnisprivilegien oder -monopole einräumen[9]. In en-

---

[7] Rudolf CARNAP, Überwindung der Metaphysik durch logische Analyse der Sprache.
In: Erkenntnis, Bd. 2 (1932). Wiederabgedruckt in: SCHLEICHERT, a.a.O., S. 167f.

[8] Zur Forderung, daß Erkenntnis immer auch mitteilbar sein muß, vgl. z.B. Moritz
SCHLICK, Erleben, Erkennen, Metaphysik. In: Kant-Studien, Bd. 31 (1930). Wiederabge-
druckt in: DERS., Gesammelte Aufsätze. 1926–1936 (Hrsg. v. F. WAISMANN). Wien 1938.
S. 1 ff.

[9] Zum weltanschaulichen Hintergrund des Neopositivismus vgl. Leszek KOLAKOWSKI,
Die Philosophie des Positivismus. München 1971. S. 240 ff.

gem Zusammenhang mit der Forderung nach intersubjektiver Verständlichkeit und Überprüfbarkeit von Aussagen, die einen Erkenntnisanspruch erheben, stehen auch die von den Neopositivisten nachdrücklich vertretenen Postulate der Klarheit, Eindeutigkeit und Präzision solcher Aussagen.

e) Ein weiteres Kennzeichen der neopositivistischen Philosophie ist ein *nicht-kognitivistischer Standpunkt in Wertfragen*. Damit ist die Auffassung gemeint, daß Wertentscheidungen und Wertstandpunkte letztlich nicht-rationaler Natur sind. Wertungen entstammen nicht der Erkenntnissphäre, sondern der irrationalen Willens- und Gefühlssphäre. Sie sind nicht das Resultat von Tatsachenerkenntnissen, sondern der Ausdruck von subjektiven Stimmungen und Gefühlen[10]. Deshalb sind Werturteile auch nicht auf Tatsachenaussagen reduzierbar, wie dies Vertreter einer naturalistischen Ethik nahelegen. Während Tatsachenbehauptungen und theoretische Sachaussagen einen theoretischen Erkenntniswert besitzen, gilt dies für normative Aussagen und Werturteile nicht. Sie können aufgrund ihres subjektiv-irrationalen Charakters nicht durch Prüfung an der Erfahrung verifiziert oder falsifiziert werden. Für sie kann genausowenig wie für die Wertstandards, von denen sie jeweils abgeleitet sind, ein theoretischer Wahrheitswert in Anspruch genommen werden.

3. Kritische Würdigung

Vorzüge: a) Besondere Verdienste des Neopositivismus liegen in der Tatsache, *wertvolle Einsichten und Impulse zur Klärung von logischen und erkenntnistheoretischen Grundlagenproblemen in der Wissenschaft* geliefert zu haben. Von Einsichten der Neopositivisten über wissenschaftliche Begriffsbildung und Theorienüberprüfung, die logische Verarbeitung von Erfahrungsdaten, den Status von Naturgesetzen, das Problem der Kausalität und der Wahrscheinlichkeit usw. ausgehend, hat man in verschiedenen Wissenschaftsdisziplinen die logischen und erkenntnistheoretischen Voraussetzungen des eigenen wissenschaftlichen Tuns zu überprüfen begonnen und ist dabei vielfach zu einem vertieften Verständnis der eigenen fachwissenschaftlichen Denkbemühungen und des wissenschaftlichen Denkens überhaupt gelangt.

b) Durch die besondere Betonung der sprachanalytischen Aufgabe der Philosophie sind vom Neopositivismus wichtige *Anregungen zur Beschäftigung mit Problemen der Sprache* ausgegangen. Im Gefolge neopositivistischer Überlegungen sind z. B. im Rahmen der Analytischen Philosophie eine Reihe von sprachtheoretischen Unterscheidungen entwickelt wor-

---

[10] Vgl. vor allem: Alfred J. AYER, Sprache, Wahrheit und Logik. Stuttgart 1970. S. 135ff.

den, die heute u. a. in der Sozialphilosophie und der Ideologiekritik als analytisches Instrumentarium eine wichtige Rolle spielen[11]. Zahlreiche neopositivistische Einsichten in Probleme der Sprache werden in der Gegenwart in der Linguistik und der Semiotik weiterdiskutiert[12].

c) Auf dem engeren Gebiet der Philosophie haben die Neopositivisten mit ihren rigorosen *Forderungen nach begrifflicher Klarheit, Einfachheit und intersubjektiver Nachprüfbarkeit von wissenschaftlichen und philosophischen Aussagen* irrationale Tendenzen in der Philosophie in die Schranken gewiesen. Und zwar Tendenzen, in deren Gefolge die Philosophie mit Seher- und Schamanentum verwechselt wird und philosophische Aussagen für umso tiefer und gehaltvoller angesehen werden, je unklarer und mystisch-dunkler sie formuliert sind.

d) Ein weiteres nicht zu unterschätzendes Verdienst der neopositivistischen Philosophen liegt in ihrem *Bemühen um eine saubere Trennung von wissenschaftlichen Tatsachenerkenntnissen und politisch-weltanschaulichen Wertungen.* Wenngleich man dabei nicht selten auch mit dem Abschieben von Wertungen in die Irrationalität weit über das Ziel hinausgeschossen hat, haben die Neopositivisten dennoch Erhebliches zur Schärfung der Sensibilität gegenüber der ungerechtfertigten und manipulierenden Vermischung von wissenschaftlichen Tatsachenaussagen und politisch-weltanschaulichen Werturteilen geleistet[13]. Daß dies gerade zu Ideologien, die ihren Wertstandards durch Berufung auf Wissenschaftlichkeit eine größere Glaubwürdigkeit und Durchschlagskraft verleihen wollen, in krassem Gegensatz steht, mußten viele Vertreter des Neopositivismus beim Anbruch der Ära des Nationalsozialismus leidvoll erfahren. Ihnen blieb als letzter Ausweg vor der Verfolgung durch das NS-Regime oft nur die Emigration in die angelsächsischen Länder.

---

[11] Zu der von der positivistischen und analytischen Philosophie inspirierten Ideologiekritik vgl. u. a.: Theodor GEIGER, Ideologie und Wahrheit. Stuttgart/Wien 1953; Gustav BERGMANN, Ideology. In: DERS., The Metaphysics of Logical Positivism. New York 1954. S. 300–325; Hans KELSEN, Aufsätze zur Ideologiekritik. Neuwied 1964; Ernst TOPITSCH, Über Leerformeln. Zur Pragmatik des Sprachgebrauches in Philosophie und politischer Theorie. In: DERS., Probleme der Wissenschaftstheorie. Festschrift für Victor Kraft. Wien 1960. S. 233–264; DERS., Sozialphilosophie zwischen Ideologie und Wissenschaft. Neuwied, 3. Aufl. 1971; Ernst TOPITSCH/Kurt SALAMUN, Ideologie – Herrschaft des Vor-Urteils. München 1972; Junichi AOMI, Ideologiekritik in the Twentieth Century: Russell, Kelsen, Popper und Topitsch. In: Sozialphilosophie als Aufklärung. Festschrift für Ernst Topitsch. Hrsg. v. K. SALAMUN. Tübingen 1979. S. 3–31.

[12] Vgl. dazu vor allem die Bücher von Rudolf CARNAP, Logische Syntax der Sprache. Wien 1934; Introduction to Semantics. Cambridge 1942; Meaning and Necessity. Chikago 1947, deutsch: Bedeutung und Notwendigkeit. Eine Studie zur Semantik und modalen Logik. Wien 1972.

[13] Die Neopositivisten sind in dieser Beziehung konsequente Verfechter der Einsicht David Humes, daß sich Werturteile (Soll-Aussagen) nicht aus Tatsachenerkenntnissen (Ist-Aussagen) logisch ableiten lassen. Vgl. David HUME, Ein Traktat über die menschliche Natur. Deutsch von Th. Lipps. Hamburg ³1973. S. 211ff.

Nachteile: a) Zu den Haupteinwänden gegen die neopositivistische Philosophie zählt der Vorwurf einer *viel zu engen Bestimmung des Bereiches der sinnvollen Aussagen*. Obgleich das neopositivistische Sinnkriterium im Verlaufe der weiteren Diskussion vor allem von Rudolf Carnap erheblich erweitert worden ist, war es in seinen frühen Fassungen der Ausdruck eines krassen empiristischen Reduktionismus. Das Kriterium der denkmöglichen Rückführbarkeit auf Sinneserfahrung stempelt viel zu viele wissenschaftliche Begriffe und Aussagen, vor allem solche, die einen höheren Abstraktheitsgrad haben, zu kognitiv sinnlosen Begriffen und Aussagen.

b) Damit hängt auch der Vorwurf gegen den Neopositivismus zusammen, *das Wort »Metaphysik« viel zu undifferenziert und in einem pauschal diskreditierenden Sinne verwendet* zu haben. Mit dem Etikett »metaphysisch« haben Vertreter des Neopositivismus oft alles das unterschiedslos abgewertet, was dem empiristischen Sinnkriterium nicht entsprach und als kognitiv sinnlos angesehen wurde. Aus dem Bemühen heraus, die Wissenschaft möglichst rigoros von der Metaphysik abzugrenzen, bekämpften die Neopositivisten z. B. auf dem Gebiet der Psychologie alle tiefenpsychologischen Theorieansätze um eines kruden Behaviorismus willen und lehnten in den Sozialwissenschaften makrosoziologische Fragestellungen ab. Die meisten neopositivistischen Philosophen waren auch blind für die mannigfachen Wechselbeziehungen zwischen der Metaphysik und der Wissenschaft. Aus ihrer Metaphysikfeindlichkeit heraus berücksichtigten sie z. B. die Tatsache viel zuwenig, daß metaphysische Vorstellungen und Weltbilder im Entstehungszusammenhang von wissenschaftlichen Theorien immer wieder eine wichtige Rolle gespielt haben[14].

c) Ein weiterer Vorwurf gegen die Neopositivisten ist der Einwand, daß sie das *Problemfeld der Philosophie in einem nicht zu akzeptierenden Maße eingeengt* und die Aufgabe der Philosophie zeitweise bloß auf die logische Analyse der Wissenschaftssprache und die Rekonstruktion der logischen und erkenntnistheoretischen Grundlagen der Einzelwissenschaften reduziert haben. Gemessen am Philosophieverständnis und dem Sinnkriterium des Neopositivismus würden sich zahlreiche traditionelle Probleme der Philosophie (viele moralphilosophische, kulturphilosophische oder

---

[14] Die Bedeutung von spekulativ-metaphysischen Komponenten im Wissenschaftsprozeß wird u. a. hervorgehoben von: Karl POPPER, Logik der Forschung. 2., erw. Aufl. Tübingen 1966. S. 11ff.; Paul K. FEYERABEND, Wie wird man ein braver Empirist? Ein Aufruf zur Toleranz in der Erkenntnistheorie. In: Lorenz KRÜGER (Hrsg.), Erkenntnisprobleme der Naturwissenschaften Köln/Berlin 1970. S. 302ff. Aus einer stärker wissenschaftshistorischen Perspektive vgl. auch die Bücher von: Thomas S. KUHN, Die Struktur wissenschaftlicher Revolutionen, Frankfurt 1967, und Stephen TOULMIN, Menschliches Erkennen. Bd. I: Kritik der kollektiven Vernunft. Frankfurt 1978.

religionsphilosophische Fragestellungen usw.) als bloße Scheinprobleme erweisen. Als solche müßten sie aus dem Gegenstandsbereich der Philosophie ausgeklammert werden. Sie würden dann in den Bereich der subjektiv-privaten Weltanschauung oder in die Bereiche der Kunst, Literatur und Religion abgeschoben werden. Auf dem Gebiet der Methodologie haben die Neopositivisten durch ihr verengtes Philosophieverständnis z. B. die Philosophie der Kultur- und Geisteswissenschaften preisgegeben, wie sie in der Tradition des Neukantianismus so fruchtbringend gepflegt worden war (z. B. von Ernst Cassirer).

d) Ein weiterer Einwand, der hier noch erwähnt werden soll, ist die *allzu ausschließliche Gegenüberstellung von Erkenntnis und Wertung* im Neopositivismus. Neopositivisten haben wiederholt den Eindruck erweckt, als ob Wertungen gänzlich irrational seien und mit Tatsachenerkenntnissen überhaupt nichts zu tun hätten[15]. So richtig die Einsicht ist, daß sich Wertungen nicht mit logischer Notwendigkeit aus der Erkenntnis von Tatsachen ergeben, sondern stets ein nicht auf Tatsachenerkenntnisse reduzierbares subjektives Moment enthalten, so wenig zutreffend ist die Vorstellung, daß Wertungen prinzipiell in keinerlei Beziehung zu Erkenntnissen stehen können, sondern gänzlich dem irrationalen Gefühlsbereich und damit dem subjektiven Belieben jedes einzelnen zuzurechnen sind. Gegen diese Vorstellung hat man zu Recht den Dezisionismus-Vorwurf erhoben. Sie wird dem Umstand nicht gerecht, daß sich viele Wertentscheidungen zumindest mittelbar auf Tatsachenerkenntnisse gründen und daß Informationen über Tatsachen oft das auslösende Moment für die Änderung von Wertstandpunkten bilden können.

4. Zu den folgenden Texten

In dem programmatischen Aufsatz »Die Wende der Philosophie«, den *Moritz Schlick* für den 1. Band der Zeitschrift »Erkenntnis« (1930/31) verfaßt hat, hebt er einleitend ein oft aufgezeigtes und beklagtes Dilemma der Philosophie hervor: Die Philosophie hat im Gegensatz zu den Einzelwissenschaften keinen Erkenntnisfortschritt aufzuweisen. Während jede Einzelwissenschaft eine Entwicklung durchmacht, die einen mehr oder weniger großen Zuwachs an neuen Erkenntnissen mit sich bringt, bietet die Betrachtung der bisherigen Geschichte der Philosophie nur das

---

[15] Dies gilt vor allem für den frühen Carnap und Alfred J. Ayer, am wenigsten wohl für Moritz Schlick, Karl Menger und Victor Kraft, die selbst Bücher über wertphilosophische Fragen geschrieben haben. Vgl. Moritz SCHLICK, Fragen der Ethik. Wien 1930; Karl MENGER, Moral, Wille und Weltgestaltung. Grundlegung zur Logik der Sitten. Wien 1934; Victor KRAFT, Die Grundlagen einer wissenschaftlichen Wertlehre. Wien 1937. Zur Kritik an einer allzu dichotomischen Entgegenstellung von Erkenntnis und Wertung vgl. Karl ACHAM, Philosophie der Sozialwissenschaften. Freiburg/München 1983. S. 125 ff., 255 ff., 283 ff.

Bild eines »Chaos der Systeme« (14). In der traditionellen Philosophie haben nahezu alle bedeutenden Denker nicht auf bereits vorliegenden philosophischen Gedankensystemen aufgebaut, sondern stets von Grund auf neue Systeme entworfen und den alten Systemen gegenübergestellt. Schlick hält das Ende dieses »unfruchtbaren Streits der Systeme« (14) für gekommen. Mit der Entwicklung der logischen Methoden und einer damit verbundenen »Einsicht in das Wesen des Logischen selber« sieht er eine »endgültige Wendung der Philosophie« angebrochen. Was versteht Schlick dabei unter der »Einsicht in das Wesen des Logischen«? Er meint damit die Einsicht in die »logische Form« (15) der Erkenntnis oder die Einsicht in »die tiefen inneren Regeln der logischen Syntax« (16) unserer Sprache, in der wir Erkenntnisse zum Ausdruck bringen und darstellen. In diesem Zusammenhang wird der große Einfluß deutlich, den Ludwig Wittgenstein auf das Denken von Schlick ausgeübt hat. Genauso wie für Wittgenstein ist auch für Schlick die logische Form der Erkenntnis, die sozusagen den transzendentalen Rahmen aller Tatsachenerkenntnis bildet, selbst nicht wiederum in Erkenntnisaussagen darstellbar[16]. Wittgenstein hat diesen Gedanken im einzigen, zu seinen Lebzeiten veröffentlichten Buch, dem »Tractatus logico-philosophicus«, 1922, folgendermaßen ausgesprochen: »Der Satz kann die gesamte Wirklichkeit darstellen, aber er kann nicht das darstellen, was er mit der Wirklichkeit gemein haben muß, um sie darstellen zu können – die logische Form. Um die logische Form darstellen zu können, müßten wir uns mit dem Satze außerhalb der Logik aufstellen können, das heißt außerhalb der Welt« (4.12)[17]. Schlick vertritt im vorliegenden Aufsatz die gleiche Auffassung: »So ist alle Erkenntnis nur vermöge ihrer Form Erkenntnis; durch sie stellt sie die erkannten Sachverhalte dar, die Form selbst aber kann ihrerseits nicht wieder dargestellt werden; auf sie allein kommt es bei der Erkenntnis an ...« (15).

Eine radikale Konsequenz, die sowohl Wittgenstein als auch Schlick daraus für die Philosophie ziehen, besteht darin, daß sie ihr die Aufgabe absprechen, Erkenntnisaussagen zu machen bzw. Tatsachenbehauptungen über die Welt aufzustellen. »Die Philosophie ist keine der Naturwissenschaften. ... Der Zweck der Philosophie ist die logische Klärung der Gedanken. Die Philosophie ist keine Lehre, sondern eine Tätigkeit. ... Das Resultat der Philosophie sind nicht ›philosophische Sätze‹, sondern das Klarwerden von Sätzen« (Traktat, 4.111 u. 4.112)[18]. Ganz ähnlich

---

[16] Von dieser Auffassung sind andere Vertreter des Wiener Kreises, vor allem Carnap, später wieder abgegangen. Vgl. dazu: Victor KRAFT, a.a.O., S. 25f.
[17] Ludwig WITTGENSTEIN, Tractatus logico-philosophicus. Frankfurt 1963. S. 42.
[18] Ebd., S. 41.

äußert sich Schlick im hier abgedruckten Aufsatz: »... die Philosophie ist nicht ein System von Sätzen, sie ist keine Wissenschaft.« Sie ist kein »System von Erkenntnissen«, sondern ein »System von *Akten*; sie ist nämlich diejenige Tätigkeit, durch welche der *Sinn* der Aussagen festgestellt oder aufgedeckt wird. Durch die Philosophie werden Sätze geklärt, durch die Wissenschaften verifiziert. Bei diesen handelt es sich um die Wahrheit von Aussagen, bei jener aber darum, was die Aussagen eigentlich *meinen*« (16).

Ein Schüler und enger Vertrauter sowohl von Schlick als auch von Wittgenstein, Friedrich Waismann, hat die hier zum Ausdruck kommende Auffassung von Philosophie einmal so umschrieben, daß es dabei vor allem um die sprachlogische Klärung der Regeln von Wortverwendungen oder um die Untersuchung der logischen Grammatik von sprachlichen Zeichen und Aussagen gehe. Unter »Grammatik« sind hier nicht bloß im engeren Sinne die üblichen Regeln der Sprachlehre, die Formenlehre und die Syntax zu verstehen, sondern in einem weiteren Sinne auch hinweisende Definitionen, die Rechenregeln der Mathematik, die Schlußregeln der Logik und darüber hinaus »alle die ungeheuren Abmachungen, welche, nirgends ausdrücklich formuliert, im Verständnis der Umgangssprache vorausgesetzt sind. Und gerade das Aussprechen, Formulieren, Bewußtmachen dieser unausgesprochenen Konventionen, die Aufdeckung dieses ganzen Gewebes vielverschlungener Fäden macht die philosophische Klärung unserer Begriffe aus«[19].

Im folgenden Schlick-Aufsatz wird auch jenes Kriterium deutlich ausgesprochen, das die Neopositivisten zur philosophischen Analyse des Sinns von Aussagen vorgeschlagen haben, um die sinnvollen Aussagen und Probleme gegenüber den sinnlosen oder metaphysischen Fragestellungen abzugrenzen. Schlick formuliert hier das empiristische Sinnkriterium folgendermaßen: »Wo immer ein sinnvolles Problem vorliegt, kann man theoretisch stets den Weg angeben, der zu seiner Auflösung führt, denn es zeigt sich, daß die Angabe dieses Weges im Grund mit der Aufzeigung des Sinnes zusammenfällt; die praktische Beschreitung des Weges kann natürlich dabei durch tatsächliche Umstände, z. B. mangelhafte menschliche Fähigkeiten, verhindert sein. Der Akt der Verifikation, bei dem der Weg der Lösung schließlich endet, ist immer von derselben Art: es ist das Auftreten eines bestimmten Sachverhaltes, das durch Beobachtung, durch unmittelbares Erlebnis konstatiert wird. Auf diese Weise wird in der Tat im Alltag wie in jeder Wissenschaft die Wahrheit (oder Falschheit) jeder Aussage festgestellt« (16). Diese Stelle macht

---

[19] Friedrich WAISMANN, Vorwort zu: Moritz SCHLICK, Gesammelte Aufsätze. S. XXIIIf.

nicht zuletzt deutlich, daß es Schlick und den anderen Neopositivisten bei der Entscheidung über den Sinn oder die Sinnlosigkeit einer Aussage nicht um die tatsächliche Verifikation (oder Falsifikation) dieser Aussage ging, wie dies noch immer oft fälschlich angenommen wird, sondern bloß um deren Verifizierbarkeit, d. h. die denkmögliche Verifikation. Eine Aussage mußte dem neopositivistischen Sinnkriterium zufolge nicht auf der Stelle verifiziert (oder falsifiziert) werden können, damit sie als kognitiv sinnvoll akzeptiert wurde, sondern es wurde bloß gefordert, daß man »theoretisch den Weg angeben« kann, auf dem diese Aussage vielleicht einmal zu verifizieren (oder falsifizieren) ist.

Der hier abgedruckte Text von *Hans Reichenbach* unterscheidet sich vom Schlick-Text vor allem durch eine noch stärkere Betonung der szientistischen Komponente der neopositivistischen Philosophie. Während Schlick in Anschluß an Wittgenstein noch ausdrücklich betont hat, daß die Philosophie keine Wissenschaft sei, sondern vielmehr eine metawissenschaftliche Aktivität, die mittels logischer Analyse den Sinn von wissenschaftlichen, philosophischen und auch umgangssprachlichen Aussagen klärt, verschwimmen bei Reichenbach die Grenzen zwischen Wissenschaft und Philosophie weitgehend. Die neue, »wissenschaftliche Philosophie« bedient sich bei der Behandlung ihrer Probleme nicht nur der Erkenntnisse der Einzelwissenschaften, sondern sie stellt auch selbst empirisch prüfbare hypothetische Aussagen auf. Ihre Methoden sind neben der logischen Analyse auch die mathematischen und empirischen Methoden der Naturwissenschaften. »Die wissenschaftliche Philosophie versucht ... auf Grund logischer Analyse zu Folgerungen zu kommen, die so präzis, so ausgearbeitet und so zuverlässig sind wie die Resultate der Wissenschaft unserer Zeit. Sie besteht darauf, daß die Frage nach der Wahrheit in der Philosophie im gleichen Sinn gestellt werden muß wie in den Wissenschaften. Sofern sie sich auf den augenblicklichen Zustand unserer Erkenntnis bezieht und die Theorie dieser Erkenntnis entwickelt, ist die neue Philosophie selbst empirisch und mit empirischer Wahrheit zufrieden« (38).

Neben dem szientistischen Grundzug der neopositivistischen Philosophie kommt im folgenden Reichenbach-Text vor allem auch der nichtkognitivistische Standpunkt in Wertfragen anschaulich zum Ausdruck: »Die wissenschaftliche Philosophie hat den Plan, ethische Vorschriften zu geben, völlig aufgegeben und betrachtet moralische Ziele als Ergebnisse von Willensakten, nicht aber als Gegenstand der Erkenntnis. Nur die Beziehungen zwischen verschiedenen Zielen, oder Zielen und Mitteln, sind kognitiver Erkenntnis zugänglich. Die fundamentalen ethischen Vorschriften können nicht mit Hilfe der Erkenntnis gerechtfertigt

werden, sondern werden befolgt, weil die Menschen nach diesen Vorschriften verlangen und wollen, daß auch andere Menschen ihnen Folge
leisten. Der Wille kann nicht aus der Erkenntnis abgeleitet werden«
(21).

Nachdrücklich wird von Reichenbach auch der undogmatische Charakter der neopositivistischen Philosophie hervorgehoben, für die es
keine absolut wahren Erkenntnisse gibt. Im Gegensatz zur traditionellen,
spekulativen Philosophie strebt die neue, wissenschaftliche Philosophie
nicht nach »absoluter Gewißheit« ihrer Erkenntnisse. »Die Vernunft, die
Gesetzgeberin des Weltalls, enthüllte dem menschlichen Geist das wahre
Wesen aller Dinge – eine solche Auffassung war die Grundlage all dieser
verschiedenen spekulativen Systeme. Im Gegensatz dazu weigert sich die
wissenschaftliche Philosophie, irgendeine Erkenntnis über die physikalische Welt als absolut sicher anzusehen. Weder Aussagen über Einzelereignisse noch solche über die sie beherrschenden Gesetze können mit absoluter Gewißheit gemacht werden« (20).

Die Wende der Philosophie

Von Zeit zu Zeit hat man die Preisaufgaben über die Frage gestellt, welche Fortschritte die Philosophie in einem bestimmten Zeitraume gemacht habe. Der Zeitabschnitt pflegte auf der einen Seite durch den Namen eines großen Denkers, auf der anderen durch die »Gegenwart« abgegrenzt zu werden. Man schien also vorauszusetzen, daß über die philosophischen Fortschritte der Menschheit bis zu jenem Denker hin einigermaßen Klarheit herrsche, daß es aber von da ab zweifelhaft sei, welche neuen Errungenschaften die letzte Zeit hinzugefügt habe.

Aus solchen Fragen spricht deutlich ein Mißtrauen gegen die Philosophie der jeweils vergangenen Zeit, und man hat den Eindruck als sei die gestellte Aufgabe nur eine verschämte Formulierung der Frage: Hat denn die Philosophie in jenem Zeitraum *überhaupt* irgendwelche Fortschritte gemacht? Denn wenn man sicher wäre, daß Errungenschaften da sind, so wüßte man wohl auch, worin sie bestehen.

Wenn die ältere Vergangenheit mit geringerer Zweifelsucht betrachtet wird und wenn man eher geneigt ist, in ihrer Philosophie eine aufsteigende Entwicklung anzuerkennen, so dürfte dies seinen Grund darin haben, daß man allem, was schon historisch geworden ist, mit größerer Ehrfurcht gegenübersteht; es kommt hinzu, daß die älteren Philosopheme wenigstens ihre historische Wirksamkeit bewiesen haben, daß man daher bei ihrer Betrachtung ihre historische Bedeutung anstelle der sachlichen zugrunde legen kann, und dies um so eher als man oft zwischen beiden gar nicht zu unterscheiden wagt.

Aber gerade die besten Köpfe unter den Denkern glaubten selten an unerschütterliche, bleibende Ergebnisse des Philosophierens früherer Zeiten und selbst klassischer Vorbilder; dies erhellt daraus, daß im Grunde jedes neue System wieder ganz von vorn beginnt, daß jeder Denker seinen eigenen festen Boden sucht und sich nicht auf die Schultern seiner Vorgänger stellen mag. *Descartes* fühlt sich (nicht ohne Recht) durchaus als einen Anfang; *Spinoza* glaubt mit der (freilich recht äußerlichen) Einführung mathematischer Form die endgültige philosophische Methode gefunden zu haben; und *Kant* war davon überzeugt, daß auf dem von ihm eingeschlagenen Wege die Philosophie nun endlich den sichern Gang einer Wissenschaft nehmen würde. Weitere Beispiele sind billig, denn fast alle großen Denker haben eine radikale Reform der Philosophie für notwendig gehalten und selbst versucht.

Dieses eigentümliche Schicksal der Philosophie wurde so oft geschildert und beklagt, daß es schon trivial ist, davon überhaupt zu reden, und daß schweigende Skepsis und Resignation die einzige der Lage angemessene Haltung zu sein scheint. Alle Versuche, dem Chaos der Systeme ein Ende zu machen und das Schicksal der Philosophie zu wenden, können, so scheint eine Erfahrung von mehr als zwei Jahrtausenden zu lehren, nicht mehr ernst genommen werden. Der Hinweis darauf, daß der Mensch schließlich die hartnäckigsten Probleme, etwa das des Dädalus, gelöst habe, gibt dem Kenner keinen Trost, denn was er fürchtet, ist gerade, daß die Philosophie es nie zu einem echten »Problem« bringen werde.

Ich gestatte mir diesen Hinweis auf die sooft geschilderte Anarchie der philosophischen Meinungen, um keinen Zweifel darüber zu lassen, daß ich ein volles Bewußtsein von der Tragweite und Inhaltsschwere der Überzeugung habe, die ich nun aussprechen möchte. Ich bin nämlich überzeugt, daß wir in einer durchaus endgültigen Wendung der Philosophie mitten darin stehen und daß wir sachlich berechtigt sind, den unfruchtbaren Streit der Systeme als beendigt anzusehen. Die Gegenwart ist, so behaupte ich, bereits im Besitz der Mittel, die jeden derartigen Streit im Prinzip unnötig machen; es kommt nur darauf an, sie entschlossen anzuwenden.

Diese Mittel sind in aller Stille, unbemerkt von der Mehrzahl der philosophischen Lehrer und Schriftsteller, geschaffen worden, und so hat sich eine Lage gebildet, die mit allen früheren unvergleichbar ist. Daß die Lage wirklich einzigartig und die eingetretene Wendung wirklich endgültig ist, kann nur eingesehen werden, indem man sich mit den neuen Wegen bekannt macht und von dem Standpunkte, zu dem sie führen, auf alle die Bestrebungen zurückschaut, die je als »philosophische« gegolten haben.

Die Wege gehen von der *Logik* aus. Ihren Anfang hat *Leibniz* undeutlich gesehen, wichtige Strecken haben in den letzten Jahrzehnten *Gottlob Frege* und *Bertrand Russell* erschlossen, bis zu der entscheidenden Wendung aber ist zuerst *Ludwig Wittgenstein* (im »Tractatus logico-philosophicus«, 1922) vorgedrungen.

Bekanntlich haben die Mathematiker in den letzten Jahrzehnten neue logische Methoden entwickelt, zunächst zur Lösung ihrer eigenen Probleme, die sich mit Hilfe der überlieferten Formen der Logik nicht bewältigen ließen; dann aber hat die so entstandene Logik auch sonst ihre Überlegenheit über die alten Formen längst bewiesen und wird diese zweifellos bald ganz verdrängt haben. Ist nun diese Logik das große Mittel, von dem ich vorhin sagte, es sei imstande, uns im Prinzip aller philosophischen Streitigkeiten zu entheben, lieferte sie uns etwa allgemeine Vorschriften, mit deren Hilfe alle traditionellen Fragen der Philosophie wenigstens prinzipiell aufgelöst werden können?

Wäre dies der Fall, so hätte ich kaum das Recht gehabt zu sagen, daß eine völlig neue Lage geschaffen sei, denn es würde dann nur ein gradueller, gleichsam technischer Fortschritt erzielt sein, sowie etwa die Erfindung des Benzinmotors schließlich die Lösung des Flugproblems ermöglicht. So hoch aber auch der Wert der neuen Methode zu schätzen ist: durch die bloße Ausbildung einer Methode kann niemals etwas so Prinzipielles geleistet werden. Nicht ihr selbst ist daher die große Wendung zu danken, sondern etwas ganz anderem, das durch sie wohl erst möglich gemacht und angeregt wurde, aber in einer viel tieferen Schicht sich abspielt: das ist die Einsicht in das Wesen des Logischen selber.

Daß das Logische in irgendeinem Sinne das rein *Formale* ist, hat man früh und oft ausgesprochen; dennoch war man sich über das Wesen der reinen Formen nicht wirklich klar gewesen. Der Weg zur Klarheit darüber geht von der Tatsache aus, daß jede Erkenntnis ein Ausdruck, eine Darstellung ist. Sie drückt nämlich den Tatbestand aus, der in ihr erkannt wird, und dies kann auf beliebig viele Weisen, in beliebigen Sprachen, durch beliebige willkürliche Zeichensysteme geschehen; alle diese möglichen Darstellungsarten, wenn anders sie wirklich dieselbe Erkenntnis ausdrücken, müssen eben deswegen etwas gemeinsam haben, und dies Gemeinsame ist ihre logische Form.

So ist alle Erkenntnis nur vermöge ihrer Form Erkenntnis; durch sie stellt sie die erkannten Sachverhalte dar, die Form selbst aber kann ihrerseits nicht wieder dargestellt werden; auf sie allein kommt es bei der Erkenntnis an, alles übrige daran ist unwesentlich und zufälliges Material des Ausdrucks, nicht anders als etwa die Tinte, mit der wir einen Satz niederschreiben.

Diese schlichte Einsicht hat Folgen von der allergrößten Tragweite. Durch sie werden zunächst die traditionellen Probleme der »Erkenntnistheorie« abgetan. An die Stelle von Untersuchungen des menschlichen »Erkenntnisvermögens« tritt, soweit sie nicht der Psychologie überantwortet werden können, die Besinnung über das Wesen des Ausdrucks, der Darstellung, d. h. jeder möglichen »Sprache« im allgemeinsten Sinne des Worts. Die Fragen nach der »Geltung und den Grenzen der Erkenntnis« fallen fort. Erkennbar ist alles, was sich ausdrücken läßt, und das ist alles, wonach man sinnvoll fragen kann. Es gibt daher keine prinzipiell unbeantwortbaren Fragen, keine prinzipiell unlösbaren Probleme. Was man bisher dafür gehalten hat, sind keine echten Fragen, sondern sinnlose Aneinanderreihungen von Worten, die zwar äußerlich wie Fragen aussehen, da sie den gewohnten Regeln der Grammatik zu genügen scheinen, in Wahrheit aber aus leeren Lauten bestehen, weil sie gegen die tiefen inneren Regeln der logischen Syntax verstoßen, welche die neue Analyse aufgedeckt hat.

Wo immer ein sinnvolles Problem vorliegt, kann man theoretisch stets auch den Weg angeben, der zu seiner Auflösung führt, denn es zeigt sich, daß die Angabe dieses Weges im Grund mit der Aufzeigung des Sinnes zusammenfällt; die praktische Beschreitung des Weges kann natürlich dabei durch tatsächliche Umstände, z. B. mangelhafte menschliche Fähigkeiten, verhindert sein. Der Akt der Verifikation, bei dem der Weg der Lösung schließlich endet, ist immer von derselben Art: es ist das Auftreten eines bestimmten Sachverhaltes, das durch Beobachtung, durch unmittelbares Erlebnis konstatiert wird. Auf diese Weise wird in der Tat im Alltag wie in jeder Wissenschaft die Wahrheit (oder Falschheit) jeder Aussage festgestellt. Es gibt also keine andere Prüfung und Bestätigung von Wahrheiten als die durch Beobachtung und Erfahrungswissenschaft. Jede Wissenschaft (sofern wir bei diesem Worte an den *Inhalt* und nicht an die menschlichen Veranstaltungen zu seiner Gewinnung denken) ist ein System von Erkenntnissen, d. h. von wahren Erfahrungssätzen; und die Gesamtheit der Wissenschaften, mit Einschluß der Aussagen des täglichen Lebens, ist *das* System der Erkenntnisse; es gibt nicht außerhalb seiner noch ein Gebiet »philosophischer« Wahrheiten, die Philosophie ist nicht ein System von Sätzen, sie ist keine Wissenschaft.

Was ist sie aber dann? Nun, zwar keine Wissenschaft, aber doch etwas so Bedeutsames und Großes, daß sie auch fürder, wie einst, als die Königin der Wissenschaften verehrt werden darf; denn es steht ja nirgends geschrieben, daß die Königin der Wissenschaften selbst auch eine Wissenschaft sein müßte. Wir erkennen jetzt in ihr – und damit ist die große Wende in der Gegenwart positiv gekennzeichnet – anstatt eines Systems von Erkenntnissen ein System von *Akten;* sie ist nämlich diejenige Tätigkeit, durch welche der *Sinn* der Aussagen festgestellt oder aufgedeckt wird. Durch die Philosophie werden Sätze geklärt, durch die Wissenschaften verifiziert. Bei diesen handelt es sich um die Wahrheit von Aussagen, bei jener aber darum, was die Aussagen eigentlich *meinen.* Inhalt, Seele und Geist der Wissenschaft stecken natürlich in dem, was mit ihren Sätzen letztes Endes *gemeint* ist; die philosophische Tätigkeit der Sinngebung ist daher das Alpha und Omega aller wissenschaftlichen Erkenntnis. Dies hat man wohl richtig geahnt, wenn man sagte, die Philosophie liefere sowohl die Grundlage wie den Abschluß des Gebäudes der Wissenschaften; irrig war nur die Meinung, daß das Fundament von »philosophischen Sätzen« gebildet werde (den Sätzen der Erkenntnistheorie), und daß der Bau auch von einer Kuppel philosophischer Sätze (genannt Metaphysik) gekrönt werde.

Daß die Arbeit der Philosophie nicht in der Aufstellung von Sätzen besteht, daß also die Sinngebung von Aussagen nicht wiederum durch Aussagen geschehen kann, ist leicht einzusehen. Denn wenn ich etwa die Bedeutung meiner Worte durch Erläuterungssätze und Definitionen angebe, also mit Hilfe neuer Worte, so muß man weiter nach der Bedeutung dieser andern Worte fragen und so fort. Dieser Prozeß kann nicht ins unendliche gehen, er findet sein Ende immer nur in tatsächlichen Aufweisungen, in Vorzeigungen des Gemeinten, in wirklichen Akten also; nur diese sind keiner weiteren Erläuterung fähig und bedürftig; die letzte Sinngebung geschieht mithin stets durch *Handlungen*, sie machen die philosophische Tätigkeit aus.

Es war einer der schwersten Irrtümer vergangener Zeiten, daß man glaubte, den eigentlichen Sinn und letzten Inhalt wiederum durch Aussagen zu formulieren, also in Erkenntnissen darstellen zu können: es war der Irrtum der »Metaphysik«. Das Streben der Metaphysiker war von jeher auf das widersinnige Ziel gerichtet (vgl. meinen Aufsatz »Erleben, Erkennen, Metaphysik«, Kantstudien, Bd. 31, S. 146), den Inhalt reiner Qualitäten (das »Wesen« der Dinge) durch Erkenntnisse auszudrücken, also das Unsagbare zu sagen; Qualitäten lassen sich nicht sagen, sondern nur im Erlebnis aufzeigen, Erkenntnis aber hat damit nichts zu schaffen.

So fällt die Metaphysik dahin, nicht weil die Lösung ihrer Aufgabe ein Unterfangen wäre, dem die menschliche Vernunft nicht gewachsen ist (wie etwa *Kant* meinte), sondern weil es diese Aufgabe gar nicht gibt. Mit der Aufdeckung der falschen Fragestellung wird aber zugleich die Geschichte des metaphysischen Streites verständlich.

Überhaupt muß unsere Auffassung, wenn sie richtig ist, sich auch historisch legitimieren. Es muß sich zeigen, daß sie imstande ist, von dem Bedeutungswandel des Wortes Philosophie einigermaßen Rechenschaft zu geben.

Dies ist nun wirklich der Fall. Wenn im Altertum, und eigentlich bis in die neuere Zeit hinein, Philosophie einfach identisch war mit jedweder rein theoretischen wissenschaftlichen Forschung, so deutet das darauf hin, daß die Wissenschaft sich eben in einem Stadium befand, in welchem sie ihre Hauptaufgabe noch in der Klärung der eigenen

Grundbegriffe sehen mußte; und die Emanzipation der Einzelwissenschaften von ihrer gemeinsamen Mutter Philosophie ist der Ausdruck davon, daß der Sinn gewisser Grundbegriffe klar genug geworden war, um mit ihnen erfolgreich weiter arbeiten zu können. Wenn ferner auch gegenwärtig noch z. B. Ethik und Ästhetik, ja manchmal sogar Psychologie als Zweige der Philosophie gelten, so zeigen diese Disziplinen damit, daß sie noch nicht über ausreichend klare Grundbegriffe verfügen, daß vielmehr ihre Bemühungen noch hauptsächlich auf den *Sinn* ihrer Sätze gerichtet sind. Und endlich: wenn sich mitten in der fest konsolidierten Wissenschaft plötzlich an irgendeinem Punkte die Notwendigkeit herausstellt, sich auf die wahre Bedeutung der fundamentalen Begriffe von neuem zu besinnen, und dadurch eine tiefere Klärung des Sinnes herbeigeführt wird, so wird diese Leistung sofort als eine eminent philosophische gefühlt; alle sind darüber einig, daß z. B. die Tat *Einsteins*, die von einer Analyse des Sinnes der Aussagen über Zeit und Raum ausging, eben wirklich eine philosophische Tat war. Hier dürfen wir noch hinzufügen, daß die ganz entscheidenden, epochemachenden Fortschritte der Wissenschaft immer von dieser Art sind, daß sie eine Klärung des Sinnes der fundamentalen Sätze bedeuten und daher nur solchen gelingen, die zur philosophischen Tätigkeit begabt sind; das heißt: der große Forscher ist immer auch Philosoph.

Daß häufig auch solche Geistestätigkeiten den Namen Philosophie tragen, die nicht auf reine Erkenntnis, sondern auf Lebensführung abzielen, erscheint gleichfalls leicht begreiflich, denn der Weise hebt sich von der unverständigen Menge eben dadurch ab, daß er den Sinn der Aussagen und Fragen über Lebensverhältnisse, über Tatsachen und Wünsche klarer aufzuzeigen weiß als jene.

Die große Wendung der Philosophie bedeutet auch eine endgültige Abwendung von gewissen Irrwegen, die seit der zweiten Hälfte des 19. Jahrhunderts eingeschlagen wurden und zu einer ganz verkehrten Einschätzung und Wertschätzung der Philosophie führen mußten: ich meine die Versuche, ihr einen induktiven Charakter zu vindizieren und daher zu glauben, daß sie aus lauter Sätzen von hypothetischer Geltung bestehe. Der Gedanke, für ihre Sätze nur Wahrscheinlichkeit in Anspruch zu nehmen, lag früheren Denkern fern; sie hätten ihn als mit der Würde der Philosophie unverträglich abgelehnt. Darin äußerte sich ein gesunder Instinkt dafür, daß die Philosophie den allerletzten Halt des Wissens abzugeben hat. Nun müssen wir freilich in ihrem entgegengesetzten Dogma, die Philosophie biete unbedingt wahre apriorische Grundsätze dar, eine höchst unglückliche Äußerung dieses Instinktes erblicken, zumal sie ja überhaupt nicht aus Sätzen besteht; aber auch wir glauben an die Würde der Philosophie und halten den Charakter des Unsicheren und bloß Wahrscheinlichen für unvereinbar mit ihr, und freuen uns, daß die große Wendung es unmöglich macht, ihr einen derartigen Charakter zuzuschreiben. Denn auf die sinngebenden Akte, welche die Philosophie ausmachen, ist der Begriff der Wahrscheinlichkeit oder Unsicherheit gar nicht anwendbar. Es handelt sich ja um Setzungen, die allen Aussagen ihren Sinn als ein schlechthin Letztes geben. Entweder wir *haben* diesen Sinn, dann wissen wir, was mit den Aussagen gemeint ist; oder wir haben ihn nicht, dann stehen nur bedeutungsleere Worte vor uns und noch gar keine Aussagen; es gibt kein drittes, und von Wahrscheinlichkeit der Geltung kann keine Rede sein. So zeigt nach der großen Wendung die Philosophie ihren Charakter der Endgültigkeit deutlicher als zuvor.

Nur vermöge dieses Charakters kann ja auch der Streit der Systeme beendet werden. Ich wiederhole, daß wir ihn infolge der angedeuteten Einsichten bereits heute als im Prinzip beendet ansehen dürfen, und ich hoffe, daß dies auch auf den Seiten dieser Zeitschrift in ihrem neuen Lebensabschnitt immer deutlicher sichtbar werden möge.

Gewiß wird es noch manches Nachhutgefecht geben, gewiß werden noch jahrhundertelang viele in den gewohnten Bahnen weiterwandeln; philosophische Schriftsteller werden noch lange alte Scheinfragen diskutieren, aber schließlich wird man ihnen nicht mehr zuhören und sie werden Schauspielern gleichen, die noch eine Zeitlang fortspielen, bevor sie bemerken, daß die Zuschauer sich allmählich fortgeschlichen haben. Dann wird es nicht mehr nötig sein, über »philosophische Fragen« zu sprechen, weil man über *alle* Fragen philosophisch sprechen wird, das heißt: sinnvoll und klar.

Die alte und die neue Philosophie: Ein Vergleich

In diesem Kapitel möchte ich die philosophischen Resultate, die aus der Analyse der Wissenschaften herausgewachsen sind, zusammenfassen und sie mit den Weltanschauungen vergleichen, die in den spekulativen philosophischen Systemen entwickelt worden sind.

Die spekulative Philosophie suchte nach allgemeiner Erkenntnis, nämlich nach den allgemeinsten Prinzipien, welche das Universum beherrschen. Daraus ergab sich die Konstruktion philosophischer Systeme, die Teile enthielten, welche vom modernen Standpunkt aus als naive Versuche einer allumfassenden Physik angesehen werden müssen, einer Physik, in der wissenschaftliche Erklärung durch einfache Analogien mit der täglichen Erfahrung ersetzt wurde. In gleicher Weise versuchte diese Philosophie, die Methode der Erkenntnis selbst mit Hilfe solcher Analogien zu rechtfertigen, und beantwortete erkenntnistheoretische Fragen in einer poetischen Bildersprache, statt auf Grund logischer Analyse. Die wissenschaftliche Philosophie dagegen überläßt die Erklärung des Weltalls gänzlich dem Naturwissenschaftler, baut jedoch die Erkenntnistheorie mit Hilfe der Ergebnisse der Wissenschaft auf und ist sich darüber bewußt, daß weder die Physik des Kosmos noch die des Atoms auf der Grundlage von Begriffen verstanden werden kann, die aus dem täglichen Leben abgeleitet sind.

Die spekulative Philosophie strebte nach absoluter Gewißheit. Wenn es auch unmöglich war, einzelne Ereignisse vorauszusagen, so glaubte man doch, daß wenigstens die allgemeinen Gesetze, die alle Ereignisse bestimmen, der Erkenntnis zugänglich und aus reiner Vernunft ableitbar waren. Die Vernunft, die Gesetzgeberin des Weltalls, enthüllte dem menschlichen Geist das wahre Wesen aller Dinge – eine solche Auffassung war die Grundlage all dieser verschiedenen spekulativen Systeme. Im Gegensatz dazu weigert sich die wissenschaftliche Philosophie, irgendeine Erkenntnis über die physikalische Welt als absolut sicher anzusehen. Weder Aussagen über Einzelereignisse noch solche über die sie beherrschenden Gesetze können mit absoluter Gewißheit gemacht werden. Die Gesetze der Logik und der Mathematik sind das einzige Gebiet, auf welchem Gewißheit erreicht werden kann, doch diese Prinzipien sind analytisch und leer. Gewißheit ist untrennbar von Leere: es gibt kein synthetisches Apriori.

Die spekulative Philosophie strebte ferner danach, ethische Direktiven, gleich der Erkenntnis, als absolut aufzustellen. Die Vernunft wurde als die Gesetzgeberin des moralischen als auch des kognitiven Gesetzes angesehen, und ethische Vorschriften wollte man in einem Visionsakt erkennen, ähnlich der Vision, welche angeblich die letzten Gesetze des Kosmos entschleierte. Die wissenschaftliche Philosophie hat den Plan, ethische Vorschriften zu geben, völlig aufgegeben und betrachtet moralische Ziele als Ergebnisse von Willensakten, nicht aber als Gegenstand der Erkenntnis. Nur die Beziehungen zwischen verschiedenen Zielen, oder Zielen und Mitteln, sind kognitiver Erkenntnis zugänglich. Die fundamentalen ethischen Vorschriften können nicht mit Hilfe der Erkenntnis gerechtfertigt werden, sondern werden befolgt, weil die Menschen nach diesen Vorschriften verlangen und wollen, daß auch andere Menschen ihnen Folge leisten. Der Wille kann nicht aus der Erkenntnis abgeleitet werden; der menschliche Wille ist sein eigener Schöpfer und sein eigener Richter.

Das ist in kurzen Worten das Ergebnis unseres Vergleichs zwischen der alten und der neuen Philosophie. Der moderne Philosoph gibt zwar viel auf, gewinnt aber auf der anderen Seite auch wieder sehr viel. Welch ein Unterschied besteht zwischen einer Wissenschaft, die sich auf Experimente aufbaut, und einer Wissenschaft, die aus der reinen Vernunft abgeleitet wird! Wieviel zuverlässiger sind die Voraussagen des Wissenschaftlers, trotz ihrer Ungewißheit, als diejenigen des Philosophen, der behauptet, eine unmittelbare Einsicht in die letzten Gesetze der Natur zu haben! Und wieviel überlegener ist eine Ethik, die nicht an angeblich von einer höheren Autorität stammende Regeln gebunden ist, wenn sich immer neue soziale Situationen entwickeln, die für die älteren und ethischen Systeme nicht vorauszusehen waren!

Und trotzdem gibt es Philosophen, welche sich weigern, die wissenschaftliche Philosophie als Philosophie anzuerkennen und sie lieber in das Einleitungskapitel eines wissenschaftlichen Lehrbuchs verweisen möchten; Philosophen, welche immer noch behaupten, daß es eine unabhängige Philosophie gibt, die nichts mit wissenschaftlicher Forschung zu tun hat, sondern ihren eigenen Zugang zur Wahrheit besitzt. Solche Ansprüche offenbaren meiner Ansicht nach das Fehlen jeder Kritik. Diejenigen, welche die Fehler der traditionellen Philosophie nicht erkennen, wollen natürlich ihre Ergebnisse und Methoden nicht aufgeben und ziehen es vor, auf einem Pfad weiterzugehen, den die wissenschaftliche Philosophie längst verlassen hat. Sie reservieren den

Namen Philosophie für ihre mit Fehlschlüssen durchsetzten Versuche, eine überwissenschaftliche Erkenntnis aufzufinden, und weigern sich, eine Methode als philosophisch zu bezeichnen, die sich die wissenschaftliche Forschung zum Muster angenommen hat.

Wer einer wissenschaftlichen Philosophie gerecht werden will, muß seine philosophischen Wünsche und Ziele revidieren; denn ehe man nicht eingesehen hat, daß die Ziele der spekulativen Philosophie unerreichbar sind, kann man nicht verstehen, was die wissenschaftliche Philosophie erreicht hat. Figürliche Sprache ist die natürliche Ausdrucksweise des Dichters; der Philosoph hingegen muß den Gebrauch von suggestiven Bildern anstelle von Erklärungen aufgeben, wenn er die wissenschaftliche Philosophie verstehen will. Die Sehnsucht nach absoluter Gewißheit mag uns als bewundernswertes und großartiges Ziel erscheinen; der wissenschaftliche Philosoph indessen muß den Fehler vermeiden, in alltäglicher Erfahrung erworbene Gewohnheiten als Postulate der Vernunft aufzufassen und muß begreifen, daß Wahrscheinlichkeitswissen eine genügend feste Grundlage bedeutet, auf welcher alle Fragen beantwortbar sind, die sinnvollerweise gefragt werden können. Der Wunsch, moralische Gebote durch einen Akt moralischer Erkenntnis aufzustellen, erscheint psychologisch verständlich, doch muß der wissenschaftliche Philosoph die Suche nach moralischer Führung aufgeben und darf sich nicht dazu verleiten lassen, die Ethik als eine Form von Erkenntnis anzusehen, welche man sich durch Einsicht in eine höhere Welt verschafft. Die Wahrheit kommt von draußen; denn nur die Beobachtung physikalischer Dinge sagt uns, was wahr ist. Die Ethik aber kommt von innen und bedeutet ein »ich will«, nicht ein »es gibt«. Das ist die philosophische Neuorientierung, die unerläßlich ist, wenn man wissenschaftliche Philosophie treiben will; und diejenigen, welche ihre Wünsche auf die neuen Ziele umstellen können, werden finden, daß sie viel mehr gewinnen als verlieren.

Der Gewinn ist sogar sehr beträchtlich, wenn man ihn mit den Ergebnissen der traditionellen philosophischen Systeme vergleicht. Ich möchte noch einmal betonen, daß ich die historischen Verdienste dieser Systeme nicht leugne. Es ist ein langer Weg von dem ersten Auftauchen eines Problems bis zu seiner klaren Formulierung; und von da ist es noch einmal ein langer Weg bis zu seiner Lösung. Man kann viele unserer heutigen Lösungen auf ihre Anfänge in den Analogien und in der Bildersprache der Alten zurückverfolgen; aber nichts ist gefährlicher für ein kritisches Verständnis der Philosophie als die Auffassung, daß in diesen Bildern und Analogien prophetische Voraussagen moderner Entdeckungen enthalten sind. Das erste Auftauchen eines Problems entspringt oft mehr aus einem naiven Staunen als aus der Einsicht in seine weitreichenden Konsequenzen. Die Arbeit und Erfindungsgabe, welche in die zur schließlichen Lösung führende Entwicklung hineingesteckt worden ist, kann sehr groß, sogar größer sein als die Beiträge derer, die diese Entwicklung begonnen haben. Wohlverdiente Achtung vor den Alten darf uns den Leistungen unserer eigenen Zeit gegenüber nicht blind machen. Nur unabhängiges Urteil und schärfste Kritik machen es möglich, in dem Nebel unklarer Begriffe und dogmatischer Wortklauberei die wenigen echten Probleme zu entdecken, welche uns die traditionelle Philosophie hinterlassen hat. Und nur ein gründliches Verständnis der modernen wissenschaftlichen Methode kann dem Philosophen die Mittel an die Hand geben, diese Probleme zu lösen.

Ich habe versucht, die Antworten darzulegen, welche die moderne wissenschaftliche Philosophie für viele Probleme gefunden hat, die eine wichtige Rolle in der traditionellen Philosophie seit ihrer Geburt in Griechenland gespielt haben. Es handelt sich hier erstens um die Frage nach dem Ursprung der geometrischen Erkenntnis, die mit Hilfe des Unterschiedes zwischen einer empirischen physikalischen Geometrie und einer analytischen mathematischen Geometrie beantwortet wird. Ferner gehört hierher die Frage nach der Kausalität und einem allgemeinen Determinismus alles physikalischen Geschehens, welche eine negative Antwort erfahren hat: die Kausalität ist ein empirisches Gesetz und gilt nur für makrokosmische Dinge, während es auf atomarem Gebiet ungültig ist. Eine andere Frage handelte von dem Wesen der Substanz und der Materie; sie ist auf Grund der Dualität von Wellen und Teilchen beantwortet worden und hat zu einer Auffassung geführt, die viel erstaunlicher ist als irgendeines der Märchen, welche die philosophischen Systeme uns geschenkt haben. Sodann ist hier die Frage nach dem die Evolution beherrschenden Prinzip zu nennen, man hat darauf die Antwort gefunden, daß dieses Prinzip als eine statistische Auswahl in Verbindung mit Kausalgesetzen erklärt werden kann. Eine weitere Frage betrifft das Wesen der Logik, die sich als ein System von Sprachregeln erwiesen hat, welche keine mögliche Erfahrung ausschließen und daher keine Eigenschaften der physikalischen Welt ausdrücken. Sodann ergab sich die Frage nach der Voraussage der Zukunft, die in der Theorie der Wahrscheinlichkeit und Induktion beantwortet wird, nach welcher Voraussagen Setzungen sind und das beste uns zur Verfügung stehende Mittel darstellen, um die Zukunft vorauszusagen, wenn eine solche Voraussage überhaupt möglich ist. Ferner wurde die Frage nach der Existenz der Außenwelt und des menschlichen Geistes untersucht, welche sich als eine Frage nach dem richtigen Sprachgebrauch und nicht nach einer »transzendenten Wirklichkeit« herausgestellt hat. Und schließlich ist die Frage nach dem Wesen der Ethik zu nennen, welche wir dadurch beantwortet haben, daß wir einen Unterschied zwischen Zielen und Verknüpfungen zwischen Zielen machten, wonach nur diese Verknüpfungen einer kognitiven Beurteilung zugänglich sind, während die grundlegenden Ziele den Charakter von Willensentscheidungen haben.

Dies ist eine Zusammenfassung der philosophischen Resultate, welche mit Hilfe einer philosophischen Methode aufgestellt worden sind, die ebenso exakt und zuverlässig ist wie die Methode der Wissenschaft.

Diese Resultate darf der moderne Empirist anführen, wenn man ihn nach Beweisen fragt, daß die wissenschaftliche Philosophie der philosophischen Spekulation überlegen ist. Es gibt philosophische Erkenntnis; und die Philosophie ist heute nicht mehr die Geschichte von Weisen, die vergeblich versucht haben, »das Unsagbare zu sagen« und ihre Antwort in die pseudologische Form wortreicher Konstruktionen oder suggestiver Bilder kleideten. Philosophie ist die logische Analyse aller Formen des menschlichen Denkens, und was sie zu sagen hat, kann sie in verständlicher Weise darstellen; es gibt nichts »Unsagbares«, dem gegenüber sie kapitulieren müßte. Die Philosophie gebraucht eine wissenschaftliche Methode und sammelt Ergebnisse, die beweisbar sind und von allen denen anerkannt werden, die genügend Vorbildung in Logik und Naturwissenschaft haben. Wenngleich es auch noch ungelöste Probleme gibt, über deren Behandlung einzelne Philosophen verschiedener Meinung sind, so besteht doch die berechtigte Hoffnung, daß sie eines Tages mit denselben Methoden gelöst werden, die für viele andere Probleme heute allgemein anerkannte Lösungen geliefert haben.

Wenn man die alte und die neue Philosophie vergleicht, wundert man sich, daß noch soviel Widerstand gegen die neue philosophische Methode und ihre Ergebnisse besteht; und ich möchte daher einmal nach den Ursachen dieses Widerstandes fragen.

Erstens ist beträchtliche technische Arbeit nötig, um die neue Philosophie zu verstehen. Die Philosophen der alten Schule sind gewöhnlich in Literatur und Geschichte bewandert, aber haben sich nie die präzisen Methoden der mathematischen Wissenschaft zu eigen gemacht oder das beglückende Erlebnis gehabt, ein Naturgesetz mit allen seinen Konsequenzen experimentell zu überprüfen. Der Unterricht in der Schule führt ja nur in das Vorzimmer der Mathematik und Naturwissenschaften; und wer kann über die Erkenntnistheorie urteilen, wenn er Erkenntnis in ihrer besten Form nie kennengelernt hat?

Gewöhnlich wird die Ablehnung der neuen Philosophie damit verteidigt, daß die neue Philosophie zu sehr an den mathematischen Wissenschaften orientiert ist und den historischen und sozialen Wissenschaften keine Gerechtigkeit widerfahren läßt. Dieses Argument beweist aber nur, daß das Programm der wissenschaftlichen Philosophie mißverstanden wird. Der wissenschaftliche Philosoph heißt jeden Versuch willkommen, die Geisteswissenschaften mit derselben Methode zu untersuchen, die auf naturwissenschaftlichem Gebiet zu solchem Erfolg geführt hat. Er lehnt nur eine Philosophie ab, die eine Trennungslinie zwischen den Geisteswissenschaften und den Naturwissenschaften ziehen will und den Anspruch erhebt, daß grundlegende Begriffe, wie »Erklärung« oder »wissenschaftliches Gesetz« oder »Zeit«, auf diesen beiden Gebieten verschiedene Bedeutungen haben. Solche Behauptungen entspringen oft aus einem Mißverständnis der mathematischen Wissenschaften. In Wirklichkeit bringt die Analyse der Kausalität, wie sie in der Physik durchgeführt worden ist, diese Wissenschaft in viel näheren Kontakt mit der Soziologie als es je vorher möglich war; die Entdeckung, daß die physikalischen Gesetze Wahrscheinlichkeitsbeziehungen und keine Diktate der reinen Vernunft darstellen, sollte den Soziologen ermutigen, ebenfalls Gesetze aufzustellen, selbst wenn seine Gesetze nur für die Mehrzahl der Ereignisse gültig sind. Die außerordentlich verwickelte Struktur sozialer Bedingungen, die es unmöglich macht, ein soziologisches Gesetz in einem Idealfall verwirklicht zu sehen, erinnert an ähnliche Verhältnisse auf physikalischem Gebiet, nämlich an die Meteorologie. Obgleich es nicht möglich ist, strenge meteorologische Voraussagen zu machen, zweifelt der Physiker keinen Augenblick daran, daß das Wetter thermodynamischen und aerodynamischen Gesetzen gehorcht. Selbst wenn es schwer ist, das politische Wetter vorauszusagen, braucht der Soziologe doch die Existenz soziologischer Gesetze nicht zu bezweifeln.

Auch der Einwand, daß soziologische Ereignisse einmalig sind und sich nicht wiederholen, ist nicht stichhaltig, denn das stimmt auch für die physikalischen Geschehnisse. Das Wetter ist nie genau gleich an zwei verschiedenen Tagen, und der Zustand eines Stückes Holz ist nie derselbe wie der eines anderen Stückes. Der Wissenschaftler überwindet diese Schwierigkeiten, indem er die Einzelfälle in eine Klasse einordnet und nach Gesetzen sucht, welche die verschiedenen Einzelzustände wenigstens in der Mehrzahl der Fälle beherrschen. Warum soll der Soziologe nicht dasselbe fertigbringen?

Die Behauptung eines unüberbrückbaren Abgrunds zwischen Geisteswissenschaften und Naturwissenschaften sieht ganz nach einem Versuch aus, in der Philosophie der Geisteswissenschaften ein Reservat für Philosophen zu schaffen, die Angst haben vor der logischen und mathematischen Technik, ohne die jedoch eine Erkenntnistheorie heute nicht mehr aufgebaut werden kann. Glücklicherweise gibt es andrerseits eine Reihe von Geisteswissenschaftlern, die sich auf der Suche nach einer für ihre Wissenschaft geeigneten Methode um Hilfe an die wissenschaftlichen Philosophen wenden und einsehen, daß erst einmal gründlich aufgeräumt werden muß, bevor eine Philosophie der Geisteswissenschaften formuliert werden kann. Ich möchte die Hoffnung ausdrücken, daß die wissenschaftliche Philosophie der Zukunft auf Gelehrte der verschiedensten Gebiete ihre Anziehungskraft ausüben und sie veranlassen möge, die Forschung auf ihrem Spezialgebiet mit philosophischen Untersuchungen zu vertauschen.

Die Hilfe von seiten unvoreingenommener Mitarbeiter auf dem Gebiet der nichtmathematischen Wissenschaften ist noch aus anderen Gründen willkommen. Obgleich mathematische und logische Untersuchungen wesentlich dazu beigetragen haben, die neue Philosophie aufzubauen, sind solche Arbeiten nicht notwendigerweise mit kritischer philosophischer Einstellung gepaart. Es gibt Mathematiker und sogar mathematische Logiker, die nie das Bedürfnis gefühlt haben, die Strenge ihrer Methoden auf die logische Analyse der empirischen Erkenntnis auszudehnen, oder die glauben, daß eine solche Erweiterung nur möglich ist, wenn eine über das Empirische hinausgehende Einsicht hinzutritt, nämlich eine Einsicht in eine nichtanalytische absolute Wahrheit. Sie betrachten die Philosophie als eine Art Raten, das niemals zu ernsthaften Resultaten führen kann, oder sehen die Gewohnheiten des gesunden Menschenverstandes als unvermeidbare Voraussetzungen der Philosophie an und leugnen die Möglichkeit, solche gewohnheitsmäßigen Überzeugungen kritisch zu behandeln; andere wieder glauben, daß die unbestimmte und phantasievolle Sprache der spekulativen Philosophen das einzige Mittel darstellt, philosophische Probleme zu behandeln. Mathematische Ausbildung ist an und für sich noch keine Garantie für ein Verständnis der Probleme und Methoden der modernen Erkenntnistheorie. Aber selbst wenn die Probleme klar gesehen werden, mögen die Lösungen immer noch mit Hilfe von Denkweisen gesucht werden, die eine uralte Tradition berühmt gemacht hat und welche die Studenten auf den Universitäten in den grundlegenden Jahren ihrer wissenschaftlichen Ausbildung nicht kritisieren gelernt haben.

Die Trennungslinie zwischen der alten und der neuen Philosophie verläuft nicht zwischen Mathematik und spekulativer Philosophie. Sie trennt den Menschen, der sich für jedes Wort, das er spricht, verantwortlich fühlt, von demjenigen, der Worte dazu gebraucht, um intuitive Eingebungen und undurchdachte Vermutungen verlautbaren zu lassen; den Menschen, der bereit ist, seine Auffassung der Erkenntnis erreichbaren Formen des Wissens anzupassen, von demjenigen, der den Glauben an eine überempirische Wahrheit nicht aufgeben kann; den Menschen, der davon überzeugt ist, daß die Analyse der Wissenschaft streng logischen Methoden zugänglich ist, von demjenigen, der unter Philosophie ein Gebiet versteht, das logischen Regeln nicht unterworfen ist und auf dem jeder sein Bedürfnis nach dichterischer Sprache und Gefühlsmalerei befriedigen kann. Die Trennung dieser beiden Mentalitätstypen ist eine unentrinnbare Folge der neuen Philosophie.

Ein zweiter möglicher Grund für den Widerstand gegen die wissenschaftliche Philosophie ist die Ansicht, daß der wissenschaftliche Philosoph kein Verständnis für die gefühlsmäßige Seite des menschlichen Lebens hat und daß logische Analyse die Philosophie ihres Gefühlswertes beraubt. Viele Philosophiestudenten gehen zum Zwecke der Erbauung in philosophische Kollegs und lesen Plato so, wie sie die Bibel lesen oder Shakespeare. Natürlich sind sie enttäuscht von einem Philosophiekolleg, in dem sie sich Erklärungen über symbolische Logik oder die Relativitätstheorie anhören müssen. Einer solchen Einstellung gegenüber kann ich nur sagen, daß die, welche nach Erbauung suchen, sich Vorträge über die Bibel oder über Shakespeare anhören sollen, daß sie aber Erbauung nicht dort erwarten dürfen, wo sie nicht hingehört. Der wissenschaftliche Philosoph will gar nicht Gefühlswerte herabsetzen und möchte auch selbst nicht ohne solche Werte leben. Sein Leben kann ebenso leidenschaftlich und gefühlsdurchwebt sein wie das irgendeines literarischen Menschen – er weigert sich aber, Gefühl und Erkenntnis miteinander zu vermischen und atmet gern die reine Luft logischer Einsicht und Klarheit. Ich darf hier vielleicht einen weniger ätherischen Vergleich benutzen; der Geschmack für logische Analyse ähnelt dem Geschmack für Austern, insofern, als man ihn erst lernen muß. Aber wer Austern ißt, trinkt auch gern ein Glas Wein dazu; und ebenso braucht der Student der Logik dem Wein der gefühlsmäßigen Erlebnisse nicht zu entsagen, der sich ihm in weniger logischen Beschäftigungen darbietet.

Es ist ein Märchen, daß ein mathematischer und logischer Geist den Wert der Kunst nicht schätzen kann. Ein berühmter Mathematiker hat die Werke eines lyrischen Dichters herausgegeben; manch ein berühmter Physiker spielt in seiner Freizeit Geige, und ein berühmter Biologe war ein Maler, wie man an dem künstlerischen Talent erkennen kann, das in den Zeichnungen seiner mikroskopischen Beobachtungen zum

Ausdruck kommt. Kunst und Wissenschaft schließen einander nicht aus, aber man darf sie auch nicht miteinander identifizieren. »Wahrheit ist Schönheit und Schönheit ist Wahrheit« – das ist ein sehr schöner Ausspruch, aber kein wahrer; und damit wird er zu einem Gegenbeweis der in ihm aufgestellten Behauptung.

Vielleicht wird man hier einwenden, daß ich nicht zum Thema spreche, denn es ist ja nicht die persönliche Einstellung des wissenschaftlichen Philosophen, die zur Diskussion steht; niemand leugnet, daß der wissenschaftliche Philosoph einen guten Geschmack haben und echter Gefühle fähig sein kann. Was man ihm entgegenhält, ist, daß er in seinem philosophischen System der Kunst und dem Gefühlsleben keinen Platz anweist. Der spekulative Philosoph ordnet der Kunst eine sehr würdige Stellung zu, indem er sie der Wissenschaft und der Ethik gleichstellt; das Gute, das Schöne und das Wahre sind für ihn die dreizackige Krone alles menschlichen Suchens und Sehnens. Anscheinend hat die Krone des wissenschaftlichen Philosophen nur *eine* Zacke. Warum hat er die beiden anderen abgebrochen?

Darauf kann man nur antworten, daß die Beziehung zwischen Wahrheit und Schönheit keine Angelegenheit von Kronen oder von Würde ist. Die Frage, wo man die Kunst einordnen soll, ist eine logische Frage und daher eine Frage nach Wahrheit. Es handelt sich hier um die Frage des logischen Charakters von Wertsetzungen, und die Antwort darauf darf nicht in Form von Wertsetzungen gegeben werden. Es ist ganz gleichgültig, ob die Antwort unsere psychologischen Bedürfnisse oder Wünsche befriedigt.

Die Kunst drückt Gefühle aus; ästhetische Dinge dienen als Symbole, welche Empfindungszustände repräsentieren. Sowohl der Künstler als auch der Genießer der Kunstwerke legt den physikalischen Dingen, die aus Farbflecken auf Leinwand oder von Musikinstrumenten hervorgebrachten Tönen bestehen, Gefühlsbedeutungen zu. Es ist ein natürliches Bestreben, Gefühlsdeutungen einen symbolischen Ausdruck zu verleihen; d. h., eine solche Tätigkeit stellt einen Wert dar, dessen wir uns gern erfreuen. Wertsetzungen sind ein allgemeiner Charakterzug zielbewußter Handlungen, und es empfiehlt sich, ihre logische Natur ganz allgemein zu untersuchen und sich nicht auf eine Analyse der Kunst zu beschränken.

In gewissem Sinn dient jede menschliche Handlung dazu, ein Ziel zu erreichen, ob es sich darum handelt, einem Beruf nachzugehen, um Geld zu verdienen, oder eine politische Versammlung mitzumachen, um politische Entscheidungen zu beeinflussen, oder eine Bildergalerie zu besuchen, wo man Landschaften oder Porträts oder abstrakte Formen durch die Augen des Künstlers sehen will, oder tanzen zu gehen und sich dem Reiz rhythmischer Bewegung und Musik hinzugeben. In allen diesen Tätigkeiten gibt es jedoch Augenblicke, wo man vor eine Wahl gestellt wird; und die Wertsetzung zeigt sich darin, wie man die Wahl trifft. Nicht immer wird die Wertsetzung ausdrücklich ausgesprochen, und sie wird oft gar nicht in bewußter Überlegung vollzogen; es kann ein momentaner Impuls sein, der uns dazu treibt, ein Buch zu lesen oder einen Freund zu besuchen oder in ein Konzert zu gehen. Aber in der Art, wie wir unsere Entscheidungen treffen, zeigen wir deutlich, was uns wertvoll ist und welche Wertordnung hinter unseren Handlungen steht.

Es ist die Aufgabe des Psychologen, diese Wertordnung im einzelnen herauszuarbeiten. Er weiß, daß sie nicht immer dieselbe bleibt, daß die Wahl von den im Augenblick gegebenen Bedingungen, von der Umgebung und vom Alter abhängt. Aber er kann eine Art Durchschnittsordnung als Ergebnis einer Statistik zielbewußter Handlungen aufstellen und kann zielgerichtete Handlungen verschiedener Art klassifizieren. So gibt es z. B. den physiologischen Trieb zur Nahrung, zum Geschlechtsverkehr, zum Schlaf oder den Trieb zu sozialer Anerkennung, zu gesellschaftlichem Einfluß und Macht. Ferner gibt es den schöpferischen Impuls, der einen Menschen dazu veranlaßt, ein Buch zu schreiben oder seinen eigenen Gartenzaun zu zimmern. Da ist der Wunsch zum Spielen oder anderen beim Fußballspiel zuzusehen. Da ist der Trieb, seinen Gefühlen freien Lauf zu lassen, der sich darin äußert, sich ein Streichquartett anzuhören oder sich einen feurigen Sonnenuntergang anzusehen. Da ist der Trieb zum Lernen, der dadurch befriedigt wird, daß man wissenschaftliche Bücher studiert oder Experimente macht. Jede Klassifizierung dieser Art ist unvollkommen, denn alle Versuche, die verschiedenen Ziele in eine saubere logische Ordnung zu bringen, scheitern daran, daß die Klassen sich überschneiden.

Einen Zug aber haben alle zielgerichteten Handlungen gemeinsam, und das ist die Tatsache, daß die Entscheidung für ein Ziel kein Vorgang ist, der sich mit der Erkenntnis der Wahrheit vergleichen läßt. Kognitive Implikationen spielen dabei wohl eine Rolle; z. B. kann das Ziel, seinen Lebensunterhalt zu verdienen, die Konsequenz enthalten, daß man allerlei langweilige berufliche Arbeit leisten muß. Aber die Wahl des Ziels ist kein logischer Vorgang, sondern vollzieht sich als spontane Bejahung von Wünschen oder Willensrichtungen, die sich unter dem Zwang eines unentrinnbaren Triebes, oder unter dem Reiz der Vorfreude, oder mit der einfachen Natürlichkeit täglicher Gewohnheit einstellt. Es hat keinen Sinn, vom Philosophen zu verlangen, daß er diese Wertsetzungen rechtfertigen soll. Er kann auch keine Skala von Werten aufstellen, denn eine solche Skala ist selbst der Ausdruck von Wertsetzungen und keine kognitive Angelegenheit. Da er ein gebildeter und erfahrener Mensch ist, kann er wohl Ratschläge für Wertsetzungen geben, d. h., er kann andere Menschen dahin beeinflussen, mehr oder weniger seine eigene Wertskala anzuerkennen. Aber Leute in anderen Berufen können diese erzieherische Funktion oft gerade so gut ausüben; und wenn sie ausgebildete Pädagogen oder Psychologen sind, werden sie sogar besser dafür geeignet sein.

Der wissenschaftliche Philosoph denkt nicht daran, Wertprobleme als unwichtig anzusehen, denn sie sind für ihn genauso bedeutsam wie für jeden anderen Menschen. Er glaubt nur, daß man sie nicht mit philosophischen Mitteln lösen kann. Sie gehören in die Psychologie, und ihre logische Analyse muß auf derselben Grundlage durchgeführt werden wie die logische Analyse psychologischer Begriffe im allgemeinen.

Ein dritter Grund für den Widerstand gegen die wissenschaftliche Philosophie ist die Tatsache, daß man aus ihr keine ethischen Vorschriften ableiten kann. Die strenge Unterscheidung zwischen Ethik und Erkenntnis, zwischen Wollen und Wisssen hat manche Studenten von den Lehren der wissenschaftlichen Philosophie abgeschreckt. Der Philosoph der alten Schule gab Ratschläge, wie man leben soll, und versprach seinen Schülern, daß sie herausfinden würden, was gut und schlecht ist, wenn sie nur fleißig philosophische Bücher läsen. Der wissenschaftliche Philosoph sagt ganz offen, daß der Student von seinem Unterricht nichts erwarten darf, wenn er wissen möchte, wie er es dazu bringen kann, ein guter Mensch zu werden.

Aber wenn der wissenschaftliche Philosoph es auch ablehnt, moralische Ratschläge zu geben, so ist diese negative Haltung doch dadurch gemildert, daß er seine Schüler ermutigt, sich über die Beziehungen zwischen den verschiedenen ethischen Zielen erkenntnismäßig klar zu werden. Die Verknüpfung von Mittel und Zweck, von primären und sekundären Zielen, ist kognitiver Art, und man darf nicht vergessen, daß diese Tatsache eine Menge ethischer Streitfragen aus dem Wege räumt. Die meisten moralischen Entscheidungen, denen wir gegenüberstehen, betreffen nicht primäre, sondern nur sekundäre Ziele; und man braucht dann nur zu untersuchen, welchen Beitrag die betreffende Entscheidung zur Verwirklichung eines prinzipiellen Zieles leistet. Von diesem Typus sind praktisch alle politischen Entscheidungen. Ob die Regierung die Preise regeln soll, ist z. B. eine Frage, die auf der Basis einer nationalökonomischen Untersuchung beantwortet werden muß, denn das ethische Ziel, alle notwendigen Güter für einen möglichst billigen Preis herzustellen, steht nicht zur Diskussion. Damit, daß er die moralischen Implikationen als kognitiv ansieht, verlegt der wissenschaftliche Philosoph die Diskussion solcher Beziehungen aus dem Gebiet der Philosophie in das Gebiet der Sozialwissenschaften. Die logische Analyse der Ethik wie die der Physik zeigt, daß viele Fragen, die man als philosophisch angesehen hatte, mit Hilfe der verschiedenen Einzelwissenschaften beantwortet werden müssen. Und die Geschichte der Philosophie kennt viele Beispiele, wo die Fragen der Philosophen schließlich dem Wissenschaftler überlassen werden mußten. Wer den Philosophen um Ratschläge fürs Leben bittet, soll dankbar sein, wenn ihn der Philosoph zum Psychologen oder Sozialwissenschaftler schickt; denn das Wissen, das diese empirischen Wissenschaften angesammelt haben, verspricht viel bessere Antworten, als man in den Werken der Philosophen finden kann. Die ethischen Systeme der spekulativen Philosophie sind aus psychologischen Verhältnissen hervorgegangen; und ähnlich wie die theoretischen Systeme, glauben sie, philosophische Ergebnisse gefunden zu haben, wo es sich nur um das Produkt eines vorübergehenden Stadiums von Kultur und Wissenschaft handelt. Der wissenschaftliche Philosoph hütet sich vor solchen Irrtümern, indem er seine Beiträge zur Ethik auf eine Klärung ihrer logischen Struktur beschränkt.

Obgleich sich der wissenschaftliche Philosoph weigert, moralische Ratschläge zu geben, ist er doch gewillt, innerhalb seines Programms das Wesen ethischer Ratschläge zu diskutieren und damit seine analytische Methode auf das Studium der logischen Seite dieser nützlichen Tätigkeit auszudehnen. Ethische Ratschläge können auf drei verschiedene Weisen gegeben werden. In der ersten Form versucht der Ratgeber, eine andere Person dazu zu überreden, moralische Ziele anzuerkennen, welche er, der Ratgeber, für gut hält. In der zweiten Form fragt der Ratgeber den anderen Menschen, was seine Ziele sind, und stellt dann Implikationen auf, die dazu geeignet sind, diese Ziele zu erreichen. In der dritten Form unterrichtet sich der Ratgeber über die Ziele des anderen nicht dadurch, daß er ihn danach fragt, sondern indem er sein Verhalten beobachtet und daraus schließt, welche Ziele der andere verfolgt. Er formuliert dann diese Ziele in Worten und stellt wie vorher Implikationen zur Erreichung dieser Ziele auf.

Von der ersten Art sind Ratschläge von Politikern, Vertretern der verschiedenen Religionen und anderen Anhängern einer autoritären Ethik. In der zweiten Form übernimmt der Ratgeber die Funktion eines psychologischen Technikers, wie es ein Berufsberater tut, der Fragen über die Vorbereitung für die verschiedenen Berufe beantwortet. In der dritten Form nimmt der Ratgeber die Aufgabe auf sich, das Verhalten des anderen richtig zu interpretieren. Da die Menschen sich oft gar nicht über ihre eigenen Ziele im klaren sind, ist der Ratgeber manchmal in der Lage, einem Menschen klarzumachen, was er »eigentlich will«. Das heißt, er kann eine zusammenhängende Erklärung für das Verhalten eines Menschen geben und ihn dazu veranlassen, seine ihm vorher verborgenen Wünsche bewußt zu formulieren. Der Ratgeber kann auf diese Weise großen Einfluß auf die Psychologie eines Menschen erlangen und ihm helfen, seine natürlichen Willensrichtungen klar zu erkennen, was in mancher Hinsicht eine ähnliche Funktion ist wie das Suchen nach Bedeutungserklärungen, welches in der logischen Analyse der Umgangssprache eine große Rolle spielt. Diese Form eines Ratschlages ist die wirksamste und verlangt besondere Fähigkeiten auf seiten des Ratgebers, vor allem psychologisches Verständnis und Kenntnis sozialer Verhältnisse.

Nur in der ersten Form ist die subjektive Komponente eines Ratschlags wirklich sichtbar; aber in den beiden anderen Versionen ist sie gewöhnlich auch vorhanden. Der Ratgeber ist im allgemeinen nur dann dazu bereit, jemandem die Mittel zu seinen Zielen aufzuzeigen, wenn er selbst mit diesen Zielen zu einem gewissen Grade einverstanden ist. Ein Anhänger demokratischer Ideale wäre sicherlich nicht gewillt, einer totalitären Regierung Ratschläge zur Erreichung ihrer Ziele zu geben, wenn er nicht dabei »seine Seele verkaufen« will – ein Verhalten, das die meisten Menschen als unmoralisch ablehnen. Gewissenhafter Rat ist daher nie ganz objektiv, und der Ratgeber ist notwendigerweise ein aktiver Teilnehmer bei der Aufstellung von Zielen; er selbst trifft auch Entscheidungen und übernimmt neben dem kognitiven Teil seiner Arbeit eine handelnde Funktion.

Es wird manchmal behauptet, daß ein Rat objektiv ist, weil der Ratsuchende, sobald er den Rat angenommen und in seinem eigenen Leben befolgt hat, oft zugibt, daß er jetzt weiß, was er will, und viel glücklicher ist als vorher. Dieses Ergebnis ist aber kein Beweis für Objektivität. Der menschliche Charakter ist beeinflußbar, und wenn dieser Mensch unter dem Einfluß von Ratgebern gestanden hätte, die ihn zu ganz anderen Entscheidungen veranlaßt hätten, würde er sich zu diesen Ratschlägen vielleicht genau so positiv einstellen und sich glücklich und erhoben fühlen. Die Mitglieder eines totalitären Staates sind oft genau so glücklich und selbstbewußt wie diejenigen eines demokratischen Staates, und doch ist es sehr wahrscheinlich, daß sie sich gegenteilige gesellschaftliche Ziele zu eigen gemacht hätten, wenn sie in entsprechender Umgebung aufgewachsen wären. Ethische Ratschläge können nicht auf Grund ihres psychologischen Erfolges gerechtfertigt werden. Der Ratgeber soll nur wissen, daß er einen Menschen dazu veranlaßt, etwas zu tun, was er, der Ratgeber, für richtig hält, daß die Verantwortung bei dem Ratgeber liegt und daß es kein Entrinnen vor dem eigenen Willen in eine objektive Moral gibt, die man auf Grund psychologischer Untersuchungen des Menschen feststellen kann. Die Psychologie kann uns mitteilen, was die Menschen wollen, aber nicht, was die Menschen wollen *sollen*, wenn man das Wort »sollen« im nichtimplikativen Sinn gebraucht – und das implikative »sollen« kann keine objektive Ethik festlegen, weil es primäre Ziele nicht rechtfertigen kann.

Die Lösung, welche die wissenschaftliche Philosophie für das Problem der Ethik liefert, ähnelt in vieler Hinsicht der Lösung für das Problem der Geometrie: während die älteren Mathematiker die Geometrie als Ganzes als mathematisch notwendig ansahen, beschränken die heutigen Mathematiker die Notwendigkeit auf die Implikationen zwischen den Axiomen und den Lehrsätzen und schließen die Axiome selbst aus dem Gebiet mathematischer Behauptungen aus. In ähnlicher Weise unterscheidet der wissenschaftliche Philosoph zwischen den ethischen Axiomen oder Prämissen und den ethischen Implikationen und behauptet, daß nur die Implikationen, d. h. die Verknüpfungen zwischen Ziel und Mittel, logischen Beweisen zugänglich sind. Trotzdem besteht hier ein grundlegender Unterschied. Die Axiome der Geometrie können zu wahren Aussagen gemacht werden, wenn man sie als physikalische Aussagen betrachtet, die auf Zuordnungsdefinitionen beruhen und mit Hilfe von Beobachtungen geprüft werden können; sie haben dann empirischen Wahrheitscharakter. Im Gegensatz dazu können die ethischen Axiome überhaupt nicht zu kognitiven Aussagen gemacht werden, und es gibt keine Interpretation, in welcher man sie wahr nennen könnte. Sie sind Willensentscheidungen, und wenn der wissenschaftliche Philosoph die Möglichkeit einer wissenschaftlichen Ethik zurückweist, dann meint er diese Tatsache. Er wird niemals ableugnen, daß die Sozialwissenschaften eine wichtige Rolle bei allen Anwendungen ethischer Entscheidungen spielen, und er will auch nicht behaupten, daß die sogenannten Axiome unveränderliche Prämissen darstellen, die für alle Zeit und unter allen Umständen gültig sind. Sogar die allgemeinsten ethischen Prämissen können sich mit der sozialen Umgebung ändern, und wenn man sie Axiome nennt, so heißt das nur, daß sie in einem bestimmten Zusammenhang nicht in Frage gestellt werden.

Die Ethik enthält sowohl eine kognitive als auch eine Willenskomponente, und kognitive Implikationen können die Willensentscheidungen niemals völlig ausschalten, wenn sie die Zahl solcher Entscheidungen auch auf ein Minimum von grundlegenden Entscheidungen reduzieren können. Folgende Analyse mag die logische Beziehung zwischen Entscheidungen und Implikationen klarmachen. Angenommen, jemand hat sowohl das Ziel A als auch das Ziel B. Der Soziologe beweist ihm, daß A nicht – B impliziert, also daß die Ziele A und B nicht zugleich verwirklicht werden können. Muß er nun B aufgeben? In keiner Weise, denn er kann genau so gut A aufgeben und sich für B entscheiden; und er wird es tun, wenn B ihm als das vorteilhaftere Ziel erscheint. Eine ethische Implikation sagt einem Menschen nicht, was er tun soll, sondern stellt ihn nur vor eine Wahl. Die Wahl ist eine Angelegenheit des Willens, und keine kognitive Implikation kann einen Menschen dieser persönlichen Entscheidung entheben.

Nehmen wir z. B. an, daß ein Mensch Friede unter den Völkern will, gleichzeitig aber Freiheit von jeder Diktatur verlangt. Er findet nun, daß unter gewissen Umständen eine Diktatur nur mit Waffengewalt gestürzt werden kann. Folgt daraus, daß er für Kriege gegen den Diktator sein muß, wenn diese Umstände zur Wirklichkeit werden? Das wäre ein Fehlschluß, denn was daraus folgt, ist nur, daß er nicht zugleich Frieden und Freiheit haben kann. Es ist seine Sache, zu entscheiden, welches Ziel für ihn das wichtigere ist. Die kognitive Implikation »Freiheit impliziert Krieg« zwingt ihn nur dazu, seine Wahl zu treffen; aber sie sagt ihm keineswegs, was er wählen soll.

Diese Analyse wird es auch deutlich machen, daß es keine absoluten Ziele gibt, d. h. Ziele, die man unter allen Umständen verfolgen muß. Jedes Ziel kann auf Grund seiner Konsequenzen beurteilt werden. Wenn ein Ziel den Gebrauch von Mitteln verlangt, die wir im Hinblick auf andere Ziele als schlecht ansehen, und wenn uns diese anderen Ziele wichtiger erscheinen als das erste Ziel, dann werden wir das erste Ziel aufgeben. Der Zweck heiligt die Mittel – ja, aber umgekehrt können die Mittel auch den Verzicht auf den Zweck verlangen. Die Implikation zwischen Mitteln und Zweck liefert keinen Beweis dafür, daß man ein bestimmtes Mittel durchführen muß, sondern beweist nur ein entweder – oder; sie zeigt, daß wir entweder von dem Mittel Gebrauch machen oder den Zweck aufgeben müssen. Diese Wahl hat jeder für sich selbst zu treffen.

Manchmal hilft es, wenn man weitere Implikationen kennt. Wenn man eine Wahl zwischen A und B treffen muß, kann es nützlich sein, wenn man weiß, daß A für ein Ziel C und B für ein Ziel D nötig ist. Statt A gegen B kann man C gegen D wägen. Einem Mann wird z. B. eine gut bezahlte Stellung angeboten, die ihn allerdings dazu zwingen würde, für politische Ansichten einzutreten, die er bisher immer von sich gewiesen hat. Er braucht Geld, um seine Kinder auf die Universität schicken zu können, würde jedoch sein Selbstbewußtsein und die Achtung seiner Freunde verlieren, wenn er ein politisch Abtrünniger wird. Die ursprüngliche Wahl zwischen gut bezahlter Stellung und Aufrechterhaltung seiner politischen Ansichten ist so in die Wahl zwischen der Möglichkeit, die Mittel für eine Universitätserziehung seiner Kinder zu finden, und der Bewahrung seines guten Rufes verwandelt. In diesem Beispiel erleichtert die Zurückführung der Wahl auf eine andere nicht gerade die Entscheidung, aber in anderen Fällen mag es leichter sein, zwischen C und D als zwischen A und B zu wählen. Es ist aber ganz offensichtlich, daß jede solche Zurückführung uns vor eine Entscheidung stellt, die nicht mit kognitiven Mitteln getroffen werden kann. Die letzte Instanz in jeder Wahl ist unser Wille.

Ich möchte die Hoffnung ausdrücken, daß meine Formulierung den Weg zu einer Verständigung mit den Pragmatisten eröffnet, welche für die Existenz einer wissenschaftlichen Ethik eintreten. Der Unterschied zwischen ihrer und meiner Formulierung wäre nur eine Angelegenheit der Terminologie, wenn der Ausdruck »wissenschaftliche Ethik« eine Ethik bedeuten soll, welche die wissenschaftliche Methode zur Aufstellung von Implikationen zwischen Mitteln und Zwecken benutzt. Vielleicht ist das alles, was die Pragmatisten behaupten wollen; trotzdem wäre ich froh, wenn ich in ihren Schriften eine klare Bestätigung dafür finden könnte, daß sie alle Versuche, primäre Ziele kognitiv zu rechtfertigen, als unwissenschaftlich ansehen. Der Pragmatist spricht von menschlichen Bedürfnissen; aber wenn Menschen Bedürfnisse haben, dann heißt das noch nicht, daß diese gut sind. Wenn man aus dem Verhalten der Menschen ihre Bedürfnisse oder Ziele erschließen kann, mag es sehr nützlich sein, diese Ziele im einzelnen aufzuzählen; aber wer Ratschläge gibt, die den Zweck haben, diese Bedürfnisse bewußt zu machen und zu befriedigen, beweist durch *sein* Verhalten, daß er solche Bedürfnisse nicht nur als vorhanden, sondern auch als gut ansieht. Wenn man sich darüber klar ist, daß das Wort »gut« hier den Sinn hat, daß der Ratgeber den von ihm formulierten Zielen zustimmt, ist der Pragmatist als ethischer Ratgeber willkommen.

Wenn der Ratgeber diese Interpretation offen annimmt, dann kann er z. B. darauf bestehen, daß ein Arzt das Berufsgeheimnis wahren muß, da das Ziel des Arztes, seinen Patienten zu heilen, sehr erschwert würde, wenn die Patienten nicht sicher wären, daß ihre persönlichen Fälle vertraulich behandelt werden. Oder er kann behaupten, daß wissenschaftliche Forschung, obwohl ihrer Methode nach kognitiv, die Verfolgung von Zielen einschließt, welche soziale Implikationen haben. Die Suche nach Wahrheit kann nur in einer Atmosphäre von Freiheit und Aufrichtigkeit zum Erfolg führen; und ein Wissenschaftler, der nicht gewillt ist, sich für diese ethischen Forderungen einzusetzen, handelt seinen eigenen Interessen zuwider. Dieses Argument bedeutet nicht, daß aus wissenschaftlichen Gesetzen ethische Imperative folgen, sondern daß die ethischen Ziele, die hinter der Tätigkeit des Wissenschaftlers stehen, solche Imperative verlangen.

Es wäre eine bedeutende Leistung, wenn es gelänge, eine solche Ethik für einen sozialen Organismus im einzelnen auszuarbeiten. Man würde zu diesem Zwecke mit Hilfe der Soziologie Verhaltungsmaßregeln entwerfen, die dem Leben eines Menschen in der Gesellschaft angemessen sind. Ich hätte nichts dagegen, ein derartiges System eine wissenschaftliche Ethik zu nennen, wenn man sich darüber einig ist, daß sie keine Wissenschaft ist. Sie ist im gleichen Sinne wissenschaftlich wie die Medizin oder die Maschinenindustrie; sie ist eine Form sozialer Technik, nämlich eine Technik, welche die Ergebnisse der kognitiven Wissenschaften dazu benutzt, um von Menschen gewollte Ziele zu erreichen. Die Ziele selbst sind nicht kognitiv begründbar oder durch die Wissenschaft zu rechtfertigen. Sie drücken Willensentscheidungen aus, und kein Wissenschaftler kann irgend jemanden davon entbinden, auf den eigenen Willen zu lauschen. Der Wissenschaftler kann noch nicht einmal moralische Ratschläge geben, ohne auf seinen *eigenen* Willen zu hören. Wenn er die Funktion eines ethischen Ratgebers übernimmt, dann geht er über die Grenzen seiner Wissenschaft hinaus und schließt sich denen an, welche die menschliche Gesellschaft nach einem Muster formen, das sie für richtig halten.

Eine wissenschaftliche Philosophie kann keine moralischen Vorschriften geben; das ist eines ihrer Ergebnisse, und man kann ihr daraus keinen Vorwurf machen. Du willst Wahrheit und nichts als Wahrheit? Dann verlange keine ethischen Gebote vom Philosophen. Die Philosophen, die dazu bereit sind, moralische Direktiven aus ihren Systemen abzuleiten, liefern dir einen Pseudobeweis. Es hat ganz gewiß keinen Sinn, Unmögliches zu verlangen.

Die Antwort auf die Frage nach moralischen Richtlinien ist daher dieselbe wie die Antwort auf die Frage nach der absoluten Gewißheit: beide beziehen sich auf grundsätzlich unerreichbare Ziele. Mit dem Beweis, daß diese Ziele aus logischen Gründen unerreichbar sind, ist die moderne wissenschaftliche Philosophie zu einem kognitiven Resultat gekommen, das angesichts der traditionellen philosophischen Ziele von größter weltanschaulicher Bedeutung ist. Es verlangt nämlich von uns, diese Ziele aufzugeben. Doch das Unmögliche aufgeben, ist nicht dasselbe wie Resignation. Die negative Wahrheit führt zu dem positiven Gebot: wähle dir deine Ziele so, daß sie erreichbar sind. Dieses Gebot folgt aus dem Wunsch, daß man sein Ziel erreichen möchte und drückt eine triviale Implikation aus: wenn du deine Ziele erreichen willst, dann strebe nicht nach unerreichbaren Zielen.

Im Tempel von Delos im alten Griechenland stand ein würfelförmiger goldener Altar. Als einmal die Pest herrschte, befragten die Deler das Orakel und erhielten die Antwort, daß sie ihren Gott beschwichtigen könnten, wenn sie ihm einen würfelförmigen doppelt so großen Altar bauten. Die Priester fragten die Mathematiker, wie sie die Länge der Kante eines Würfels berechnen könnten, der dem Volumen nach doppelt so groß wäre wie der im Tempel stehende Altar; doch die Mathematiker waren außerstande, eine strenge Lösung für dieses Problem zu geben. Ich habe immer gedacht, daß der Gott vielleicht zufrieden gewesen wäre, wenn der Würfel *ungefähr* den doppelten Inhalt gehabt hätte; denn ein griechischer Goldschmied wäre sicherlich in der Lage gewesen, die geforderte Verdoppelung mit großer Annäherung zu erreichen. Aber die griechischen Mathematiker hätten einen solchen Kompromiß nicht angenommen; sie wollten Wahrheit, nichts als Wahrheit. Es dauerte zweitausend Jahre, die wahre Antwort zu finden, und die Antwort ist negativ – es ist unmöglich, das Volumen eines Würfels mit den gewöhnlichen Mitteln der Geometrie genau zu verdoppeln. Hätten die griechischen Mathematiker sich weigern sollen, die Antwort anzuerkennen, bloß weil sie negativ ist? Wer nach der Wahrheit forscht, darf nicht enttäuscht sein, wenn die Wahrheit negativ ist. Es ist besser, eine negative Wahrheit zu kennen, als das Unmögliche zu verlangen.

Es ist unmöglich, eine empirische Erkenntnis zu erlangen, welche die Gewißheit der mathematischen Wahrheit besitzt; und es ist unmöglich, moralische Direktiven aufzustellen, welche die zwingende Objektivität der mathematischen oder auch nur der empirischen Wahrheit hat. Dies ist eine der Wahrheiten, welche die wissenschaftliche Philosophie entdeckt hat. Die Lösung des Problems der absoluten Gewißheit, und ebenso des Problems, die Ethik zu einer Form der Erkenntnis zu machen, ist negativ; das ist die moderne Antwort auf eine uralte Frage. Wenn sich jemand über diese Antwort beklagt und von der wissenschaftlichen Philosophie enttäuscht ist, weil sie ihm keine Gewißheit und keine moralischen Vorschriften gibt, dann erzähle ihm die Geschichte vom Altar in Delos.

Der Vergleich zwischen der alten und der neuen Philosophie ist Sache des Historikers und wird alle diejenigen interessieren, die in der alten Philosophie erzogen worden sind und die neue verstehen wollen. Wer aber an der neuen Philosophie mitarbeitet, schaut nicht zurück, denn seine Arbeit würde aus historischen Überlegungen keinen Nutzen ziehen. Der wissenschaftliche Philosoph ist so unhistorisch eingestellt, wie Plato oder Kant es waren, weil er wie die Meister einer vergangenen Periode der Philosophie nur an seinem Thema interessiert ist und nicht an dessen Beziehung zur Vergangenheit. Ich will den Wert der Geschichte der Philosophie nicht herabsetzen, aber man soll nie vergessen, daß sie Geschichte und nicht Philosophie ist. Wie alle historische Forschung sollte sie mit Hilfe wissenschaftlicher Methoden und psychologischer und soziologischer Erklärungen getrieben werden. Aber die Geschichte der Philosophie darf nicht als eine Sammlung von Wahrheiten hingestellt werden, denn es gibt mehr Irrtümer als Weisheit in der traditionellen Philosophie. Darum können auch nur kritisch Eingestellte zuverlässige Historiker sein. Die Verherrlichung vergangener philosophischer Systeme, die Behauptung, daß die verschiedenen Philosophien ebenso viele Formen philosophischer Wahrheit darstellen, von denen jede zu Recht besteht, hat die philosophische Einstellung der heutigen Generation untergraben; denn sie hat den Studenten dazu verleitet, den Standpunkt einer philosophischen Relativität einzunehmen und zu glauben, daß es nur philosophische Meinungen, aber keine philosophischen Wahrheiten gibt.

Die wissenschaftliche Philosophie versucht, sich von dieser historischen Einstellung freizumachen und auf Grund logischer Analyse zu Folgerungen zu kommen, die so präzis, so ausgearbeitet und so zuverlässig sind wie die Resultate der Wissenschaft unserer Zeit. Sie besteht darauf, daß die Frage nach der Wahrheit in der Philosophie im gleichen Sinn gestellt werden muß, wie in den Wissenschaften. Sie macht nicht den Anspruch darauf, die absolute Wahrheit zu besitzen, deren Existenz sie für die empirische Wissenschaft bestreitet. Sofern sie sich auf den augenblicklichen Zustand unserer Erkenntnis bezieht und die Theorie dieser Erkenntnis entwickelt, ist die neue Philosophie selbst empirisch und mit empirischer Wahrheit zufrieden. Ebenso wie der Wissenschaftler kann der wissenschaftliche Philosoph nichts anderes tun als nach seinen besten Setzungen zu suchen. Das kann er aber tun, und zwar mit der Ausdauer, der Selbstkritik und der Bereitschaft für neue Versuche, die zu wissenschaftlicher Arbeit unumgänglich nötig ist. Wenn ein Irrtum berichtigt wird, sobald er als solcher erkannt wird, dann ist der Weg des Irrtums auch der Weg der Wahrheit.

II. Existenzphilosophie

Allgemeine Einführung

1. Historische Wurzeln und Hauptvertreter

Die Existenzphilosophie des 20. Jh. ist in einem entscheidenden Maße unter dem Einfluß des dänischen Philosophen *Sören Kierkegaard* (1813–1855) entstanden. Andere Wurzeln dieser philosophischen Strömung liegen in der Lebensphilosophie *(Friedrich Nietzsche, Wilhelm Dilthey, Henri Bergson)* sowie in der Phänomenologie *Edmund Husserls*. Husserls phänomenologische Methode ist von mehreren Existenzphilosophen (vor allem Heidegger und Sartre) übernommen und weiterentwickelt worden. Das erste wichtige Werk der Existenzphilosophie im 20. Jh. war das Buch »Psychologie der Weltanschauungen«, 1919, von *Karl Jaspers*. Jaspers (1883–1969) ist zusammen mit *Martin Heidegger* (1889–1976) der bedeutendste Existenzphilosoph im deutschen Sprachraum gewesen, obgleich er im Vergleich zu Heidegger keine Schülergeneration hervorgebracht hat. Andere deutschsprachige Philosophen, die der Existenzphilosophie zugerechnet werden, sind u. a. der jüdische Religionsphilosoph *Martin Buber* (1878–1965), und die katholischen Philosophen *Peter Wust* (1884–1940) und *Ferdinand Ebner* (1882–1931). Verschiedentlich werden auch die Dichter *Rainer Maria Rilke* und *Franz Kafka* der Existenzphilosophie zugerechnet[1].

Hatte die Existenzphilosophie in Deutschland ihre Blütezeit zwischen den beiden Weltkriegen – Heideggers Hauptwerk »Sein und Zeit« erschien 1927, die dreibändige »Philosophie« von Jaspers 1932 –, entstand während und nach dem Zweiten Weltkrieg mit dem Existentialismus in Frankreich ein neuer Höhepunkt existenzphilosophischen Denkens. Seine Hauptrepräsentanten waren *Jean-Paul Sartre* (1905–1980), *Albert Camus* (1913–1960) und *Gabriel Marcel* (1889–1973). Als weitere Vertreter dieser Richtung gelten auch *Simone de Beauvoir* (1908–1986) und *Maurice Merleau-Ponty* (1908–1961). Zum Unterschied von der deutschen Existenzphilosophie ging der Einfluß des französischen Existentialismus weit über den engeren Bereich der Fachphilosophie hinaus. Sartre, Camus und Marcel brachten ihre existentialistischen Gedanken und Fragestellungen auch mit dichterischen Mitteln in Dramen, Erzählungen, Tagebüchern usw. zum Ausdruck. Sie beeinflußten damit nachhaltig die französische Literatur- und Künstlerszene.

---

[1] Vgl. Otto Friedrich BOLLNOW, Existenzphilosophie. Stuttgart 1955. 9. Aufl. 1984. S. 13 f.

Anfang der fünfziger Jahre diente das Wort »existentialistisch« in Frankreich sogar zur Bezeichnung einer bestimmten Art von Lebensform. In Paris gab es sogenannte »Existentialisten«-Keller als Treffpunkte für Anhänger dieser Lebensform.

2. Kurzcharakteristik

Die Existenzphilosophie[2] ist keine philosophische Schulrichtung im engeren Sinne. Ihre Exponenten sind höchst individuelle Denker, die sich in ihrem Philosophieren nicht unerheblich voneinander unterscheiden. Manche davon, vor allem Martin Heidegger, sprachen sich sogar ausdrücklich dagegen aus, als Existenzphilosophen bezeichnet zu werden. Heidegger verstand sich als »Existentialontologe«. Bei einer allgemeinen Charakteristik dieser Denkströmung muß man daher stets berücksichtigen, daß die hervorgehobenen Kennzeichen nicht für alle Philosophen, die dieser Richtung zugerechnet werden, in gleicher Weise typisch sind.

a) Existenzphilosophisches oder existentielles Denken ist ein *persönlich engagiertes Denken* in einem zweifachen Sinn. Es zielt einerseits auf elementare existentielle Lebensprobleme ab und will der persönlichen Lebenspraxis dienen. Andererseits versteht es sich auch als Resultat der Lebenspraxis und muß deshalb in engstem Zusammenhang mit dem persönlichen Erleben und der Lebenseinstellung der Philosophierenden gesehen werden. Die Existenzphilosophen betonen immer wieder, daß sie aus ihrer eigenen Lebenspraxis heraus philosophieren. So ist etwa das Konzept einer absoluten Freiheit des Menschen beim frühen Sartre ein unmittelbares Ergebnis von Sartres persönlichen Erlebnissen während des 2. Weltkriegs in der französischen Widerstandsbewegung gewesen[3]. Bei Jaspers hat das Erleben einer unheilbaren Krankheit und einer besonders glücklichen Ehe seine Philosophie entscheidend mitgeprägt. Dies gilt vor allem für seine Konzeptionen der Grenzsituationen menschlichen Lebens und der existentiellen Kommunikation[4].

---

[2] Im folgenden wird das Wort »Existenzphilosophie« in einem weiteren Sinne gebraucht, in dem es auch den Begriff des Existentialismus mit umfaßt.

[3] Vgl. die autobiographischen Hinweise von Sartre in Jean-Paul SARTRE, Sartre über Sartre – Ein Interview. In: DERS., Das Imaginäre. Phänomenologische Psychologie der Einbildungskraft. Deutsch v. H. Schöneberg. Hamburg 1971. S. 11ff. Dieses Konzept hat Sartre vor allem in der Schrift »Ist der Existentialismus ein Humanismus?« (frz. 1946), und dem Hauptwerk aus dieser frühen, existenzphilosophischen Denkperiode »Das Sein und das Nichts« (frz. 1943) vertreten, es kommt aber auch deutlich in literarischen Werken aus dieser Zeit zum Ausdruck, wie z. B. im Vorwort zu »Die Fliegen« oder »Bei geschlossenen Türen«, wo Sartre schrieb: »Gleich unter welchen Umständen, in welcher Lage: der Mensch ist stets frei, zu wählen, ob er ein Verräter sein will oder nicht...«

[4] Vgl. Karl JASPERS, Autobiographie. In: Paul Arthur SCHILPP (Hrsg.), Karl Jaspers. Stuttgart 1957. S. 5ff., 27f., sowie Hans SANER, Karl Jaspers in Selbstzeugnissen und Bilddokumenten. Hamburg ²1984. S. 26 und meine Jaspers-Monographie: Karl Jaspers. München 1985. S. 64ff., 72ff.

b) Kennzeichnend für die Existenzphilosophie ist auch die bewußte Abkehr von einem rationalistischen Menschenbild und die *intensive Beschäftigung mit emotionalen Grunderfahrungen, Grundstimmungen und Grenzsituationen des menschlichen Lebens.* Im ausdrücklichen Gegensatz zu den rationalistischen Strömungen in der Philosophie und teilweise auch zum Deutschen Idealismus wollten die Existenzphilosophen den Menschen nicht bloß als »Denker«, sondern als »existierenden Denker« (Kierkegaard) zum Gegenstand ihrer Überlegungen machen. Als existierender Denker ist der Mensch nicht ein in der unbefragten Sicherheit seines Wissens dahinlebendes Wesen, sondern ein Wesen, das von existentiellen Grunderfahrungen wie Angst, Verzweiflung, Einsamkeit, Schuld, Sorge, Ekel, Langeweile, dem Bewußtsein des Todes und der Sinnlosigkeit des Lebens usw. erschüttert wird. Wenn die Existenzphilosophie der Analyse und phänomenologischen Beschreibung dieser emotionalen Grundstimmungen und Grunderfahrungen einen so breiten Raum gibt[5], geschieht dies aus der Vorstellung heraus, daß der Mensch durch elementare Erfahrungen auf einen innersten, eigentlichen Kern seines Wesens zurückgeworfen wird[6].

c) Die zentralen Überlegungen der Existenzphilosophen kreisen um einen *innersten Kern des menschlichen Wesens,* um die »Eigentlichkeit« (Heidegger), das »eigentliche Selbstsein« oder die »Existenz« (Jaspers). Dabei wird angenommen, daß dieser Wesenskern des Menschen nicht mit empirisch feststellbaren Persönlichkeits- und Einstellungsmerkmalen oder Charaktereigenschaften identisch ist. Existenz ist sozusagen das irrationale Fundament aller inhaltlich bestimmbaren menschlichen Eigenschaften. »Die Existenz geht der Essenz voraus...« (Sartre)[7]. Während sich für Sartre die Existenz, die noch vor allen spezifischen Eigenschaften des Menschen liegt, im »unbedingten Einsatz«, dem »Entwurf« oder dem »Engagement« offenbart, sieht sie Kierkegaard in einer persönlichen religiösen Glaubensbeziehung zu Gott verwirklicht. Diese Bezie-

---

[5] Vgl. etwa: Sören Kierkegaard, Entweder-Oder. 1. Teil. In: Ders., Gesammelte Werke, 1. Abteilung, Düsseldorf 1965. S. 47ff.; Ders., Der Begriff der Angst. In: Ebd., 11. u. 12. Abt., Düsseldorf 1964. S. 47ff.; Ders., Die Krankheit zum Tode. In: Ebd., 24. u. 25. Abt., Düsseldorf 1958. S. 8ff.; Karl Jaspers, Psychologie der Weltanschauungen. 5. Aufl. Berlin/Göttingen 1960. S. 240ff.; Ders., Philosophie Bd. II. Berlin 1932. S. 201ff.; Martin Heidegger, Sein und Zeit. 12. Aufl. Tübingen 1972. S. 180ff.; Jean-Paul Sartre, Das Sein und das Nichts. Versuch einer phänomenologischen Ontologie. Hamburg 1952. S. 264ff.; Albert Camus, Der Mythos vom Sisyphos. Ein Versuch über das Absurde. Hamburg 1959. S. 9ff.; Gabriel Marcel, Der Mensch als Problem. Frankfurt 1956. S. 85ff. Vgl. dazu auch literarische Werke der französischen Existentialisten.

[6] Dieser Aspekt der Existenzphilosophie wird besonders hervorgehoben von Otto Friedrich Bollnow, Existenzphilosophie. S. 24.

[7] Jean-Paul Sartre, Ist der Existentialismus ein Humanismus? In: Ders., Drei Essays. Mit einem Nachwort von W. Schmiele. Berlin 1964, S. 9.

hung ist das Geheimnis jedes einzelnen. Für Jaspers konstituiert sich menschliche Existenz oder »eigentliches Selbstsein« in Grenzsituationen und in der zwischenmenschlichen Kommunikation, für Buber und Marcel in der Ich-Du-Beziehung bzw. »Begegnung«.

d) Die uralte philosophische Frage nach dem Sein wird von den Existenzphilosophen (vor allem Heidegger und Sartre) von vornherein so gestellt, daß dabei *das menschliche Sein* (als Dasein und Existenz) *in den Mittelpunkt von ontologischen Untersuchungen* gerückt wird. Für Heidegger führt der Weg zum Verständnis des Seins und zu einer allgemeinen Ontologie nur über die Existenzanalyse oder vielmehr über eine »Fundamentalontologie« des menschlichen Daseins. »Philosophie ist universale phänomenologische Ontologie ausgehend von der Hermeneutik des Daseins, die als Analytik der *Existenz* das Ende des Leitfadens alles philosophischen Fragens dort festmacht, woraus es *entspringt* und wohin es *zurückschlägt*.«[8] Heidegger sieht die Bedingung der Möglichkeit von Sein in der Erfahrungsweise des auslegenden Subjekts. Er verknüpft damit in seinen Überlegungen die transzendentale Fragestellung mit der Hermeneutik.

e) Den Überlegungen der Existenzphilosophen über die menschliche Existenz liegt in den meisten Fällen eine *metaphysische Zwei-Bereichstheorie* zugrunde. Es wird mehr oder weniger explizit zwischen zwei Bereichen oder Dimensionen des Seins (Seinsweisen) unterschieden: einem eigentlichen Sein und einem uneigentlichen Sein. Die Dimension des eigentlichen Seins ist jene Dimension, an der der Mensch als »Existenz« Anteil hat. Sie entzieht sich der Vergegenständlichung durch empirisch-rationale Methoden. »Der Mensch ist grundsätzlich mehr als er von sich wissen kann« (Jaspers)[9]. Die Dimension des eigentlichen Seins ist auch nicht direkt mitteilbar. Sie ist letztlich irrational und von jedem Menschen nur in intuitiven Erlebnisakten, d. h. im eigenen Existenzvollzug, »erfahrbar«. Auf diese transempirische Dimension verweisen zentrale Begriffe in der Existenzphilosophie wie »Eigentlichkeit« (Heidegger), »Existenz« und »Transzendenz« (Jaspers), »Gott«, »Mysterium« (Marcel), »ewiges Du« (Buber).

f) Man hat in der Existenzphilosophie auch eine Denkströmung gesehen, die wie keine andere philosophische Strömung des 20. Jh. ein spezi-

---

[8] Martin HEIDEGGER, Sein und Zeit. S. 38. Die hermeneutischen Ansätze im Denken Heideggers wurden später vor allem von Hans-Georg Gadamer weiterentwickelt. Vgl. Hans-Georg GADAMER, Wahrheit und Methode. Grundzüge einer philosophischen Hermeneutik. Tübingen 1960.

[9] Karl JASPERS, Einführung in die Philosophie. München 1953. S. 62. Vgl. dazu z. B. auch: Gabriel MARCEL, Metaphysisches Tagebuch. Wien/München 1955. S. 276: »Ich bin *jederzeit und jeweils* mehr als das Gesamt von Prädikaten, das eine von mir – oder jedem anderen – über mich angestellte Untersuchung zu erhellen vermöchte.«

fischer *Ausdruck und* zugleich auch eine *Reaktion auf Entfremdungs- und Krisensituationen* war[10]. Krisensituationen waren gerade nach dem Ersten und während des Zweiten Weltkrieges in besonderem Maße gegeben. Die extremen politischen Konflikte, die wirtschaftlichen und sozialen Krisen bewirkten in vielen Menschen auch weltanschauliche Orientierungskrisen. Eine Flucht in die unreflektierte Geborgenheit von geschlossenen Weltbildern war angesichts der offen miteinander kämpfenden politischen Ideologien unmöglich geworden. Die Tatsache des gesellschaftlichen Wertpluralismus wurde als der Anbruch einer »Epoche der Unbehaustheit« des Menschen (Buber) empfunden. Man hat die Existenzphilosophie in diesem Zusammenhang als einen Versuch gedeutet, durch den Rückzug auf die Subjektivität des Menschen (seine individuelle Freiheit, persönliche Verantwortlichkeit, sein mitmenschliches Engagement usw.) einen letzten Halt in Anbetracht der allgemeinen Verunsicherungen zu finden.

3. Kritische Würdigung

Vorzüge: a) Zu den positiven Seiten der Existenzphilosophie gehören oft sehr *subtile und einfühlsame Beschreibungen von emotionalen Erfahrungen und Stimmungen,* die die menschliche Psyche sowohl im Alltag als auch in Ausnahmesituationen des Lebens häufig entscheidend mitbestimmen. Psychische Phänomene wie Angst, Verzweiflung, Entscheidungsfurcht, Langeweile, Einsamkeit, Sorge, Liebe usw. werden von einzelnen Existenzphilosophen, fallweise auch mit literarischen Mitteln, sehr anschaulich-bildhaft geschildert.

b) Von der Existenzphilosophie, im besonderen dem Existentialismus, sind nachhaltige und *fruchtbare Einflüsse auf die erzählende und dramatische Literatur* ausgegangen. Die Ideen von den existentiellen Grundsituationen des menschlichen Lebens, wie Angst, Schuld, absolute Freiheit, Absurdität usw., haben durch die philosophischen Schriften und die eigenen literarischen Werke der Existenzphilosophen andere Schriftsteller und Dramatiker stark beeinflußt (z.B. Eugène Ionesco, Samuel Beckett). Die Existenzphilosophie hat auch *Diskussionen in der Theologie,* vor allem der protestantischen Theologie, nachhaltig *beeinflußt.* Im Rahmen der sogenannten »Dialektischen Theologie« wurden der Begriff der Offenbarung (Karl Barth), der Gottesbegriff und die Vorstellung der Beziehung des Menschen zu Gott von existenzphilosophischen Denkmotiven (z. B. der Ich-Du-Begegnung) aus neu bestimmt[11].

---

[10] Vgl. Fritz HEINEMANN, Existenzphilosophie lebendig oder tot? Stuttgart, 3., erw. Aufl. 1954. S. 175.
[11] Vgl. Wolfhart PANNENBERG, Dialektische Theologie. In: Die Religion in Geschichte

c) Ein weiteres Verdienst der Existenzphilosophie liegt in der Tatsache, daß sich fast alle Existenzphilosophen nicht mit der Beschreibung von emotionalen menschlichen Grundsituationen begnügen, die vielfach in einem eher pessimistischen Licht gezeichnet werden, sondern daß sie gleichsam als Therapie und als Appell zur Bewältigung von negativ gezeichneten emotionalen Situationen auch *positive Konzepte menschlicher Selbst- und Sinnverwirklichung* anbieten. Bei Kierkegaard ist dieses Konzept ein persönliches Glaubensverhältnis zu Gott. Wenn der Mensch die Angst und Verzweiflung, die mit seiner existentiellen Grundstruktur in den Augen Kierkegaards notwendig verbunden ist, nicht verdrängt, sondern bewußt auf sich nimmt und in ihrer ganzen Intensität durchlebt, dann kann sich bei ihm eine ganz persönliche Glaubensbeziehung zu Gott einstellen. Er erfährt sich in dieser Beziehung in der ganzen Paradoxie seiner Existenz von Gott her geschenkt. Die persönliche Gottesbeziehung, die mit der menschlichen Sinnverwirklichung identisch ist, ist nicht von Dauer, sondern muß immer wieder neu errungen werden, denn der Mensch fällt aus dieser Beziehung immer wieder in Angst, Verzweiflung und Einsamkeit zurück[12]. Für Kierkegaard ist diese Glaubensbeziehung letztlich der Ausdruck des wahren christlichen Glaubens. Dieser muß von jedem Menschen in seiner »Ich-Einsamkeit« immer wieder neu errungen werden, ohne daß er dabei auf die Sicherheit von Dogmen und kirchlichen Lehrmeinungen bauen kann. In der Philosophie von Jaspers ist das angebotene Konzept der menschlichen Selbstverwirklichung vor allem die existentielle Kommunikation[13]. In der Kommunikation mit einem anderen Menschen kann der Mensch ganz »er selbst« werden, wenn er bereit ist, dem Kommunikationspartner gegenüber alle Formen der Verschlossenheit, wie berechnende Zurückhaltung, erziehungsbedingte Vorurteile, vorgeschobene Sicherungen und »Masken« usw., abzulegen. Jaspers spricht in diesem Zusammenhang auch vom »liebenden Kampf«, der für die existentielle Kommunikation zwischen zwei Men-

---

und Gegenwart. Handwörterbuch für Theologie und Religionswissenschaft. 3., neu bearb. Aufl., Tübingen 1958. S. 167 ff.

[12] Vgl. Sören KIERKEGAARD, Die Krankheit zum Tode. In: A.a.O., S. 10; DERS., Abschließende unwissenschaftliche Nachschriften zu den Philosophischen Brocken. 1. Teil. In: A.a.O., 16. Abt. Düsseldorf 1957. S. 179 ff. Zu Kierkegaards Unterscheidung eines ästhetischen und eines ethischen Stadiums der Existenz vgl. Günter ROHRMOSER, Kierkegaard und das Problem der Subjektivität. In: Horst Heinz SCHREY (Hrsg.), Sören Kierkegaard. Darmstadt 1971. S. 408 ff.; Helmut FAHRENBACH, Kierkegaards existenzdialektische Ethik. Frankfurt 1968. S. 60 ff.

[13] Vgl. Karl JASPERS, Philosophie. Bd. II. Berlin 1932. S. 50 ff.; DERS., Vernunft und Existenz. München 1960. S. 89 ff. Auf den Jaspersschen Begriff der Grenzsituation, der für eine Selbstverwirklichungsvorstellung in der Frühphase des Denkens von Jaspers konstitutiv ist, kann hier nicht eingegangen werden. Vgl. dazu: DERS., Psychologie der Weltanschauungen. S. 229 ff.

schen konstitutiv ist. Damit ist gemeint, daß jeder Kommunikationspartner in der existentiellen Kommunikation nicht egoistisch um die eigene Selbstverwirklichung kämpfen, sondern in selbstloser Liebe nur
darauf bedacht sein darf, daß der andere sein »eigentliches Selbstsein«
bzw. seine »Existenz« verwirklicht. Im Akt des liebenden Kampfes um
die Selbstverwirklichung des anderen verwirklicht sich dann zugleich
auch die eigene Existenz. Ein in vielen Zügen ähnliches Selbstverwirk-
lichungskonzept wie bei Jaspers findet sich bei Martin Buber und bei Gabriel Marcel. Für Buber liegt die Möglichkeit menschlicher Selbstverwirklichung in der »dialogischen Beziehung« zu einem Du[14], für Marcel
in der »Ich-Du-Begegnung«[15]. Sogar bei jenem Existenzphilosophen,
der allgemein als der Philosoph der Sinnlosigkeit und des Absurden
schlechthin gilt, nämlich bei Albert Camus, läßt sich eine solche Sinn-
verwirklichungsidee aufweisen. Am Paradigma des absurden Lebens
von Sisyphos wird deutlich, daß für Camus der Sinn des menschlichen
Lebens gerade im bewußten Aufsichnehmen der tragisch-absurden Lebenssituation, im heroischen Trotz und der auflehnenden Verachtung
gegenüber der bewußten Sinnlosigkeit des Lebens liegt. Im heroischen
Standhalten und in der Verachtung der Absurdität revoltiert der Mensch
gegen die Absurdität und verwirklicht in dieser Revolte sein Menschsein[16]. In einer späteren Phase seines Denkens sieht Camus den Sinn und
die Erfüllung des menschlichen Lebens auch in Aktivitäten, die dazu beitragen, den Schmerz, das Leid und die Ungerechtigkeit in der Welt zumindest fallweise zu mildern und mengenmäßig zu verkleinern[17].

Nachteile: a) Einer der Haupteinwände gegen die Existenzphilosophie ist der *Vorwurf der Irrationalität*. Der starke irrationale Grundzug im
Denken vieler Existenzphilosophen zeigt sich an der bereits erwähnten
metaphysischen Zwei-Bereichstheorie. Mit Hilfe dieser Theorie werden
gewisse existentielle Phänomene in einem Bereich des Transobjektiven
und Irrationalen angesiedelt. In diesem Bereich sind sie jeglicher rationalen Diskussion entzogen. Sie werden uns angeblich nur im eigenen Er-
lebnisvollzug intuitiv »gegenwärtig«, ohne daß wir sie mit unseren Ver-

---

[14] Vgl. Martin BUBER, Ich und Du. In: DERS., Werke. Bd. I.: Schriften zur Philosophie.
München 1962. S. 79ff. Andere Schriften von Buber, in denen er diese philosophisch-
anthropologische Vorstellung entwickelt, wie »Zwiesprache« oder »Elemente des Zwischenmenschlichen«, sind zusammen mit dieser Schrift auch abgedruckt in: DERS., Das dialogische Prinzip. 3. Aufl. Heidelberg 1973.
[15] Gabriel MARCEL, Metaphysisches Tagebuch. S. 207ff., 221ff.; DERS., Sein und Haben. Paderborn 1954. S. 162f. Zur besonderen Betonung der Liebe und des religiösen Glaubens in diesem Selbstverwirklichungsideal vgl. DERS., Metaphysisches Tagebuch. S. 94f.,
278, 307 oder DERS., Homo Viator. Philosophie der Hoffnung. Düsseldorf 1949. S. 21.
[16] Vgl. Albert CAMUS, Der Mythos von Sisyphos. Düsseldorf 1956. S. 50ff., 99ff.
[17] DERS., Der Mensch in der Revolte. Essays. Hamburg 1953. S. 308.

standeskategorien erfassen oder gar mit den uns gewöhnlich zur Verfügung stehenden sprachlichen Kategorien jemand anderem mitteilen könnten. Man gewinnt in diesem Zusammenhang immer wieder den Eindruck, daß dabei in der Existenzphilosophie gegenüber gewissen subjektiven psychischen Phänomenen willkürlich und vorschnell eine Rationalitätsgrenze gezogen wird. Subjektive Phänomene, wie Aspekte der zwischenmenschlichen Beziehung (Jaspers, Buber, Marcel) usw., über die sich durchaus noch informative Aussagen machen lassen und über die ein rationaler Diskurs möglich ist, werden allzu schnell in einen Bereich des Unaussprechbaren und Irrationalen gerückt.

b) Mit dem Vorwurf der Irrationalität gegen verschiedene existenzphilosophische Konzeptionen hängt der *Einwand der sprachlichen Unverständlichkeit und mangelnden intersubjektiven Prüfbarkeit existenzphilosophischer Aussagen* zusammen. So mancher Existenzphilosoph meinte, daß er jene zunächst als nicht-rationalisierbar und unaussprechbar erklärten subjektiven Phänomene, um die es ihm entscheidend zu tun ist, wenn schon nicht direkt, so zumindest indirekt über eigene Wortschöpfungen und sprachliche Neuprägungen dennoch aussprechen und mitteilen könnte. Dabei hat man sich zu höchst nebulosen, mystischen Formulierungen und unklaren Neuprägungen von Wörtern verstiegen. Vor allem Heidegger ist mit seinen sprachlichen Neuprägungen entschieden zu weit gegangen. Auch wenn man sie nicht isoliert betrachtet, sondern im Kontext zu interpretieren versucht, bleiben in seiner Philosophie z. B. Sätze von der Art »das Nichts nichtet« in ihrem Aussagegehalt äußerst vage und dunkel. Als ein weiteres Beispiel für die nicht wenigen höchst dunklen und unverständlichen Formulierungen in existenzphilosophischen Werken sei hier noch eine »Beschreibung« zitiert, in der Buber seine Vorstellung von einer Ich-Du-Beziehung zwischen einem Menschen und einem Naturobjekt, und zwar einem Baum, zu verdeutlichen versucht. Diese »Beschreibung« kann zwar aus einer ästhetisch-poetischen Sicht als durchaus klangvoll und schön empfunden werden, sie macht aber an Bubers Gedanken nichts klarer: »Ich betrachte einen Baum. Ich kann ihn als Bild aufnehmen: starrender Pfeiler im Anprall des Lichts, oder das spritzende Grün von der Sanftmut des blauen Grundsilbers durchflossen. Ich kann ihn als Bewegung verspüren: das flutende Geäder am haftenden und strebenden Kern, Saugen der Wurzeln, Atmen der Blätter, unendlicher Verkehr mit Erde und Luft – und das dunkle Wachsen selber... Kein Eindruck ist der Baum, kein Spiel meiner Vorstellung, kein Stimmungswert, sondern er leibt mir gegenüber und hat mit mir zu schaffen wie ich mit ihm – nur anders.«[18]

---

[18] Martin Buber, Ich und Du. In: A.a.O., S. 82.

c) Ein weiterer Einwand gegen die Existenzphilosophie betrifft den Umstand, daß die darin vertretenen *Konzepte menschlicher Selbstverwirklichung* teilweise einen höchst *einseitigen subjektivistischen Grundzug* aufweisen. Man braucht gar nicht von einem marxistischen Standpunkt aus zu argumentieren, um daran bemängeln zu müssen, daß in diesen Konzepten die Verflochtenheit des Menschen in gesellschaftliche, politische und wirtschaftliche Strukturen weitgehend unreflektiert bleibt[19]. Daß aber gerade Faktoren aus diesen Bereichen die Möglichkeiten menschlicher Selbstverwirklichung oft entscheidend mitbestimmen, hat nicht zuletzt Sartre in einer späteren Phase seines Denkens deutlich erkannt. Die Folge davon war, daß er sich von früheren existenzphilosophischen Ansätzen, so vor allem von seinem eigenen Konzept eines in seinem Lebensentwurf absolut freien Menschen, nachdrücklich distanziert hat[20]. In den späteren philosophischen Schriften von Camus findet sich ebenfalls eine deutliche Hinwendung zur gesellschaftlichen Dimension, genauso wie sich übrigens auch Jaspers nach 1945 in seinen Veröffentlichungen zum Unterschied von seiner existenzphilosophischen Periode in der Zwischenkriegszeit direkt mit politischen Fragen (deutsche Wiedervereinigung, Atombombe usw.) auseinandergesetzt hat und eine Philosophie der Vernunft (auch der politischen Vernunft) zu entwickeln versuchte[21].

4. Zu den folgenden Texten

In dem hier abgedruckten *Jaspers*-Text wird gleich einleitend der große Unterschied deutlich, den die meisten Vertreter der Existenzphilosophie zwischen der Wissenschaft und der Philosophie machen. In der Philosophie geht es nicht wie in der Wissenschaft um die Gewinnung von zwingend gewissen und allgemein akzeptierten Erkenntnissen. »Die Art der in ihr zu gewinnenden Gewißheit ist nicht die wissenschaftliche, nämlich die gleiche für jeden Verstand, sondern ist eine Vergewisserung, bei deren Gelingen das ganze Wesen des Menschen mitspricht« (51). Philosophieren ist kein objektives, sachlich-distanzierendes Denken, sondern ein persönlich engagiertes Denken, das zugleich auch ein »inne-

---

[19] Am ehesten findet man noch bei Buber die letztlich intime Ich-Du-Beziehung auf die gesellschaftliche Dimension hin erweitert. Vgl. dazu: Michael THEUNISSEN, Der Andere. Studien zur Sozialontologie der Gegenwart. Berlin 1965. S. 243ff.

[20] Im Gegensatz zu diesem Konzept hat Sartre in einem Interview aus dem Jahr 1969 »Freiheit« einmal folgendermaßen bestimmt: »Freiheit ist jene kleine Bewegung, die aus einem völlig gesellschaftlich bedingten Wesen einen Menschen macht, der nicht in allem das darstellt, was von seinem Bedingtsein herrührt.« Jean-Paul SARTRE, Sartre über Sartre – Ein Interview. In: DERS., Das Imaginäre, S. 13.

[21] Vgl. dazu: Kurt SALAMUN (Hrsg.), Karl Jaspers. Zur Aktualität seines Denkens. München 1991.

res Handeln« ist und mit dem eigenen Lebensvollzug unmittelbar zu-sammenhängt. Dieses spezifische Verständnis von Philosophieren in der Existenzphilosophie wird in diesem Jaspers-Text mehrmals nachdrück-lich hervorgehoben. So z. B. auch wenn es heißt: »Jede Philosophie defi-niert sich selbst durch ihre Verwirklichung. Was Philosophie sei, das muß man versuchen. Dann ist Philosophie in eins der Vollzug des leben-digen Gedankens und die Besinnung auf diesen Gedanken (die Reflexion) oder das Tun und das Darüberreden« (54).

Die erwähnte metaphysische Zwei-Bereichstheorie kommt im fol-genden Jaspers-Text in der Unterscheidung zwischen einer wissenschaft-lichen und einer existentiellen Wahrheit zum Ausdruck. Letztere ist eine Wahrheit, die mit dem »Ganzen des Seins« zusammenhängt und die, »wo sie aufleuchtet, tiefer ergreift als jede wissenschaftliche Erkenntnis« (52). Sie wird in der »Gewißheit eigentlichen Seins« (62) offenbar. Am eigentlichen Sein (bei Jaspers auch »Transzendenz« genannt) kann jeder Mensch Anteil haben durch sein eigenes »Wahrsein« (63). Das »Wahr-sein« ist mit der Verwirklichung der »Existenz« identisch. Unter »Exi-stenz« versteht Jaspers eine Seinsweise des Menschen, die jenseits von dessen empirisch-rational erfahrbaren Seinsweisen (dem bloßen physio-logischen Dasein, dem Verstand, dem Geist) liegt. Als »Existenz« hat der Mensch Anteil am meta-empirischen eigentlichen Sein, das sich dem vergegenständlichenden Denken entzieht.

Fragt man bei Jaspers nach genaueren Bestimmungen von »Existenz« und »Wahrsein«, stößt man vor allem auf die beiden Begriffe der »Grenz-situation« und der »Kommunikation«, die auch im folgenden Text zur Sprache kommen. Mit diesen beiden Begriffen wird auf zwei grundsätz-liche Möglichkeiten hingewiesen, durch die der Mensch seine »Existenz« (sein »Wahrsein«, sein »eigentliches Selbstsein«) zumindest in gewissen Augenblicken seines Lebens verwirklichen kann. Der Begriff der »Grenzsituation« hängt mit einer in der Existenzphilosophie weit ver-breiteten Vorstellung zusammen. Es ist die Vorstellung, daß das mensch-liche Leben eine Abfolge von Situationen darstellt. »Wir sind immer in Situationen« (58). Unter den Situationen, die der Mensch notwendig durchlebt und teilweise mitgestaltet, gibt es besondere Situationen, die gleichsam Ausnahmesituationen oder auch »Grundsituationen« (Kierke-gaard) des menschlichen Daseins sind. Jaspers hat diese Situationen in seinem ersten existenzphilosophischen Werk »Psychologie der Weltan-schauungen«, 1919, als »Grenzsituationen« bezeichnet. Im hier abge-druckten Text erwähnt er davon im einzelnen »Tod, Zufall, Schuld und die Unzuverlässigkeit der Welt« (60). In solchen Ausnahmesituationen erfährt der Mensch seine Unzulänglichkeit und »scheitert« mit allen seinen bisher entwickelten Situationsbewältigungsverfahren. In der Erschütterung durch das »Scheitern« kann er aber »den Weg zum Sein gewinnen« (60), d. h. er kann dabei »er selbst« werden, seine »Existenz« verwirklichen. »Es ist entscheidend für den Menschen wie er das Scheitern erfährt: ob es ihm verborgen bleibt und ihn nur faktisch am Ende überwältigt, oder ob er es unverschleiert zu sehen vermag und als ständige Grenze seines Daseins gegenwärtig hat; ob er phantastische Lösungen und Beruhigungen ergreift, oder ob er redlich hinnimmt im Schweigen vor dem Undeutbaren. Wie er sein Scheitern erfährt, das begründet, wozu der Mensch wird« (60). Die zweite grundsätzliche Möglichkeit für den Menschen, in gewissen Augenblicken seines Lebens seine »Existenz« zu verwirklichen, sieht Jaspers in der zwischenmenschlichen Kommunikation gegeben. In der Kommunikation »nicht bloß von Verstand zu Verstand, von Geist zu Geist, sondern von Existenz zu Existenz« ... »verwirklicht sich alle andere Wahrheit, in ihr allein bin ich ich selbst, lebe ich nicht bloß, sondern erfülle das Leben« (62).

Die Schlußbemerkungen des hier abgedruckten Textes machen deutlich, daß Philosophieren im Verständnis von Jaspers vor allem auch den Zweck hat, eine Grundhaltung der Kommunikationsbereitschaft zu vermitteln, die Jaspers in anderen Schriften auch »philosophischen Glauben« genannt hat. »Die philosophische Grundhaltung, deren gedanklichen Ausdruck ich Ihnen vortrage, wurzelt in der Betroffenheit vom Ausbleiben der Kommunikation und in der Möglichkeit liebenden Kampfes, der Selbstsein mit Selbstsein in der Tiefe verbindet« (62).

In dem folgenden *Marcel*-Text lehnt der französische Existenzphilosoph gleich einleitend ein gewisses analytisches Philosophieverständnis ab, das den Philosophen davon abbringt, »eine Verbindung zwischen dem beinahe exklusiven analytischen Denken und dem Leben zu suchen« (65). Marcel distanziert sich von der Vorstellung, »daß die Philosophie eine Art intellektuellen Spiels sei, eine Art Gelenkigkeitsübung für den Geist, die eine Zeitlang praktiziert zu haben recht günstig sein kann« (65). Philosophie muß immer einen Bezug zu Lebensproblemen haben und setzt stets ein »persönliches Engagement« voraus. »Was mich betrifft, so sage ich ohne zu zögern, daß die Philosophie nur Gewicht hat und Interesse verdient, wenn sie einen Widerhall in unserem Leben findet, einem Leben, das heute in allen Bereichen bedroht ist« (65). Der Philosoph hat auch eine Verantwortung der Gesellschaft gegenüber, er muß sich darin für die Werte der Gerechtigkeit und der Wahrheit (73) engagieren und zu öffentlichen Angelegenheiten in bestimmten aktuellen Situationen mit Empfehlungen, Warnungen usw. Stellung beziehen. »Ich glaube nicht, daß der Philosoph die Pflicht und das Recht hat, bei jenen lärmenden Manifestationen mitzumachen, an denen ein Russell in England teilgenommen hat. Dagegen müßte der Philosoph, den ich meine, dazu verhalten sein, den Kontakt mit dem Wissenschaftler aufrechtzuerhalten – das heißt mit dem Physiker oder dem Biologen –, anderseits sollte er bemüht sein – und das ist sicherlich viel schwieriger –, sich den Menschen verständlich zu machen, die die fürchterliche Bürde tragen, die öffentlichen Angelegenheiten zu lenken. Nur auf diesem Niveau, auf dieser Stufe und in seiner vermittelnden Position kann er, wie es mir scheint, auch nützlicherweise das Wort ergreifen – im übrigen nur in kleinen Gruppen und nicht vor Massen, die in riesigen Versammlungssälen zusammenkommen, wo sich die leidenschaftlichen Spannungen elektrisch entladen« (77).

Die existenzphilosophische Auffassung, daß Philosophie notwendig mit einem persönlichen Engagement verbunden sein muß, betont Marcel in dem folgenden Text auch mit der Ansicht, daß es in der Philosophie niemals bloß um die Vermittlung eines spezialisierten Wissens gehen könne, sondern vielmehr stets um die Weckung einer bestimmten Lebenseinstellung. Philosophie ist nicht lehr- und lernbar wie die wissenschaftlichen Einzeldisziplinen. In dieser Beziehung hat sie vieles gemeinsam mit der Berufung zu einer künstlerischen Tätigkeit. »In der Philosophie handelt es sich viel weniger um ein Lehren als um ein *Erwecken,* wobei die Erfahrung zeigt, daß die offiziell approbierten Prüfungen nur selten und unvollkommen unterscheiden lassen, ob der Kandidat diese wesentliche Eigenschaft besitzt« (50). Auf die erwähnte metaphysische Zwei-Bereichstheorie in der Existenzphilosophie verweist der folgende Marcel-Text an jenen Stellen, an denen von einer höheren Wahrheit als der wissenschaftlichen Wahrheit die Rede ist und von der Notwendigkeit, letztere zu transzendieren (66).

Was ist Philosophie?

Was Philosophie sei und was sie wert sei, ist umstritten. Man erwartet von ihr außerordentliche Aufschlüsse oder läßt sie als gegenstandsloses Denken gleichgültig beiseite. Man sieht sie mit Scheu als das bedeutende Bemühen ungewöhnlicher Menschen oder verachtet sie als überflüssiges Grübeln von Träumern. Man hält sie für eine Sache, die jedermann angeht und daher im Grunde einfach und verstehbar sein müsse, oder man hält sie für so schwierig, daß es hoffnungslos sei, sich mit ihr zu beschäftigen. Was unter dem Namen der Philosophie auftritt, liefert in der Tat Beispiele für so entgegengesetzte Beurteilungen.

Für einen wissenschaftsgläubigen Menschen ist das Schlimmste, daß die Philosophie gar keine allgemeingültigen Ergebnisse hat, etwas, das man wissen und damit besitzen kann. Während die Wissenschaften auf ihren Gebieten zwingend gewisse und allgemein anerkannte Erkenntnisse gewonnen haben, hat die Philosophie dies trotz der Bemühungen der Jahrtausende nicht erreicht. Es ist nicht zu leugnen: in der Philosophie gibt es keine Einmütigkeit des endgültig Erkannten. Was aus zwingenden Gründen von jedermann anerkannt wird, das ist damit eine wissenschaftliche Erkenntnis geworden, ist nicht mehr Philosophie, sondern bezieht sich auf ein besonderes Gebiet des Erkennbaren.

Das philosophische Denken hat auch nicht, wie die Wissenschaften, den Charakter eines Fortschrittsprozesses. Wir sind gewiß viel weiter als Hippokrates, der griechische Arzt. Wir dürfen kaum sagen, daß wir weiter seien als Plato. Nur im Material wissenschaftlicher Erkenntnisse, die er benutzt, sind wir weiter. Im Philosophieren selbst sind wir vielleicht noch kaum wieder bei ihm angelangt.

Daß jede Gestalt der Philosophie, unterschieden von den Wissenschaften, der einmütigen Anerkennung aller entbehrt, das muß in der Natur ihrer Sache liegen. Die Art der in ihr zu gewinnenden Gewißheit ist nicht die wissenschaftliche, nämlich die gleiche für jeden Verstand, sondern ist eine Vergewisserung, bei deren Gelingen das ganze Wesen des Menschen mitspricht. Während wissenschaftliche Erkenntnisse auf je einzelne Gegenstände gehen, von denen zu wissen keineswegs für jedermann notwendig ist, handelt es sich in der Philosophie um das Ganze des Seins, das den Menschen als Menschen angeht, um Wahrheit, die, wo sie aufleuchtet, tiefer ergreift als jede wissenschaftliche Erkenntnis.

Ausgearbeitete Philosophie ist zwar an die Wissenschaften gebunden. Sie setzt die Wissenschaften in dem fortgeschrittenen Zustand voraus, den sie in dem jeweiligen Zeitalter erreicht haben. Aber der Sinn der Philosophie hat einen anderen Ursprung. Vor aller Wissenschaft tritt sie auf, wo Menschen wach werden.

Diese *Philosophie ohne Wissenschaft* vergegenwärtigen wir an einigen merkwürdigen Erscheinungen:

Erstens: In philosophischen Dingen hält sich fast jeder für urteilsfähig. Während man anerkennt, daß in den Wissenschaften Lernen, Schulung, Methode Bedingung des Verständnisses sei, erhebt man in bezug auf die Philosophie den Anspruch, ohne weiteres dabei zu sein und mitreden zu können. Das eigene Menschsein, das eigene Schicksal und die eigene Erfahrung gelten als genügende Voraussetzung.

Die Forderung der Zugänglichkeit der Philosophie für jedermann muß anerkannt werden. Die umständlichsten Wege der Philosophie, die die Fachleute der Philosophie gehen, haben doch ihren Sinn nur, wenn sie münden in das Menschsein, das dadurch bestimmt ist, wie es des Seins und seiner selbst darin gewiß wird.

Zweitens: Das philosophische Denken muß jederzeit ursprünglich sein. Jeder Mensch muß es selber vollziehen.

Ein wunderbares Zeichen dafür, daß der Mensch als solcher ursprünglich philosophiert, sind die Fragen der Kinder. Gar nicht selten hört man aus Kindermund, was dem Sinne nach unmittelbar in die Tiefe des Philosophierens geht. Ich erzähle Beispiele:

Ein Kind wundert sich: »Ich versuche immer zu denken, ich sei ein anderer und bin doch immer wieder ich.« Dieser Knabe rührt an einen Ursprung aller Gewißheit, das Seinsbewußtsein im Selbstbewußtsein. Er staunt vor dem Rätsel des Ichseins, diesem aus keinem anderen zu Begreifenden. Er steht fragend vor dieser Grenze.

Ein anderes Kind hört die Schöpfungsgeschichte: Am Anfang schuf Gott Himmel und Erde . . ., und fragt alsbald: »Was war denn vor dem Anfang?« Dieser Knabe erfuhr die Endlosigkeit des Weiterfragens, das Nichthaltmachenkönnen des Verstandes, daß für ihn keine abschließende Antwort möglich ist.

Ein anderes Kind läßt sich bei einem Spaziergang angesichts einer Waldwiese Märchen erzählen von den Elfen, die dort nächtlich ihre Reigen aufführen . . . »Aber die gibt es doch gar nicht . . .« Man erzählt ihm nun von Realitäten, beobachtet die Bewegung der Sonne, erklärt die Frage, ob sich die Sonne bewege oder die Erde sich drehe und bringt die Gründe, die für die Kugelgestalt der Erde und ihre Bewegung um sich selbst sprechen ... »Ach, das ist ja gar nicht wahr«, sagt das Mädchen und stampft mit dem Fuß auf den Boden, »die Erde steht doch fest. Ich glaube doch nur, was ich sehe.« Darauf: »Dann glaubst du nicht an den lieben Gott, den kannst du doch auch nicht sehen.« – Das Mädchen stutzt und sagt dann sehr entschieden: »Wenn er nicht wäre, dann wären wir doch gar nicht da.« Dieses Kind wurde ergriffen von dem Erstaunen des Daseins: es ist nicht durch sich selbst. Und es begriff den Unterschied des Fragens: ob es auf einen Gegenstand in der Welt geht oder auf das Sein und unser Dasein im Ganzen.

Ein anderes Mädchen geht zum Besuch eine Treppe hinauf. Es wird ihm gegenwärtig, wie doch alles immer anders wird, dahinfließt, vorbei ist, als ob es nicht gewesen wäre. »Aber es muß doch etwas Festes geben können ... daß ich jetzt hier die Treppe zur Tante hinaufgehe, das will ich behalten.« Das Staunen und Erschrecken über die universale Vergänglichkeit im Hinschwinden sucht sich einen hilflosen Ausweg.

Wer sammeln würde, könnte eine reiche Kinderphilosophie berichten. Der Einwand, die Kinder hätten das vorher von Eltern oder anderen gehört, gilt offenbar gar nicht für die ernsthaften Gedanken. Der Einwand, daß diese Kinder doch nicht weiter philosophieren und daß also solche Äußerungen nur zufällig sein könnten, übersieht eine Tatsache: Kinder besitzen oft eine Genialität, die im Erwachsenwerden verlorengeht. Es ist als ob wir mit den Jahren in das Gefängnis von Konventionen und Meinungen, der Verdeckungen und Unbefragtheiten eintreten, wobei wir die Unbefangenheit des Kindes verlieren. Das Kind ist noch offen im Zustand des sich hervorbringenden Lebens, es fühlt und sieht und fragt, was ihm dann bald entschwindet. Es läßt fallen, was einen Augenblick sich ihm offenbarte, und ist überrascht, wenn die aufzeichnenden Erwachsenen ihm später berichten, was es gesagt und gefragt habe.

Drittens: Ursprüngliches Philosophieren zeigt sich wie bei Kindern so bei Geisteskranken. Es ist zuweilen – selten –, als ob die Fesseln der allgemeinen Verschleierungen sich lösten und ergreifende Wahrheit spräche. Im Beginn mancher Geisteskrankheiten erfolgen metaphysische Offenbarungen erschütternder Art, die zwar durchweg in Form und Sprache nicht von dem Range sind, daß ihre Kundgabe eine objektive Bedeutung gewönne, außer in Fällen wie dem Dichter Hölderlin oder dem Maler van Gogh. Aber wer dabei ist, kann sich dem Eindruck nicht entziehen, daß hier eine Decke reißt, unter der wir gemeinhin unser Leben führen. Manchem Gesunden ist auch bekannt die Erfahrung unheimlich tiefer Bedeutungen im Erwachen aus dem Schlafe, die sich bei vollem Wachsein wieder verlieren und nur fühlbar machen, daß wir nun nicht mehr hindurchdringen. Es ist ein tiefer Sinn in dem Satz: Kinder und Narren sagen die Wahrheit. Aber die schaffende Ursprünglichkeit, der wir die großen philosophischen Gedanken schulden, liegt doch nicht hier, sondern bei Einzelnen, die in ihrer Unbefangenheit und Unabhängigkeit als wenige große Geister in den Jahrtausenden aufgetreten sind.

Viertens: Da die Philosophie für den Menschen unumgänglich ist, ist sie jederzeit da in einer Öffentlichkeit, in überlieferten Sprichwörtern, in geläufigen philosophischen Redewendungen, in herrschenden Überzeugungen, wie etwa in der Sprache der Aufgeklärtheit, der politischen Glaubensanschauungen, vor allem aber vom Beginn der Geschichte an in Mythen. Der Philosophie ist nicht zu entrinnen. Es fragt sich nur, ob sie bewußt wird oder nicht, ob sie gut oder schlecht, verworren oder klar wird. Wer die Philosophie ablehnt, vollzieht selber eine Philosophie, ohne sich dessen bewußt zu sein.

Was ist nun die Philosophie, die so universell und in so sonderbaren Gestalten sich kundgibt?

Das griechische Wort Philosoph (philosophos) ist gebildet im Gegensatz zum Sophos. Es heißt der die Erkenntnis (das Wesen) Liebende im Unterschied von dem, der im Besitze der Erkenntnis sich einen Wissenden nannte. Dieser Sinn des Wortes besteht bis heute: das Suchen der Wahrheit, nicht der Besitz der Wahrheit ist das Wesen der Philosophie, mag sie es noch so oft verraten im Dogmatismus, das heißt in einem in Sätzen ausgesprochenen, endgültigen, vollständigen und lehrhaften Wissen. Philosophie heißt: auf dem Wege sein. Ihre Fragen sind wesentlicher als ihre Antworten, und jede Antwort wird zur neuen Frage.

Aber dieses Auf-dem-Wege-Sein – das Schicksal des Menschen in der Zeit – birgt in sich die Möglichkeit tiefer Befriedigung, ja in hohen Augenblicken einer Vollendung. Diese liegt nie in einem aussagbaren Gewußtsein, nicht in Sätzen und Bekenntnissen, sondern in der geschichtlichen Verwirklichung des Menschseins, dem das Sein selbst aufgeht. Diese Wirklichkeit in der Situation zu gewinnen, in der jeweils ein Mensch steht, ist der Sinn des Philosophierens.

Suchend auf dem Wege sein, oder: Ruhe und Vollendung des Augenblicks finden – das sind keine Definitionen der Philosophie. Philosophie hat nichts Übergeordnetes, nichts Nebengeordnetes. Sie ist nicht aus einem andern abzuleiten. Jede Philosophie definiert sich selbst durch ihre Verwirklichung. Was Philosophie sei, das muß man versuchen. Dann ist Philosophie in eins der Vollzug des lebendigen Gedankens und die Besinnung auf diesen Gedanken (die Reflexion) oder das Tun und das Darüberreden. Aus dem eigenen Versuch heraus erst kann man wahrnehmen, was in der Welt als Philosophie uns begegnet. Aber wir können weitere Formeln vom Sinn der Philosophie aussprechen. Keine Formel erschöpft diesen Sinn und keine erweist sich als die einzige. Wir hören aus dem Altertum: Philosophie sei (je nach ihrem Gegenstand) Erkenntnis der göttlichen und menschlichen Dinge, Erkenntnis des Seienden als Seienden, sei weiter (ihrem Ziel nach) Sterbenlernen, sei das denkende Erstreben der Glückseligkeit, Anähnlichung an das Göttliche, sei schließlich (ihrem umgreifenden Sinne nach) das Wissen alles Wissens, die Kunst aller Künste, die Wissenschaft überhaupt, die nicht auf ein einzelnes Gebiet gerichtet sei.

Heute läßt sich von der Philosophie vielleicht in folgenden Formeln sprechen; ihr Sinn sei:

die Wirklichkeit im Ursprung erblicken –

die Wirklichkeit ergreifen durch die Weise, wie ich denkend mit mir selbst umgehe, im inneren Handeln –

uns aufschließen für die Weite des Umgreifenden –

Kommunikation von Mensch zu Mensch durch jeden Sinn von Wahrheit in liebendem Kampfe wagen –

Vernunft noch vor dem Fremdesten und vor dem Versagenden geduldig und unablässig wach erhalten.

Philosophie ist das Konzentrierende, wodurch der Mensch er selbst wird, indem er der Wirklichkeit teilhaftig wird.

Obgleich Philosophie jeden Menschen, ja das Kind in Gestalt einfacher und wirksamer Gedanken bewegen kann, ist ihre bewußte Ausarbeitung eine nie vollendete und jederzeit sich wiederholende, stets als ein gegenwärtiges Ganzes sich vollziehende Aufgabe – sie erscheint in den Werken der großen Philosophen und als Echo bei den kleineren. Das Bewußtsein dieser Aufgabe wird, in welcher Gestalt auch immer, wach sein, solange Menschen Menschen bleiben.

Nicht erst heute wird Philosophie radikal angegriffen und im Ganzen verneint als überflüssig und schädlich. Wozu sei sie da? Sie halte nicht stand in der Not.

Kirchlich autoritäre Denkart hat die selbständige Philosophie verworfen, weil sie von Gott entferne, zur Weltlichkeit verführe, mit Nichtigem die Seele verderbe. Die politisch-totalitäre Denkart erhob den Vorwurf: die Philosophen hätten die Welt nur verschieden interpretiert, es komme aber darauf an, sie zu verändern. Beiden Denkarten galt Philosophie als gefährlich, denn sie zersetze die Ordnung, sie fördere den Geist der Unabhängigkeit, damit der Empörung und Auflehnung, sie täusche und lenke den Menschen ab von seiner realen Aufgabe. Die Zugkraft eines uns vom offenbarten Gott erleuchteten Jenseits oder die alles für sich fordernde Macht eines gottlosen Diesseits, beide möchten die Philosophie zum Erlöschen bringen.

Dazu kommt vom Alltag des gesunden Menschenverstandes her der einfache Maßstab der Nützlichkeit, an dem die Philosophie versagt. Thales, der für den frühesten der griechischen Philosophen gilt, wurde schon von der Magd verlacht, die ihn bei Beobachtung des Sternenhimmels in den Brunnen fallen sah. Warum sucht er das Fernste, wenn er im Nächsten so ungeschickt ist!

Die Philosophie soll sich also rechtfertigen. Das ist unmöglich. Sie kann sich nicht rechtfertigen aus einem anderen, für das sie infolge ihrer Brauchbarkeit Berechtigung habe. Sie kann sich nur wenden an die Kräfte, die in jedem Menschen in der Tat zum Philosophieren drängen. Sie kann wissen, daß sie eine zweckfreie, jeder Frage nach Nutzen und Schaden in der Welt enthobene Sache des Menschen als solchen betreibt, und daß sie sich verwirklichen wird, solange Menschen leben. Noch die ihr feindlichen Mächte können nicht umhin, den ihnen selbst eigenen Sinn zu denken und dann zweckgebundene Denkgebilde hervorzubringen, die ein Ersatz der Philosophie sind, aber unter den Bedingungen einer gewollten Wirkung stehen – wie der Marxismus, der Faszismus. Auch diese Denkgebilde bezeugen noch die Unausweichlichkeit der Philosophie für den Menschen. Die Philosophie ist immer da.

Nicht kämpfen kann sie, nicht sich beweisen, aber sich mitteilen. Sie leistet keinen Widerstand, wo sie verworfen wird, sie triumphiert nicht, wo sie gehört wird. Sie lebt in der Einmütigkeit, die im Grunde der Menschheit alle mit allen verbinden kann.

Philosophie in großem Stil und im systematischen Zusammenhang gibt es seit zweieinhalb Jahrtausenden im Abendland, in China und Indien. Eine große Überlieferung spricht uns an. Die Vielfachheit des Philosophierens, die Widersprüche und die sich gegenseitig ausschließenden Wahrheitsansprüche können nicht verhindern, daß im Grunde ein Eines wirkt, das niemand besitzt und um das jederzeit alle ernsten Bemühungen kreisen: die ewige eine Philosophie, die philosophia perennis. Auf diesen geschichtlichen Grund unseres Denkens sind wir angewiesen, wenn wir mit hellstem Bewußtsein und wesentlich denken wollen.

Ursprünge der Philosophie

Die Geschichte der Philosophie als methodisches Denken hat ihre Anfänge vor zweieinhalb Jahrtausenden, als mythisches Denken aber viel früher.

Doch Anfang ist etwas anderes als Ursprung. Der Anfang ist historisch und bringt für die Nachfolgenden eine wachsende Menge von Voraussetzungen durch die nun schon geleistete Denkarbeit. Ursprung aber ist jederzeit die Quelle, aus der der Antrieb zum Philosophieren kommt. Durch ihn erst wird die je gegenwärtige Philosophie wesentlich, die frühere Philosophie verstanden.

Dieses Ursprüngliche ist vielfach. Aus dem *Staunen* folgt die Frage und die Erkenntnis, aus dem *Zweifel* am Erkannten die kritische Prüfung und die klare Gewißheit, aus der *Erschütterung des Menschen* und dem Bewußtsein seiner Verlorenheit die Frage nach sich selbst. Vergegenwärtigen wir uns zunächst diese drei Motive.

Erstens: Plato sagte, der Ursprung der Philosophie sei das *Erstaunen*. Unser Auge hat uns »des Anblicks der Sterne, der Sonne und des Himmelsgewölbes teilhaftig werden lassen«. Dieser Anblick hat uns »den Trieb zur Untersuchung des Alls gegeben. Daraus ist uns die Philosophie erwachsen, das größte Gut, das dem sterblichen Geschlecht von den Göttern verliehen ward«. Und Aristoteles: »Denn die Verwunderung ist es, was die Menschen zum Philosophieren trieb: sie wunderten sich zuerst über das ihnen aufstoßende Befremdliche, gingen dann allmählich weiter und fragten nach den Wandlungen des Monds, der Sonne, der Gestirne und der Entstehung des Alls.«

Sich wundern drängt zur Erkenntnis. Im Wundern werde ich mir des Nichtwissens bewußt. Ich suche das Wissen, aber um des Wissens selber willen, nicht »zu irgendeinem gemeinen Bedarf«.

Das Philosophieren ist wie ein Erwachen aus der Gebundenheit an die Lebensnotdurft. Das Erwachen vollzieht sich im zweckfreien Blick auf die Dinge, den Himmel und die Welt, in den Fragen· was das alles und woher das alles sei, – Fragen, deren Antwort keinem Nutzen dienen soll, sondern an sich Befriedigung gewährt.

Zweitens: Habe ich Befriedigung meines Staunens und Bewunderns in der Erkenntnis des Seienden gefunden, so meldet sich bald der *Zweifel*. Zwar häufen sich die Erkenntnisse, aber bei kritischer Prüfung ist nichts gewiß. Die Sinneswahrnehmungen sind durch unsere Sinnesorgane bedingt und täuschend, jedenfalls nicht übereinstimmend mit dem, was außer mir unabhängig vom Wahrgenommenwerden an sich ist. Unsere Denkformen sind die unseres menschlichen Verstandes. Sie verwickeln sich in unlösbare Widersprüche. Überall stehen Behauptungen gegen Behauptungen. Philosophierend ergreife ich den Zweifel, versuche ihn radikal durchzuführen, nun aber entweder mit der Lust an der Verneinung durch den Zweifel, der nichts mehr gelten läßt, aber auch seinerseits keinen Schritt voran tun kann, – oder mit der Frage: wo denn Gewißheit sei, die allem Zweifel sich entziehe und bei Redlichkeit jeder Kritik standhalte.

Der berühmte Satz des Descartes: »Ich denke, also bin ich«, war ihm unbezweifelbar gewiß, wenn er an allem anderen zweifelte. Denn selbst die vollkommene Täuschung in meinem Erkennen, die ich vielleicht nicht durchschaue, kann mich nicht auch darüber täuschen, daß ich doch bin, wenn ich in meinem Denken getäuscht werde.

Der Zweifel wird als methodischer Zweifel die Quelle kritischer Prüfung jeder Erkenntnis. Daher: ohne radikalen Zweifel kein wahrhaftiges Philosophieren. Aber entscheidend ist, wie und wo durch den Zweifel selbst der Boden der Gewißheit gewonnen wird.

Und nun *drittens:* Hingegeben an die Erkenntnis der Gegenstände in der Welt, im Vollzug des Zweifels als des Weges zur Gewißheit bin ich bei den Sachen, denke ich nicht an mich, nicht an meine Zwecke, mein Glück, mein Heil. Vielmehr bin ich selbstvergessen befriedigt im Vollzug jener Erkenntnisse.

Das wird anders, wenn ich meiner selbst in meiner Situation mir bewußt werde.

Der Stoiker Epiktet sagte: »Der Ursprung der Philosophie ist das *Gewahrwerden der eigenen Schwäche und Ohnmacht.*« Wie helfe ich mir in der Ohnmacht? Seine Antwort lautete: indem ich alles, was nicht in meiner Macht steht, als für mich gleichgültig betrachte in seiner Notwendigkeit, dagegen, was an mir liegt, nämlich die Weise und den Inhalt meiner Vorstellungen, durch Denken zur Klarheit und Freiheit bringe.

Vergewissern wir uns unserer menschlichen Lage. Wir sind immer in Situationen. Die Situationen wandeln sich, Gelegenheiten treten auf. Wenn sie versäumt werden, kehren sie nicht wieder. Ich kann selber an der Veränderung der Situation arbeiten. Aber es gibt Situationen, die in ihrem Wesen bleiben, auch wenn ihre augenblickliche Erscheinung anders wird und ihre überwältigende Macht sich in Schleier hüllt: ich muß sterben, ich muß leiden, ich muß kämpfen, ich bin dem Zufall unterworfen, ich verstricke mich unausweichlich in Schuld. Diese Grundsituationen unseres Daseins nennen wir *Grenzsituationen.* Das heißt, es sind Situationen, über die wir nicht hinaus können, die wir nicht ändern können. Das Bewußtwerden dieser Grenzsituationen ist nach dem Staunen und dem Zweifel der tiefere Ursprung der Philosophie. Im bloßen Dasein weichen wir oft vor ihnen aus, indem wir die Augen schließen und leben als ob sie nicht wären. Wir vergessen, daß wir sterben müssen, vergessen unser Schuldigsein und unser Preisgegebensein an den Zufall. Wir haben es dann nur mit den konkreten Situationen zu tun, die wir meistern zu unseren Gunsten, und auf die wir reagieren durch Plan und Handeln in der Welt, getrieben von unseren Daseinsinteressen. Auf Grenzsituationen aber reagieren wir entweder durch Verschleierung oder, wenn wir sie wirklich erfassen, durch Verzweiflung und durch Wiederherstellung: wir werden wir selbst in einer Verwandlung unseres Seinsbewußtseins.

Machen wir uns unsere menschliche Lage auf andere Weise deutlich als die *Unzuverlässigkeit allen Weltseins*.

Die Fraglosigkeit in uns nimmt die Welt als das Sein schlechthin. In glücklicher Lage jubeln wir aus unserer Kraft, haben gedankenloses Zutrauen, kennen nichts anderes als unsere Gegenwärtigkeit. Im Schmerz, in der Kraftlosigkeit, in der Ohnmacht verzweifeln wir. Und wenn es überstanden ist und wir noch leben, so lassen wir uns wieder selbstvergessen hineingleiten in das Leben des Glücks.

Aber der Mensch ist durch solche Erfahrungen klug geworden. Die Bedrohung drängt ihn, sich zu sichern. Naturbeherrschung und menschliche Gemeinschaft sollen das Dasein garantieren.

Der Mensch bemächtigt sich der Natur, um ihren Dienst sich verfügbar zu machen; Natur soll durch Erkenntnis und Technik verläßlich werden.

Doch in der Beherrschung der Natur bleibt die Unberechenbarkeit und damit die ständige Bedrohung, und dann das Scheitern im Ganzen: die schwere mühsame Arbeit, Alter, Krankheit und Tod sind nicht abzuschaffen. Alles Verläßlichwerden beherrschter Natur ist nur ein Besonderes im Rahmen der totalen Unverläßlichkeit.

Und der Mensch vereinigt sich zur Gemeinschaft, um den endlosen Kampf aller gegen alle einzuschränken und am Ende auszuschalten; in gegenseitiger Hilfe will er Sicherheit gewinnen.

Aber auch hier bleibt die Grenze. Nur wo Staaten in einem Zustand wären, daß jeder Bürger so zum anderen steht, wie es die absolute Solidarität fordert, da könnten Gerechtigkeit und Freiheit im Ganzen sicher sein. Denn nur dann stehen, wenn einem Unrecht geschieht, die anderen wie ein Mann dagegen. Das war niemals so. Immer ist es ein begrenzter Kreis von Menschen, oder es sind nur einzelne, die füreinander im äußersten, auch in der Ohnmacht, wirklich da bleiben. Kein Staat, keine Kirche, keine Gesellschaft schützt absolut. Solcher Schutz war die schöne Täuschung ruhiger Zeiten, in denen die Grenze verschleiert blieb.

Gegen die gesamte Unverläßlichkeit der Welt aber steht doch das andere: In der Welt gibt es das Glaubwürdige, das Vertrauenerweckende, gibt es den tragenden Grund: Heimat und Landschaft – Eltern und Vorfahren – Geschwister und Freunde – die Gattin. Es gibt den geschichtlichen Grund der Überlieferung in der eigenen Sprache, im Glauben, im Werk der Denker, der Dichter und Künstler.

Aber auch diese gesamte Überlieferung gibt keine Geborgenheit, auch sie keine absolute Verläßlichkeit. Denn als was sie an uns herantritt, ist alles Menschenwerk, nirgends ist Gott in der Welt. Die Überlieferung bleibt immer zugleich Frage. Jederzeit muß der Mensch im Blick auf sie aus eigenem Ursprung finden, was ihm Gewißheit, Sein, Verläßlichkeit ist. Aber in der Unverläßlichkeit allen Weltseins ist der Zeiger aufgerichtet. Er verbietet, in der Welt Genüge zu finden; er weist auf ein anderes.

Die Grenzsituationen – Tod, Zufall, Schuld und die Unzuverlässigkeit der Welt – zeigen mir das Scheitern. Was tue ich angesichts dieses absoluten Scheiterns, dessen Einsicht ich mich bei redlicher Vergegenwärtigung nicht entziehen kann?

Der Rat des Stoikers, sich auf die eigene Freiheit in der Unabhängigkeit des Denkens zurückzuziehen, tut uns nicht genug. Der Stoiker irrte, indem er die Ohnmacht des Menschen nicht radikal genug sah. Er verkannte die Abhängigkeit auch des Denkens, das an sich leer ist, angewiesen auf das, was ihm gegeben wird, und die Möglichkeit des Wahnsinns. Der Stoiker läßt uns trostlos in der bloßen Unabhängigkeit des Denkens, weil diesem Denken aller Gehalt fehlt. Er läßt uns hoffnungslos, weil jeder Versuch einer Spontaneität innerer Überwindungen, weil jede Erfüllung durch ein Sichgeschenktwerden in der Liebe und weil die hoffende Erwartung des Möglichen ausbleibt.

Aber was der Stoiker will, ist echte Philosophie. Der Ursprung in den Grenzsituationen bringt den Grundantrieb, im Scheitern den Weg zum Sein zu gewinnen.

Es ist entscheidend für den Menschen, wie er das Scheitern erfährt: ob es ihm verborgen bleibt und ihn nur faktisch am Ende überwältigt, oder ob er es unverschleiert zu sehen vermag und als ständige Grenze seines Daseins gegenwärtig hat; ob er phantastische Lösungen und Beruhigungen ergreift, oder ob er redlich hinnimmt im Schweigen vor dem Undeutbaren. Wie er sein Scheitern erfährt, das begründet, wozu der Mensch wird.

In den Grenzsituationen zeigt sich entweder das Nichts, oder es wird fühlbar, was trotz und über allem verschwindenden Weltsein eigentlich ist. Selbst die Verzweiflung wird durch ihre Tatsächlichkeit, daß sie in der Welt möglich ist, ein Zeiger über die Welt hinaus.

Anders gesagt: der Mensch sucht Erlösung. Erlösung wird geboten durch die großen, universalen Erlösungsreligionen. Ihr Kennzeichen ist eine objektive Garantie für die Wahrheit und Wirklichkeit der Erlösung. Ihr Weg führt zum Akt der Bekehrung des Einzelnen. Dies vermag Philosophie nicht zu geben. Und doch ist alles Philosophieren ein Weltüberwinden, ein Analogon der Erlösung.

Fassen wir zusammen: Der Ursprung des Philosophierens liegt im Verwundern, im Zweifel, im Bewußtsein von Verlorenheit. In jedem Falle beginnt es mit einer den Menschen ergreifenden Erschütterung, und immer sucht es aus der Betroffenheit heraus ein Ziel.

Plato und Aristoteles suchten aus der Verwunderung das Wesen des Seins.

Descartes suchte in der Endlosigkeit des Ungewissen das zwingend Gewisse.

Die Stoiker suchten in den Leiden des Daseins die Ruhe der Seele.

Jede der Betroffenheiten hat ihre Wahrheit, je in dem geschichtlichen Kleid ihrer Vorstellungen und ihrer Sprache. Wir dringen in geschichtlicher Aneignung durch sie zu den Ursprüngen, die noch in uns gegenwärtig sind.

Der Drang geht zum verläßlichen Boden, zur Tiefe des Seins, zur Verewigung.

Aber vielleicht ist keiner dieser Ursprünge der auch für uns ursprünglichste, bedingungslose. Die Offenbarkeit des Seins für die Verwunderung läßt uns Atem holen, aber verführt uns, uns den Menschen zu entziehen und einer reinen, zauberhaften Metaphysik zu verfallen. Die zwingende Gewißheit hat ihren Bereich nur in der Weltorientierung durch wissenschaftliches Wissen. Die unerschütterliche Haltung der Seele im Stoizismus gilt uns nur als Übergang in der Not, als Rettung vor dem völligen Verfall, aber sie selbst bleibt ohne Gehalt und Leben.

Die drei wirksamen Motive – der Verwunderung und des Erkennens, des Zweifels und der Gewißheit, der Verlorenheit und des Selbstwerdens – erschöpfen nicht, was uns im gegenwärtigen Philosophieren bewegt.

In diesem Zeitalter des radikalsten Einschnitts der Geschichte, von unerhörtem Zerfall und nur dunkel geahnten Chancen, sind die bisher vergegenwärtigten drei Motive zwar gültig, aber nicht ausreichend. Sie werden unter eine Bedingung gestellt, die der *Kommunikation* zwischen Menschen.

In der Geschichte bis heute war eine selbstverständliche Verbundenheit von Mensch zu Mensch in verläßlichen Gemeinschaften, in Institutionen und im allgemeinen Geist. Noch der Einsame war in seiner Einsamkeit gleichsam getragen. Heute ist der Zerfall am fühlbarsten darin, daß immer mehr Menschen sich nicht verstehen, sich begegnen und auseinanderlaufen, gleichgültig gegeneinander, daß keine Treue und Gemeinschaft mehr fraglos und verläßlich ist.

Jetzt wird uns die allgemeine Situation, die faktisch immer war, entscheidend wichtig: Daß ich mit dem anderen in der Wahrheit einig werden kann und es nicht kann; daß mein Glaube, gerade wenn ich mir gewiß bin, auf anderen Glauben stößt; daß irgendwo an der Grenze immer nur der Kampf ohne Hoffnung auf Einheit zu bleiben scheint, mit dem Ausgang von Unterwerfung oder Vernichtung; daß Weichheit und Widerstandslosigkeit die Glaubenslosen sich entweder blind anschließen oder eigensinnig trotzen läßt – alles das ist nicht beiläufig und unwesentlich.

Das könnte es sein, wenn es für mich in der Isolierung eine Wahrheit gäbe, an der ich genug hätte. Jenes Leiden an mangelnder Kommunikation und jene einzigartige Befriedigung in echter Kommunikation machte uns philosophisch nicht so betroffen, wenn ich für mich selbst in absoluter Einsamkeit der Wahrheit gewiß wäre. Aber ich bin nur mit dem andern, allein bin ich nichts.

Kommunikation nicht bloß von Verstand zu Verstand, von Geist zu Geist, sondern von Existenz zu Existenz hat alle unpersönlichen Gehalte und Geltungen nur als ein Medium. Rechtfertigen und Angreifen sind dann Mittel, nicht um Macht zu gewinnen, sondern um sich nahe zu kommen. Der Kampf ist ein liebender Kampf, in dem jeder dem anderen alle Waffen ausliefert. Gewißheit eigentlichen Seins ist allein in jener Kommunikation, in der Freiheit mit Freiheit in rückhaltlosem Gegeneinander durch Miteinander steht, alles Umgehen mit dem anderen nur Vorstufe ist, im Entscheidenden aber gegenseitig alles zugemutet, an den Wurzeln gefragt wird. Erst in der Kommunikation verwirklicht sich alle andere Wahrheit, in ihr allein bin ich ich selbst, lebe ich nicht bloß, sondern erfülle das Leben. Gott zeigt sich nur indirekt und nicht ohne Liebe von Mensch zu Mensch; die zwingende Gewißheit ist partikular und relativ, dem Ganzen untergeordnet; der Stoizismus wird zur leeren und starren Haltung.

Die philosophische Grundhaltung, deren gedanklichen Ausdruck ich Ihnen vortrage, wurzelt in der Betroffenheit vom Ausbleiben der

Kommunikation, in dem Drang zu echter Kommunikation und in der Möglichkeit liebenden Kampfes, der Selbstsein mit Selbstsein in der Tiefe verbindet.

Und dieses Philosophieren wurzelt zugleich in jenen drei philosophischen Betroffenheiten, die alle unter die Bedingung gestellt werden, was sie bedeuten, sei es als Helfer oder sei es als Feinde, für die Kommunikation von Mensch zu Mensch.

So gilt: der Ursprung der Philosophie liegt zwar im Sichverwundern, im Zweifel, in der Erfahrung der Grenzsituationen, aber zuletzt, dieses alles in sich schließend, in dem Willen zur eigentlichen Kommunikation. Das zeigt sich von Anfang an schon darin, daß alle Philosophie zur Mitteilung drängt, sich ausspricht, gehört werden möchte, daß ihr Wesen die Mitteilbarkeit selbst und diese unablösbar vom Wahrsein ist.

Erst in der Kommunikation wird der Zweck der Philosophie erreicht, in dem der Sinn aller Zwecke zuletzt gegründet ist: das Innewerden des Seins, die Erhellung der Liebe, die Vollendung der Ruhe.

GABRIEL MARCEL

Die Verantwortlichkeit des Philosophen in der Welt von heute

Die Diskussion, die sich seit dem Zweiten Weltkrieg unter manchmal recht verwirrenden Bedingungen über das engagierte Denken erhoben hat, kann noch nicht als beendet angesehen werden. Es zeigen
sich heute sogar noch größere Schwierigkeiten, besonders in Frankreich – und das zu einem Zeitpunkt, in dem man die Existenz der Philosophie selbst in Frage zu stellen versucht ist. Ich hoffe, nachweisen zu
können, daß diese Existenz nicht erkannt werden kann, wenn sie nicht
so dargelegt wird, daß sie eine Verantwortlichkeit miteinschließt, wie
sie sich im Verlauf dieser Krise ohne Beispiel dem Menschen seit einem
Vierteljahrhundert auferlegt.

Das Problem, auf das ich meine Überlegungen konzentrieren möchte, stellt sich mit folgenden Fragen: Kann ich sicher sein, daß meine Le-
ser oder meine Hörer dem Wort Philosophie denselben Sinn verleihen
wie ich selbst? Oder genauer: Kann ich behaupten, daß ich selbst in
meinem eigenen Denken dieses Wort frei von jedweder Doppeldeutig-
keit gebrauche?

Bleiben wir zunächst bei der ersten Frage. Die Erfahrung lehrt uns
unwiderlegbar, daß das Wort Philosoph in durchaus verschiedenen Bedeutungen verwendet wird: etwa im größten Teil der angelsächsischen
Welt und dort, wo sich die Phänomenologie nach Husserl und Scheler
weiterentwickelt hat.

Man kann ohne weiteres in der Vergangenheit vergleichbare gegen-
sätzliche Auffassungen finden. Ende des vorigen Jahrhunderts sprach
zum Beispiel ein englischer Neohegelianer keineswegs dieselbe Sprache
wie sein empiristisch ausgerichteter Kollege aus der Schule der Assozia-
tionsphilosophen oder Spencers. Das ist unbestreitbar, selbst wenn
man beobachten kann, daß der in dieser Assoziationsphilosophie enthaltene Wahrheitsgehalt danach in einer Synthese wie der Bradleys
seinen Platz finden konnte. Ich konnte jedoch zum Beispiel 1951 auf
dem Kongreß von Lima, als ich mich mit dem englischen Delegierten
Alfred Ayer unterhielt, feststellen, sobald ich von einer Philosophie der
Reflexion sprach, daß diese Worte, die in Frankreich eine ehrwürdige
Tradition haben, für ihn nichts mehr bedeuteten. Als ich mich vor kur-

zem mit Studenten aus Harvard unterhielt, mußte ich feststellen, daß die meisten ihrer Philosophieprofessoren sie davon abgebracht hatten, eine Verbindung zwischen dem beinahe exklusiven analytischen Denken und dem Leben zu suchen – den Problemen, die das Leben jedem von uns stellt und die in ihren Augen nur Meinungen oder Möglichkeiten darstellen, denen jede philosophische Beziehung fehlt.

Auch hierfür könnte man natürlich Beispiele aus der Vergangenheit zitieren. Was aber der heutigen Situation ihren eigentümlichen Charakter verleiht, ist unter anderem das Faktum, daß die Disziplinen, die bis zum Beginn dieses Jahrhunderts als integrierter Teil der Philosophie betrachtet wurden, die Soziologie und die Psychologie, aber auch die Logik, gegenwärtig nicht nur Autonomie verlangen, sondern radikale Unabhängigkeit.

Unter diesen Umständen erscheint die eigentliche Philosophie unglücklicherweise als Überbleibsel, ja man könnte beinahe sagen, als etwas beiseite Gestelltes, dessen Weiterbestehen höchstens toleriert wird – und dies aus Gründen der Tradition, die im übrigen immer weniger respektiert wird. Bei Menschen, die fest im Leben stehen und die sich mit einer gewissen Rührung an die längstvergangene Zeit ihres Studiums erinnern, trifft man häufig auf die Vorstellung, daß die Philosophie eine Art intellektuellen Spiels sei, eine Art Gelenkigkeitsübung für den Geist, die eine Zeitlang praktiziert zu haben recht günstig sein kann; aber man hat keine Ahnung von ihrer wahrhaften Tragweite.

Mir schiene es wünschenswerter, das Verschwinden der Philosophie herbeizuführen als sie auf Ähnliches zu reduzieren. Wenn sie nichts anderes als ein Spiel ist, dann genügt es nicht zu sagen, daß sie sich außerhalb des wirklichen gelebten Lebens stellt, sondern daß die Gefahr der Heuchelei besteht, denn sie hat immer Ansprüche hervorgerufen, die in jungen Geistern etwas bewirken können, was unter der besagten Hypothese als lügnerisch erscheinen muß. Was mich betrifft, so sage ich ohne zu zögern, daß die Philosophie nur Gewicht hat und Interesse verdient, wenn sie einen Widerhall in unserem Leben findet, einem Leben, das heute in allen Bereichen bedroht ist. Aber man müßte weitergehen und sagen, daß dieser Widerhall seinerseits davon abhängt, wie sich die Philosophie in bezug auf die Wahrheit verhält.

Ein anerkannter Philosoph, Professor an der Sorbonne, dessen Autorität außer Zweifel steht, erklärte vor einigen Jahren in einem Fernsehgespräch, das für junge Lehrer bestimmt war, daß der Ausdruck Wahrheit nur für die Wissenschaften einen Sinn beinhalte. Sich so auszudrükken, heißt ganz einfach die Abdankung der Philosophie verkünden. Wir können bis in die Gegenwart feststellen, daß es unter den großen

Philosophen der Vergangenheit nicht einen einzigen gibt, der seinem Denken das Recht abgesprochen hätte, die Wahrheit zu zitieren. Selbst ein Irrationalist wie Schopenhauer war ohne jeden Zweifel der Ansicht, die Wahrheit auf dem Grund der Dinge aufgedeckt zu haben. Die einzige Ausnahme, die aber nur eine scheinbare ist, wäre Nietzsche, insofern als sein Denken nicht nur jenseits von Gut und Böse begründet ist, sondern auch jenseits von Wahr und Falsch. Dennoch kann dieses Denken nicht als beständig betrachtet werden, da es trotz allem anerkennt, daß ein bestimmter Typus von Wahrheit, beispielsweise die wissenschaftliche Wahrheit, transzendiert werden muß, aber diese Überschreitung selbst unweigerlich zur Einrichtung einer höheren Wahrheit führt, die im übrigen auf das reduzierbar ist, was wir gewöhnlich darunter verstehen. Sich vorzustellen, daß man dieser Notwendigkeit entrinnen kann, heißt das nicht, sich unwiederbringlich auf einen Weg zu begeben, der ins Delirium führt? Unter diesem Gesichtspunkt kann man annehmen, daß der Wahnsinn Nietzsches nicht bloß medizinisch aufgefaßt werden darf, sein Sinn sich in Wirklichkeit an der Verletzung eines Verbotes enthüllt.

Es muß hier einem Einwand begegnet werden: »Wenn Sie vom Philosophen sprechen«, wird man sagen, »sehen Sie dann den Philosophen im allgemeinen oder vielmehr einen besonderen Philosophen, mit dem Sie sich verwandt fühlen? Wird aber diese zweite Interpretation aufrechterhalten, wie können Sie dann der Willkür entgehen? Und hat es anderseits einen Sinn, vom Philosophen im allgemeinen zu sprechen?« Man muß zugeben, daß diese Frage treffend ist und daß man sie nicht unbeantwortet lassen kann. Vorerst muß man ausdrücklich klarstellen, daß es sich um den Philosophen *von heute* handelt, der in einem bestimmten Zusammenhang steht, von dem er nicht abstrahiert werden kann. Natürlich ist dieser Hinweis noch sehr unzureichend. Die wichtige Frage, die zu beantworten ist, besteht darin, ob ich, wenn ich vom Philosophen spreche, einen *professionellen* Philosophen sehe – und schon ergeben sich Widersprüche, denn dieses Professionelle wirft die Frage auf: ist es ohne Widerspruch möglich?

Spricht man von einem professionellen Philosophen, meint man den diplomierten Philosophen, der öffentlich unterrichtet; aber dann ist es schwer, sich eines unguten Gefühls zu erwehren, wenn man über den Begriff des Diploms der Philosophie ein wenig nachdenkt und über die Bedingungen, unter denen es verliehen wird. Dieses gefühlsmäßige Unbehagen – am Anfang vielleicht verwirrend – liegt an dem Widerspruch, der im Bereich des klaren Denkens ausgeglichen werden soll. Ruft der, der von Philosophie spricht, nicht die Idee eines im wesentlichen freien Gedankenganges hervor, mit dem derjenige beschäftigt ist, der ihn unternimmt? Ist es nicht ein Widerspruch, sich einen Stempel vorzustellen, der von außen, von einer Person, die sich einem solchen Gedankengang widmet, aufgedrückt wird – ein Stempel, der die Rechtsgültigkeit dieses Gedankenganges bezeugt? Ist hier der Begriff der Rechtsgültigkeit überhaupt anwendbar? Rechtsgültigkeit im Namen wessen und ausgehend wovon? Man muß sogar noch weitergehen: Wie mag die Autorität derjenigen beschaffen sein, die solche Zeugnisse ausstellen? Die Philosophie unterscheidet sich offenbar von allen Zweigen des spezialisierten Wissens, für die sich die oben aufgeworfenen Fragen nicht stellen. Ein Kandidat für Mathematik oder Geschichte kann ohne Widerspruch nach bestimmten vorgesehenen Prüfungen durch Mathematiker oder Historiker als den Anforderungen entsprechend erklärt werden, und zwar deshalb, weil die qualifizierten Personen mit Recht vermuten können, daß der Kandidat tatsächlich auch in der Lage ist, anderen sein Wissen zu vermitteln.

Aber die Situation scheint ganz anders, sobald der Unterricht der Philosophie in Frage steht.

Man könnte hier eine Unterscheidung zwischen dem Philosophen im eigentlichen Sinn, sozusagen dem suchenden Philosophen und dem lehrenden einführen, indem man sagt, daß die Prüfungen, die zu dem erwähnten Stempel führen, ein bestimmtes »Gepäck« des Kandidaten nachweisen, das zu übermitteln er fähig ist. Man kann dies erkennen, muß aber bemerken, daß der Begriff des Gepäcks doppeldeutig ist und daß ein auf Übermittlung beschränkter philosophischer Unterricht keineswegs als zufriedenstellendes Erfordernis angesehen werden kann. In der Philosophie handelt es sich viel weniger um ein Lehren als um ein *Erwecken*, wobei die Erfahrung zeigt, daß die offiziell approbierten Prüfungen nur selten und unvollkommen unterscheiden lassen, ob der Kandidat diese wesentliche Eigenschaft besitzt.

Man kann zugeben, daß der Begriff des Philosophieprofessors selbst so wesenhaft doppeldeutig ist, daß man sich ernstlich fragen muß, ob die Worte *sich berufen lassen* nicht im Widerspruch stehen zu dem, was im tiefsten Innern der Berufung geschieht. Auf diesen Ausdruck Berufung haben wir den Akzent zu legen, sobald wir vom Philosophen sprechen, wobei man allerdings zugestehen muß, daß der genaue Sinn dieser Berufung nicht einfach zu definieren ist, wenn wir sie von der Berufung eines Professors unterscheiden: Ich lasse im übrigen die schwierige Frage beiseite, ob die Berufung des Professors diesen Namen wirklich verdient und ob sie ebenso deutlich sein kann wie beispielsweise die des Arztes, des Priesters oder sogar die des Ingenieurs.

Ich glaube, hier muß man sehen, daß man nicht ausschließlich für sich philosophiert, um jenem Zustand der Ungewißheit in Richtung auf ein bestimmtes Gleichgewicht zu entgehen, wodurch man sich selbst zufriedenstellen könnte. Es ist vielmehr so, als ob man die Unruhe oder die Angst anderer Wesen auf sich nehmen würde, die man zwar nicht einzeln kennt, denen man sich aber in brüderlicher Beziehung verbunden fühlt.

Es ist gewiß unpassend, aber vielleicht unvermeidlich, in diesem Zusammenhang von sich selbst zu sprechen. Ich sage ohne viel Zögern, daß meine philosophische Berufung an dem Tag an mich ergangen ist als ich in einer Allee des Parc Monceau – ich war damals acht Jahre alt – erfahren habe, daß man nicht mit Sicherheit wissen könne, ob die Menschen nach ihrem Tod fortleben oder in absolutem Verlöschen verloren wären, und ich rief damals aus: »Später werde ich versuchen, hier klar zu sehen.« Es wäre ein schwerer Irrtum, erblickte man darin nichts als eine Kinderei: Es ist absolut sicher, daß diese Besorgnis, ja diese Betroffenheit in meinem Fall, wie auch in dem von Unamuno, in allem durchscheint, was ich geschrieben habe, selbst in meinem dramatischen Werk und hier vor allem. Und es ist ebenso klar, daß ich die wohl sicherlich naive Absicht hatte, eines Tages nicht nur für mich Klarheit zu schaffen, sondern auch für alle jene, von denen ich mir vorstellte, sie lebten in derselben Angst.

Ich werde mich hüten, dies unbedingt zu verallgemeinern. Es ist zweifelhaft, ob man bei allen Philosophen ein determiniertes Problem finden kann, das sich schon früh der fragenden und bangenden Erwartung des künftig Suchenden aufgedrängt hat. Anderseits kann man zweifellos behaupten, daß am Ursprung jeder philosophischen Suche immer ein Erstaunen steht, eine gewisse Art, etwas als nicht endgültig hinzunehmen, etwas als nicht völlig natürlich zu betrachten, was der spätere Philosoph dann vor sich findet. Das ist wahrscheinlich so einleuchtend, daß man gar nicht näher darauf eingehen muß. Was aber vielleicht weniger klar ist – und womit ich auf etwas zurückkomme, was ich vorhin gesagt habe – ist, daß diese Infragestellung unveränderlich auf eine später aufzudeckende Wahrheit gerichtet ist. Die Worte »eine Wahrheit« sind im übrigen nicht so exakt, wie sie sein sollten: Fragmentarische Wahrheiten, die voneinander isoliert werden, gehören dem Bereich der Wissenschaft und nicht der Philosophie an; es ist vielmehr *die Wahrheit*, um die es sich immer handelt, aber von dem Augenblick an, da die Reflexion ein bestimmtes Niveau erreicht hat, erstreckt sich die Infragestellung auch auf die Wahrheit selbst; das hat zur Folge, daß man sich fragen muß, was das Wort selbst bedeutet, und gleichzeitig, welches die Bedingungen und Grenzen sind, innerhalb derer das Verlangen nach Wahrheit vielleicht erfüllt werden kann.

Ich möchte mit der größtmöglichen Präzision die schwierige Frage zu beantworten versuchen: Wenn ich als Philosoph vom Philosophen spreche, spreche ich dann von mir selbst? Eines von beiden scheint es: Entweder bin es wirklich ich, von dem ich spreche – in diesem Fall ist diese Art von Verschleierung, hinter der ich mich verberge, lächerlich; oder aber ich lasse im Gegenteil einen Unterschied gelten, dann sieht man schlecht ein, wie ich mich zu diesem Philosophen in Beziehung bringen kann, von dem ich ja erkenne, daß er *nicht* ich sei. Es scheint, daß es hier ein Dilemma gibt, dem ich nicht entgehen kann. Ich glaube trotz allem, daß es die zweite Position einzunehmen gilt. Ich spreche nicht von mir selbst. Aber in diesem Fall muß ich anerkennen, daß es mir auferlegt – und, wenn man will, auch gegeben – ist, durch das Denken jenseits dessen vorzudringen, was ich erreichen konnte oder noch kann. Ich muß mir das Denken der verschiedenen Philosophen vergegenwärtigen, unter denen ich mich anzusiedeln habe, ohne im übrigen den Anspruch eines Vergleichs zu stellen.

Eine Schwierigkeit, der ich mich gegenübersehe, ist die Vergeblichkeit, einen gemeinsamen Nenner für diese Philosophen zu finden, oder zumindest diesen Nenner auf etwas rein Formales zu reduzieren, es sei denn, dies wäre ein persönliches Engagement im Bezug auf die Wahrheit, oder genauer im Hinblick auf eine Suche, die auf die Wahrheit ausgerichtet ist.

Aber es muß noch etwas anderes hinzugefügt werden: Wenn ich von der Verantwortung des Philosophen spreche, ist es dann meine eigene Verantwortung, die in Frage steht? Ich fürchte, daß man hier zugleich ja und nein sagen muß. Wenn ich mich unter die Philosophen zähle, kann ich mich in keiner Weise von dem ausschließen, was dazu zu sagen ist. Indem ich mir anderseits meiner Unzulänglichkeit bewußt bin und einer wahrscheinlich unvermeidbaren Untreue einer Berufung gegenüber, die meine eigenen Möglichkeiten übersteigt, kann ich dazu gelangen, etwas zu behaupten, von dem ich weiß, daß ich es leider nicht erfüllen kann. Es gibt also einen Spielraum, der wahrscheinlich nicht gänzlich ausgeschaltet werden kann: Diesen Spielraum erkennen bedeutet gleichzeitig und in einem anerkennen, in welchem Punkt mir ein gewisser Stolz, eine gewisse Arroganz untersagt ist.

Vorwegnehmend muß hier vielleicht noch etwas hinzugefügt werden, auf das ich erst später eingehen werde: Ich bin vielleicht von meiner Anlage her unfähig, zwischen dem, was ich als Philosoph denke und dem, was ich als Nichtphilosoph sage, scharf zu trennen – wenn ich auch sicherlich die Pflicht habe, mein Möglichstes zu tun, um zu einem deutlicheren Bewußtsein und zu einer strengeren Unterscheidung zu gelangen.

Diese lange Einleitung dürfte notwendig gewesen sein, um die Bedingungen zu zeigen, unter denen sich das Problem der Verantwortlichkeit des Philosophen stellt; sicherlich ein dunkles Problem, dessen Gegebenheit aber auch nach Belieben durch einen gewissen Existentialismus verwirrt wurde – doch davon wird bei späterer Gelegenheit die Rede sein.

Die erste Frage, die sich unweigerlich stellt, ist die, *vor wem* der Philosoph verantwortlich ist und – vorausgesetzt, daß man diese Frage beantworten kann – ob das Wort Verantwortlichkeit hier einen präzisierbaren Sinn beinhaltet. Wir werden vom Grenzfall eines totalitären Staates ausgehen, mag es sich nun um Nazideutschland oder um Sowjetrußland handeln. Hier ist die Antwort auf diese Frage in Wahrheit sehr klar: Der Philosoph ist vor der Gesellschaft verantwortlich – noch genauer in den beiden genannten Beispielen: vor der einzigen Partei oder vor denjenigen, die an ihrer Spitze stehen und damit prahlen, im Besitz der Wahrheit zu sein, ob nun der neue Koran, in dem diese formuliert wird, *Das Kapital* oder *Mein Kampf* heißt.

Nun dürfen wir hier aber nicht übersehen, daß »der Philosoph«, der sich in dieser Art dem sogenannten Souverän zur Verfügung stellt, gleichzeitig jener unantastbaren Bedingung des philosophischen Gedankenganges zuwiderhandelt, die Autonomie heißt. Man kann ohne weiteres den Philosophen der Abtrünnigkeit zeihen, der sich in den Dienst einer für unabdingbar erklärten Pseudowahrheit stellt. Hier liegt eine Transposition dessen vor, was vor Jahrhunderten der theologische Dogmatismus war; aber diese Transposition vollzieht sich unter erschwerenden Bedingungen, denn dieser neue Dogmatismus kann nicht den Anspruch erheben, sich auf etwas Ähnliches wie die Offenbarung zu stützen.

Indem man den Akzent auf die Autonomie als das eigentliche Kennzeichen des philosophischen Gedankenganges legt, löst man damit nicht zugleich den Philosophen aus allem heraus, was als Verantwortlichkeit erscheinen könnte? Neigen wir damit nicht in gefährlicher Weise dazu, den Philosophen mit dem Künstler gleichzusetzen – denn schließlich scheint es schwierig, dem Maler oder Komponisten als solchem eine Verantwortung zuzuschreiben: Wie könnte diese beschaffen sein? Ein Einwand drängt sich natürlich hier auf: Gesellschaft bedeutet nicht notwendigerweise totalitärer Staat. Könnte man nicht eine Verantwortlichkeit des Philosophen vor der menschlichen Gesellschaft ins

Auge fassen, wobei diese in einem sehr weiten Sinne verstanden und dadurch mit der Freiheit in Übereinstimmung gebracht wird, die ja jeder Reflexion, die dieses Namens würdig ist, vorausgehen muß? Hierauf muß man antworten, daß das Wort Gesellschaft in sich selbst außerordentlich vage ist. Die Gesellschaft im allgemeinen gibt es nicht. Um welche Gesellschaft handelt es sich also? Es kann nur um eine bestimmte Gesellschaft gehen, der ein Philosoph eben angehört, zum Beispiel als Bürger eines Staates, als Mitglied einer Kirche und so weiter. Betrachten wir einen bestimmten Fall: Ist der Philosoph gegenüber einer nationalen Gemeinschaft verantwortlich? Man sollte sich bemühen, zu sehen, was hinter diesen klar scheinenden Worten steckt. Man würde sogleich die völlige Verwirrung entdecken. Ich denke an einen bestimmten Fall, der sich vor kurzem unter sehr schmerzlichen Bedingungen zugetragen hat. Mußte der Philosoph die fürchterlichen und oftmaligen Folterungen durch die französische Armee während des Algerienkrieges nicht aufzeigen? In meinen Augen ist es unmöglich, so etwas zuzulassen. Setzen wir voraus – was einfach nicht wahr ist –, daß die Befehlshaber der französischen Armee solche Praktiken als unumgänglich notwendig für den Sieg erachtet hätten: Sind nun diese Befehlshaber als befähigte Repräsentanten einer nationalen Gemeinschaft anzusehen? Das wäre ein sehr gewagtes Urteil. Hieße es aber anderseits nicht dem Feind einen Dienst erweisen und solcherart des Verrates schuldig werden, wenn man die Befehlshaber öffentlich verurteilt? Das ist ein sehr schweres und beängstigendes Problem. Aber es scheint ausdrücklich gesagt werden zu müssen, daß ein dieser Bezeichnung würdiger Philosoph zu keinem anderen Urteil kommen kann, als daß ein Frankreich, das sich solcher Mittel bedient, gewissermaßen aufhörte, Frankreich zu sein, also jener Berufung treu zu bleiben, die von den besten Köpfen als Berufung dieses Volkes betrachtet wurde. Könnte man unter diesen Bedingungen nicht sagen, daß die Verantwortlichkeit in bezug auf diese Idee und nicht in bezug auf eine etwaige faktische Macht besteht, von der man sagen kann, daß sie diese verrät?

Man darf aber die Schwierigkeiten nicht verkennen, die eine solche Denkweise aufwirft: Was mich betrifft, so habe ich mich öffentlich gegen den Gebrauch der Folter gestellt, doch gleichzeitig ein Manifest für falsch erklärt, das von zahlreichen Intellektuellen unterschrieben worden war und das mir einem Aufruf zur Desertion gleichzukommen schien. Man muß zugeben, daß wir hier auf einem Grat stehen, von dem aus es sehr schwierig ist, exakt den Punkt zu bestimmen, an dem die Pflicht ihr Wesen und ihre Bedeutung verändert.

Jedenfalls muß man den Einwand zurückweisen, daß derjenige, der seine Verantwortlichkeit so begreift, wie ich sie bestimmt habe, einer völlig subjektiven Meinung Ausdruck verleiht; daß er eine persönliche Neigung über eine unantastbare Pflicht stellt, nämlich die der Achtung der Gesetze.

Es ist richtig zu bemerken, daß dies in Wirklichkeit das zentrale Problem der platonischen Ethik ist, das sich von neuem stellt, und daß wir hier den Gegensatz wiederfinden, der beispielsweise im *Gorgias* zwischen dem Philosophen und dem Sophisten beschrieben wurde.

Vor einigen Jahren habe ich zu zeigen versucht, daß zwischen Wahrheit und Gerechtigkeit eine untrennbare Verbindung besteht: wider die Wahrheit sündigen, heißt gegen die Gerechtigkeit sündigen, und umgekehrt. Diesbezüglich gibt es kein glänzenderes Beispiel als das jener Männer, die unter gefahrvollen Umständen 1898 für Dreyfus Partei ergriffen haben, gegen eine offizielle Wahrheit, die nichts anderes als eine Lüge war.

Man wird bemerken, daß diese Männer keine Philosophen waren. Aber was hier zählt, ist die Haltung, die der Philosoph angesichts der Situation von Dreyfus einnehmen muß. Nun, ich muß sagen, daß einzig und allein Sophisten sie verdammen können.

Es ist für unser Vorhaben wichtig, die bekannten Worte Péguys in *Notre Jeunesse* vorzunehmen. Hier hat er an Hand eines besonderen Beispiels die berühmt gewordene Unterscheidung zwischen Politik und Mystik entwickelt. In ihrer tiefen Bedeutung bleibt diese Unterscheidung sicherlich wertvoll; ich glaube jedoch, daß die Terminologie selbst erneuert werden müßte. Ich möchte den berühmten Satz in Erinnerung rufen: »Republikanische Mystik ist es, wenn man für die Republik stirbt, republikanische Politik ist das Jetzt, in dem man lebt.« Es steht außer Zweifel, daß Péguy recht hatte, indem er darauf hinwies, wie sehr die Affäre Dreyfus von denjenigen politisch ausgeschlachtet wurde, die sie als Plattform für ihre parteipolitischen Ambitionen verwendeten. Doch mir scheint das Wort Mystik hier unpassend. Ich frage mich, ob diese Unterscheidung nicht vielmehr in einer anderen Sprache – vielleicht in der Blondels – ausgedrückt werden sollte. Denn wir finden den fruchtbaren Gegensatz wieder, den Blondel zwischen dem denkenden Denken und dem gedachten Denken machte. Die Generosität als solche steht unzweifelhaft auf seiten des denkenden Denkens. Sobald aber die Ideen objektiviert, auf Formeln reduziert werden, die genauso gebraucht werden können wie Stimulantia, pervertiert das Denken, wird es demagogisch.

Aber es scheint mir klar zu sein – und ich komme hier auf die große Linie dieses Entwurfes zurück –, daß die Generosität das Kennzeichen eines philosophischen Denkens sein muß, das diesen Namen zu Recht trägt. Was diese Wahrheit zu verschleiern beiträgt, ist unsere Neigung, in der Generosität eine Art verbaler und sicherlich auch sentimentaler Begeisterung zu sehen, wie sie den Ideologien eigen ist. Der Unterschied zwischen der Philosophie und der Ideologie muß jedoch um jeden Preis aufrechterhalten werden. Der sooft bei den Ideologen festgestellte Mangel liegt in einem regulierenden und kritischen Denken, dessen Regeln der Philosoph als solcher in jedem Fall beachten muß. Das bedeutet, daß die Generosität mit einer bestimmten Vorsicht verbunden sein muß; diese Vorsicht ist eine Tugend wie der Mut – wie es auch die Moraltheologie lehrt.

Unter den genannten Vorbehalten, deren Bedeutung nicht überschätzt werden sollte, kann man auch heute noch Péguy recht geben, der 1910 schrieb:

»Der Wert, die eigentliche Bedeutung der Affäre Dreyfus zeigt sich noch, zeigt sich fortwährend, wie immer man dazu stehen mag, was man auch macht ... es gibt im guten Sinne, im mystischen Sinne, eine unglaubliche Kraft der Tugend, eine Tugend der unglaublichen Tugend. Und im schlechten Sinne, im politischen Sinne, gibt es eine Kraft, eine Tugend unglaublicher Lasterhaftigkeit.«[1]

Das ist der Grund, weshalb ich dies so ausdrücklich und eindringlich erwähnen mußte.

Ist eine Situation wie diese aber in irgendeiner Weise charakteristisch für das, was ich die Welt von heute genannt habe? Die Antwort muß hier sehr nuanciert sein, glaube ich. Die Bedingungen, unter denen sich die Affäre Dreyfus entwickelt hat, können zunächst als überholt oder zumindest in den westlichen Demokratien als abgetan gelten. Setzen sie denn nicht die Existenz einer bestimmten Militärkaste voraus, die heute diskreditiert ist? Aber ich frage mich, ob das nicht ein oberflächliches Urteil ist; in manchen Ländern zeigt sich, daß es nicht erst eines Konfliktes bedarf: daß eine Drohung genügt und diese Kaste bildet sich von neuem. Vor allem aber wäre es ein sehr schwerer Irrtum anzunehmen, daß eine solche Kaste das einzige ist, was die Werte der Gerechtigkeit und der Wahrheit ernsthaft gefährden könnte, jene Werte, denen der Philosoph grundsätzlich verbunden bleiben muß. Es genügt, in Erinnerung zu rufen, was sich in den Ländern des Ostens in der Stalinära ereignet hat und was sich seither in geringerem Maße noch immer ereignet, um zu verstehen, welche Gefahr die Herrschaft einer Partei darstellt, die die absolute Hegemonie erreicht.

---

[1] Ed. *La Pléiade*, S. 535.

Ich habe kürzlich in einem anderen Zusammenhang geschrieben, daß die Demokratie heute zweifellos als die einzig mögliche Gesellschaftsform anerkannt werden muß, diesseits von irreführenden Abenteuern, die nur schlecht ausgehen können, und daß man hier nicht umkehren kann, genausowenig wie bei der Kontrolle, die durch die Wissenschaft oder durch die Technik über die menschliche Existenz ausgeübt wird. Das ist eine simple Feststellung und keineswegs ein Werturteil; denn alles, was wir erlebt haben und was uns in manchen Ländern noch bevorsteht, zeigt, wie unsicher das Gleichgewicht unter einer demokratischen Herrschaft ist – und das aus vielerlei Gründen, die ich hier nicht aufzählen kann: Ich beschränke mich darauf, einen der in meinen Augen bedrohlichsten Faktoren aufzuzeigen, nämlich auf die korrumpierende Rolle des Geldes, auf die Péguy bereits mit solcher Vehemenz hingewiesen hatte. Aber die Plutokratie kann sich heute schwer zu sich selbst bekennen; sie kann nicht anders als immer wieder zu Alibis zu greifen, die nicht immer so ans Tageslicht kommen, wie sie es sollten. Diese kurzen Andeutungen sollen nur zeigen, wie wachsam der Philosoph sein muß – ohne ihm jemals das Recht einzuräumen, dem Parteigeiste und seinen Möglichkeiten Platz zu machen. Es genügt zu sagen, daß er auf einem Grat wandern muß, und daß er gleichzeitig damit einer gewissen Vereinsamung überantwortet ist. Diese Vereinsamung ist kein Grund, auf sich stolz zu sein. Das ist eine andere Versuchung, der er widerstehen muß.

Doch diese Bemerkungen scheinen mir nicht zu genügen, die zentrale Frage zu beantworten, die ich gestellt habe, als ich von der Verantwortlichkeit des Philosophen in der Welt von heute sprach.

Wie ich schon zu Beginn angedeutet habe, glaube ich einerseits zu sehen, daß diese Welt immer weniger dazu bereit ist, nicht einmal im Prinzip die Bemerkungen oder Empfehlungen des Philosophen anzunehmen, daß aber andererseits diese mißtrauische und im Grund verachtende Haltung eine fundamentale Illusion verdeckt, die gerade der Philosoph als einziger offen darzulegen hat. Vielleicht ist es gerade diese Verpflichtung, die seine wesentliche Verantwortlichkeit ausmacht.

Worin besteht diese Illusion? Sie geht auf die Vorstellung zurück, daß die Welt in sich selbst ihre eigene Rechtfertigung trägt.

Die Idee und der Begriff der Situation sind bereits im Verlauf dieser Darstellung manchmal aufgetaucht. Es soll nun in einer viel ausführlicheren Weise darauf zurückgegriffen werden, um die Lösung jenes Problems zu suchen, das uns beschäftigt. Ich zweifle daran, ob es sinnvoll ist, sich über die Verantwortlichkeit des Philosophen *urbi et orbi* zu befragen, worunter ich eine unzeitliche oder entzeitlichte Perspektive verstehe. Eine Analyse der Verantwortlichkeit im allgemeinen zeigt, daß sie nur in der Zeit bestehen kann, genauer in einem zeitlichen Zusammenhang. Das heißt – und man muß es wiederholen –, daß die Verantwortlichkeit des Philosophen nur im Hinblick auf eine bestimmte aktuelle Situation untersucht werden kann: Was ist das für eine Situation?

Ich glaube, sie ist eine Folge der Machtergreifung des Menschen. Genauer: Es handelt sich um eine gewisse Krise in der Geschichte dieser Machtergreifung – eine Geschichte, die mit den ersten technischen Errungenschaften begonnen hat. Diese aktuelle Situation ist eindeutig ohne Vorläufer, denn sie impliziert die Möglichkeit des Menschen, von der Technik ausgehend und mit ihrer Hilfe, seinen irdischen Wohnbereich zu zerstören – kurz einen Selbstmord an seiner ganzen Gattung zu begehen. Auf diesen Schimmer der Idee des Selbstmordes scheinen mir jene fürchterlichen Möglichkeiten hinzuweisen, die seit 1945 vor unseren Augen Gestalt gewonnen haben.

Es wäre übrigens ein schwerer Irrtum, diese Situation einzig und allein unter dem Gesichtspunkt der Science fiction zu betrachten. Wie Heidegger hier sehr klar erkannt haben dürfte, muß diese Entwicklung selbst mit einer viel allgemeineren Evolution zusammen gesehen werden, die das Bewußtsein oder die Subjektivität selbst betrifft und die in Nietzsches »Gott ist tot« gipfelt. Ich möchte hinzufügen, daß ich eine andere Aussage vorziehe: das berühmte Wort Dostojewskis aus dem Mund einer seiner Figuren: »Wenn Gott nicht existiert, ist alles erlaubt.« Derjenige, der einen Atomkrieg auslöste – was auch immer die Gründe sein mögen, mit denen er eine solche Initiative zu rechtfertigen versuchte –, würde sich eines Frevels schuldig machen, mit dem kein im Verlauf der Geschichte begangenes Verbrechen vergleichbar wäre. Das wäre die Tat eines Menschen, der ipso facto zeigte, daß er keine Achtung mehr vor dem hat, was der Mensch bis in unsere Tage als verehrungswürdig angesehen hat.

Ich fürchte aber, daß man hier nicht stehenbleiben darf: man kann sich fragen, ob nicht alle jene, die auf ihre Art dazu beitragen, eine solche Initiative zu ermöglichen, sich im vornhinein als Komplizen erweisen – welches ihre Argumente auch sein mögen, mit denen sie sich zu verteidigen suchen würden. Kann man sich nicht darauf besinnen, daß wir uns hier in einem Bereich befinden, in dem – ethisch gesprochen – die unbedingte Verweigerung das einzig Zulässige ist?

Angesichts einer so tragischen Situation, die das Geschick der ganzen Menschheit bestimmt, würde ich auf jeden Fall glauben, daß die eigentliche Mission des Philosophen darin bestehen könnte, diese Verurteilung ohne Nachsicht auszusprechen; und ist aus dieser Sicht das umfangreiche Werk Jaspers' zu diesem Problem nicht dazu angetan, uns völlig zufriedenzustellen? Komplize oder nicht Komplize: Ich frage mich nicht ohne Besorgnis, ob hier nicht das Dilemma des Philosophen liegt. Verfehlt er nicht seine Mission, wenn er schweigt, oder der Versuchung eines gewissen Opportunismus nachgibt?

Ich sehe mich gezwungen, hier in aller Ehrlichkeit einen Vorbehalt einzuführen, oder genauer ein Fragezeichen. Ist man nicht gewissermaßen leichtfertig und stellt man sich nicht selbst damit ein Zeugnis der Lauterkeit aus, indem man eine solche Verurteilung ausspricht? Heißt das nicht leichtsinnigerweise von jenen wirklichen historischen Bedingungen abstrahieren, in denen sich die freie Welt von heute befindet? Heißt das nicht in einer unentschuldbaren Weise vergessen, daß ohne die amerikanischen Nuklearwaffen nach Kriegsende Westeuropa wahrscheinlich in der sowjetischen Flut versunken wäre?

Daraus muß man wohl folgern, daß sich die Verantwortlichkeit des Philosophen in einem solchen Fall unter zwei Aspekten zeigt, die nur schwer miteinander zu vereinbaren sind.

Einerseits muß er unablässig bestimmte Prinzipien im Gedächtnis behalten, von denen unmöglich abgegangen werden kann und die rigoros angewendet werden müssen, ohne jemals in Versuchung zu kommen, anders zu urteilen, wenn es sich um die eine oder die andere Seite handelt: Er muß beispielsweise ohne Rücksicht auf seine Nationalität erklären, daß das Bombardement von Dresden ein Kriegsverbrechen gewesen ist, eine unverzeihliche kollektive Schandtat.

Aber andererseits muß er begreifen, daß seine Behauptungen, um in Betracht gezogen zu werden, ein historisches Gewicht haben müssen, das heißt, daß sie den historischen Kontext berücksichtigen müssen; ohne diesen Bezug fallen sie ins Leere.

Wie ich 1964 in meiner Friedensrede in Frankfurt gesagt habe, gibt es hier für den Philosophen einen erdrückenden und – ich habe es hinzugefügt – erniedrigenden Widerspruch. Doch vielleicht ist es demnach notwendig, daß der Philosoph sich erniedrigt fühlt, denn das ist für ihn zweifellos das einzige Mittel, immun zu werden gegen die Sünde der Überheblichkeit.

Diese allgemeine Bemerkung scheint mir wichtig, aber sie darf nicht als Ausflucht dienen. Vergessen wir nicht, daß schließlich eine Verantwortlichkeit, die diese Bezeichnung verdient, sich in eine Handlung verwandeln muß. Aber wie kann in diesem besonderen und so beängstigenden Fall diese Handlung aussehen? Ich glaube nicht, daß der Philosoph die Pflicht oder gar das Recht hat, bei jenen lärmenden Manifestationen mitzumachen, an denen ein Russell in England teilgenommen hat. Er hat vielleicht auch kein Interesse daran, seine Unterschrift unter jene Appelle zu setzen, die in Zeitungen veröffentlicht werden. Dagegen müßte der Philosoph, den ich meine, dazu verhalten sein, den Kontakt mit dem Wissenschaftler aufrechtzuerhalten – das heißt mit dem Physiker oder dem Biologen –, anderseits sollte er bemüht sein – und das ist sicherlich viel schwieriger –, sich den Menschen verständlich zu machen, die die fürchterliche Bürde tragen, die öffentlichen Angelegenheiten zu lenken. Nur auf diesem Niveau, auf dieser Stufe und in seiner vermittelnden Position kann er, wie es mir scheint, auch nützlicherweise das Wort ergreifen – im übrigen nur in kleinen Gruppen und nicht vor Massen, die in riesigen Versammlungssälen zusammenkommen, wo sich die leidenschaftlichen Spannungen elektrisch entladen.

Wie ich in meiner Rede in Frankfurt ebenfalls sagte, muß man auf die Zeit zählen, auf die Entwicklung, die sich sicherlich in den Ländern des Ostens vorbereitet[2]. Denken wir daran, daß alles, was plötzlich geschieht, zutiefst verdächtig und gefährlich ist. Der Philosoph, der seine Verantwortlichkeit ernst nimmt, muß den tiefen Kräften seines Lebens verbunden sein, mit einem Gefühl, das im übrigen dauernd von seiner Unzulänglichkeit, seiner Schwachheit begleitet ist. Er darf sich auch niemals für ein Orakel halten: In einem solchen Bereich fällt das Orakel unweigerlich in den Scharlatanismus, und was wäre verächtlicher und lächerlicher als ein Scharlatan zu sein, ohne es zu wissen?

Man muß aber sicherlich noch viel weiter gehen, was von dem Augenblick an unumgänglich ist, da einem der Einsatz bewußt geworden ist, der nichts anderes ist als das Leben, das Überleben der Menschheit. Nur muß man hier noch genauer sein: Es handelt sich nicht ausschließlich um das physische Überleben. Es gibt für den Menschen auch andere Arten, sich zu zerstören, oder genauer, sich zu entmenschlichen. Auch hier hat der Philosoph die Aufgabe der ständigen Überwachung. Aber es ist wohl klar, daß es für ihn nicht genügen kann, gleichsam Wache zu stehen wie vor einem öffentlichen Gebäude. Was vor allem wichtig ist und dem Philosophen obliegt, ist das Wissen um die Bedeutung des Menschen als solchem; ich beziehe mich hier auf die philosophische Anthropologie, wie man sie im besonderen bei Martin Buber findet, dem freilich auf diesem Wege zahlreiche Denker vorangegangen sind. Heute jedoch ist die Tatsache zu berücksichtigen, daß der Mensch

---

[2] Einerseits scheinen die Ereignisse, die sich im Frühjahr 1968 in der Tschechoslowakei abspielten, meine Bemerkungen zu bekräftigen, aber anderseits hat die sowjetische Intervention gezeigt, daß sich in Moskau im wesentlichen nichts verändert hat.

als *Bestimmung* gesehen werden muß und nicht, wie es bis vor kurzem der Fall war, als *Anlage*. Man könnte im großen und ganzen sagen, daß es das Verdienst des existentiellen Denkens ist, dies ins Licht gerückt zu haben. Unglücklicherweise ist in bestimmten Fällen – die sich auch für eine Publizität ausnützen lassen, die mit dem Grundgesetz einer dieses Namens würdigen Philosophie nicht vereinbar ist – dieses Denken in eine unheilvolle Verwirrung geraten und einem radikalen Anarchismus nur auf Kosten des Rückfalls in einen Dogmatismus entgangen, der sich vielleicht zu Unrecht auf den Marxismus beruft. Hier liegen die beiden Klippen, zwischen denen das existentielle Denken unter schwierigen, ja gefährlichen Bedingungen durchfinden muß. Die Aufgabe des Philosophen ist meiner Meinung nach heute schwieriger denn je – und hier komme ich wieder auf die Beobachtungen zurück, die ich zu Beginn dieser Ausführungen gemacht habe.

Diese Schwierigkeiten finden ihren Ausdruck oder zumindest eine teilweise Illustration in einem Einwand, der freilich das vorhin Gesagte nicht aufheben kann. »Wenn Sie den Prozeß dieser Entmenschlichung aufzeigen, der sich Ihrer Meinung nach in der heutigen Welt vollzieht«, könnte man sagen, »unterstellen Sie dem eine bestimmte Idee vom Menschen, die eben die Ihrige ist – und die im übrigen noch genauer ausgeführt werden müßte; aber mit welchem Recht können Sie behaupten, daß der Philosoph (im allgemeinen) dazu verhalten ist, diese Idee zu übernehmen und unter dieser Voraussetzung die neuen Werte zu beurteilen, die von einer Generation entdeckt werden, die sich mit Recht von der klassischen Konzeption abwendet, die von Ihnen vertreten wird?«

Die Frage ist sehr wichtig und man darf ihr nicht ausweichen. Ich würde sogar sagen, daß dieser Einwand vom Philosophen selbst gemacht werden müßte – zumindest vorläufig; sein Denken kann nämlich nicht lebendig bleiben, wenn es nicht eine *Eristik* aufnimmt oder selbst hat, deren Seele dieser Einwand ist. Ich werde diesmal in sehr allgemeiner Form wieder den Standpunkt beziehen, den ich anläßlich des Problems der Atomwaffen hatte.

Sicherlich muß der Philosoph in sich selbst jede Leichtfertigkeit eliminieren. Er muß sich fragen, ob die Idee des Menschen und der menschlichen Werte, die er aufrechtzuerhalten versucht, nicht mit bloßer Subjektivität behaftet ist. Aber er wird sich selbst antworten müssen: was hier bedeutsam ist und allein eine Behauptung oder Entscheidung rechtfertigen kann, sind von der Geschichte geprägte exemplarische Merkmale – Merkmale, die es sicherlich nicht nur in Schriften gibt, sondern vor allem im Leben selbst: Diese Merkmale vereinen sich in einem Universalismus, der unter rationalen oder unter christlichen Gesichtspunkten betrachtet werden kann, wobei diese übrigens oft in Verbindung miteinander auftreten. Sicherlich ist das Wort Universalismus viel zu abstrakt; aber es geht hier um den Geist, der in den Menschen gegenseitiges Verständnis und gegenseitige Achtung zu erwekken versucht, ohne daß darin ein Egalitarismus enthalten wäre, von dem ein kritisches Denken – besonders seit Nietzsche und Scheler – gezeigt hat, daß er nur für Verwirrung und Ressentiment sorgt. Kann man wirklich sagen, daß dieser Geist nur einer subjektiven Forderung entspricht? Man kann dies nicht behaupten, ohne mit Worten zu spielen. Überdies zeigt die Geschichte des Begriffes Subjektivität, mit welchen Vorbehalten dieser Ausdruck gebraucht werden muß.

Es ist also Aufgabe des Philosophen, das Feld abzustecken, in dem eine Erneuerung möglich und der Wille zu dieser Erneuerung legitim ist.

Ich habe vor langer Zeit zu zeigen versucht, daß der Wille zur Erneuerung in der Kunst beispielsweise immer verdächtig und zweifellos verwerflich ist. Die Erneuerung in der Kunst ist etwas, das sich *ereignet* und das man wahrscheinlich nicht *suchen* kann: Anders ist es bei der Technik, wo es sich darum handelt, Neuerungen einzuführen, um einen Ertrag zu verbessern. Aber im ethischen Bereich hat die Erneuerung zweifellos keinen Platz. Dazu ein Beispiel, das mir charakteristisch scheint:

Es gibt wahrscheinlich in der Geschichte der Wissenschaften keinen größeren Neuerer als Einstein. Aber als sich ihm bekanntlich mit großer Heftigkeit die Gewissensfrage stellte, ob er sich nicht schuldig fühlte, indem er den Menschen Mittel und Waffen gegeben hat, von denen sie verbrecherischen Gebrauch machen könnten, überkam ihn dieses Problem in einer Weise, die man überhistorisch nennen muß. Wenn eine Lösung dieses Problems möglich ist, dann hängt sie keineswegs von der unzweifelhaften Neuheit der Theorien ab, die ja die bekannten Konsequenzen nach sich zogen.

Man könnte sagen – und ich komme damit zu Schlußfolgerungen, die zweifellos etwas gewunden erscheinen können –, daß die Aufgabe oder die Berufung des Philosophen darin besteht, in sich selbst ein paradoxes Gleichgewicht zwischen dem Geist der Universalität – soweit dieser sich in Werten verkörpert, die als unabänderlich anerkannt werden müssen – und seiner persönlichen Erfahrung zu bewahren, von der zu abstrahieren ihm weder möglich noch gestattet ist, da sie allein seinen individuellen Beitrag bilden kann. Das Wesen dieses Beitrages ist gewiß schwer zu bestimmen, aber ehe ich mich darum bemühe,

möchte ich betonen, daß dieser Beitrag nicht von der Verantwortlichkeit getrennt werden kann, die dem Philosophen auferlegt ist.

Das Wort ist wenig befriedigend, weil es eine Sache zu bezeichnen
scheint; es handelt sich dabei vielmehr um ein *ans Licht bringen:* Für den
Philosophen geht es viel weniger darum, zu überzeugen, als zu zeigen;
doch auch hier muß man vorsichtig sein, denn wir befinden uns nicht
auf einer Ebene der Dinge, wo auf etwas gezeigt wird, was schon da ist.
Denn hier, in der geistigen Sphäre, bedeutet aufzeigen: reifen lassen,
hervorbringen und umgestalten.

In einem anderen Zusammenhang habe ich kürzlich die sogenannte
existentielle Reife zu präzisieren versucht. Das wesentliche Ziel des Philosophen scheint mir darin zu liegen, diese nicht nur zu begünstigen,
sondern vorher ihre Bedingungen festzulegen. Dazu muß zuerst sehr
sorgfältig unterschieden werden zwischen dem, was reif ist und dem,
was sich auf dem Weg zur Zersetzung befindet. Hier wäre zu bemerken, daß man so dazu gelangt, der traditionellen Idee der Vollkommenheit Raum zu geben, aber aus der Sicht und der Linie des Lebens.
Eine vom Leben getrennte Vollkommenheit ist ein *Eidolon*, mit dem es
der Philosoph nicht aufnehmen kann.

Was die Idee der Verantwortlichkeit betrifft, würde ich sagen, daß
man ihr Wesen im Lichte der existentiellen Reife vielleicht besser erkennen kann. Man sieht wirklich, daß die Verantwortlichkeit des Philosophen sich selbst gegenüber von der Verantwortlichkeit anderer
Menschen gegenüber nicht durch Abstraktion getrennt werden kann:
Nie und nimmer darf er sich von dieser lossagen, indem er sich auf irgendwelche privilegierende Gesetze beruft. Ein dieses Namens würdiger Philosoph kann sich meiner Meinung nach nur unter dem Zeichen
der Brüderlichkeit entfalten und bestimmen.

III. Hermeneutik

Allgemeine Einführung

1. Historische Wurzeln und Hauptvertreter

Hermeneutik als »Kunst der Auslegung« (ars interpretandi) von Texten wurde in der Geistesgeschichte schon früh betrieben, der Ausdruck selber geht auf griechische Wurzeln zurück (hermeneia = Auslegung, Deutung) und taucht erstmals am Beginn der Neuzeit (1629/30) in Schriften des Straßburger Philosophen und Theologen *Johann Conrad Dannhauer* auf[1]. Dieser verfolgte die Absicht, über die traditionelle Aristotelische Logik und Rhetorik hinaus eine »hermeneutica generalis« zu entwickeln, d. h. eine wissenschaftliche Verfahrensweise, die es den Disziplinen der damaligen drei höheren Fakultäten (Recht, Theologie, Medizin) möglich machen sollte, schriftlich niedergelegte Aussagen sinngemäß und sachgerecht auszulegen. Einzelne Kunstlehren zur Auslegung von Texten gab es jedoch schon in früherer Zeit. Im Hellenismus diente die sog. allegorische Methode zur Dichter- und Mythenauslegung, im Mittelalter bildeten Überlegungen zur rechten Auslegung der Heiligen Schrift, wie sie etwa Augustinus (in: »De doctrina christiana«) anstellte, Vorstufen der späteren Hermeneutik. Am Beginn der Neuzeit wurden besonders in Theologie, Philologie und Jurisprudenz verschiedene Kunstlehren des Interpretierens entwickelt. Es handelt sich dabei um Hilfsdisziplinen mit propädeutischer Absicht, die einen Kanon von Interpretationsregeln und -techniken anboten, um das Erlernen der Auslegung des Sinns von Texten (der Bibel, der klassischen Literatur, der Gesetzesbücher) zu erleichtern. Ansätze zu einer systematischen Lehre des Verstehens finden sich u. a. in der Aufklärung bei *Christian Wolff*, in der Romantik bei *Friedrich Schlegel*, sowie bei den Sprachphilosophen *Johann Gottfried Herder* und *Wilhelm v. Humboldt*.

Als Begründer der philosophischen Hermeneutik im Sinne einer allgemeinen Lehre des Verstehens gilt der in der Denktradition der Deutschen Romantik und des Deutschen Idealismus stehende Philosoph und protestantische Theologe *Friedrich Schleiermacher* (1768–

---

[1] Vgl. Johann Conrad DANNHAUER, Idea Boni Interpretis et Malitiosi Calumniatoris. Straßburg 1930. Zur Entstehungsgeschichte der Hermeneutik vgl. Hasso JAEGER, Studien zur Frühgeschichte der Hermeneutik. In: Archiv für Begriffsgeschichte, Bd. XVIII (1974), S. 35–84.

1834). Er rückte als Grundlagen des Verstehens das Gespräch und die zwischenmenschliche Verständigung ins Blickfeld und schränkte die Disziplin der Hermeneutik im Unterschied zu früheren Hermeneutiken, in denen es auch noch um die Deutung von Wappen, Münzen und Träumen ging, auf eine Kunstlehre des Verstehens und Auslegens von sprachlichen Zeichen ein[2]. Schleiermachers klare Trennung zwischen »grammatischer« und »psychologischer Interpretation«, d. h. zwischen der sprachimmanenten Auslegung des Sinns einer Rede oder eines Textes und der Rekonstruktion der Absichten und Vorstellungen des Verfassers, war für die gesamte weitere hermeneutische Diskussion von großer Wichtigkeit.

Einen kaum zu überschätzenden Stellenwert für die weitere Entwicklung dieser Denkrichtung hatte *Wilhelm Dilthey* (1833–1911). Er verknüpfte das Problem des Verstehens mit geschichtsphilosophischen Vorstellungen des Historismus *(J. G. Droysen),* Gedanken der Hegelschen Geistmetaphysik und seiner eigenen Konzeption einer Lebensphilosophie. Bei Dilthey wurde die Hermeneutik zur Methodenlehre der Geisteswissenschaften in Abgrenzung von den Naturwissenschaften. Er sah zunächst im Erleben die Grundlage der Hermeneutik und bestimmte das Verstehen als psychologische Einfühlung in die geistigseelischen Vorgänge eines Autors oder historischen Subjekts. In einer späteren Denkphase rückte Dilthey von diesem psychologistischen Ansatz ab und stellte den Begriff des Ausdrucks und das Ausdrucksverstehen in den Mittelpunkt der geisteswissenschaftlichen Methodik. Die Geisteswissenschaften haben die Aufgabe, den Zusammenhang zwischen Leben, Ausdruck und Verstehen zu klären[3]. Der Ausdruck (Kunstwerke, geschichtliche Institutionen usw.) ist nicht nur Erscheinungsform von individuellen Lebensimpulsen eines Autors oder historischen Subjekts, sondern stets auch die Objektivation des allgemeinen Geistes eines Zeitalters (objektiver Geist). Diltheys Konzeption der Hermeneutik als Verstehenstheorie und Methodologie der Geisteswissenschaften hatte großen Einfluß auf alle weiteren wissenschaftstheoretischen Bemühungen, in denen es um die Abgrenzung der Natur- von den Geisteswissenschaften ging. Sie wirkt auch in gegenwärtigen Methodologiediskussionen fort. Als unmittelbare Schüler Diltheys bzw.

---

[2] Vgl. Friedrich SCHLEIERMACHER, Hermeneutik und Kritik. Frankfurt 1977. S. 101 ff., 167 ff.
[3] Vgl. Wilhelm DILTHEY, Studien zur Grundlegung der Geisteswissenschaften. In: DERS., Gesammelte Schriften. Bd. VII. Leipzig/Berlin 1927. S. 3–75; DERS., Der Aufbau der geschichtlichen Welt in den Geisteswissenschaften. In: DERS., Gesammelte Schriften. Bd. VII. Leipzig/Berlin 1927. S. 99 ff.

als Fortsetzer seiner Konzeption gelten u. a. *Hans Lipps, Georg Misch, Erich Rothacker, Theodor Litt, Eduard Spranger* und *Otto Friedrich Bollnow*, in mancher Hinsicht haben auch *Martin Heidegger, Hans-Georg Gadamer, Emilio Betti, Karl Otto Apel* und *Jürgen Habermas* Anregungen von Dilthey erhalten.

Eine Wende in der Hermeneutik-Diskussion in Richtung auf eine Universalisierung des Verstehens vollzog *Martin Heidegger* (1881–1976), indem er das Verstehen zu einer der universalen ontologischen Bestimmungen (»Existenzialien«) des menschlichen Daseins erklärte[4]. Damit war die Hermeneutik keine Methodik der Geisteswissenschaften mehr, sondern wurde zu einer philosophischen Universaldisziplin der Auslegung des Daseins (»Hermeneutik der Faktizität«) und des Sinns von Dasein ausgeweitet. Der Heidegger-Schüler *Hans-Georg Gadamer* (geb. 1900) knüpfte an die Überlegungen Heideggers an und begründete den Universalitätscharakter der Hermeneutik mit ihrer Bezogenheit auf das allgemeine Phänomen der Sprache[5]. Jede Überlieferung ist genauso wie die zwischenmenschliche Verständigung an Sprachlichkeit gebunden. Verstehensakte, Auslegungsbemühungen und Übersetzungsprozesse von Überlieferung in die Gegenwart bedeuten für ihn stets eine Verschmelzung von verschiedenen Sprachhorizonten. Von Heidegger und teilweise auch Gadamer beeinflußt sind in der gegenwärtigen Hermeneutik-Diskussion u. a. *Karl Otto Apel,* der in einer »transzendentalen Hermeneutik« die apriorischen Voraussetzungen des Verstehens aller Wirklichkeit aufdecken möchte[6] und *Jürgen Habermas*, der hermeneutische Denkansätze in die Sozialwissenschaften zu integrieren versucht[7]. Ein bedeutender Vertreter der Hermeneutik in Frankreich ist *Paul Ricoeur*. Daß er sich selber stärker in der Tradition von Husserls Phänomenologie stehend sieht, macht deutlich, daß es oft schwer fällt, einen Denker entweder der Hermeneutik oder der Phänomenologie zuzuordnen, weil es zwischen diesen beiden Denkströmungen viele Überschneidungen gibt.

[4] Vgl. Martin HEIDEGGER, Sein und Zeit. Tübingen ¹⁵1979. S. 142 f.
[5] Vgl. Hans-Georg GADAMER, Wahrheit und Methode. Grundzüge einer phänomenologischen Hermeneutik. Tübingen ⁴1975. S. 361 ff., 373 ff., 449 ff.
[6] Vgl. Karl Otto APEL, Szientismus oder transzendentale Hermeneutik. In: Hermeneutik und Dialektik I. Hrsg. v. Rüdiger BUBNER, Konrad CRAMER, Reiner WIEHL. Tübingen 1970. S. 105 ff.; DERS., Transformation der Philosophie. Bd. II. Frankfurt 1973. S. 178 ff., 330 ff.
[7] Vgl. Jürgen HABERMAS, Erkenntnis und Interesse. Frankfurt 1968. S. 312 ff.; DERS., Zur Logik der Sozialwissenschaften. Frankfurt 1970. S. 184 ff.; DERS., Theorie des kommunikativen Handelns. Bd. 1. Frankfurt 1981. S. 152 ff.; DERS., Moralbewußtsein und kommunikatives Handeln. Frankfurt 1983. S. 29 ff.; Zur Diskussion von hermeneutischen Theorieansätzen in den Sozialwissenschaften vgl. Karl ACHAM, Philosophie der Sozialwissenschaften. Freiburg/München 1983. S. 90 ff., S. 266 f.

2. Kurzcharakteristik

a) Ein Hauptcharakteristikum der Hermeneutik ist die *intensive Beschäftigung mit* jener Fähigkeit des menschlichen Geistes, die man als *Kunst* oder als *Methode des Verstehens von Sinngehalten und Sinnzusammenhängen* bezeichnet. Dabei wird der Ausdruck »Hermeneutik« bzw. »hermeneutisch« sowohl für die Verstehensprozesse selbst als auch für die Meta-Reflexionen über Verstehensakte und -prozesse gebraucht. Im zuletzt genannten Sinn ist die Hermeneutik eine theoretische (philosophische) Disziplin, die Voraussetzungen, Strukturen und Typen des Phänomens des Verstehens untersucht und klärt. Man hat dabei so vielfältige Typen des Verstehens unterschieden wie: grammatisches, psychologisches, divinatorisches und komparatives Verstehen; elementares und höheres Verstehen; historisches, grammatisches und geistiges Verstehen; Selbst- und Fremdverstehen; sach-, geschehens- und personorientiertes Verstehen; Situations-, Verhaltens-, Handlungs- und Sprachverstehen; kritisches und schöpferisches Verstehen usw.[8]

b) Faßt man das Verstehen im Sinne Diltheys als methodisches Charakteristikum der Geistes- und Kulturwissenschaften auf, dann ist die Hermeneutik die *Methodenlehre aller Geistes- und Kulturwissenschaften.* Zum Unterschied von den Naturwissenschaften, die nach allgemeingültigem Gesetzeswissen über Ereignis- und Wirkungszusammenhänge in der Natur streben und deren Methode die Kausalerklärung bildet, bemühen sich die Geistes- und Kulturwissenschaften um die Gewinnung von Einsichten in singuläre und geschichtliche Phänomene, Sinngehalte und Sinnzusammenhänge, u. zw. mittels hermeneutischer Methoden des verstehenden Einfühlens, intuitiven Nacherlebens, Ausdrucksverstehens, der Interpretation und Auslegung usw. Während der Gegenstandsbereich der Naturwissenschaften die belebte und unbelebte Natur ist, beschäftigen sich die Geistes- und Kulturwissenschaften mit den Ausdrucksformen (»Objektivationen«) des menschlichen Geistes, d. h. allen Formen von Kultur, die der Mensch als schöpferisches und geistfähiges Wesen hervorbringt.

c) Einen zentralen Stellenwert in der Hermeneutik nimmt die *Reflexion auf das Vorverständnis der Wirklichkeit* ein, das den empirisch-rationalen Wahrnehmungs- und Erkenntnisakten vorausliegt. Im ausdrück-

---

[8] Zu verschiedenen Typisierungen des Verstehens vgl. u. a.: Karl Otto APEL, Das Verstehen (eine Problemgeschichte als Begriffsgeschichte). In: Archiv für Begriffsgeschichte, Bd. I (1955), S. 142–199; Otto Friedrich BOLLNOW, Das Verstehen. Drei Aufsätze zur Theorie der Geisteswissenschaften. Mainz 1949. Wiederabgedruckt in: DERS., Studien zur Hermeneutik. Bd. I. Freiburg 1982. S. 73 ff.; Heide GÖTTNER, Logik der Interpretation. München 1973. S. 61 ff.

lichen Gegensatz zum Positivismus und dem naturwissenschaftlichen Denkstil, der gegenüber seinen vorwissenschaftlichen Voraussetzungen blind sei, wird die Bedeutung der »vorwissenschaftlichen Lebenspraxis« (Dilthey) hervorgehoben und auf die Fundierung alles Erkennens und Denkens in einem vorwissenschaftlichen Sinnhorizont (einem »ursprünglichen Lebens- und Weltverständnis«) verwiesen. In diesem Zusammenhang wird der negative Begriff des Vorurteils, der in der Tradition der Aufklärungsphilosophie stets einen Makel der Erkenntnis bedeutet, korrigiert[9]. Als Vor-urteil gilt auch die produktive Vormeinung (der »Vor-griff«, »Vor-entwurf«), durch die der Verstehenshorizont eine konstruktive Erweiterung erfährt. Mit dem Rekurs auf eine vorwissenschaftliche Lebenspraxis als Voraussetzung aller empirisch-rationalen Welterkenntnis weist die Hermeneutik starke Parallelen zur Phänomenologie auf, die das gleiche Problem mit dem Hinweis auf die allen wissenschaftlichen Denkbemühungen vorausliegenden Erfahrungen aus der alltäglichen »Lebenswelt« (Husserl) zum Thema macht.

d) Einen besonderen Akzent in der hermeneutischen Philosophie bildet die nachdrückliche Betonung der *Geschichtlichkeit von kulturellen Ausdrucksformen, Verstehensprozessen* und *Sinndeutungen*. Es wird hervorgehoben, daß die Deutung und das verstehende Interpretieren von Kulturgebilden stets vom weltanschaulichen Sinnhorizont des jeweiligen Interpreten abhängt. Der Sinnhorizont ist das Ergebnis der individuellen Lebensgeschichte und Traditionszugehörigkeit jedes Menschen; dieser Horizont ändert sich permanent im Laufe des »Überlieferungsgeschehens« (Gadamer). Die hermeneutische Philosophie ist in dieser Hinsicht ein Erbe des Historismus, der alle kulturellen Phänomene als historisch geworden und dem geschichtlichen Wandel unterworfen betrachtet; dies gilt auch für die historische Reflexion über diese Phänomene, die vom geschichtlichen Standort und der Epoche, in der sie erfolgt, bestimmt wird. Die Geschichtlichkeit hat für die Hermeneutik im Akt des Verstehens einen wesentlich anderen Stellenwert als für die Phänomenologie: Während Phänomenologen (Husserl) die Adäquatheit einer verstehenden Interpretation davon abhängig machen, wieweit es dem Interpreten in einer transzendentalen Reflexion (»Reduktion«) gelingt, von allen Momenten der eigenen Geschichtlichkeit (kulturellen Einstellungen usw.) abzusehen, betrachten Hermeneutiker (Heidegger u. a.) die eigene Geschichtlichkeit als unhinter-

---

[9] Vgl. GADAMER, a.a.O., S. 255 ff.

gehbar und notwendige Voraussetzung dafür, anderes in seiner Andersheit adäquat zu verstehen.

e) Ein von Vertretern der Hermeneutik immer wieder hervorgehobenes Charakteristikum von hermeneutischen Denkweisen und Verstehensprozessen ist der *hermeneutische Zirkel*. Dabei werden mit der Metapher des Zirkels sehr verschiedene Phänomene umschrieben[10]. Man meint damit u. a. ein methodisches Vorgehen bei der Textinterpretation (Schleiermacher, Dilthey), das davon ausgeht, daß ein Teil (das »Besondere«, das »Einzelne«) eines Kulturgebildes nur adäquat interpretierbar ist, wenn es im Kontext eines umgreifenderen Sinnganzen (dem »Allgemeinen«) dieses Gebildes gesehen wird, genauso wie das Ganze, d. h. der übergeordnete Sinnzusammenhang, wiederum nur aus der Sicht der Teile richtig verstanden und interpretiert zu werden vermag[11]. Als Bezeichnung für das Wechselspiel von Teil und Ganzem in Verstehens- und Interpretationsprozessen, das zu einem immer besseren Verständnis eines Textes, einer Handlung, usw. führen soll, hat der Ausdruck »hermeneutischer Zirkel« eine methodologische Bedeutung. In einem ontologischen Sinn wird er hingegen gebraucht, wenn damit gemeint ist (Heidegger, Gadamer), daß der Mensch in seiner existenzialen Grundstruktur ein geschichtliches Wesen ist und diese Geschichtlichkeit daher das Verstehen von vornherein mitbestimmt. Weil der Mensch stets in ein Überlieferungsgeschehen und einen geistigen Traditionszusammenhang eingebunden ist, geht jedem verstehenden Auslegen von historischen Geschehnissen und geistigen Überlieferungen sowie dem Verstehen des eigenen Selbst und der Anderen, usw., immer schon ein Vorverständnis oder Vorentwurf von Verstehensmöglichkeiten (geschichtlichen Sinnmöglichkeiten) voraus.

3. Kritische Würdigung

Vorzüge: a) Von der hermeneutischen Philosophie wurden im Rahmen der Analyse des Verstehens viele *aufschlußreiche Einsichten in emotionale und transzendentale Voraussetzungen von wissenschaftlichen Denkverfahren* geliefert. So wurde etwa auf die positive Rolle verschie-

---

[10] Welche Vielfalt von Problemen mit dieser Metapher in der Hermeneutik-Diskussion umschrieben wird, hat Wolfgang Stegmüller anschaulich herausgearbeitet. Er bestreitet allerdings, daß die mit der Rede vom hermeneutischen Zirkel gemeinten Probleme bloß für die Geisteswissenschaften charakteristisch sind, sie betreffen vielmehr alle Wissenszweige. Vgl. Wolfgang STEGMÜLLER, Walther von der Vogelweides Lied von der Traumliebe und Quasar 3 C 273. Betrachtungen zum sogenannten Zirkel des Verstehens und zur sogenannten Theoriebeladenheit der Beobachtungen. In: DERS., Rationale Rekonstruktion von Wissenschaft und ihrem Wandel. Stuttgart 1979. S. 27–86.
[11] Vgl. vor allem: Otto Friedrich BOLLNOW, Das Wesen der Stimmungen. Frankfurt [6]1980.

dener Stimmungen und Hintergrundemotionen in Wahrneh-
mungsprozessen und Erkenntnisvorgängen aufmerksam gemacht[12],
sowie die sprachlich-symbolische Vermitteltheit alles Wissens hervorgehoben. Die Verdienste von Hermeneutikern um die Klärung von
nicht-rationalen Hintergrund- und Begleitkomponenten des wissenschaftlichen Denkens bleiben auch dann ungeschmälert, wenn man das
Verstehen nicht als eine eigene Wissenschaftsmethode akzeptiert, mit
der man unabhängig von empirisch-analytischen Verfahren zu überprüfbaren und wahrheitsfähigen Ausagen gelangen kann, sondern es
im Rahmen einer allgemeinen Wissenschaftslehre bloß der Heuristik
zuordnet.

b) Von Vertretern der Hermeneutik gingen wichtige Impulse zur
Entwicklung einer philosophischen Anthropologie (in der Lebens- und Existenzphilosophie) aus, welche die _Selbstverwirklichung des Menschen in_
einer _nicht mit naturwissenschaftlichen Methoden auslotbaren Sinn-_ und
Geistdimensionen ansiedelt. Als Korrektiv gegenüber einem Absolut-
heits- und dogmatischen Hegemonieanspruch des naturwissenschaftlichen Denkstils, durch den der Anschein entsteht, alle menschlichen
Probleme seien letztlich mittels mathematisch-statistischer und empi-
risch-analytischer Forschungstechniken lösbar, stellt die Hermeneutik
die Bedeutung des subjektiv engagierten Verstehens für die Aneignung
und Interpretation der menschlichen Kulturschöpfungen sowie für die
Deutung von Phänomenen im Humanbereich (Gefühlen, Handlungen,
zwischenmenschliche Kommunikation usw.) heraus.

c) Von hermeneutischen Denkansätzen können _fruchtbare Anregungen_
zur _Bereicherung von Problemstellungen_ und zur _Erweiterung von Fragehori-
zonten_ ausgehen, die aus der Perspektive des exakten Methodenver-
ständnisses in den Naturwissenschaften oft vorschnell als unwissenschaftlich und irrational eingestuft werden. Man denke dabei nur an die
wertvollen Denkanstöße, die von der geisteswissenschaftlichen Pädagogik, der verstehenden Psychologie und der verstehenden Soziologie
in die human- und sozialwissenschaftliche Diskussion eingebracht
worden sind. Allerdings stellt sich in diesem Zusammenhang das
schwierige Problem, die fruchtbaren hermeneutischen Gedanken von
den unfruchtbaren abzugrenzen, bei denen es sich bloß um Scheinprobleme im Kleide eines geistreich klingenden und emotional anspre-
chenden humanistischen Bildungsjargons handelt.

d) Vertreter der Hermeneutik betonen in ihrem Philosophieren den

---

[12] Wilhelm DILTHEY schreibt darüber: »Aus den einzelnen Worten und deren Verbindun-
gen soll das Ganze eines Werkes verstanden werden, und doch setzt das volle Verständnis
des Einzelnen schon das des Ganzen voraus«. (Gesammelte Schriften, Bd. V. S. 334).

Umstand, daß das *Leben des Menschen* auch eine *ästhetische, geschichtliche* und *praktisch-moralische Sinndimension* hat. Die Geisteswissenschaften sollen Sachwalter des Humanismus und Bewahrer der humanistischen, künstlerischen Tradition der Menschheit sein. Ihnen kommt in der heutigen Zeit die Aufgabe zu, neben den spezialisierenden Fachausbildungen, wie sie von den Natur- und Ingenieurwissenschaften geleistet werden, eine Geistesbildung zu vermitteln. Diese Bildung liegt nicht primär in einem exakt wiedergebbaren spezialisierten Sachwissen, sondern in der Vermittlung eines Geschichts- und Kulturbewußtseins, aus dem heraus man gegenüber den Werten der humanistischen Überlieferung aufgeschlossen ist. Durch diese Art von Bildung sollen die ästhetischen und moralischen Vermögen im Menschen gefördert werden.

Nachteile: a) Die *Reichweite* des *Begriffs »Hermeneutik«* ist *unklar*, weil dieses Wort von Philosophen, die sich der hermeneutischen Denktradition zurechnen, so verschieden und oft auch sehr vage gebraucht wird. Nicht selten dienen die Wörter »Hermeneutik« und »hermeneutisch« bloß als Gegenbegriffe zum mathematisch-statistischen und empirisch-rationalen Denkstil in den Naturwissenschaften und zur Rechtfertigung von anti-naturwissenschaftlichen Standpunkten.

b) Gegen ein Philosophieverständnis, das Philosophie als universale Hermeneutik auffaßt, wurde der Vorwurf erhoben, es werde damit die *philosophische Aufgabe der Kritik vernachlässigt.* Kritische Denkhaltungen werden auf Kosten von einfühlend nachvollziehenden Einstellungen und bloß nachkonstruierenden Denkweisen aus der Philosophie ausgeklammert, wenn man die Hauptfunktion der Philosophie bloß in der Rekonstruktion eines alle anderen Erkenntnisleistungen fundierenden Lebens- und Weltverständnisses und in der Förderung des Verstehens der Sinngehalte von Texten, des Universalphänomens Sprache, der geschichtlichen Tradition, der kulturellen und weltanschaulichen Objektivationen des Geistes und der Sinnbezüge der eigenen Existenz (im Sinne des Sich-selber-Verstehens von Existenz) sieht.

c) Ein Vorwurf, der gegen hermeneutische Positionen vielfach erhoben wird, ist der *Vorwurf der Irrationalität* und der *mangelnden Überprüfbarkeit* der *beanspruchten hermeneutischen Erkenntnisleistungen* (= Sinneinsichten) und *methodischen Verfahrensweisen.* Dieser Vorwurf trifft besonders dann zu, wenn man Vertreter der Hermeneutik gar nicht versuchen, Bedingungen und Strukturen des Verstehens in Form von überprüfbaren Erklärungshypothesen theoretisch zu formulieren[13], sondern von

---

[13] Vgl. dazu u. a.: Hans ALBERT, Traktat über kritische Vernunft. Tübingen ⁴1980. S. 131 ff.; DERS., Hermeneutik und Realwissenschaft. Die Sinnproblematik und die Frage

vornherein den Standpunkt vertreten, Verstehen sei ein nicht-objekti-vierbares menschliches Vermögen, das man eben nur in einem nicht-rationalen Sinne verstehen und auf keinen Fall theoretisch erklären könne. Mit Recht wurde der Vorwurf der Irrationalität auch gegen die nebulose Schicksalsmetaphysik der Spätphilosophie Heideggers erhoben, in der alle Formen der verstehenden Welterschließung nicht mehr als Leistungen eines interpretierenden Subjekts erscheinen, sondern als Ausdruck eines mysteriösen »Seinsgeschehens« und »Seinsgeschicks«, in welches das Subjekt stets schon integriert sei.

d) Die Betonung der Autonomie der Geisteswissenschaften gegenüber den Naturwissenschaften und des methodischen Sonderstatus des Verstehens gegenüber dem Erklären birgt die *Gefahr* in sich, daß sich *Vertreter der Geisteswissenschaften vom Erkenntnisfortschritt in den Naturwissenschaften abkapseln*. Ergebnisse der empirischen Realwissenschaften, die für ihre eigenen Arbeitsgebiete bedeutsam sind, werden nicht zur Kenntnis genommen und mathematisch-empirische Forschungstechniken vorschnell mit dem Argument verworfen, sie seien dem Gegenstand der Geisteswissenschaften prinzipiell nicht angemessen. Wie wenig plausibel dieses Argument ist, zeigt heute ein Blick in die historischen Geisteswissenschaften (Altertumskunde, Archäologie, Kunstgeschichte usw.), wo mit Hilfe von naturwissenschaftlichen Verfahren (Radio-Carbon-Datierung, Dendro-Chronologie, Pollenanalyse, geodätischen Meßverfahren) wesentliche Erkenntnisse in bezug auf Datierungsfragen von historischen Quellen gewonnen werden, die unabdingbare Voraussetzungen für alle anderen Deutungshypothesen über diese Quellen sind.

4. Zu den folgenden Texten

In dem hier abgedruckten Text von Otto Friedrich *Bollnow* (1903−1990) wird zunächst die Entstehung der Hermeneutik und ihre Ausweitung von einer geisteswissenschaftlichen Methodenlehre zu einer umfassenden hermeneutischen Philosophie nachgezeichnet, in die sogar die Psychoanalyse Sigmund Freuds und die Ideologiekritik von Karl Marx zu integrieren versucht worden ist. Als Grundgegebenheit der hermeneutischen Philosophie wird die einfache Tatsache hervorgehoben, »daß uns in unserem Leben immer schon ein Verständnis des Lebens und der Welt gegeben ist. Wir erwerben es nicht erst, sondern

der theoretischen Erkenntnis. In: DERS., Plädoyer für kritischen Rationalismus. München 1971. S. 106–149; DERS., Theorie, Verstehen und Geschichte. Zur Kritik des methodologischen Autonomieanspruchs in den sogenannten Geisteswissenschaften. In: DERS., Konstruktion und Kritik. Aufsätze zur Philosophie des kritischen Rationalismus. Hamburg 1972. S. 195–215.

sofern wir überhaupt leben, verstehen wir immer auch schon die Welt, in der wir leben« (94). Das Hineingestelltsein in eine von vornherein vertraute, »natürliche Umwelt« hat zur Folge, daß keine Erkenntnisleistung voraussetzungslos ist. Bollnow verweist dabei mit folgender Formulierung auf die Zirkelproblematik der Erkenntnis, die Hermeneutiker mit der Rede vom hermeneutischen Zirkel umschreiben: »Um etwas zu verstehen, muß man es in einer gewissen Weise schon verstanden haben . . . Jeder Fortschritt in der Erkenntnis geht von einem zunächst noch unbestimmten Verständnis aus und sucht dieses dann zur näheren Bestimmung zu bringen« (96).

Daß die Sprache für das Weltverständnis von zentraler Bedeutung ist, betont Bollnow mit dem Hinweis auf die »auslegende Funktion der Sprache« und der Feststellung: »Die Leistung der Sprache ist nur als hermeneutischer Vorgang zu begreifen, und die dabei unbewußt wirkende Deutung ist wiederum nur hermeneutisch ins Bewußtsein zu heben« (100). Nach dem Hinweis auf das Problem des Verstehens fremder Menschen, Lebenshaltungen und Kulturen sowie der Feststellung, daß ein »unaufhebbarer Rest der Fremdheit auch im engeren Lebensbereich, auch bei den vertrautesten Menschen, erhalten bleibt« (103), kommt Bollnow abschließend auf das Konzept einer »hermeneutischen Logik« zu sprechen. Er nimmt dabei auf Arbeiten von Hans Lipps und Georg Misch Bezug. Von letzterem übernimmt Bollnow den Begriff des »evozierenden Sprechens«, das er in der Dichtung und der religiösen Sprache, in abgewandelter Form aber auch in den Geisteswissenschaften als erforderlich betrachtet: »Während das rein diskursive Sprechen, wie es vor allem in den Naturwissenschaften herausgearbeitet ist, in lückenlos fortschreitendem Aufbau zu einem in ablösbarer Form formulierten Ergebnis kommt, das man übernehmen und weitergeben kann, kann im andern Fall der Sprecher durch Umschreibungen und Andeutungen im Hörer eine Bewegung in Gang bringen, die diesem das Gemeinte auf indirekte Weise in den Blick bringt« (104).

Im folgenden *Gadamer*-Text wird unter Bezugnahme auf die Philosophie des Aristoteles die Ansicht vertreten, daß die Hermeneutik als Kunstlehre des Interpretierens nicht bloß eine Kunstlehre im Sinne einer Theorie oder Technik der Auslegung von Texten sei, sondern vielmehr »in die Nachbarschaft der praktischen Philosophie« gehöre. An der theologischen Hermeneutik wird dies daran deutlich, daß sie »nicht einfach nur eine Kunstlehre, sondern. . . zugleich eine Glaubenslehre« umfasse (113), an der juristischen Hermeneutik, daß die rechte Auslegung der Gesetze nicht bloß eine »Art logischer Technik der Subsumtion unter Paragraphen« darstelle, »sondern eine praktische

Konkretisierung der Rechtsidee. Die Kunst der Juristen ist zugleich Rechtspflege« (114). War die praktische Grundidee der Hermeneutik in bestimmten Phasen der Hermeneutik-Diskussion in Vergessenheit geraten, so möchte sie Gadamer wieder voll zur Geltung bringen. Aus seiner Sicht hat dazu vor allem Heidegger einen wichtigen Beitrag geleistet, indem er einen neuen Begriff von Interpretation eingeführt habe, der auch einen »ganz neuen Begriff von Verständnis und Selbstverständnis« (118) impliziere. Zur neuen Auffassung von Hermeneutik gehöre die Einsicht, daß Verstehen immer ein »Wagnis« und ein »Innewerden« bedeute, »das als eine neue Erfahrung in das Ganze unserer eigenen geistigen Erfahrung eingeht« (124) und deshalb wäre es auch falsch, in der Hermeneutik bloß die Herausarbeitung und Anwendung eines allgemeinen Regelwissens für das Verstehen gegebener Aussagen und Texte zu sehen. Das »hermeneutische Verfahren. . . vermag in besonderer Weise dazu beitragen, unsere menschlichen Erfahrungen, unsere Selbsterkenntnis und unseren Welthorizont auszuweiten. Denn alles, was das Verstehen vermittelt, ist mit uns selbst vermittelt« (124). Gadamer betont in diesem Zusammenhang seine Ansicht, daß alle Formen des Verstehens, so vor allem auch das Verstehen von Texten und das gegenseitige Sichverstehen im Gespräch, auf der Gemeinsamkeit des Verstehens von »Sprachlichkeit« (125) beruhe, weil die Sprachlichkeit jede Welterfahrung konstituiere. Für die These, daß Hermeneutik letztlich praktische Philosophie sei, wird noch angeführt, daß Verstehen immer auch den Gewinn eines »erweiterten und vertieften Selbstverständnisses« bedeute und dabei eine »Wechselimplikation« zwischen theoretischem Interesse und praktischem Tun gegeben sei. »Theoretische Bewußtheit über die Erfahrung des Verstehens und die Praxis des Verstehens, philosophische Hermeneutik und eigenes Selbstverständnis sind voneinander nicht zu trennen« (126).

Hermeneutische Philosophie

1. Der Weg zur hermeneutischen Philosophie

Unter Hermeneutik versteht man die kunstmäßige Auslegung schriftlich fixierter sprachlicher Lebensäußerungen, wie sie schon im klassischen Altertum begründet und vor allem seit der Renaissance systematisch entwickelt wurde, und zwar in dreifacher Form: als philologische Hermeneutik in der Auslegung der klassischen Texte, als theologische Hermeneutik in der Auslegung der Bibel und in der juristischen Hermeneutik in der Auslegung der Gesetzesbücher. Eine tiefere Begründung erhielt sie durch den Rückgang auf den Vorgang des Verstehens in der Hermeneutik Schleiermachers. Durch ihn wurde die Hermeneutik zu einer philosophischen Disziplin. An diese konnte Dilthey anknüpfen, als er gegenüber der Vorherrschaft eines naturwissenschaftlich orientierten positivistischen Denkens seiner Zeit die methodische Selbständigkeit der Geisteswissenschaften zu begründen unternahm. Die im engeren Sinn gefaßte Hermeneutik ging dabei ein in das allgemeine Problem einer Grundlegung der Geisteswissenschaften. Dabei erweiterte sich der Gegenstandsbereich der Hermeneutik über die sprachlichen Texte hinaus auf die Gesamtheit der Objektivationen des menschlichen Geistes wie Musik und bildende Kunst, soweit man sie in einem weiteren Sinn als Texte behandeln kann. Diese Erweiterung hat Helmuth Plessner im Verhältnis zum sprachlichen Ausdruck als »Hermeneutik des nichtsprachlichen Ausdrucks« begründet, wobei zugleich die Funktion der Sinne in der Erkenntnis deutlicher sichtbar geworden ist[1].

Schon in der Spätzeit Diltheys erweiterte sich die universal verstandene Hermeneutik zu dem, was man heute am besten als eine hermeneutische Philosophie bezeichnen könnte. Das bedeutet: sie ist dann nicht mehr eine philosophische Disziplin neben andern, die durch einen bestimmten Gegenstandsbereich definiert ist, nämlich die Objektivationen des menschlichen Geistes, sondern die Philosophie im ganzen wird mit den in der philologischen Hermeneutik entwickelten Methoden behandelt. Zwar hat Dilthey selber diese Bezeichnung nicht ge-

---

[1] Helmut Plessner, Zur Hermeneutik des nichtsprachlichen Ausdrucks. In: Ders., Gesammelte Schriften. Bd. VII. Frankfurt a. M. 1982. S. 459–477.

braucht und, wo er von Hermeneutik spricht, dies Wort im überlieferten Sinn genommen, aber der Sache nach ist dieser Ansatz, wie noch zu zeigen sein wird, bei ihm klar enthalten.

Hier hat dann Heidegger angeknüpft und die bei Dilthey angedeutete Möglichkeit mit voller Entschiedenheit ergriffen. Wie Otto Pöggeler in seinem »Denkweg Heideggers«[2] dargestellt hat, hat Heidegger sich in seiner Freiburger Frühzeit intensiv um eine »Hermeneutik des Lebens« bemüht. Das Leben in seinem lebendigen Vollzug und nicht mehr in seinen objektivierten Gestaltungen wurde damit zum Gegenstand der Hermeneutik. In der abschließenden Fassung von »Sein und Zeit« ersetzte Heidegger den Begriff des Lebens durch den weniger vorbelasteten des Daseins und entwickelte seine »Fundamentalontologie« als »Hermeneutik des Daseins«[3].

In den Jahren nach dem Zweiten Weltkrieg trat die Hermeneutik unter dem Andrang der stark naturwissenschaftlich orientierten Wissenschaftstheorie und der marxistischen kritischen Theorie ganz in den Hintergrund. Sie schien in ihrer Bindung an einen nicht exakt zu definierenden Sprachgebrauch höheren wissenschaftlichen Ansprüchen nicht zu genügen. Es ist das Verdienst Hans-Georg Gadamers, durch sein Buch »Wahrheit und Methode«[4] sowie durch zahlreiche Vorträge und weitere Veröffentlichungen der Hermeneutik eine neue Geltung verschafft zu haben. Wenn er sein Buch auch im Untertitel als »Grundzüge einer philosophischen Hermeneutik« bezeichnet, so ist es der Sache nach, wenn auch in seiner besonderen Ausprägung (die hier nicht zur Diskussion steht), im hier vorgeschlagenen Sinn eine weit ausgeführte hermeneutische Philosophie.

Paul Ricoeur hat sodann in zahlreichen, auch ins Deutsche übersetzten Arbeiten den Umkreis der Hermeneutik wesentlich erweitert, indem er auch die Freudsche Psychoanalyse und die Marxsche Ideologiekritik als Formen des hermeneutischen Vorgehens verstand und damit neben der positiv nach dem Sinn forschenden Aufgabe der Hermeneutik ihre oft vernachlässigte kritische, alle Täuschungen entlarvende Funktion nachdrücklich hervorhob. Das ist freilich nicht ohne Widerspruch möglich und führt zu dem von ihm herausgearbeiteten »Konflikt der Interpretationen«[5].

---

[2] Otto Pöggeler, Der Denkweg Martin Heideggers. Pfullingen 1963. 2. Aufl. 1983. Nachwort.
[3] Martin Heidegger, Sein und Zeit. Halle a.d. Saale 1927. S. 38, 436, im Rückblick in: Ders., Unterwegs zur Sprache. Pfullingen 1959. S. 95 f.
[4] Hans-Georg Gadamer, Wahrheit und Methode. Grundzüge einer philosophischen Hermeneutik. Tübingen 1960.
[5] Paul Ricoeur, Die Interpretation. Ein Versuch über Freud. Deutsch von E. Moldenhauer. Frankfurt 1974. S. 33 ff.

Seitdem steht die Hermeneutik als eine der meist unterschiedenen drei Hauptströmungen im Mittelpunkt der gegenwärtigen philosophischen Diskussion, wie sie etwa Karl-Otto Apel als Szientistik (= Wissenschaftstheorie), Hermeneutik und Ideologiekritik (= kritische Philosophie) heraushebt und es unternimmt, sie zueinander in Beziehung zu setzen[6]. Eine gerechte Abgrenzung zwischen den drei verschiedenen Formen ist aber schwer möglich, weil jede von ihnen das Ganze der Philosophie für sich in Anspruch nimmt und es ihr schwer fällt, die Berechtigung der anderen anzuerkennen. Doch drängt sich wie von selbst im »Universalitätsanspruch« der hermeneutischen Fragestellung ein gewisser Vorrang auf, der zu einer heftigen Kontroverse geführt hat[7].

2. Die natürliche Umwelt

Die Bezeichnung »hermeneutische Philosophie« in einem allgemeinen philosophischen, über die Funktion in den Geisteswissenschaften hinausgehenden Sinn hat als solche, soweit ich sehe, zuerst Otto Pöggeler in dem so betitelten Sammelband diesbezüglicher Arbeiten eingeführt und in seiner »Einführung« ausdrücklich die Frage gestellt, wie sich die Philosophie im ganzen als eine hermeneutische verstehen kann. Es kann hier nicht die Aufgabe sein, den Weg zu einer hermeneutischen Philosophie im ganzen nachzuzeichnen und dabei die Anteile der daran beteiligten Denker vergleichend darzustellen. Es kann nur versucht werden, in einer zusammenfassenden Behandlung den Umriß einer solchen hermeneutischen Philosophie in einigen allgemeinen Zügen anzudeuten.

Am Anfang einer hermeneutischen Philosophie steht als Grundgegebenheit, auf der alles andere aufbaut, die einfache Tatsache, daß uns in unserm Leben immer schon ein Verständnis des Lebens und der Welt gegeben ist. Wir erwerben es nicht erst, sondern sofern wir überhaupt leben, verstehen wir auch immer schon die Welt, in der wir leben. Wir wissen uns darin sinnvoll zu verhalten, weil alles, was uns darin begegnet, uns in seiner Bedeutung verständlich ist. Mag dieser Umkreis auch zunächst noch klein sein und sich erst im Lauf des Lebens entfalten, so ist doch zu jedem Zeitpunkt immer schon ein Verstehen gegeben. Die Befindlichkeit in der Welt und das Verstehen sind, wie Heidegger sagt[8], gleichursprünglich.

---

[6] Karl-Otto Apel, Transformation der Philosophie. Frankfurt a. M. 1976.

[7] Hans-Georg Gadamer, Die Universalität des hermeneutischen Problems. In: Ders., Kleine Schriften I. Tübingen 1967. S. 101 ff. Auf die ausgedehnte Auseinandersetzung in der Literatur kann hier nicht eingegangen werden.

[8] Martin Heidegger, Sein und Zeit. S. 142.

Diese Grundgegebenheit verlangt nach einer doppelten Richtung eine nähere Bestimmung: Die Welt muß in ihrer ursprünglichen Gegebenheit herausgearbeitet werden, sodann muß die Entfaltung des Verstehens näher untersucht werden. Ich beginne auf der Seite der Welt.

Am besten setze ich bei der schon berührten Analyse Diltheys aus seiner Spätzeit ein. Hier beschreibt er die Weise, wie sich der Mensch im täglichen Leben in seiner vertrauten Umwelt befindet, sehr anschaulich: »Jeder mit Bäumen bepflanzte Platz, jedes Gemach, in dem Sitze geordnet sind, ist von Kindesbeinen ab uns verständlich, weil menschliches Zwecksetzen, Ordnen, Wertbestimmen als ein Gemeinsames jedem Platz und jedem Gegenstand im Zimmer seine Stelle angewiesen hat. Das Kind wächst heran in einer Ordnung und Sitte der Familie, die es mit deren andern Mitgliedern teilt. . . Ehe es sprechen lernt, ist es schon ganz eingetaucht in das Medium von Gemeinsamkeiten«[9]. Worauf es mir an dieser Stelle zunächst ankommt, ist, daß die Welt dem Menschen schon von Anfang an als eine vertraute, in ihrer Bedeutung verstandene Welt entgegenkommt, in der er sich als einem mit seinen Mitmenschen gemeinsamen Medium mit Sicherheit bewegt.

Dilthey erklärt diese Verständlichkeit daraus, daß die Umwelt eine vom Menschen geschaffene oder umgeschaffene Welt ist, und führt zur Begründung den von Hegel übernommenen Begriff des objektiven Geistes ein, wofür man vielleicht schärfer im Sinn der später von Nicolai Hartmann eingeführten Unterscheidung von einem objektivierten Geist sprechen kann[10], so wie Dilthey selbst im angeführten Zusammenhang von Objektivationen des Geistes spricht. Unverbindlicher wäre es vielleicht, einfach von Kultur zu sprechen, zu der der Mensch die ihn umgebende Natur umgeschaffen hat.

Heidegger hat in »Sein und Zeit« sodann ausdrücklich die Frage nach der »Weltlichkeit« der Welt als einer zum Menschen gehörenden Umwelt gestellt. Er hat als erstes den Umgang mit den Dingen im handwerklich-technischen Bereich als ein »hantierendes, gebrauchendes Besorgen« herausgearbeitet und darin den ursprünglich praktischen Charakter dieses Umgangs hervorgehoben. Die Weise, wie die Dinge hier gegeben sind, bezeichnet er im Unterschied zum bloß theoretischen Vorhandensein als Zuhandensein im Sinne des Bereitstehens für möglichen Gebrauch. Ein solches zuhandenes Ding nennt er in einem verall-

---

[9] Wilhelm Dilthey, Gesammelte Schriften. 7. Band. Leipzig/Berlin 1927. S. 208f.
[10] Nicolai Hartmann, Das Problem des geistigen Seins. Berlin/Leipzig 1933. S. 348ff.

gemeinerten Sinn des Worts ein Zeug und entwickelt den Zusammenhang der zuhandenen Dinge als ein Zeugganzes[11].

Husserl hat diese Welt in seiner Spätphase (wahrscheinlich ohne Zusammenhang mit Dilthey) als Lebenswelt bezeichnet. Sie bildet in einer ganz ähnlichen Weise den als selbstverständlich gegebenen Untergrund, auf dem sich die höheren Leistungen, insbesondere die der wissenschaftlichen Erkenntnis, erheben und von dem her diese begründet werden müssen. Aber gerade in seiner Selbstverständlichkeit bleibt dieser Untergrund meist unbeachtet und muß erst in einer ausdrücklichen Besinnung ins Bewußtsein gehoben werden. Dieser suggestiv geprägte Begriff der Lebenswelt hat in den modernen Sozialwissenschaften, vor allem durch die Vermittlung von Alfred Schütz, eine große Bedeutung gewonnen.

3. Verständnis und Vorverständnis

Die Grundgegebenheit, daß die vertraute Umwelt immer schon eine in ihrer Bedeutung verstandene Welt ist, bedingt zugleich den Weg, den unsre Erkenntnis einzuschlagen hat. Es gibt grundsätzlich keinen voraussetzungslosen Anfang, bei dem man einsetzen und von dem her man dann in einem eindimensional fortschreitenden Verfahren ein gesichertes System der Erkenntnis aufbauen könnte. Wo ich mich auch immer befinde, wie weit ich auch in der Vergangenheit zurückgehe, immer befinde ich mich schon in einer verstandenen Welt. Jeder Anfang ist, wie Dilthey immer wieder betont hat, willkürlich. Man kann es vielleicht als das Prinzip von der Unmöglichkeit eines archimedischen Punktes in der Erkenntnis bezeichnen.

Damit überträgt sich die aus den Geisteswissenschaften bekannte Zirkelproblematik auf die Erkenntnis im ganzen. Um etwas zu verstehen, muß man es in einer gewissen Weise schon verstanden haben (Wilhelm von Humboldt). Jeder Fortschritt in der Erkenntnis geht von einem zunächst noch unbestimmten Verständnis aus und sucht dieses dann zur näheren Bestimmung zu bringen. Dieser »Zirkel« ist unentrinnbar, aber, wie schon Heidegger an der viel zitierten Stelle gesagt hat, muß er in seiner positiven Bedeutung erkannt und ergriffen werden. Denn »in diesem Zirkel ein vitiosum sehen und nach Wegen Ausschau halten, ihn zu vermeiden, ja ihn auch nur als unvermeidliche Unvollkommenheit ›empfinden‹, heißt das Verstehen von Grund aus mißverstehen. . . In ihm verbirgt sich eine positive Möglichkeit ursprünglichsten Erkennens«[12].

---

[11]   Martin Heidegger, Sein und Zeit. S. 68.
[12]   Martin Heidegger, Sein und Zeit. S. 153, vgl. 314.

Dieser hermeneutische Zirkel ist also etwas anderes als der Zirkel in einem Beweisverfahren, der in der Tat ein Fehler ist, weil sein Nachweis die Schlüssigkeit des Beweises widerlegt. Er aber führt nicht in unveränderter Form zum Ausgangspunkt zurück, sondern die Erkenntnisbemühung bringt hier in fortschreitender Interpretation ein Verständnis zur Entfaltung, das in unbestimmter Form schon vorhanden war. Heidegger hatte von einem »vor-ontologischen« Seinsverständnis gesprochen, das es in der Ontologie zu entfalten gelte[13]. Im Gefolge Heideggers hat sich in einem allgemeineren Sinn der Begriff des Vorverständnisses eingebürgert. Es will besagen, daß alles menschliche Erkennen von einem immer schon vorhandenen Verständnis geleitet wird.

Friedrich Kümmel hat genauer zwischen zwei verschiedenen Formen des Vorverständnisses unterschieden, die er als das antizipierende und das mitgebrachte bezeichnet[14]. Das erste bezieht sich auf das ahnende Erfassen eines geistigen Gebildes, etwa einer Dichtung, das durch die Interpretation zur genaueren Bestimmtheit gebracht werden soll. Hier gilt vor allem der zirkelhafte Gang, der vom Ganzen zu den Teilen geht und von den Teilen wieder zum Ganzen zurückkehrt. Das antizipierende Vorverständnis bezieht sich immer auf ein bestimmtes Werk oder eine einzelne bestimmte Fragestellung. Das mitgebrachte Vorverständnis bedeutet dagegen das allgemeine Welt- und Lebensverständnis, das im Menschen jederzeit vorhanden ist und selbstverständlich auch in jede konkrete einzelne Untersuchung eingeht. Dieses mitgebrachte Verständnis ist dem Verstehenden so selbstverständlich, daß es ihm in der Regel gar nicht als solches bewußt ist und erst bei einer Unterbrechung des gewöhnlichen Verhaltens erkannt wird. Während das antizipierende Vorverständnis im Sinne der hier vorgeschlagenen Unterscheidung im wesentlichen eine Aufgabe der philologischen (und philosophischen) Hermeneutik ist, ist das mitgebrachte Verständnis vor allem eine Aufgabe der hermeneutischen Philosophie, doch lassen sich in der Anwendung die beiden Formen nicht scharf trennen.

Der sehr einprägsame und deswegen zu weiter Verbreitung gekommene Begriff des Vorverständnisses ist insofern nicht ganz unbedenklich, als er einen grundsätzlichen Unterschied zwischen Verständnis und Vorverständnis nahelegt, während in Wirklichkeit auch das Vorverständnis schon ein echtes Verständnis ist und nur gradmäßig, nicht wesensmäßig von diesem unterschieden. Auch ist das je erreichte Ver-

[13] Martin Heidegger, Vom Wesen des Grundes (1929). In: Ders., Wegmarken. Frankfurt a. M. 1967. S. 29.
[14] Friedrich Kümmel, Verständnis und Vorverständnis. Essen 1965.

ständnis nie endgültig, sondern bleibt einer weiteren Korrektur und Entwicklung fähig und bedürftig, selber also ein Vorverständnis eines späteren Verständnisses. Das besagt grundsätzlich: es gibt in der hermeneutisch verstandenen Philosophie kein endgültiges Ergebnis, sondern nur eine immer weiter mögliche Vertiefung.

Der Heidegger-Schüler Hans-Georg Gadamer hat anstelle des Vorverständnisses den schärferen Begriff des Vorurteils eingeführt[15]. Dabei ist aber zu beachten, daß er sich scharf von der seit der Aufklärung geläufigen Auffassung des Vorurteils unterscheidet, die darunter eine überlieferte falsche Bewertung versteht, die es durch bessere Einsicht zu bekämpfen gilt. Er knüpft vielmehr an den juristischen Begriff des Vorurteils als des Urteils einer vorhergehenden Instanz an. In diesem Sinn braucht das Vorurteil nicht falsch zu sein, es muß nur auf seine Gültigkeit hin überprüft werden und kann sich ebenso sehr als berechtigt wie als unberechtigt herausstellen. Darum fordert Gadamer eine »Rehabilitierung des Vorurteils«. Durch die Formulierung als Vorurteil wird die schon von Heidegger herausgearbeitete »Vorstruktur« des Verstehens und seine Verwurzelung in der zeitlichen Verfassung des menschlichen Daseins noch klarer herausgehoben. Allerdings ist auch diese Formulierung nicht ganz unbedenklich, weil dadurch die Gefahr entsteht, das Vorurteil zu nahe an das Urteil heranzurücken, das immer schon eine entscheidende Stellungnahme in einer Angelegenheit bedeutet, während das Vorverständnis ungeprüft und mit einer gewissen Selbstverständlichkeit übernommen wird.

Wichtig ist gerade in dieser Hinsicht der Hinweis, daß die Vorurteile – wie auch allgemein das Vorverständnis – nicht erst vom Einzelnen ausgebildet werden, sondern im kollektiven Dasein verwurzelt sind. Darum betont Gadamer ausdrücklich: »Lange bevor wir uns in der Rückbesinnung selber verstehen, verstehen wir uns auf selbstverständliche Weise in Familie, Gesellschaft und Staat, in denen wir leben. . . Darum sind die Vorurteile des einzelnen weit mehr als seine Urteile die geschichtliche Wirklichkeit seines Seins«[16], d. h. verwurzelt in einer untergründigen kollektiven Schicht.

4. Die Auslegung in der Sprache

Schon im einfachen alltäglichen Leben wird vom Menschen das, was ihm in seiner Umwelt begegnet, als etwas verstanden, als etwas, das er gebrauchen kann, das ihm nützt oder schadet, kurz als etwas, das in einer bestimmten Bedeutung auf sein Leben bezogen ist. Dilthey hat

---

[15] Hans-Georg GADAMER, Wahrheit und Methode. S. 261 ff.
[16] Hans-Georg GADAMER, Wahrheit und Methode. 422.

von einem Lebensbezug gesprochen, durch den der Mensch mit den Dingen seiner Umgebung verbunden ist. Dieses »als« aber, als das etwas dem Menschen erscheint, wird ihm vermittelt durch ein Wort der Sprache. Ja, es wird ihm durch das Wort erst eigentlich greifbar, als ein Bestimmtes von einem Hintergrund abgehoben und in bestimmter Weise aufgefaßt und gedeutet. Das hatte schon Wilhelm von Humboldt, der in seiner Sprachphilosophie eine wichtige Grundlage für die hermeneutische Philosophie geschaffen hat, sehr klar erkannt. Er sagt in seiner berühmten Abhandlung »Über die Verschiedenheit des menschlichen Sprachbaues und ihren Einfluß auf die geistige Entwicklung des Menschengeschlechts«: »Der Mensch lebt mit den Gegenständen. . . ausschließlich so, wie die Sprache sie ihm zuführt«[17]. Er kann die Gegenstände gar nicht anders sehen als durch die sie in sein Verständnis einbeziehende Vermittlung der Sprache.

Das gilt schon bei den einfachen Bezeichnungen. Durch die Art, wie die Sprache das Netz ihrer Wörter über die Dinge legt, das eine zusammennimmt, das andre wieder unterscheidet, durch den Klang der Wörter einen bestimmten Gefühlston hervorruft und durch Wortverwandtschaften auch Beziehungen zwischen den Dingen herstellt, vermittelt sie dem Menschen zugleich ein bestimmtes Verständnis der Dinge. Das alles ist bekannt und braucht hier nicht weiter ausgeführt zu werden. Aber ein bisher wenig beachteter Beitrag zu dieser Fragestellung sei noch besonders hervorgehoben.

Diese auslegende Funktion der Sprache hat Hans Lipps in seinem Begriff der Konzeptionen mit letzter Entschiedenheit herausgearbeitet. Er will mit diesem Begriff darauf hinweisen, daß die Wörter nicht einfach Etiketten sind, die auf eine vorher bestehende Sache aufgeklebt werden, sondern diese dadurch bestimmen, daß sie sie für einen möglichen Gebrauch verfügbar machen. Lipps spricht von »gekonnten Griffen, mit denen man etwas zu fassen, darin man selbst Halt bekommt«[18]. Was z. B. ein Möbelstück, etwa ein Stuhl, ist, das läßt sich nicht in theoretischer Haltung nach Merkmalen bestimmen, das entzieht sich jeder Definition nach den Regeln der überlieferten Logik. Das ist nur im Hinblick auf seinen Gebrauch zu verstehen, in diesem Fall einer bestimmten Art des Sitzens, das in der gestalteten Umwelt des Europäers eine bestimmte Funktion hat und sich nicht ohne weiteres auf die Lebenswelt anderer Kulturen übertragen läßt.

---

[17] Wilhelm von HUMBOLDT, Werke in fünf Bänden. 3. Band. Hrsg. von Andreas Flitner und Klaus Giel. Stuttgart 1963. S. 434.
[18] Hans LIPPS, Untersuchungen zu einer hermeneutischen Logik. Frankfurt a. M. 1938, jetzt als: DERS., Werke. 2. Band. Frankfurt 1976. S. 56.

Am deutlichsten wird die auslegende Leistung der Sprache an den verbalen Grundbedeutungen. Was z. B. »liegen« oder »stehen« ist, wann wir sagen, daß ein Ding liegt oder steht, das ist ebenfalls nicht an Merkmalen objektiv zu bestimmen. Es enthält zugleich eine bestimmte Deutung der Weise, wie sich etwas zu seiner Unterlage verhält, das Standhafte und Standfeste im Stehen, in dem schon ein ins Moralische hinüberweisender Zug mitspielt, im Unterschied zur mehr passiven Befindlichkeit beim Liegen. Lipps erläutert das gern am »spielen«. Es gibt Kinderspiele und Kartenspiele, bloßes Spiel im Gegensatz zum Ernst, aber auch Trauerspiele, einen Spielraum von Möglichkeiten usw. Was aber ist dann »spielen« an sich? Lipps antwortet: »Was eigentlich spielen ›ist‹, ist nur im Durchlaufen seiner konkreten Abwandlungen zu erfühlen. In der verbalen Wurzel ist hier eine sprachliche Möglichkeit beigestellt worden, um Verschiedenstes fassen zu können. Es zeigt sich im Lichte der Sprache. Es wird hier etwas eingedeutet«. Und weiterhin: »Die Sprache stiftet Bezüge, sofern sich im Verschiedensten so etwas entdeckt wie ›spielen‹. . . Das Wort dirigiert hier die Auffassung«[19].

Das heißt in unserm Zusammenhang: Die Leistung der Sprache ist nur als hermeneutischer Vorgang zu begreifen, und die dabei unbewußt wirkende Deutung ist wiederum nur hermeneutisch ins Bewußtsein zu heben. So wird es auch bei Lipps ausdrücklich hervorgehoben: In den sprachlichen Konzeptionen handelt es sich um »Vorgriffe«, die »nur hermeneutisch zu finden sind«[20].

Aber wenn die Welt dem Menschen durch die Sprache erschlossen wird, so hat das eine bedenkliche Kehrseite; denn eben dadurch wird er auch in das Verständnis seiner Sprache eingeschlossen. So fährt Humboldt an der schon angeführten Stelle fort: »Durch denselben Akt, vermöge dessen er (der Mensch) die Sprache aus sich herausspinnt, spinnt er sich in dieselbe ein«[21]. Und weil die Sprache stets eine unter vielen andern ist, schließt sie ihn zugleich in ihrem bestimmten, immer einseitigen Weltverständnis ein. Darum betont Humboldt weiterhin: »Und jede (Sprache) zieht um das Volk, welchem sie angehört, einen Kreis, aus dem es nur insofern hinauszugehen möglich ist, als man zugleich in den Kreis einer andern hinübertritt«[21]. Die Sprache droht so zu einem Gefängnis zu werden, in dem der Mensch eingeschlossen ist. Hans Lipps hat diese Auffassung in äußerster Schärfe vertreten. Der Mensch ist nach seiner Auffassung in seinen Konzeptionen »verfangen«

---

[19] Hans Lipps, Untersuchungen zu einer hermeneutischen Logik, a.a.O. S. 92.
[20] Ebd., S. 59.
[21] Wilhelm von Humboldt, a.a.O.

oder »verstrickt«, und es bleibt ihm nichts anderes übrig, als sich dieser Verstrickung bewußt zu werden, sich mit ihr abzufinden und sie im Kierkegaardschen Sinn zu »übernehmen«. Damit ist in zugespitzer Form die Gefahr aller Hermeneutik bezeichnet: ihre Bereitschaft, sich mit dem überlieferten Verständnis zufrieden zu geben, was sich im politischen Bereich in einer gewissen konservativen Neigung auswirken kann.

Daraus ergibt sich die Frage: Ist die Sprache wirklich ein solches Gefängnis oder ergibt sich für den Menschen eine Möglichkeit, sich aus dieser Gefangenschaft zu befreien? Wenn es auch sicher unmöglich ist, sich von der Bindung an die Sprache ganz zu lösen, so deuten sich doch gewisse Möglichkeiten an, diese Bindung wenigstens zu lockern. So war schon bei Humboldt von der Möglichkeit gesprochen, in den Kreis einer andern Sprache hinüberzugehen, und es bleibt das Wunder, daß es möglich ist, von einer Sprache in die andre zu übersetzen, wobei an der Eigenart der fremden Sprache zugleich die der eignen bewußt wird. Es dürfte aber auch im Umkreis der eignen Sprache die Möglichkeit geben, über das in ihr vorgezeichnete Verständnis hinauszugehen. Das führt hinüber zur allgemeineren Frage nach dem Verhältnis des Menschen zu seinem Vorverständnis.

5. Die Erfahrung des Neuen

Solange sich der Mensch im täglichen Leben in den Bahnen des gewohnten Verständnisses bewegt, wird alles, was ihm begegnet, in den Rahmen dieses Verständnisses eingeordnet. Es ist ein geschlossenes System, in dem nichts Neues passiert. Wenn aber etwas geschieht, das sich in das vorhandene Verständnis nicht einordnen läßt, wenn durch etwas Unvorhergesehenes der bis dahin selbstverständliche Lebenslauf gestört wird, dann wird der Mensch gezwungen, innezuhalten, sich zu besinnen und gegebenenfalls seine bisherige Auffassung zu korrigieren. Man spricht in diesem Fall von neuen Erfahrungen, die der Mensch macht und die er durch entsprechende Erweiterung in sein bisheriges Lebensverständnis einbezieht. Das Leben entwickelt sich so in dem ständigen Wechselspiel von mitgebrachtem Verständnis und neuer Erfahrung.

Diese neue Erfahrung ist zumeist etwas Schmerzhaftes, das in den gewohnten Lebenslauf einbricht. Sie zeigt, daß es so nicht weitergeht, wie der Mensch es sich vorgestellt hatte, und vereitelt seine Planungen. Das bekannte Sprichwort sagt ja, daß man nur durch Schaden klug wird. Aber das muß in seinem positiven Sinn verstanden werden. Würde das Leben nichts andres sein als die »organische« Entfaltung eines anfänglichen Keims, so könnte nie etwas wirklich Neues entstehen. Erst in der Auseinandersetzung mit dem störend hereinbrechenden Zufall wird das Leben produktiv. Durch den Widerspruch gezwungen antwortet es auf die herangebrachte Herausforderung mit einer schöpferischen Leistung.

Manches aber läßt sich nicht durch produktive Aneignung in den Bereich der verstandenen Welt einbeziehen. Manches bleibt unbewältigt. Und hier drängt sich das sehr komplexe Phänomen des Fremden auf. Das Fremde ist nicht das Neue, das noch Unbekannte und noch Unverständliche, das es durch produktive Aneignung in die verstandene Welt einzubeziehen gilt. Das Fremde ist als solches durchaus bekannt, aber es bleibt fremd und steht so wie ein erratischer Block in der vertrauten Lebenswelt.

Fremd ist zunächst der andre Mensch, der als Ausländer in eine geschlossene Umwelt eintritt, und er bleibt ein Fremder, sofern er sich nicht in ihr assimilieren kann. Georg Simmel hat wohl als erster am Beispiel der europäischen Juden die Situation der in einer Gruppe dauernd lebenden Fremden in ihrer eigentümlichen Ambivalenz mit ihren besonderen Schwierigkeiten aber auch ihren besonderen Vorteilen herausgearbeitet[22]. Fremd fühlt sich aber auch der Betroffene selbst, sofern er sich, und sei es nur vorübergehend, in einem andern Land mit einer andern Sprache und andern Gewohnheiten befindet.

Fremd können aber auch Lebenshaltungen und Lebensgewohnheiten sein, die einem in der näheren Umgebung entgegentreten. Man versteht sie vielleicht sogar, aber man empfindet sie als den eignen widersprechend, man mißbilligt sie und setzt sich von ihnen ab. In diesem Fall bekommt das Fremde eine abwertende Bedeutung.

Das Phänomen der Fremdheit hat eine zentrale Bedeutung in dem Verhältnis zu fremden Kulturen, etwa denen des fernen Ostens. Hier entsteht das Problem, wie weit noch ein Verstehen möglich ist. Wenn Gadamer in seiner Hermeneutik das Verstehen von historischen Zeugnissen als ein »Einrücken in ein Überlieferungsgeschehen«[23] beschreibt, so bleibt dieses Verstehen auf den Traditionszusammenhang der eignen Kultur beschränkt, und es bleibt die Frage, wie weit ein Verstehen auch über die Grenzen der eignen Kultur hinaus möglich ist. Tatsächlich gibt es ein solches Verstehen als eine den Verstehenden tief beglückende Erfahrung. Aber es ist ein Verstehen besonderer Art; denn

---

[22] Georg SIMMEL, Der Fremde. In: DERS., Das individuelle Gesetz. Philosophische Exkurse. Hrsg. von Michael LANDMANN. Frankfurt a. M. 1968. S. 63ff., Exkurs aus: DERS., Soziologie. Untersuchungen über die Formen der Vergesellschaftung. Leipzig 1908.

[23] Hans-Georg GADAMER, Wahrheit und Methode. S. 275.

bei aller Übereinstimmung bleibt ein Rest unüberwindbarer Fremdheit zurück, faszinierend und verlockend, aber auch unheimlich und bedrohlich. Und dieses Gefühl verstärkt sich, je mehr man eindringt. Wenn man an einem solchen extremen Fall einmal darauf aufmerksam geworden ist, dann erkennt man auch, daß ein solcher unaufhebbarer Rest der Fremdheit auch im engeren Lebensbereich, auch bei den vertrautesten Menschen, erhalten bleibt, ja, daß im letzten Grund ein jeder auf dieser Welt ein Fremdling bleibt, daß das Verstehen also niemals aufgeht.

6. Die hermeneutische Logik

Wenn sich eine hermeneutische Philosophie in ihrem eignen Wesen entfalten soll, darf sie nicht einfach die Mittel einer konstruktiv-rationalen Philosophie, insbesondere der überlieferten Logik, übernehmen. Es entsteht die Aufgabe einer eignen, ihren Bedürfnissen entsprechenden Logik. Was Dilthey schon in seiner Spätzeit unter der Bezeichnung der »Kategorien des Lebens«[24] in Angriff genommen hatte, wurde in seiner Nachfolge von Georg Misch und Hans Lipps aufgenommen und fortgeführt. Obgleich die Bezeichnung auch bei Misch in seinen Logik-Vorlesungen vorkam, wurde sie doch erst 1938 von Lipps durch den Buchtitel »Untersuchungen zu einer hermeneutischen Logik«[25] in die philosophische Literatur eingeführt.

Hans Lipps geht im Unterschied zur formalen Logik, die die logischen Gebilde wie Begriff, Urteil, Schluß als ein in sich ruhendes Reich objektiver Wesenheiten behandelt, auf die Funktion zurück, den diese Formen in den konkreten Lebenssituationen zu erfüllen haben. Schlüsse z. B., wie sie im wirklichen Leben vorkommen, bewegen sich nicht im freien Raum der Gedanken, sondern in ungeklärten Lagen zieht der Mensch seine Schlüsse, um sich entsprechend zu verhalten. Schlüsse klären die Situation. Er entwickelt sie auch nicht aus Prämissen, sondern aus bestimmten Tatsachen oder Anzeichen. Prämissen treten erst bei der nachträglichen Darstellung eines Schlusses auf. Anders sind die Beweise. Man beweist etwas einem andern, der es nicht glauben will (u. U. auch sich selbst). Beweise haben etwas Aggressives. Man will den andern zur Anerkennung zwingen. Beweise müssen darum unangreifbar sein. Urteile wiederum sind nicht einfache Aussagen. Im Urteil wird etwas beurteilt. Es fällt, wie man am besten am richterlichen Urteil erkennt, in einer strittigen Frage eine Entscheidung. Es hat so

---

[24] Wilhelm Dilthey, Gesammelte Schriften, a.a.O. S. 228ff.
[25] Hans Lipps, siehe Anm. 18.

etwas Abschließendes. Es verändert durch seine Entscheidung die Situation, ja, sie formt erst eigentlich die noch unbestimmte Lage zu einer bestimmten, klaren Situation, in der man entsprechend handeln kann. Von den Begriffen als Konzeptionen war schon an früherer Stelle die Rede[26]. Darin wird zugleich die unauflösliche Verbindung der hermeneutischen Philosophie mit der Sprachphilosophie deutlich. Die wirklichkeitsgestaltende Macht der Sprache wirkt sich aber nicht nur in dem in den Konzeptionen enthaltenen Vorverständnis aus, sondern darüber hinaus in jedem Wort, das in einer konkreten Situation gesprochen wird. Diese »Potenz des Worts« hat Lipps von immer neuen Seiten her in Angriff genommen. Das Urteil, das Versprechen, das Bekenntnis, der Fluch usw. schaffen nicht nur eine Wirklichkeit, die vorher nicht oder doch nicht so vorhanden war, sondern in ihnen gewinnt zugleich der Mensch selbst Gestalt und Festigkeit.

In andrer, mehr genetischer Weise hat Georg Misch die Fragen angefaßt. Er hat zunächst, gestützt auf die ausgedehnten empirischen Forschungen, den Weg verfolgt, der vom elementaren Lebensverständnis zu einem gegliederten diskursiven Denken und, damit verbunden, einer gegenständlichen Beziehung zur Welt hinüberführt[27]. An dieser Stelle ist mir wichtig, wie er neben dem rein diskursiven Sprechen noch eine andre Form herausarbeitet, die er als das evozierende Sprechen bezeichnet. Während das rein diskursive Sprechen, wie es vor allem in den Naturwissenschaften herausgearbeitet ist, in lückenlos fortschreitendem Aufbau zu einem in ablösbarer Form formulierten Ergebnis kommt, das man übernehmen und weitergeben kann, kann im andern Fall der Sprecher durch Umschreibungen und Andeutungen im Hörer eine Bewegung in Gang bringen, die diesem das Gemeinte auf indirekte Weise in den Blick bringt.

Ein solches evozierendes Sprechen gibt es zunächst in der Dichtung, besonders in der Lyrik. Misch spricht hier von einer »evozierenden Gestaltung« und arbeitet dies an der Weise heraus, wie in Goethes »Fischer« »das Gefühl des Wassers«, das »Wasserhafte«, das uns im Sommer zum Baden verlockt, zum Ausdruck gebracht wird. Das berührt sich mit dem, was Gadamer in seinem Buch über die wissenschaftlich nicht faßbare Wahrheit der Kunst gesagt hat.

Ein solches evozierendes Sprechen wird vor allem im religiösen

---

[26] Vgl. o. S. 100
[27] Georg MISCH, Logik und Theorie des Wissens. Die Ausgabe der bisher unveröffentlichten Vorlesung wird durch Frithjof Rodi vorbereitet. Bis dahin sei auf meine zusammenfassende Darstellung: Der Aufbau der Logik auf dem Boden der Philosophie des Lebens. In: Studien zur Hermeneutik. 2. Band. Freiburg 1983. S. 46 ff. verwiesen.

Bereich erforderlich; denn vom Unendlichen kann man nicht mit den im Endlichen entwickelten Begriffen sprechen, und wo das religiöse Erleben nach einem Ausdruck verlangt, bleibt nur die stammelnde Sprache der Mystik. Auch auf die Symbole ist hier zu verweisen. Um verständlich zu werden, sind sie an eine Auslegung in der Sprache, also auf ein hermeneutisches Vorgehen angewiesen, das nie zu einem Abschluß kommt, weil die Symbole im Letzten unerschöpflich bleiben.

Aber auch in den Wissenschaften, speziell in den Geisteswissenschaften, ist ein evozierendes Sprechen erforderlich, wenn auch hier schon in abgewandelter Form; denn diese begnügen sich nicht damit, das unsagbar Scheinende mit bloßen Andeutungen in den Blick zu bringen, sondern bringen eigne, ihrem Gegenstand angemessene Begriffe hervor, die Misch als hermeneutische Begriffe bezeichnet. Diese sind nicht, wie die Begriffe der Naturwissenschaften, exakt definierbar, sie sind aber auch nicht, wie man ihnen immer wieder vorgeworfen hat, unbestimmt und verworren, sondern sie erfordern eine eigne, in methodischem Vorgehen ihren Sinn entfaltende Art der Bestimmung, deren Ergebnis sich dann aber nicht in einem kurzen Satz zusammenfassen, sondern nur in längeren Ausführungen darstellen läßt.

Was hier am ausgearbeiteten Beispiel der Geisteswissenschaften ausgeführt ist, läßt sich dann auch auf die Begriffe des elementaren Welt- und Lebensverständnisses übertragen, von dem wir ausgingen, und bezeichnet damit allgemein das Verfahren einer darauf gegründeten hermeneutischen Philosophie.

7. Die Grenzen

Wir sind im Verlauf der Überlegungen mehrfach auch auf Grenzen der hermeneutischen Philosophie gestoßen. Schon als wir die Umwelt, in der sich der Mensch im elementaren Verstehen bewegt, als die Kultur bezeichneten, zu der die Menschen die umgebende Natur umgeschaffen haben, war damit auf eine Natur verwiesen, die nicht als vom Menschen geschaffenes Gebilde verständlich ist. Der Mensch kann sie untersuchen, unter dem Gesichtspunkt seiner Bedürfnisse ihre Eigenschaften und die in ihr wirkenden Gesetzmäßigkeiten erforschen. Daraus kann sich dann die moderne Naturwissenschaft entwickeln. Der Mensch kann aufgrund dieser Kenntnis die Natur in Handwerk und Technik weitgehend beherrschen. Aber bei aller noch so genauen Kenntnis bleibt ihm Natur in ihrem Wesen fremd.

Die Natur ist jedoch mehr als das Material menschlicher Gestaltung, über das wir nach unsern Bedürfnissen verfügen dürfen. In der besinnlichen Betrachtung von Landschaft, Pflanze und Tier tritt uns die Natur in einem in sich selbst beruhenden Eigenwesen entgegen. Aber mit den Mitteln, wie sie in der neuzeitlichen Naturwissenschaft ausgebildet sind, ist dieses Eigenwesen nicht zu erfassen. So entsteht die Frage, ob und wie weit diese ursprüngliche Natur mit den Mitteln einer im weiteren Sinn gefaßten hermeneutischen Philosophie zu erfassen ist. Das ist gewiß eine sehr schwierige Frage, aber man darf nicht wegen der unüberwindbar scheinenden Schwierigkeiten von vorn herein als bloße Phantastereien abtun, was im vertrauten Umgang mit der Natur lebendig erfahren wird.

Auf zwei behutsame Ansätze wäre hier hinzuweisen. Theodor Litt betont in seinem Hauptwerk »Mensch und Welt«[28], daß es neben der Natur, die der Mensch in der Technik beherrscht, eine andre Natur gibt, die von sich aus zum Menschen spricht, die ihn anredet und auf deren Anrede er zu antworten hat. Er entwickelt hier den tiefsinnigen Gedanken, daß der Mensch, indem er den von der Natur empfangenen »Eindruck« in der Sprache artikuliert, nicht nur sein Verständnis der Natur entfaltet, sondern zum Werden der Natur selbst beiträgt. Er sagt: »In der Sprache vollendet sich wie die Artikulation des Selbst so und erst recht die Artikulation der Welt. . . So wird im Werden der Sprache das Werden der Welt auf höherer Stufe fortgeführt. Im sprechenden Menschen spricht die Welt mit sich selber«[29].

Ähnliche Gedanken finden sich auch bei Misch. Er spricht in einer mehrfach gebrauchten, ihm also offenbar wichtigen Wendung davon, daß die Gegenstände »unter der Berührung des Wortes erzittern«[30], oder daß uns von den Gegenständen her, »in ihrer Selbstdarstellung, eine eigene Meinung entgegentritt, mit der von uns ausgehenden Meinung sich treffend«[31]. Das ist selber wohl nur eine evozierende Andeutung eines anders nicht zu fassenden Tatbestands. Darin zeigt sich die ganze Schwierigkeit, eine in sich selbst beruhende Natur in den Umkreis einer hermeneutischen Philosophie einzubeziehen. Man wird dahin gedrängt, die Natur selber als Subjekt zu betrachten, und zögert wieder, diesen unsicheren Weg weiter zu verfolgen. Es wäre zu fragen, ob von der Naturphilosophie Schellings und der Romantiker eine weiterführende Hilfe zu erwarten ist.

Und noch ein Letztes. Die hermeneutische Philosophie erfaßt unsre

---

[28] Theodor Litt, Mensch und Welt. Grundlinien einer Philosophie des Geistes. 2. Aufl. 1961. S. 110 ff.

[29] Theodor Litt, a. a. O., S. 191 f.

[30] Georg Misch, Lebensphilosophie und Phänomenologie. Eine Auseinandersetzung der Diltheyschen Richtung mit Heidegger und Husserl. Darmstadt ³1967. S. 96 u. a.

[31] Georg Misch, Weil die Logik-Vorlesung noch nicht veröffentlicht, muß auf meine in Anm. 27 zitierte Darstellung, dort S. 182, verwiesen werden.

Lebenswelt, soweit sie sich als sinnvoll verstehen läßt. Wo aber ein Sinnloses in diese Welt einbricht, das sich nicht durch geeignete Interpretation in ihren Sinnzusammenhang einbeziehen läßt, stößt sie auf ihre Grenze. Hinzu kommt: Ihr Gegenstand ist die in der Gegenwart vorhandene Welt und die Vergangenheit, soweit sie durch einen Traditionszusammenhang mit der Gegenwart verbunden ist. Die Zukunft kann sie nur so weit erfassen, als sich in der Gegenwart angesetzte Linien in die Zukunft verlängern lassen. Ihr Ethos ist das der Ehrfurcht vor dem Bestehenden, auch noch der Kritik, aber nicht der Tat und der verantwortlichen Gestaltung der Zukunft. Hier bedarf eine hermeneutisch begründete Philosophie der Ergänzung. Aber das gehört in einen andern Zusammenhang.

Hermeneutik als praktische Philosophie

Hermeneutik ist an sich eine alte Sache. Aber seit etwa 15 Jahren hat sie eine neue Aktualität gewonnen. Wenn wir diese Aktualität würdigen und uns die Bedeutung der Hermeneutik und ihrer Beziehung zu den zentralen Problemen der Philosophie und Theologie klarmachen wollen, müssen wir den geschichtlichen Hintergrund ausarbeiten, vor dem sich das hermeneutische Problem zu seiner neuen Aktualität erhob, und das heißt, wir müssen verfolgen, wie sich die Hermeneutik von einem speziellen und okkasionellen Anwendungsgebiet in das weite Feld philosophischer Fragestellungen hinein geweitet hat.

Man versteht unter Hermeneutik die Theorie oder die Kunst der Auslegung, der Interpretation. Der dafür übliche deutsche Ausdruck des 18. Jahrhunderts, »Kunstlehre«, ist eigentlich eine Übersetzung des griechischen »Techne« und rückt die Hermeneutik mit solchen »Artes« wie Grammatik, Rhetorik und Dialektik zusammen. Doch verweist der Ausdruck »Kunstlehre« in Wahrheit noch auf eine andere als diese spätantike Bildungstradition, nämlich auf die weither kommende und heute nicht mehr wirklich lebendige Tradition der aristotelischen Philosophie. In ihr gab es eine sogenannte philosophia practica (sive politica), die bis zum Ende des 18. Jahrhunderts noch fortlebte. Sie bildete den systematischen Rahmen aller »Künste«, sofern sie alle im Dienste der »Polis« stehen.

Um uns in die Mitte der Probleme zu versetzen, müssen wir die Begriffe, die in diesen Namensgebungen stecken, einer begriffsgeschichtlichen Reflexion unterziehen. Da ist zunächst das Wort »Philosophie« selbst. Es hatte im 18. Jahrhundert nicht den ausschließlichen Sinn, den wir damit verbinden, wenn wir Philosophie von Wissenschaft unterscheiden und allenfalls darauf bestehen, daß auch sie eine Wissenschaft – oder gar die Königin der Wissenschaften – sei. Philosophie heißt vielmehr nichts anderes als »Wissenschaft«. Aber als »Wissenschaft« galt damals nicht nur die auf dem neuzeitlichen Methodenbegriff begründete, Mathematik und Messung handhabende Forschung, sondern alle Sachkunde und Wahrheitserkenntnis war mitgemeint, auch soweit sie nicht durch den anonymen Prozeß erfahrungswissenschaftlicher Arbeit erworben wurde. So ist auch in dem aristotelischen Ausdruck »praktische Philosophie« mit »Philosophie« »Wissenschaft« in jenem allgemeinen Sinne gemeint, zwar als ein mit Beweisen arbeitendes und Lehre ermöglichendes Wissen, aber nicht von der Art der Wissenschaft, die den Griechen das Vorbild theoretischer Erkenntnis war: die Mathematik. »Praktisch« heißt diese Wissenschaft im betonten Gegensatz zur theoretischen Philosophie, welche »Physik«, das heißt das Wissen von der Natur, »Mathematik« und »Theologie« (oder erste Wissenschaft, das heißt Metaphysik) umfaßte. Da der Mensch ein politisches Wesen ist, gehörte zur praktischen Philosophie als ihre oberste die politische Wissenschaft, die als die sogenannte »klassische Politik« bis ins 19. Jahrhundert hinein gepflegt wurde. Der moderne Gegensatz von Theorie und Praxis nimmt sich auf diesem Hintergrund etwas seltsam aus. Denn der klassische Gegensatz war letzten Endes ein Gegensatz des Wissens, nicht der Gegensatz zwischen Wissenschaft und Anwendung der Wissenschaft.

Darin liegt zugleich, daß auch der ursprüngliche Begriff der Praxis anders strukturiert war. Um ihn wieder zu erfassen und den Sinn der Tradition der praktischen Philosophie zu verstehen, muß man ihn aus der gegensätzlichen Beziehung zur »Wissenschaft« ganz herausdrehen. Nicht einmal der Gegensatz zu »Theoria«, der gewiß in der Aristotelischen Einteilung der Wissenschaften liegt, ist hier wirklich bestimmend, wie schon der schöne Satz des Aristoteles beweist, daß wir diejenigen im höchsten Maße »tätig« nennen, die allein durch ihre gedankliche Leistung bestimmend sind. (Pol. 1325 b 21 ff.). Die Theoria ist selber eine Praxis.

Das klingt nur für moderne Ohren wie ein Sophisma, weil nur für uns die Bedeutung von Praxis durch die Anwendung von Theorie und Wissenschaft bestimmt ist – mit all den ererbten Konnotationen von »Praxis«, die solcher Anwendung der reinen Theorie Unreinheit, Halbheit, Akkomodation oder Kompromiß nachsagen. An sich ist das ganz richtig, und insbesondere Plato hat uns diesen Gegensatz in seinen Staatsschriften beständig eingeschärft. Die unaufhebbare Scheidung, die zwischen der reinen Ordnung und der getrübten und gemischten Sinnenwelt besteht und die Platos Lehre von der Idee beherrscht, ist jedoch nicht mit dem Verhältnis von Theorie und Praxis im griechischen Sinne identisch. Das Begriffsfeld, in dem Wort und Begriff Praxis ihren eigentlichen Ort haben ist nicht primär durch den Gegensatz zur »Theorie« und als eine Anwendung von Theorie bestimmt. »Praxis« formuliert vielmehr, wie insbesondere Joachim Ritter in seinen Arbeiten gezeigt hat, die Verhaltensweise des Lebendigen in weitester Allgemeinheit. Praxis als Lebendigkeit steht zwischen Tätigkeit und Befindlichkeit. Sie ist als solche nicht auf den Menschen beschränkt, der allein aus freier Wahl (Prohairesis) tätig ist. Vielmehr meint Praxis den Lebensvollzug (Energeia) des Lebendigen überhaupt, dem ein »Leben«, eine Lebensweise, ein Leben, das in gewisser Weise geführt wird (Bios), entspricht. Auch Tiere haben Praxis und Bios, das heißt eine Lebensweise.

Freilich ist hier ein entscheidender Unterschied zwischen Tier und Mensch. Die Lebensweise des Menschen ist nicht von Natur so festgelegt wie die der anderen Lebewesen. Das drückt der ihm allein zukommende Begriff der »Prohairesis« aus. Prohairesis meint Vornahme und vorgängige Wahl. Wissentlich das eine dem anderen vorzuziehen und bewußt zwischen Möglichkeiten zu wählen, ist die alleinige und besondere Auszeichnung des Menschen. Der aristotelische Begriff der Praxis bekommt nun noch einen spezifischen Akzent, sofern er auf den Status des freien Bürgers in der Polis angewandt wird. Dort ist menschliche Praxis im eminenten Sinne des Wortes. Sie ist durch »Prohairesis des Bios« ausgezeichnet. Die freie Entscheidung orientiert sich an leitenden Vorzugsordnungen der Lebensführung, sei es an Genuß oder an Macht und Ehre oder an Erkenntnis. Daneben begegnen in der politischen Verfaßtheit des menschlichen Zusammenlebens noch andere Unterschiede der Lebensführung, zwischen Mann und Frau, Greis und Kind, Abhängigen und Unabhängigen (was damals vor allem den Unterschied von Sklaven und Freien meinte). Das alles ist »Praxis«. Praxis ist also hier nicht länger das Naturhafte einer Verhaltensweise, wie bei den Tieren, die in die Züge eingeborener Lebensinstinkte eingelassen sind. Insbesondere die sophistische Aufklärung bestand darauf, daß die »Arete« des Menschen in all diesen Fällen eine verschiedene sei – wenn auch die ganze, auf Wissen und Wählen beruhende »Arete« erst im freien Stande des Polisbürgers sich vollendet.

Da »Praxis« diesen weiten Bedeutungsbereich einschließt, ist die wichtigste Abgrenzung, die der Begriff der Praxis bei Aristoteles erfährt, nicht die von der theoretischen Wissenschaft, die sich als eine Art höchster Praxis aus dem weiten Bereich menschlicher Lebensmöglichkeiten erhebt, als die Abgrenzung gegen das auf Wissen beruhende Herstellen, die Poiesis, die für das Leben der Polis die ökonomische Basis darstellt. Insbesondere, wenn es sich nicht um »niedere«, »banausische« Künste handelt, sondern um solche, die ein freier Mann ohne Disqualifikation betreiben kann, gehört solches Wissen und Können zu seiner »Praxis«, ohne doch »praktisches Wissen« im praktisch-politischen Sinne zu sein. So ist die praktische Philosophie von der Grenzziehung bestimmt, die zwischen dem praktischen Wissen des frei Wählenden und dem gelernten Können des Fachmanns, das Aristoteles »Tech-

ne« nennt, besteht. Praktische Philosophie hat es nicht mit den erlern-
baren Handwerkskünsten und Fertigkeiten als solche zu tun, so wesentlich auch der Anteil solchen menschlichen Könnens für das Ge-
meinschaftsleben der Menschen ist, sondern mit dem, was einem jeden
als Bürger zukommt und was seine »Arete« ausmacht. Die praktische
Philosophie muß daher die Auszeichnung des Menschen, Prohairesis
zu haben, zum Bewußtsein erheben, sei es als Ausbildung der menschlichen Grundhaltungen solchen Vorziehens, die den Charakter der
»Arete« haben, sei es als die alles Handeln leitende Klugheit der Besinnung und Ratfindung. Auf alle Fälle muß sie auch den Gesichtspunkt,
unter dem etwas einem anderen vorzuziehen ist, also den Bezug auf das
Gute, von ihrem Wissen aus mitverantworten. Da aber das Wissen, das
das Handeln leitet, seinem Wesen nach von der konkreten Situation
gefordert wird, in der es das Tunliche zu wählen gilt, ohne daß eine
erlernte und beherrschte Techne einem die eigene Überlegung und
Entscheidung ersparen kann, so ist auch die praktische Wissenschaft,
die auf dieses praktische Wissen gerichtet ist, weder theoretische Wissenschaft im Stile der Mathematik, noch Fachwissen im Sinne der
wissenden Beherrschung von Arbeitsgängen, »Poiesis«, sondern eine
Wissenschaft eigener Art. Sie muß sich aus der Praxis selbst erheben
und mit all den typischen Allgemeinheiten, die sie bewußt macht, auf
die Praxis zurückbeziehen. Das macht nun in der Tat den spezifischen
Charakter der aristotelischen Ethik und Politik aus. Es ist nicht nur so,
daß ihr Gegenstand stets wechselnde Situationen und Verhaltensweisen
sind, die man natürlich nur in ihrer allgemeinen Regelhaftigkeit und
Durchschnittlichkeit überhaupt zur Erkenntnis erheben kann. Den
Charakter wirklicher Erkenntnis hat solches lehrbare Wissen typischer
Strukturen auch umgekehrt nur dadurch, daß es – wie die Techne, die
Kunstlehre stets – immer wieder in die konkrete Situation der Praxis
umgesetzt wird. Praktische Philosophie ist also gewiß »Wissenschaft«,
das heißt ein Wissen im allgemeinen, das als solches lehrbar ist, aber es
ist doch eine unter Bedingungen stehende Wissenschaft. Sie fordert
vom Lernenden den gleichen unlöslichen Praxisbezug wie vom Lehrenden. Insofern steht sie dem Fachwissen der Techne zwar nahe, aber
was sie grundsätzlich von ihm trennt, ist, daß sie auch die Frage nach
dem Guten, zum Beispiel nach der besten Weise des Lebens oder nach
der besten Staatsverfassung stellt, und nicht nur, wie die Techne, ein
Können beherrscht, dem seine Aufgabe von einer anderen Instanz
gestellt wird: von dem Zweck, dem das Herzustellende zu dienen hat.

Das gilt nun alles auch für die Hermeneutik. Als Theorie der Interpretation oder Auslegung ist sie nicht einfach nur eine Theorie. Ganz

deutlich hat die Hermeneutik von den ältesten Zeiten an bis zum heutigen Tage den Anspruch erhoben, daß ihre Reflexion über die Möglichkeiten, Regeln und Mittel der Auslegung für die Praxis unmittelbar dienlich und förderlich sei – während doch etwa eine durchgeführte Theorie der Logik einen wissenschaftlichen höheren Ehrgeiz hat als den, das logische Denken zu fördern oder gar die Zahlentheorie darin, das Rechnen zu fördern. Hermeneutik ließ sich daher in erster Annäherung in der Tat als »Kunstlehre« verstehen, wie etwa auch die Rhetorik. Hermeneutik kann, ähnlich wie Rhetorik, eine natürliche Fähigkeit des Menschen bezeichnen und meint dann seine Fähigkeit zum verständnisvollen Umgang mit Menschen. So kann Johann Peter Hebel in einem Brief an seinen Freund Hitzig über einen Theologen sagen, daß er »die schönste aller Hermeneutiken hat und übt, menschliche Schwachheiten zu verstehen und menschlich auszulegen«.

So war denn auch die ältere Hermeneutik in erster Linie ein praktisches Bestandstück der Tätigkeit des Verstehens und Auslegens selbst und oft weniger ein theoretisches Lehrbuch – was in der Antike geradezu »Techne« hieß – als ein praktisches Hilfsbuch. Bücher mit dem Titel »Hermeneutik« hatten meist einen rein pragmatisch-okkasionellen Zug und halfen dem Verständnis schwerer Texte durch Erläuterung schwerverständlicher Stellen. Eben auf den Gebieten aber, auf denen schwierige Texte verstanden und ausgelegt werden müssen, hat sich auch die Reflexion über das Wesen solchen Tuns zuerst entwickelt und damit so etwas wie eine Hermeneutik in unserem Sinne hervorgebracht. So vor allem auf dem Gebiet der Theologie.

Dort findet sich höchst Wichtiges und Grundlegendes beispielsweise in Augustinus »De doctrina christiana«. Insbesondere, wenn er seine Stellung zum Alten Testament zu präzisieren sucht, sah Augustin sich zu einer Reflexion genötigt, die den Sinn von »Verstehen« betraf und den dogmatischen Anspruch seiner Texte zu präzisieren zwang. Es war eine theologische Aufgabe, auseinanderzusetzen, warum das Alte Testament nicht in seinem ganzen Inhalt unmittelbar Spiegel oder typologische Präfiguration der christlichen Heilsbotschaft sein kann. Dinge, die der christlichen Sittenlehre so widersprachen wie etwa die Polygamie der Patriarchen, ließen sich nicht mehr durch allegorische Auslegung retten und nötigten daher zu einer schlichten historischen Interpretation, die die fernen und fremden Sitten des Nomadentums heranzog – eine wesentliche Differenzierung im Scopus der Auslegung. – Ähnlich wie das Alte Testament für das frühe Christentum, wurde im Zeitalter der Reformation die ganze Heilige Schrift Gegenstand einer neuen hermeneutischen Bemühung und Anlaß zu hermeneutischer

Reflexion. Überall sollte ja die allegorisierende Methode dogmatischer Schriftauslegung, die in der römischen Theologie herrschte und damit eine dogmatische Tradition über den Sinn der Schrift Herr werden ließ, zugunsten des »Wortes Gottes« überwunden werden. Nun aber erwies sich die neue Parole der »sola scriptura« ihrerseits als ein schwieriges Auslegungsprinzip. Auch die protestantische Exegese sah sich genötigt, so sehr sie den dogmatischen Charakter der katholischen Bibelauslegungstradition bekämpfte, einen gewissen dogmatischen Kanon aufzubauen, das heißt über die dogmatischen Resultate zu reflektieren, die sich aus ihrem neuen Lesen der Heiligen Schrift in den Ursprachen ergaben. So wurde der neue Grundsatz: »scara scriptura sui ipsius interpres« zum Ursprung der neuen theologischen Hermeneutik, aber was sich so herausbildete, war nicht einfach nur eine Kunstlehre, sondern umfaßte zugleich eine Glaubenslehre.

Ein anderes Gebiet, auf dem Reflexion über das Auslegen von Texten sich nicht nur aus den Schwierigkeiten der hermeneutischen Praxis notwendig ergab, sondern auch aus der sachlichen Bedeutung dieser Texte, war das Gebiet der Jurisprudenz. Da handelte es sich immer um zunächst ganz praktische juristische Fragen, die sich bei der Auslegung von Gesetzestexten und ihrer Anwendung auf Streitfälle ergaben. Es ist ein integrales Moment aller Rechtskunst und Rechtswissenschaft, die Allgemeinheit des Gesetzes mit der konkreten Materie des vor Gericht anstehenden Falles zu vermitteln. Diese Schwierigkeiten steigern sich aber insbesondere dort, wo die Gesetzestexte nicht mehr der unmittelbare Niederschlag von Rechtserfahrung sind, die aus der sozialen Lebenswirklichkeit stammt, sondern eine geschichtliche Erbschaft darstellen, die aus einer andersartigen gesellschaftlich-geschichtlichen Wirklichkeit übernommen wird. Stets ist eine obsolet gewordene, veraltete Ordnung der Grund von Rechtsschwierigkeiten, die für eine sinnvolle Auslegung die Anpassung an die Wirklichkeit verlangen. Dies allgemeine hermeneutische Moment aller Rechtsfindung potenziert sich in Fällen, in denen wir von Rezeption sprechen, so insbesondere bei der Rezeption des Römischen Rechts im neueren Europa. Wie immer man auch diesen Prozeß der Rezeption werten mag und wieviel Entmythologisierung romantischer Vorurteile hier am Platz ist – der Prozeß der Verwissenschaftlichung der Rechtspflege, der mit der Aufnahme der römisch-italienischen Rechtskunst nördlich der Alpen einsetzte, hat unter den besonderen geschichtlichen Bedingungen der Neuzeit auch auf diesem Felde zu hermeneutischer Übung und theoretischer Besinnung angetrieben. So war etwa die justinianische Ausnahmestellung des Kaisers (lege solutus) seit alters umstritten und bildete unter den veränderten Umständen der Neuzeit einen beständigen hermeneutischen Stachel. Die Idee des Rechts enthält die Idee der Rechtsgleichheit. Wenn der Souverän dem Gesetz nicht selbst unterliegt, sondern frei über seine Anwendung entscheiden kann, ist offenbar die Grundlage aller Hermeneutik zerstört. Auch hier zeigt sich, daß die rechte Auslegung der Gesetze nicht einfach eine Kunstlehre ist, eine Art logischer Technik der Subsumtion unter Paragraphen, sondern eine praktische Konkretisierung der Rechtsidee. Die Kunst des Juristen ist zugleich Rechtspflege.

Eine nicht geringere Spannung entstand aber auch noch in einer ganz anderen Richtung, zu deren Überwindung es der Hermeneutik bedurfte. Das war, als im neuen Aufbruch des Humanismus die großen lateinischen und griechischen Klassiker als Vorbilder aller höheren menschlichen Kultur neu angeeignet werden sollten. Der Rückgang auf das klassische Latein, das insbesondere durch seine höhere Stilistik im Vergleich zu dem scholastischen Latein etwas anspruchsvoll Neues war, aber vor allem der Rückgang auf das Griechische – und im Falle des Alten Testaments auf das Hebräische – verlangte nicht nur vielerlei praktische hermeneutische Hilfe für Grammatik, Lexikon und Realienkunde, was sich in zahlreichen »Hermeneutica« genannten Hilfsbüchern niederschlug. Die Klassiker beanspruchen überdies eine spezifische Vorbildlichkeit, die das Selbstbewußtsein der Neuzeit in Frage stellte. So gehört die berühmte »querelle des anciens et des modernes« ihrerseits in die Vorgeschichte der Hermeneutik, indem sie eine hermeneutische Reflexion über die Ideale des Humanismus weckte. Wenn man diese querelle neuerdings mit Recht als eine Vorbereitung des Erwachens des geschichtlichen Bewußtseins gewertet hat, so bedeutet das für die Hermeneutik auf der anderen Seite, daß sie nicht bloß eine Fertigkeit des Verstehens pflegt, das heißt eine bloße Kunstlehre ist, sondern die Vorbildlichkeit dessen, was sie versteht, mitverantworten muß.

So sehr das dem eigenen Selbstverständnis der Hermeneutik als einer »Kunstlehre« widerspricht – sie ist in allen ihrer Richtungen, wie sich zeigt, mehr als eine bloße Kunstlehre und gehört in die Nachbarschaft der praktischen Philosophie. Sie hat damit an jenem Selbstbezug teil, der für die praktische Philosophie wesentlich ist. Wenn zum Beispiel die Ethik eine Lehre des rechten Lebens ist, setzt sie doch zugleich dessen Konkretion in einem lebendigen Ethos voraus. Auch die Kunst des Verstehens der Überlieferung setzt, ob es sich um heilige Bücher, um Rechtstexte oder um vorbildliche Meisterwerke handelt, nicht nur deren Anerkennung voraus, sondern bildet die Überlieferung derselben produktiv weiter. Die ältere Hermeneutik stellte freilich keinen zentralen Aspekt innerhalb der Problemkonzeption der traditionellen Philosophie dar, solange sie auf normative »Texte« beschränkt blieb. Insofern ist sie von unserem heutigen philosophischen Interesse an der Hermeneutik noch sehr weit entfernt. Doch trat das Problem der Hermeneutik stärker in das philosophische Problembewußtsein als nicht nur auf einzelnen Gebieten ein Abstand der Höhe und ein Abstand der Ferne zu überwinden war wie bei den religiösen Urkunden, Gesetzestexten oder fremdsprachlichen Klassikern, sondern wo das Ganze der bisherigen geschichtlichen Überlieferung in solchen Abstand rückte, und das geschah durch den großen Traditionsbruch, den die Französische Revolution darstellte und in dessen Folge die europäische Zivilisation in Nationalkulturen aufsplitterte. Die gemeinsame Überlieferung der christlichen Staatenwelt Europas, die im Hintergrund dieser neuen Entwicklung gewiß fortwirkte, trat mit dem Schwinden ihrer selbstverständlichen Geltung auf eine neuartige Weise ins Bewußtsein, als gewähltes Vorbild, als sehnsuchtsvolles Ziel des Heimwehs und am Ende als Gegenstand geschichtlichen Wissens. Das war die Stunde einer universalen Hermeneutik, durch die das Universum der geschichtlichen Welt aufzuschließen war. Denn es war das Vergangene als solches fremd geworden. Alle Wiederbegegnung mit alter Überlieferung ist nun nicht mehr einfache Aneignung, die ebenso selbstverständlich, wie sie das Alte aufnimmt, das Eigene hinzutut, sondern hat den Graben zu überbrücken, der Gegenwart und Vergangenheit trennt. So wurde die Romantik zum Wegbereiter des historischen Bewußtseins. Es war die allgemeine Parole, auf die originären Quellen zurückzugehen, und unser Geschichtsbild der Vergangenheit wurde auf diese Weise auf einen ganz neuen Boden gestellt. Darin lag eine zutiefst hermeneutische Aufgabe. Wenn man anerkennt, daß die Eigenperspektive von den Gesichtspunkten der Autoren und dem Sinn der Texte der Vergangenheit ganz verschieden ist, bedarf es einer eigenen Anstrengung, damit man den Sinn alter Texte nicht mißversteht und sie doch in ihrer Überzeugungskraft wirklich versteht. Die bloße Beschreibung der inneren Struktur und Kohärenz eines gegebenen Textes und die bloße Wiedergabe dessen, was der Autor sagt, ist noch kein wirkliches Verstehen. Man muß sein Sprechen erneuern, und dazu muß man mit den Sachen vertraut sein, von denen die Texte sprechen. Gewiß muß man auch die grammatischen Regeln, die Stilmittel, die kompositorische Kunst, die einem Text zugrunde liegen erfassen, wenn man das, was der Autor in seinem Text hat sagen wollen, wirklich verstehen will, aber der Hauptpunkt alles Verstehens betrifft doch das sachliche Verhältnis, das zwischen Aussage des Textes und unserem eigenen Verständnis der Sache besteht.

Gleichwohl tat die nachromantische Epoche bei der Entwicklung des hermeneutischen Verfahrens diesem Hauptpunkt nicht wahrhaft Genüge. Der Entfremdungserfahrung, die im geschichtlichen Bewußtsein zutage trat, bot sich zunächst das aus der Tradition der Kunstlehre stammende Selbstverständnis an: Erlernung des kritischen Könnens im Umgang mit Texten.

Diesem Selbstverständnis kam als eine mächtige Unterstützung das steigende logische Selbstbewußtsein der induktiven Wissenschaften zu Hilfe. Man suchte daher dem großen Vorbild der Naturwissenschaften zu folgen und sah das Ideal wie dort so auch hier darin, alle subjektiven Voraussetzungen auszuschalten. So wie für die Naturforschung das durch jedermann nachprüfbare Experiment eine Verifikationsgrundlage darstellt, suchte man auch bei der Auslegung von Texten überprüfbare Verfahrensweisen anzuwenden. Das alte Verfahren der Exegese, die Sammlung von Parallelen insbesondere, fand nun eine historisch-kritische Verfeinerung. Die hermeneutische Methodenlehre, die das romantische Interesse an der Geschichte in ihre wissenschaftliche Obhut nahm, verglich sich auf dieser Basis beständig mit der Methodenlehre der Naturwissenschaften. Ihre Gegenstände, die überlieferten Texte, sollten wie die Beobachtungsdaten in der Naturforschung behandelt werden. Daß ein solches Selbstverständnis der neuen kritischen Philologie, dem auch Schleiermachers Trennung einer allgemeinen Hermeneutik von der Dialektik, und im theologischen Bereich der hermeneutischen Kunstlehre von der Glaubenslehre entsprach, dem Interesse der Historie nicht genügte, blieb zwar bei den großen Historikern, etwa bei Ranke oder Droysen, nicht unempfunden, da es dem theologischen Pathos, das in ihrer kritischen Forschung lebendig war, nicht entsprach. Nicht ohne Grund schlossen sie sich mehr an Fichte, Humboldt und Hegel an. Trotzdem kam es nicht mehr zu einer grundsätzlichen Anerkennung der älteren Tradition der praktischen Philosophie, selbst bei Dilthey nicht, der das Erbe der romantischen Schule auf den Begriff brachte. Es fehlte jede Einsicht in den Zusammenhang zwischen Hermeneutik und praktischer Philosophie.

So war es erst, als sich unsere Kultur als ganze der Anzweiflung und der radikalen Kritik ausgesetzt sah, daß Hermeneutik eine Sache von universaler Bedeutung wurde. Das hatte seine überzeugende innere Logik. Man braucht nur an den Radikalismus im Zweifel zu denken, der sich insbesondere bei Friedrich Nietzsche findet. Sein langsam wachsender Einfluß auf allen Erscheinungsgebieten unserer Kultur war von einer Tiefe, die man nicht genügend zu realisieren pflegt. Die Psychoanalyse zum Beispiel kann man sich gar nicht vorstellen ohne Nietzsches radikale Anzweiflung der Zeugnisse des menschlichen Selbstbewußtseins: Nietzsche stellte die Forderung auf, man müsse tiefer und gründlicher zweifeln als Descartes, der im Selbstbewußtsein das letzte unerschütterliche Fundament aller Gewißheit gesehen hatte. Die Illusion des Selbstbewußtseins, die Idole der Selbsterkenntnis waren die neue Entdeckung Nietzsches, und die Moderne datiert von dem alles durchdringenden Einfluß Nietzsches. Damit erlangte der Begriff der »Interpretation« eine weit tiefere und allgemeinere Bedeutung. Interpretation meint nun nicht nur die Auslegung der eigentlichen Meinung eines schwierigen Textes: Interpretation wird ein Ausdruck für das Zurückgehen hinter die offenkundigen Phänomene und Gegebenheiten. – Nicht nur die Geltung der Phänomene des Bewußtseins und Selbstbewußtseins (das war der Fall der Psychoanalyse), sondern auch die rein theoretische Geltung wissenschaftlicher Objektivität, auf die in den Wissenschaften Anspruch erhoben wurde, wurde von der sogenannten Ideologiekritik hinterfragt, die den wissenschaftlichen Neutralismus bezweifelte. Der klare Anspruch des Marxismus ging dahin, daß die theoretischen Lehren der Wissenschaften mit innerer Notwendigkeit die Interessen der herrschenden Gesellschaftsklasse und insbesondere die Interessen der Unternehmer und des Kapitals widerspiegeln. Daher war es eine der Forderungen des Marxismus, insbesondere wenn es sich darum handelte, die Erscheinungen des ökonomischen und gesellschaftlichen Lebens zu verstehen, hinter die Selbstinterpretation der bürgerlichen Kultur zurückzugehen, die sich auf die Objektivität der Wissenschaft berief. Auch sonst hat aber die philosophische Karriere des Begriffs »Interpretation«, die in den letzten hundert Jahren erfolgte, ihren philosophischen Grund in dem wohlberechtigten Mißtrauen gegen die traditionelle Begrifflichkeit, deren Begriffe nicht so selbstverständlich und voraussetzungslos sind, wie sie sich geben. Das Vorverständnis, das in ihnen impliziert ist, prägt die Probleme der Philosophie in bestimmter Weise vor. Es schematisiert aber nicht nur die philosophischen Gedanken. Unser ganzes kulturelles Leben zeugt von der ältesten ontologischen Erbschaft unseres Denkens, von der griechischen Philosophie.

Es war das große Verdienst Heideggers, daß er die Selbstverständlichkeit aufbrach, mit der die griechischen Denker den Begriff des Seins gebrauchten, und insbesondere aufwies, wie das moderne Denken unter der Herrschaft dieses Seinsbegriffs den ganz ungeklärten Begriff von Bewußtsein ausbildete, der das Prinzip der neueren Philosophie darstellt. Sein berühmter Vortrag »Was ist Metaphysik?« stellte die Behauptung auf, daß die traditionelle Metaphysik die Frage nach dem Sein gerade nicht selber gefragt habe, sondern im Gegenteil diese Frage verdeckt hielt, indem sie vom Begriff des Seienden aus das Gebäude der Metaphysik aufbaute. Der wirkliche Sinn dessen, was Heideggers Frage »Was ist Metaphysik?« fragte, läßt sich in Wahrheit nur von dem neuen Begriff von Interpretation aus verstehen. Das wird klarer, wenn man den Titel der Vorlesung Wort für Wort wägt und die geheime Betonung spürt, die das Wort »ist« trägt. – Der Sinn der Frage »Was ist Metaphysik?« ist, zu fragen, was Metaphysik wirklich ist, im Gegensatz zu dem, was Metaphysik sein will und als was sie sich selbst versteht. Was bedeutet es, daß sich die Frage der Philosophie als Metaphysik ausbildet? Was ist die Bedeutung des Ereignisses, daß die griechischen Denker den Kopf hoben und sich von den Bindungen des mythischen und religiösen Lebens freimachten und solche Fragen wagten wie: Warum ist es? und: Was ist es? und: Von wo aus kommt etwas ins Sein? Wenn man die Frage »Was ist Metaphysik?« in dem Sinne versteht, daß man fragt, was sich mit dem Beginn des metaphysischen Denkens ereignete, dann gewinnt erst die Heideggersche Frage die Kraft ihrer Provokation und enthüllt sich als ein Beispiel des neuen Begriffs von Interpretation.

Der neue Begriff von Interpretation, und folgerichtigerweise von Hermeneutik, der hier ins Bild tritt, überschreitet offenkundig die Grenzen einer noch so universal verstandenen hermeneutischen Theorie. In ihm liegt am Ende ein ganz neuer Begriff von Verständnis und Selbstverständnis. Es ist interessant genug, daß der Ausdruck »Selbstverständnis« heute ein richtiger Modeausdruck ist und auch in den aktuellen politischen und gesellschaftlichen Diskussionen beständig gebraucht wird, bis in die Romanliteratur hinein. Worte sind Parolen. Sie drücken oft aus, was fehlt und was sein soll. Ein unsicher gewordenes Selbstverständnis bewirkt, daß jeder davon redet. Aber das erste Aufkommen des Wortes prägt seine Geschichte. Der Ausdruck Selbstverständnis ist erstmals mit einer gewissen terminologischen Betonung von Johann Gottlieb Fichte gebraucht worden. Indem er sich als Anhänger Kants fühlte, beanspruchte er zugleich, mit seiner »Wissenschaftslehre« die einzig vernünftige und authentische Interpretation der Kantischen Philosophie zu geben. Was man von einem Denker verlangen müsse, sei Konsequenz. Nur in der radikalen Konsequenz der Entwicklung seiner Gedanken könne ein Philosoph zu echtem Selbstverständnis gelangen. In den Augen Fichtes gibt es aber nur eine einzige Möglichkeit, mit seinem eigenen Denken in voller widerspruchsloser

Übereinstimmung zu sein, und das ist, wenn man all das, was in unserem Denken Geltung beanspruchen soll, aus der Spontaneität des Selbstbewußtseins ableitet und begründet. Wenn man nun behaupten wollte, daß Kant neben seiner Lehre von Selbstbewußtsein und der Deduktion der Stammbegriffe des Verstandes, der Kategorien, ein »Ding an sich« annahm, das unseren Geist durch unsere Sinnlichkeit affiziere, dann müßte man behaupten, er sei überhaupt kein Denker gewesen, sondern ein Dreiviertelskopf, wie Fichte mit schnöder Ruppigkeit es ausdrückt. Denn für ihn ist es selbstverständlich, daß alles, was als wahr gelten soll, durch Tätigkeit hervorgebracht sein muß. Natürlich meint er damit eine geistige Konstruktion, und das hat nichts zu tun mit dem absurden Begriff des Solipsismus, der in den Niederungen der Philosophie des 19. Jahrhunderts herumspukt. Konstruktion, Hervorbringung, Erzeugung und transzendentale Begriffe, die die innere Spontanität des Selbstbewußtseins und seine Selbstentfaltung beschreiben. Nur auf diese Weise gebe es ein wirkliches Selbstverständnis des Denkens.

Heute ist genau dieser Begriff von Selbstverständnis zusammengebrochen. War es nicht wirklich ein hybrider Ehrgeiz, mit Fichte und Hegel zu behaupten, daß die ganze Summe unseres Weltwissens, unserer »Wissenschaft«, in einem vollendeten Selbstverständnis erreicht sein könnte? Der berühmte Titel von Fichtes philosophischem Grundwerk ist bezeichnend für diesen Anspruch. »Wissenschaftslehre« hat nichts zu tun mit dem, was man heute »philosophy of science« nennt. »Wissenschaftslehre« meint vielmehr das allumfassende Wissen, die Universalwissenschaft, die in der Ableitung aller Weltinhalte aus dem Selbstbewußtsein besteht. Es charakterisiert die neue Grundstellung der Philosophie und die neue Einsicht, die uns die Erfahrungen der letzten hundert Jahre gebracht haben, daß nicht nur dieser Sinn von »Wissenschaft« nicht mehr erfüllbar ist, sondern daß auch der Sinn von »Selbstverständnis« anders gefaßt werden muß. »Selbstverständnis« kann nicht mehr auf eine vollständige Selbstdurchsichtigkeit hin bezogen werden, das heißt auf die volle Gegenwart unserer selbst für uns selbst. Selbstverständnis ist immer nur unterwegs, das heißt auf einem Weg, den zu vollenden eine klare Unmöglichkeit ist. Wenn es eine ganze Dimension des unerhellten Unbewußten gibt, wenn all unsere Handlungen, Wünsche, Triebe, Entscheidungen und Verhaltensweisen, wenn somit das Ganze unserer menschlich-gesellschaftlichen Existenz auf die dunkle und verhüllte Dimension des unbewußten Triebganzen unserer Animalität zurückgeht, wenn all unsere eigenen bewußten Vorstellungen Maskierungen sein können, Vorwände, unter denen unsere vitale Energie oder unsere gesellschaftlichen Interessen in unbewußter Weise ihre Ziele verfolgen, wenn alle noch so offenkundigen und evidenten Einsichten, die wir haben, solchem Zweifel ausgesetzt sind, dann kann »Selbstverständnis« gewiß nicht eine selbstverständliche Selbstdurchsichtigkeit unseres Daseins bedeuten. Wir müssen auf die Illusion verzichten, das Dunkel unserer Motivationen und unserer Tendenzen ganz aufzuklären. Wir können aber dieses neue Gebiet menschlicher Erfahrungen, das sich im Unbewußten auftut, nicht einfach ignorieren. Was hier zu methodischer Erforschung kommt, ist ja nicht nur jenes Feld des Unbewußten, das der Psychoanalytiker als Arzt betritt, es ist ebenso die Welt der herrschenden gesellschaftlichen Vorurteile, die der Marxismus aufzuklären beansprucht. Psychoanalyse und Ideologiekritik sind Formen von Aufklärung, und beide berufen sich auf den emanzipatorischen Auftrag der Aufklärung, wie ihn Kant formuliert hat als den »Ausgang aus dem selbstverschuldeten Zustand der Unmündigkeit«.

Indessen, wenn wir die Reichweite dieser neuen Einsichten prüfen, müssen wir, wie mir scheint, kritisch durchleuchten, welche ungeprüften Voraussetzungen traditioneller Art in ihnen fortwirken. Es muß einem fraglich werden, ob das Bewegungsgesetz des menschlichen Lebens wirklich in dem Begriff des Fortschritts, des beständigen Vorankommens vom Unbekannten zum Bekannten gedacht werden kann und ob der Weg der menschlichen Kultur der gradlinige Fortgang von Mythologie zu Aufklärung ist. Man muß eine ganz andere Vorstellung erwägen, nämlich ob die Bewegung des menschlichen Daseins eine unaufhörliche innere Spannung zwischen Erhellung und Verhüllung in sich austrägt. Man muß sich die Frage stellen, ob es vielleicht ein Vorurteil der Moderne ist, daß der Fortschrittsbegriff, der in der Tat für das Wesen der wissenschaftlichen Forschung konstitutiv ist, auf das Ganze des menschlichen Lebens und der menschlichen Kultur übertragen wurde. Man muß die Frage in allem Ernste stellen, ob »Fortschritt«, wie er im Sonderbereich der wissenschaftlichen Forschung zu Hause ist, mit den Bedingungen des menschlichen Daseins im ganzen überhaupt im Einklang ist. Ist die Vorstellung einer steigenden und sich vollendenden Aufklärung am Ende zweideutig?

Man muß diesen philosophischen und humanen Hintergrund, diesen gründlichen Zweifel an der Legitimität des Selbstbewußtseins vor Augen haben, wenn man die Bedeutung, das heißt die Aufgabe und die Grenzen dessen, was wir heute Hermeneutik nennen, würdigen will. In gewisser Weise gibt schon das Wort »Hermeneutik« und das ihm entsprechende Wort »Interpretation« einen ersten Wink. Denn in die-

sen Worten steckt eine scharfe Unterscheidung zwischen dem Anspruch, eine gegebene Tatsache durch ihre Ableitung von all ihren
Bedingungen her vollständig zu erklären, sie aus der Gegebenheit aller
ihrer Bedingungen zu errechnen und durch künstliche Veranstaltung
herbeiführen zu lernen – das ist das wohlbekannte Ideal naturwissen-
schaftlicher Erkenntnis –, und auf der anderen Seite dem Begriff der
Interpretation, bei der wir immer voraussetzen, daß sie nur eine Annäherung, nur ein Versuch ist, plausibel und fruchtbar, aber klarerweise
nie endgültig.

Eine endgültige Interpretation scheint ein Widerspruch in sich selbst
zu sein. Interpretation ist immer unterwegs. Wenn somit das Wort
Interpretation auf die Endlichkeit des menschlichen Seins, und die
Endlichkeit des menschlichen Wissens hinweist, dann enthält die Erfahrung der Interpretation etwas, was im früheren Selbstverständnis
nicht lag, als Hermeneutik speziellen Bereichen zugeordnet wurde und
als eine Technik zur Überwindung von Schwierigkeiten in schwierigen
Texten zur Anwendung kam. Damals war Hermeneutik als Kunstlehre
verstehbar – und ist es nicht länger.

Wenn wir nämlich voraussetzen, daß es so etwas wie einen voll
durchsichtigen Text oder ein voll ausschöpfbares Interesse im Erklären
und Verstehen von Texten überhaupt nicht gibt, dann verschieben sich
alle Perspektiven in bezug auf die Kunst und Theorie der Interpretation. Dann wird es wichtiger, bei einer Sache die uns leitenden Interessen aufzuspüren, als nur den klaren Inhalt einer Aussage auszulegen. Es
ist eine der fruchtbaren Einsichten der modernen Hermeneutik, daß
jede Aussage als Antwort auf eine Frage angesehen werden muß und
daß der einzige Weg, eine Aussage zu verstehen, darin besteht, die
Frage zu gewinnen, von der her gesehen die Aussage eine Antwort ist.
Diese vorgängige Frage hat ihre eigene Sinnrichtung und ist durchaus
nicht aus einem Gefecht hintergründiger Motivation zu gewinnen,
sondern im Ausgreifen zu weiteren Sinnzusammenhängen, die von der
Frage umfaßt und in der Aussage angelegt sind.

Als eine erste Bestimmung, die gegenüber der traditionellen Hermeneutik zu treffen ist, hat daher zu gelten, daß eine philosophische
Hermeneutik mehr an den Fragen als an den Antworten interessiert ist.
Oder besser, daß sie Aussagen als Antworten auf Fragen, die es zu
verstehen gilt, auslegt. Aber das ist noch nicht alles. Womit beginnt
denn unsere Anstrengung zu verstehen? Warum sind wir an dem
Verständnis eines Textes oder an einer Welterfahrung interessiert, einschließlich unseres Zweifels an offenen angebotenen Selbstinterpreta-
tionen? Haben wir dafür freie Wahl? Sind wir es, die da die Wahl haben?

Ist es überhaupt wahr, daß wir unserer freien Entscheidung folgen, wenn wir bestimmte Dinge zu erforschen oder auszulegen suchen? Freie Entscheidung? Eine unbeteiligte, ganz objektive Bemühung? Mindestens der Theologe wird da wohl Einwendungen haben und sagen: »O nein! Unser Verstehen der Heiligen Schrift kommt nicht aus unserer freien Wahl. Es verlangt einen Akt der Gnade. Und die Bibel ist nicht ein Ganzes von Sätzen, die sich willenlos der menschlichen Analysis zum Opfer bieten. Nein, das Evangelium richtet sich an mich. Es beansprucht, nicht eine objektive Aussage oder ein Ganzes objektiver Aussagen zu sein, sondern eine spezielle Anrede an mich selbst zu enthalten.« Nun, ich denke, es sind nicht nur Theologen, die an der hergebrachten Vorstellung Zweifel haben, daß man beim Interpretieren überlieferter Texte freie Entscheidungen treffe. Es gibt vielmehr uns bestimmende Interessen dabei, sowohl bewußte als auch unbewußte, und immer wird es so sein, daß wir uns fragen müssen, warum ein Text unser Interesse erregt. Daß er uns eine Tatsache mitteilt, wird nie die Antwort sein. Wir müssen im Gegenteil hinter solche vermeintlichen Tatsachen zurückgehen, um unser Interesse für diese Tatsachen zu wecken oder uns bewußt zu machen. Tatsachen begegnen in Aussagen. Alle Aussagen sind Antworten. Das ist aber noch nicht alles. Die Frage, auf die jede Aussage Antwort ist, ist ja selber wieder motiviert, und so ist in einem gewissen Sinne jede Frage selber eine Antwort. Sie antwortet auf eine Herausforderung. Ohne eine innere Spannung zwischen unseren Sinnerwartungen und den allverbreiteten Ansichten und ohne ein kritisches Interesse an den allgemein herrschenden Meinungen würde es überhaupt keine Frage geben.

Dieser erste Schritt hermeneutischer Anstrengung, insbesondere die Forderung, beim Verstehen von Aussagen auf die motivierenden Fragen zurückzugehen, ist nicht ein Verfahren von besonderer Künstlichkeit, im Gegenteil, es ist unser aller allgemeine Praxis. Wenn wir auf eine Frage zu antworten haben und wir können die Frage nicht recht verstehen, das heißt wir wissen nicht recht, was der andere wissen will, dann müssen wir offenkundig den Sinn der Frage besser zu verstehen suchen. Und so fragen wir zurück, warum man einen das frage. Erst wenn ich den motivierenden Sinn der Frage verstanden habe, kann ich überhaupt anfangen, nach einer Antwort zu suchen. Das ist ganz und gar nichts Künstliches, über die Voraussetzung nachzudenken, die in unseren Fragen stecken. Es ist im Gegenteil künstlich, nicht über diese Voraussetzungen nachzudenken. Es ist sehr künstlich, sich vorzustellen, daß Aussagen vom Himmel fallen und daß sie analytischer Arbeit unterworfen werden können, ohne überhaupt in Betracht zu ziehen, warum sie gesagt werden und in welcher Weise sie auf etwas Antworten sind. Das ist die erste, grundlegende und in Wahrheit unendlich weit reichende Forderung, die bei jeder hermeneutischen Bemühung verlangt ist. Nicht nur in der Philosophie oder in der Theologie, sondern überhaupt in jeder echten Forschungsbemühung ist gefordert, daß man ein Bewußtsein der hermeneutischen Situation ausarbeitet. Das muß unser erstes Ziel sein, wenn wir uns einer Frage nähern. Um es in den Worten unserer Trivialerfahrungen zu formulieren: Wir müssen verstehen, was dahinter steckt, wenn eine Frage gestellt ist. Verborgene Voraussetzungen bewußtmachen, meint aber nicht nur und in erster Linie, unbewußte Voraussetzungen im Sinne der Psychoanalyse aufklären, sondern es meint, unklare Voraussetzungen und Implikationen bewußtmachen, die in einer sich erhebenden Frage stecken. Die Ausarbeitung der hermeneutischen Situation, auf die es für methodisches Auslegen ankommt, hat dabei einiges Eigentümliche. Die erste leitende Einsicht ist, daß man sich die Unendlichkeit dieser Aufgabe eingesteht. Es ist eine unmögliche Vorstellung, daß man über seine Antriebe oder Frage-Interessen je volle Aufklärung erlangte. Trotzdem bleibt es eine legitime Aufgabe, was unserem Interesse zugrunde liegt, nach Möglichkeit aufzuklären. Nur dann haben wir Aussicht, die Aussagen, die uns beschäftigen, zu verstehen, indem wir unsere eigenen Fragen darin wiedererkennen.

Damit hängt zusammen, daß das Unbewußte und Implizite zu unserer bewußten menschlichen Existenz nicht einfach den Gegensatz bildet. Die Aufgabe des Verstehens ist durchaus nicht nur, bis in den innersten Grund unseres Unbewußten hinein aufzuklären, was unser Interesse motiviert, sondern vor allem in der Richtung und in den Grenzen zu verstehen und auszulegen, die durch unser hermeneutisches Interesse bezeichnet sind. In den seltenen Fällen, in denen die kommunikative Intersubjektivität der »Gesprächsgemeinschaft« gründlich gestört ist, so daß man an einem gemeinten und gemeinsamen Sinn verzweifelt, kann das eine Interessenrichtung motivieren, für die der Psychoanalytiker kompetent ist. – Aber das ist eine hermeneutische Grenzsituation. Man kann jede hermeneutische Situation bis zu dieser Grenze der Sinnverzweiflung und Sinnhintergehung zuspitzen. Die Arbeit der Psychoanalyse würde ihre Legitimation und ihren eigenen Sinn, wie mir scheint, falsch einschätzen, wenn sie nicht ihre Aufgabe als eine Grenzaufgabe ansähe und nicht von der Grundeinsicht ausginge, daß sich Leben immer in einer Art Gleichgewicht befindet und daß zu diesem Gleichgewicht auch das Gleichgewicht zwischen unseren unbewußten Trieben und unseren unbewußten menschlichen Motivationen und Entscheidungen gehört. Gewiß ist es nicht eine volle Konkordanz, die zwischen den Tendenzen unseres Unbewußten und unseren bewußten Motivationen besteht, aber in aller Regel handelt es sich auch nicht um volle Verdeckung und Verstellung. Es ist ein Zeichen von Krankheit, wenn einer sich selber verstellt hat, daß er nicht weiter weiß, ohne sich einem Heilkundigen anzuvertrauen und in gemeinsamer analytischer Arbeit ein paar Schritte weit den Hintergrund des eigenen Unbewußten aufzuklären – mit dem Ziele, das wiederzugewinnen, was er verloren hatte: das Gleichgewicht zwischen der eigenen Naturheit und unser aller Bewußtsein und Sprache.

Demgegenüber ist das Unbewußte im Sinne des Implizierten der Normalgegenstand hermeneutischer Bemühung. Das heißt aber, daß die Verstehensaufgabe eine begrenzte ist – begrenzt durch den Widerstand, den Aussagen oder Texte leisten, und beendet durch die Wiedergewinnung der kommunikativen Sinnhabe, ganz wie beim Gespräch die Aufklärung einer Meinungsverschiedenheit oder eines Mißverständnisses geschieht.

In diesem eigentlichen Bereich hermeneutischer Erfahrung, über dessen Bedingungen sich eine hermeneutische Philosophie Rechenschaft zu geben sucht, bestätigt sich die nachbarliche Verwandtschaft der Hermeneutik mit der praktischen Philosophie. Da ist zunächst, daß Verstehen genau wie Handeln immer ein Wagnis bleibt und niemals die einfache Anwendung eines allgemeinen Regelwissens auf das Verstehen gegebener Aussagen oder Texte gestattet. Es heißt weiter, daß Verstehen dort, wo es gelingt, ein Innewerden bedeutet, das als eine neue Erfahrung in das Ganze unserer eigenen geistigen Erfahrung eingeht. Verstehen ist ein Abenteuer und ist wie jedes Abenteuer gefährlich. Man muß durchaus zugestehen, daß das hermeneutische Verfahren, gerade weil es sich nicht damit begnügt, nur erfassen zu wollen, was da gesagt ist oder dasteht, sondern auf unsere leitenden Interessen und Fragen zurückgeht, eine sehr viel weniger große Sicherheit hat, als die Methoden der Naturwissenschaften erreichen. Aber wenn man Verstehen als ein Abenteuer erkennt, so liegt darin auch, daß es besondere Chancen bietet. Es vermag in besonderer Weise dazu beizutragen, unsere menschliche Erfahrungen, unsere Selbsterkenntnis und unseren Welthorizont auszuweiten. Denn alles, was das Verstehen vermittelt, ist mit uns selbst vermittelt.

Ein weiterer Punkt ist der, daß die älteren hermeneutischen Leitbegriffe, die mens auctoris oder die Meinung des Textes, aber auch all die psychologischen Faktoren von Offenheit des Lesers oder Hörers für den Text, insofern nicht das Wesentliche an dem wirklichen Vorgang des Verstehens treffen, als dieser Vorgang an sich ein Vorgang von Kommunikation ist, ja ein Vorgang von wachsender Vertrautheit zwischen der bestimmten Erfahrung beziehungsweise dem »Text« und uns selber. Es liegt in der sprachlichen Verfaßtheit all unseres Verstehens, daß die vagen Vorstellungen von Sinn, die uns tragen, Wort für Wort zur Artikulation gebracht und eben damit kommunikativ werden. Die Gemeinsamkeit alles Verstehens, die in seiner Sprachlichkeit gründet, scheint mir ein essentieller Punkt der hermeneutischen Erfahrung. Wir bilden beständig an einer gemeinsamen Perspektive, wenn wir eine gemeinsame Sprache sprechen und damit an der Gemeinsamkeit unserer Welterfahrung tätig sind. Das bezeugt sich gerade auch an Widerstandserfahrungen, zum Beispiel an der einer Diskussion. Sie ist fruchtbar, wenn eine gemeinsame Sprache gefunden wird. Dann gehen die Teilnehmer auseinander wie Verwandelte. Die individuellen Aspekte, mit denen sie in die Diskussion eintraten, haben sich gewandelt und so sind sie selber gewandelt. Das ist dann auch eine Art von Fortschritt, freilich nicht wie der der Forschung, ein Fortschritt, hinter den man nicht zurückfallen kann, sondern der immer wieder in der Anstrengung unseres Lebens erneuert werden muß.

Das Kleinbild einer erfolgreichen Diskussion kann illustrieren, was ich in der Theorie der Horizontverschmelzung in »Wahrheit und Methode« entwickelt habe, und mag rechtfertigen, warum ich die Situation des Gesprächs auch dort für ein fruchtbares Modell halte, wo ein stummer Text erst durch die Frage des Interpreten zum Reden gebracht wird.

Die Hermeneutik, die ich als eine philosophische bezeichne, stellt sich nicht als ein neues Verfahren der Interpretation oder Auslegung vor. Sie beschreibt im Grunde genommen nur, was immer geschieht, wo Auslegung überzeugt und gelingt. Es handelt sich also keineswegs um eine Kunstlehre, die sagen will, wie Verstehen sein müßte. Wir müssen anerkennen, was ist, und so können wir auch nicht ändern, daß in unserem Verstehen immer unausgewiesene Voraussetzungen am Werk sind. Vielleicht sollten wir es nicht einmal ändern wollen, wenn wir es könnten. Verstehen ist eben mehr als die kunstvolle Anwendung eines Könnens. Es ist immer auch Gewinn eines erweiterten und vertieften Selbstverständnisses. Das heißt aber: Hermeneutik ist Philosophie, und als Philosophie praktische Philosophie.

Die große Tradition der praktischen Philosophie lebt in einer Hermeneutik weiter, die sich ihrer philosophischen Implikationen bewußt wird. So werden wir auf diese ältere Tradition zurückverwiesen, von der oben die Rede war. Wie dort haben wir auch in der Hermeneutik dieselbe Wechselimplikation zwischen theoretischem Interesse und praktischem Tun. Aristoteles hat das in seiner Ethik mit voller Klarheit durchdacht. Sein Leben theoretischen Interessen widmen, setzt die Tugend der Phronesis voraus. Das schränkt aber den Vorrang der Theorie, das heißt des Interesses des bloßen Wissenwollens, in keiner Weise ein. Ihre Idee ist und bleibt, alle Interessen der Nützlichkeit auszuschalten, ob dieser Nutzen den einzelnen, eine Gruppe oder die Gesellschaft im ganzen betrifft. Auf der anderen Seite ist der Vorrang der »Praxis« unleugbar. Aristoteles war einsichtig genug, das Wechselverhältnis zwischen Theorie und Praxis anzuerkennen. – So ist es Theorie, wenn ich hier über Hermeneutik spreche. Es sind keine praktischen Situationen des Verstehens, die ich damit zu lösen suche. Es handelt sich um eine theoretische Haltung gegenüber der Praxis der Interpretation, der Interpretation von Texten, aber auch der in ihnen und in der kommunikativ sich entfaltenden Weltorientierung ausgelegten Erfahrungen. Aber diese theoretische Haltung macht nur bewußt, was in der praktischen Erfahrung des Verstehens im Spiele ist. So scheint mir, daß die Antwort, die Aristoteles über die Möglichkeit einer Moralphilosophie gab, auch für unser Interesse an der Hermeneutik gilt. Seine Antwort war, daß Ethik gewiß nur ein theoretisches Unternehmen ist, und daß alles, was in theoretischer Beschreibung von Formen des rechten Lebens dort gesagt wird, für die konkrete Anwendung in menschlicher Lebenserfahrung nur eine geringe Hilfe sein könne. Dennoch macht das allgemeine Wissenwollen dort nicht halt, wo konkrete praktische Besonnenheit das Entscheidende ist. Der Zusammenhang zwischen allgemeinem Wissenwollen und konkreter praktischer Besonnenheit ist ein Wechselzusammenhang. So scheint mir: Theoretische Bewußtheit über die Erfahrung des Verstehens und die Praxis des Verstehens, philosophische Hermeneutik und eigenes Selbstverständnis sind voneinander nicht zu trennen.

IV. Marxismus – Leninismus

Allgemeine Einführung

1. Historische Wurzeln und Hauptvertreter

Bevor hier die Entstehungsgeschichte der Weltanschauung des Marxismus-Leninismus und im engeren Sinne der marxistisch-leninistischen Philosophie grob skizziert werden kann, ist eine Vorbemerkung bezüglich des Wortes »Marxismus« notwendig. Dieses Wort dient häufig zur pauschalen Bezeichnung von verschiedenen Denkströmungen, die man voneinander unterscheiden muß, will man nicht eine allzu einfache und unnuancierte Betrachtungsperspektive anlegen. Eine Möglichkeit unter anderen, diese Denkströmungen aufzugliedern, wäre folgende:

(a) *Marxismus-Leninismus oder Sowjetmarxismus:* die ehemalige offizielle Staatsphilosophie der UdSSR und jener sog. kommunistischen Staaten und Parteien, die unter dem unmittelbaren Einfluß der Sowjetunion und ihrer Kommunistischen Partei (KPdSU) standen. Diese Philosophie war wohl die politisch folgenreichste philosophische Doktrin im 20. Jh. Sie diente seit der Oktoberrevolution (1917) in Rußland bis zum Ende des zentralistisch gelenkten Sowjetimperiums (1989 bzw. 1991) als ideologische Rechtfertigung der Sowjetmacht.

(b) *Maoismus:* Die spezifische Variante des Marxismus-Leninismus, welche *Mao Tse-tung* (1893–1976) unter Berücksichtigung der revolutionären Bedingungen in China entwickelt hat.

(c) *Reformmarxismus:* Vorstellungen und Ideen, die von Marxisten in den ehemaligen sozialistischen Ländern oder in westlichen kommunistischen Parteien in verschiedenen Ausprägungen und zumeist unter Ablehnung gewisser Elemente des Leninismus (insbesondere von Lenins Lehren von der Diktatur des Proletariats und von der Partei neuen Typs) entwickelt wurden. Dazu würden (a) die von den orthodoxen Marxisten-Leninisten als »revisionistisch« hingestellten Vorstellungen von Autoren wie *Ernst Bloch, Adam Schaff, Łeszek Kołakowski, Robert Havemann, Rudolf Bahro, Roy Medwedjew* u. a. genauso zu rechnen sein wie (b) die Ideen eines *Antonio Gramsci, Palmiro Togliatti* u. a., (c) die Philosophie der ehemaligen »Praxis«-Gruppe in Jugoslawien, (d) die programmatischen Ideen des Titoismus (*Edvard Kardelj* u. a.), (e) die theoretischen Fundamente des Eurokommunismus (*Enrico Berlinguer* u. a.)[1].

(d) *Revolutionärer Marxismus in den Entwicklungsländern:* Marxistische Revolutionskonzepte, wie sie von *Che Guevara, Ho Tschi Minh* u. a. entworfen worden sind.

(e) *Neomarxismus:* Jene Variante marxistischen Denkens, die sich unter starker Betonung des Hegelianischen Erbes in Anschluß an Vorstellungen des jungen Marx in den sechziger Jahren in Westeuropa und in den USA herausgebildet hat. Dazu sind vor allem die Kritische Theorie der Frankfurter Schule[2] zu zählen und zahlreiche Formen jenes »Seminar-Marxismus«, wie er an westeuropäischen und amerikanischen Universitäten von Hochschullehrern gelehrt worden ist und z. T. heute noch gelehrt wird.

Die wichtigsten geistesgeschichtlichen Wurzeln der Weltanschauung (= Ideologie) des Marxismus-Leninismus liegen (1.) in Vorstellungen der französischen Frühsozialisten (*Francois Babeuf, Charles Fourier, Henri de Saint-Simon, Pierre Joseph Proudhon* u. a.) und anderer utopischer Sozialisten des 18. und 19. Jahrhunderts *(Robert Owen, Moses Hess)*, (2.) in der klassischen englischen Nationalökonomie *(Adam Smith, David Ricardo)* und (3.) in der deutschen Philosophie (vor allem Ideen aus den Werken von *Gottfried Wilhelm Friedrich Hegel* und *Ludwig Feuerbach*). Diese Strömungen haben das Denken der beiden Klassiker des Marxismus-Leninismus, *Karl Marx* (1818–1883) und *Friedrich Engels* (1820–1892), entscheidend beeinflußt. Der dritte Klassiker, *Wladimir Iljitsch Lenin* (1870–1924), wird nicht selten als der eigentliche Begründer der marxistisch-leninistischen Weltanschauung angesehen, obgleich das Niveau seiner philosophischen Überlegungen weit hinter dem von Marx und Engels zurückbleibt[3]. Lenin war kein brillanter Philosoph,

---

[1] Diese Strömungen des Marxismus werden u. a. näher erörtert in: Iring FETSCHER, Von Marx zur Sowjetideologie. Darstellung, Kritik und Dokumentation des sowjetischen, jugoslawischen und chinesischen Marxismus. 19. Aufl. Frankfurt 1975; Wolfgang LEONHARD, Die Dreispaltung des Marxismus. Ursprung und Entwicklung des Sowjetmarxismus, Maoismus und Reformkommunismus. Düsseldorf 1970; Leszek KOLAKOWSKI, Die Hauptströmungen des Marxismus. Entstehung – Entwicklung – Verfall. Bd. I–III. München 1977–1979.

[2] Hier wird die Kritische Theorie zwar als eine Spielart des Marxismus erwähnt, im weiteren aber dann aufgrund der gravierenden Unterschiede zu anderen marxistischen Standpunkten als eine eigene Denkströmung in einem gesonderten Kapitel behandelt. Einer dieser entscheidenden Unterschiede liegt z. B. in dem Umstand, daß in der Kritischen Theorie im Gegensatz zu anderen Formen des Marxismus (vor allem dem Marxismus-Leninismus) die bürgerlichen Grundwerte der liberalen politischen Tradition im großen und ganzen nicht preisgegeben, sondern vielfach weiter verteidigt wurden.

[3] Auch *Josef Stalin* (1879–1953), der einige wichtige Modifikationen der politischen Theorie des Marxismus-Leninismus vorgenommen hat (z. B. die Einführung der These vom Aufbau des Sozialismus in einem Land), war alles andere als ein begabter *philosophischer*

sondern ein genialer Taktiker der Revolution. Es hat verschiedene Ansichten von Marx und Engels an die politischen Erfordernisse für eine Revolution im damaligen Rußland angepaßt und dabei deren Vorstellungen zu einer relativ geschlossenen Weltanschauung verschmolzen. Seine eigenen Beiträge zu dieser Weltanschauung waren auf dem engeren Gebiet der Philosophie vor allem: (a) eine Neufassung des Materiebegriffes und (b) eine allerdings recht naive Abbild- oder Widerspiegelungstheorie der Erkenntnis, mit der er dieser Weltanschauung ein erkenntnistheoretisches Fundament zu geben versucht hat. Auf dem Gebiet der politischen Theorie sind seine bedeutsamsten Beiträge: (a) die besondere Betonung des willentlich-aktivistischen Moments in der Gesellschaftsentwicklung im Rahmen der marxistischen Geschichtsauffassung, (b) die Konzeption einer elitären Kaderpartei in seiner Lehre von der Partei neuen Typs, (c) die Imperialismustheorie und (d) die Lehre von der Diktatur des Proletariats und vom Sozialismus als eigener Übergangsphase zum Kommunismus[4].

2. Kurzcharakteristik

Die Weltanschauung des Marxismus-Leninismus, wie sie in den ehemaligen sog. kommunistischen Ländern des Ostblocks als offizielle Staatsdoktrin an Schulen und Universitäten (meist noch bis zum Jahr 1989) gelehrt wurde, ist aus didaktischen Gründen allgemein in drei Hauptbestandteile gegliedert: (A) die *marxistisch-leninistische Philosophie* im engeren Sinne, das ist *der dialektische und historische Materialismus*, (B) die politische Ökonomie (Arbeitswertlehre, Mehrwerttheorie, Imperialismustheorie u. a.) und (C) die Theorie vom wissenschaftlichen Sozialismus und Kommunismus (die Lehren von der Partei, der Diktatur des Proletariats, die Theorie von der proletarischen oder sozialistischen Revolution, die Vorstellungen vom Kommunismus oder der klassenlosen Gesellschaft u. a.).

Denker. Zu Stalins Beitrag zum Marxismus-Leninismus vgl. Iring FETSCHER, a.a.O., S. 124 ff.

[4] Zu diesen politischen Theorien Lenins und zu Unterschieden zwischen den Auffassungen von Marx und Engels einerseits und zwischen den Ansichten von Marx, Engels und Lenin, die von Marxisten-Leninisten immer wieder um der Geschlossenheit und Einheitlichkeit ihrer Weltanschauung willen bagatellisiert werden, vgl. neben den in Anmerkung 1 genannten Büchern auch: Iring FETSCHER, Karl Marx und der Marxismus. Von der Philosophie des Proletariats bis zur proletarischen Weltanschauung. 3. Aufl. München 1973; Zbigniew A. JORDAN, The Evolution of Dialectical Materialism. A philosophical and sociological Analysis. London 1967; Walter THEIMER, Der Marxismus. Lehre – Wirkung – Kritik. 7. Aufl. München 1976; Gustav A. WETTER, Sowjetideologie heute I: Dialektischer und historischer Materialismus. 15. Aufl. Frankfurt 1975; Wolfgang LEONHARD, Sowjetideologie heute II: Die politischen Lehren. 13. Aufl. Frankfurt 1974.

a) Zu den wichtigsten Charakteristika des ersten der beiden genannten Teilbereiche der marxistisch-leninistischen Philosophie, des *dialektischen Materialismus*, gehört die *Begründung des spezifisch materialistischen Standpunktes* dieser Philosophie *durch die Thesen vom Primat der Materie gegenüber dem Geist und von der einheitlichen Materialität der Welt*. Dabei wird die Auffassung vertreten, daß die Materie das gegenüber dem Geist (= dem Denken) Primäre und zuerst Entstandene sei und daß es in der Welt nichts gäbe, was nicht »eine konkrete Form der Materie, ein bestimmter Zustand, eine Eigenschaft oder das Produkt der Veränderung oder Entwicklung der Materie wäre«[5]. Mit dieser vor allem auf Engels zurückgehenden Ansicht (»die wirkliche Einheit der Welt besteht in ihrer Materialität«)[6], wird jede Annahme eines geistigen Weltschöpfungsprinzips und eines nichtmateriellen Prinzips in der Welt (z. B. göttlicher Wille, Weltvernunft, absolute Idee, schöpferisch-geistiges Prinzip) ebenso abgelehnt wie die Existenz einer transobjektiven, jenseitigen, nichtmateriellen Welt. »Materie« wird dabei stets in Anschluß an Lenin verstanden als eine »philosophische Kategorie zur Bezeichnung der objektiven Realität, die dem Menschen in seinen Empfindungen gegeben ist, die von unseren Empfindungen kopiert, fotografiert, abgebildet wird und unabhängig von ihnen existiert«[7]. In diesem Zusammenhang ist es auch noch wichtig zu erwähnen, daß in der Geschichte der Philosophie letztlich nur zwischen idealistischen und materialistischen philosophischen Standpunkten unterschieden wird und daß von den Marxisten-Leninisten in der Entwicklung der materialistischen Richtung der Philosophie der historische und dialektische Materialismus als das höchste Stadium der Philosophie angesehen wird.

b) Ein weiteres Hauptcharakteristikum des dialektischen Materialismus ist die *Annahme von dialektischen Gesetzmäßigkeiten im Denken und in der davon unabhängigen Realität*. Mit dem Wort »Dialektik« wird dabei einerseits die »philosophische Wissenschaft« oder die »Lehre von den allgemeinen Entwicklungsgesetzen des Seins« bezeichnet und andererseits auch diese Entwicklungsgesetze selbst. Unter diesen Entwicklungsgesetzen wird wiederum zwischen Gesetzen der Entwicklung der Begriffe

---

[5] Autorenkollektiv (Leiter: F. W. KONSTANTINOW), Grundlagen der marxistisch-leninistischen Philosophie. 5., nach der 2. russ. Ausgabe durchgesehene Aufl. Berlin 1976. S. 68.
[6] Friedrich ENGELS, Herr Eugen Dührings Umwälzung der Wissenschaft (»Anti-Dühring«). In: Karl MARX/Friedrich ENGELS, Werke (deutsche Ausgabe nach der vom Institut für Marxismus-Leninismus beim ZK der KPdSU besorgten zweiten russischen Ausgabe). Bd. 20. Berlin 1962. S. 41.
[7] Wladimir Iljitsch LENIN, Materialismus und Empiriokritizismus. Kritische Bemerkungen über eine reaktionäre Philosophie. In: DERS., Werke (ins Deutsche übertragen nach der 4. russischen Ausgabe). Bd. 14. Berlin 1964. S. 124.

und des Denkens unterschieden und zwischen Entwicklungsgesetzen der Natur und der Gesellschaft. Es wird also sowohl eine subjektive Dialektik (Begriffsdialektik) angenommen als auch eine objektive Dialektik (Realdialektik). »Die allgemeinen dialektischen Entwicklungsgesetze sind sowohl Gesetze des Seins als auch Gesetze der Erkenntnis und ihrem Inhalt und Wesen nach einheitlich. Außerhalb dieser Einheit ist keine richtige Erkenntnis, kein richtiges Denken möglich. Deshalb ist die Dialektik nicht nur Lehre von den Entwicklungsgesetzen des Seins, sondern auch Erkenntnistheorie und Logik, das heißt die Wissenschaft von den Formen und Gesetzen des Denkens. Die Gesetze der Dialektik haben objektiven Inhalt und sind gleichzeitig Stufen der Erkenntnis, logische Formen der Widerspiegelung der realen Wirklichkeit.«[8] Als einzelne Gesetze der materialistischen Dialektik gelten: (a) das Gesetz des Übergangs quantitativer Veränderungen in qualitative Veränderungen und umgekehrt, (b) das Gesetz der Einheit und des Kampfes der Gegensätze, (c) das Gesetz der Negation.

c) Eine weitere Kernannahme des dialektischen Materialismus ist auf dem Gebiet der Erkenntnistheorie eine *Abbild- oder Widerspiegelungstheorie der Erkenntnis*. Diese Theorie, die vor allem auf Lenin zurückgeht, deutet die Erkenntnis als einen Akt der Abbildung oder Widerspiegelung der Wirklichkeit: »Die dialektisch-materialistische Erkenntnistheorie deckt mit Hilfe des Widerspiegelungsprinzips das Wesen des Wissens auf. Dabei gibt sie dem Widerspiegelungsbegriff einen neuen Inhalt, indem sie die sinnlich-praktische, aktive, schöpferische Tätigkeit des Menschen in ihn einschließt. Wissen ist adäquate, an der gesellschaftlichen Praxis überprüfte Widerspiegelung der Wirklichkeit.«[9]

d) Zu den wichtigsten Charakteristika des zweiten Teilgebietes der marxistisch-leninistischen Philosophie, des *historischen Materialismus*, zählt die *These*, daß *die materielle Produktionsweise der letztlich bestimmende Faktor in der Geschichte* sei und nicht etwa geistige Prinzipien, wie politische Ideen, religiöse Vorstellungen oder eine Weltvernunft. Die eigentlichen Wirkfaktoren im Geschichtsprozeß sind die Bedingungen der Produktion in einer Gesellschaft, d. h. die Beziehungen zwischen den Produktivkräften (den Produktionsmitteln wie Maschinen, Werkzeugen, Rohstoffen usw., den geistigen und technischen Fertigkeiten der arbeitenden Menschen) einerseits und den Produktionsverhältnissen (den Eigentumsformen) andererseits. Treten in diesen Beziehungen verstärkte

---

[8] Grundlagen der marxistisch-leninistischen Philosophie. S. 123.
[9] Ebd., S. 139. Zu grundsätzlichen Schwächen dieser Widerspiegelungstheorie vgl. Gustav A. WETTER, Der dialektische Materialismus. Seine Geschichte und sein System in der Sowjetunion. 5. Aufl. Wien 1960. S. 513ff.; Zbigniew A. JORDAN, a.a.O., S. 208ff.

Spannungen (in Form von Klassenkämpfen) auf, weil sich die Produktivkräfte weiterentwickeln (durch Erfindungen usw.), die Produktionsverhältnisse aber unverändert bleiben, kommt es zu revolutionären Epochen in der Geschichte. »Auf einer gewissen Stufe ihrer Entwicklung geraten die materiellen Produktivkräfte der Gesellschaft in Widerspruch mit den vorhandenen Produktionsverhältnissen oder, was nur ein juristischer Ausdruck dafür ist, mit den Eigentumsverhältnissen, innerhalb deren sie sich bisher bewegt hatten. Aus Entwicklungsformen der Produktivkräfte schlagen diese Verhältnisse in Fesseln derselben um. Es tritt dann eine Epoche sozialer Revolution ein« (Marx)[10].

e) Mit dieser (»materialistischen«) Geschichtsdeutung hängt im historischen Materialismus die These eng zusammen, daß der *Geschichtsprozeß in verschiedenen Phasen* abläuft und letztlich eine *Höherentwicklung* auf ein bestimmtes Ziel hin darstelle. Die Phasen oder Epochen, die die Menschheit in ihrer bisherigen Geschichte durchlaufen hat, sind bestimmte ökonomische Gesellschaftsformationen: eine nur in vagen Konturen auszumachende Urgesellschaft, die Sklavenhaltergesellschaft, die mittelalterliche Feudalgesellschaft und die kapitalistische, bürgerliche Gesellschaft. Mit der proletarischen Revolution, die die bürgerliche Gesellschaft beseitigt, indem sie vor allem das Privateigentum an Produktionsmitteln abschafft, tritt der Geschichtsprozeß in eine neue Phase ein: in die Gesellschaft des Sozialismus, die wiederum den Übergang bildet zum gesellschaftlichen Endziel der Geschichte, zur kommunistischen Gesellschaft.

f) Mit diesen geschichtsphilosophischen Annahmen eng verknüpft ist in der marxistisch-leninistischen Philosophie die *Lehre von den sozialen Klassen.* »Als Klassen bezeichnet man große Menschengruppen, die sich voneinander unterscheiden nach ihrem Platz in einem geschichtlich bestimmten System der gesellschaftlichen Produktion, nach ihrem (größtenteils in Gesetzen fixierten und formulierten) Verhältnis zu den Produktionsmitteln, nach ihrer Rolle in der gesellschaftlichen Organisation der Arbeit und folglich nach der Art der Erlangung und der Größe des Anteils am gesellschaftlichen Reichtum, über den sie verfügen. Klassen sind Gruppen von Menschen, von denen die eine sich die Arbeit der anderen aneignen kann infolge der Verschiedenheit ihres Platzes in einem bestimmten System der gesellschaftlichen Wirtschaft« (Lenin)[11].

Soziale Klassen haben sich dieser Lehre zufolge im Verlauf der

---

[10] Karl MARX, Zur Kritik der politischen Ökonomie. Vorwort. In: Karl MARX/Friedrich ENGELS, Werke. Bd. 13. Berlin 1974. S. 9.
[11] Wladimir Iljitsch LENIN, Die große Initiative. In: DERS., Werke. Bd. 29. Berlin 1963. S. 410. Eine differenzierte Auseinandersetzung mit der Theorie sozialer Klassen bietet: Stanislaw OSSOWSKI, Die Klassenstruktur im sozialen Bewußtsein. Neuwied 1962.

Menschheitsgeschichte schon sehr früh herausgebildet, und zwar mit dem Aufkommen der Arbeitsteilung, dem Entstehen von Privateigentum und der Möglichkeit, sich fremder Arbeitskraft zu bedienen. Sieht man von der Urgesellschaft ab, hat es in allen bisherigen Gesellschaftsformationen stets soziale Schichten oder Klassen gegeben, die Ausbeuter der Arbeitskraft von unterdrückten Schichten gewesen sind. In der kapitalistischen, bürgerlichen Gesellschaft wird die herrschende Klasse von der Bourgeoisie gebildet. Sie ist im Besitz der wichtigsten Produktionsmittel. Ihr gegenüber steht die unterdrückte Klasse des lohnabhängigen Proletariats, dessen Arbeitskraft vom Bürgertum ausgebeutet wird. Durch die zunehmende Akkumulation und Konzentration des Kapitals im Besitz und in der Verfügungsmacht relativ weniger Angehöriger der bürgerlichen Klasse kommt es der marxistisch-leninistischen Geschichtstheorie zufolge zu einer immer stärkeren Verelendung der an Zahl immer größer werdenden Klasse des Proletariats. Diese Klasse wird schließlich in einer von ihrer Avantgarde (einer straff organisierten kommunistischen Kaderpartei) geleiteten Revolution die herrschende bürgerliche Klasse stürzen, das Privateigentum an Produktionsmitteln beseitigen und nach einer Übergangsphase (Diktatur des Proletariats, Sozialismus) eine klassenlose Gesellschaft errichten.

g) Ein weiteres zentrales Merkmal des historischen Materialismus kommt in der *Lehre von Basis und Überbau* zum Ausdruck. Damit wird die Auffassung vertreten, daß der sozialökonomischen Basis (den Produktivkräften und Produktionsverhältnissen) einer Gesellschaftsformation immer auch ein bestimmter ideologischer Überbau entspricht. Die Produktionsweisen bzw. die sozialökonomischen Verhältnisse, die in einer Gesellschaft gegeben sind, bestimmen auch das Denken der darin lebenden Menschen (vor allem ihre juristischen, politischen, religiösen, künstlerischen und philosophischen Vorstellungen). »Die Produktionsweise des materiellen Lebens bedingt den sozialen, politischen und geistigen Lebensprozeß überhaupt. Es ist nicht das Bewußtsein der Menschen, das ihr Sein, sondern umgekehrt ihr gesellschaftliches Sein, das ihr Bewußtsein bestimmt« (Marx)[12]. Jede Klasse hat die ihrer sozialökonomischen Lage und ihren Interessen entsprechende Ideologie. Die in einer Gesellschaft vorherrschenden Gedanken und Vorstellungen sind dabei immer zugleich auch die Ideologie der herrschenden Klasse, die damit ihre Herrschaft legitimiert. »Die Gedanken der herrschenden Klasse sind in jeder Epoche die herrschenden Gedanken, d. h. die Klasse, welche die herr-

---

[12] Karl MARX, a.a.O., S. 8f.

schende materielle Macht der Gesellschaft ist, ist zugleich ihre herrschende geistige Macht« (Marx)[13].

h) Mit der Basis-Überbau-Lehre in unmittelbarem Zusammenhang
steht die *These und das Postulat von der prinzipiellen Klassengebundenheit und
Parteilichkeit der Philosophie*. Marxisten-Leninisten vertreten damit nicht
nur die Auffassung, daß jegliche Philosophie von klassenspezifischen
Wertungen und Interessen bestimmt ist und daß es ein klassenungebun-
denes, unparteiisches Philosophieren nicht gibt. Es wird auch jeder Versuch abgelehnt, eine größtmögliche Unparteilichkeit und Objektivität in
der Philosophie anzustreben. Im Gegensatz zu einem solchen »Objekti-
vismus« wird ausdrücklich verlangt, daß die Philosophie bewußt politisch Partei ergreifen muß, und zwar Partei für die Interessen der arbeitenden Klasse. Philosophie ist in marxistisch-leninistischer Sicht untrennbar von der Politik und hat, richtig verstanden, die revolutionäre
Aufgabe, im ideologischen Klassenkampf der Klasse des Proletariats zu
dienen. Da die eigene Philosophie dies im marxistisch-leninistischen
Selbstverständnis vorbehaltlos tut, gilt sie gleichsam als der unmittelbare
Ausdruck des Klassenbewußtseins des Proletariats. Nachdem das Proletariat zugleich auch die fortgeschrittenste Klasse im Geschichtsprozeß
darstellt, wird damit die marxistisch-leninistische Philosophie zum Ausdruck des fortgeschrittensten Klassenbewußtseins in der Geschichte und
zugleich auch zur fortgeschrittensten Form der Philosophie. Dieser Anspruch wird auch mit dem Argument gerechtfertigt, daß die marxistisch-leninistische Philosophie die erste konsequent wissenschaftliche
Weltanschauung in der Geschichte sei. Aus der Sicht dieser Selbstein-
schätzung werden alle Standpunkte in der Philosophie, die nicht marxi-
stisch-leninistisch sind, zu bereits überholten, rückständigen Formen der
Philosophie.

3. Kritische Würdigung

Vorzüge: a) Zu den positiven Seiten der marxistisch-leninistischen
Philosophie gehört der Umstand, daß sie wie jeder marxistische Denk-
ansatz, die *Bedeutung von wirtschaftlichen Faktoren in der Geschichte* besonders hervorhebt. Geschichte kann nie bloß Geistesgeschichte sein, wie
dies spekulativ-idealistische Geschichtskonzeptionen nahelegen, sondern sie ist immer auch Wirtschafts- und Sozialgeschichte. Bei der
Deutung und Erklärung historischer Ereignisse und Zusammenhänge

---

[13] Karl MARX/Friedrich ENGELS, Die deutsche Ideologie. In: DIES., Werke. Bd. 3. Berlin
1969. S. 46.

gilt es, die wirtschaftlichen Bestimmungsfaktoren stets mit in Rechnung zu stellen.

b) Man kann es der marxistisch-leninistischen Philosophie auch als Verdienst anrechnen, nachdrücklich darauf aufmerksam zu machen, daß *Wissenschaft und Philosophie nicht so weltanschauungsneutral und fern jeglicher politischer Interessengebundenheit* sind, wie dies verschiedentlich vorgegeben wird. Wissenschaft und Philosophie werden stets in einem gesellschaftlichen und politischen Bezugsrahmen betrieben, der die einzelnen Wissenschaftler und philosophischen Denker immer wieder auf vielfältige Weise beeinflußt. Genauso wie dieser Bezugsrahmen oft nur indirekte und mannigfach vermittelte Auswirkungen auf die Wissenschaft und die Philosophie hat, sind die Denkergebnisse von Wissenschaftlern und Philosophen auch nicht gänzlich wirkungslos und neutral gegenüber diesem Bezugsrahmen, d. h. gegenüber den gesellschaftlichen und politischen Bedingungen, unter denen Wissenschaft und Philosophie betrieben wird.

c) Einen Vorzug der marxistisch-leninistischen Philosophie kann man auch in der grundsätzlichen Einstellung sehen, *die Forschungsergebnisse der Einzelwissenschaften bei philosophischen Überlegungen* mit zu *berücksichtigen*. Diese Einstellung bedeutet einen Fortschritt gegenüber philosophischen Standpunkten, die von vornherein ohne Rücksicht auf die Erkenntnisse und Hypothesen der Einzelwissenschaften ihr spekulatives Geschäft betreiben.

d) Ein weiteres Verdienst dieser philosophischen Richtung liegt in der Vermittlung und Vertiefung der Einsicht, daß in einem Wirtschaftssystem mit Privateigentum an Produktionsmittel und freier Marktwirtschaft starke *Tendenzen zur Konzentration und Monopolisierung des Kapitals* auftreten. Sicherlich ist mit diesen Tendenzen heute nicht mehr auch notwendig die Konzentration der Verfügungsgewalt über das Kapital in den Händen der Besitzer der Produktionsmittel verbunden. Abgesehen davon, daß der Besitz an Produktionsmittel in Form von Aktienkapital weiter gestreut sein kann, ist die Verfügungsgewalt über die Produktionsmittel (Investitionsentscheidungen, Ausmaß der Dividendenausschüttung usw.) heute häufig an Managergruppen delegiert. Dies ändert jedoch nichts daran, daß die Konzentrations- und Monopolisierungstendenzen immer wieder zum Entstehen ökonomischer Machtzentren führen können, denen es durch staatliche Interventionen und Gesetze (arbeitsrechtliche, finanzrechtliche, handelsrechtliche u. a. Bestimmungen) entschieden entgegenzuarbeiten gilt.

Nachteile: a) Aus der richtigen Einsicht in die Konzentrations- und Monopolisierungstendenzen des Kapitals wird von der marxistisch-leninistischen Wirtschaftsphilosophie die *radikale und falsche Konsequenz* gezogen, daß es *alle marktwirtschaftlichen Systeme und Teilsysteme abzuschaffen* und durch zentralistische Planwirtschaften zu ersetzen gilt. Daß ein Wirtschaftssystem trotz hypertropher Bürokratisierung letztlich nicht bis ins Detail zentralistisch planbar ist, zeigten nicht nur permanente offensichtliche Mängel in der Produktions- und Verteilungsstruktur der ehemaligen sozialistischen Länder Mittel- und Osteuropas. Die Illusion der totalen Planbarkeit führte dort schließlich zum endgültigen Scheitern des marxistisch-sozialistischen Wirtschaftsexperiments, d. h. unter anderem zum Zusammenbruch des Wirtschaftssystems in der Sowjetunion und zur Auflösung des gemeinsamen Wirtschaftsbündnisses COMECON[14].

b) Ein wesentlicher Mangel der marxistisch-leninistischen Philosophie liegt in ihrem *ökonomischen Reduktionismus*, d. h. in der Verabsolutierung der eingangs unter den Vorzügen dieser Philosophie erwähnten Einsicht, daß bei der Gesellschafts- und Geschichtsentwicklung ökonomische Faktoren eine bedeutsame Rolle spielen. Schon Marx und Engels haben mehrfach den Eindruck erweckt, als ob wirtschaftliche Faktoren letztlich die einzigen relevanten Faktoren bei der Erklärung geistiger und gesellschaftlicher Phänomene und historischer Ereignisse seien. Marxisten-Leninisten führen z. B. Herrschafts- und Machtphänomene in einer Gesellschaft immer wieder höchst einseitig auf ökonomische Bestimmungsfaktoren zurück. Daß der ökonomische Erklärungsansatz keineswegs ausreicht, um alle gesellschaftlichen Herrschafts-, Macht- und Unterdrückungsphänomene zu erklären, zeigen etwa Formen der Machtausübung, wie sie Kleriker im Mittelalter auf die weltlichen Herrscher und deren politische Entscheidungen ausgeübt haben oder wie sie heute von Bürokraten und Funktionären in Staats- und Parteiapparaten verschiedener Gesellschaftssysteme praktiziert werden.

c) Die Konsequenz, die im Marxismus-Leninismus aus der erwähnten richtigen Einsicht in das oftmalige Hineinspielen von politischen Interessengesichtspunkten in wissenschaftliche und philosophische Denkprozesse gezogen wird, ist in höchstem Maße problematisch und inakzeptabel, weil damit die *Philosophie und* die *Wissenschaft der Willkür politischer Instanzen ausgeliefert* wird. Anstatt durch die Forderung nach

---

[14] Vgl. dazu u. a.: Zbigniew Brzezinski, Das gescheiterte Experiment. Der Untergang des kommunistischen Systems. Wien 1989.

Objektivität und Unparteilichkeit der Erkenntnisse alle politischen Einflüsse zurückzudrängen zu versuchen, die auf den Prozeß der wissenschaftlichen und philosophischen Erkenntnisgewinnung immer wieder verzerrend einwirken, wird das Postulat der Objektivität auf Kosten des marxistisch-leninistischen Parteilichkeitsprinzips[15] preisgegeben. Dieses Prinzip bedeutet nichts anderes, als daß Wissenschaft und Philosophie zu unmittelbaren Instrumenten der marxistisch-leninistischen Politik gemacht und politische Instanzen (Parteifunktionäre) dazu legitimiert wurden, auf den Prozeß der wissenschaftlichen und philosophischen Erkenntnisgewinnung jederzeit Einfluß zu nehmen und ihn nach politischen Interessengesichtspunkten zu steuern. Die methodischen Ideale der Objektivität, Unparteilichkeit und Allgemeingültigkeit von wissenschaftlichen und philosophischen Erkenntnissen werden durch dieses Prinzip letztlich den parteiischen Zielen marxistisch-leninistischer Politik untergeordnet.

d) Ein weiterer Nachteil in der marxistisch-leninistischen Philosophie ist die *mangelnde Unterscheidung zwischen deskriptiven und normativen Komponenten* in vielen Argumentationsgängen[16]. Die Vermengung von theoretischen Sacherkenntnissen, wissenschaftlichen Beschreibungen und Erklärungen mit gefühls- und interessenbedingten Wertungen findet man deutlich ausgeprägt schon bei Marx, der sich wohl nie darum bemüht hat, seine theoretischen Einsichten in gesellschaftliche und wirtschaftliche Zusammenhänge und Prozesse von seinen persönlichen utopischen Wunschvorstellungen (z. B. der Vorstellung eines nichtentfremdeten Menschen, einer Gesellschaft ohne Staat, einer Gesellschaft ohne wirtschaftliche Not und Arbeitszwang usw.) sauber abzugrenzen. Die enge Koppelung von objektiven, wissenschaftlichen Tatsachenerkenntnissen mit utopischen Wertvorstellungen in der marxistisch-leninistischen Philosophie bringt es u. a. mit sich, daß so manche Wunsch- und Wertvorstellung in dieser Philosophie den Anschein

---

[15] Vgl. z. B.: Michail SUSLOW. Die Gesellschaftswissenschaften – eine Waffe der Partei beim Aufbau des Kommunismus. In: Einheit. Zeitschrift für Theorie und Praxis des wissenschaftlichen Sozialismus, 27. Jg. (1972), S. 437 ff. oder die Diskussion: Konsequente Wissenschaftlichkeit, kommunistische Parteilichkeit. In: Probleme des Friedens und des Sozialismus, 16. Jg. (1973), S. 296 ff. Zur Kritik an verschiedenen Varianten dieses Parteilichkeitsprinzips vgl. Friedrich RAPP, Parteilichkeit und Erkenntnis. In: Studies in Soviet Thought, Vol. VIII (1968), S. 259 ff.; David JORAVSKY / Casmir N. KOBLERNICZ, Parteilichkeit. In: Sowjetsystem und demokratische Gesellschaft. Eine vergleichende Enzyklopädie (hrsg. v. Claus D. KERNIG). Bd. IV. Freiburg 1971. S. 119 ff.; Werner BECKER, Parteinahme aus Wissenschaft? Kritisches zum Objektivitätsbegriff marxistischer Theorien. In: Werner BECKER / Kurt HÜBNER (Hrsg.), Objektivität in den Natur- und Geisteswissenschaften. Hamburg 1976. S. 96 ff.

[16] Dieser Gesichtspunkt der Kritik findet sich anschaulich herausgearbeitet bei: Christof HELBERGER, Marxismus als Methode. Frankfurt 1974.

einer objektiven Tatsache erhält bzw. manche spekulativ willkürliche Prophezeiung den Anstrich einer wissenschaftlich begründeten Prognose. So erscheint z. B. der heilsgeschichtliche Wunsch nach Erlösung des Menschen aus Arbeitszwängen, Not, egoistischen Antrieben und allen Formen der Unterdrückung durch andere in einer utopischen Zukunftsgesellschaft als eine wissenschaftlich bewiesene, historische Notwendigkeit. Daß die Vermischung von Tatsachenaussagen und Werturteilen in der politischen Propagandaarbeit sehr nützlich sein kann, weil man damit Menschen unter dem Etikett der Wissenschaftlichkeit oft leichter die eigenen politisch-weltanschaulichen Wertstandards zu suggerieren vermag, ändert nichts an der wissenschaftsmethodologischen und auch der moralischen Bedenklichkeit eines solchen Verfahrens.

e) Ein oft erhobener Einwand gegen die marxistisch-leninistische Philosophie ist der Vorwurf, daß die *Dialektik* im Rahmen dieser Philosophie *ein höchst unbestimmtes und willkürlich manipulierbares Schema* darstellt[17]. Dies nicht zuletzt deshalb, weil bei einer sogenannten »dialektischen« Gesetzmäßigkeit alles mögliche als dialektischer Widerspruch (Negation, Antithese) angesehen wird. Als ein solcher Widerspruch gilt ein logischer Widerspruch, eine realwissenschaftliche Widerlegung, eine wertende Ablehnung genauso wie ein sozialer Konflikt, eine Abfolge von Entwicklungsstadien oder eine bloße Verschiedenheit zweier Sachverhalte. Diese Unbestimmtheit macht es Marxisten-Leninisten möglich, nahezu überall »dialektische« Prozesse und Gesetzmäßigkeiten hineinzuinterpretieren bzw. herauszulesen. Dies fällt um so leichter, als ja nicht nur reale Entwicklungen als »dialektisch« bezeichnet werden, sondern auch die Denkmethode, mit der diese Entwicklungen als solche erkannt werden. Wie willkürlich manipulierbar diese »Methode« ist, mit der zumeist nur Beschreibungen von Zusammenhängen und Entwicklungen, aber keine Erklärungen im strikten Sinne (Beantwortung von »warum«-Fragen) gegeben werden, zeigt allein schon die marxistisch-leninistische Behauptung, daß der Geschichtsprozeß dialektisch verlaufe und seine höchste Stufe bzw. Synthese in der kommunistischen, klassenlosen Gesellschaft finden werde. Diese These ist so unbewiesen, daß man mit gleicher Plausibilität behaupten könnte, im dialektischen Geschichtsprozeß stelle die kommunistische Gesellschaft erst die Antithese dar, die dann von einer nichtkommuni-

---

[17] Zu dieser Kritik vgl. u. a.: Simon SCHÄFER, Dialektik. Kritik eines Wortgebrauchs. Stuttgart 1973. S. 71 ff.; Wolfgang RÖD, Dialektische Philosophie der Neuzeit. Bd. 2. München 1974. S. 75 ff.; Ernst TOPITSCH, Die Dialektik als Form politischer Argumentation. In: Zeitschrift für philosophische Forschung, Bd. 33 (1979), S. 333 ff.

stischen Gesellschaftsformation als Synthese der bisherigen Entwicklung abgelöst werde.

f) Ein weiterer Einwand läßt sich gegen Argumentationen erheben, mit der die marxistisch-leninistische Philosophie von ihren Vertretern als eine materialistische Philosophie charakterisiert wird. In diesen Argumentationen wird in der Regel *kein Unterschied zwischen der ontologischen und der erkenntnistheoretischen Argumentationsebene* gemacht. Dieser Mangel findet sich bereits bei Engels und Lenin. So ist z. B. Lenins Bestimmung der Materie als einer objektiven Realität, die unabhängig von unseren Empfindungen gegeben ist, keine nähere Bestimmung eines materialistischen Standpunktes im ontologischen Sinne, sondern bloß die Kennzeichnung eines erkenntnistheoretischen Realismus, mit dem die verschiedensten ontologischen Standpunkte vereinbar sind, so etwa auch ein ontologischer Idealismus.

g) Augenfällig in der marxistisch-leninistischen Geschichtsphilosophie ist die *Diskrepanz zwischen einer deterministischen und einer voluntaristischen Geschichtsdeutung*[18]. Einerseits wird die Ansicht vertreten, der Geschichtsprozeß nehme einen vom menschlichen Willen unbeeinflußbaren Verlauf, d. h. er führe mit gesetzmäßiger Notwendigkeit auf das Ziel der proletarischen Revolution und der klassenlosen, kommunistischen Gesellschaft hin. Auf der anderen Seite wird zugleich auch behauptet, daß der menschliche Wille auf die Geschichtsentwicklung dennoch einen Einfluß auszuüben vermöge. Diese beiden nicht so ohne weiteres miteinander vereinbaren Ansichten haben in der marxistisch-leninistischen Tradition zu endlosen und unfruchtbaren Spekulationen und Streitigkeiten darüber geführt, wieweit die nicht änderbaren, »objektiven Bedingungen« oder Gesetzmäßigkeiten des Geschichtsprozesses jeweils reichen bzw. welche Faktoren bloß als »subjektive Bedingungen« zu betrachten seien und daher dem menschlichen Wollen unterworfen sind. Die Hilfskonstruktionen und Zusatzhypothesen, die man dabei zur Überbrückung der schon bei Marx und Engels anzutreffenden Diskrepanz zwischen einer deterministischen und einer voluntaristischen Geschichtsdeutung entwickelt hat, sind insgesamt höchst unbefriedigend.

h) Zu den Mängeln der marxistisch-leninistischen Philosophie gehören weiters eine *Anzahl von pauschalen alternativen Deutungsrastern*, die zwar aus politisch-pragmatischer Sicht durchaus nützlich sein mögen,

---

[18] Zur Diskussion um diese beiden geschichtsphilosophischen Komponenten vgl. u. a.: Helmut FLEISCHER, Marxismus und Geschichte. Frankfurt 1969. S. 129 ff.; Svetozar STOJANOVIĆ, Kritik und Zukunft des Sozialismus. München 1970. S. 148 ff.; DERS., Geschichte und Parteibewußtsein. München 1978. S. 10 ff.

in ihrer Beschreibungs- und Erklärungsfunktion aber höchst verzerrte Bilder von der Wirklichkeit vermitteln. Eines dieser pauschalen Deutungsschemata findet sich in der marxistisch-leninistischen Lehre von den sozialen Klassen. In dieser Lehre werden komplizierte gesellschaftliche Schichtungs- und Abhängigkeitsverhältnisse immer wieder bloß auf die Unterscheidung zwischen einer Ausbeuterklasse (= Klasse der Privateigentümer an Produktionsmittel) und einer ausgebeuteten Klasse (Klasse aller Nichteigentümer an Produktionsmittel) zurückgeführt und von dort aus »erklärt«. Ein anderes verzerrendes Deutungsschema im Rahmen der marxistisch-leninistischen Philosophie offenbart sich in der Interpretation der Geschichte der Philosophie. Dabei werden alle bisherigen philosophischen Standpunkte und Strömungen über den Kamm des dogmatisierten, alternativen Deutungsrasters »idealistisch-materialistisch« geschoren und entweder als »materialistisch« hingestellt oder als »idealistisch« abqualifiziert. Daraus ergibt sich z. B. die absurde Konsequenz, daß so verschiedene philosophische Richtungen wie die Existenzphilosophie und der Neopositivismus gemeinsam unter das Etikett »Idealismus« fallen. Ein weiterer pauschaler und verzerrender Deutungsraster kam in der Zwei-Lagertheorie zum Ausdruck, mit der marxistisch-leninistische Ideologen die Welt immer wieder in zwei Lager teilten, und zwar in ein Lager der fortschrittlichen (sozialistischen) Länder auf der einen Seite, das unter der Führung der Sowjetunion und deren Kommunistischer Partei die Menschheit in eine bessere und friedliche Zukunft führen will, und in ein Lager der rückschrittlichen, kapitalistischen Länder auf der anderen Seite, die sich dem Fortschritt und der »Gesetzmäßigkeit des Sieges des Sozialismus im Weltmaßstab« entgegenstellen und immer wieder auch die Gefahr von Kriegen heraufbeschwören[19].

4. Zu den folgenden Texten

In dem Artikel »Philosophie« aus dem weit verbreiteten »Philosophischen Wörterbuch« von *Georg Klaus* und *Manfred Buhr*[20], das die beiden Herausgeber im Vorwort als erstes philosophisches Wörterbuch auf marxistisch-leninistischer Grundlage bezeichnen, wird zunächst ein ganz grober Überblick über verschiedene historische Auffassungen der Philosophie gegeben. Dabei werden folgende Unterscheidungen ein-

---

[19] Vgl. z. B.: P. N. Fedossejew, Der Marxismus im 20. Jahrhundert. Marx, Engels, Lenin und die Gegenwart. Berlin 1973. S. 233 ff.

[20] Dieses Wörterbuch ist seit seiner ersten einbändigen Auflage 1964 in mehreren überarbeiteten und erweiterten Auflagen in über einer halben Million Exemplaren erschienen.

geführt: 1. Die Unterscheidung zwischen einer progressiven und einer nichtprogressiven Tradition der Philosophie. In der »klassischen bürgerlichen Philosophie von Bacon über Descartes bis zu Hegel und Feuerbach« werden gewisse progressive Züge gesehen, soweit darin die »praktische Bedeutung der Philosophie« betont wird, »sei es in Form der praktischen Bewährung der philosophischen Erkenntnis in der einzelwissenschaftlichen, besonders in der naturwissenschaftlichen Forschung, sei es in der Bewährung des philosophischen Wissens in der gesellschaftlichen Praxis« (145). Der »spätbürgerlichen und gegenwärtigen bürgerlichen Philosophie« werden solche progressive Züge gänzlich abgesprochen. Die 2. eingeführte Unterscheidung ist die Unterscheidung zwischen materialistischer und idealistischer Tradition der Philosophie. »Vom Anbeginn ihrer Entwicklung haben sich zwei Grundrichtungen der Philosophie herausgebildet, die materialistische Philosophie und die idealistische Philosophie. Die Auseinandersetzungen zwischen beiden Grundrichtungen bestimmen weitgehend den Fortgang der *Geschichte der Philosophie*« (145). Die materialistische Tradition der Philosophie gilt als die progressive Tradition, die in der als dialektischer Prozeß gedeuteten Geschichte der Philosophie immer »das vorantreibende und vorwärtsweisende Element« war. Als Höhepunkt dieses Prozesses wird der dialektische und historische Materialismus hingestellt. »Die scheinbar zufällige Fülle der philosophischen Richtungen und Systeme und Anschauungen der Vergangenheit erweist sich unter diesem Aspekt als ein dialektisch fortschreitender Prozeß der ständigen Höherentwicklung des philosophischen Denkens zum *dialektischen und historischen Materialismus*« (145). »Die Geschichte der Philosophie ist der fruchtbare Boden der Herausbildung der höchsten Entwicklungsform der Philosophie, des dialektischen und historischen Materialismus« (100). Als Begründung für die Behauptung, daß die marxistisch-leninistische Philosophie oder der dialektische und historische Materialismus die höchste Entwicklungsform der Philosophie darstelle, wird folgendes vorgebracht: »Die *marxistisch-leninistische Philosophie* ist die höchste Form der philosophischen Entwicklung, weil sie *theoretischer Ausdruck* der fortgeschrittensten Klasse der Geschichte, *der Arbeiterklasse,* ist« (146).

Im vorliegenden Text werden auch verschiedene Überlegungen über das Verhältnis von marxistisch-leninistischer Philosophie zu den Einzelwissenschaften angestellt. Diese Philosophie wird als eine Wissenschaft, d. h. als eine »besondere Wissenschaft neben den Einzelwissenschaften« verstanden. »Die Beziehungen zwischen beiden sind dabei vor allem zweifach. In der einen Hinsicht ist die Philosophie *gebend;* sie

liefert den Einzelwissenschaften die weltanschauliche, erkenntnistheoretische und allgemeine methodologische Grundlage, sie rechtfertigt
und sichert die Grundvoraussetzungen und Grundbegriffe der Einzelwissenschaften, die keine der Einzelwissenschaften für sich selbst begründen kann. In einer anderen Hinsicht ist die Philosophie *nehmend;*
sie anerkennt vorbehaltlos alle Erkenntnisse dieser Wissenschaften und
benutzt sie verallgemeinernd zum Aufbau einer geschlossenen Weltanschauung« (147). Die weltanschauliche Grundlage, welche die Einzelwissenschaften von der marxistisch-leninistischen Philosophie vermittelt bekommen sollen, macht folgende Stelle deutlich: »Die *marxistisch-leninistische Philosophie* ist . . . vor allem Philosophie der revolutionären Umgestaltung der Welt im Sinne der Arbeiterklasse und des
Sozialismus und Kommunismus. Sie ist theoretisches, ideologisches,
weltanschauliches und methodologisches Instrument der Arbeiterklasse« (148).

Der zweite hier abgedruckte Text ist einem weit verbreiteten Lehrbuch entnommen, das von einem *Autorenkollektiv* renommierter so-
wjetischer Philosophen unter der Leitung des Akademiemitglieds
F. W. Konstantinow verfaßt und vom Institut für Philosophie der Akademie der Wissenschaften der UdSSR und dem Ministerium für Hoch-
und Fachschulwesen der UdSSR herausgegeben wurde. Die deutsche
Ausgabe dieses Lehrbuchs besorgte ein »Kollektiv des Zentralinstituts
für Philosophie der Deutschen Akademie der Wissenschaften der
DDR« unter der Leitung von G. Klimaszewsky. Das folgende Teilka-
pitel dieses Buches behandelt vor allem das marxistisch-leninistische
Parteilichkeitsprinzip. Dieses Prinzip wird folgenderweise charakterisiert: »Die Parteilichkeit unserer Philosophie besteht darin, daß sie
bewußt und zielstrebig dem Aufbau des Sozialismus und Kommunismus dient. Das Prinzip der Parteilichkeit erfordert den konsequenten
und unversöhnlichen Kampf gegen alle dem Sozialismus feindlichen
Theorien und Auffassungen. Auf dem Gebiet der Weltanschauung gibt
es keine Kompromisse« (153). An diesem Text wird deutlich, wie sehr
das Parteilichkeitsprinzip in der marxistisch-leninistischen Philosophie
letzten Endes dazu dient, die Einflußnahme von politischen Instanzen
auf die Philosophie, die Wissenschaften, die Kunst usw. zu rechtfertigen. Die politische Instanz, von der diese Einflußnahmen ausgehen und
die auch für die richtige Interpretation der weltanschaulichen Grundsätze und politischen Ziele der marxistisch-leninistischen Philosophie
verantwortlich zeichnet, ist stets die kommunistische Partei. Denn die
marxistisch-leninistische Philosophie ist »die Weltanschauung der fortschrittlichsten Klasse – der Arbeiterklasse, und ihrer Avantgarde – der
kommunistischen Partei« (153).

Recht anschaulich kommt in diesem Lehrbuchabschnitt auch die pauschale dichotomische Deutung der politischen Weltsituation (Zwei-Lagertheorie) zum Ausdruck, wenn die Gegenwart gesehen wird als »Epoche verschärften ideologischen Kampfes der Kräfte des Sozialismus, des Friedens und der Demokratie gegen den Imperialismus, des Kampfes der kommunistischen Weltanschauung gegen die bürgerliche Weltanschauung, die die überlebte Welt des Kapitalismus mit seiner Ideologie und Praxis der Ausbeutung des Menschen durch den Menschen rechtfertigt und verteidigt (150). Daß in dieser Stelle der Eindruck vermittelt wird, die Kräfte des Friedens und der Demokratie seien gleichsam identisch mit den Kräften des Sozialismus bzw. stünden der kommunistischen Weltanschauung sehr nahe, war ein wichtiger Bestandteil der politischen Pragmatik dieser alternativischen Weltdeutung, mit der die mannigfachen politischen Auseinandersetzungen in der Welt letztes Endes einfach als ein Kampf einer Partei des Guten (der fortschrittlichen sozialistischen Kräfte) mit einer Partei des Bösen (der rückschrittlichen kapitalistischen und imperialistischen Kräfte) interpretiert wurde.

Dieser Text bildet übrigens auch ein Musterbeispiel dafür, wie die Philosophie einseitigen ideologischen Prinzipien unterworfen und für politisch-propagandistische Zwecke mißbraucht werden kann.

Philosophie

Philosophie [griech.] ist die Form des gesellschaftlichen Bewußtseins; *allgemein* jede theoretisch begründete Anschauung vom Weltganzen und der Stellung des Menschen in ihm im Unterschied zu Religion (Glauben) und Mythos. In ihrer *wissenschaftlich begründeten marxistisch-leninistischen Gestalt* als *dialektischer und historischer Materialismus* ist Philosophie die Wissenschaft von den allgemeinen Bewegungs- und Entwicklungsgesetzen der Natur, der Gesellschaft und des Denkens (Erkennens).

Seinem *griechischen Ursprung* nach bedeutet das Wort »Philosophie« Weisheits- oder Wissensliebe und geht auf Heraklit und Herodot zurück.

Platon und Aristoteles sind die ersten, die das Wort »Philosophie« spezifisch, abgrenzend und reflektierend verwenden. Philosophie ist nach ihnen vornehmlich auf die letzten Prinzipien der Dinge gerichtete theoretische (spekulative) Beschäftigung.

Die *Stoiker* und *Epikureer* weisen dann der Philosophie neben ihrer theoretischen Aufgabenstellung eine *praktische Bedeutung* zu. Philosophie wird bei ihnen zur Lebensweisheit, zu einem Wissen richtiger Lebensführung. Die Begründung dieser Auffassung erfolgt bei Epikur unter antireligiösen (atheistischen) Vorzeichen: durch philosophisches Wissen kann sich der Mensch von der Furcht vor den Göttern und dem Tod befreien.

Im *Mittelalter* werden unter der Vorherrschaft der *christlichen Religion* Theologie und Philosophie identisch gesetzt. Innerhalb der *Patristik* bildet sich zunächst eine ausgesprochen philosophiefeindliche Haltung der Ideologen des Christentums heraus, während die *Scholastik*, insbesondere der *Thomismus*, eine Versöhnung von Theologie und Philosophie (philosophischer Überlieferung) unter Vorherrschaft der Theologie anstrebt.

Die Ideologen des *aufstrebenden Bürgertums* weisen im Kampf gegen die mittelalterliche feudalklerikale Ideologie und unter Rückgriff auf die antike philosophische Überlieferung der Philosophie wieder eine selbständige Rolle zu. Die gesamte *klassische bürgerliche Philosophie* von Bacon und Descartes bis zu Hegel und Feuerbach expliziert auf diese oder jene Weise die durch Platon und Aristoteles angedeutete Auffassung, daß es die Philosophie mit dem Allgemeinen, dem Wesen, dem Gesetzmäßigen der Dinge zu tun hat. Zugleich übernimmt sie die von den *Stoikern* und *Epikureern* entwickelte Anschauung von der praktischen Bedeutung der Philosophie, sei es in Form der praktischen Bewährung der philosophischen Erkenntnis in der einzelwissenschaftlichen, besonders in der naturwissenschaftlichen Forschung, sei es in der Bewährung des philosophischen Wissens in der gesellschaftlichen Praxis. Insbesondere die *materialistische Philosophie* der bürgerlichen Neuzeit erklärt die gesellschaftlich-praktische Bewährung der Philosophie zu einer ihrer Grundaufgaben. Die klassische bürgerliche Philosophie wollte, eben wegen der von ihr eingesehenen praktischen Bedeutung der Philosophie, zugleich *Weltanschauung*, und zwar in ihren progressiven Ausgestaltungen der Religion entgegengesetzte Weltanschauung, sein.

Von dieser, der progressiven Tradition verpflichteten Aufgabenstellung hat sich die *spätbürgerliche* und *gegenwärtige bürgerliche* Philosophie losgesagt. Sie verhält sich gegenüber der progressiven philosophischen Überlieferung bewußt destruktiv, klammert weitgehend Weltanschauungsfragen aus dem Zuständigkeitsbereich der Philosophie aus bzw. weist sie der Religion zu, der sie sich über weite Strecken angleicht (vgl. z. B. Neukantianismus, Positivismus, Lebensphilosophie, Phänomenologie, Existentialismus, Ontologie, Neuthomismus).

Vom Anbeginn ihrer Entwicklung haben sich zwei *Grundrichtungen der Philosophie* herausgebildet, die *materialistische Philosophie* und die *idealistische Philosophie*. Die Auseinandersetzungen zwischen beiden Grundrichtungen bestimmen weitgehend den Fortgang der *Geschichte der Philosophie*.

Die Zurückführung der verschiedenen philosophischen Richtungen, Systeme und Anschauungen auf die beiden Grundrichtungen der Philosophie ermöglicht es, die Mannigfaltigkeit, die unübersehbare Fülle philosophischer Gestalten von der *Grundfrage der Philosophie* her anzugehen, einzuteilen und gleichsam typologisch zu ordnen. Die scheinbar zufällige Fülle der philosophischen Richtungen, Systeme und Anschauungen der Vergangenheit erweist sich unter diesem Aspekt als ein dialektisch fortschreitender Prozeß der ständigen Höherentwicklung des philosophischen Denkens zum *dialektischen und historischen Materialismus*. Dieser Prozeß ist kein geradliniger Fortgang im Sinne der *Aufklärung* und Hegels, sondern kennt als dialektischer Prozeß Fortschritt und Rückschritt, Differenzierung und Zusammenfassung, Kontinuität und Diskontinuität, progressiven Durchbruch neuer Ideen und Festhalten an überholten Anschauungen oder ihre Wiederbelebung. In diesem dialektischen Prozeß ist in den klassischen Perioden die materialistische Philosophie das jeweils vorantreibende und vorwärtsweisende Element.

Durch die Zurückführung der mannigfaltigen philosophischen Richtungen, Systeme und Anschauungen auf die beiden Grundrichtungen der Philosophie erfährt die innerhalb der *gegenwärtigen bürgerlichen* Philosophie getroffene Feststellung, daß »die ärgste Feindin aller Philosophie ihre eigene Geschichte« sei, ihre Umkehrung. Die Geschichte der Philosophie ist der fruchtbare Boden der Herausbildung der höchsten Entwicklungsform der Philosophie, des dialektischen und historischen Materialismus. Ihr Inhalt sind nicht »zahllose sich widersprechende Lehrmeinungen, unschlichtbare und fruchtlose, aber doch seltsamerweise die ganze Weltgeschichte bewegende und immer neue Opfer fordernde Weltanschauungskämpfe« (Leisegang, Denkformen), die zu einem philosophiehistorischen Relativismus Anlaß wären, sondern ist die Herausbildung, Entwicklung und Auseinandersetzung der philosophischen Grundrichtungen auf der Grundlage der gesellschaftlichen Entwicklung.

Die *marxistisch-leninistische Philosophie* ist die höchste Form der philosophischen Entwicklung, weil sie *theoretischer Ausdruck* der fortschrittlichsten Klasse der Geschichte, *der Arbeiterklasse* ist und von Marx und Engels als allseitiger und konsequenter, d. h. als *dialektischer und historischer Materialismus*, begründet und entwickelt wurde.

Der *Marxismus-Leninismus* faßt zunächst die Philosophie als eine Form des *gesellschaftlichen Bewußtseins*, d. h., jede Philosophie (Weltanschauung) ist in letzter Instanz bestimmt durch die sozialökonomischen Verhältnisse der verschiedenen Gesellschaftsformationen, unter denen die Menschen arbeiten und leben. Jede Philosophie ist dergestalt untrennbar verbunden mit den Interessen und den Bedürfnissen jeweils bestimmter gesellschaftlicher Klassen und Schichten, d. h., jede Philosophie trägt *Klassencharakter* und ist – bewußt oder unbewußt – *parteilich*.

In diesem Sinne begreift sich der dialektische und historische Materialismus bewußt als *Philosophie der Arbeiterklasse*, indem er dieser ihre Interessen wie ihre historische Mission zum Bewußtsein bringt und ihr die Wege weist, auf denen sie sich selbst und die Menschheit zu befreien vermag. Damit hängt wesentlich zusammen, daß der dialektische und historische Materialismus eine *optimistische* und zutiefst *humanistische Philosophie* darstellt. Von hier aus kann gesagt werden, daß im Mittelpunkt der marxistisch-leninistischen Philosophie der Mensch steht, und zwar nicht im Sinne einer Philosophie *des* Menschen, sondern im Sinne einer Philosophie *für* den Menschen.

Der dialektische und historische Materialismus ist weiter gekennzeichnet durch seine *Bezogenheit zur Praxis*. Theorie und Praxis bilden in ihm eine untrennbare Einheit. Durch die Bezogenheit des dialektischen und historischen Materialismus zur Praxis ist zugleich seine Bestimmung als ein Mittel zur *Veränderung der Welt*, als eine *Anleitung zum Handeln* gegeben. Von hier aus kann gesagt werden, daß die marxistisch-leninistische Philosophie zutiefst eine *Philosophie* der Revolution, d. h. eine Philosophie ist, die auf die Veränderung der gesellschaftlichen Verhältnisse und die Errichtung neuer menschenwürdiger gesellschaftlicher, nämlich *sozialistischer gesellschaftlicher Verhältnisse* aus ist.

Der dialektische und historische Materialismus unterscheidet sich grundlegend von aller vorangegangenen Philosophie durch sein *Verhältnis zu den Einzelwissenschaften*. Er lehnt zunächst jene Auffassung ab, die in der Philosophie eine Wissenschaft *über* den anderen Wissenschaften, eine Art Wissenschaft der Wissenschaften sieht. Er lehnt weiter diejenige Anschauung ab, die die Philosophie willkürlich auf eine Prinzipienlehre der Wissenschaft einengt, wobei die grundlegenden Weltanschauungsfragen aus ihrer Aufgabenstellung ausgeschlossen werden; und er lehnt schließlich auch die Auffassung ab, wonach die Philosophie entweder überhaupt unnütz und der einzelwissenschaftlichen Forschung nur hinderlich sei oder als eine geistige Tätigkeit neben den speziellen Wissenschaften angesehen wird, die aber mit diesen nichts Gemeinsames habe.

Solchen Anschauungen gegenüber vertritt der dialektische und historische Materialismus die Auffassung, daß die Philosophie eine besondere Wissenschaft *neben* den Einzelwissenschaften ist, beide aber auf das eine Ziel ausgehen: die materielle Welt in ihrer konkreten Mannigfaltigkeit zu erkennen.

Die Beziehungen zwischen beiden sind dabei vor allem zweifach. In der einen Hinsicht ist die Philosophie *gebend*; sie liefert den Einzelwissenschaften die weltanschauliche, erkenntnistheoretische und allgemeine methodologische Grundlage, sie rechtfertigt und sichert die Grundvoraussetzungen und Grundbegriffe der Einzelwissenschaften, die keine der Einzelwissenschaften für sich selbst begründen kann. In einer anderen Hinsicht ist die Philosophie *nehmend*; sie anerkennt vorbehaltlos alle Erkenntnisse dieser Wissenschaften und benutzt sie verallgemeinernd zum Aufbau einer geschlossenen Weltanschauung.

Aus diesem Verhältnis ergibt sich folgerichtig die Bestimmung des *Gegenstandes der Philosophie*. Aufgabe der Philosophie ist es nicht, die einzelnen Gesetzmäßigkeiten in speziellen Teilbereichen der objektiven Realität zu untersuchen – dies obliegt den Einzelwissenschaften. Aufgabe der Philosophie ist es, die allgemeinen Gesetze zu erforschen, die in allen Bereichen wirken – ihr Gegenstand sind die allgemeinen Bewegungs- und Entwicklungsgesetze der Natur, der Gesellschaft und des Denkens (Erkennens).

Der *dialektische und historische Materialismus* begründet theoretisch die Weltanschauung der Arbeiterklasse, den Marxismus-Leninismus. Der Marxismus-Leninismus ist eine Weltanschauung, die auf dem gesamten Wissen und den gesamten praktischen Erfahrungen der Menschheit beruht, eine wissenschaftliche Gesamtauffassung von der Welt und dem Menschen, seiner Stellung in und seinem Verhältnis zu dieser. Er begreift sich als revolutionäre Theorie der Befreiung der Arbeiterklasse von kapitalistischer Ausbeutung und Unterdrückung und zur Errichtung der kommunistischen Gesellschaft.

Die *marxistisch-leninistische Philosophie* ist dergestalt – das Erbe aller progressiven Philosophie der Vergangenheit bewahrend – vor allem Philosophie der revolutionären Umgestaltung der Gesellschaft im Sinne der Arbeiterklasse und des Sozialismus und Kommunismus. Sie ist theoretisches, ideologisches, weltanschauliches und methodologisches Instrument der Arbeiterklasse.

AUTORENKOLLEKTIV (Leiter: F. W. KONSTANTINOW)

Die Parteilichkeit der Philosophie

Die philosophische Weltanschauung trägt Klassencharakter und ist damit parteilich. Was bedeutet Parteilichkeit einer philosophischen Weltanschauung? Es bedeutet in erster Linie Zugehörigkeit zu einer der beiden philosophischen Parteien und Hauptrichtungen – Materialismus oder Idealismus.

Die Revisionisten unserer Tage erklären, die kommunistischen Parteien sollten sich der Philosophie gegenüber neutral verhalten. Ihre Programme sollten weder materialistisch noch idealistisch, weder atheistisch noch religiös sein. Unter der Flagge, alle Kräfte zu vereinigen, wird darauf verzichtet, gegen die bürgerliche Ideologie und ihren Idealismus zu kämpfen. Im Gegensatz zu solcher revisionistischen Versöhnung mit der bürgerlichen Ideologie ist die Philosophie des Marxismus-Leninismus offen parteilich. Das findet seinen Ausdruck im offenen Kampf gegen den Idealismus und in der konsequenten Verteidigung der Prinzipien des Materialismus. Die Revisionisten behaupten, daß die Marxisten, da sie die Parteilichkeit der philosophischen Theorie anerkennen, zu einer vereinfachten Einteilung der Philosophen in zwei Lager – in Materialisten und Idealisten – gelangen und auf diese Weise einen bedeutenden Teil der Philosophen und Vertreter anderer Gesellschaftswissenschaften abstoßen, daß sie sich lossagen von allem Wertvollen, was in der nichtmarxistischen Philosophie, Soziologie, ökonomischen Theorie, Geschichtsschreibung usw. vorhanden ist. Es ist zumindest sonderbar, die revisionistischen Erwägungen über die Vereinfachung zu hören, die angeblich bei der Einteilung der Philosophie in Materialismus und Idealismus stattfinde. Die Philosophen selbst haben sich seit den ältesten Zeiten in zwei Lager geteilt, und diese Teilung gilt bis heute. Das ist eine reale Tatsache der Geschichte der Philosophie. Materialismus und Idealismus sind die einander bekämpfenden Parteien in der Philosophie. Der Kampf zwischen ihnen hat in der Vergangenheit stattgefunden und findet auch gegenwärtig statt. Lenin unterstrich, daß die neueste Philosophie ebenso parteilich ist wie die vor zweitausend Jahren[1]. Der Kampf zwischen Materialismus und Idealismus spiegelt letztlich den Kampf der Klassen in der Gesellschaft wider.

---

[1] Siehe W. I. LENIN, Materialismus und Empiriokritizismus. In: Werke, Bd. 14. S. 363.

Der Klassenkampf in der Geschichte der Gesellschaft findet seinen Ausdruck im Kampf der Weltanschauungen. Der Kampf auf dem Gebiet der Weltanschauung, der während der gesamten Entwicklung der Klassengesellschaft stattfindet, erlangt eine besondere Schärfe in Übergangsepochen der Geschichte. In ihnen verschärft sich der Kampf der Kräfte des Fortschritts gegen die Kräfte der Reaktion nicht nur in der Politik und in der Ökonomie, sondern auch in der Ideologie und Philosophie.

Die Philosophie hat immer in diesem oder jenem Maße nicht nur eine rein theoretische, sondern auch eine bestimmte soziale und politische Funktion ausgeübt.

In der Renaissance, als der Feudalismus vom Kapitalismus abgelöst wurde, traten der geistigen Diktatur der religiösen Weltanschauung die Ideen des philosophischen Materialismus und des Humanismus entgegen. Die Philosophie der französischen Aufklärer war die ideologische Vorbereitung der französischen bürgerlichen Revolution am Ende des 18. Jahrhunderts, während die klassische deutsche Philosophie der bürgerlichen Revolution in Deutschland den Weg bahnte. Die marxistisch-leninistische Weltanschauung hat sich in den demokratischen und in den sozialistischen Revolutionen und in einer neuen Gesellschaft auf vielfältige Weise praktisch verwirklicht und bestätigt.

In der gegenwärtigen Epoche vollzieht sich die in der Geschichte der Menschheit tiefgreifendste soziale Umgestaltung. Es ist dies die Epoche großer Klassenkämpfe und nationaler Befreiungsbewegungen, die Epoche des Übergangs der Menschheit vom Kapitalismus und vorkapitalistischen Formationen zum Sozialismus. Gleichzeitig ist es auch die Epoche verschärften ideologischen Kampfes der Kräfte des Sozialismus, des Friedens und der Demokratie gegen den Imperialismus, des Kampfes der kommunistischen Weltanschauung gegen die bürgerliche Weltanschauung, die die überlebte Welt des Kapitalismus mit seiner Ideologie und Praxis der Ausbeutung des Menschen durch den Menschen rechtfertigt und verteidigt. Der dialektische und historische Materialismus entstand als philosophische Grundlage der Weltanschauung der konsequent revolutionären Klasse, des Proletariats, als das geistige Banner von Millionen Werktätigen. Wie Lenin sagte, hat der philosophische Materialismus von Marx dem Proletariat den Weg aus der geistigen Sklaverei gewiesen.

Die marxistische Theorie der sozialen Revolution ist eng mit dem materialistischen Standpunkt zu den Erscheinungen des gesellschaftlichen Lebens verbunden. Die Lehre von der historischen Notwendigkeit des Sozialismus hat ihre philosophische Begründung einerseits in der marxistischen Auffassung von der geschichtlichen Gesetzmäßigkeit und andererseits in der Auffassung von der entscheidenden Rolle der Volksmassen, der Werktätigen. Gleichzeitig ist die Theorie der sozialen Revolution organisch mit der dialektischen Auffassung von den gesellschaftlichen Erscheinungen, mit der Entwicklungstheorie verbunden, wonach allmähliche quantitative Veränderungen gesetzmäßig zu sprunghaften qualitativen Veränderungen führen.

Die materialistische Dialektik lehnt alles Verknöcherte, Konservative und Veraltete ab. Sie tritt für den Fortschritt, für den kühnen revolutionären Kampf zur Umgestaltung der Welt ein. Wie Engels schrieb, »löst diese dialektische Philosophie alle Vorstellungen von endgültiger absoluter Wahrheit und ihr entsprechenden absoluten Menschheitszuständen auf. Vor ihr besteht nichts Endgültiges, Absolutes, Heiliges; sie weist von allem und an allem die Vergänglichkeit auf, und nichts besteht vor ihr als der ununterbrochene Prozeß des Werdens und Vergehens, des Aufsteigens ohne Ende vom Niedern zum Höhern, dessen bloße Widerspiegelung im denkenden Hirn sie selbst ist«[2].

Das gesellschaftliche Leben befindet sich in einer ewigen Bewegung, im Prozeß der Entwicklung vom Niederen zum Höheren. Die bürgerlichen Konzeptionen, die die Ewigkeit des Kapitalismus zu begründen versuchen, sind nicht nur reaktionär, sondern auch offen wissenschaftsfeindlich. Der Sozialismus – die neue, historisch höhere Gesellschaftsordnung – löst den Kapitalismus ab und ist in einer Reihe von Ländern bereits Wirklichkeit geworden.

Die marxistische Philosophie ist die weltanschauliche und methodologische Grundlage der Programme, der Strategie und Taktik der kommunistischen und Arbeiterparteien, ihrer gesamten politischen Tätigkeit. Die politische Linie des Marxismus steht immer und in allen Fragen »in untrennbarem Zusammenhang mit seinen philosophischen Grundlagen«[3].

Die Ideologen der Bourgeoisie und mit ihnen die Revisionisten heben gewöhnlich die Unparteilichkeit der Theorie als Synonym ihrer Objektivität hervor. Einige von ihnen propagieren sogar, daß sich die Theorie, auch die philosophische Theorie, über die praktischen und politischen Interessen bestimmter sozialer Gruppen, Klassen und Parteien erhebe und eine Art Wissen um seiner selbst willen darstelle. Es sei in diesem Zusammenhang an die bekannten Worte von Marx erinnert,

---

[2] Friedrich ENGELS, Ludwig Feuerbach und der Ausgang der klassischen deutschen Philosophie. In: MARX/ENGELS, Werke, Bd. 21. S. 267/268.
[3] W. I. LENIN, Über das Verhältnis der Arbeiterpartei zur Religion. In: Werke, Bd. 15. S. 407.

daß die Philosophie sich mit der Politik verbinden müsse: »Das ist aber das einzige Bündnis, wodurch die jetzige Philosophie eine Wahrheit werden kann.«[4]

Man kann der Politik nicht entgehen; alles ist in den politischen Kampf einbezogen. Konsequent und unerschütterlich das marxistisch-leninistische Prinzip der Einheit von Philosophie und Politik verwirklichen bedeutet entschieden die Trennung von Philosophie und Politik, aber auch Versuche zu überwinden, die Philosophie in der aktuellen Politik aufzulösen.

Die Ideologen der Bourgeoisie und die Revisionisten preisen die Unparteilichkeit und entwickeln die Vorstellung von einer »dritten Linie« in der Philosophie, die sich angeblich über Materialismus und Idealismus erhebe.

Kann es aber in der Klassengesellschaft Ideologen und Denker geben, die über den Klassen »schweben« und deren Interessen ignorieren? Solche Menschen gibt es nicht. Jene aber, die sich ihrer Unparteilichkeit rühmen, erweisen sich in der Praxis beständig als Menschen, die – durchaus nicht unparteilich – gegen die Philosophie des Marxismus-Leninismus kämpfen und bestrebt sind, sie zu widerlegen und durch die bürgerliche Weltanschauung zu ersetzen.

Dem Prinzip der Unparteilichkeit, das im Grunde eine Lüge ist, stellen wir das fundamentale Prinzip der Parteilichkeit entgegen. Lenin betonte: ». . . eine ›unparteiische‹ Sozialwissenschaft kann es in einer auf Klassenkampf aufgebauten Gesellschaft nicht geben.«[5] Denn »kein einziger lebendiger Mensch *kann umhin, sich auf die Seite* einer bestimmten Klasse *zu stellen* (sobald er einmal die Wechselbeziehungen der Klassen verstanden hat), kann umhin, sich über den Erfolg der betreffenden Klasse zu freuen und über ihre Mißerfolge betrübt zu sein, kann umhin, sich über diejenigen zu entrüsten, die dieser Klasse feindlich gesinnt sind, über diejenigen, die durch Verbreitung rückständiger Anschauungen ihre Entwicklung hemmen usw. usf.«[6].

Bürgerliche Ideologen behaupten, daß Parteilichkeit mit Wissenschaftlichkeit unvereinbar sei. Parteilichkeit ist in der Tat nicht mit Wissenschaft identisch, wenn eine Philosophie der Stellung von Klassen Ausdruck gibt und die Interessen jener Kräfte verteidigt, die vom Schauplatz der Geschichte abtreten; in diesem Falle gehen Philosophie und Wahrheit, wissenschaftliche Beurteilung des Lebens auseinander.

---

[4] Marx an Arnold Ruge, 13. März 1843. In: MARX/ENGELS, Werke, Bd. 27. S. 417.
[5] W. I. LENIN, Drei Quellen und drei Bestandteile des Marxismus. In: Werke, Bd. 19. S. 3.
[6] W. I. LENIN, Auf welches Erbe verzichten wir? In: Werke, Bd. 2. S. 544/545.

Andererseits ist die Philosophie objektiv und wissenschaftlich, wenn
sie das Leben richtig widerspiegelt, wenn sie die Lage und die Interessen
der fortschrittlichen Klassen der Gesellschaft widerspiegelt und den
Menschen dazu anhält, nach der Wahrheit zu streben.

Parteilichkeit und Parteilichkeit sind folglich nicht dasselbe. So war
zum Beispiel die materialistische Philosophie des 17. und 18. Jahrhunderts, die die Interessen der aufstrebenden Bourgeoisie (damals einer
fortschrittlichen Klasse) zum Ausdruck brachte und gegen die feudale
religiös-idealistische Weltanschauung kämpfte, parteilich und trug, bei
all ihrer Begrenztheit, zur Entwicklung der Wissenschaften und der Gesellschaft bei. Die Dinge haben sich aber grundlegend verändert, als
sich die Bourgeoisie aus einer fortschrittlichen in eine reaktionäre
Klasse verwandelte. Im Interesse dieser Bourgeoisie liegt die Verewigung der Ausbeutung des Menschen durch den Menschen, der Kampf
gegen die revolutionäre Bewegung der Arbeiterklasse und gegen die
nationale Befreiungsbewegung, das heißt, ihre Interessen widersprechen dem objektiven Gang der Geschichte. Da sie so oder so den Interessen der imperialistischen Bourgeoisie Ausdruck gibt, ist die gegenwärtige bürgerliche Philosophie gleichfalls parteilich, sie führt den
Menschen zu einer falschen Widerspiegelung der Wirklichkeit.

Die wissenschaftliche Weltanschauung spiegelt die Entwicklungsge-
setzmäßigkeiten der Erscheinungen in Natur und Gesellschaft richtig
wider und verteidigt die Interessen jener Klassen, die den Fortschritt
verkörpern, denen die Zukunft gehört. Unter den gegenwärtigen Bedingungen ist der Marxismus-Leninismus eine solche Weltanschauung, die Weltanschauung der fortschrittlichsten Klasse – der Arbeiterklasse, und ihrer Avantgarde – der kommunistischen Partei. Die Parteilichkeit unserer Philosophie besteht darin, daß sie bewußt und zielstrebig dem Aufbau des Sozialismus und Kommunismus dient. Das Prinzip der Parteilichkeit erfordert den konsequenten und unversöhnlichen
Kampf gegen alle dem Sozialismus feindlichen Theorien und Auffassungen. Auf dem Gebiet der Weltanschauung gibt es keine Kompromisse. Die Frage kann »nur so stehen: bürgerliche oder sozialistische
Ideologie. Ein Mittelding gibt es hier nicht (denn eine ›dritte‹ Ideologie
hat die Menschheit nicht geschaffen, wie es überhaupt in einer Gesellschaft, die von Klassengegensätzen zerfleischt wird, niemals eine außerhalb der Klassen oder über den Klassen stehende Ideologie geben
kann). Darum bedeutet *jede* Herabminderung der sozialistischen Ideologie, *jedes Abschwenken* von ihr zugleich eine Stärkung der bürgerlichen Ideologie.«[7]

7 W. I. LENIN, Was tun? In: Werke, Bd. 5. S. 396.

Jeder Schritt bei der Entwicklung der Wissenschaft und der gesellschaftlichen Praxis bestätigt die Richtigkeit des Gedankens von Lenin:
»*Auf dem Wege* der Marxschen Theorie fortschreitend, werden wir uns
der objektiven Wahrheit mehr und mehr nähern (ohne sie jemals zu erschöpfen); *auf jedem anderen Wege* aber können wir zu nichts anderem
gelangen als zu Konfusion und Unwahrheit.«[8]

Um die Gesellschaft revolutionär umzugestalten, braucht man eine
revolutionäre Theorie. Diese Theorie ist der Marxismus-Leninismus,
und der dialektische und historische Materialismus ist seine philosophische Grundlage.

---

[8] W. I. LENIN, Materialismus und Empiriokritizismus. In: Werke, Bd. 14. S. 138.

V. Kritische Theorie

Allgemeine Einführung

1. Historische Wurzeln und Hauptvertreter

Die »Kritische Theorie« (= »kritische Gesellschaftstheorie« oder »kritische Sozialphilosophie«) der Frankfurter Schule ist eine philosophische Denkrichtung, deren Entstehen eng mit einer Institution verbunden ist, und zwar dem Frankfurter Institut für Sozialforschung. Dieses Institut war 1923 von Privatleuten mit der Absicht gegründet worden, eine außeruniversitäre Forschungsstätte für Probleme der Arbeiterbewegung, des Sozialismus und des Marxismus zu schaffen[1]. Zu den zeitweiligen Mitgliedern dieses Instituts in den zwanziger und dreißiger Jahren zählten u. a. auch der später als Sozialpsychologe berühmt gewordene *Erich Fromm*, der marxistische Literaturtheoretiker *Walter Benjamin*, der Literatursoziologe *Leo Löwenthal* und vor allem *Theodor W. Adorno* und *Herbert Marcuse*. Die entscheidende Prägung hat das Frankfurter Institut für Sozialforschung aber zweifellos durch den Sozialphilosophen *Max Horkheimer* erhalten. Horkheimer gab nicht nur das wichtigste Publikationsorgan des Instituts, die »Zeitschrift für Sozialforschung« (1932–1941) heraus, sondern er war auch lange Jahre der Direktor dieser Institution. Dies auch zu jener Zeit, in der das Institut angesichts der drohenden Auflösung durch die Nationalsozialisten von Deutschland in die USA verlegt werden mußte und dort der Columbia-Universität New York angeschlossen war (1934–1950). *Max Horkheimer* (1895–1973) wird heute allgemein zusammen mit *Theodor W. Adorno* (1903–1969) und *Herbert Marcuse* (1898–1979) als Begründer und Hauptvertreter der Kritischen Theorie angesehen[2]. Von den Nachfolgern und Schülern dieser drei Klassiker der Kritischen Theorie ist zweifellos *Jürgen Habermas* (geb. 1929) der bedeutendste und bekannteste Denker geworden. Jüngere Fortsetzer dieser Denktradition sind u. a. Albrecht Wellmer und Axel Honneth.

Den Höhepunkt ihres geistigen Einflusses auf das philosophische und öffentliche Denken hatte die Kritische Theorie in der BRD in der zweiten

---

[1] Zur Geschichte dieser Institution und der Kritischen Theorie bis 1950 vgl. Martin JAY, Dialektische Phantasie. Die Geschichte der Frankfurter Schule und des Instituts für Sozialforschung 1923–1950. Frankfurt 1976. Die bisher ausführlichste Darstellung der Entstehungsgeschichte dieser Denkrichtung gibt: Rolf WIGGERSHAUS, Die Frankfurter Schule. Geschichte, Theoretische Entwicklung, Politische Bedeutung. München 1986.

[2] Die folgende Darstellung von Hauptgedanken dieser philosophischen Richtung orientiert sich daher in erster Linie an den Werken dieser drei Autoren.

Hälfte der sechziger Jahre. Damals sind Vorstellungen aus dieser Denkrichtung in die Ideologie der antiautoritären Studentenbewegung und der sogenannten Neuen Linken eingegangen. Vor allem Marcuse war eine Zeitlang ein Ideenlieferant für die damalige revolutionäre Studentenbewegung[3]. Er war es auch, der der Kritischen Theorie in den USA im Gefolge von dortigen Protestbewegungen (Bewegungen gegen die Rassen- und Minderheitendiskriminierung, gegen den Vietnamkrieg) zumindest in studentischen Kreisen zu einer gewissen Publizität verholfen hat.

Zu den wichtigsten geistesgeschichtlichen Wurzeln der Kritischen Theorie gehören 1. die Tradition der deutschen idealistischen Philosophie, vor allem das Werk *Gottfried Wilhelm Friedrich Hegels,* 2. die philosophischen Frühschriften von *Karl Marx,* in denen der Gedanke der Entfremdung des Menschen einen zentralen Stellenwert einnimmt, 3. die Philosophie der Psychoanalyse und die Kulturphilosophie von *Sigmund Freud* und 4. neohegelianisch-marxistische Vorstellungen, wie sie in den zwanziger Jahren vor allem von *Karl Korsch* und *Georg Lukács* vertreten worden sind. Besonders Gedanken aus dem Buch »Geschichte und Klassenbewußtsein«, 1923, von Lukács, die dort im Zusammenhang mit dem Begriff der Verdinglichung entwickelt sind, scheinen die Vertreter der Kritischen Theorie unmittelbar und nachhaltig beeinflußt zu haben. Nicht unerwähnt darf auch 5. der Einfluß gewisser Denkmotive aus der Phänomenologie, der Lebensphilosophie und der Existenzphilosophie bleiben. Letztere hat vor allem auf *Herbert Marcuse* prägend gewirkt. Marcuse, der in den zwanziger Jahren eine Zeitlang in Freiburg bei *Husserl* und *Heidegger* studiert hatte, vertrat in der Frühphase seines Denkens eine Art von »Heidegger-Marxismus«[4]. *Horkheimer* und *Adorno* wurden darüber hinaus auch noch von *Schopenhauer* bzw. *Nietzsche* erheblich beeinflußt.

2. Kurzcharakteristik

a) Eine Kernannahme der Kritischen Theorie, die als allgemeiner spekulativer Bezugsrahmen hinter den meisten Argumentationen ihrer Vertreter steht, ist eine *Verdinglichungs- oder Entfremdungsthese.* Diese These besagt in ihrer einfachsten Form ausgedrückt, daß die Gesellschaft und die Menschen nicht das sind, was sie ihrem Wesen oder ihren

---

[3] Dies nicht zuletzt durch einige Gastvorlesungen an der Freien Universität Berlin, an der er zwischen 1965 und 1968 Honorarprofessor war.

[4] Ich übernehme den Ausdruck »Heidegger-Marxismus« von Alfred Schmidt, der mit Recht die Meinung vertritt, daß Vorstellungen aus der frühen existenzphilosophischen Denkperiode von Marcuse auch sein späteres Werk nachhaltig geprägt haben. Vgl. Alfred SCHMIDT/Herbert MARCUSE, Existentialistische Marx-Interpretation. Frankfurt 1973. S. 111ff.

Möglichkeiten nach sein könnten. Sie sind ihrem Wesen bzw. ihren Möglichkeiten entfremdet. In der modernen Industriegesellschaft – in bezug auf diese Gesellschaft erörtern die Philosophen der Kritischen Theorie diese These in erster Linie – zeigt sich die Verdinglichung oder Entfremdung an mannigfachen Phänomenen. So vor allem an dem Umstand, daß der Mensch in der industriellen Arbeitswelt zum bloßen Bestandteil eines durch Automation und Mechanisierung bestimmten technischen Produktionsapparates geworden ist, in dem er nur ein anonymes, austauschbares Rädchen in einem gigantischen, unüberblickbaren »technologischen Universum« (Marcuse) darstellt. Er ist darin von Maschinen abhängig, die ihm eintönig-stereotype Verhaltensweisen aufzwingen und keine Spielräume für Eigeninitiativen, Selbstbestimmung und schöpferische Aktivitäten lassen. Das Entfremdungs- und Verdinglichungsphänomen zeigt sich für die Kritischen Theoretiker auch an dem Ausgeliefertsein des modernen Menschen an bürokratische Reglementierungstendenzen und administrative Verwaltungszwänge in der »verwalteten Welt« der fortgeschrittenen Industriegesellschaft. Durch Bürokratie und Verwaltungsapparate werden die Menschen ebenso ihrer Individualität beraubt und zu einem manipulierbaren »Ding« herabgewürdigt wie durch den mechanisierten Produktionsprozeß. Einen weiteren Umstand, an dem das Verdinglichungs- und Entfremdungsphänomen offenbar wird und der von den Vertretern der Kritischen Theorie immer wieder stark betont wird, bildet die Normierung und Nivellierung der menschlichen Bedürfnisse und Verhaltensweisen durch die Massenproduktion und die Konsumindustrie. »Durch die ungezählten Agenturen der Massenproduktion und ihrer Kultur werden die genormten Verhaltensweisen dem einzelnen als die allein natürlichen, anständigen, vernünftigen aufgeprägt« (Horkheimer/Adorno)[5]. Nicht wenige Überlegungen haben Vertreter der Kritischen Theorie (besonders Adorno) auch den Erscheinungsformen der Verdinglichung und Entfremdung auf dem Gebiet der Kunst gewidmet. In diesem Zusammenhang wird die Ansicht vertreten, daß unter den Bedingungen der modernen Kulturindustrie das Kunstwerk zu einer von Reklameagenturen feilgebotenen, bloßen Ware wird, das durch die Vermittlung über hochtechnisierte Apparate und Massenmedien (Musik) seine »Echtheit« und »Unmittelbarkeit« verliert. Unter den Bedingungen der Markt- und Konsumgesellschaft werden die Kunstwerke zu vermarktbaren und oberflächlich konsumierbaren Vergnügungsobjekten entwürdigt. »Die Komposition ist

⁵ Theodor W. Adorno/Max Horkheimer, Dialektik der Aufklärung. Frankfurt 1971. S. 29.

verdinglicht, zu einem Museumsstück gemacht worden und ihre Auf-
führung zu einer Freizeitbeschäftigung . . ., einer gesellschaftlichen
Zusammenkunft, die besucht werden muß, wenn man zu einer bestimmten Gruppe gehört. Aber es ist keine lebendige Beziehung zu
dem Werk, kein direktes, spontanes Verstehen seiner Funktion als eines
Ausdrucks mehr verblieben, keine Erfahrung seiner Totalität als eines
Bildes dessen, was einmal Wahrheit genannt wurde« (Horkheimer)[6].
Fragt man nach den Ursachen des Entfremdungs- und Verding-
lichungsphänomens, das die Philosophen der Kritischen Theorie immer wieder eindringlich beschrieben haben, wird man von Horkheimer, Adorno und Marcuse auf mehrere Faktoren verwiesen: Ein wichtiger Faktor ist in ihren Augen – in diesem Punkt sind sie treue Schüler
von Karl Marx – die kapitalistische Wirtschaftsorganisation. Die kapitalistischen Produktions- und Marktverhältnisse sind entscheidend
verantwortlich für das Entstehen jenes »Warenfetischismus«, der den
Beziehungen der Menschen zu den Dingen und untereinander Waren-
charakter verleiht, d. h. sie zu unpersönlichen Mittel-Zweck-Verhält-
nissen und Nutzensbeziehungen macht. Als weitere Faktoren, die die
Entfremdung und Verdinglichung in der fortgeschrittenen Industriegesellschaft bedingen, gelten die extreme Arbeitsteilung im Produktionsprozeß, die Mechanisierung des Arbeitsprozesses, die Bürokratisierung der Verwaltung, die Massenproduktion, die Reklame und Kulturindustrie, die Massenmedien usw. Die letztlich zentrale Ursache für
das Verdinglichungs- und Entfremdungsphänomen ist in den Augen
der Philosophen der Kritischen Theorie aber eine ganz bestimmte
Denkweise oder Denkhaltung, die »technologische Rationalität« oder
»instrumentelle Vernunft«. In diesem Punkt unterscheidet sich die Kritische Theorie grundlegend vom Marxismus-Leninismus und von anderen marxistischen Denkrichtungen, die die Entfremdung mehr oder
weniger einseitig auf ökonomische Faktoren zurückführen und ihre
wesentlichen Verursachungsfaktoren mit der Aufhebung des Privatei-
gentums an Produktionsmittel bereits beseitigt sehen.

b) Mit der *These von der »instrumentellen Vernunft« oder der »technologischen Rationalität«* vertreten die Philosophen der Kritischen Theorie die
Auffassung, daß in der modernen Industriegesellschaft eine ganz bestimmte Denkweise vorherrscht, die sie u. a. auch als »subjektive Vernunft«, »technische Vernunft«, »formalisierte Vernunft«, »technische
Rationalität« oder auch als »eindimensionales Denken« bezeichnet haben. Diese Denkweise kommt ihrer Ansicht nach sehr deutlich im mo-

---

[6] Max HORKHEIMER, Zur Kritik der instrumentellen Vernunft. Frankfurt 1967. S. 47.

dernen naturwissenschaftlich-technischen Denkstil sowie in der Philosophie des Positivismus und des Pragmatismus zum Ausdruck. Die Wurzeln dieser Denkweise, die nicht zuletzt durch eine einseitig auf Entmythologisierung und Beherrschbarkeit der Natur ausgerichtete Aufklärung vorangetrieben worden ist, werden schon in der antiken Philosophie gesehen. So meint z. B. Marcuse bereits an der Aristotelischen Logik eine Tendenz zu erkennen, alle Gegenstände ». . . ob sie geistig oder körperlich sind, ob sie die Gesellschaft oder die Natur betreffen, . . . denselben allgemeinen Gesetzen der Organisation, Kalkulation und Schlußfolgerungen« zu unterwerfen. Diese Tendenz manifestiert sich heute in einer »Logik der Herrschaft«, die dem modernen naturwissenschaftlich-technischen Denkstil angeblich immanent ist. Diesem Denkstil ist in den Augen der Vertreter der Kritischen Theorie ein Aspekt des Beherrschenwollens eigen, ein »technologisches Apriori, . . . das die Natur als potentielles Mittel, als Stoff für Kontrolle und Organisation entwirft« (Marcuse) und das letzten Endes auch die Menschen und die zwischenmenschlichen Beziehungen unter einen Aspekt des Verfügens, der Kontrolle und der Herrschaft stellt. In diesem Denken hat die Vernunft bloß instrumentellen Charakter, »ihr operativer Wert, ihre Rolle bei der Beherrschung des Menschen und der Natur, ist zum einzigen Kriterium gemacht worden« (Horkheimer)[7].

Neben dieser (a) instrumentalistischen Grundtendenz hat man der technologischen Rationalität noch eine Reihe von anderen Merkmalen zugeschrieben: so (b) die Tendenz, vornehmlich quantitative Kategorien an die Wirklichkeit anzulegen und möglichst alle Phänomene und Sachverhalte unter formale Gesetzmäßigkeiten und quantifizierbare Regeln zu subsumieren. Das »Diktat der Quantifizierung« (Adorno)[8] wird für die Kritischen Theoretiker in der Gegenwart an der mathematischen Logik und an übertriebenen Mathematisierungstendenzen in den einzelnen Wissenschaften offensichtlich oder etwa an Bemühungen, unbedingt quantitative Kriterien zur Arbeitsplatzbewertung fest-

---

[7] Vgl. Herbert MARCUSE, Der eindimensionale Mensch. Studien zur Ideologie der fortgeschrittenen Industriegesellschaft. Neuwied/Berlin 1967. S. 152, 161, 168f.; HORKHEIMER, a.a.O., S. 30; ADORNO/HORKHEIMER, a.a.O., S. 23. Daß mit dieser Kritik am etablierten naturwissenschaftlich-technischen Denkstil aber nicht empirische Forschungen schlechthin abgelehnt werden, zeigen nicht zuletzt die empirischen sozialpsychologischen Arbeiten, die von Horkheimer und Adorno entweder selbst geleistet oder zumindest angeregt wurden.

[8] Theodor W. ADORNO, Negative Dialektik. Frankfurt 1966. S. 51. Die Kritik an der Quantifizierung, Technisierung und Verwissenschaftlichung der Welt, die von den Vertretern der Kritischen Theorie vorgebracht wird, weist starke Parallelen zu einer Kultur- und Zivilisationskritik auf, wie sie in den zwanziger Jahren von konservativen Sozialtheoretikern (z. B. Hans Freyer) und von Existenzphilosophen (Martin Heidegger) geübt worden ist. Eine Gemeinsamkeit ist dabei z. B. die Ablehnung behavioristischer Theorieansätze.

setzen zu wollen, Freizeitverhalten durch das Vorschreiben von quanti-
tativen Normen zu regulieren usw. Die Tendenz zur Quantifizierung,
Formalisierung und Rationalisierung der menschlichen Lebensbereiche
hat zur Folge, daß wesentliche qualitative Aspekte und Unterschiede
im menschlichen Leben eingeebnet und Freiheitsspielräume eingeschränkt werden. Ein Gedanke, der in diesem Zusammenhang erwähnt
werden muß, weil er in der Kritischen Theorie ein oft wiederholtes
Denkmotiv darstellt, ist folgender: Der moderne Mensch, der in der
technologischen Rationalität befangen ist, schafft auf der einen Seite
immer neue Gesetzmäßigkeiten in der Natur und der Gesellschaft, weil
er deren Phänomene kategorisieren, rationalisieren und damit be-
herrschbar machen will. Auf der anderen Seite erkennt er aber die von
ihm selbst in die Natur und die Gesellschaft projizierten Gesetzmäßigkeiten nicht mehr als seine eigenen Denkprodukte, sondern er hält sie
für von ihm unabhängige, unveränderliche Sachzwänge, denen er sich
hilflos ausgeliefert sieht. Dieser Gedanke verweist auf ein weiteres
Kennzeichen jener instrumentell-technologischen Denkweise, deren
Kritik im Philosophieren der Frankfurter Schule einen so zentralen Stellenwert einnimmt: (c) die resignative Inaktivität und den Konformis-
mus gegenüber allem Bestehenden und Etablierten (den etablierten
Denkweisen, Institutionen, gesellschaftlichen und politischen Verhältnissen usw.). An weiteren Merkmalen der technologischen Rationalität
oder instrumentellen Vernunft heben die Philosophen der Kritischen
Theorie hervor: (d) die Tendenz zur Stabilisierung der in einer Gesellschaft gegebenen Macht- und Herrschaftsverhältnisse; (e) die Tendenz
zur Unterdrückung von schöpferischer Spontaneität und von unregle-
mentierten, spekulativ-kühnen Gedankenentwürfen, die über die eingefahrenen Denkbahnen hinausgehen; (f) die Unfähigkeit, gesellschaftliche, politische und wirtschaftliche Prozesse in ihrem Gesamtzusam-
menhang und historischen Kontext zu erkennen. Der in der technologischen Rationalität befangene Mensch kann an solchen Prozessen angeblich immer nur isolierte Ereignisse und Aspekte sehen, er ist nicht dazu
in der Lage, diese Prozesse in ihrer »Totalität« zu erfassen; (g) die Tendenz zur Standardisierung und Nivellierung der menschlichen Denkweisen, Bedürfnisse und Verhaltensweisen. Diese Tendenz wird durch
die von der Reklame- und Konsumindustrie verbreiteten Stereotypen
besonders gefördert sowie durch jene Normierung von Denk- und
Verhaltensformen, die mit der Anpassung an die Zwänge der Rationalisierung und Mechanisierung im modernen Arbeitsprozeß verbunden
ist. Als letztes Merkmal der technologischen Rationalität sei hier auch
noch (h) die Tendenz genannt, (moralische, politische usw.) Wertent-

scheidungen aus dem Bereich des vernünftig Begründbaren auszu-
schließen und sie als Ergebnisse von irrationalen Entschlüssen hinzustellen. Gegen diese Tendenz wurde von den Kritischen Theoretikern
der Vorwurf des »Dezisionismus« erhoben.

c) Eine weitere Kernthese der Kritischen Theorie ist die *These vom
Repressions- und Herrschaftscharakter der modernen, fortgeschrittenen Industriegesellschaft.* Diese These besagt in ihrer allgemeinsten Fassung, daß
die moderne, hochtechnisierte Industrie- und Wohlstandsgesellschaft
ein umfassendes System von Unterdrückung und Herrschaft darstellt.
Vor allem Marcuse hat diese These immer wieder nachdrücklich vertreten und sie u. a. auch aus der Kulturphilosophie und der Philosophie
der Psychoanalyse von Sigmund Freud zu begründen versucht. Er
übernimmt dabei von Freud die Auffassung, daß die bisherige gesellschaftliche und kulturelle Entwicklung der Menschheit nur aufgrund
von permanenter Unterdrückung und Hemmung von menschlichen
Triebbedürfnissen möglich war. Die Notwendigkeit der Unterdrük-
kung von primären Trieben und Bedürfnissen gilt auch für die Persön-
lichkeitsentwicklung jedes einzelnen. Jeder Mensch muß von frühester
Kindheit an lernen, seine ursprünglich auf uneingeschränkte Lust- und
Glücksgewinnung und ungehemmte Bedürfnisbefriedigung ausgerichtete Triebstruktur so zu beeinflussen und zu kontrollieren, daß ein
persönliches Überleben und das Zusammenleben mit anderen möglich
wird. Das Respektieren von gesellschaftlichen Regeln und Institutionen bedeutet aus dieser Sicht stets auch eine mehr oder weniger bewußte Hemmung und Unterdrückung von primären Trieben, Bedürfnissen und Wünschen. Für unseren Zusammenhang ist es nun bedeutsam, daß Marcuse über Freud hinausgehend die Ansicht vertritt, in allen bisherigen Gesellschaften sei jenes Maß an Triebunterdrückung und
repressiver Triebmodifikation, das für das Fortbestehen der Menschheit unerläßlich war, noch um ein zusätzliches, unnotwendiges Maß an
Unterdrückung verstärkt gewesen. Dieses unnotwendige Maß an Unterdrückung in der sozialen Entwicklungsgeschichte der Menschheit
sei stets auf ungerechtfertigte Interessen und Institutionen von Herrschaft zurückzuführen gewesen. Auch für die moderne, fortgeschrit-
tene Industriegesellschaft gilt in den Augen der Vertreter der Kritischen
Theorie, daß in ihr ein hohes Maß von unnotwendiger Unterdrückung
und Herrschaft institutionalisiert sei. Anstatt das bisher historisch notwendige Maß an Trieb- und Bedürfnisunterdrückung allmählich abzu-
bauen, wie es der hohe Produktivitätsstandard und der Wohlstand in
dieser Gesellschaft erlauben würde, stelle die heutige hochtechnisierte
Industriegesellschaft geradezu ein umfassendes System der Unterdrük-

kung und Herrschaft dar. In dieser Gesellschaft sei der Mensch mannigfachen Formen der Repression ausgesetzt, d. h. ». . . bewußten und
unbewußten, äußeren und inneren Vorgängen der Hemmung, der er-
zwungenen Einschränkung und Unterdrückung«[9]. Die Unterdrük-
kung geht dabei von den technischen Produktionsapparaten, den büro-
kratischen Institutionen, den Verwaltungsmaschinerien, der aufdring-
lichen Reklame- und Konsumindustrie usw. aus, an deren Erfordernisse und Zwänge sich die Menschen anpassen und dabei ihre »eigene
Natur« unterdrücken müssen. Die Zwänge dieser technischen Apparate, die oftmals gar nicht mehr als Zwänge empfunden werden, gehen
soweit, daß sie die Menschen über die Suggestion von unechten Bedürfnissen und die Verinnerlichung von stereotypen Verhaltensformen
bis in die Privatsphäre hinein beherrschen.

d) In engem Zusammenhang mit der Repressions- und Herrschafts-
hypothese in der Kritischen Theorie steht die *These von der Manipulation
der Bedürfnisse*. Dieser These zufolge führen die Menschen in der modernen Konsum- und Wohlstandsgesellschaft, in der sie ihre geistigen
und materiellen Bedürfnisse in einem Ausmaß wie nie zuvor befriedigen können, bloß subjektiv und oberflächlich gesehen ein zufriedenes
Leben. Bei genauerer Betrachtung erweisen sich nahezu alle Bedürfnisse, deren Befriedigung unter den bestehenden gesellschaftlichen Verhältnissen Zufriedenheit und Glücksgefühle vermitteln, als falsche, re-
pressive Bedürfnisse, weil sie den Fortbestand eines Lebens in Unfreiheit, harter Arbeit und unnotwendiger Triebrepression nur verewigen.
Sie werden den Menschen letzten Endes von den herrschenden Mächten in dieser Gesellschaft suggeriert, die daran interessiert sind, den gesellschaftlichen Status quo aufrecht zu erhalten. Die Philosophen der
Kritischen Theorie sehen die manipulative Suggestion und Anglei-
chung der Bedürfnisse und Wünsche in den modernen Industriegesellschaften durch die Techniken der Massenbeeinflussung bereits soweit
gediehen, daß der einzelne Mensch kein individuelles Glück mehr genießen kann, sondern bloß ein kontrolliertes, uniformes Glück, das ihm
durch die Konsum- und Unterhaltungsindustrie gleichsam verordnet
wird. Wie tief z. B. Marcuse die Bedürfnismanipulation in die menschlichen Einstellungs- und Verhaltensstrukturen hineinwirken sieht,
zeigt folgende Feststellung: »Das Bedürfnis, technische Gebrauchsarti-
kel, Apparate, Instrumente und Maschinen zu besitzen, zu konsumie-
ren, zu bedienen und dauernd zu erneuern, Waren, die den Leuten angeboten und aufgedrängt werden, damit sie diese selbst bei Gefahr ihrer

---

[9] Herbert MARCUSE, Triebstruktur und Gesellschaft. Ein philosophischer Beitrag zu
Sigmund Freud. Frankfurt 1965. S. 14.

eigenen Zerstörung gebrauchen, ist zu einem ›biologischen‹ Bedürfnis
. . . geworden. Die zweite Natur des Menschen widersetzt sich jeder
Veränderung, welche diese Abhängigkeit der Menschen von einem
immer dichter mit Handelsartikeln gefüllten Markt sprengte oder vielleicht abschaffte . . .«[10] Hier kommt auch deutlich die Überzeugung
der Kritischen Theoretiker zum Ausdruck, daß die fortgeschrittene Industriegesellschaft letzten Endes doch eine relativ stabile Gesellschaft
sei. Die Menschen betrachten die falschen, repressiven Bedürfnisse als
echte, wahre Bedürfnisse und die suggerierten Konsumentscheidungen
als autonome Entscheidungen. Sie werden von den herrschenden
Mächten dieser Gesellschaft auf eine Weise manipuliert, daß sie eine revolutionäre Veränderung fälschlich als gegen ihre Interessen gerichtet
ansehen müssen und daher ablehnen. Im Zusammenhang mit dieser
These von der Bedürfnismanipulation bleibt offen, wieweit die Philosophen der Kritischen Theorie diese Manipulation als eine bewußte
Manipulation durch jene Gruppen in der modernen Gesellschaft betrachten, die darin ökonomische Privilegien und Macht- und Herrschaftspositionen zu verteidigen haben bzw. wieweit diese Manipulation eine nicht vorsätzlich gesteuerte ist, sondern dem etablierten Ge-
sellschaftssystem und seinem »Verblendungszusammenhang« einfach
notwendig immanent ist. Marcuse scheint der bewußten Manipulation
einen größeren Stellenwert einzuräumen als etwa Adorno.

e) Ein weiteres Hauptcharakteristikum der Kritischen Theorie ist ein
kritisch-revolutionärer Grundzug. Dieser Grundzug ergibt sich nicht zuletzt aus dem Anspruch der Kritischen Theorie, die Alternative zur
»traditionellen Theorie« zu sein, d. h. zu jener Denkweise und theoretischen Einstellung, die blind am Gegebenen orientiert ist. Aus diesem
Anspruch heraus üben die Vertreter der Kritischen Theorie scharfe Kritik an anderen philosophischen Richtungen (Positivismus, Pragmatismus), an etablierten wissenschaftlichen Denkformen und an der modernen Industriegesellschaft. Diese Kritik erscheint deshalb oft besonders radikal, weil sie aus einer Ganzheits- oder Totalitätsperspektive
heraus geübt wird, aus der sich nicht selten die gesamte fortgeschrittene
Industriegesellschaft als ein System totaler Herrschaft, Repression und
Manipulation darstellt. Daraus ergibt sich dann im Rahmen der Kritischen Theorie mehr oder weniger explizit die Forderung, diese Gesellschaft von Grund auf zu revolutionieren, d. h. nicht nur die wirtschaftlichen, gesellschaftlichen und politischen Organisationsformen zu verändern, sondern auch das Denken, die Einstellungs- und Bedürfnis-

---

[10] Herbert MARCUSE, Versuch über die Befreiung. Frankfurt 1969.

struktur und sogar die Sprache der darin lebenden Menschen. Vor allem bei Marcuse tritt dieser Radikalitätsaspekt deutlich zutage, auf den im folgenden bei der kritischen Würdigung dieser philosophischen Richtung noch näher eingegangen wird.

f) Als weiteres Charakteristikum der Kritischen Theorie sei hier die vieldiskutierte *These von den erkenntnisleitenden Interessen in den wissenschaftlichen Forschungsprozessen* genannt[11]. Im Rahmen dieser These werden von Habermas drei Typen von Wissenschaften bzw. wissenschaftlichen Denkweisen unterschieden: die empirisch-analytischen Wissenschaften, die historisch-hermeneutischen Wissenschaften und die systematischen Handlungswissenschaften. Diesen drei Wissenschaftstypen werden drei erkenntnisleitende Interessen zugeordnet, welche jeweils die Konstitution von Erkenntnissen und Theorien im Rahmen dieser Wissenschaften bestimmen. Den empirisch-analytischen Wissenschaften ein technisches Erkenntnisinteresse, d. h. ein Interesse, das »die Wirklichkeit im Hinblick auf eine . . . immer und überall mögliche technische Verfügung erfaßt« und damit in den verschiedensten Situationen erfolgreiches Handeln gewährleisten will; den historisch-hermeneutischen Wissenschaften ein praktisches Erkenntnisinteresse, das ist ein Interesse, das die »Intersubjektivität handlungsorientierter Verständigung«[12] garantieren will. Die systematischen Handlungswissenschaften, Habermas nennt Ökonomie, Soziologie und Politik, verfolgen als kritische Sozialwissenschaften ein »emanzipatorisches Interesse«, d. h. sie zielen von vornherein darauf ab, den Menschen aus naturwüchsigen Zwängen zu befreien und ihn durch Selbstreflexion zur Mündigkeit zu verhelfen. So plausibel dieses Konzept von den erkenntnisleitenden Interessen, die sozusagen den vorwissenschaftlichen, lebensweltlichen Bezugsrahmen für die genannten Typen von Wissenschaften abgeben sollen, auf den ersten Blick hin auch erscheinen mag, so unklar und mehrdeutig erweist es sich bei genauerer Betrachtung. Bleiben in diesem Konzept bisher doch so entscheidende Fragen unbeantwortet wie die Frage nach dem Status der erkenntnisleitenden Interessen und die Frage nach deren Rolle bzw. Reichweite im wissenschaftlichen Erkenntnisprozeß[13].

---

[11] Diese These ist zwar explizit erst von Habermas entwickelt worden, sie findet sich aber schon in Ansätzen vorformuliert in dem programmatischen Aufsatz von Horkheimer »Traditionelle und Kritische Theorie« aus dem Jahr 1937. Dieser Aufsatz ist u. a. wiederabgedruckt in: Max Horkheimer, Kritische Theorie. Bd. II. Eine Dokumentation. Hrsg. v. Alfred Schmidt. Frankfurt 1968. S. 137−200. Vgl. auch Jürgen Habermas, Technik und Wissenschaft als Ideologie. Frankfurt 1968. S. 146 ff.; Ders., Erkenntnis und Interesse. Frankfurt 1973.

[12] Jürgen Habermas, Erkenntnis und Interesse. Mit einem neuen Nachwort. 2. Aufl. Frankfurt 1973. S. 241.

[13] Aus den Darlegungen von Habermas ist letzten Endes nicht ersichtlich, ob es sich bei

g) In seiner sog. *Theorie des kommunikativen Handelns* unterscheidet Habermas – in teilweiser Anknüpfung an die These von den erkenntnisleitenden Interessen – zwei grundsätzlich verschiedene Typen des Handelns: (a) das erfolgsorientierte zweckrationale Handeln und (b) das verständigungsorientierte kommunikative Handeln. Habermas möchte in bezug auf das letztere gewisse Regeln herausarbeiten, die immer schon der Idee vernünftiger Rede zugrundelagen und die bei jeder Verständigungsbemühung als implizite Geltungsansprüche einer idealen Sprechsituation vorausgesetzt werden. Als solche Geltungsansprüche werden genannt: Verbindlichkeit, Wahrheit, Wahrhaftigkeit und Richtigkeit. Auf dem Weg einer Rekonstruktion dieser Geltungsansprüche vernünftiger Rede soll eine allgemeine Theorie der kommunikativen Kompetenz und Rationalität (zum Unterschied von der kognitiv-instrumentellen Rationalität) entwickelt werden, die einer kritischen Gesellschaftstheorie als normativer Maßstab zur Korrektur von Deformationen und »Pathologien« in der modernen Lebenswelt dienen könnten. In welchem Ausmaß in dieser Konzeption kognitive und normative Geltungsansprüche miteinander konfundiert werden, indem z. B. nahegelegt wird, man könne eine kommunikative Rationalität (als Ideal »unverkürzter Verständigung«) letztlich aus einem faktisch gegebenen vortheoretischen Wissen rekonstruieren, kann hier nicht ausgeführt werden.

3. Kritische Würdigung

Vorzüge: a) Zu den Vorzügen der Kritischen Theorie gehört die *Kritik an einem falschen Wissenschaftsverständnis*, das den Eindruck erweckt, Wissenschaft werde unabhängig von allen gesellschaftlichen und politisch-weltanschaulichen Belangen und Interessen betrieben und sei in diesem Sinne gänzlich wertfrei. Die vehemente Kritik der Philosophen der Kritischen Theorie an einem solchen »Elfenbeinturm«-Verständnis von Wissenschaft hat so manchen Wissenschaftler überhaupt erst dazu veranlaßt, über die außerwissenschaftlichen Impulse, Interessen und Motive nachzudenken, die seine wissenschaftli-

den von ihm behaupteten erkenntnisleitenden Interessen um empirische (psychologische, anthropologische usw.) Kategorien oder um transzendentale Kategorien handeln soll. Genauso bleibt letztlich ungeklärt, ob diese Interessen ausschließlich die Konstitution bzw. Entstehung von wissenschaftlichen Erkenntnissen bestimmen sollen oder aber auch den Begründungszusammenhang, d. h. bei der Entscheidung der Geltungs- und Wahrheitsfrage eine Rolle spielen. Zur Kritik an diesem Konzept von Habermas vgl. u. a. die Arbeiten von Nikolaus Lobkowicz und Lorenz Krüger in dem Band: Winfried DALLMAYR (Hrsg.), Materialien zu Habermas' »Erkenntnis und Interesse«. Frankfurt 1974, sowie: Harald KEUTH, Wissenschaft und Werturteil. Zu Werturteilsdiskussion und Positivismusstreit. Tübingen 1989. S. 178ff.

che Forschungstätigkeit etwa bei der Auswahl von Fragestellungen, Betrachtungsperspektiven usw. nur zu oft mitbestimmen. Die Wissenschaftskritik der Kritischen Theorie hat u. a. auch die Sensibilität gegenüber jener »technokratischen Hintergrundideologie« (Habermas) in der modernen Industriegesellschaft geschärft, aus der heraus immer wieder Diskussionen über Wertstandpunkte unterbunden werden, die hinter politischen Entscheidungen stehen. Dies geschieht durch die Weckung des falschen Anscheins, politische Entscheidungen seien keine Wertentscheidungen, sondern ergäben sich gleichsam mit unbedingter Notwendigkeit aus rein wissenschaftlichen Tatsachenerkenntnissen, technischen Expertisen oder technischen Sachzwängen.

b) Zu den Verdiensten der Philosophen der Kritischen Theorie zählt auch die nachdrückliche *Betonung der gesellschaftlichen Verantwortung der Wissenschaft*. Es wird als moralische Pflicht des Wissenschaftlers gegenüber der Gesellschaft angesehen, sich über den Entstehungs- und Begründungszusammenhang seiner Erkenntnisse hinaus auch Gedanken über deren Verwertungszusammenhang zu machen. Die einzelnen Wissenschaftler und die Wissenschaftlergemeinschaft (scientific community) dürfen sich nicht mit der bloßen Produktion von Wissen begnügen, sie müssen auch die Konsequenzen ihrer Tätigkeit und der von ihnen gewonnenen Erkenntnisse in der Gesellschaft verantwortungsbewußt überdenken. Sicherlich hat diese Forderung oft allzu optimistische Vorerwartungen und falsche Vorstellungen über die prinzipiellen Möglichkeiten geweckt, die weiteren Konsequenzen von Ergebnissen wissenschaftlicher Forschungen vorauszusehen. Die Grenzen (logische Grenzen, physische Grenzen des einzelnen Wissenschaftlers usw.) der möglichen Voraussagbarkeit künftiger Folgen von wissenschaftlichen Einsichten ändern jedoch nichts an der moralischen Verpflichtung jedes Wissenschaftlers, sich darum zu bemühen, wenigstens die unmittelbar vorausehbaren Folgen seiner wissenschaftlichen Ergebnisse deutlich hervorzuheben und auch anderen einsichtig zu machen.

c) Ein weiteres Verdienst der Kritischen Theorie besteht in ihrem *Beitrag zur zeitgenössischen Marx- und Marxismus-Diskussion*. Die Philosophen der Kritischen Theorie, die sich selbst oft als marxistische oder neomarxistische Denker verstanden wissen wollten, haben in der neueren Marxismus-Diskussion immer wieder die philosophischen Gedanken des Marxschen Werkes (so vor allem die Verdinglichungs- und Entfremdungsthese) gegenüber einseitig ökonomischen Deutungen hervorgehoben und den humanistischen Gehalt in diesem Werk stark betont[14].

---

[14] Da die Philosophen der Kritischen Theorie aus diesem Grund wiederholt Kritik an

d) Schließlich liegt auch ein Verdienst der Kritischen Theorie in der engagierten *Kritik an mannigfachen Mißständen und Übeln in der modernen Industriegesellschaft*. So kritisieren ihre Vertreter die Konsumentenmanipulation durch die Werbe- und Reklameindustrie, die blinde Steigerung von Produktionskapazitäten ohne Rücksicht auf die Folgewirkungen für Umwelt und Lebensqualität, kreativitätshemmende Tendenzen der Bürokratie und Verwaltung, den Mißbrauch wissenschaftlicher Erkenntnisse zur Erzeugung von Massenvernichtungsmitteln, das eingeplante frühzeitige Veralten von Gütern, die Inhumanität industrieller Arbeitsplatzbedingungen (Fließbandarbeit u. a.) usw.

Nachteile: a) Einer der schwerwiegendsten Mängel der Kritischen Theorie ist der Umstand, daß ihre Vertreter immer wieder in einer *Ganzheits- und Totalitätsperspektive* denken und argumentieren, die viele *Pauschalbehauptungen, ungerechtfertigte Verallgemeinerungen* von Einzelphänomenen und höchst undifferenzierte *Schwarzweißzeichnungen* zur Folge hat. Diese totalistische Betrachtungs- und Argumentationsweise zeigt sich z. B. an dem pauschalen »Positivismus«-Etikett dieser philosophischen Richtung, unter das teilweise sehr verschiedene Denkströmungen (z. B. der Neopositivismus und der Kritische Rationalismus) untergeordnet werden, oder an dem Umstand, daß die berechtigte Kritik an einer fälschlich behaupteten Wertfreiheit von wissenschaftlichen Handlungs- und Erkenntniszusammenhängen häufig so undifferenziert vorgebracht wird, daß dabei auch die wissenschaftsinterne Norm der Wertfreiheit (als Ideal der unparteiischen und unvoreingenommenen Wahrheitssuche bei der Analyse von Phänomenen oder bei der logischen Verarbeitung von Erkenntnissen im Begründungszusammenhang wissenschaftlicher Aussagensysteme) in ein schiefes Licht gerät. So konnte fallweise sogar der Eindruck entstehen, von der Kritischen Theorie würden die Prinzipien der Objektivität und unvoreingenommenen Wahrheitssuche in der Wissenschaft auf Kosten eines politischen Parteilichkeitsprinzips preisgeben. Die pauschalisierende Ganzheits- oder Totalitätsperspektive der Kritischen Theoretiker zeigt sich auch in deren Kritik an der deduktiven Logik und dem etablierten, naturwissenschaftlich-technischen Denkstil. Wird doch in dieser Kritik die richtig beobachtete Tatsache des oftmaligen Mißbrauchs von wissenschaftlichen Erkenntnissen und technischen Expertisen zum Zwekke menschlicher Unterdrückung und Manipulation illegitimerweise

---

orthodoxen Formen des Marxismus, vor allem auch an dem in den Ostblockstaaten als Staatsideologie etablierten Marxismus-Leninismus geübt haben, wurden sie von dieser Seite häufig scharf angegriffen. Vgl. z. B.: Die ›Frankfurter Schule‹ im Lichte des Marxismus (hrsg. v. J. V. Heiseler u. a.). Frankfurt 1970.

gleich zu einem Defekt dieses Denkstils überhaupt verabsolutiert,
wenn behauptet wird, daß diesem Denken schon von vornherein eine
Logik der Herrschaft immanent sei. Die undifferenzierte Totalitätsperspektive zeigt sich darüber hinaus auch in der Gesellschaftskritik der
Kritischen Theoretiker. Besonders Marcuse hat in seiner Kritik der
fortgeschrittenen Industriegesellschaft immer wieder durchaus richtige
Einsichten in Fehlentwicklungen, Mißstände und Übel in dieser Gesellschaft zu ungerechtfertigten Pauschalbehauptungen über das Gesamt-
system dieser Gesellschaft generalisiert. So ist bei ihm in bezug auf diese
Gesellschaft etwa von einem repressiven »technologischen« und »politischen Universum« die Rede, von einer »Krankheit des Ganzen«, einem System »totaler Manipulation«, von einer »repressiven Macht des
Ganzen« oder von einer »Herrschaft«, die »das Ganze der Gesellschaft«
durchdringt[15].

Auf diese Weise entwirft Marcuse ein extrem negatives Totalbild von
der modernen Industriegesellschaft, dem er dann das Bild einer um so
positiveren Alternative von einer qualitativ neuen ganz anderen Gesellschaft entgegenhält.

b) Mit diesem Denken in totalen gesellschaftlichen Alternativen
hängt ein *utopisch-radikalistischer Grundzug* in der Kritischen Gesellschaftstheorie (vor allem Marcuses) eng zusammen. Dieser Grundzug
kommt in Äußerungen zum Ausdruck, in denen immer wieder die
Notwendigkeit einer besonders radikalen und totalen Änderung der
bestehenden Verhältnisse betont und dabei nicht selten eine gänzlich
falsche und wirklichkeitsfremde Erwartung nahegelegt wird[16]. Es ist
die Erwartung, daß man die etablierten, als repressiv empfundenen gesellschaftlichen Institutionen nur niederzureißen und die komplizierten
sozialen Abhängigkeitsverhältnisse in der gegenwärtigen Gesellschaft

---

[15] Vgl. MARCUSE, Der eindimensionale Mensch. S. 25ff.; DERS., Versuch über die Befreiung. S. 82f.; DERS., Kultur und Gesellschaft. Bd. 2. Frankfurt 1965. S. 92. In diesem Zusammenhang darf nicht unerwähnt bleiben, daß jüngere Vertreter der Kritischen Theorie,
vor allem Schüler von Habermas, diese Totalitätsperspektive des öfteren kritisiert haben.
Vgl. dazu vor allem die Beiträge von Wolfgang Fritz Haug und anderen in der von Habermas herausgegebenen Aufsatzsammlung »Antworten auf Herbert Marcuse«, Frankfurt
1968, sowie Albrecht WELLMER, Kritische Gesellschaftstheorie und Positivismus. Frankfurt 1969. S. 54.

[16] Vgl. dazu das Kapitel »Die Revolutionstheorie von H. Marcuse« in meinem Buch:
Ideologie – Wissenschaft – Politik. Sozialphilosophische Studien. Graz/Wien/Köln 1975.
Ich habe dort auch auf Zusammenhänge zwischen diesem radikalistischen Aspekt und
jenem fallweisen resignativ-pessimistischen Grundton hingewiesen, den man bei Marcuse
genauso wie bei den anderen beiden Klassikern der Kritischen Theorie antrifft. Vgl. auch
meinen Artikel: Der holistische Grundzug in Herbert Marcuses neomarxistischer Gesellschaftstheorie und Ideologiekritik. In: Aufklärungsperspektiven. Weltanschauungsanalyse
und Ideologiekritik. Hrsg. v. Kurt SALAMUN. Tübingen 1989. S. 69–80.

nur möglichst radikal zu beseitigen brauche[17], um dann, wenn gleichsam eine Tabula rasa geschaffen ist, an den Aufbau der qualitativ neuen,
nichtrepressiven Zukunftsgesellschaft gehen zu können. Wie wirklich-
keitsfremd die Vorstellung einer gesellschaftlichen Tabula rasa oder eines sozialen Vakuums ist, in das hinein man eine gänzlich neue Gesellschaft bauen kann, zeigt allein schon die Überlegung, daß bei jeder Revolution, mag sie noch so radikal sein, immer genügend Relikte der alten Gesellschaft übrigbleiben (Institutionen, Einstellungen der Menschen, die überleben usw.), die dann den Aufbau der neuen Gesellschaft
entscheidend mitbestimmen.

c) Ein weiterer Einwand, der gegen die Kritische Theorie vorgebracht worden ist, ist der Vorwurf, die *Wertprämissen und eigenen Alter-
nativvorstellungen nicht deutlich expliziert* zu haben, von denen aus die
etablierte Gesellschaft, das institutionalisierte wissenschaftliche und
philosophische Denken, die aktuellen Bedürfnisse der Menschen usw.
immer wieder als entfremdet, verdinglicht oder unwahr kritisiert werden. So bleibt z. B. die Vorstellung von den nichtentfremdeten wahren
Bedürfnissen des Menschen genauso ungeklärt wie die Regeln und Kriterien jenes negativen, dialektischen Denkens, das als Alternative zu
dem etablierten, durch die technologische Rationalität gekennzeichneten, naturwissenschaftlichen und philosophischen Denkstil empfohlen
wird. Was die gesellschaftlichen, politischen und philosophisch-an-
thropologischen Wertvorstellungen der Kritischen Theorie betrifft,
von denen aus die bestehenden Verhältnisse kritisiert werden, hat von
den drei Klassikern dieser Richtung wohl noch Marcuse am ehesten
versucht, seine Vorstellungen zumindest in groben Konturen zu verdeutlichen. Er zeichnet dabei das Bild einer befriedeten, repressions-
freien Gesellschaft, in der ein neuer, schöpferischer Menschentyp mit
einer geänderten Bedürfnisstruktur und einer »neuen Sensibilität« frei
von sozialen Zwängen, von Herrschaft, Not und Mühsal leben soll. In
dieser Gesellschaft wird es keinen Leistungsdruck mehr geben, die Arbeit wird zur schöpferisch-spielerischen Tätigkeit. Marcuse hat in bezug auf diesen utopischen Entwurf eines »befriedeten Daseins«, den er
der bestehenden Gesellschaft als Alternative entgegenhält, verschiedentlich den falschen Eindruck geweckt, als ob sich diese Alternative

---

[17] Der hier hervorgehobene radikalistische Grundzug in der Gesellschaftstheorie der
Kritischen Theorie wurde von ihren drei Klassikern in späteren Schriften, u. a. auch mit
dem Hinweis auf die geänderte historische Situation, teilweise sehr erheblich abge-
schwächt. Dazu mögen nicht zuletzt die Erfahrungen mit radikalen Auswüchsen der
Studentenrevolte der sechziger Jahre beigetragen haben. Vgl. z. B. das Vorwort Max
Horkheimers zu: Ders., Kritische Theorie. Bd. I, oder Herbert Marcuse, Konterrevolu-
tion und Revolte. Frankfurt 1973. S. 67 ff.

zur Gänze und unvermittelt in die Wirklichkeit umsetzen läßt, wenn nur die bestehende Gesellschaft radikal genug revolutioniert wird. Er hat es verabsäumt, über die Realisierbarkeit seines Alternativkonzeptes genauere Aussagen zu machen und die in die Wirklichkeit umsetzbaren, realutopischen Elemente seines Konzepts von jenen Vorstellungen deutlich abzugrenzen, an die wohl immer nur eine graduelle Annäherung möglich ist, nicht aber eine vollständige Verwirklichung.

d) Ein weiterer Einwand, den man gegen die Kritische Theorie erhoben hat, betrifft den Umstand, daß *die* von dieser philosophischen Richtung immer wieder *behaupteten Phänomene der Herrschaft, Repression und Manipulation* in der fortgeschrittenen Industriegesellschaft *nicht* wirklich *aus der Sozialstruktur dieser Gesellschaft heraus erklärt* werden. Anstatt die Personen und sozialen Gruppen, die in dieser Gesellschaft für verschiedene Formen der Herrschaft, Unfreiheit und Manipulation maßgeblich verantwortlich sind, klar und deutlich herauszustellen und die wirtschaftlichen, rechtlichen und institutionellen Voraussetzungen ihrer Herrschafts- und Machtausübung aufzuzeigen, begnügen sich die drei Klassiker der Kritischen Theorie bei der Erklärung dieser Phänomene zumeist nur mit recht unbestimmten Hinweisen auf die »technologische Rationalität«, auf »Mächte«, »Kräfte« und »Interessen«, welche die Herrschaft in der fortgeschrittenen Industriegesellschaft bedingen bzw. ausüben.

4. Zu den folgenden Texten

In dem folgenden *Adorno*-Text wird zunächst festgestellt, was Philosophie heute nicht sein kann bzw. nicht sein soll: sie kann nicht mehr als »Technik der Bemeisterung des Lebens« dienen, nicht »Medium der Bildung« sein, seit der humanistische Bildungsbegriff in eine Krise geraten ist, sie soll aber auch nicht zu bloßer »wissenschaftstheoretischer Facharbeit« werden. Philosophie im Verständnis Adornos und der anderen Kritischen Theoretiker hat eine kritisch-revolutionäre Aufgabe. Sie »hat ihren Lebensnerv am Widerstand gegen die heute gängige Übung und das, dem sie dient, gegen die Rechtfertigung dessen, was nun einmal ist«. (173). Philosophie »als Kritik, als Widerstand gegen die sich ausbreitende Heteronomie« (176) muß gegen die Verdinglichung ankämpfen und die etablierten Denkweisen, Gewohnheiten usw. zu transzendieren versuchen. Die Verdinglichung kommt u. a. in der Wissenschaft zum Ausdruck, die in einen »Apparat der Heteronomie ausgeartet« (179) ist, aber auch im Positivismus und der Fundamentalontologie Heideggers, denen Adorno vorwirft, das spekulative Denken zu diskreditieren. Für die Philosophie gilt es auch den falschen

Schein der Ursprünglichkeit aufzudecken, den sich das instrumentell-technologische Denken in der verdinglichten Welt gibt: »Je verdinglichter die Welt, je dichter das Netz, das der Natur übergeworfen wurde, desto mehr beansprucht ideologisch das Denken, das jenes Netz spinnt seinerseits Natur, Urerfahrung zu sein« (174). Das Verdinglichungs- und Entfremdungsphänomen wird von Adorno im folgenden Text noch öfters hervorgehoben, so z. B. auch in dem Hinweis auf eine »Welt, die, als durch und durch vergesellschaftete, so übermächtig gegenüber allen Einzelnen ist, daß ihnen kaum etwas anderes übrigbleibt als sie hinzunehmen, wie sie sich gibt, . . .« (179).

An dem hier abgedruckten Text von *Horkheimer* wird an mehreren Stellen deutlich, daß er während des 2. Weltkrieges in den USA geschrieben worden ist. Dieser Text weist auch relativ viele Bezüge zu anderen Standpunkten in der Philosophie auf. Horkheimer arbeitet sein eigenes Philosophieverständnis durch Vergleich mit anderen Positionen heraus. Er stellt dabei u. a. fest, daß die Philosophen, wie schon Sokrates, »ein gespanntes Verhältnis zur Realität haben, wie sie einmal ist, vorab zu dem Gemeinwesen, in dem sie leben« (188). Horkheimer sieht »die wahre gesellschaftliche Funktion der Philosophie . . . in der Kritik des Bestehenden . . . Das Hauptziel einer derartigen Kritik ist es zu verhindern, daß die Menschen sich an jene Ideen und Verhaltensweisen verlieren, welche die Gesellschaft in ihrer jetzigen Organisation ihnen eingibt« (195). Philosophie muß auch beharrlich versuchen, »Vernunft in die Welt zu bringen (198). Was Horkheimer in anderen Schriften »instrumentelle Vernunft« oder »technische Rationalität« genannt hat, kritisiert er im folgenden Text in jenen Stellen, in denen er davon spricht, daß »heute die Produktion der Kunstwerke wie auch ihre Rezeption über Film und Radio weitgehend rationalisiert« sei oder daß der »Fachgeist . . . im Geschäftsleben nur den Profit« kenne, »im militärischen Bereich nur die Macht und selbst in der Wissenschaft nur den Erfolg innerhalb einer Spezialdisziplin« (197).

Wozu noch Philosophie

Bei einer Frage wie ›Wozu noch Philosophie‹, für deren Formulierung ich selbst verantwortlich bin, obwohl ich den amateurhaften Klang nicht überhöre, wird man im allgemeinen die Antwort erraten, einen Gedankengang erwarten, der alle möglichen Schwierigkeiten und Bedenken anhäuft, um schließlich, mehr oder minder vorsichtig, in ein Jedennoch zu münden und das rhetorisch Bezweifelte zu bejahen. Dieser allvertraute Ablauf entspricht konformistischer und apologetischer Haltung; sie trägt sich als positiv vor und rechnet vorweg mit Einverständnis. Vollends traut man einem nichts Besseres zu, der von Amts wegen Philosophie lehrt, dessen bürgerliche Existenz davon abhängt, daß sie weiter betrieben wird, und der die eigenen handgreiflichen Interessen verletzt, sobald er sich dagegen äußert. Einiges Recht, trotzdem die Frage aufzuwerfen, habe ich bloß deshalb, weil ich der Antwort keineswegs gewiß bin.

Wer eine Sache verteidigt, die der Geist des Zeitalters als veraltet und überflüssig abtut, begibt sich in die ungünstigste Position. Seine Argumente klingen schwächlich beflissen. Ja aber, bedenken Sie doch, sagt er, als trachte er, solchen etwas aufzuschwatzen, die es nicht wollen. Diese Fatalität muß einbeziehen, wer von der Philosophie nicht sich abbringen läßt. Er muß wissen, daß sie nicht mehr für die Techniken der Bemeisterung des Lebens – Techniken im wörtlichen und übertragenen Sinn – verwendbar ist, mit denen sie so vielfach sich verschränkte. Philosophie bietet auch kein Medium der Bildung jenseits dieser Techniken mehr, wie während der Epoche Hegels, als ein paar kurze Jahrzehnte lang die damals schmale Schicht der deutschen Intellektuellen in ihrer kollektiven Sprache sich verständigte. Der Krisis des humanistischen Bildungsbegriffs, über die ich nicht viele Worte zu machen brauche, ist Philosophie als erste Disziplin im öffentlichen Bewußtsein erlegen, nachdem sie ungefähr seit Kants Tod durch ihr Mißverhältnis zu den positiven Wissenschaften, zumal denen von der Natur, sich verdächtig gemacht hatte. Die Kant- und Hegelrenaissancen, in deren Namen schon das Unkräftige sich anzeigt, haben daran nicht viel geändert. Schließlich hat Philosophie in der allgemeinen Situation von Verfachlichung selbst ebenfalls als Spezialfach sich etabliert, dem des von allen Sachgehalten Gereinigten. Sie hat dadurch verleugnet, woran sie ihren eigenen Begriff besaß: Freiheit des Geistes, der dem

Diktat des Fachwissens nicht pariert. Sie hat zugleich durch Abstinenz
von bestimmtem Inhalt, sei's als formale Logik und Wissenschaftslehre, sei's als Sage von einem allem Seienden entrückten Sein, ihren Bank-
rott den realen gesellschaftlichen Zwecken gegenüber erklärt. Freilich
setzte sie nur das Siegel unter einen Prozeß, der weithin ihrer eigenen
Geschichte gleichkam. Immer mehr Bezirke wurden ihr entrissen und
verwissenschaftlicht; ihr blieb kaum eine Wahl, als entweder selber
auch eine Wissenschaft zu werden oder eine winzige und tolerierte En-
klave, die als solche bereits dem widerstreitet, was sie sein möchte: ein
nicht Partikulares. Noch die Newtonsche Physik hieß Philosophie. Das
moderne wissenschaftliche Bewußtsein sähe darin einen archaischen
Rest, Rudiment jener Epoche früher griechischer Spekulation, in der
handfeste Naturerklärung und sublime Metaphysik im Namen des Wesens der Dinge ungeschieden noch ineinander waren. Entschlossene
haben darum solche Archaik als das allein Philosophische proklamiert
und wiederherzustellen gesucht. Aber das am zerspaltenen Zustand lei-
dende Bewußtsein, das aus Not vergangene Einheit beschwört, widerspricht dem Inhalt, den er sich zu geben trachtet. Daher muß es willkürlich seine Ursprache veranstalten. Restauration ist in der Philosophie so
vergeblich wie sonstwo. Diese müßte vorm Bildungsgeklapper sich
hüten und vorm weltanschaulichen Abrakadabra. Sie darf sich auch
nicht einbilden, wissenschaftstheoretische Facharbeit, oder was sonst
als Forschung einherstolziert, sei Philosophie. Eine schließlich jedoch,
die all das sich verbietet, tritt in unversöhnlichen Gegensatz zum herrschenden Bewußtsein. Nichts sonst enthebt sie dem Verdacht der Apologetik. Philosophie, die dem genügt, was sie sein will, und nicht kind-
lich hinter ihrer Geschichte und der realen hertrottet, hat ihren Lebensnerv am Widerstand gegen die heute gängige Übung und das, dem sie
dient, gegen die Rechtfertigung dessen, was nun einmal ist.

Auch die höchste Erhebung philosophischer Spekulation bis heute,
die Hegelsche, ist nicht mehr verpflichtend. Gerade wer, nach den
Klassifikationen der öffentlichen Meinung, denen keiner entgeht, der
öffentlich etwas tut, unter die Dialektiker eingereiht wird, muß die Differenz von Hegel aussprechen. Es ist keine der individuellen Überzeugung. Sondern sie wird gefordert von der Bewegung der Sache selbst,
der rein sich zu überlassen kein anderer als Hegel vom Gedanken verlangt. Der Totalitätsanspruch der traditionellen Philosophie, kulminie-
rend in der These von der Vernünftigkeit des Wirklichen, ist nicht zu
trennen von Apologetik. Die aber ist absurd geworden. Philosophie,
die sich noch als total, als System aufwürfe, würde zum Wahnsystem.
Gibt es jedoch den Anspruch der Totalität auf; beansprucht sie nicht

länger mehr, aus sich heraus das Ganze zu entfalten, das die Wahrheit
sein soll, so gerät sie in Konflikt mit ihrer gesamten Überlieferung. Das
ist der Preis, den sie dafür zu zahlen hat, daß sie, vom eigenen Wahnsystem geheilt, das der Realität nennt. Nicht länger ist sie dann ein sich
selbst genügender, stringenter Begründungszusammenhang. Ihrem
Zustand in der Gesellschaft, den sie selber noch durchdringen sollte und
nicht verleugnen, entspricht ihr eigener verzweifelter: die Notwendigkeit zu formulieren, was heute unter dem Titel des Absurden selbst
schon wieder von der Maschinerie erfaßt ist. Philosophie, wie sie nach
allem allein zu verantworten wäre, dürfte nicht länger des Absoluten
sich mächtig dünken, ja müßte den Gedanken daran sich verbieten, um
ihn nicht zu verraten, und doch vom emphatischen Begriff der Wahrheit nichts sich abmarkten lassen. Dieser Widerspruch ist ihr Element.
Es bestimmt sie als negative. Kants berühmtes Diktum, der kritische
Weg sei allein noch offen, gehört zu jenen Sätzen, in denen die Philosophie, aus der sie stammen, die Probe besteht, indem sie, als Bruchstük-
ke, das System überdauern. Freilich rechnet die Idee der Kritik selbst zu
der heute zerrütteten Tradition von Philosophie. Während mittlerweile
der Schauplatz jeder Erkenntnis so sehr von den Spezialwissenschaften
beschlagnahmt ist, daß der philosophische Gedanke sich terrorisiert
fühlt und fürchtet, als dilettantisch sich widerlegen lassen zu müssen,
wo immer er inhaltlich wird, ist reaktiv der Begriff der Ursprünglichkeit zu unverdienten Ehren gelangt. Je verdinglichter die Welt, je dichter das Netz, das der Natur übergeworfen wurde, desto mehr beansprucht ideologisch das Denken, das jenes Netz spinnt, seinerseits Natur, Urerfahrung zu sein. Die überlieferten Philosophen dagegen waren
seit den gepriesenen Vorsokratikern Kritiker. Xenophanes, auf dessen
Schule der heute gegen den Begriff gewendete Begriff des Seins zu-
rückdatiert, wollte die Naturkräfte entmythologisieren. Die Platonische Hypostasis des Begriffs zur Idee wiederum wurde von Aristoteles
durchschaut. In der Moderne hat Descartes die Scholastik der Dogmatisierung bloßen Meinens überführt. Leibniz war der Kritiker des Empirismus; Kant der Leibnizens und Humes in eins; Hegel der Kants,
Marx der Hegels. Bei ihnen allen war Kritik nicht die bloße Zutat zu
dem, was man im Jargon der Ontologie vor dreißig Jahren ihren Entwurf genannt hätte. Sie dokumentierte keinen nach Geschmack einzu-
nehmenden Standpunkt. Sondern sie lebte im triftigen Argument. Jene
Denker hatten in Kritik die eigene Wahrheit. Sie allein, als Einheit des
Problems und der Argumente, nicht die Übernahme von Thesen, hat
gestiftet, was als produktive Einheit der Geschichte der Philosophie
gelten mag. Im Fortgang solcher Kritik haben auch diejenigen Philoso-

phien ihren Zeitkern, ihren geschichtlichen Stellenwert gewonnen, deren Lehrgehalt auf dem Ewigen und Zeitlosen beharrte.

Philosophische Kritik heute nun ist mit zwei Schulen konfrontiert, die als Geist der Zeit, gewollt oder ungewollt, übers akademische Gehege hinaus wirken. Sie divergieren und sind gleichwohl komplementär. Zumal in den angelsächsischen Ländern hat der ursprünglich von dem Wiener Kreis inaugurierte logische Positivismus an Boden gewonnen bis zum Monopol. Vielen dünkt er als modern im Sinn konsequenter Aufklärung, als dem, wie man so sagt, technisch-wissenschaftlichen Zeitalter adäquat. Was ihm nicht sich einfügt, sei Restbestand von Metaphysik, ihrer selbst unbewußte Mythologie oder, nach der Sprache der Kunstfremden, Kunst. Dagegen stehen, vorab im deutschen Sprachbereich, die ontologischen Richtungen. Unter ihnen treibt die Heideggersche, übrigens in den Veröffentlichungen seit der sogenannten Kehre dem Wort Ontologie eher abhold, Archaik am weitesten, während ihre französische Spielart, der Existentialismus, den ontologischen Ansatz aufklärerisch und mit politischem Engagement umbildete. Positivismus und Ontologie sind einander anathema; jener hat durch einen seiner Hauptexponenten, Rudolf Carnap, die Theorie Heideggers, und zwar zu Unrecht, als sinnleer attackiert. Umgekehrt heißt das positivistische Denken den Ontologen Heideggerscher Provenienz seinsvergessen; es profaniere die eigentliche Frage. Man fürchtet mit dem bloß Daseienden, das die Positivisten allein in Händen behalten, die Hände sich zu beschmutzen. Um so schlagender die Koinzidenz der beiden Richtungen in einem Entscheidenden. Sie haben Metaphysik als gemeinsamen Feind erkoren. Daß diese, weil sie wesentlich hinausgeht über das, was der Fall ist, vom Positivismus nicht geduldet wird, dessen eigener Name ja besagt, daß er sich ans Positive, Daseiende, Gegebene halten wolle, bedarf keiner Erläuterung. Aber auch Heidegger, geschult in der metaphysischen Tradition, hat von ihr nachdrücklich sich abzugrenzen gesucht. Metaphysik tauft er das Denken zumindest seit Aristoteles, wenn nicht schon das Platonische, insofern es Sein und Seiendes, Begriff und Begriffenes – man könnte, in einer freilich von Heidegger mißbilligten Sprache, auch sagen: Subjekt und Objekt trennt. Das scheidende, zerteilende Denken, das durch Reflexion zerstöre, was die Worte selber sagen, also all das, was Hegel die Arbeit und Anstrengung des Begriffs nannte und der Philosophie gleichsetzte, sei bereits Abfall von dieser und nicht einmal reparabel, sondern im Sein selbst, ›seinsgeschichtlich‹ vorgezeichnet. Beide Male, bei den Positivisten und bei Heidegger, zumindest in dessen späterer Phase, geht es gegen Spekulation. Dort wird der Gedanke, der selb-

ständig, deutend über die Fakten sich erhebt und von diesen nicht ohne
Rest eingeholt werden kann, als leere und eitle Begriffsspinnerei ver-
femt; Heidegger zufolge aber verfehlt das Denken in dem von der
abendländischen Geschichte geprägten Sinn zutiefst die Wahrheit.
Diese sei ein an sich Erscheinendes, sich Entbergendes; legitimes Denken nichts als die Fähigkeit, es zu vernehmen. Hintersinnig wird Philologie zur philosophischen Instanz. Unter dem Aspekt dieser gemeinsamen Aversion gegen Metaphysik ist es weniger paradox als auf den
ersten Blick, wenn jüngst ein Schüler Heideggers, der in Kiel wirkende
Walter Bröcker, Positivismus und Seinsphilosophie kombinieren wollte, indem er dem Positivismus den gesamten Bereich des Daseienden
einräumte und wie eine höhere Schicht die Seinslehre, ausdrücklich als
Mythologie, darüber legte. Das Sein, in dessen Namen Heideggers
Philosophie mehr und mehr sich zusammenzieht, ist ihm als ein dem
passiven Bewußtsein rein sich Darstellendes ähnlich unmittelbar, von
den Vermittlungen des Subjekts unabhängig wie den Positivisten die
Gegebenheiten, die sinnlichen Daten. Denken wird beiden Richtungen
zum notwendigen Übel, tendenziell diskreditiert. Es verliert das Moment von Selbständigkeit. Die Autonomie der Vernunft entschwindet;
das an ihr, was sich nicht erschöpft im Nachdenken eines Vorgegebe-
nen, dem sie sich anmißt. Damit aber auch die Konzeption der Freiheit
und virtuell die der Selbstbestimmung der menschlichen Gesellschaft.
Verböte nicht den meisten Positivisten ihre humane Gesinnung, so weit
zu gehen, so müßten sie auch für die Praxis die Anpassung an die Tatsachen fordern, denen gegenüber Denken ohnmächtig sei, bloße Antizi-
pation oder Klassifikation, hinfällig gegenüber dem Einzigen, was
zählt, dem was nun einmal ist. Bei Heidegger jedoch wäre Denken, als
ehrfürchtig begriffsloses, passives Lauschen auf ein Sein, das immer nur
Sein sagt, ohne kritisches Recht und genötigt, unterschiedslos vor allem zu kapitulieren, was auf die schillernde Seinsmächtigkeit sich berufen kann. Heideggers Einordnung in den Hitlerschen Führerstaat war
kein Akt des Opportunismus, sondern folgte aus einer Philosophie, die
Sein und Führer identifizierte.

Ist Philosophie noch nötig, dann wie von je als Kritik, als Widerstand
gegen die sich ausbreitende Heteronomie, als sei's auch machtloser
Versuch des Gedankens, seiner selbst mächtig zu bleiben und ange-
drehte Mythologie wie blinzelnd resignierte Anpassung nach ihrem eigenen Maß des Unwahren zu überführen. An ihr wäre es, solange man
sie nicht wie im christianisierten Athen der Spätantike verbietet, der
Freiheit Zuflucht zu verschaffen. Nicht daß sich hoffen ließe, sie könne
die politischen Tendenzen brechen, die in der gesamten Welt von innen

und außen Freiheit abdrosseln, und deren Gewalt sich fortsetzt bis tief in die philosophischen Argumentationszusammenhänge hinein. Was im Innern des Begriffs sich vollzieht, darin erscheint stets auch etwas von der realen Bewegung. Sind aber die beiden Heteronomien die Unwahrheit und läßt diese zwingend sich demonstrieren, dann fügt das nicht nur der trostlosen Kette der Philosophien ein neues Glied hinzu, sondern meldet auch eine Spur von Hoffnung an, Unfreiheit und Unterdrückung, das Übel, das so wenig eines philosophischen Beweises bedarf, daß es das Übel sei, wie daß es existiert, möchte doch nicht das letzte Wort behalten. Solche Kritik hätte die beiden vorherrschenden Richtungen als abgespaltene Momente einer Wahrheit zu bestimmen, die geschichtlich zwangshaft sich entzweite. So wenig sie zu einer sogenannten Synthese zusammenzuleimen sind, sie wären doch in sich selbst zu reflektieren. Falsch am Positivismus ist, daß er die nun einmal gegebene Arbeitsteilung, die der Wissenschaften von der gesellschaftlichen Praxis und die innerhalb der Wissenschaft, als Maß des Wahren supponiert und keine Theorie erlaubt, welche die Arbeitsteilung selbst als abgeleitet, vermittelt durchsichtig machen, ihrer falschen Autorität entkleiden könnte. Wollte Philosophie im Zeitalter der Emanzipation Wissenschaft begründen und hat sie sich in Fichte und Hegel als die alleinige Wissenschaft interpretiert, so wird dem Positivismus das von den Wissenschaften abgezogene allgemeine Gefüge, ihre schon eingeschliffene und gesellschaftlich verhärtete Verfahrensweise, zur Philosophie, der Betrieb zur Rechtfertigung seiner selbst, ein Zirkel, an dem die Fanatiker logischer Sauberkeit erstaunlich wenig sich stören. Philosophie demissioniert, indem sie dem sich gleichsetzt, was von ihr erst sein Licht empfangen sollte. Die Existenz der Wissenschaft telle quelle, wie sie im gesellschaftlichen Geflecht und mit all seinen Unzulänglichkeiten und Irrationalitäten vorkommt, wird zum Kriterium ihrer eigenen Wahrheit. In solchem Respekt vorm Verdinglichten ist der Positivismus verdinglichtes Bewußtsein. Bei aller Feindschaft gegen die Mythologie verrät er den antimythologischen Impuls der Philosophie, das bloß von Menschen Gemachte zu durchschlagen und auf sein menschliches Maß zurückzuführen.

Die Fundamentalontologie jedoch verblendet sich gegen die Vermittlung nicht des Tatsächlichen sondern des Begriffs. Sie unterdrückt die Erkenntnis, daß jene Wesenheiten oder wie immer sie es bei fortschreitender Sublimierung nennen mag, die sie gegen die Tatsachen des Positivismus ausspielt, immer auch Denken, Subjekt, Geist sind. Gerade das Subjekt- und Bedingtsein weist zurück auf ein nicht aus dem Sein bruchlos entspringendes Seiendes: auf die vergesellschafteten

Menschen. Im Sanktuarium des Gehäuses, in dem die Philosophie der Repristination ebenso vor der Profanität des bloßen Faktums sich verschanzt wie vor den Begriffen, die als von den Fakten getrennte und sie unter sich befassende Einheiten den Fakten zugeordnet sind, begegnet das Gespaltene wieder, vor dem die Künder des Ungeheilten sich gefeit wähnen. Ihre Worte sind unweigerlich Begriffe, wofern sie überhaupt gedacht werden sollen; Denken aber möchte die Seinslehre noch im entschlossenen Archaismus sein. Wie jedoch die Begriffe ihrem eigenen Sinn nach ein sie Erfüllendes fordern; wie nach Hegels unüberholter Einsicht der bloße Gedanke von Identität ein Nichtidentisches erheischt, von dem allein Identität kann ausgesagt werden: so sind noch die reinsten Begriffe immanent, und gar nicht erst polar, auf ihr Anderes angewiesen. Denken selbst, dessen Funktion alle Begriffe sind, kann nicht vorgestellt werden ohne die Tätigkeit irgend Denkender, die das Wort Denken benennt. In dieser Rückbeziehung ist als Moment bereits enthalten, was nach idealistischem Brauch vom Begriff erst konstituiert werden, und was nach seinsmythologischem, samt dem Begriff, Epiphänomen eines Dritten sein soll. Ohne die Bestimmung durch jene beiden Momente wäre dies Dritte ein ganz Unbestimmtes; es überhaupt nur zu nennen läuft auf die Bestimmung durch die emsig verleugneten Momente hinaus. Noch das Kantische transzendentale Subjekt, dessen Erbschaft das Transzendental-subjektlose Sein gern anträte, bedarf als Einheit des Mannigfaltigen ebenso wie umgekehrt das Mannigfaltige der vernünftigen Einheit. Unabhängig von den Inhalten, welche die der Einheit sind, ist deren eigener Begriff nicht zu fassen, und aus den Inhalten ist die Spur eines Faktischen so wenig wegzuzaubern, wie dessen Differenz vom Begriff, der ihrer bedarf. Keine Einheit, wie formal auch immer, und wäre es die rein logische, ist auch nur als Möglichkeit bar dessen zu konzipieren, worauf sie geht; noch das formallogische Etwas ist der Bodensatz des Materials, das ausgeschieden zu haben der Stolz der reinen Logik war. Der Grund der von Günther Anders so genannten Pseudokonkretion des Seinsdenkens aber, und damit allen Truges, den es um sich verbreitet, ist, daß es seine Reinheit sieht in der Unberührtheit von dem, was es doch selbst ist und was es als konkret wiederum sich zuschlägt. Seinen Triumph feiert es im strategischen Rückzug. Durch mythische Vieldeutigkeit verdeckt es bloß die bestimmte Verschränkung der Momente, aus der es so wenig sich lösen kann wie nur je das bedingte Bewußtsein. Weil in der Seinsmythologie das Seiende und der Begriff kunstvoll ungeschieden verbleiben, stellt sie das Sein vor, als wäre es über dem Seienden wie über dem Begriff und erschleicht, mit Kant zu reden, seine Absolutheit. Verdinglichtes

Bewußtsein ist auch sie, indem sie den menschlichen Anteil an den obersten Begriffen unterschlägt und sie vergötzt. Nichts anderes aber heißt Dialektik, als auf der Vermittlung des scheinbar Unmittelbaren, und der auf allen Stufen sich entfaltenden Wechselseitigkeit von Unmittelbarkeit und Vermittlung zu insistieren. Dialektik ist kein dritter Standpunkt sondern der Versuch, durch immanente Kritik philosophische Standpunkte über sich und über die Willkür des Standpunktdenkens hinauszubringen. Gegenüber der Naivität des willkürlichen Bewußtseins, das sein Beschränktes, ihm Gegebenes für unbeschränkt hält, wäre Philosophie die bindende Verpflichtung zu Unnaivetät. In einer Welt, die, als durch und durch vergesellschaftete, so übermächtig gegenüber allen Einzelnen ist, daß ihnen kaum etwas anderes übrigbleibt, als sie hinzunehmen, wie sie sich gibt, reproduziert solche Naivität sich unablässig und verhängnisvoll. Was eine unmäßige Apparatur ihnen aufdrängt, die sie selber bilden und in die sie eingespannt sind, und was naturhafte Momente virtuell eliminiert, wird ihnen zur Natur. Verdinglichtes Bewußtsein ist vollkommen naiv und, als Verdinglichung, auch vollkommen unnaiv. Philosophie hätte den Schein des Selbstverständlichen wie den des Unverständlichen aufzulösen.

Die Integration von Philosophie und Wissenschaft, die virtuell schon in den frühesten Dokumenten der abendländischen Metaphysik sich abzeichnet, wollte einmal den Gedanken schützen vor der dogmatischen Bevormundung, zu der er Affinität hat durch Willkür, das Negative aller Freiheit. Auf diese aber zielte das Postulat des unmittelbaren ›Dabeiseins‹ lebendig vollziehenden Geistes bei aller Erkenntnis, die seit Spinoza unverlierbare Norm der Evidenz. Sie war, in bloßer Logik, das antizipierende Bild eines realen Zustandes, in dem die Menschen es endlich wären, ledig jeglicher blinden Autorität. Das hat sich umgedreht. Die Berufung auf Wissenschaft, auf ihre Spielregeln, auf die Alleingültigkeit der Methoden, zu denen sie sich entwickelte, ist zur Kontrollinstanz geworden, die den freien, ungegängelten, nicht schon dressierten Gedanken ahndet und vom Geist nichts duldet als das methodologisch Approbierte. Wissenschaft, das Medium von Autonomie, ist in einen Apparat der Heteronomie ausgeartet. Das, worum es ginge, ist abgeschnitten, der Zufälligkeit des geschmähten Apercus überantwortet, als Isoliertes tatsächlich zum Weltanschauungsgeschwätz herabgewürdigt. Die philosophische Kritik des Szientivismus, die jenes Denksystem bündig widerlegt, ist darum nicht, was ihre wohlgesinnten Gegner ihr vorwerfen, sondern eher die Destruktion der Destruktion. Kritik der bestehenden Philosophien plädiert nicht für das Verschwinden von Philosophie oder gar ihren Ersatz durch Einzeldisziplinen wie die Sozialwissenschaft. Sie möchte formal und material eben jener Gestalt geistiger Freiheit helfen, die in den herrschenden philosophischen Richtungen keine Stelle hat. Denken, das offen, konsequent und auf dem Stand vorwärtsgetriebener Erkenntnis den Objekten sich zuwendet, ist diesen gegenüber frei auch derart, daß es sich nicht vom organisierten Wissen Regeln vorschreiben läßt. Es kehrt den Inbegriff der in ihm akkumulierten Erfahrung den Gegenständen zu, zerreißt das gesellschaftliche Gespinst, das sie verbirgt, und gewahrt sie neu. Entschlüge Philosophie sich der Angst, die der Terror der herrschenden Richtungen verbreitet – der ontologischen, nichts zu denken, was nicht rein; der szientifischen, nichts zu denken, was nicht ›verbunden‹ mit dem Corpus der als gültig anerkannten wissenschaftlichen Befunde sei –, so vermöchte sie gar zu erkennen, was jene Angst ihr verbot, das, worauf unverschandeltes Bewußtsein eigentlich es abgesehen hätte. Wovon die philosophische Phänomenologie träumte, wie einer, der zu erwachen träumt, das ›Zu den Sachen‹, könnte einer Philosophie zufallen, die jene Sachen nicht mit dem Zauberschlag der Wesensschau zu gewinnen hofft, sondern die subjektiven und objektiven Vermittlungen mitdenkt, dafür aber nicht nach dem latenten Primat der veranstalteten Methode sich richtet, welche den phänomenologischen Richtungen, anstelle der ersehnten Sachen; immer wieder bloß Fetische präsentiert, selbstgemachte Begriffe. Wären nicht alle positiven Redeweisen tief verdächtig geworden, so könnte man sich ausmalen, daß erst einem solchen zugleich freien und in sich reflektierten Bewußtsein das sich entfaltete, was die traditionelle Philosophie sich verbaute, indem sie sich selbst mit dem verwechselte, was sie deuten will. Die Müdigkeit der traditionellen Philosophie am Wechsel ihrer Spielarten hat das Potential einer Philosophie in sich, die dem Bann entronnen wäre.

Ungewiß gleichwohl, ob Philosophie, als Tätigkeit des begreifenden Geistes, überhaupt noch an der Zeit sei; ob sie nicht zurückbleibe hinter dem, was sie zu begreifen hätte, dem auf die Katastrophe zutreibenden Zustand der Welt. Für Kontemplation scheint es zu spät. Was in seiner Absurdität zutage liegt, sträubt sich gegens Begreifen. Vor mehr als hundert Jahren ward die Abschaffung der Philosophie visiert. Daß man im Osten als Diamat marxistische Philosophie verkündet, wie wenn das mit der Marxischen Theorie ohne weiteres vereinbar wäre, bezeugt die Verkehrung des Marxismus in ein gegen den eigenen Gehalt abgestumpftes, statisches Dogma oder, wie sie selber es nennen, in eine Ideologie. Wer noch philosophiert, kann es nur, wenn er die Marxische These vom Überholtsein der Besinnung verneint. Sie dachte die Möglichkeit der Veränderung der Welt von Grund auf als jetzt und hier gegenwärtig. Bloß Sturheit aber könnte diese Möglichkeit noch so unterstellen wie Marx. Das Proletariat, an das er sich wandte, war noch nicht integriert: es verelendete zusehends, während andererseits die gesellschaftliche Macht noch nicht über die Mittel verfügte, im Ernstfall mit überwältigender Chance sich zu behaupten. Philosophie, als der zugleich konsequente und freie Gedanke, findet sich in einer gänzlich anderen Situation. Marx wäre der letzte gewesen, den Gedanken vom realen Gang der Geschichte loszureißen. Hegel, der der Vergänglichkeit von Kunst inneward und ihr Ende prophezeite, hat ihren Fortbestand abhängig gemacht von dem ›Bewußtsein von Nöten‹. Was aber der Kunst recht ist, ist der Philosophie billig, deren Wahrheitsgehalt mit dem der Kunst konvergiert, indem ihre Verfahrensart von jener sich sondert. Die ungeminderte Dauer von Leiden, Angst und Drohung nötigt den Gedanken, der sich nicht verwirklichen durfte, dazu, nicht sich wegzuwerfen. Nach dem versäumten Augenblick hätte er ohne Beschwichtigung zu erkennen, warum die Welt, die jetzt, hier das Paradies sein könnte, morgen zur Hölle werden kann. Solche Erkenntnis wäre ja wohl Philosophie. Sie abzuschaffen um einer Praxis willen, die zu dieser historischen Stunde unweigerlich eben den Zustand verewigte, dessen Kritik Sache der Philosophie ist, wäre anachronistisch. Praxis, welche die Herstellung einer vernünftigen und mündigen Menschheit bezweckt, verharrt im Bann des Unheils ohne eine das Ganze in seiner Unwahrheit denkende Theorie. Daß diese nicht den Idealismus aufwärmen darf, sondern die gesellschaftliche und politische Realität und ihre Dynamik in sich hineinnehmen muß, bedarf keines Wortes. Während der letzten vierzig oder fünfzig Jahre behauptete Philosophie, meist fälschlich, dem Idealismus zu opponieren. Genuin daran war die Opposition gegen die dekorative Phrase; gegen die Hybris des Geistes, der sich zum Absoluten erhöht; gegen die Verklärung der Welt, als wäre sie schon die Freiheit. Der Anthropozentrismus, der allen idealistischen Konzeptionen innewohnt, ist nicht zu retten; man braucht sich nur im gröbsten Umriß an die Veränderungen der Kosmologie seit hundertfünfzig Jahren zu erinnern. Unter den fälligen Aufgaben der Philosophie ist sicherlich nicht die letzte, ohne amateurhafte Analogien und Synthesen dem Geist die naturwissenschaftlichen Erfahrungen zuzueignen. Sie und der sogenannte geistige Bereich klaffen unfruchtbar auseinander; so sehr, daß zuweilen die Beschäftigung des Geistes mit sich selbst und der gesellschaftlichen Welt wie eitles Spiel erscheint. Hätte die Philosophie nichts anderes zu tun, als das Bewußtsein der Menschen von sich selbst auf den Stand dessen zu bringen, was sie von der Natur wissen, anstatt daß sie wie Höhlenbewohner hinter

der eigenen Erkenntnis des Kosmos herleben, in dem die wenig weise
Gattung homo ihr hilfloses Wesen treibt, so wäre das schon einiges. Im
Angesicht dieser Aufgabe und der ungeschmälerten Einsicht in die Be-
wegungsgesetze der Gesellschaft maßte sie schwerlich affirmativ sich
an, aus sich heraus etwas wie positiven Sinn zu setzen. Soweit ist sie einig mit dem Positivismus, mehr noch mit der modernen Kunst, vor deren Phänomenen das meiste, was heute philosophisch gedacht wird,
beziehungslos versagt. Aber die bis zum Überdruß verkündete Wendung der Philosophie gegen den Idealismus wollte nicht militante Aufklärung sondern Resignation. Der eingeschüchterte Gedanke getraut
sich nicht länger, sich zu erheben, auch nicht in der ergeben seinshöri-
gen Fundamentalontologie. Gegen solche Resignation tritt ein Wahr-
heitsmoment am Idealismus hervor. Der verwirklichte Materialismus
wäre heute das Ende des Materialismus, der blinden und menschenun-
würdigen Abhängigkeit der Menschen von den materiellen Verhältnissen. So wenig der Geist das Absolute ist, so wenig geht er auf in Seien-
dem. Nur dann wird er erkennen was ist, wenn er nicht sich durch-
streicht. Die Kraft solchen Widerstandes ist das einzige Maß von Philosophie heute. So unversöhnlich ist sie mit dem verdinglichten Bewußtsein wie einst der Platonische Enthusiasmus; sein Überschuß allein erlaubt, das universal Bedingte beim eigenen Namen zu nennen. Sie
wünscht den Frieden mit jenem Anderen, Seienden, das die affirmati-
ven Philosophien erniedrigen, indem sie es preisen und ihm sich anpassen. Ihnen wird alles funktional; noch die Anpassung ans Seiende ist ihnen Vorwand, es im Geist sich zu unterwerfen. Was aber da ist, möchte
nicht zugerichtet werden. Was eine Funktion hat, ist in der funktionalen
Welt verhext. Nur Denken, das ohne Mentalreservat, ohne Illusion des
inneren Königtums seine Funktionslosigkeit und Ohnmacht sich eingesteht, erhascht vielleicht einen Blick in eine Ordnung des Möglichen,
Nichtseienden, wo die Menschen und Dinge an ihrem rechten Ort wären. Weil Philosophie zu nichts gut ist, ist sie noch zu verjährt; selbst
darauf dürfte sie nicht sich berufen, wenn sie nicht ihre Schuld, die
Selbstsetzung, verblendet wiederholen will.

Jene Schuld wird überliefert von der Idee der philosophia perennis,
ihr sei die ewige Wahrheit verbrieft. Gesprengt ist sie von Hegels er-
staunlichem Satz, Philosophie sei ihre Zeit, in Gedanken erfaßt. Ihn
dünkte die Forderung danach so selbstverständlich, daß er nicht zöger-
te, als Definition sie vorzutragen. Als erster erreichte er die Einsicht in
den Zeitkern der Wahrheit. Sie verband bei ihm sich noch mit dem Vertrauen, jede bedeutende Philosophie drücke dadurch, daß sie die eigene
Stufe des Bewußtseins ausdrückt, als notwendiges Moment des Ganzen

zugleich auch das Ganze aus. Daß dies Vertrauen samt der Identitäts-philosophie sich enttäuscht fand, mindert aber nicht bloß das Pathos der nachgeborenen Philosophien sondern deren Rang. Von den gegenwär-tig herrschenden läßt unmöglich das für ihn Selbstverständliche sich behaupten. Sie sind nicht länger ihre Zeit im Gedanken begriffen. Auf ihren Provinzialismus tun die Ontologen gar sich etwas zugute. Der ge-treue Kontrapunkt dazu ist die hilflose Begriffsarmut der Positivisten. Ihre Spielregeln sind darauf zugeschnitten, daß das verdinglichte Be-wußtsein geistferner bright boys sich als Spitze des Zeitgeistes betrach-ten kann. Sie sind aber bloß dessen Symptom; fälschen, was ihnen fehlt, in die unbestechliche Tugend solcher um, die keinen blauen Dunst sich vormachen lassen. Zeitgeist sind beide Richtungen höchstens als der von Regression; Nietzsches Hinterweltler sind buchstäblich wieder zu Hinterwäldlern geworden. Ihnen gegenüber müßte Philosophie als fortgeschrittenes Bewußtsein sich bewähren, durchdrungen vom Po-tential dessen, was anders wäre, aber auch der Gewalt des Regressiven gewachsen, über das erst sich erhöbe, was er als Ballast in sich hinein-genommen und begriffen hat. Redet sich angesichts dieses Anspruchs, den er wohl merkt, der philosophische Archaismus von heutzutage auf das alte Wahre heraus; traktiert er den Fortschritt, den er nur verhin-dert, derart, als hätte er ihn überwunden, so sind das Flausen. Keine Dialektik des Fortschritts genügt, einen geistigen Stand zu legitimie-ren, der nur darum sich für heil hält, weil noch nicht in seine Winkel drang, wozu die Objektivität sich entfaltete, in die auch er selber ver-flochten ist, und die dafür sorgt, daß Berufung aufs Heile unmittelbar das Unheil verstärkt. Der selbstgerechte Tiefsinn, der das fortgeschrit-tene Bewußtsein en canaille behandelt, ist platt. Reflexionen, welche über seine Zaubersprüche ebenso hinausdrängen wie über die vérités de faits der Positivisten, sind nicht, wie es der Ideologie vergilbter Witz-blätter in den Kram paßte, Modetorheiten, sondern motiviert von je-nen Sachverhalten selbst, die Ontologen wie Positivisten als einziges zu achten vorgeben. Solange der Philosophie die leiseste Spur des Titels eines vor mehr als dreißig Jahren publizierten Buchs eines Altkantia-ners, *Aus der Philosophenecke*, anhaftet, solange ist Philosophie der Spaß, den ihre Verächter mit ihr treiben. Nicht durch onkelhafte Ratschläge erhebt sie sich über den Wissenschaftsbetrieb. Alle Weisheit ist zur Wohlweisheit verkommen. Der Philosophie frommt auch nicht das Benehmen jenes Professors, der, als er im Vorfaschismus sich angeregt fühlte, seine Zeit zu richten, Marlene Dietrichs Blauen Engel inspizier-te, um aus erster Anschauung zu lernen, wie schlimm es sei. Derlei Ausflüge ins Konkrete überführen Philosophie als Abhub eben der Geschichte, mit deren Subjekt sie aus Bildungsreminiszenz sich verwechselt. Nicht der schlechteste Maßstab einer Philosophie heute wäre, daß sie all dem in nichts gleicht. An ihr ist es nicht, mit dümmlicher Arroganz sich Informationen zu verschaffen und dann Stellung zu beziehen, sondern ungeschmälert, ohne Mentalreservat zu erfahren, wovor die ausweichen, die sich die Maxime nicht rauben lassen wollen, es müsse nun einmal bei aller Philosophie etwas Positives herausschauen. Das Rimbaudsche »il faut être absolument moderne« ist kein ästhetisches Programm und keines für Ästheten, sondern ein kategorischer Imperativ der Philosophie. Der geschichtlichen Tendenz verfällt erst recht, was mit ihr nichts zu schaffen haben möchte. Sie verspricht kein Rettendes und die Möglichkeit von Hoffnung nur der Bewegung des Begriffs, die bis zum äußersten sie verfolgt.

Die gesellschaftliche Funktion der Philosophie

Wenn die Begriffe Physik, Chemie, Medizin oder Geschichte in einer Unterhaltung vorkommen, dann verbinden die Betreffenden damit gewöhnlich etwas sehr Konkretes. Sollte sich eine Meinungsverschiedenheit ergeben, so können sie ein Konversationslexikon oder eines der offiziellen Lehrbücher befragen oder aber an einen mehr oder weniger profilierten Spezialisten auf dem entsprechenden Gebiet herantreten. Die Definition jeder dieser Wissenschaften leitet sich unmittelbar aus ihrer Stellung in der gegenwärtigen Gesellschaft her. Obwohl sie in der Zukunft die größten Fortschritte machen könnten, obwohl absehbar ist, daß einzelne, Physik und Chemie etwa, eines Tages ineinander aufgehen werden, ist doch niemand wirklich daran interessiert, ihre Begriffe anders als unter Bezug auf die wissenschaftlichen Unternehmungen zu definieren, die derzeit unter solchen Titeln laufen.

Mit der Philosophie steht es anders. Angenommen, wir fragen einen Philosophie-Professor, was Philosophie sei. Wenn wir Glück haben und zufällig einen Spezialisten treffen, der keine generelle Abneigung gegen Definitionen hat, wird er uns eine geben. Wenn wir diese Definition jedoch akzeptieren, werden wir vermutlich bald feststellen, daß sie keineswegs die allgemein und überall anerkannte ist. Wir könnten uns nun an andere Autoritäten wenden oder auch moderne und ältere Lehrbücher studieren. Die Konfusion würde nur zunehmen. Viele Denker, denen Platon und Kant als Autoritäten gelten, betrachten die Philosophie als eine exakte Wissenschaft eigener Legitimität, mit eigenem Forschungsbereich und spezifischem Gegenstand. Diese Konzeption ist in unserer Zeit besonders durch den späten Edmund Husserl vertreten worden. Andere Denker, wie Ernst Mach, begreifen Philosophie als die kritische Weiterentwicklung und Synthese der Spezialwissenschaften zu einem einheitlichen Ganzen. Auch Bertrand Russell hält dafür, daß die Aufgabe der Philosophie »logische Analyse, gefolgt von logischer Synthese«[1] sei. Er stimmt darin völlig mit L. T. Hobhouse überein, dem zufolge »die Philosophie . . . eine Synthese der Wissenschaften zum Ziel«[2] hat. Diese Konzeption geht auf Auguste Comte und Her-

---

[1] Bertrand RUSSELL, ›Logical Atomism‹, in: *Contemporary British Philosophy*, herausgegeben von J. H. Muirhead, I, 1925, S. 379.
[2] L. T. HOBHOUSE, ›The Philosophy of Development‹, in: ibid., S. 152.

bert Spencer zurück: für sie ist Philosophie die Totalität menschlichen Wissens. Daher gilt sie später den einen als unabhängige Wissenschaft, den anderen als Hilfsdisziplin.

Wenn auch die meisten Autoren philosophischer Werke den wissenschaftlichen Charakter der Philosophie betonen, so gibt es doch einige – es sind keineswegs die schlechtesten –, die ihn nachdrücklich bestritten haben. Für Schiller, dessen philosophische Versuche vielleicht von größerem Einfluß als seine Dramen waren, bestand der Zweck der Philosophie darin, in unsere Gedanken und Handlungen eine ästhetische Ordnung zu bringen. Ihre Resultate sollten allein am Kriterium der Schönheit gemessen werden. Andere Dichter, so Hölderlin und Novalis, vertraten eine ähnliche Position, und selbst reine Philosophen, wie etwa Schelling, kommen in manchen ihrer Formulierungen solchen Überlegungen nahe. Auch Henri Bergson besteht darauf, daß die Philosophie mit der Kunst eng verwandt und jedenfalls keine Wissenschaft sei.

Damit jedoch nicht genug. Nicht über den allgemeinen Charakter der Philosophie gehen die Ansichten auseinander – auch über ihren Inhalt finden wir die divergentesten Vorstellungen. Da gibt es immer noch einige Denker, die glauben, die Philosophie habe es ausschließlich mit den höchsten Begriffen und Gesetzen des Seins, letzten Endes mit der Erkenntnis Gottes zu tun. Das gilt für die aristotelischen und neuthomistischen Schulen. Dann gibt es die ihnen verwandte Auffassung, Philosophie beschäftige sich mit dem sogenannten Apriori. Alexander beschreibt sie als »das empirische Studium des Nicht-Empirischen oder Apriori sowie derjenigen Probleme, die sich aus der Beziehung des Empirischen zum Apriori ergeben« (Raum, Zeit, Gottheit)[3]. Andere, die von den englischen Sensualisten und der Schule von Fries und Apelt herkommen, betrachten Philosophie als die Wissenschaft der inneren Erfahrung. Nach logischen Positivisten wie Carnap hat sie es wesentlich mit Sprachproblemen, nach Windelband und Rickert – deren Schule auch in Amerika viele Anhänger hat – mit universalen Werten zu tun, vorab mit Wahrheit, Schönheit, Güte und Heiligkeit.

Schließlich gibt es, wie jeder weiß, auch bezüglich der Methode keine einheitliche Auffassung. Alle Neukantianer glauben, daß die philosophische Tätigkeit in der Analyse von Begriffen und deren Reduktion auf letzte Elemente der Erkenntnis bestehen müsse. Bergson und Max Scheler halten die »Wesensschau« für den entscheidenden philosophischen Akt. Die phänomenologische Methode Husserls und Heideggers

---

[3] S. Alexander, *Space, Time and Deity*, Band I, London 1920, S. 4.

ist das glatte Gegenteil zum Empiriokritizismus von Mach und Avenarius und die Logistik von Russell, Whitehead und ihren Nachfolgern der erklärte Gegner der Hegelschen Dialektik. Wie einer philosophiert, hängt nach William James von seinem Charakter und seiner Erfahrung ab.

Wir haben all diese Definitionen erwähnt, um zu zeigen, daß die Situation in der Philosophie eine andere ist als bei sonstigen intellektuellen Betätigungen. Wie viele Kontroverspunkte es hier auch geben mag, die allgemeine Richtung wird anerkannt. Die führenden Vertreter jeder Wissenschaft sind sich über Gegenstand und Methode mehr oder weniger einig. In der Philosophie hingegen impliziert die Widerlegung einer Schule durch eine andere gewöhnlich ihre totale Verwerfung, die Negation ihrer wesentlichen Lehren als grundlegend falsch. Diese Haltung wird natürlich nicht von allen Schulen geteilt. Eine dialektische Philosophie etwa, die ihren Prinzipien treu bleibt, wird dazu neigen, die relative Wahrheit der einzelnen Standpunkte festzuhalten und ihrer eigenen, umfassenden Theorie zu integrieren. Andere Lehren, wie der moderne Positivismus, sind weniger elastisch und schließen einen sehr großen Teil der philosophischen Literatur, besonders die großen Systeme der Vergangenheit, einfach aus dem Bereich der Erkenntnis aus. Kurz, es kann als erwiesen angesehen werden, daß der, welcher den Ausdruck »Philosophie« gebraucht, mit seinem Publikum kaum mehr als einige sehr vage Vorstellungen teilt.

Die Einzelwissenschaften wenden sich Problemen zu, die behandelt werden müssen, weil sie sich aus dem Lebensprozeß der gegenwärtigen Gesellschaft ergeben. Sowohl die einzelnen Probleme wie ihre Zuweisung zu spezifischen Disziplinen leiten sich letztlich aus Bedürfnissen der Menschheit in ihren vergangenen und gegenwärtigen Organisationsformen her. Das bedeutet nicht, daß eine jede wissenschaftliche Untersuchung ein dringendes Bedürfnis befriedigt. Viele wissenschaftliche Unternehmungen führten zu Resultaten, auf welche die Menschheit ganz gut verzichten könnte. Die Wissenschaft bildet keine Ausnahme bei der falschen Anwendung von Energie, die man in allen Bereichen der Kultur beobachtet. Aber auch die Entwicklung derjenigen Disziplinen, deren Wert für die unmittelbare Gegenwart zweifelhaft ist, gehört zu jenem Aufwand an menschlicher Arbeit, der eine der notwendigen Voraussetzungen des wissenschaftlichen und technologischen Fortschritts ist. Erinnern wir uns daran, daß gewisse Zweige der Mathematik, die zuerst bloße Spielereien schienen, sich später als überaus nützlich erwiesen. Wiewohl es also wissenschaftliche Unternehmungen gibt, die nicht zu unmittelbarem Nutzen führen, eignet ihnen doch sämtlich eine potentielle Anwendbarkeit, wie fern und unbestimmt sie jetzt auch sein mag. Die Arbeit des Wissenschaftlers ist ihrem ganzen Wesen nach imstande, das Leben in seiner gegenwärtigen Form zu bereichern. Sein Betätigungsfeld ist deshalb weitgehend vorgezeichnet, und die Versuche, die Grenzen zwischen den verschiedenen Bereichen der Wissenschaft zu verändern, neue Disziplinen zu entwikkeln, sie fortwährend zu differenzieren wie zu vereinheitlichen, werden, bewußt oder unbewußt, stets vom gesellschaftlichen Bedürfnis bestimmt. Dieses Bedürfnis ist auch, wenngleich indirekt, in den Instituten und Hörsälen der Universität wirksam, nicht zu reden von den chemischen Laboratorien und statistischen Abteilungen großer Industrieunternehmen und Kliniken.

Die Philosophie hat keine derartige Richtschnur. Natürlich sind viele Wünsche auf sie gerichtet; sie soll Lösungen für Probleme finden, die die Wissenschaften entweder gar nicht oder nur in unbefriedigender Weise behandeln. Aber die gesellschaftliche Praxis bietet keinen Maßstab für die Philosophie: diese kann auf keinerlei Erfolge verweisen. Was einzelne Philosophen in dieser Hinsicht gelegentlich zu bieten haben, geht auf Leistungen zurück, die nicht spezifisch philosophisch sind. Wir kennen zum Beispiel die mathematischen Entdeckungen von Descartes und Leibniz, die psychologischen Forschungen Humes, die physikalischen Theorien Ernst Machs. Die Gegner der Philosophie sagen denn auch, sie sei, soweit sie einen Wert habe, nicht Philosophie, sondern positive Wissenschaft. Alles übrige an ihren Systemen sei nur Geschwätz; was diese behaupteten, sei gelegentlich anregend, in der Regel aber langweilig und stets nutzlos. Nun zeigen Philosophen andererseits eine hartnäckige Gleichgültigkeit gegenüber dem Urteil der Außenwelt. Seit dem Prozeß gegen Sokrates ist deutlich, daß sie ein gespanntes Verhältnis zur Realität haben, wie sie einmal ist, vorab zu dem Gemeinwesen, in dem sie leben. Die Spannung nimmt manchmal die Form offener Verfolgung an; zu anderer Zeit äußert sie sich bloß darin, daß ihre Sprache nicht verstanden wird. Sie müssen im verborgenen leben, sei es physisch, sei es intellektuell. Auch Wissenschaftler sind in Konflikt mit der Gesellschaft ihrer Zeit geraten. Aber hier müssen wir auf den schon erwähnten Unterschied zwischen philosophischen und wissenschaftlichen Elementen zurückkommen und das Bild umkehren: die Gründe für die Verfolgung lagen gewöhnlich in den philosophischen Anschauungen dieser Denker, nicht in ihren wissenschaftlichen Theorien. Galileis unerbittliche Verfolger unter den Jesuiten räumten ein, daß es ihm freigestanden hätte, seine heliozentrische Theorie öffentlich zu vertreten, wenn er sie in den passenden philosophisch-theologischen Kontext eingebettet hätte. Schließlich hatte schon Albertus Magnus diese Theorie in seiner *Summa* diskutiert, ohne jemals deswegen angegriffen zu werden. Überdies geht der Konflikt zwischen Wissenschaftlern und Gesellschaft, wenigstens in neuerer Zeit, nicht um Grundbegriffe, sondern um einzelne Lehren, die von dieser oder jener Autorität in diesem Land und zu dieser Zeit nicht toleriert, in einem anderen Land zur gleichen Zeit oder kurz danach aber toleriert und sogar gefeiert werden.

Der Widerstand der Philosophie gegen die Realität rührt aus ihren immanenten Prinzipien her. Philosophie insistiert darauf, daß die Handlungen und Ziele der Menschen nicht das Produkt blinder Notwendigkeit sein müssen. Weder wissenschaftliche Begriffe noch die Form des gesellschaftlichen Lebens, weder die herrschende Denkweise noch herrschende Sitten sollten gewohnheitsmäßig übernommen und unkritisch praktiziert werden. Der Impuls der Philosophie richtet sich gegen bloße Tradition und Resignation in den entscheidenden Fragen der Existenz; sie hat die undankbare Aufgabe übernommen, das Licht des Bewußtseins selbst auf jene menschlichen Beziehungen und Reaktionsweisen fallen zu lassen, die so tief eingewurzelt sind, daß sie natürlich, unveränderlich und ewig scheinen. Man könnte einwenden, daß auch die Wissenschaft mit ihren Erfindungen und technologischen Veränderungen die Menschheit davor bewahre, in den eingefahrenen Gleisen der Gewohnheit zu erstarren. Vergleichen wir unser gegenwärtiges Leben mit dem vor dreißig, fünfzig, hundert Jahren, so können wir wahrlich sagen, daß die Wissenschaft menschliche Gewohnheiten und Sitten erschüttert hat. Nicht nur Industrie und Beförderungsmittel, selbst die Kunst wurde rationalisiert. Ein einziges Beispiel mag genügen. Früher hätte ein Dramatiker die menschlichen Probleme, um die es ihm ging, auf seine charakteristische Art in der Abgeschiedenheit seines privaten Lebens künstlerisch verarbeitet. Erreichte sein Werk dann das Publikum, so setzte er dadurch seine Gedankenwelt dem Konflikt mit der Realität aus und trug so zu seiner eigenen wie zur allgemeinen geistigen Entwicklung bei. Heute ist die Produktion der Kunstwerke wie auch ihre Rezeption über Film und Radio weitgehend rationalisiert. Zur Herstellung eines Films wird ein ganzer Stab von Experten engagiert, und von Anfang an ist das Ziel nicht die Harmonie mit irgendeiner Idee, sondern mit den verbreiteten Ansichten des Publikums, mit dem Massengeschmack, der im voraus von jenen Experten sorgfältig untersucht und eingeplant wird. Wenn ein künstlerisches Produkt gelegentlich in der öffentlichen Meinung auf Widerspruch stößt, so liegt das gewöhnlich nicht an seinem inneren, wesensmäßigen Gegensatz zum Bestehenden, sondern an einer ungenauen Einschätzung der Reaktion von Publikum und Presse seitens der Produzenten. So viel ist sicher: kein Bereich der Industrie, ob materiell oder intellektuell, ist jemals in einem Zustand vollständiger Stabilität; Bräuche, Gewohnheiten haben keine Zeit, sich zu sedimentieren. Die Grundlagen der gegenwärtigen Gesellschaft ändern sich fortwährend durch die Eingriffe der Wissenschaft. Es gibt kaum eine Tätigkeit in Wirtschaft oder Verwaltung, die nicht fortgesetzt vereinfacht und verbessert würde.

Dringt man freilich etwas tiefer ein, so entdeckt man, daß, ungeachtet all dieser Erscheinungen, die Denk- und Handlungsweise der Menschen nicht derart fortgeschritten ist, wie man glauben könnte. Im Gegenteil, ihre Aktionen verlaufen, wenigstens in einem großen Teil der Welt, weitaus mechanischer als zu anderen Zeiten, da sie durch ein lebendiges Bewußtsein und durch Überzeugung motiviert waren. Der technologische Fortschritt hat sogar mitgeholfen, alte Illusionen fester zu zementieren und neue zu erzeugen, ohne daß die Vernunft etwas dagegen vermochte. Gerade die Diffusion und Industrialisierung kultureller Einrichtungen bewirken, daß bedeutsame Faktoren des intellektuellen Wachstums sich zurückbilden oder ganz verschwinden. Das mag an der Seichtheit der Inhalte, an der Schwäche der intellektuellen Organe oder auch daran liegen, daß einige ans Individuum gebundene schöpferische Fähigkeiten des Menschen im Verschwinden begriffen sind. Der doppelte Triumphzug von Wissenschaft und Technik ist in den letzten Jahrzehnten wiederholt vermerkt worden: von romantischen wie progressiven Denkern. Paul Valéry hat die Situation jüngst mit besonderer Stringenz beschrieben. Er berichtet, wie er als Kind ins Theater mitgenommen wurde, zu einem Märchenspiel. Darin wurde ein Junge von einem bösen Geist verfolgt, der keinen teuflischen Kniff ausließ, ihn zu erschrecken und in seine Gewalt zu bringen. Als er nachts im Bett lag, suchte der Geist ihn selbst mit höllischen Flammen und Unholden heim; sein Zimmer schien plötzlich zum Ozean zu werden und die Bettdecke zum Segel. Kaum war ein Gespenst verschwunden, da kam schon ein anderes. Schließlich verloren diese Schrecken aber ihre Wirkung auf den kleinen Jungen, und als es gerade wieder loszugehen schien, schrie er: »Voilà les bêtises qui recommençent!« Eines Tages, so schließt Valéry, könnte die Menschheit in gleicher Weise auf die Entdeckungen der Wissenschaft und die Wunder der Technik reagieren.

Nicht alle Philosophen, wir am wenigsten, teilen Valérys pessimistische Auffassung vom wissenschaftlichen Fortschritt. Aber es trifft zu, daß weder die Leistungen der Wissenschaft an sich noch die Verbesserung der industriellen Methoden unmittelbar identisch mit dem wirklichen Fortschritt der Menschheit sind. Es ist offenkundig, daß die Menschen, ungeachtet des Fortschritts von Wissenschaft und Industrie, materiell, emotionell und geistig verarmen können. Wissenschaft und Technik sind nur Elemente einer bestehenden gesellschaftlichen Totalität, und es ist gut möglich, daß, trotz all ihrer Leistungen, andere Faktoren, sogar die Totalität selbst, sich zurückentwickeln; daß die Menschen in steigendem Maß verkümmern und unglücklich werden; daß das Individuum als solches ausgelöscht wird und die Nationen dem Unheil zusteuern. Wir haben das Glück, in einem Land zu leben, das nationale Grenzen, die zu Kriegen Anlaß geben könnten, über einen halben Kontinent hinweg beseitigt hat. Aber in Europa wuchsen, während die Verkehrsmittel schneller und besser wurden, die Entfernungen zusammenschrumpften und die Lebensgewohnheiten sich immer mehr einander anglichen, die Zollschranken höher und höher; die Nationen rüsteten fieberhaft auf, und die auswärtigen Beziehungen wie die innenpolitischen Verhältnisse bewegten sich immer deutlicher auf den Kriegszustand zu, bis er schließlich eintrat. Diese antagonistische Situation setzt sich auch in anderen Teilen der Welt durch, und niemand weiß, ob und für wie lange die übrige Welt imstande sein wird, sich gegen die Konsequenzen in all ihrer Intensität zu behaupten. Der Rationalismus im einzelnen kann mit einem allgemeinen Irrationalismus ohne weiteres einhergehen. Handlungen von Individuen, die im täglichen Leben zu Recht als vernünftig und nützlich gelten, können sich als nachteilig, ja, zerstörerisch für die Gesellschaft erweisen. Daher muß man sich in Perioden wie der gegenwärtigen daran erinnern, daß der beste Wille, etwas Nützliches zu schaffen, das Gegenteil zur Folge haben kann – einfach deshalb, weil dieser Wille blind gegen das ist, was jenseits der Grenzen seiner Spezialwissenschaft oder seines Berufs liegt, weil er sich auf das Nächstliegende konzentriert und dessen wahres Wesen mißversteht, welches nur im größeren Zusammenhang aufgehellt werden kann. Das neutestamentliche »Sie wissen nicht, was sie tun« bezieht sich nur auf Übeltäter. Sollen diese Worte nicht für die gesamte Menschheit gelten, dann darf Denken nicht bloß auf die Spezialwissenschaften und das praktische Erlernen eines Berufes beschränkt bleiben – Denken, das jenen materiellen und intellektuellen Voraussetzungen nachgeht, die gewöhnlich als selbstverständlich hingenommen werden, und das jene alltägliche Beziehungen, die fast blind geschaffen und aufrechterhalten werden, mit menschlichen Zwecken durchdringt.

Wenn gesagt wurde, die Spannung zwischen Philosophie und Wirklichkeit sei fundamental, nicht vergleichbar den gelegentlichen Schwie-

rigkeiten, denen die Wissenschaft im gesellschaftlichen Leben zu begegnen hat, so bezog sich das auf die der Philosophie innewohnende
Tendenz, den Gedanken nirgendwo abbrechen zu lassen und alle diejenigen Faktoren des Lebens einer besonderen Kontrolle zu unterwerfen,
die gemeinhin als feste, unüberwindliche Kräfte oder ewige Gesetze
gelten. Eben darum ging es im Prozeß gegen Sokrates. Gegen die Forderung, sich den göttlich sanktionierten Sitten zu unterwerfen und sich
den tradierten Lebensformen bedingungslos anzupassen, machte er gel-
tend, daß der Mensch sein Tun einsehen und sein Schicksal selbst gestalten solle. Sein Gott wohne in ihm selbst, nämlich in seiner Vernunft
und seinem Willen. Heute wird in der Philosophie nicht mehr über
Götter gestritten, aber die Weltlage ist nicht weniger kritisch. Wir würden sie hinnehmen, wenn wir behaupten wollten, Vernunft und Wirklichkeit seien miteinander versöhnt und die Autonomie des Menschen
in der gegenwärtigen Gesellschaft gesichert. Die Philosophie sieht sich
dazu außerstande; sie hat von ihrer ursprünglichen Relevanz nichts ein-
gebüßt.

Aus diesen Gründen werden wohl auch Diskussionen in der Philosophie, und gingen sie nur um ihren Begriff, so viel radikaler und unver-
söhnlicher geführt als in den Wissenschaften. Sie hat im Gegensatz zu
anderen Disziplinen kein fest umrissenes Betätigungsfeld innerhalb der
gegebenen Ordnung. Diese Lebensordnung mit ihrer Werthierarchie
ist für die Philosophie selbst ein Problem. Kann die Wissenschaft sich
noch auf gegebene Daten beziehen, die ihr den Weg weisen, so muß die
Philosophie immer wieder auf sich selbst, auf ihre eigene theoretische
Tätigkeit rekurrieren. Die Bestimmung ihres Gegenstandes fällt weit
mehr unter ihr Programm, als das in den Spezialwissenschaften der Fall
ist, selbst heute, wo diese so sehr in theoretisch-methodologische Probleme vertieft sind. Wir verstehen nach dem oben Dargelegten auch,
warum die Philosophie im europäischen Leben so viel mehr Beachtung
gefunden hat als in Amerika. Die geographische Expansion und die historische Entwicklung haben es mit sich gebracht, daß bestimmte soziale Konflikte, die in Europa aus den bestehenden Verhältnissen heraus
wiederholt und heftig aufbrachen, in Amerika, das unter dem Druck
stand, das Land zu erschließen und seine täglichen Aufgaben zu erfüllen, nur von geringer Bedeutung waren. Die grundlegenden Probleme
des gesellschaftlichen Lebens wurden hier einstweilen auf praktische
Weise gelöst, und die Spannungen, die den theoretischen Gedanken in
bestimmten geschichtlichen Situationen innervieren, wurden niemals
derart wichtig. In Amerika bleibt das theoretische Denken gegenüber
der Ermittlung und Anhäufung von Tatsachen gewöhnlich weit zu-

rück. Ob diese Art Aktivität noch den Forderungen genügt, die auch hier mit Recht an die Erkenntnis gestellt werden, ist ein Problem, das wir jetzt nicht erörtern können.

Die Definitionen vieler neuerer Autoren, von denen einige hier zitiert worden sind, dürften kaum jenes Charakteristische an der Philosophie enthüllen, das sie von sämtlichen Einzelwissenschaften unterscheidet. Nicht wenige Philosophen werfen darum neidische Blicke auf ihre Kollegen in anderen Fakultäten, die viel besser daran sind, weil sie ein präzis abgestecktes Arbeitsfeld haben, dessen Fruchtbarkeit für die Gesellschaft nicht bestritten werden kann. Diese Autoren mühen sich ab, die Philosophie als eine besondere Art von Wissenschaft zu »verkaufen« oder doch wenigstens zu zeigen, daß sie für die Spezialwissenschaften sehr nützlich sei. In dieser Gestalt ist sie dann nicht mehr die Kritikerin, sondern die Dienerin der Wissenschaft und der Gesellschaft allgemein. Ein solcher Standpunkt bekennt sich zu der These, ein Denken, das die herrschenden Formen wissenschaftlicher Betätigung und damit den Horizont der gegenwärtigen Gesellschaft transzendiert, sei unmöglich. Denken soll vielmehr bescheiden die Aufgaben akzeptieren, die aus den stets sich erneuernden Bedürfnissen von Verwaltung und Industrie für es erwachsen, und diese Aufgaben in der allgemein anerkannten Form bewältigen. Fragen wie die, ob der Umfang dieser Aufgaben nach Form und Inhalt im gegenwärtigen historischen Zeitpunkt der Menschheit dienlich, ob die gesellschaftliche Organisation, aus der sie entstehen, ihr angemessen sei, sind in den Augen dieser bescheidenen Philosophen weder wissenschaftlich noch philosophisch, sondern Fragen der persönlichen Entscheidung, der subjektiven Bewertung; sie unterliegen Geschmack und Temperament des Individuums. Die einzige philosophische Position, die sich in einer solchen Ansicht erkennen läßt, ist die negative, daß es eine wirkliche Philosophie nicht gibt, daß systematisches Denken in den entscheidenden Momenten des Lebens zurückzutreten hat, kurz, der philosophische Skeptizismus und Nihilismus.

Bevor wir fortfahren, ist es notwendig, die hier dargestellte Konzeption von der gesellschaftlichen Rolle der Philosophie gegen eine andere Auffassung abzusetzen, die von verschiedenen Zweigen der modernen Soziologie vertreten wird, welche die Philosophie mit einer allgemeinen gesellschaftlichen Funktion gleichsetzt, nämlich mit der Ideologie[4]. Diese Auffassung behauptet, philosophisches Denken, oder richtiger: Denken als solches sei bloßer Ausdruck einer spezifischen gesellschaft-

---

[4] Cf. Karl MANNHEIM, *Ideologie und Utopie*, Bonn 1929.

lichen Situation. Jede soziale Gruppe, die deutschen Junker etwa, entwickle einen ihrem Standort angemessenen Begriffsapparat sowie gewisse Methoden und Stile des Denkens. Jahrhundertelang sei das Leben der Junker mit einer spezifischen Regelung der Erbfolge verbunden gewesen; ihre Beziehungen zu der fürstlichen Dynastie, von der sie abhängig waren, und zu ihren Untergebenen hätten patriarchalische Züge getragen. Folglich bewege ihr ganzes Denken sich in Formen der organischen, geordneten Generationenfolge, des biologischen Wachstums. Alles erscheine unter dem Aspekt des Organismus und natürlicher Bande. Die liberale Bourgeoisie andererseits, deren Glück und Unglück vom geschäftlichen Erfolg abhängen, die durch Erfahrung gelehrt worden ist, daß alles auf den gemeinsamen Nenner des Geldes zurückgeführt werden muß, habe eine eher abstrakte, mechanistische Denkweise entwickelt. Nicht hierarchische, sondern nivellierende Tendenzen seien für ihren intellektuellen Stil, für ihre Philosophie charakteristisch. Dasselbe gelte für andere Gruppen, frühere wie gegenwärtige. Die Philosophie von Descartes etwa müsse daraufhin befragt werden, ob ihre Begriffe denen der aristokratischen und jesuitischen Gruppen des Hofes, der *noblesse de robe* oder denen der niederen Bourgeoisie und der Massen korrespondierten. Jedes Denkschema, jede philosophische oder sonstige kulturelle Leistung gehöre zu einer spezifischen sozialen Gruppe, von der sie ausgehe und mit deren Existenz sie fest verknüpft sei. Jedes Denkgebilde sei »Ideologie«.

Diese Auffassung ist zweifellos bis zu einem gewissen Grad richtig. Viele der heute verbreiteten Ideen enthüllen sich als bloße Illusionen, wenn man sie von ihrer gesellschaftlichen Basis her betrachtet. Aber es genügt nicht, sie nur irgendeiner sozialen Gruppe zuzuordnen, wie jene soziologische Schule es tut. Man muß tiefer gehen und sie aus dem historischen Prozeß entwickeln, aus dem die sozialen Gruppen selbst zu erklären sind. Nehmen wir ein Beispiel. In der cartesianischen Philosophie spielt die mechanistische, vorab die mathematische Denkart eine bedeutsame Rolle. Man kann sogar sagen, diese ganze Philosophie sei nur eine Verallgemeinerung mathematischen Denkens. Natürlich können wir nun versuchen, eine Gruppe in der Gesellschaft ausfindig zu machen, die einen dieser Betrachtungsweise entsprechenden Charakter hat, und wahrscheinlich werden wir eine solche in der Zeit des Descartes auch finden. Komplizierter, jedoch adäquater wäre es, das damalige System der Produktion zu untersuchen und zu zeigen, wie ein Mitglied des heraufkommenden Bürgertums gerade durch seine Tätigkeit in Handel und Manufaktur genötigt war, präzise zu kalkulieren, wollte es seine Macht auf dem soeben entstandenen Konkurrenzmarkt sichern und ausbauen; dasselbe gilt für diejenigen, welche in Wissenschaft und Technik sozusagen seine Agenten waren und deren Erfindungen und sonstige wissenschaftliche Arbeit eine so große Rolle in dem unaufhörlichen Kampf zwischen Individuen, Städten und Nationen spielten, der die neuere Zeit durchzog. Für all diese Subjekte war es selbstverständlich, die Welt unter mathematischem Aspekt zu betrachten. Und weil ihre Klasse im Verlauf der sozialen Entwicklung charakteristisch für das Ganze der Gesellschaft wurde, verbreitete sich diese Betrachtungsweise weit über das Bürgertum hinaus. Die Soziologie bleibt unzureichend. Wir brauchen eine umfassende Theorie der Geschichte. Andernfalls laufen wir nämlich Gefahr, bedeutsame Philosopheme mit unbedeutenden, oder jedenfalls nicht entscheidenden Gruppen in Beziehung zu setzen oder auch das Gewicht einer spezifischen Gruppe im Ganzen der Gesellschaft und damit den gegebenen Kulturzusammenhang mißzudeuten. Aber das ist noch nicht der wesentliche Einwand. Die stereotype Anwendung des Ideologiebegriffs auf jedes Denkgebilde beruht letztlich auf der Vorstellung, daß es keine philosophische und damit überhaupt keine Wahrheit für die Menschheit gebe, daß alles Denken »seinsgebunden« sei. Es gehöre hinsichtlich seiner Methoden und Resultate zu einer spezifischen Schicht und habe Gültigkeit allein für diese Schicht. Solche Einstellung gegenüber philosophischen Ideen schließt nicht etwa ihre objektive Prüfung ein; sie fragt auch nicht nach ihrer praktischen Anwendbarkeit, sondern beschränkt sich auf ihre mehr oder weniger komplizierte Zuordnung zu einer gesellschaftlichen Gruppe. Das soll den Ansprüchen der Philosophie genügen. Wir erkennen mühelos, daß diese Schule, die schließlich darauf hinausläuft, die Philosophie in eine Spezialwissenschaft, in Soziologie aufzulösen, nur die skeptizistische Position wiederholt, die wir bereits kritisiert haben. Sie ist nicht darauf angelegt, die gesellschaftliche Funktion der Philosophie zu erklären, sondern hat vielmehr ihrerseits eine solche: dem in die Zukunft weisenden Denken die Courage abzukaufen, seine praktische Tendenz zu unterbinden.

Die wahre gesellschaftliche Funktion der Philosophie liegt in der Kritik des Bestehenden. Das bedeutet keine oberflächliche Nörgelei über einzelne Ideen oder Zustände, so als ob ein Philosoph ein komischer Kauz wäre. Es bedeutet auch nicht, daß der Philosoph diesen oder jenen isoliert genommenen Umstand beklagt und Abhilfen empfiehlt. Das Hauptziel einer derartigen Kritik ist es zu verhindern, daß die Menschen sich an jene Ideen und Verhaltensweisen verlieren, welche die Gesellschaft in ihrer jetzigen Organisation ihnen eingibt. Die Menschen sollen den Zusammenhang zwischen ihren individuellen Tätigkeiten und dem, was durch diese erreicht wird, einsehen lernen, zwischen ihrer besonderen Existenz und dem allgemeinen Leben der Gesellschaft, zwischen ihren täglichen Projekten und den großen Ideen, die sie anerkennen. Philosophie enthüllt den Widerspruch, in den sie sich insofern verstricken, als sie im Alltag genötigt sind, sich an isolierte Ideen und Begriffe zu halten. Worauf ich hinaus will, mag das Folgende zeigen. Das Ziel der westlichen Philosophie in ihrer ersten vollendeten Gestalt, der platonischen, war es, Einseitigkeit zu negieren und in einem umfassenden, flexibleren, der Realität besser angepaßten gedanklichen System aufzuheben. Im Verlauf mehrerer Dialoge demonstriert der Lehrer, wie sein Gesprächspartner sich unweigerlich in Widersprüche verstrickt, wenn er seine Position zu einseitig festhält. Der Lehrer zeigt, daß es notwendig ist, von einer Idee zur anderen weiterzugehen, weil jede ihre eigentliche Bedeutung nur innerhalb des ganzen Systems der Ideen haben kann. Man betrachte etwa die Diskussion über das Wesen des Mutes im *Laches*. Als der Gesprächspartner auf seiner Definition insistiert, Mut bedeute, daß man auf dem Schlachtfeld nicht wegläuft, wird ihm zum Bewußtsein gebracht, daß in gewissen Situationen ein solches Verhalten keine Tugend, sondern Tollkühnheit sei – wenn etwa die gesamte Armee zurückweiche und ein einzelnes Individuum die Schlacht zu gewinnen suche. Gleiches gilt für die Idee der *sophrosyne*, was durch »Mäßigung« oder »Enthaltsamkeit« kaum angemessen wiederzugeben ist. *Sophrosyne* ist sicher eine Tugend; aber sie wird fragwürdig, wenn sie zum ausschließlichen Zweck des Handelns gemacht und nicht auf einer Erkenntnis aller übrigen Tugenden begründet wird. Sie kann nur als Moment eines *insgesamt* richtigen Verhaltens begriffen werden. Nicht viel anders steht es mit der Gerechtigkeit. Ein guter Wille, der Wille, gerecht zu sein, ist etwas Schönes. Aber dieses subjektive Bemühen genügt nicht. Der Titel Gerechtigkeit kommt Handlungen nicht zu, die der Intention nach gut, in der Ausführung aber verfehlt sind. Das gilt für private Initiativen ebenso wie für solche des Staates. Jede Maßnahme, ungeachtet der guten Absichten ihres Urhebers, kann sich als nachteilig auswirken, wenn sie nicht auf ein umfassendes Wissen gegründet und der Situation angemessen ist. *Summum ius*, sagt Hegel in ähnlichem Zusammenhang, kann *summa iniuria* werden. Wir können hier an einen Vergleich im *Gorgias* erinnern: Die Gewerbe des Bäckers, des Kochs und des Schneiders sind an sich sehr nützlich; aber sie können sich für den Einzelnen und die Menschheit zum Schaden auswirken, wenn sie gesundheitliche Rücksichten außer acht lassen. Häfen, Schiffswerften, Befestigungsanlagen und Steuern sind im gleichen Sinn vorteilhaft; wird aber das Gemeinwohl dabei vergessen, so werden diese Faktoren der Sicherheit und der Prosperität zu Instrumenten der Zerstörung. Ganz ähnlich beobachten wir in Europa während der Zeit zwischen den Kriegen ein chaotisches Wuchern einzelner Elemente des gesellschaftlichen Lebens: riesige ökonomische Unternehmen, erdrückende Steuern, ein enormes Anwachsen von Armeen und Rüstung, zwanghafte Disziplin, einseitige Pflege der Naturwissenschaften und so fort. Statt einer vernünftigen Organisation der inneren und auswärtigen Beziehungen kam es zu einer raschen Ausdehnung einzelner Sektoren der Zivilisation auf Kosten des Ganzen. Einer stand gegen den anderen, und der Menschheit wurde es zum Verhängnis. Platons Forderung, der Staat solle von Philosophen regiert werden, meint nicht, daß diese Regierenden unter den Verfassern von Lehrbüchern der Logik ausgewählt werden sollten. Der Fachgeist kennt im Geschäftsleben nur den Profit, im militärischen Bereich nur die Macht und selbst in der Wissenschaft nur den Erfolg innerhalb einer Spezialdisziplin. Wird dieser Geist nicht kontrolliert, so verkörpert er einen anarchischen Zustand der Gesellschaft. Für Platon war Philosophie gleichbedeutend mit dem Bestreben, die verschiedenen Vermögen und Arten der Erkenntnis so zu vereinigen und zusammenzuhalten, daß diese partiell destruktiven Elemente im wahren Sinn zu produktiven würden. Darauf zielte seine Forderung, die Philosophen sollten regieren. Er hatte deshalb auch wenig Vertrauen in populäre Überzeugungen, die sich immer nur an eine einzige Idee klammern, wiewohl diese Idee für einen bestimmten Augenblick richtig sein kann. Die Vernunft lebt innerhalb des Systems der Ideen; sie schreitet von einer zur anderen fort und vermag dadurch jede in ihrer wahren Bedeutung zu verstehen und anzuwenden, in der Bedeutung nämlich, die sie im Ganzen der Erkenntnis besitzt.

Diese dialektische Konzeption haben die großen Philosophen auf die konkreten Probleme des Lebens angewandt; ihr Denken zielte stets auf die vernünftige Organisation der menschlichen Gesellschaft ab. Eine solche Organisation aber war, jedenfalls während der Blütezeit der Philosophie, gleichbedeutend mit der Verwirklichung der Idee des Guten, die von der dialektischen Klärung und Verfeinerung der umgangssprachlichen und wissenschaftlichen Begriffe, der Erziehung des Individuums zu richtigem Denken und Handeln angestrebt wurde. Obgleich Aristoteles in seiner *Metaphysik* die Selbstbetrachtung der Seele, das theoretische Verhalten, als höchstes Glück ansieht, sagt er ausdrücklich, daß dieses Glück nur auf einer spezifischen materiellen Basis, also unter bestimmten gesellschaftlichen und ökonomischen Bedingungen möglich ist. Platon und Aristoteles glaubten nicht, wie Anti-

sthenes und die Kyniker, daß die Vernunft zu beständiger Höherentwicklung in Menschen fähig sei, die buchstäblich ein Hundeleben führen, noch, daß Weisheit mit Elend Hand in Hand gehen könne. Gerechte Verhältnisse waren für sie die notwendige Voraussetzung für
eine Entfaltung der intellektuellen Kräfte des Menschen, und diese Idee
liegt dem gesamten westlichen Humanismus zugrunde.

Wer die neuere Philosophie studiert, nicht bloß in durchschnittlichen
Kompendien, sondern indem er selbst ihrer Geschichte nachgeht, wird
das gesellschaftliche Problem als ein sehr entscheidendes Motiv in ihr
erkennen. Wir brauchen nur an Hobbes und Spinoza zu erinnern. Der
Tractatus Theologico-Politicus war das einzige Hauptwerk, das Spinoza
zu seinen Lebzeiten publizierte. Bei anderen Denkern, Leibniz und
Kant etwa, enthüllt eine tiefergehende Analyse, daß gerade den ab-
straktesten Kapiteln in ihrem Werk, den metaphysischen und trans-
zendentallogischen Theorien, gesellschaftliche und historische Kategorien zugrunde liegen. Ohne diese lassen sich ihre Probleme weder verstehen noch lösen. Eine eindringliche Analyse des Inhalts rein theoretischer Philosopheme gehört deshalb zu den interessantesten Aufgaben
einer modernen Erforschung der Philosophiegeschichte. Diese Aufgabe hat freilich wenig mit den äußerlichen Korrelationen der Soziologie gemein, auf die wir bereits hingewiesen haben. Dem Kunst- und Li-
teraturhistoriker stellen sich ähnliche Aufgaben.

Ungeachtet der wichtigen Rolle, welche die Untersuchung gesellschaftlicher Probleme ausdrücklich oder unausdrücklich, bewußt oder
unbewußt in der Philosophie spielt, wollen wir noch einmal betonen,
daß deren gesellschaftliche Funktion nicht primär darin, sondern in der
Entfaltung des kritischen und dialektischen Denkens besteht. Philosophie ist der methodische und beharrliche Versuch, Vernunft in die Welt
zu bringen; das bedingt ihre prekäre, umstrittene Stellung. Sie ist unbe-
quem, obstinat und zudem ohne unmittelbaren Nutzen, also wirklich
eine Quelle des Ärgernisses. Es fehlt ihr an eindeutigen Kriterien und
zwingenden Beweisen. Auch Tatsachenforschung ist mühsam, aber
man weiß dabei doch wenigstens, worum es geht. Den Menschen wi-
derstrebt es normalerweise, sich mit den Verworrenheiten ihres privaten und öffentlichen Lebens abzugeben: sie fühlen sich unsicher und auf
gefährlichem Boden. In unserer gegenwärtigen Arbeitsteilung werden
diese Probleme dem Philosophen oder Theologen zugewiesen. Oder
aber die Menschen trösten sich mit dem Gedanken, daß die Dissonan-
zen vorübergehen und im Grunde alles stimmt. Das letzte Jahrhundert
der europäischen Geschichte hat jedoch schlüssig gezeigt, daß die Menschen, so sicher sie sich auch geben, unfähig sind, ihr Leben gemäß ih-

ren Vorstellungen von Humanität einzurichten. Eine Kluft trennt die Ideen, nach denen sie sich und die Welt beurteilen, von der sozialen Realität, die sie durch ihre Handlungen reproduzieren. Deshalb sind all ihre Vorstellungen und Urteile zweideutig und verfälscht. Gegenwärtig sehen sie sich auf das Unheil zusteuern oder bereits in es verstrickt; sie sind in vielen Ländern dermaßen paralysiert von der herannahenden Barbarei, daß sie nahezu völlig außerstande sind, zu reagieren und sich in Sicherheit zu bringen. Sie sind die Kaninchen vor dem hungrigen Marder. Vielleicht gibt es Zeiten, in denen man ohne Theorie auskommen kann; im Augenblick erniedrigt dieser Mangel die Menschen und macht sie hilflos gegenüber der Gewalt. Die Tatsache, daß Theorie sich in einen hohlen und blutleeren Idealismus verflüchtigen oder in ermüdender, leerer Phrasendrescherei versinken kann, bedeutet nicht, daß diese Formen ihre wahren Formen sind. (Was Langeweile und Banalität angeht, so findet die Philosophie dergleichen viel öfter in der sogenannten Tatsachenforschung.) Heute jedenfalls hat die gesamte historische Dynamik die Philosophie in den Mittelpunkt der gesellschaftlichen Wirklichkeit gestellt und die gesellschaftliche Wirklichkeit in den Mittelpunkt der Philosophie.

Aufmerksam sollte ein besonders wichtiger Wandel registriert werden, der sich auf diesem Gebiet seit dem klassischen Altertum vollzogen hat. Platon hielt dafür, daß der Eros den Weisen zur Erkenntnis der Ideen befähige. Er verknüpfte Erkenntnis also mit einem moralischen oder psychologischen Zustand, der prinzipiell in jedem historischen Augenblick vorhanden sein kann. Deshalb betrachtete er den von ihm konzipierten Staat für ein immerwährendes, nicht an eine bestimmte historische Bedingung gebundenes Vernunftideal. Der Dialog über die *Gesetze* war dann schon ein Kompromiß, akzeptiert als Vorstufe, die das ewige Ideal nicht berührte. Platons Staat ist eine Utopie ähnlich denen, die zu Beginn der Neuzeit und noch bis in unsere Tage entworfen worden sind. Aber die Utopie ist heute nicht mehr die angemessene philosophische Form, das Problem der Gesellschaft zu behandeln. Man hat erkannt, daß die Widersprüche des Denkens nicht durch rein theoretische Reflexion aufzulösen sind. Dazu bedarf es vielmehr einer historischen Entwicklung, aus der wir nicht denkend herausspringen können. Erkenntnis ist nicht nur mit psychologischen und moralischen, sondern auch mit gesellschaftlichen Bedingungen verknüpft. Die Verkündigung und Beschreibung vollkommener politisch-gesellschaftlicher Formen, die von bloßen Ideen ausgeht, ist weder sinnlos noch hinreichend.

Die Utopie als Krönung philosophischer Systeme wird deshalb

durch eine wissenschaftliche Deskription der konkreten Verhältnisse und Tendenzen ersetzt, welche zu einer Verbesserung des menschlichen Lebens führen können. Das hat die weitreichendsten Konsequenzen für die Struktur und Bedeutung der philosophischen Theorie. Die moderne Philosophie teilt mit den Alten die hohe Meinung von den Möglichkeiten der Menschheit, ihren Optimismus hinsichtlich der potentiellen Errungenschaften des Menschen. Der Satz, daß die Menschen von Natur zu einem guten Leben oder zum Erreichen der bestmöglichen gesellschaftlichen Organisation unfähig seien, ist von den größten Denkern verworfen worden. Erinnern wir uns an Kants berühmte Bemerkungen über die platonische Utopie: »Die platonische Republik ist, als ein vermeintlich auffallendes Beispiel von erträumter Vollkommenheit, die nur im Gehirn des müßigen Denkers ihren Sitz haben kann, zum Sprichwort geworden, und Brucker findet es lächerlich: daß der Philosoph behauptete, niemals würde ein Fürst wohl regieren, wenn er nicht der Ideen teilhaftig wäre. Allein man würde besser tun, diesem Gedanken mehr nachzugehen, und ihn (wo der vortreffliche Mann uns ohne Hilfe läßt) durch neue Bemühung ins Licht zu stellen, als ihn, unter dem sehr elenden und schädlichen Vorwande der Untunlichkeit, als unnütz beiseite zu setzen . . . Denn nichts kann Schädlicheres und eines Philosophen Unwürdigeres gefunden werden, als die pöbelhafte Berufung auf vorgeblich widerstreitende Erfahrung, die doch gar nicht existieren würde, wenn jene Anstalten zu rechter Zeit nach den Ideen getroffen würden, und an deren Statt nicht rohe Begriffe, eben darum, weil sie aus Erfahrung geschöpft worden, alle gute Absicht vereitelt hätten[5].«

Seit Platon hat die Philosophie niemals den wahren Idealismus aufgegeben, daß es möglich sei, die Vernunft unter Menschen und Nationen heimisch zu machen. Sie hat nur den *falschen* Idealismus abgelegt, demzufolge es genügt, das Bild der Vollkommenheit hochzuhalten ohne Rücksicht darauf, wie sie zu erreichen ist. In der Moderne ist die Treue gegenüber den höchsten Ideen angesichts einer Welt, die ihnen zuwiderläuft, mit dem nüchternen Wunsch verknüpft, die Bedingungen zu erkennen, unter denen diese Ideen auf Erden zu verwirklichen sind.

Kehren wir, bevor wir zum Ende kommen, noch einmal zu einem bereits erwähnten Mißverständnis zurück. In der Philosophie bedeutet Kritik, anders als in Wirtschaft und Politik, nicht die Verdammung irgendeiner Sache, das Schimpfen über diese und jene Maßnahme, auch

---

[5] KANT, *Kritik der reinen Vernunft*, A 316f.; B 372f.

nicht bloße Verneinung und Ablehnung. Zwar kann die Kritik unter bestimmten Voraussetzungen solche rein negativen Züge tragen; dafür gibt es im hellenistischen Zeitalter Beispiele. Was wir jedoch unter Kritik verstehen, ist jene intellektuelle und schließlich praktische Anstrengung, die herrschenden Ideen, Handlungsweisen und gesellschaftlichen Verhältnisse nicht unreflektiert, rein gewohnheitsmäßig hinzunehmen; die Anstrengung, die einzelnen Seiten des gesellschaftlichen Lebens miteinander und mit den allgemeinen Ideen und Zielen der Epoche in Einklang zu bringen, sie genetisch abzuleiten. Erscheinung und Wesen voneinander zu trennen, die Grundlagen der Dinge zu untersuchen, sie also, kurz gesagt, wirklich zu erkennen. Hegel, dem wir in vielerlei Hinsicht höchst verpflichtet sind, war von einer verdrossenen Ablehnung spezifischer Verhältnisse so weit entfernt, daß der König von Preußen ihn nach Berlin berief, damit er den Studenten die gebührende Loyalität einschärfe und sie gegen politische Opposition immunisiere. Hegel tat sein Bestes in dieser Richtung und erklärte den preußischen Staat für die »Wirklichkeit der sittlichen Idee« auf Erden. Aber das Denken ist eine eigentümliche Sache. Um den preußischen Staat zu rechtfertigen, mußte Hegel seine Studenten zur Überwindung der Einseitigkeit und der Beschränkungen des gewöhnlichen Menschenverstandes erziehen und zur Einsicht in den wechselseitigen Zusammenhang zwischen allen begrifflichen und realen Verhältnissen bringen. Überdies mußte er sie lehren, die menschliche Geschichte in ihrer komplexen und widersprüchlichen Struktur zu erfassen, den Ideen von Freiheit und Gerechtigkeit im Leben der Völker nachzugehen und zu erkennen, daß diese untergehen, wenn ihr Prinzip sich als unangemessen erweist und die Zeit für neue soziale Formen reif ist. Die Tatsache, daß Hegel seine Studenten im theoretischen Denken unterweisen mußte, hatte für den preußischen Staat durchaus zweideutige Folgen. Auf die Dauer wurde dieser reaktionären Institution dadurch mehr Schaden zugefügt, als sie Nutzen aus ihrer formalen Glorifizierung bezog. Die Vernunft ist ein schwacher Bundesgenosse der Reaktion. Noch nicht zehn Jahre nach Hegels Tod (sein Lehrstuhl war während dieser Zeit unbesetzt) berief der König einen Nachfolger, der gegen die »Drachensaat des Hegelschen Pantheismus« und gegen »die Anmaßung und den Fanatismus seiner Schule« kämpfen sollte.

Man kann nicht sagen, daß in der Geschichte der Philosophie diejenigen Denker am fortschrittlichsten wirkten, die am meisten zu kritisieren hatten oder die stets mit sogenannten praktischen Programmen bei der Hand waren. So einfach liegen die Dinge nicht. Eine philosophische Lehre hat stets mehrere Seiten, und jede kann die verschiedensten historischen Wirkungen haben. Nur in außergewöhnlichen Zeiten, wie der französischen Aufklärung, wird die Philosophie selbst zur Politik. In jener Epoche verband man mit dem Wort Philosophie nicht so sehr Logik und Erkenntnistheorie als Angriffe auf die klerikale Hierarchie und das unmenschliche Gerichtswesen. Mit der Beseitigung bestimmter Vorurteile wurde tatsächlich die Tür zu einer neuen, besseren Welt aufgestoßen. Tradition und Glaube waren zwei der mächtigsten Bollwerke des *ancien régime*, und die philosophischen Attacken bildeten eine unmittelbar geschichtliche Aktion. Heute geht es jedoch nicht mehr darum, ein Glaubensbekenntnis zu eliminieren; denn in den totalitären Staaten, wo am lautesten an Heroismus und eine erhabene Weltanschauung appelliert wird, regieren weder Glaube noch Weltanschauung, sondern eine fade Mittelmäßigkeit und die Apathie des Individuums gegenüber dem Verhängnis und dem, was von oben kommt. Unsere gegenwärtige Aufgabe ist es viel eher, die Gewähr dafür zu schaffen, daß in Zukunft die Fähigkeit zur Theorie und zum Handeln, das aus der Theorie erwächst, nie wieder verlorengeht, auch nicht in einer späteren Epoche des Friedens, wenn die tägliche Routine vielleicht die Tendenz befördert, das ganze Problem wieder zu vergessen. Wir müssen dafür kämpfen, daß die Menschheit durch die grauenhaften Ereignisse der Gegenwart nicht gänzlich entmutigt wird, daß der Glaube an eine menschenwürdige, friedliche und glückliche Zukunft der Gesellschaft nicht von der Erde verschwindet.

VI. Kritischer Rationalismus

Allgemeine Einführung

1. Historische Wurzeln und Hauptvertreter

Der »Kritische Rationalismus« ist eine philosophische Denkrichtung, die auf den in Wien geborenen Philosophen und Wissenschaftstheoretiker *Karl Raimund Popper* (1902–1994) zurückgeht, der viele Jahre in angelsächsischen Ländern (Neuseeland, England) gelehrt hat. Popper hat in den zwanziger und Anfang der dreißiger Jahre in kritischer Auseinandersetzung mit der Philosophie des Wiener Kreises eine Erkenntnis- und Wissenschaftslehre entwickelt, die zu einem wichtigen Bestandteil unseres heutigen Wissenschaftsverständnisses geworden ist. Von seinen erkenntnis- und wissenschaftstheoretischen Einsichten ausgehend, die in dem berühmten Werk »Logik der Forschung«, 1935, dargelegt sind, hat Popper später auch auf den Gebieten der Sozialphilosophie und politischen Philosophie originelle Gedanken vertreten. Sie sind vor allem in der Schrift »Das Elend des Historizismus«, engl. 1944/45, dt. 1965, und in dem Buch »Die offene Gesellschaft und ihre Feinde«, engl. 1945, dt. 1957/58, Neuausgabe Tübingen 1992, dargestellt, das Popper während des Zweiten Weltkrieges in Neuseeland geschrieben hat. In seinem Alterswerk beschäftigt sich Popper mit ontologischen Fragen und dem psychophysischen Problem. Er hat in diesem Zusammenhang auch ein Buch gemeinsam mit dem Gehirnforscher und Nobelpreisträger Sir *John C. Eccles* veröffentlicht[1]. Das philosophische Denken von Popper hat viele bekannte Philosophen und Wissenschaftstheoretiker unserer Zeit nachhaltig beeinflußt. In den angelsächsischen Ländern sind Vorstellungen von ihm vor allem von *Imre Lakatos, John Watkins, William W. Bartley, Alan Musgrave, Ian Jarvie* und *David Miller* weiterentwickelt worden[2], im deutschsprachigen Raum gilt *Hans Albert*, der inzwischen selber eine Schülergeneration hervorgebracht hat (*Volker Gadenne, Jürgen Wendel, Axel Bühler* u. a.), als der bedeutendste Vertreter des Kritischen Rationalismus. Er war der Hauptexponent dieser Denkrichtung im »Positivismusstreit in der deutschen Soziologie«[3], der Ende der sechziger Jahre zwischen

---

[1] Karl POPPER/John ECCLES, The Self and Its Brain: An Argument for Interactionism. London/New York 1976. Deutsch: Das Ich und sein Gehirn. München/Zürich 1982.

[2] Vgl. u. a.: William W. BARTLEY, The Retreat to Commitment. New York 1962. Deutsch: Flucht ins Engagement. Versuch einer Theorie des offenen Geistes. München 1962; John W. N. WATKINS, Freiheit und Entscheidung. Tübingen 1978; Imre LAKATOS, Falsifikation und die Methodologie wissenschaftlicher Forschungsprogramme. In: Imre LAKATOS/Alan MUSGRAVE (Hrsg.), Kritik und Erkenntnisfortschritt. Braunschweig 1974. S. 89–189.

Kritischen Rationalisten und Vertretern der Kritischen Theorie der Frankfurter Schule geführt worden ist. Zu den Denkern, die zumindest in einer bestimmten Phase ihrer Entwicklung Kritische Rationalisten waren oder von Poppers Ideen wichtige Impulse erfahren haben, gehören z. B. auch die Wissenschaftstheoretiker *Paul Feyerabend* und *Joseph Agassi*, der Soziologe *Ralf Dahrendorf* und der Erziehungswissenschaftler *Wolfgang Brezinka*[4]

Die bedeutendste historische Wurzel des Kritischen Rationalismus liegt wohl 1. in der Erkenntnislehre von *Immanuel Kant*, die Poppers Denken, unter anderem seine Auffassung vom Charakter wissenschaftlicher Theorien, entscheidend beeinflußt hat. Weitere wichtige Wurzeln seines Denkens, auf die Popper selbst in seiner Autobiographie verweist[5], sind 2. die Philosophie des *Wiener Kreises*, 3. die Sprachphilosophie *Karl Bühlers*, 4. das Denken *Albert Einsteins*, 5. die semantische Wahrheitstheorie des Logikers *Alfred Tarski* und schließlich 6., was die Sozialphilosophie und politische Philosophie betrifft, die Tradition des politischen Liberalismus von *John Stuart Mill* u. a.

2. Kurzcharakteristik

a) Eine zentrale These der Erkenntnislehre des Kritischen Rationalismus ist die *These von der prinzipiellen Fehlbarkeit der Vernunft* (»Fallibilismus«) *und dem hypothetischen Charakter jeglicher Erkenntnis*. Mit dieser These wird der Überzeugung entgegengetreten, daß es ein sicheres Fundament der Erkenntnis gebe, von dem aus man Erkenntnisse zureichend begründen oder absolut rechtfertigen könne. Diese Vorstellung, die zutiefst in der Psychostruktur des Menschen (im Bedürfnis nach Gewißheit und dem emotionalen Streben nach Sicherheit) verankert ist, führt letzten Endes zu einer Situation, die Hans Albert als »Münchhausen-Trilemma« bezeichnet hat. Will man alle Erkenntnis absolut sicher und zureichend begründen, hat man letztlich nur folgende drei Alternativen, die sich gleichermaßen als nicht annehmbar erweisen: Man gerät mit der Begründung entweder 1. in einen unendlichen Regreß oder 2. in einen logischen Zirkel oder man muß 3. das Begründungsverfahren an einem bestimm-

---

[3] Vgl. Theodor W. ADORNO/Hans ALBERT u. a., Der Positivismusstreit in der deutschen Soziologie. Neuwied 1969.

[4] Vgl. Paul K. FEYERABEND, Knowledge without Foundations. Oberlin/Ohio 1961; Joseph AGASSI, Science in Flux. Dordrecht/Boston 1975; Ralf DAHRENDORF, Konflikt und Freiheit. München 1972; Wolfgang BREZINKA, Von der Pädagogik zur Erziehungswissenschaft. Eine Einführung in die Metatheorie der Erziehung. Weinheim/Berlin 1972. Brezinka gilt in der Methodendiskussion der Erziehungswissenschaften als Hauptvertreter einer »kritisch-rationalen Erziehungswissenschaft«.

[5] Vgl. Karl POPPER, Ausgangspunkte: Meine intellektuelle Entwicklung. Hamburg 1979. S. 46ff., 79f., 100f., 122ff., 135f.

ten Punkt willkürlich abbrechen[6]. Letzteres aber bedeutet stets den Rekurs auf ein Dogma, denn es wird dabei eine bestimmte Instanz gleichsam als archimedischer Punkt der Erkenntnis hingestellt. Die Vertreter des Kritischen Rationalismus sehen die Idee der zureichenden und sicheren Begründung der Erkenntnis eng mit einer Vorstellung verknüpft, die sie Offenbarungsmodell der Erkenntnis oder Offenbarungstheorie der Wahrheit genannt haben[7]. Das ist die Vorstellung, daß es Instanzen geben müsse, die die Wahrheit von Erkenntnissen gleichsam offenbar machen und absolut garantieren könnten. Diese Idee, die weit in mythische und religiöse Vorstellungsbereiche der Menschheit zurückreicht, wird vom Kritischen Rationalismus entschieden abgelehnt. Nicht nur deshalb, weil sie zu einer Dogmatisierung von Erkenntnissen und damit zu einer Beeinträchtigung des Erkenntnisfortschritts führen kann, wenn einmal gewonnene Einsichten aufgrund ihrer absoluten Wahrheitsgarantie nicht mehr kritisch in Frage gestellt und mit alternativen Problemlösungsvorschlägen verglichen werden. Die Idee einer absolut gesicherten Erkenntnis und das Offenbarungsmodell der Wahrheit werden auch deshalb verworfen, weil damit im gesellschaftlichen und politischen Bereich oft autoritäre und antidemokratische Verhaltensformen und Institutionen einhergehen. Im Rahmen von Ideologien und politischen Theorien, die der Idee einer absoluten Wahrheit verpflichtet sind, kommt es häufig zur Ausbildung von Erkenntnis- und Interpretationsmonopolen, mit denen Einzelpersonen oder soziale Gruppen vorgeben, einen privilegierten Zugang zur Wahrheit bzw. ein Privileg auf die Auslegung der als absolut wahr hingestellten Kerndogmen der betreffenden Ideologien zu besitzen. Die im Rahmen einer Ideologie als absolut wahr hingestellten Einsichten und Prinzipien werden dabei oft auch mit autoritären Mitteln gegen Kritik abgeschirmt, sei es durch Frageverbote, öffentliche Diffamierungsstrategien oder gar durch physische Druckmittel.

Daß der Verzicht auf die Idee einer absoluten Wahrheit und einer Letztbegründung der Erkenntnis keineswegs die Preisgabe jeglichen Wahrheitsideals bedeuten und notwendig in Relativismus und Skeptizismus enden muß, haben Popper und Albert wiederholt deutlich gemacht. Sie vertreten in diesem Zusammenhang den Standpunkt eines erkenntnistheoretischen Realismus in Verbindung mit einer regulativen Idee der Wahrheit, auf die wir im folgenden noch kurz zu sprechen kommen werden.

---

[6] Vgl. Hans Albert, Traktat über kritische Vernunft. Tübingen 1968. S. 13; Ders., Konstruktion und Kritik. Aufsätze zur Philosophie des kritischen Rationalismus. Hamburg 1972. S. 14 ff.
[7] Vgl. Karl R. Popper, Vermutungen und Widerlegungen. Das Wachstum wissenschaftlicher Erkenntnis. Teilband I. Tübingen 1994. S. 3 ff.; Hans Albert, Traktat über kritische Vernunft. S. 15 ff.

b) In unmittelbarem Zusammenhang mit der These von der Fehlbarkeit der Vernunft und dem hypothetischen Charakter jeglicher Erkenntnis steht im Kritischen Rationalismus die *Idee der rationalen Kritik und des konsequenten Kritizismus*. Anstatt Erkenntnisse, Problemlösungsvorschläge, Überzeugungen usw. positiv zu rechtfertigen und auf möglichst sichere Gründe zurückzuführen, gilt es sie diesem Rationalitätskonzept zufolge möglichst konsequent der Kritik auszusetzen. Nicht durch Rekurs auf Dogmen, sondern nur durch kritische Prüfung und Diskussion können wir Fehler und Schwächen in unseren Erkenntnissen und Überzeugungen frühzeitig erkennen, sie eliminieren und dadurch unsere Erkenntnisse und Überzeugungen verbessern. »Setzt man an . . . die Stelle der Begründungsidee die Idee der kritischen Prüfung, der kritischen Diskussion aller in Frage kommenden Aussagen mit Hilfe rationaler Argumente, dann verzichtet man zwar auf selbstproduzierte Gewißheiten, hat aber die Aussicht, durch Versuch und Irrtum – durch versuchsweise Konstruktion prüfbarer Theorien und ihre kritische Diskussion anhand relevanter Gesichtspunkte – der Wahrheit näher zu kommen, ohne allerdings jemals Gewißheit zu erreichen« (Albert)[8]. Die Bereitschaft zur Kritik und Selbstkritik wird vom Kritischen Rationalismus als eine allgemeine Lebensform gefordert. Sie äußert sich in der Methode, ». . . dauernd nach Fehlern zu suchen, und frühzeitig kleine und beginnende Fehler zu korrigieren. Diese Methode der rechtzeitigen Fehlerkorrektur zu verfolgen ist nicht nur eine Weisheitsregel, sondern geradezu eine moralische Pflicht: es ist die Pflicht zur dauernden Selbstkritik, zum dauernden Lernen, zu dauernden kleinen Verbesserungen unserer Einstellung, unserer Urteile, unserer Theorien« (Popper)[9]. Die kritizistische Grundhaltung verbietet es, um des Gefühls der subjektiven Gewißheit willen Bestandteile von Einsichten, Überzeugungen usw. mit Hilfe von Immunisierungsstrategien gegen Kritik und damit gegen das Risiko des Scheiterns abzusichern. Daß die Entscheidung zu diesem Kritizismus u. a. auch Konsequenzen für das Gebiet der Ethik hat, ist sowohl von Watkins als auch von Albert besonders hervorgehoben worden. Vom Standpunkt des Kritischen Rationalismus aus werden ethische Auffassungen abgelehnt, die »letzte« Wertenscheidungen und Wertstandpunkte prinzipiell in einem Bereich des Irrationalen ansiedeln, wo sie jeder erkenntnismäßigen Kritik entzogen sind. Dem gegenüber wird die Ansicht vertreten, daß Wertorientierungen und -entscheidungen sehr häufig von Sacherkenntnissen aus kritisierbar sind, obwohl sie sich natürlich nicht aus Sa-

---

[8] Hans ALBERT, a.a.O., S. 35. Vgl. auch: Karl POPPER, a.a.O., S. 33ff.; DERS., Objektive Erkenntnis. Ein evolutionärer Entwurf. Hamburg 1973. S. 25ff.
[9] Karl POPPER, Das Elend des Historizismus. Tübingen 1965. S. IX.

cherkenntnissen logisch ableiten lassen. Zur Überbrückung der Distanz zwischen Soll-Sätzen und Sachaussagen nennt Albert »Brückenprinzipien«, die zugleich auch die Grundlage für die sachliche Kritik an Wertüberzeugungen abgeben können, so vor allem das Realisierbarkeits-Postulat »Sollen impliziert können«[10].

c) Die Ideen der prinzipiellen Fehlbarkeit der Vernunft und des konsequenten Kritizismus haben in der Wissenschaftslehre des Kritischen Rationalismus ihre Entsprechung im *Kriterium der prinzipiellen Falsifizierbarkeit von wissenschaftlichen Theorien* und in der *Ablehnung des Induktionsmodells der Erkenntnis*. Popper hat das Falsifizierbarkeitskriterium (»Falsifikationsprinzip«) in seiner »Logik der Forschung« im ausdrücklichen Gegensatz zum neopositivistischen Sinnkriterium oder Verifikationsprinzip entwickelt. Seine Haupteinwände gegen das Sinnkriterium des Wiener Kreises und dessen Forderung nach empirischer Verifizierbarkeit von wissenschaftlichen Hypothesen und Theorien sind vor allem 1. der Einwand, daß mit diesem Kriterium nicht nur die metaphysischen Aussagen, sondern auch alle naturwissenschaftlichen Gesetzesaussagen, die die logische Form von Allsätzen (»Alle x sind y«) haben, aus dem Bereich der sinnvollen Aussagen eliminiert werden, und 2. der Einwand, daß es eine induktive Bestätigung von wissenschaftlichen Hypothesen gar nicht geben könnte, weil schon die Formulierung eines Induktionsprinzips als generelle Regel in einen unendlichen Regreß führe[11]. Popper will das von ihm vorgeschlagene Falsifizierbarkeitskriterium deshalb auch nicht als Sinnkriterium verstanden wissen, sondern bloß als Abgrenzungskriterium, das die empirische Wissenschaft gegenüber der Mathematik und Logik, aber auch gegenüber jeglicher Pseudowissenschaft abgrenzen soll. Der Kerngedanke des Popperschen Falsifikationsprinzips liegt in der These, daß man wissenschaftliche Hypothesen und Theorien nicht durch induktive Verallgemeinerung an der Erfahrung bestätigen (verifizieren) kann, sondern daß man sie vielmehr durch Widerlegungsversuche bewähren muß. Der Wissenschaftler hat sich bei der Prüfung von Theorien an der Erfahrung von vornherein nicht zu fragen, welche positiven Instanzen seine Theorien bestätigen würden, sondern er muß sich vielmehr die Frage stellen, welche möglichen Tatsachen er als Widerlegungen (»Falsifikationen«) seiner Theorien betrachten würde. »Theorien sind nicht verifizierbar, aber sie können sich bewähren.«[12] Die positive Bewährung einer Theorie liegt für Popper darin, daß sie allen bisherigen Falsi-

---

[10] Vgl. Hans ALBERT, a.a.O., S. 76ff.
[11] Karl POPPER, Logik der Forschung. 2., erw. Aufl. Tübingen 1966. S. 4ff., 14.
[12] Ebd., S. 198.

fikationsversuchen standgehalten hat. Mit dem Falsifikationsprinzip
will Popper in der Forschungslogik die induktive Methode der Nach-
prüfung von wissenschaftlichen Hypothesen durch ein deduktives Verfahren ersetzen, bei dem Gesetzesaussagen oder generelle Hypothesen
als unbeschränkte Allsätze interpretiert werden, die (in Es-gibt-nicht-
Sätze umformuliert) durch singuläre Existenzbehauptungen (Basissätze) widerlegt bzw. falsifiziert werden können. Die Basissätze, die beob-
achtbare Ereignisse beschreiben, beruhen nicht auf unmittelbarer, »reiner« Erfahrung, sondern enthalten bereits ein interpretatives, hypothetisches Moment. Sie werden von Popper in sein Falsifikationskonzept
als Festsetzungen eingeführt[13].

   d) In engem Zusammenhang mit dem Falsifizierbarkeitskonzept
steht in Poppers Denken die Auffassung, daß die Entwicklung des
menschlichen Denkens und der *Erkenntnisfortschritt durch die Methode von
Versuch und Irrtum* bzw. durch *Vermutungen und Widerlegungen* (Konstruktion und Kritik) zustande komme. Popper vertritt dabei die Ansicht, daß die wissenschaftliche Erkenntnisgewinnung ein Prozeß sei,
in dem sich der Wissenschaftler zunächst einem Problem gegenüber-
sieht. Er entwirft Problemlösungsvorschläge in Form von spekulativen
Vermutungen, Hypothesen und Theorien, die im Rahmen der Wissenschaft scharfer Kritik unterworfen werden. Durch die Kritik und die
Konfrontation mit alternativen Hypothesen und Lösungsvorschlägen
werden Irrtümer und Fehler im Rahmen einer Theorie erkannt, so daß
die Theorie entweder umgebaut oder durch eine bessere Theorie ersetzt
werden kann. »Theorien werden versuchsweise aufgestellt und ausprobiert. Wenn das Ergebnis einer Prüfung zeigt, daß die Theorie falsch
ist, wird sie verworfen; die Methode von Versuch und Irrtum ist im
wesentlichen eine Methode der Elimination, der negativen Auswahl,
der Ausschließung.«[14] Eine wichtige Bedingung für das Funktionieren
dieser allgemeinen Forschungsmethode ist ein Theorienpluralismus
oder eine pluralistische Theorienkonkurrenz. In der wissenschaftlichen
Diskussion um die Lösung eines Problems darf nicht eine Theorie vor-

---

[13] Vgl. ebd., S. 66ff.; Zur kritischen Diskussion des Basisproblems und des Lösungsvor-
schlags von Popper vgl. Wolfgang STEGMÜLLER, Metaphysik, Skepsis, Wissenschaft. 2.,
verb. Aufl. Berlin 1969. S. 308ff.
[14] Karl POPPER, Was ist Dialektik? In: Ernst TOPITSCH (Hrsg.), Logik der Sozialwissenschaften. Köln/Berlin 1965. S. 263. Vgl. auch: DERS., Conjectures and Refutations. S. 33ff.
Zur Diskussion um Poppers evolutionäre Deutung des Erkenntnisfortschritts und die Auseinandersetzung mit der Deutung von Thomas S. Kuhn, der die revolutionären Phasen im
wissenschaftlichen Denken besonders betont (Thomas S. KUHN, Die Struktur wissenschaftlicher Revolutionen. Frankfurt 1967), vgl. Imre LAKATOS/Alan MUSGRAVE (Hrsg.),
Kritik und Erkenntnisfortschritt. Braunschweig 1974; Gerard RADNITZKY/Gunnar AN-
DERSSON (Hrsg.), Fortschritt und Rationalität in der Wissenschaft. Tübingen 1980.

schnell als einzige Lösungsmöglichkeit hingestellt und ihr das Monopol auf die Problemlösung eingeräumt werden, sondern es müssen mehrere alternative Theorien miteinander um die bestmögliche Problemlösung konkurrieren können. Nur die pluralistische Theorienkonkurrenz garantiert die strengste und effektivste Kritik an den einzelnen Problemlösungsvorschlägen, so daß sich letztlich der beste Vorschlag durchsetzen und bewähren kann. Eine zentrale Voraussetzung von Poppers Wissenschaftskonzeption und Theorie des Erkenntnisfortschritts ist dabei eine regulative Idee der Wahrheit, die sich an der Korrespondenzidee der Wahrheit orientiert. Der Kern dieser regulativen Wahrheitsidee ist die Vorstellung, daß es bei der Suche nach Wahrheit in der Wissenschaft kein Erreichen einer absoluten Wahrheit gibt, sondern bloß eine mehr oder weniger gute Annäherung an die Wahrheit. Eine wissenschaftliche Theorie kann nur wahrheitsähnlicher sein als eine andere. Ihre Wahrheitsähnlichkeit oder ihren Wahrheitsgehalt im Vergleich zu anderen Theorien hat Popper an der Menge von wahren Aussagen zu bemessen versucht, die sich aus ihr folgern lassen[15].

e) In der Ontologie und der Diskussion um das Leib-Seele-Problem hat Popper eine *Theorie von drei Welten* vorgeschlagen, zum Unterschied von monistischen und dualistischen Theorien über die Wirklichkeit. Es gibt dieser Theorie zufolge die »Welt 1«, das ist die Welt der physikalischen Objekte, die »Welt 2«, das ist die Welt der subjektiven Erfahrungen und Bewußtseinszustände, und schließlich noch die »Welt 3«, die »Welt der möglichen Gegenstände des Denkens: die Welt der Theorien an sich und ihrer logischen Beziehungen; die Welt der Argumente an sich; die Welt der Problemsituationen an sich«[16].

f) Zu den Kerngedanken von Poppers Sozialphilosophie und politischer Theorie gehört seine *Historizismus-Kritik* und sein *Anti-Utopismus*. Unter »Historizismus« versteht Popper dabei ». . . jene Einstellung zu den Sozialwissenschaften . . ., die annimmt, daß *historische Voraussage* deren Hauptziel bildet und daß sich dieses Ziel dadurch erreichen läßt, daß man die ›Rhythmen‹ oder ›Patterns‹, die ›Gesetze‹ oder ›Trends‹ entdeckt, die der geschichtlichen Entwicklung zugrunde lie-

---

[15] Dieser Versuch Poppers, die Wahrheitsnähe einer Theorie zu bestimmen, wird heute vielfach als gescheitert und revisionsbedürftig angesehen. Zur kritischen Diskussion dieses Versuchs und des Wahrheitsbegriffes im Kritischen Rationalismus vgl. u. a.: Helmut F. SPINNER, Pluralismus als Erkenntnismodell. Frankfurt 1974. S. 93ff.; Herbert KEUTH, Realität und Wahrheit. Zur Kritik des kritischen Rationalismus. Tübingen 1978; Hans ALBERT, Realität und Wahrheit. Zu Herbert Keuths Kritik am kritischen Rationalismus. In: Zeitschrift für philosophische Forschung, Bd. 33 (1979), S. 567ff.; DERS., Die Wissenschaft und die Suche nach Wahrheit. Der kritische Realismus und seine Konsequenzen für die Methodologie. In: Gerard RADNITZKY/Gunnar ANDERSSON (Hrsg.), a.a.O., S. 221ff.
[16] Karl POPPER, Objektive Erkenntnis. S. 174.

gen«[17]. Popper setzt sich mit verschiedenen Ausprägungen (anti- und pronaturalistischen Doktrinen) dieser von ihm idealtypisch zugespitzten Denkweise auseinander. Er kritisiert daran u. a. die optimistische Erwartung, daß unbedingte Prognosen über die künftige Gesellschaftsentwicklung und den Geschichtsverlauf möglich seien, wie dies vor allem jene deterministische Komponente in der marxistischen Geschichtstheorie nahelegt, von der eine notwendige Entwicklung zur kommunistischen Gesellschaft hin angeblich »wissenschaftlich« vorausgesagt wird. Popper hält einer solchen Geschichtsdeutung entgegen, daß man den künftigen Verlauf der Menschheitsgeschichte schon deshalb nicht exakt voraussagen kann, weil diese Entwicklung entscheidend vom Anwachsen des menschlichen Wissens (Erfindungen usw.) geprägt wird und dieser Faktor selbst wiederum nicht mit rational-wissenschaftlichen Methoden exakt voraussagbar ist. Poppers Kritik richtet sich in diesem Zusammenhang auch gegen die »holistische« Vorstellung, daß man eine Gesellschaft als Ganzes studieren oder irgendwie erfassen könne und gegen die damit oft verbundene utopistische Idee, künftige Gesellschaften seien nach utopischen Vorstellungen im voraus planbar und brauchten nur durch ein möglichst radikales und totales Sozialexperiment auf revolutionärem Weg in die Wirklichkeit umgesetzt werden.

g) Solchen radikalen, utopisch-revolutionären Vorstellungen der Gesellschaftsveränderung stellt der Kritische Rationalismus als Alternative das *Konzept einer schrittweisen Gesellschaftsveränderung durch vorsichtige Reformen* entgegen, das sogenannte »piecemeal-engineering« oder die *Stückwerk-Technik*. Aus der Einsicht heraus, daß die »Logik der totalen Revolution« nur zu oft »zu einer totalitären Ordnung« führt und daß jeder Eingriff in eine soziale Ordnung neben den im voraus eingeplanten Folgen immer auch eine ganze Reihe von nicht eingeplanten Konsequenzen und unbeabsichtigten Nebenwirkungen mit sich bringt, plädieren die Kritischen Rationalisten für eine konsequente, schrittweise Veränderung von gesellschaftlichen Strukturen, bei der stets verantwortungsbewußt auch die möglichen Konsequenzen der Veränderung in Rechnung gestellt werden müssen. »Der typische Stückwerk-Ingenieur . . . mag zwar einige Vorstellungen von der idealen Gesellschaft ›als Ganzem‹ haben, . . . aber er ist nicht dafür, daß die Gesellschaft als Ganzes neu geplant wird. Was immer seine Ziele sein mögen, er sucht sie schrittweise durch kleine Eingriffe zu erreichen, die sich dauernd verbessern lassen. . . . Daher wird er nur Schritt für

---

[17] Karl POPPER, Das Elend des Historizismus. S. 2. Vgl. auch: DERS., Die offene Gesellschaft und ihre Feinde. Bd. II. Bern 1958. S. 119, 320, 332f., 7. Auflg. Tübingen 1992.

Schritt vorgehen und die erwarteten Resultate stets sorgfältig mit den tatsächlich erreichten vergleichen, immer auf der Hut vor den bei jeder Reform unweigerlich auftretenden unerwünschten Nebenwirkungen. Er wird sich auch davor hüten, Reformen von solcher Komplexität und Tragweite zu unternehmen, daß es ihm unmöglich wird, Ursachen und Wirkungen zu entwirren und zu wissen, was er eigentlich tut« (Popper)[18]. Dem Konzept einer Politik der graduellen Veränderung und Verbesserung von gesellschaftlichen, wirtschaftlichen und politischen Verhältnissen korrespondiert im Kritischen Rationalismus auf ethischem Gebiet neben einer verantwortungsethischen Grundhaltung die Einstellung eines negativen Utilitarismus. Es geht dieser Philosophie zufolge in der Politik nicht primär um eine Maximierung des Glücks für möglichst viele Menschen in einer Gesellschaft oder im Weltmaßstab, sondern um eine Minimierung des vermeidbaren Leids. Anstatt die Verwirklichung nebuloser und individuell oft sehr variabler Glücksvorstellungen zum Ziel politischen Handelns zu machen, gilt es primär gegen die mannigfachen Formen und Ursachen von vermeidbarem Leid, wie Armut, Krankheit, Unterdrückung usw., kontinuierlich und konsequent anzukämpfen.

h) Die gesellschaftspolitische Zielvorstellung der Sozialphilosophie und politischen Philosophie des Kritischen Rationalismus ist *das Ideal der offenen Gesellschaft*. Von dieser Vorstellung aus, der von allen bisherigen Staatsformen die westlich-parlamentarische Demokratie trotz aller Mängel und Verbesserungsbedürftigkeit noch am nächsten kommt, werden alle totalitären und autoritären Gesellschaftsformen entschieden abgelehnt und kritisiert. Kriterien der Offenheit einer Gesellschaft sind dabei u. a.: das Maß an individueller Freiheit, das eine Gesellschaft ihren Bürgern einräumt, wobei die individuelle Freiheit nicht auf Kosten anderer gehen darf; das gewaltlose Austragen von Interessenkonflikten und politischen Gegensätzen durch öffentliche, kritisch-rationale Diskussion, die Pluralität von Ideen, politischen Meinungen und Parteien; demokratische Institutionen, die die Konzentration von Macht verhindern und die wirksame Kontrolle und gewaltlose Ablösung von Regierungen ermöglichen; institutionelle Sicherung der

[18] Karl POPPER, Das Elend des Historizismus. S. 53f.; vgl. dazu auch das Kapitel »Revolution oder Reform?« in: Hans ALBERT, Traktat über rationale Praxis. Tübingen 1978. S. 165ff.; Zusammenhänge zwischen Erkenntnis- und Wissenschaftsauffassungen und Politik werden im Kritischen Rationalismus immer wieder betont. Vgl. William W. BARTLEY, a.a.O., S. 145ff.; Hans ALBERT, Aufklärung und Steuerung. Aufsätze zur Sozialphilosophie und zur Wissenschaftslehre der Sozialwissenschaften. Hamburg 1976. S. 11ff.; John W. N. WATKINS, Erkenntnistheorie und Politik. In: Hans ALBERT (Hrsg.), Theorie und Realität. Ausgewählte Aufsätze zur Wissenschaftslehre. 2. Aufl. Tübingen 1972. S. 393ff.

Möglichkeit von Kritik und Entwicklung alternativer Wertvorstellungen usw. Daß die Ideale der Tradition des politischen Liberalismus, die Poppers Konzept der offenen Gesellschaft kennzeichnen, in diesem Konzept keineswegs auch mit einem ökonomischen »Laissez-faire«-Liberalismus konform gehen, wie dies Popper verschiedentlich unterstellt worden ist, zeigt seine ausdrückliche Forderung nach Ablösung des schrankenlosen Kapitalismus durch einen »ökonomischen Interventionismus«. »Wir müssen soziale Institutionen konstruieren, die die wirtschaftlich Schwachen vor den wirtschaftlich Starken schützen, und die Staatsgewalt muß diesen Institutionen zur Wirksamkeit verhelfen. Der Staat muß darauf achten, daß niemand aus Furcht vor Hunger oder vor wirtschaftlichem Zusammenbruch ein ungerechtes Abkommen zu schließen braucht.«[19]

3. Kritische Würdigung

Vorzüge: a) Zu den Vorzügen des Kritischen Rationalismus gehört das aus der Kantischen Tradition her stammende *Aufklärungsethos* und der *antidogmatische* und *antiautoritäre Grundzug,* der sowohl in der Erkenntnis- und Wissenschaftslehre als auch in der Sozialphilosophie und politischen Philosophie dieser philosophischen Richtung deutlich ausgeprägt ist. Mit der Ablehnung der Idee der Letztbegründung der Erkenntnis und mit der Auffassung, daß Erkenntnisse immer nur hypothetisch gelten und nie absolut wahr sind, wird Unfehlbarkeitsansprüchen, Erkenntnismonopolen, autoritär behaupteten Besitzansprüchen auf absolut wahre Erkenntnisse und Prinzipien ihre erkenntnistheoretische Grundlage entzogen. Daß die anstelle der Idee der Letztbegründung vertretene Idee der rationalen Kritik und kritischen Prüfung nicht selbst wiederum dogmatisch verfochten und verabsolutiert wird, dafür sollte nicht nur der antidogmatische Grundzug, sondern vor allem auch die verantwortungsethische Komponente im Kritischen Rationalismus garantieren können. Verlangt doch diese Komponente, die eine der von Hans Albert betonten Parallelen zwischen dem Kritischen Rationalismus und dem Denken des großen deutschen Soziologen Max Weber ist[20], vom Vertreter einer kritisch-rationalen Einstellung, auch diese Einstellung selbst in den verschiedenen Situationszusammenhängen auf ihre Konsequenzen und Nebenfolgen hin zu überdenken.

---

[19] Karl POPPER, Die offene Gesellschaft und ihre Feinde. Bd. II. S. 154.
[20] Zu Webers Unterscheidung zwischen einem gesinnungs- und einem verantwortungsethisch motivierten Handeln vgl. dessen Schriften »Wissenschaft als Beruf« und »Politik als Beruf«.

b) Ein Verdienst des Kritischen Rationalismus liegt auch in der *Kritik an* weit verbreiteten philosophischen Denkweisen und Vorurteilen, wie etwa dem *Holismus* und dem *Essentialismus.* Ist der Holismus eine Denkweise, die aus einer Totalitätsperspektive heraus letzten Endes immer wieder zu unnuancierten Pauschalbehauptungen über Phänomene und Wirkungszusammenhänge in der Wirklichkeit führt, vermittelt der Essentialismus eine falsche Vorstellung in bezug auf die von uns in unserer Sprache verwendeten Begriffe. Es ist die Vorstellung, daß zentrale Begriffe wie z. B. »Gerechtigkeit«, »Freiheit«, »Staat«, »Demokratie« usw. eine wahre oder eigentliche Bedeutung haben, die man etwa durch intensive wissenschaftliche Forschung oder durch eine geniale Intuition nur zu erfassen brauche, um dann ein für allemal im Besitz der Einsicht in das »wahre Wesen der Gerechtigkeit«, die »wahre Idee des Staates«, das »eigentliche Wesen der Demokratie« usw. zu sein. Diese Vorstellung ist falsch, weil es keine ein für allemal gültigen, wahren Bedeutungen von sprachlichen Ausdrücken gibt. Wörter wie »Gerechtigkeit«, »Freiheit« usw. werden von uns wie andere theoretische Begriffe in unsere Überlegungen und Argumentationen eingeführt, um uns bei der Interpretation und Erklärung der sozialen Wirklichkeit behilflich zu sein. Ihre Bedeutung wird durch den Sprachgebrauch und durch Definitionen festgelegt und kann auch wieder geändert werden. Sie wird nicht von irgendwie gearteten ewigen und unveränderlichen Normgestalten oder Wesenheiten bestimmt, die ,,hinter" diesen Wörtern stehen, wie dies platonistische Begriffsspekulationen nahelegen.

c) Einen weiteren Vorzug des Kritischen Rationalismus kann man in dem Umstand sehen, daß sich aus dieser Philosophie eine Reihe von brauchbaren *Richtlinien zur kritischen Analyse politischer Weltanschauungen* entnehmen lassen. Aufgrund der kritischen Auseinandersetzung mit dogmatisierten Überzeugungen, Utopien und Ideologien, die im Rahmen dieser philosophischen Richtung geleistet werden, sollte man bei einer derartigen Analyse folgende Gesichtspunkte beachten: 1. Wieweit sind in einer politischen Weltanschauung Tendenzen zu einer starren und dogmatischen dichotomen Deutung der sozialen Wirklichkeit zu beobachten? 2. Bis zu welchem Grad finden sich darin Verschwörungstheorien und Sündenbock-Mechanismen? 3. Wieweit treten ein dogmatisches Behaupten von absolut wahren Einsichten und Prinzipien auf und im Zusammenhang damit elitäre Gruppen, die ein Erkenntnismonopol auf die Deutung dieser Einsichten beanspruchen? 4. Wieweit sind Tendenzen zur Immunisierung der ideologischen Kernannahmen gegenüber Kritik ausgeprägt und welcher Art sind die

Strategien, mit denen die Immunisierung erfolgt? 5. in welchem Ausmaß sind die grundlegenden Wertprämissen auch offen als solche deklariert und in welchem Ausmaß sind sie als gleichsam selbstverständliche Tatsachen getarnt, die scheinbar mit zwingender Notwendigkeit aus Tatsachenerkenntnissen deduzierbar sind?[21]

Nachteile: a) Ein Mangel in der Erkenntnis- und Wissenschaftslehre von Karl Popper ist der Umstand, daß von Popper *jeglicher induktive Denkschritt im Erkenntnisprozeß geleugnet* wird. So nimmt Popper etwa die induktiven Schritte bei der Entstehung wissenschaftlicher Theorien nicht zur Kenntnis. Er stellt den Entstehungsprozeß von Theorien als gänzlich irrational hin und will sich mit seinen wissenschaftslogischen Überlegungen bloß auf deren Begründungszusammenhang beschränken. In der bisherigen Diskussion um seinen erkenntnis- und wissenschaftstheoretischen Standpunkt wurde deutlich, daß Popper in seinem Erkenntnis- und Wissenschaftsmodell zumindest ein »Minimum an Induktion« (Agassi, Lakatos) anerkennen müßte, wenn er dem Vorwurf des Skeptizismus entgehen will. Vor allem die Vorstellung, daß die Wahrheitsnähe einer Theorie durch ihre Bewährung, d. h. über gescheiterte Widerlegungsversuche, bestimmt werden kann, macht die Anerkennung eines induktiven Moments im Popperschen Wissenschaftsprogramm erforderlich. Dieses induktive Moment erscheint auch als eine notwendige Voraussetzung dafür, daß man Poppers vorgeschlagene falsifikationistische Methode des Erkenntnisfortschritts im Vergleich zu anderen wissenschaftlichen Erkenntnisprogrammen als das besser geeignete Instrument zur Wahrheitsannäherung rechtfertigen und akzeptieren kann.

b) Ein weiterer Einwand gegen den Kritischen Rationalismus betrifft die einseitige und *verzerrende Darstellung von Standpunkten aus der Geschichte der Philosophie*, die sich vor allem im Werk von Popper wiederholt findet. In seinem Bemühen, bestimmte Aspekte des Werks eines Denkers zum Zwecke der Kritik und der Konfrontation mit eigenen Vorstellungen besonders pointiert und idealtypisch herauszustellen, verzeichnet Popper die Gesamtposition verschiedener Denker erheb-

---

[21] Vgl. dazu meinen Aufsatz: Richtlinien zur Analyse politischer Weltanschauungen in K. Poppers Sozialphilosophie. In: Wittgenstein, Der Wiener Kreis und der Kritische Rationalismus. Akten des 3. Internationalen Wittgenstein-Symposiums (hrsg. v. Hal BERGHEL, Adolf HÜBNER und Eckehard KÖHLER). Wien 1979, S. 362ff., meinen Beitrag: The Problem of Ideology and Critical Rationalism. In: Gunnar ANDERSSON (Ed.), Rationality in Science and Politics. Dordrecht 1984. S. 249ff., sowie meinen Artikel: Perspektiven einer Ideologietheorie im Sinne des Kritischen Rationalismus. In: Karl R. Popper und die Philosophie des Kritischen Rationalismus. Hrsg. v. Kurt SALAMUN. Amsterdam/Atlanta 1989. S. 251–268.

lich. Dies gilt vor allem für seine Hegel-Darstellung, für seine Charakteristik von Karl Mannheim und »der Wissenssoziologie«, aber auch für seine Rekonstruktion der Kerngedanken von Francis Bacon und anderer Vertreter des Empirismus. So erweist sich z. B. Bacon bei einer genaueren Betrachtung seines erkenntnistheoretischen Standpunktes keineswegs als jener autoritätsgläubige, dogmatische Empirist und Verfechter einer »Induktionsmaschine« des Denkens, wie er von Popper hingestellt wird, sondern als ein Empirist, der die Relevanz der Kritik für den eigenen Standpunkt und die Bedeutung des gedanklich-spekulativen Moments bei der wissenschaftlichen Erkenntnisgewinnung und -bewährung durchaus in Rechnung gestellt hat.

c) Zu den Nachteilen des Kritischen Rationalismus zählt auch die oft allzu *pauschale Diskreditierung von Utopien*. Sicherlich wird es immer wieder notwendig sein, Utopien als praxis- und realitätsfremde Denkgebilde hinzustellen, wenn es gilt, damit eine breite Öffentlichkeit vor Manipulation durch politische Heilspropheten zu warnen und darüber aufzuklären, wie wenig sich deren dogmatisch vertretene Konzepte, die mit dem trügerischen Anspruch der absoluten Wahrheit präsentiert werden, tatsächlich für eine Umsetzung in die gesellschaftliche Wirklichkeit eignen. Über die verdienstvolle ideologiekritische Entzauberung von dogmatischen Sozialutopien und trügerischen Heilsprophetien sollte aber nicht vergessen werden, daß utopische Gedankengebilde in der Regel eine ganze Reihe von Informationen über verdrängte Wünsche, Bedürfnisse und uneingestandene Sehnsüchte enthalten, die sich als durchaus nützlich erweisen können, wenn es gilt, gesellschaftspolitische Ziele und Ideale zu formulieren, an denen sich praktisches politisches Handeln ausrichten soll. Auf diese Seite von Utopien macht u. a. der Politologe Arnold Künzli aufmerksam, wenn er meint: »Vielleicht kommt Utopien weniger die Funktion zu, die Menschen anzufeuern, das Unmögliche zu wollen, als vielmehr die Funktion, sie durch Kontrastwirkung die Schatten der bestehenden Wirklichkeit deutlicher erkennen zu lassen und sie so anzuspornen, nach einem besseren Möglichen zu suchen.«[22]

4. Zu den folgenden Texten

In dem hier abgedruckten, sehr persönlich gehaltenen Aufsatz von *Popper* »Wie ich die Philosophie sehe« hebt dieser die Bedeutung der kritischen Einstellung in der Philosophie nachdrücklich hervor. Er sieht die Hauptaufgabe der Philosophie darin, »kritisch über das Uni-

---

[22] Arnold KÜNZLI, Aufklärung und Dialektik. Politische Philosophie von Hobbes bis Adorno. Freiburg 1971. S. 35.

versum und unseren Platz in ihm nachzudenken sowie über die gefährliche Macht unseres Wissens und unserer Kraft zum Guten und zum
Bösen« (232). Popper warnt die akademische Philosophie vor »Haarspaltereien« und einer »minuziösen, kleinlichen Kritik kleinlicher Angelegenheiten, ohne Verständnis der großen Probleme der Kosmologie, der menschlichen Erkenntnis, der Ethik und der politischen Philosophie, und ohne das ernsthafte und hingebende Bemühen, sie zu lösen« (231). Als Idealbild des Philosophen gilt Popper die Person des
Sokrates, der sich seiner intellektuellen Grenzen bewußt ist, der
»selbstkritisch ist und ein Kritiker jedes hochtrabenden Jargons«. Von
diesem Idealbild intellektueller Bescheidenheit aus gesehen muß die
»Theorie von der Existenz einer intellektuellen und philosophischen
Elite« abgelehnt werden, wie sie u. a. von Platon vertreten worden ist.
In Überlegungen, wie man die Philosophie nicht verstehen sollte,
grenzt sich Popper im folgenden Aufsatz auch von Ludwig Wittgenstein und Vertretern der Analytischen Philosophie ab, die Philosophie
primär als Sprachanalyse auffassen, als »einen Versuch zur Klärung,
Analyse oder ›Explikation‹ von Begriffen, von Worten oder von Sprachen«. »Es sollte nicht unser Ziel sein, *Bedeutungen* zu analysieren, sondern nach interessanten und *bedeutsamen Wahrheiten* zu suchen, das
heißt, nach *wahren Theorien*« (224). Eine nicht unwichtige Aufgabe der
Philosophie sieht Popper auch in der Kritik von Vorurteilen des Alltagsverstandes. So vor allem in der Kritik an dem Vorurteil, daß nur ein
sicheres Wissen (und kein hypothetisches Wissen) ein »wirkliches«
Wissen sei. Dieses Vorurteil beinhaltet die Idee einer möglichen Letztbegründung der Erkenntnis, die vom Kritischen Rationalismus, wie
dargelegt wurde, entschieden abgelehnt wird. Andere Vorurteile des
Alltagsverstandes, die die Philosophie nach Popper kritisieren sollte,
sind die Überzeugung, daß die Meinungen eines Menschen stets notwendig durch seine Interessen bestimmt sind oder die Überzeugung,
daß jedes unerwünschte Ereignis einen Urheber haben muß, der dieses
Ereignis geplant hat. Popper spricht in bezug auf die zuletzt genannte
Überzeugung von einer »Verschwörungstheorie der Gesellschaft«
(225).

Im folgenden Aufsatz von *Hans Albert* werden einleitend drei Tendenzen kritisiert, die mit einflußreichen philosophischen Auffassungen
der Gegenwart verbunden sind: die Tendenz zur Politisierung des
Denkens im Marxismus, die Tendenz zur Subjektivierung des Denkens
in Existenzphilosophie und Hermeneutik, sowie die Tendenz zur Neutralisierung des Denkens im Positivismus. In Abgrenzung zur analytischen Philosophie positivistischer Provenienz charakterisiert Albert

den Kritizismus oder Kritischen Rationalismus: » Dieser Kritizismus unterscheidet sich schon insofern vom üblichen analytischen Denken, als er weder die Reduktion der Philosophie auf Erkenntnistheorie oder Wissenschaftslehre oder gar auf Sprachanalyse mitmacht, die dem analytischen Programm entspricht, noch die mit diesem Programm vielfach verbundene Neutralitätsthese vertritt, die die kritische Funktion der Philosophie für das soziale Leben vernachlässigt« (236). Im weiteren referiert Albert Hauptgedanken der Philosophie des Kritischen Rationalismus, so die These von der prinzipiellen Fehlbarkeit der Vernunft, die Idee der Kritik, die Ablehnung des Begründungsdenkens und des Offenbarungsmodells der Wahrheit usw., und macht auf jene Sackgasse des Rechtfertigungs- und Begründungsmodells der Erkenntnis aufmerksam, die er Münchhausen-Trilemma genannt hat. Im Gegensatz zum Dogmatismus dieses Modells wird am Kritischen Rationalismus »die dynamische Idee einer durch *Konstruktion, Kritik und Revision* fortschreitenden Entwicklung unseres Wissens« (239) hervorgehoben. Zur These von der prinzipiellen Fehlbarkeit der Vernunft heißt es, der Kritische Rationalismus geht davon aus, »daß menschliches Denken und Handeln *prinzipiell fehlbar*, Mißverständnissen, Fehlern und Irrtümern aller Art unterworfen ist, daß es keine absolut sicheren Antworten, keine garantiert fehlerfreien Problemlösungen geben kann, gleichgültig, ob es sich um wissenschaftliche, technische, ökonomische, künstlerische, moralische, politische oder auch philosophische oder religiöse Probleme handelt« (241). Im weiteren setzt sich Albert kritisch mit Versuchen auseinander, mit Hilfe von Zwei-Bereichstheorien gewisse Bereiche der Wirklichkeit gegenüber der Idee der kritischen Prüfung abzuschirmen und charakterisiert die Aufgaben einer Ideologiekritik aus der Sicht des Kritischen Rationalismus folgendermaßen: »Das Programm der Aufklärung stellt der Ideologiekritik in erster Linie die Aufgabe, der Dogmatisierung von Problemlösungen in allen Bereichen des sozialen Lebens entgegenzuwirken, Strategien der Immunisierung zu durchleuchten und durchschaubar zu machen, gleichgültig, ob sie in der Erkenntnissphäre, im Bereich des Rechts, der Moral oder der Politik oder auf anderen Gebieten des sozialen Lebens erkennbar sind. . . Insofern ist der Kritizismus *keineswegs* eine unpolitische Philosophie, auch wenn er die *Politisierung des Denkens* zurückweist . . .« (244).

KARL R. POPPER

Wie ich die Philosophie sehe

I.

Ein berühmter und geistvoller Aufsatz meines 1959 verstorbenen Freundes Friedrich Waismann trägt den Titel: »Wie ich die Philosophie sehe.«[1] Vieles an diesem Aufsatz bewundere ich, und in mehreren Punkten stimme ich mit ihm überein, obgleich meine Einstellung von der seinen gänzlich verschieden ist.

Fritz Waismann und viele seiner Kollegen halten es für ausgemacht, daß Philosophen eine besondere Art von Menschen sind und daß man die Philosophie als ihre besondere Angelegenheit betrachten muß. Was er in seinem Aufsatz mit Beispielen zu belegen versucht, ist der besondere Charakter des Philosophen und der besondere Charakter der Philosophie, verglichen mit anderen akademischen Disziplinen wie Mathematik oder Physik. So versucht er, eine Beschreibung der Interessen und Tätigkeiten zeitgenössischer akademischer Philosophen zu geben und zu erklären, weshalb man sagen kann, daß sie das fortsetzen, was die großen Philosophen der Vergangenheit beschäftigte.

Das alles ist höchst interessant; und darüber hinaus zeigt Waismann, daß er mit dieser akademischen Tätigkeit sympathisiert, ja sogar an ihr persönlich stark beteiligt ist. Offensichtlich ist er selbst mit Leib und Seele Philosoph, im Sinne dieser auserwählten Gruppe von Philosophen, und offensichtlich will er uns mit dem Enthusiasmus anstecken, der die besten Mitglieder dieser exklusiven Gemeinschaft bewegt.

II.

Ich sehe die Philosophie völlig anders. Ich glaube, daß alle Menschen Philosophen sind, wenn auch manche mehr als andere. Ich stimme natürlich zu, daß es so etwas wie eine besondere und exklusive Gruppe von akademischen Philosophen gibt, aber ich teile keineswegs Waismanns Begeisterung für die Tätigkeit und die Ansichten dieser Philosophen. Im Gegenteil, ich meine, daß viel für jene Leute spricht (auch sie sind in meinen Augen eine Art von Philosophen), die der akademischen Philosophie mißtrauen. Jedenfalls bin ich ein entschiedener Geg-

---

[1] F. WAISMANN, in H. D. Lewis (Hrsg.), Contemporary British Philosophy, 3. Serie. 2. Aufl. London (George Allen & Unwin Ltd.) 1961. S. 447–490.

ner einer Theorie, die unausgesprochen und ungeprüft dem brillanten Essay Waismanns zugrunde liegt. Ich meine, die Theorie von der Existenz einer intellektuellen und philosophischen *Elite*[2].

Ich gebe natürlich zu, daß es einige wenige wirklich große Philosophen gab und auch eine kleine Zahl von solchen Philosophen, die bewundernswert waren, wenn auch nicht wirklich groß. Aber wenn auch das, was sie hervorgebracht haben, für akademische Philosophen von Bedeutung ist, so ist die Philosophie doch nicht in dem Sinne ihr Werk, in dem die Malerei das Werk der großen Maler oder die Musik das Werk der großen Komponisten ist. Und überdies nimmt die große Philosophie, wie zum Beispiel die der griechischen Vorsokratiker, fast die ganze akademische und Berufsphilosophie vorweg.

III.

Meiner Ansicht nach hat die professionelle Philosophie einiges auf dem Gewissen. Eine »apologia pro vita sua«, eine Rechtfertigung ihrer Existenz, ist dringend nötig. Ich meine sogar, daß die Tatsache, daß ich selbst ein Berufsphilosoph bin, ernsthaft gegen mich spricht: ich empfinde es als eine Anklage. Ich erkläre mich für schuldig; aber ich biete, wie Sokrates, eine Verteidigung an.

Ich denke hier an Platos »Apologie des Sokrates«, weil ich dieses Werk von allen Werken der Philosophie am meisten bewundere. Ich vermute, daß die »Apologie« historisch echt ist: daß sie im großen und ganzen ein getreuer Bericht von dem ist, was Sokrates vor dem athenischen Gerichtshof sagte. Ich bewundere sie: Hier spricht ein Mann, bescheiden, mit Selbstironie und furchtlos. Und seine Verteidigung ist sehr einfach: er betont, daß er sich seiner intellektuellen Grenzen bewußt ist; daß er nicht weise ist, außer vielleicht darin, daß er weiß, wie wenig er weiß; daß er selbstkritisch ist, und ein Kritiker jedes hochtrabenden Jargons; vor allem aber ein Freund seiner Mitmenschen und ein loyaler Bürger des athenischen Staates. Das ist nicht nur eine Verteidigung des Sokrates, es ist, in meinen Augen, auch eine eindrucksvolle Verteidigung der Philosophie.

IV.

Was aber ist die Anklage gegen die Philosophie? Viele Philosophen, darunter einige der größten, haben meiner Meinung nach schwerwie-

---

[2] Diese Idee wird in Bemerkungen Waismanns deutlich, wie zum Beispiel: »In der Tat, der Philosoph ist ein Mensch, der die versteckten Risse im Aufbau unserer Begriffe spürt, dort wo andere nur den ausgetretenen Pfad der Alltäglichkeit vor sich sehen.« Ib., S. 448.

gendes auf dem Gewissen. Ich will vier von den größten erwähnen: Plato, Hume, Spinoza und Kant.

Plato, der größte, tiefste und genialste aller Philosophen, hatte eine Auffassung vom menschlichen Leben, die ich abstoßend und geradezu erschreckend finde. Dabei war er nicht nur ein großer Philosoph und der Gründer der bedeutendsten professionellen Schule der Philosophie, sondern auch ein inspirierter Dichter, der neben anderen wunderbaren Werken die »Apologie des Sokrates« schrieb.

Seine Schwäche war, wie die so vieler berufsmäßiger Philosophen nach ihm, daß er, ganz im Gegensatz zu Sokrates, an die Theorie der Elite glaubte. Während Sokrates von einem Staatsmann Weisheit verlangte, und damit meinte, daß er sich darüber klar sein sollte, wie wenig er wisse, forderte Plato, daß der weise, der gelernte Philosoph ein Staatsmann, ja ein absoluter Herrscher sein sollte. (Seit Plato ist der Größenwahn die am weitesten verbreitete Berufskrankheit der Philosophen.) Im zehnten Buch der »Gesetze« führt er sogar eine Institution ein, die zum Vorbild der Inquisition wurde; und er war sehr nahe daran, Konzentrationslager als Mittel zu empfehlen, um Andersdenkende zu kurieren.

David Hume, der kein Berufsphilosoph und neben Sokrates vielleicht der aufrichtigste und ausgeglichenste der großen Philosophen war und dabei ein bescheidener, rationaler und recht leidenschaftsloser Mann, wurde durch eine unglückliche und irrige psychologische Theorie (und durch eine Erkenntnistheorie, die ihn lehrte, seinen eigenen, sehr bemerkenswerten Verstandeskräften zu mißtrauen) zu der folgenden erschreckenden Theorie verführt:

»Die Vernunft ist die Sklavin der Leidenschaften; und sie soll es sein und bleiben. Sie kann nie eine andere Rolle beanspruchen als den Leidenschaften zu dienen und ihnen zu gehorchen.«

Ich bin durchaus bereit, zuzugeben, daß ohne Leidenschaft noch nie etwas Großes erreicht wurde; aber ich glaube an das genaue Gegenteil von Humes Behauptung. Die Bändigung unserer Leidenschaften durch die sehr begrenzte Vernünftigkeit, deren wir fähig sind, ist nach meiner Ansicht die einzige Hoffnung für die Menschheit.

Spinoza, der Heilige unter den großen Philosophen und, wie Sokrates und Hume, kein Berufsphilosoph, lehrte fast genau das Gegenteil von Hume, doch auf eine Weise, die ich nicht nur für falsch, sondern auch für ethisch unannehmbar halte. Er war wie Hume ein Determinist;

---

[3] David HUME, A Treatise of Human Nature. 1739–1740; hrsg. Selby-Bigge, Oxford: Clarendon Press, 1888 (und viel später Nachdrucke). Buch II. Teil III. Abschnitt III. S. 415.

und er lehrte, daß die menschliche Freiheit nur darin bestehen kann, daß wir ein klares, deutliches und angemessenes Verständnis von den zwingenden, unausweichlichen Ursachen unseres Handelns haben:

»Ein Affekt [das heißt also, eine Leidenschaft] hört auf eine Leidenschaft zu sein, sobald wir eine klare und deutliche Vorstellung von ihm formen.«[4]

Solange etwas Leidenschaft ist, bleiben wir nach Spinoza in seinen Fängen und sind unfrei, sobald wir eine klare und deutliche Vorstellung davon haben, sind wir zwar immer noch dadurch determiniert, aber wir haben es zu einem Teil unserer Vernunft gemacht. Und das allein ist Freiheit, lehrt Spinoza.

Ich halte diese Lehre für eine unhaltbare und gefährliche Form des Rationalismus, obgleich ich selbst so etwas wie ein Rationalist bin. Erstens glaube ich nicht an den Determinismus, und ich glaube auch nicht, daß Spinoza oder sonst jemand ernste Argumente für den Determinismus vorgebracht hat, oder Argumente, die den Determinismus mit der menschlichen Freiheit (und so mit dem Alltagsverstand) versöhnen. Mir scheint Spinozas Determinismus ein typisches Philosophenmißverständnis zu sein, obwohl es natürlich wahr ist, daß *vieles* von dem, was wir tun (*aber nicht alles*) determiniert und sogar voraussagbar ist. Zweitens, obwohl es wahr sein mag, daß ein Gefühlsausbruch, den Spinoza »Leidenschaft« nennt, uns unfrei macht, so sind wir nach seiner vorhin zitierten Formel nur so lange nicht für unsere Handlung verantwortlich, als wir uns noch keine klare, deutliche und angemessene rationale Vorstellung von den Motiven unseres Handelns bilden konnten. Ich dagegen behaupte, daß wir das niemals können; und obwohl es, wie ich glaube (und wie gewiß auch Spinoza meint), ein besonders wichtiges Ziel ist, in unseren Handlungen wie im Umgang mit unseren Mitmenschen Vernunft walten zu lassen, so ist das nicht ein Ziel, von dem jemand jemals sagen kann, daß er es erreicht hat.

Kant, einer der wenigen bewundernswerten, höchst originellen Denker unter den Berufsphilosophen, versuchte, Humes Problem der Sklaverei der Vernunft und Spinozas Problem des Determinismus zu lösen; doch beide Versuche scheiterten.

Dies sind also einige der größten Philosophen; Philosophen, die ich hoch verehre. Jetzt wird man verstehen, warum ich glaube, daß die Philosophie es nötig hat, verteidigt zu werden.

---

[4] Benedictus de Spinoza, Ethica, Buch V, Proposition III.

V.

Ich war nie ein Mitglied des »Wiener Kreises« der logischen Positivisten, wie meine Freunde Fritz Waismann, Herbert Feigl und Victor Kraft, obwohl Otto Neurath mich die »offizielle Opposition« nannte. Ich wurde nie zu einem Treffen des Kreises eingeladen, vielleicht wegen meiner wohlbekannten Opposition gegen den Positivismus. (Ich hätte mit Vergnügen eine Einladung angenommen, nicht nur, weil einige Mitglieder des Kreises meine Freunde waren, sondern auch, weil ich für einige andere Mitglieder die größte Hochachtung hatte.) Unter dem Einfluß von Ludwig Wittgensteins »Tractatus Logico-Philosophicus« war der »Wiener Kreis« nicht nur antimetaphysisch, sondern antiphilosophisch geworden.

Moritz Schlick, der Leiter des Kreises[5], formulierte das durch seine Prophezeiung, daß die Philosophie, da sie nie sinnvoll, sondern immer nur »bedeutungsleere Worte« redet, bald verschwinden werde, weil die Philosophen finden werden, daß »die Zuschauer« nicht mehr da sind, sondern »sich allmählich fortgeschlichen haben«.

Waismann war lange Jahre mit Wittgenstein und Schlick einer Meinung. Ich glaube, daß sein Enthusiasmus für die Philosophie der Enthusiasmus des Bekehrten ist.

Ich habe immer die Philosophie und sogar die Metaphysik gegen den Wiener Kreis verteidigt, obwohl ich zugeben mußte, daß die Philosophen nicht gerade erfolgreich waren. Denn ich glaubte, daß viele Leute, darunter ich selbst, echte philosophische Probleme haben; Probleme von unterschiedlicher Ernsthaftigkeit und Schwierigkeit. Und ich glaubte, daß manche dieser Probleme lösbar sein könnten.

Tatsächlich ist das Vorhandensein dringlicher und ernsthafter philosophischer Probleme und die Notwendigkeit, sie kritisch zu diskutieren, meiner Ansicht nach die einzige Entschuldigung für das, was man Berufs- oder akademische Philosophie nennen kann.

Wittgenstein und der »Wiener Kreis« leugneten die Existenz ernsthafter philosophischer Probleme. Am Ende des »Tractatus« heißt es, daß die Probleme der Philosophie, einschließlich derjenigen des »Tractatus« selbst, Scheinprobleme sind, die dadurch entstehen, daß man seinen Worten keinen Sinn gegeben hat. Diese Theorie mag durch Russells Auflösung der logischen Paradoxien als Scheinsätze angeregt worden sein; als Sätze, die weder wahr noch falsch, sondern sinnlos sind.

---

[5] Der Wiener Kreis war Schlicks privates Seminar, und die Mitglieder wurden von Schlick persönlich eingeladen. (Die zitierten Worte sind aus den beiden abschließenden Paragraphen, S. 10f., von Moritz SCHLICK, Die Wende der Philosophie, in: Erkenntnis 1, S. 4–11.)

Das führte zu der modernen philosophischen Technik, unbequeme Sätze und Probleme als »sinnlos« abzutun. Wittgenstein leugnete, daß es echte Probleme oder echte Rätsel (»riddles«) gibt; und später sprach er meist von »puzzles«, also von Verlegenheiten oder Mißverständnissen, die durch den philosophischen Mißbrauch der Sprache entstünden. Ich kann dazu nur sagen, daß es für mich keine Entschuldigung gäbe, Philosoph zu sein, wenn ich keine ernsthaften philosophischen Probleme hätte und keine Hoffnung, sie zu lösen: es gäbe dann meiner Meinung nach auch keine Entschuldigung für die Existenz der Philosophie.

VI.

Ich will jetzt eine Liste von neun Auffassungen von der Philosophie und von Tätigkeiten aufstellen, die häufig als charakteristisch für die Philosophie angesehen werden, meiner Ansicht nach aber unbefriedigend sind. Für diesen Abschnitt möchte ich den Titel wählen: »Wie ich die Philosophie *nicht* sehe.«

Erstens: Die Aufgabe der Philosophie ist nicht das Auflösen von Mißverständnissen, obwohl solche Auflösungen manchmal nötige Vorarbeiten sein können.

Zweitens: Ich halte die Philosophie nicht für eine Galerie von Kunstwerken, von verblüffenden und originellen Weltbildern oder von klugen und ungewöhnlichen Beschreibungen der Welt. Ich glaube, wir tun den großen Philosophen schweres Unrecht, wenn wir die Philosophie so verstehen. Die großen Philosophen verfolgten nicht rein ästhetische Ziele. Sie wollten nicht Baumeister scharfsinniger Systeme sein; sie waren vielmehr vor allem Wahrheitssucher, wie die Wissenschaftler: Sie suchten wirkliche Lösungen echter Probleme. Ich sehe die Geschichte der großen Philosophen ganz wesentlich als einen Teil der Geschichte der Wahrheitssuche und ich lehne ihre rein ästhetische Beurteilung ab, obwohl ich zugebe, daß Schönheit in der Philosophie wie in der Wissenschaft von großer Bedeutung ist.

Ich bin sehr für intellektuellen Wagemut. Wir können nicht intellektuelle Feiglinge und Wahrheitssucher zugleich sein. Wer die Wahrheit sucht, muß es wagen, weise zu sein: *Sapere aude!* Er muß es wagen, ein Revolutionär auf dem Gebiet des Denkens zu sein.

Drittens: Ich betrachte die Geschichte der philosophischen Systeme nicht als eine Geschichte von intellektuellen Bauwerken, an denen alle möglichen Ideen ausprobiert werden und in denen die Wahrheit vielleicht als ein Nebenprodukt zum Vorschein kommt. Ich glaube, wir tun den wahrhaft großen Philosophen der Vergangenheit Unrecht, wenn wir auch nur einen Moment lang daran zweifeln, daß jeder von ihnen sein System aufgegeben hätte, wenn er sich davon überzeugt hätte, daß es vielleicht brillant sei, aber keinen Schritt in der Richtung auf die Wahrheit hin darstellte. (Das ist übrigens der Grund, warum ich Fichte oder Hegel nicht für große Philosophen halte: ich mißtraue ihrer Wahrheitsliebe.)

Viertens: Ich halte die Philosophie nicht für einen Versuch zur Klärung, Analyse oder »Explikation« von Begriffen, von Worten oder von Sprachen.

Begriffe oder Worte sind bloß Werkzeuge zur Formulierung von Aussagen, Annahmen oder Theorien. Begriffe oder Worte als solche können weder wahr noch falsch sein. Sie dienen nur der beschreibenden und begründenden menschlichen Sprache. Es sollte nicht unser Ziel sein, *Bedeutungen* zu analysieren, sondern nach interessanten und *bedeutsamen Wahrheiten* zu suchen; das heißt, nach *wahren Theorien*.

Fünftens: Ich halte die Philosophie nicht für ein Mittel, zu zeigen, wie gescheit man ist.

Sechstens: Ich halte die Philosophie nicht für eine intellektuelle Therapie (wie Wittgenstein), für eine Tätigkeit, durch die man die Leute aus ihren philosophischen Verwirrungen befreit. Meiner Ansicht nach hat Wittgenstein – in seinem späteren Werk – nicht der Fliege den Weg aus der Flasche gezeigt (wie er sagte). Eher halte ich die Fliege, die nicht aus der Flasche kam, für ein treffendes Selbstporträt Wittgensteins (Wittgenstein war offenbar ein Wittgensteinscher Fall, so wie Freud ein Freudscher Fall war).

Siebtens: Ich sehe in der Philosophie nicht ein Bestreben, sich präziser oder exakter auszudrücken. Präzision und Exaktheit sind keine intellektuellen Werte an sich, und wir sollten nie versuchen, präziser und exakter zu sein als es das vorliegende Problem erfordert.

Achtens: Daher halte ich die Philosophie nicht für das Bemühen, die Grundlagen oder den begrifflichen Rahmen zur Lösung von Problemen zu liefern, die in der näheren oder ferneren Zukunft auftreten mögen. Das tat John Locke; er wollte einen Essay über Ethik schreiben, und dazu hielt er es für nötig, begriffliche Vorarbeiten zu leisten. Sein »Essay« besteht aus diesen Vorarbeiten; und die englische Philosophie ist seitdem mit wenigen Ausnahmen – etwa einigen der politischen Essays von Locke und Hume – in diesen Vorarbeiten steckengeblieben.

Neuntens: Ich verstehe die Philosophie auch nicht als Ausdruck des Zeitgeistes. Das ist eine Hegelsche Idee, die der Kritik nicht standhält. Es gibt allerdings Moden in der Philosophie wie in der Wissenschaft. Aber wer ernsthaft nach der Wahrheit sucht, wird nicht der Mode folgen, er wird vielmehr den Moden mißtrauen und sie sogar bekämpfen.

VII.

Alle Menschen sind Philosophen. Auch wenn sie sich nicht bewußt sind, philosophische Probleme zu haben, so haben sie doch jedenfalls philosophische Vorurteile. Die meisten davon sind Theorien, die sie als selbstverständlich akzeptieren: sie haben sie aus ihrer geistigen Umwelt oder aus der Tradition übernommen.

Da nur wenige solcher Theorien uns ganz zum Bewußtsein kommen, sind sie Vorurteile; in dem Sinne, daß sie ohne kritische Prüfung vertreten werden, obwohl sie von großer Bedeutung für das praktische Handeln und für das ganze Leben der Menschen sein können.

Es ist eine Rechtfertigung der Existenz der professionellen oder akademischen Philosophie, daß es notwendig ist, diese weitverbreiteten und einflußreichen Theorien kritisch zu untersuchen und zu überprüfen.

Solche Theorien sind die Ausgangspunkte aller Wissenschaft und aller Philosophie. Sie sind *unsichere* Ausgangspunkte. Jede Philosophie muß mit den unsicheren und oft verderblichen Ansichten des unkritischen Alltagsverstandes anfangen. Ziel ist der aufgeklärte, kritische Alltagsverstand, die Erreichung eines Standpunktes, der der Wahrheit näher ist und der einen weniger schlimmen Einfluß auf das menschliche Leben hat.

VIII.

Ich möchte hier einige Beispiele von weitverbreiteten und gefährlichen philosophischen Vorurteilen anführen.

Es gibt eine sehr einflußreiche philosophische Auffassung vom Leben, die meint, irgend jemand müsse verantwortlich sein, wenn etwas Böses (oder etwas äußerst Unerwünschtes) in dieser Welt geschieht: jemand muß es getan haben, und zwar absichtlich. Diese Auffassung ist sehr alt. Bei Homer waren die Eifersucht und der Zorn der Götter für die meisten der schrecklichen Vorkommnisse verantwortlich, die im Feld vor Troja und in der Stadt selbst geschahen; und Poseidon war für die Irrfahrten des Odysseus verantwortlich. Später, im christlichen Denken, ist der Teufel für das Böse verantwortlich. Und im Vulgär-Marxismus ist es die Verschwörung habgieriger Kapitalisten, die das Kommen des Sozialismus und die Errichtung des Himmelreiches auf Erden verhindert. Die Theorie, daß Krieg, Armut und Arbeitslosigkeit die Folgen böser Absichten und finsterer Pläne sind, ist ein Teil des Alltagsverstandes, aber sie ist unkritisch. Ich habe diese unkritische Theorie des Alltagsverstandes die Verschwörungstheorie der Gesellschaft genannt. (Man könnte auch von der Verschwörungstheorie der Welt überhaupt sprechen: man denke an den Blitze schleudernden Zeus.) Die Theorie ist weit verbreitet. Sie hat, als Suche nach einem Sündenbock, Verfolgungen und fürchterliche Leiden hervorgerufen.

Ein wichtiger Zug der Verschwörungstheorie der Gesellschaft ist, daß sie zu wirklichen Verschwörungen ermutigt. Doch eine kritische Untersuchung zeigt, daß Verschwörungen kaum je ihr Ziel erreichen. Lenin, der die Verschwörungstheorie vertrat, war ein Verschwörer; auch Mussolini und Hitler. Aber Lenins Ziele wurden in Rußland nicht verwirklicht, sowenig wie Mussolinis oder Hitlers Ziele in Italien oder in Deutschland.

Sie alle wurden Verschwörer, weil sie unkritisch an eine Verschwörungstheorie der Gesellschaft glaubten.

Es ist ein bescheidener, aber vielleicht nicht ganz belangloser Beitrag zur Philosophie, auf die Fehler der Verschwörungstheorie der Gesellschaft aufmerksam zu machen. Darüber hinaus führt dieser Beitrag zur Aufdeckung der großen Bedeutung der unbeabsichtigten Folgen menschlicher Handlungen für die Gesellschaft sowie zu der Anregung, die Aufgabe der theoretischen Sozialwissenschaften in der Erklärung von sozialen Erscheinungen als die unbeabsichtigten Folgen unseres Handelns zu sehen.

Nehmen wir das Problem des Krieges. Selbst ein kritischer Philosoph vom Range Bertrand Russells glaubte, daß Kriege durch psychologische Motive erklärt werden müssen – durch die menschliche Aggressivität. Ich leugne nicht das Vorhandensein der Aggressivität, aber ich bin überrascht, daß Russell übersah, daß die meisten Kriege in modernen Zeiten viel eher durch die *Furcht vor Aggression* ausbrechen als durch die Aggressivität selbst. Entweder waren es ideologische Kriege aus Furcht vor einer Verschwörung, oder Kriege, die niemand wollte; die vielmehr einfach als Ergebnis einer solchen Furcht in einer bestimmten Situation ausbrachen. Ein Beispiel dafür ist die gegenseitige Furcht vor Aggression, die zum Rüstungswettrennen und dann zum Krieg führt; vielleicht zu einem Präventivkrieg, wie ihn Russell, ein Gegner des Krieges und der Aggression, eine Zeitlang empfahl, weil er (zu Recht) fürchtete, Rußland würde bald eine Wasserstoffbombe besitzen. (Niemand im Westen *wollte* die Atombombe; die Furcht, Hitler könnte sie zuerst besitzen, führte zu ihrer Konstruktion.)

Ein anderes Beispiel philosophischer Vorurteile ist das Vorurteil, die Meinungen eines Menschen seien stets durch seine Interessen bestimmt. Diese Theorie (die man als eine degenerierte Form der Humeschen Lehre diagnostizieren könnte, daß der Verstand der Sklave der Leidenschaften ist und sein soll) wendet man in der Regel nicht auf sich selbst an (das tut Hume, der hinsichtlich unserer Vernunft Bescheidenheit und Skepsis lehrte, seine eigene Vernunft inbegriffen); sie wird vielmehr gewöhnlich nur auf die anderen angewendet; besonders auf die, deren Meinungen nicht die unseren sind. Das hindert uns aber daran, neue Ansichten mit Geduld anzuhören und ernstzunehmen, denn wir können sie ja durch die »Interessen« der anderen wegerklären. Damit aber wird eine rationale Diskussion unmöglich. Unsere natürliche Wißbegierde, unser Interesse an der Wahrheit über die Dinge verkümmert. An die Stelle der wichtigen Frage »Wo liegt die Wahrheit in dieser Sache?« drängt sich die andere, bei weitem weniger wichtige Frage: »Was ist dein Interesse, welche Motive beeinflussen deine Meinung?« So werden wir verhindert, von denen, deren Meinung sich von der unseren unterscheidet, zu lernen. Die übernationale Einheit der menschlichen Vernunft wird zerstört, jene Einheit, die auf unserer gemeinsamen Rationalität beruht.

Ein ähnliches philosophisches Vorurteil ist die gegenwärtig außerordentlich einflußreiche These, eine rationale Diskussion sei nur zwischen denen möglich, die im Grundsätzlichen übereinstimmen. Diese verderbliche Lehre besagt, daß eine rationale oder kritische Diskussion über Grundlagen unmöglich ist. Sie führt zu ebenso unerwünschten und nihilistischen Konsequenzen wie die zuvor besprochenen Theorien[6]. Diese Theorien werden von vielen vertreten. Ihre Kritik gehört zu einem Aufgabenbereich der Philosophie, der eines der Hauptgebiete vieler Berufsphilosophen darstellt, der Theorie der Erkenntnis.

IX.

Die Probleme der Erkenntnistheorie bilden meiner Ansicht nach das Kernstück der Philosophie, und zwar der unkritischen populären Philosophie des Alltagsverstandes wie auch der akademischen Philosophie. Sie sind sogar entscheidend für die Theorie der Ethik (woran uns Jacques Monod vor kurzem erinnert hat)[7].

Einfach ausgedrückt, besteht das Hauptproblem, hier und in anderen Bereichen der Philosophie, in dem Konflikt zwischen dem »erkenntnistheoretischen Optimismus« und dem »erkenntnistheoretischen Pessimismus«. Sind wir fähig, Wissen zu erlangen? Was können wir wissen? Während der erkenntnistheoretische Optimist an die Möglichkeit

---

[6] Siehe auch meinen Artikel »The Myth of the Framework«, in: The Abdication of Philosophy, Essays in Honour of Paul Arthur Schilpp (Hrsg. E. Freeman), La Salle, Ill., Open Court, 1976.

[7] Jacques MONOD, Le hasard et la necessité, Paris (Edition du Seuil) 1970; dt. Übers.: Zufall und Notwendigkeit, München, Piper.

menschlicher Erkenntnis glaubt, meint der Pessimist, wirkliches Wissen sei jenseits des menschlichen Vermögens.

Ich bin ein Bewunderer des Alltagsverstandes, aber nicht des gesamten; ich behaupte, daß der Alltagsverstand für uns der einzig mögliche Ausgangspunkt ist. Doch sollten wir nicht versuchen, auf ihm ein Gebäude sicheren Wissens zu errichten. Wir sollten ihn vielmehr kritisieren und dadurch verbessern. So gesehen bin ich, im Sinne des Alltagsverstandes, ein Realist; ich glaube an die Realität der Materie (die ich als beispielhaft für das ansehe, was man mit dem Wort »wirklich« meint). Ich könnte mich deshalb einen »Materialisten« nennen, wenn dieser Ausdruck nicht auch jenes Glaubensbekenntnis bezeichnen würde, das die Materie a) als grundsätzlich nicht weiter erklärbar auffaßt und b) die Realität immaterieller Kraftfelder bestreitet und natürlich auch c) die Realität des Geistes oder des Bewußtseins leugnet und überhaupt die Realität von allem, das nicht materiell ist. Ich folge dem Alltagsverstand in der Annahme, daß es sowohl Materie (»Welt 1«) als auch Geist (»Welt 2«) gibt, und ich nehme an, daß es auch noch andere Dinge gibt, vor allem die *Produkte des menschlichen Geistes*, zu denen unsere wissenschaftlichen Entwürfe, Theorien und Probleme gehören (»Welt 3«). Mit anderen Worten, ich bin ein Pluralist. Ich bin durchaus bereit, diese Position kritisieren und durch eine andere ersetzen zu lassen; aber alle kritischen Gegenargumente, die ich kenne, sind meiner Meinung nach ungültig. (Übrigens halte ich den hier beschriebenen Pluralismus auch für die Ethik für nötig.)[8]

Alle Argumente, die gegen einen pluralistischen Realismus bisher vorgebracht wurden, basieren in letzter Instanz auf der unkritischen Übernahme der Erkenntnistheorie des Alltagsverstandes. Aber diese Erkenntnistheorie halte ich für seine größte Schwäche.

Die Erkenntnistheorie des Alltagsverstandes ist insofern höchst optimistisch, als sie ganz allgemein das *Wissen* dem *sicheren Wissen* gleichsetzt; alles, was auf Vermutungen, auf Hypothesen beruht, so behauptet sie, ist kein wirkliches »Wissen«. Dieses Argument lehne ich als bloß verbal ab. Ich gebe gern zu, daß der Ausdruck »Wissen« in allen mir bekannten Sprachen die Nebenbedeutung von Gewißheit hat. Aber die Wissenschaft ist hypothetisch. Und das Programm des Alltagsverstandes, mit dem anzufangen, was am gewissesten ist oder was fundamen-

---

[8] Siehe z. B. K. R. POPPER, Objective Knowledge: An Evolutionary Approach, Oxford (Clarendon Press) 1972 ([5]1978), besonders Kapitel 2; dt. Übers.: Objektive Erkenntnis, Hamburg (Hoffmann und Campe) 1973 ([2]1974), bes. Kapitel 2. K. R. POPPER and J. C. ECCLES, The Self and Its Brain, Berlin/Heidelberg/London/New York (Springer International) 1977.

tal zu sein scheint (Basiswissen, Beobachtungswissen), und dann auf dieser sicheren Grundlage ein Gebäude sicheren Wissens zu errichten, dieses naive Programm des Alltagsverstandes und des Positivismus hält der Kritik nicht stand.

Es führt, nebenbei bemerkt, zu zwei philosophischen Auffassungen von Wirklichkeit, die beide dem Alltagsverstand widersprechen und die in direktem Gegensatz zueinander stehen.

Erstens: zum Immaterialismus (Berkeley, Hume, Mach).

Zweitens: zum behavioristischen Materialismus (Watson, Skinner).

Der erste leugnet die Realität der Materie, da die einzig gewisse und sichere Grundlage unserer Erkenntnis in den Erfahrungen unserer eigenen Wahrnehmungen besteht; diese seien stets immateriell.

Der zweite, der behavioristische Materialismus, bestreitet die Existenz des Geistes (und damit die der menschlichen Freiheit), da alles, was wir beobachten könnten, das äußerliche menschliche Verhalten sei, das in jeder Beziehung dem tierischen entspreche (bis auf einen großen und bedeutsamen Bereich, dem »sprachlichen Verhalten«).

Diese beiden Theorien stützen sich auf die unhaltbare Erkenntnistheorie des Alltagsverstandes, die zur traditionellen, aber ungültigen Kritik der Wirklichkeitstheorie des Alltagsverstandes führt. Beide Theorien sind ethisch nicht neutral: sie sind gefährlich. Wenn ich ein weinendes Kind trösten will, dann will ich nicht für mich unangenehme Wahrnehmungen beenden; ich will auch nicht das Verhalten des Kindes ändern; oder verhindern, daß Wassertropfen an seinen Wangen herunterrinnen. Nein, mein Beweggrund ist ein anderer – unbeweisbar, unableitbar, aber *menschlich*.

Der Immaterialismus verdankt seine Herkunft der These des Descartes – der natürlich kein Immaterialist war –, wir müßten von einer unbezweifelbaren Grundlage, wie dem Wissen um unsere eigene Existenz, ausgehen. Seinen Höhepunkt erreicht der Immaterialismus um die Jahrhundertwende mit Ernst Mach, aber heute hat er seinen größten Einfluß verloren. Er ist nicht länger modern.

Der Behaviorismus – die Leugnung der Existenz des Bewußtseins, des Geistes – ist gegenwärtig sehr modern. Obwohl er die Beobachtung preist, schlägt er nicht nur der menschlichen Erfahrung ins Gesicht, sondern er will aus seinen Theorien auch eine erschreckende ethische Theorie ableiten: die Theorie der Konditionierung, des conditioned reflex, die *alles* Verhalten durch positive oder negative Dressur erklärt[9].

---

[9] Der Allmächtigkeitstraum des behaviouristischen Reflexologen kann in J. B. WATSONs »Behaviourismus« und auch in den Arbeiten von B. I. SKINNER gefunden werden (z. B. Walden Two, New York [Macmillan] 1948, oder Beyond Freedom and Dignity, New

Sie übersieht, daß sich aus der menschlichen Natur in Wirklichkeit keine ethische Theorie ableiten läßt. (Jacques Monod hat diesen Punkt zu Recht hervorgehoben[10]; vergleiche auch mein Buch »Die offene Gesellschaft und ihre Feinde«[11].) Es ist zu hoffen, daß diese Mode, die auf einer unkritischen Übernahme der Erkenntnistheorie des Alltagsverstandes beruht, deren Unhaltbarkeit ich zu zeigen versucht habe[12], eines Tages ihren Einfluß verlieren wird.

X.

So wie ich die Philosophie sehe, sollte sie niemals – und kann sie auch nicht – von den Einzelwissenschaften getrennt werden. Historisch gesehen ist ja die gesamte westliche Wissenschaft ein Abkömmling der philosophischen Spekulation der Griechen über den Kosmos, über die Weltordnung. Die gemeinsamen Vorfahren aller Wissenschaftler und aller Philosophen sind Homer, Hesiod und die Vorsokratiker. Für sie war die Erforschung der Struktur des Universums und unseres Platzes im Universum das zentrale Thema; aus ihm entstand das Problem der Erkenntnis des Universums (ein Problem, das meiner Ansicht nach das entscheidende Problem aller Philosophie bleibt). Und es ist die kritische Untersuchung der Wissenschaften, ihrer Entdeckungen und Methoden, die ein Charakteristikum philosophischer Forschung bleibt, auch nachdem die Einzelwissenschaften sich von der Philosophie abgelöst haben.

In meinen Augen sind Newtons »Mathematische Prinzipien der Naturphilosophie« das größte intellektuelle Ereignis, die größte intellektuelle Revolution, in der gesamten geistigen Geschichte der Menschheit. Sie sind die Erfüllung eines mehr als zweitausendjährigen Traumes, und sie zeigen die Reife der Wissenschaft an und ihrer Loslösung von der Philosophie. Doch Newton, wie alle großen Wissenschaftler, blieb ein Philosoph; und er blieb ein kritischer Denker, ein Sucher, und

---

York [Alfred Knopf] 1971). Ich zitiere aus Watson: »Gebt mir ein Dutzend gesunde Kinder . . . und ich garantiere irgendeines blindlings herauszugreifen und es so aufzuziehen, daß es ein Spezialist jeder Art werden kann, die ich wähle – Arzt, Rechtsanwalt, Künstler . . . [oder] Dieb« (J. B. Watson, Behaviourismus, 2. Aufl. London [Routledge & Kegan Pal] 1931, p. 104). Es hängt also alles von der Moral des allmächtigen behaviouristischen Reflexologen ab. (Aber nachdem, was die Reflexologen behaupten, ist diese Moral nichts anderes als das Produkt von positiven und negativen bedingenden Reizsituationen.)

[10] Siehe Fußnote 7.

[11] K. R. POPPER, The Open Society and Its Enemies, London (Routledge & Regan Paul) 1945 ([12]1977); dt. Übers.: Die offene Gesellschaft und ihre Feinde, Bd. I u. II. Bern und München (Francke) 1957 und 1958 ([2]1970), Tübingen (Mohr) [7]1992.

[12] Siehe den Hinweis in Fußnote 8: Objective Knowledge: An Evolutionary Approach, Kapitel 2.

skeptisch gegenüber seinen eigenen Theorien. So schrieb er in einem Brief an Bentley vom 25. Februar 1663 über seine Gravitationstheorie, die ja eine Theorie der Fernwirkung war (Hervorhebung von mir): »Daß die Schwere eine inhärente, essentielle und wesentliche Eigenschaft der Materie ist, *so daß ein Körper auf einem anderen in der Ferne [direkt] wirken kann*, . . . das scheint mir eine so große Absurdität zu sein, daß ich nicht glauben kann, daß ein Mensch, der in philosophischen Dingen auch nur einigermaßen kompetent ist, je auf so etwas verfallen könnte.«

Es war seine eigene Theorie der Gravitation, die ihn zum Skeptizismus wie zum Mystizismus führte. Er argumentierte, daß, wenn materielle Dinge in weit voneinander entfernten Gebieten des Raumes augenblicklich und unmittelbar aufeinander einwirken können, so ist das aufgrund der Allgegenwärtigkeit eines und desselben nichtmateriellen Wesens in allen Teilen des Raumes zu erklären – aufgrund der Allgegenwärtigkeit Gottes. So führte der Versuch, das Problem der Fernwirkung zu lösen, Newton zu einer mystischen Theorie, derzufolge der Raum das Sensorium Gottes ist – einer Theorie, in der er über die Wissenschaft hinausging und die kritische und spekulative Physik und Philosophie mit der spekulativen Theologie verband. Wir wissen, daß Einstein nicht selten ähnliche Gedanken verfolgte.

XI.

Ich gebe zu, daß es einige sehr subtile und gleichzeitig überaus wichtige Probleme in der Philosophie gibt, die ihren natürlichen und einzigen Platz in der akademischen Philosophie haben, beispielsweise die Probleme der mathematischen Logik und, allgemeiner, die der Philosophie der Mathematik. Ich bin höchst beeindruckt von den erstaunlichen Fortschritten, die auf diesen Gebieten in unserem Jahrhundert gemacht wurden.

Aber was die akademische Philosophie im allgemeinen betrifft, so beunruhigt mich der Einfluß derer, die Berkeley die »minuziösen Philosophen« (the minute philosophers) zu nennen pflegte. Gewiß, die kritische Einstellung ist das Herzblut der Philosophie. Aber wir sollten uns vor Haarspaltereien hüten.

Eine minuziöse, kleinliche Kritik kleinlicher Angelegenheiten, ohne Verständnis der großen Probleme der Kosmologie, der menschlichen Erkenntnis, der Ethik und der politischen Philosophie, und ohne das ernsthafte und hingebende Bemühen, sie zu lösen, scheint mir verhängnisvoll zu sein. Es sieht fast so aus als ob jeder gedruckte Absatz, der mit einiger Anstrengung mißverstanden oder mißinterpretiert werden könnte, einen weiteren kritisch-philosophischen Aufsatz rechtfertige. Scholastik, im übelsten Sinne dieses Wortes, gibt es im Überfluß; alle großen Ideen werden unter einer Flut von Worten begraben. Auch scheint eine gewisse Arroganz und Ungeschliffenheit – einst eine Seltenheit in der philosophischen Literatur – von den Herausgebern vieler Zeitschriften für ein Zeichen von Kühnheit des Denkens und von Originalität gehalten zu werden.

Ich glaube, es ist die Pflicht jedes Intellektuellen, sich seiner privilegierten Stellung bewußt zu sein. Er hat die Pflicht, einfach und klar und in einer möglichst zivilisierten Art zu schreiben und weder die Probleme zu vergessen, die die Menschheit bedrängen und die neues, kühnes und geduldiges Nachdenken erfordern, noch die sokratische Bescheidenheit – die Einsicht des Mannes, der weiß, wie wenig er weiß. Im Gegensatz zu den minuziösen Philosophen mit ihren kleinlichen Problemen sehe ich die Hauptaufgabe der Philosophie darin, kritisch über das Universum und unseren Platz in ihm nachzudenken sowie über die gefährliche Macht unseres Wissens und unsere Kraft zum Guten und zum Bösen.

Ich möchte mit einem Stückchen entschieden nichtakademischer Philosophie schließen.

Einem an der ersten Mondlandung beteiligten Astronauten wird eine einfache und kluge Bemerkung, die er nach seiner Rückkehr gemacht haben soll, zugeschrieben (ich zitiere nach dem Gedächtnis): »Ich habe in meinem Leben auch andere Planeten gesehen, aber die Erde ist doch der beste.« Ich glaube, das ist nicht nur Weisheit, sondern philosophische Weisheit. Wir wissen nicht, warum wir auf diesem wunderbaren kleinen Planeten leben, oder warum es so etwas gibt wie das Leben, das unseren Planeten so schön macht. Aber wir sind hier und haben allen Grund, darüber zu staunen und dankbar zu sein. Es ist fast ein Wunder. Nach allem, was uns die Wissenschaft sagen kann, ist das Universum nahezu leer: viel leerer Raum und wenig Materie; und dort, wo es Materie gibt, ist sie fast überall in chaotischer Turbulenz, und unbewohnbar. Es mag viele andere Planeten geben, auf denen es Leben gibt. Doch wenn wir willkürlich irgendeine Stelle im Universum herausgreifen, dann ist die Wahrscheinlichkeit (errechnet auf der Grundlage unserer derzeitigen Kosmologie), an dieser Stelle einen Körper zu finden, der ein Träger von Leben ist, gleich Null. So hat also das Leben jedenfalls Seltenheitswert: es ist kostbar. Wir neigen dazu, das zu vergessen und das Leben gering zu achten; vielleicht aus Gedankenlosigkeit; oder vielleicht, weil unsere schöne Erde ein wenig überfüllt ist.

Alle Menschen sind Philosophen, weil sie die eine oder die andere Einstellung oder Haltung gegenüber dem Leben und dem Tod einnehmen. Es gibt solche, die das Leben für wertlos halten, weil es ein Ende hat. Sie übersehen, daß das gegenteilige Argument ebenso verfochten werden kann: gäbe es kein Ende, so hätte das Leben keinen Wert. Sie übersehen, daß es zum Teil die stets gegenwärtige Gefahr ist, das Leben zu verlieren, die uns hilft, den Wert des Lebens zu begreifen.

HANS ALBERT

Philosophie als Engagement für kritische Vernunft

Daß zwischen Erkenntnis und Entscheidung, zwischen Theorie und Praxis und letzten Endes auch zwischen Philosophie und Politik enge Zusammenhänge bestehen, ist keine neue Entdeckung. Was das Zeitalter der Ideologien ins allgemeine Bewußtsein gehoben hat, ist nicht die Existenz solcher Zusammenhänge, sondern die Tatsache, daß ihre Eigenart uns dazu veranlassen kann, den Anspruch auf objektive Geltung radikal in Frage zu stellen, der im Namen der Erkenntnis für bestimmte Resultate des menschlichen Denkens erhoben zu werden pflegt, und zwar gerade auch für solche Resultate, die für das gesellschaftliche Leben von fundamentaler Bedeutung zu sein scheinen.

Angesichts des radikalen Ideologieverdachts, der sich aus der Einsicht in den Tatbestand der »Seinsverbundenheit des Denkens« allem Anschein nach ergeben muß, gibt es verschiedene Möglichkeiten, das Verhältnis von Denken und Sein neu zu bestimmen, Möglichkeiten, die teilweise in sehr einflußreichen philosophischen Auffassungen zum Ausdruck kamen:

die bewußte *Politisierung* des Denkens, die dazu bereit ist, das Objektivitätsideal zu opfern und auf der Basis einer Geschichtsphilosophie, in der einem Teil der Gesellschaft aufgrund seiner sozialen Lage der unmittelbare Zugang zur Wahrheit zugestanden wird, Erkenntnis und Interesse als vereinbar erscheinen zu lassen;

die entschlossene *Subjektivierung* des Denkens, die unter Abwertung der rationalen Diskussion und der sachlichen Orientierung die Bedeutung der existentiellen Entscheidung und der persönlichen Wahrheit betont, für die objektive Erkenntnis im Sinne der positiven Wissenschaft keine Relevanz besitze;

und schließlich der Versuch einer *Neutralisierung* des Denkens durch seine Reinigung von allen politischen und persönlichen Komponenten mit den Mitteln einer am Objektivitätsideal orientierten Erkenntnistheorie und Ideologiekritik, die sich einer reinen, von den Lebensinteressen distanzierten Philosophie verpflichtet weiß, um den wohl umgrenzten und durch akademische Institutionen gegen das übrige soziale Leben relativ isolierten Bereich methodisch gesicherter Erkenntnis zu erhalten und zu fördern, der sich gegen ideologisches Denken schützen läßt.

Vor nicht allzu langer Zeit konnte man den Eindruck haben, daß sich diese drei Tendenzen in geographisch einigermaßen gut bestimmbaren Bereichen durchgesetzt hatten. Im *sowjetischen* Herrschaftsbereich schien mit der Erhebung einer Variante des Marxismus zur offiziellen Ideologie die Politisierung der Philosophie und weiterer Bereiche des übrigen Denkens gelungen zu sein. Im *kontinentalen Westeuropa* hatte sich offenbar vor allem der Existentialismus in seinen veschiedenen Versionen zur herrschenden Auffassung entwickelt, der das Programm der Subjektivierung verfocht. Und im *angelsächsisch-skandinavischen Raum* hatten die Nuancierungen derjenigen Philosophie das Feld behauptet, die auf die Neutralisierung des Denkens und seine Reinigung von ideologischen Elementen abzielte, einer Philosophie, die man hierzulande pauschal unter »Positivismus« zu rubrizieren pflegt[1].

Inzwischen hat sich die Situation geändert, die Fronten sind in Bewegung geraten, und es kommt zu Kontroversen zwischen den bisher in den angegebenen Bereichen dominierenden philosophischen Auffassungen, die sich zuvor weitgehend mit interner Diskussion ihrer systemimmanenten Schwierigkeiten begnügt hatten. Und in dem Maße, in dem dialektische, hermeneutische und analytische Denkweisen aufeinanderstoßen, zeigt sich die *Fragwürdigkeit* bisheriger Versuche, die jeweils anders orientierten Auffassungen von *eigenen* Gesichtspunkten her pauschal zu kritisieren.

Es zeigt sich nicht nur die innere *Differenziertheit* dieser Auffassungsspektren, sondern auch die Existenz bestimmter Gemeinsamkeiten in Problemstellung und Problemlösung zwischen ihnen.

Was den deutschen Sprachbereich angeht, so zieht man seit einiger Zeit aus dem Bereich des analytischen Denkens vor allem die Spätphilosophie *Ludwig Wittgensteins* in Betracht, deren Vergleichbarkeit mit hermeneutischen Denkweisen auf der Hand liegt. Außerdem hat die sogenannte Hegel-Renaissance nach dem Zweiten Weltkrieg die Beziehungen zwischen dialektischem und hermeneutischem Denken sichtbar werden lassen und den Dialog mit dem Marxismus, der seit einiger Zeit auch im Osten ein differenziertes Bild bietet, erleichtert und interessant gemacht.

So bedeutsam diese Auflockerung nun auch sein mag, es ist nicht zu verkennen, daß sich auch in ihr noch die Wirksamkeit dessen zeigt, was man die »deutsche Ideologie« nennen könnte, die Wirksamkeit eines philosophischen Denkens nämlich, das von seiner Fixierung an Hegel

---

[1] Vgl. zu dieser Skizze der Situation José FERRATER-MORA, Die drei Philosophien. In: Der Monat, 9, Jg. (1957), Heft 105, S. 51–62.

und Heidegger nicht loszukommen scheint und daher nur Themen und Thesen in Betracht zieht, die sich von diesen Bezugspunkten her in den Griff bekommen lassen.

Dabei wird übersehen, daß sich inzwischen ein dem Aufklärungs-denken verpflichteter *Kritizismus* entwickelt hat, der – obwohl er sich weder von Hegel noch von Heidegger herleitet – keineswegs jener »positivistischen Beschränkungen« geziehen werden kann, von denen man hierzulande mit Vorliebe redet, wenn die im angelsächsischen Bereiche dominierenden Auffassungen in Betracht gezogen werden. Dieser Kritizismus unterscheidet sich schon insofern vom üblichen analytischen Denken, als er weder die Reduktion der Philosophie auf Erkenntnistheorie oder Wissenschaftslehre oder gar auf Sprachanalyse mitmacht, die dem analytischen Programm entspricht, noch die mit diesem Programm vielfach verbundene Neutralitätsthese vertritt, die die kritische Funktion der Philosophie für das soziale Leben vernachläs-sigt.

Von diesem Kritizismus her lassen sich einige Schwächen ins rechte Licht setzen, die für den Denkstil der deutschen Ideologie charakteri-stisch sind, deren Ursprung und Bedeutung aber offenbar den im Banne dieser Auffassung stehenden Denkern nicht erkennbar wird, weil sie geneigt sind, ihr Selbstverständnis im Kontrast zu dem hier üblichen Positivismus-Bild zu bestimmen. Im Lichte dieses Kritizis-mus zeigen sich vor allem die *konservativen* Züge dieser Ideologie, die zumindest teilweise mit ihrer theologischen Abstammung zusammen-hängen mögen[2]. Nicht zu Unrecht hat man im Zusammenhang mit ihr von einer *Fortsetzung der Theologie mit anderen Mitteln* gesprochen.

Der neue Kritizismus hat sich vor allem in Auseinandersetzung mit der klassischen Erkenntnistheorie und der in ihr enthaltenen Rationali-tätskonzeption entwickelt, deren Auswirkungen sich noch in heutigen erkenntnistheoretischen Auffassungen feststellen lassen. Auch diese Konzeption trägt insofern theologische Züge, als sie an einem Offen-barungsmodell der Erkenntnis orientiert ist, wie es auch sehr deutlich noch im modernen hermeneutischen Denken wirksam ist[3]. Die klassi-sche Methodologie des rationalen Denkens, die in dieser Konzeption

---

[2] Vgl. zum Beispiel die Arbeiten Ernst Topitschs, vor allem seinen Aufsatzband: Sozial-philosophie zwischen Ideologie und Wissenschaft. Neuwied/Berlin ²1966, sowie: Die Sozialphilosophie Hegels als Heilslehre und Herrschaftsideologie. 2. erw. Aufl. München 1981.

[3] Zur Kritik an diesem Modell vgl.: Karl Popper, On the Sources of Knowledge and Ignorance, in seinem Aufsatzband: Conjectures and Refutations. The Growth of Scientific Knowledge. London 1963; vgl. auch das I. und II. Kapitel meines Buches: Traktat über kritische Vernunft. Tübingen 1968; 4. verbesserte Aufl. 1980.

zum Ausdruck kommt, geht davon aus, daß es darauf ankommt, einen archimedischen Punkt zu finden, auf den sich unsere Erkenntnis sicher gründen läßt, ein absolutes Fundament unseres Wissens, von dem her sich alle in Betracht kommenden Auffassungen – alle Wahrheiten – rechtfertigen und alle falschen Auffassungen – alle Irrtümer – zurückweisen lassen.

Wahrheit und Gewißheit fallen also in diesem Punkte zusammen und können von ihm aus mit Hilfe von Begründungsverfahren irgendwelcher Art auf damit zusammenhängende Punkte unseres Überzeugungssystems übertragen werden.

Das methodische Postulat dieser Rationalitätskonzeption, das Prinzip der zureichenden Begründung, läßt sich übrigens ohne weiteres von theoretischen – oder besser: von kognitiven – Überzeugungen auf moralische, politische und andere Auffassungen übertragen, wenn man sich dazu entschließen kann, die Anwendung dieses Modells nicht willkürlich auf einen bestimmten Bereich einzuschränken. Wenn es gelingt, diese methodische Idee für irgendeinen Problembereich zu realisieren, dann kann man für diesen Bereich offenbar Gewißheit darüber erlangen, daß die Suche nach einer gültigen und damit auch gleichzeitig einer *endgültigen* Problemlösung Erfolg gehabt, daß man also eine Überzeugung gewonnen hat, die nicht mehr in Frage gestellt zu werden braucht.

Damit können hinfort alle Zweifel und somit auch alle alternativen Lösungen zurückgewiesen werden, die zu solchen Zweifeln Anlaß geben könnten. Wer im *Besitz der Wahrheit* ist, ist damit gleichzeitig in der Lage, einen theoretischen, ethischen oder politischen Pluralismus als inadäquat zurückzuweisen.

Daß es heute noch eine erhebliche Anzahl von Leuten gibt, die eine solche Auffassung zumindest für einen begrenzten Bereich ihnen unumstößlich erscheinender Wahrheiten vertreten zu müssen meinen – wobei einerseits religiöse oder moralische, andererseits aber auch wissenschaftliche, darunter vor allem auch mathematische Aussagen in Frage kommen –, ist schwerlich zu bestreiten. Sie alle haben für diesen Bereich die klassische Lehre akzeptiert, die schon in der Aristotelischen Wissensdefinition zu finden ist, die Idee nämlich, daß Wissen, Wahrheit und Gewißheit zusammengehören.

Die Schwächen dieser Lehre kommen zum Vorschein, wenn man die Problemsituation analysiert, die entstehen muß, wenn das Prinzip der zureichenden Begründung ernst genommen wird, das in ihr vorausgesetzt wird. Man sieht sich dann nämlich mit einer Situation konfrontiert, für die ich die Bezeichnung *Münchhausen-Trilemma* vorschlagen möchte. Man hat in ihr offenbar die Wahl zwischen drei Alternativen, die aber im Lichte des Begründungsprinzips alle als nicht akzeptabel erscheinen müssen, nämlich zwischen einem *unendlichen Regreß* durch die Notwendigkeit, in der Suche nach Gründen immer weiter zurückzugehen;

einem *logischen Zirkel* durch Rückgang auf Aussagen, die vorher schon als begründungsbedürftig aufgetreten waren; und

einem *Abbruch des Verfahrens* der Begründung an einem bestimmten Punkt.

Da die erste dieser Alternativen unpraktikabel ist, die zweite aber einen offensichtlichen Fehler enthält, besteht die Neigung, als einzigen Ausweg die dritte anzunehmen[4]. Aber auch diese Lösung ist nicht brauchbar, weil sie nichts anderes bedeutet, als daß man das Begründungsprinzip an diesem Punkt *willkürlich suspendiert,* was auf die Einführung eines Dogmas hinausläuft.

In den verschiedenen philosophischen Auffassungen, die die klassische Begründungsidee enthalten, pflegt dieser Rekurs auf ein Dogma, der als einziger Ausweg zu bleiben scheint, durch Redeweisen paraphrasiert zu werden, die den Charakter dieses Verfahrens zu verschleiern geeignet sind, zum Beispiel durch die Rede von der *Selbstevidenz* gewisser Aussagen, durch den Hinweis auf *Intuitionen* oder *Erlebnisse,* die fundierenden Charakter haben, oder auf eine apriorische *Wesensschau,* die unmittelbare Erkenntnis liefert.

An dieser Stelle enthält die klassische Lehre das dem theologischen Denken entsprechende *Offenbarungsmodell,* das geeignet ist, einen Abbruch des Begründungsverfahrens plausibel erscheinen zu lassen. Wenn das rationale Denken an irgendwelche letzten Gegebenheiten anknüpfen kann, die ihm durch Offenbarung vermittelt werden, scheint jedenfalls ein natürliches Fundament erreichbar zu sein, das Gewißheit und Wahrheit garantiert.

Allerdings müssen die betreffenden Erkenntnisse *als Offenbarungen identifiziert* werden, und damit ist die Frage eines adäquaten Kriteriums aufgeworfen, die, wenn sie einmal gestellt wird, die Illusion des archimedischen Punktes zum Verschwinden bringen muß. Die Beseitigung der theologischen Residuen in der Erkenntnislehre muß aber zu einem konsequenten »*Fallibilismus*« führen, der die klassische Verbindung von Wahrheits- und Gewißheitsidee aufgibt und damit gleichzeitig das

---

[4] In Hugo DINGLERS, Philosophie der Logik und Arithmetik, München 1931, ist eine analoge Situation für die Analyse der Problematik des Wahrheitskriteriums aufgewiesen, vgl. a.a.O., S. 21 ff.; vgl. auch: Edmund HUSSERL, Logische Untersuchungen. I. Band. Tübingen ⁵1968. S. 84 ff.

an der Idee der Rechtfertigung orientierte Rationalitätsmodell durch eine Konzeption ersetzt, in der die *autoritär-dogmatische Struktur* dieses Denkens, die auch politisch von erheblicher Bedeutung gewesen ist, überwunden wird. Das ist in der Erkenntnislehre des neuen Kritizismus geschehen, vor allem in den Arbeiten Karl Raimund Poppers[5].

In dieser Erkenntnislehre tritt an die Stelle der Rechtfertigungsidee das Prinzip der *kritischen Prüfung*, von dem her prinzipiell alle Komponenten kognitiver und normativer Überzeugungen in Frage gestellt werden können. Die Suche nach einem sicheren Fundament der Erkenntnis wird durch Versuche umfassender und systematischer Erklärung mittels gehaltvoller und kohärenter *Theorien* ersetzt, die kritischen Prüfungen zugänglich sind und sich in ihnen bewähren können.

Die Erfindung *alternativer Problemlösungen*, also: die Konstruktion neuer und mit bisherigen Auffassungen kollidierender Theorien und Erklärungen, die Entwicklung neuer Gesichtspunkte, die zur Kritik bisheriger Auffassungen herangezogen werden können, sind im Rahmen dieser Lehre positiv zu beurteilen, da sie geeignet sind, die Schwächen bisheriger Lösungsversuche zu enthüllen und den Erkenntnisfortschritt zu fördern.

Nicht das statische Ideal eines ein für allemal fixierten, axiomatisch durchkonstruierten und möglicherweise formalisierten sicheren Aussagengebäudes, einer Erkenntnis more geometrico, ist in ihr wirksam, sondern die dynamische Idee einer durch *Konstruktion, Kritik und Revision* fortschreitenden Entwicklung unseres Wissens, wodurch auch wohlbegründet erscheinende Erkenntnisse wieder problematisch werden können.

Wenn man so will, kann man hier von der Entstehung einer *dialektischen Konzeption* im Milieu des analytischen Denkens sprechen, ohne daß dabei allerdings an eine Verwandtschaft mit denjenigen Strömungen im Einflußbereich des deutschen Idealismus zu denken ist, die diese Bezeichnung durch eine teilweise recht fragwürdige Praxis des Denkens bei nüchtern eingestellten Denkern in Verruf gebracht haben.

In diesem Zusammenhang ist vielmehr an die Dialektik der Vorsokratiker zu erinnern, der wir die Erfindung der indirekten Beweismethode verdanken, einer Methode, die darauf ausgeht, *Widersprüche* abzuleiten, um *Widerlegungen* zu erzielen[6], die also das Prinzip der

---

[5] Vgl. zum Beispiel seinen o. a. Aufsatzband: Conjectures and Refutations, aber auch seine schon 1934 in Wien erschienene: Logik der Forschung. Tübingen [7]1982.

[6] Vgl. die einschlägigen Arbeiten Arpád SZABOS, vor allem: Anfänge des Euklidischen Axiomsystems. In: Zur Geschichte der griechischen Mathematik, Darmstadt 1965; zur Frage der Anwendung in diesem Sinne dialektischer Verfahrensweisen in der Mathematik vgl. auch: Imre LAKATOS, Proofs and Refutations. The Logic of Mathematical Discovery.

Widerspruchsfreiheit in ähnlicher Weise methodisch ins Spiel bringt, wie das die oben kritisierte klassische Lehre mit dem Prinzip des zureichenden Grundes macht.

Die Wissenschaftslehre des Kritizismus hat sich gerade auch in kritischer Auseinandersetzung mit der »reinen«, auf formale Probleme konzentrierten und ohne Zusammenhang mit der Geschichte der Wissenschaften entwickelten *Wissenschaftslogik* entfaltet, wie sie zum Beispiel im »*Wiener Kreis*« der Philosophie gepflegt wurde. Das bedeutet allerdings keineswegs, daß der Kritizismus die Beiträge, die von Vertretern der Wissenschaftslogik zur Lösung wichtiger Probleme – vor allem der formalen Struktur und formaler Zusammenhänge in Aussagensystemen – geleistet wurden, und die Impulse unterschätzt, die dieses Denken für die Diskussion wissenschaftstheoretischer Probleme gegeben hat.

Zwar werden die extremen Idealisierungen in bezug auf die menschliche Erkenntnissituation, die in dieser Lehre dominieren, der Kritik unterworfen[7], aber es wird nicht verkannt, daß der erkenntnistheoretische *Modell-Platonismus* dieser und verwandter Strömungen der Philosophie erheblich dazu beigetragen hat, die Problemsituation zu strukturieren und andere Lösungen der betreffenden Probleme zu provozieren.

Konzeptionen, in denen der Formalismus dieses Denkens überwunden wurde, wurden vielfach gerade von Denkern ausgearbeitet, die dem »Wiener Kreis« mehr oder weniger nahestanden[8]. Verbesserungsvorschläge kamen oft aus dem Einflußbereich dieser philosophischen Tradition selbst; allerdings nicht von jenen Vertretern, die die in ihr wirksamen Idealisierungen bloß durch vage und unfruchtbare Spekulationen über das Wesen der Erkenntnis und der Wissenschaft ersetzen wollten, in denen das Offenbarungsmodell eine noch erheblich stärkere Rolle spielt, als dies in der Erkenntnislehre des klassischen Rationalismus der Fall war. In solchen Spekulationen kommt oft ein Irrationalismus zum Vorschein, in dem von der Tradition der kritischen Vernunft, in der sich das griechische Erbe unserer Kultur erhalten hat, wenig zu spüren ist.

Die an der Idee der kritischen Prüfung orientierte Rationalitätskon-

Edited by John Worrall and Elie Zahar. Cambridge 1976. Deutsch: Beweise und Widerlegungen. Die Logik mathematischer Entdeckungen. Braunschweig 1979.

[7] Vgl. dazu: Gerard RADNITZKY, Contemporary Schools of Metascience. Vol. I. Göteborg 1968.

[8] Hier ist zum Beispiel auf Viktor KRAFTS, Grundlagen einer wissenschaftlichen Wertlehre. Wien ²1951, und seine: Erkenntnislehre. Wien 1960, hinzuweisen, auch darauf, daß schon Ernst Mach, der zu den Vorläufern des »Wiener Kreises« zählt, in seiner Lehre den Entwicklungsaspekt berücksichtigt hat.

zeption ist aber keineswegs nur als ein Beitrag zur Wissenschaftslehre aufzufassen. Der Kritizismus ist vielmehr ebenso wie der Fundamentalismus des Begründungsdenkens eine *allgemeine* Auffassungsweise, die sich nicht nur auf die Wissenschaft, sondern auch auf die anderen Bereiche des sozialen Lebens beziehen läßt. Er geht davon aus, daß es keinen Bereich gibt, in dem die Dogmatisierung von Ergebnissen des menschlichen Problemlösungsverhaltens als an sich wertvoll anzusehen ist, *keine Sphäre also, die dem kritischen Denken entzogen werden darf.*

Die Wissenschaft ist allerdings derjenige Bereich der Gesellschaft, in dem de facto die an der Idee der kritischen Prüfung orientierte methodische Praxis seit langer Zeit motivational und institutionell am stärksten verankert ist und von dem aus sie im Laufe der geschichtlichen Entwicklung – teilweise mit wechselndem Erfolg – auf andere soziale Bereiche übertragen wurde. Sie ist außerdem das Gebiet, in dem die Methodologie der kritischen Prüfung in einer auf reine Erkenntnisprobleme bezogenen Weise im einzelnen ausgearbeitet, weiterentwickelt und in problemspezifischen Verfahrensweisen – zum Beispiel in Ableitungs- und Forschungstechniken – konkretisiert wurde.

Es besteht aber kein Anlaß, diese Methodologie auf einen solchen Bereich einzuschränken, in dem sie unzweifelhaft bisher die größten Erfolge erzielt hat, denn sie ist auf die nicht bereichsgebundenen allgemeinen Züge des menschlichen Problemlösungsverhaltens beziehbar. Sie geht davon aus, daß menschliches Denken und Handeln *prinzipiell fehlbar*, Mißverständnissen, Fehlern und Irrtümern aller Art unterworfen ist, daß es keine absolut sicheren Antworten, keine garantiert fehlerfreien Problemlösungen geben kann, gleichgültig, ob es sich um wissenschaftliche, technische, ökonomische, künstlerische, moralische, politische oder auch philosophische oder religiöse Probleme handelt.

Sie zieht aus dieser Situation die methodologisch relevanten Konsequenzen, die im wesentlichen darauf abzielen, der *Immunisierung von Problemlösungen* irgendwelcher Art gegen Kritik entgegenzuwirken und Arten relevanter Kritik zu spezifizieren. Dabei kommt es unter anderem auch darauf an, die Ergebnisse der wissenschaftlichen Erkenntnis für die anderen Bereiche des sozialen Lebens fruchtbar zu machen.

Im Zusammenhang damit steht die Tatsache, daß der neue Kritizismus die im Milieu des analytischen Denkens teilweise vorherrschenden Neutralisierungstendenzen und die damit verbundene Beschränkung der kritischen Rationalität zurückweist und das *Programm der Aufklärung wieder aufnimmt*, das solche Einschränkungen nicht duldet.

Vor allem die auf die Spätphilosophie Wittgensteins zurückgehende These, daß die Philosopie nur beschreibt, was ist, und daß sie alles bestehen läßt, so wie es ist[9] – eine These, die vor einiger Zeit in der von Winch in der Nachfolge Wittgensteins entworfenen apriorischen Soziologie der Lebensformen[10] in radikaler Konsequenz entwickelt wurde –, muß diesem Programm zum Opfer fallen. In ihr kommt der gleiche Irrationalismus zum Ausdruck, dem man in der deutschen Philosophie zum Beispiel in der sehr einflußreichen auf Martin Heideggers Seinsdenken zurückgehenden universalen Hermeneutik *Gadamers* begegnet[11], einer Lehre, die insofern der oben erwähnten Subjektivierungstendenz erliegt, als in ihr nicht nur ohne jede rationale Argumentation gegen das Objektivitätsideal der Wissenschaft polemisiert, sondern darüber hinaus einer Orientierung des Verstehens an dogmatischen Denkweisen das Wort geredet und mit deutlicher Frontstellung gegen die Aufklärung die Philosophie einer *vernehmenden Vernunft* ausgeliefert wird, die sie zur Stütze des theologischen Denkens geeignet macht.

Es zeigt sich darin, daß die radikale Neutralisierung des analytischen und die radikale Subjektivierung des hermeneutischen Denkens zu durchaus ähnlichen Konsequenzen führen: zur *kritiklosen Hinnahme* einmal gegebener Lebensformen oder zur gehorsamen Einordnung in gegebene Traditionen, wobei in beiden Fällen kritische Auseinandersetzung mit dem Gegebenen als jenseits der philosophischen Kompetenz liegend angesehen wird.

Der am Programm der Aufklärung orientierte Kritizismus kann sich nicht dazu verstehen, bestehende Lebensformen und tradierte Glaubensweisen als sakrosankt zu betrachten, denn eine solche Haltung würde nur eine willkürliche Einschränkung des kritischen Denkens zugunsten liebgewordener Denk- und Verhaltensgewohnheiten bedeuten, die für Bereiche außerhalb der Wissenschaft nicht plausibler ist als für die wissenschaftliche Forschungsarbeit selbst.

Daß man etwa eine vernünftige Einteilung unserer Überzeugung in die zwei Sphären des *Glaubens* und des *Wissens* vornehmen könnte, wobei die erste der beiden auf jeden Fall immun gegen kritische Ein-

---

[9] Zur Kritik dieser Auffassung vgl. das Buch Ernest GELLNERS, Words and Things. A Critical Account of Linguistic Philosophy and a Study in Ideology. London 1959.
[10] Vgl. Peter WINCH, Die Idee der Sozialwissenschaft und ihr Verhältnis zur Philosophie. (1958). Frankfurt 1966; zur Kritik vgl. Ernest GELLNER, The New Idealism. In: Imre Lakatos/Alan Musgrave (Ed.), Problems in the Philosophy of Science. Amsterdam 1968. S. 377f.
[11] Vgl. Hans-Georg GADAMER, Wahrheit und Methode. Grundzüge einer philosophischen Hermeneutik. Tübingen ²1965.

wände »von außen« bleiben müsse, ist ein Vorurteil, das keinen Anspruch auf unseren Respekt hat, wenn wir nicht bereit sein wollen, die
Moral des kritischen Denkens gerade in Fragen zu suspendieren, die
wir für besonders wichtig halten[12].

Dieses etwas merkwürdige Vorurteil erfreut sich allerdings heute
noch großer Beliebtheit nicht nur bei Laien, sondern darüber hinaus bei
manchen Vertretern der Wissenschaft und bei einer ganzen Reihe von
Philosophen, die sich offenbar Illusionen über den Wert solcher Bereichseinteilungen hingeben. Wir können nämlich prinzipiell davon
ausgehen, daß die *Dogmatisierung* irgendwelcher – und zwar beliebiger
– Bestandteile unseres Überzeugungssystems *stets möglich* ist, wenn wir
uns dazu entschließen, diese Komponenten gegen jede Kritik zu immu-
nisieren, daß aber andererseits eine solche Dogmatisierung *niemals
notwendig* ist.

Die Kritikimmunität ist also keineswegs eine *natürliche* Eigenschaft
bestimmter Teile unserer Welt- und Lebensauffassung, sondern sie
kann jeweils *hergestellt* werden, wenn wir uns scheuen, kritische Argumente in Betracht zu ziehen.

Die Konsequenzen dieser Einsicht für die Methodologie des Denkens, auch diejenigen, die die erwähnten Bereichseinteilungen betreffen, liegen auf der Hand. Wie sich die Wendung der protestantischen
Theologie in ihrer nachliberalen Periode zum neo–orthodoxen Denken, wie sich die Entmythologisierungsbemühungen der *Bultmann*-
Schule und die Wiederbelebung des eschatologischen Denkens in der
Moltmannschen Theologie der Hoffnung im Lichte dieser Konsequenzen ausnehmen, das auszuführen, muß ich mir an dieser Stelle ersparen.

Aus dem skizzierten Programm des Kritizismus ergeben sich auch
Konsequenzen für das Problem der *Ideologiekritik*. Im analytischen
Denken gehört die Reinigung des Denkens von ideologischen Elemen
ten in den Zusammenhang eines Programms, das vor allem darauf
abzielt, die Erkenntnis zu neutralisieren, um dadurch ihre Objektivität
gegen die Subjektivierungs– und Politisierungstendenzen hermeneutischer und dialektischer Provenienz zu schützen. Die analytische Ideologiekritik geht daher·im allgemeinen von dem seinerzeit von *Max Weber*
für die Erkenntnispraxis der Sozialwissenschaften formulierten Prinzip
der *Wertfreiheit* aus, sie sucht offen oder versteckt in sozialwissenschaft-

---

[12] Vgl. zu dieser Problematik vor allem: Walter KAUFMANN, Religion und Philosophie.
(1958). München 1966; DERS., Der Glaube eines Ketzers. (1959). München 1965; William
Warren BARTLEY, The Retreat to Commitment. (1962). Deutsch: Flucht ins Engagement.
München 1964, sowie das 5. Kapitel meines o. a. Buches, Traktat über Kritische Vernunft.

lichen Aussagenzusammenhängen enthaltene wertende oder normative Komponenten zu lokalisieren und zu eliminieren und neigt vielfach dazu, solche Komponenten auch im Alltagsdenken einer mehr oder weniger scharfen Kritik zu unterziehen[13].

Daß die von der Wertproblematik ausgehende Abgrenzung zwischen *Wissenschaft und Ideologie*, wie sie vor allem in der positivistischen Tradition entwickelt wurde, und die damit zusammenhängende Auffassung der Ideologiekritik als eines *Sprachreinigungsunternehmens* unter kritizistischen Gesichtspunkten unzulänglich erscheinen muß, ergibt sich schon daraus, daß der Kritizismus vom Problem der Dogmatisierung ausgeht und daß die Dogmatisierung von Problemlösungen ein sehr allgemeines Phänomen der gesellschaftlichen Praxis ist, das durch eine vom Wertfreiheitsprinzip ausgehende Abgrenzung reiner Erkenntnis *nicht* in den Griff zu bekommen ist.

So wichtig unter Umständen die Durchleuchtung sprachlicher Zusammenhänge für die Ideologiekritik werden kann, so wenig ist es angebracht, darin mehr als ein unter Umständen sehr nützliches Mittel der Untersuchung zu sehen oder gar diesen Aspekt als den *einzig* wesentlichen herauszustellen. Zudem wäre der Versuch, die in bestimmter Hinsicht wertfreie Sprache der reinen Wissenschaft zum Modell vernünftigen Sprechens überhaupt zu erheben, nicht nur ein utopisches Unternehmen, sondern darüber hinaus ein Unternehmen, dessen Rationalität selbst keineswegs über jeden Zweifel erhaben sein dürfte[14]. Das Programm der Aufklärung stellt der Ideologiekritik in erster Linie die Aufgabe, der Dogmatisierung von Problemlösungen in allen Bereichen des sozialen Lebens entgegenzuwirken, Strategien der Immunisierung zu durchleuchten und durchschaubar zu machen, gleichgültig, ob sie in der Erkenntnissphäre, im Bereich des Rechts, der Moral oder der Politik oder auf anderen Gebieten des sozialen Lebens erkennbar sind, und dadurch die *Irrationalität* zu vermindern, die allenthalben beobachtet werden kann.

Insofern ist der Kritizismus *keineswegs* eine unpolitische Philosophie, wenn er auch die *Politisierung des Denkens* zurückweist, die vielfach im Zeichen der Dialektik auf der Basis einer Geschichtsphilosophie propagiert wird, der man ihre Abstammung aus dem theologischen Offenbarungsdenken noch deutlich anmerkt.

Es bedarf kaum besonderer Betonung, daß sich aus diesem Pro-

---

[13] Eine extreme Position in dieser Richtung findet man in: Theodor GEIGER, Ideologie und Wahrheit. Eine soziologische Kritik des Denkens. Stuttgart/Wien 1953.
[14] Vgl. Hermann LÜBBE, Der Streit um Worte. Sprache und Politik. Bochum 1967. (Bochumer Universitätsreden, Heft 3).

gramm auch wichtige Aufgaben für die *sozialwissenschaftliche* Forschung ergeben, Aufgaben die es übrigens keineswegs notwendig machen, von dem obenerwähnten methodischen Prinzip der Wertfreiheit
abzugehen, dessen Ablehnung nicht selten auf groben Mißverständnissen in bezug auf die damit verbundene Lösung der Wertproblematik
beruht. Es kommt vor allem darauf an, die »Seinsverbundenheit des
Denkens«, die manche Vertreter der Wissenssoziologie zur Grundlage
einer neuen Erkenntnistheorie zu machen versucht haben, zum Gegenstand einer wissenschaftlichen *Forschung* zu machen, die darauf gerichtet ist, diesen Tatbestand nach allen Richtungen hin theoretisch und
historisch aufzuschließen.

In dieser Beziehung dürfte vor allem das Problem der motivationalen
und institutionellen Ursachen der Dogmatisierung und des *Dogmatismus* von Interesse sein, ein Problem, zu dem schon eine ganze Reihe
interessanter Forschungsergebnisse vorliegen[15], die unter anderem die
strukturellen Gemeinsamkeiten dogmatisch-autoritär aufgebauter Glau-
benssysteme mit absolutem Wahrheits- und Gehorsamsanspruch aufdecken.

In solchen Systemen, in denen das Bedürfnis nach Gewißheit über
den Erkenntnisdrang und die Wahrheitssuche den Sieg davongetragen
hat und die daher allen Anlaß haben, sich mit Hilfe zum Teil recht
wirksamer institutioneller Praktiken gegen innere und äußere Kritik
abzuschirmen und ihre Anhänger zum Glaubensgehorsam zu erziehen,
sind – ganz im Gegensatz zu den in den Wissenschaften großteils
dominierenden Prinzipien – Neuerungen entweder von vornherein
suspekt oder aber nur im Gewande der *Interpretation* alter Texte durch-
setzbar, weil es sonst schwierig ist, den Gläubigen klarzumachen, daß
die Inhaber der jeweiligen Deutungsmonopole von *jeher* im sicheren
Besitz der absoluten Wahrheit waren.

Die im Max Weberschen Sinne wertfreie Sozialforschung kann also
ohne weiteres zu Resultaten führen, denen im Sinne des Programms
der Aufklärung eine erhebliche moralische und politische Bedeutung
zukommt. Dabei kann sie sich von der Zielsetzung leiten lassen, zur
Erklärung der relevanten Zusammenhänge auf *nomologischer Grundlage* –
das heißt auf der Basis sozialer Gesetzmäßigkeiten – vorzustoßen, einer
Zielsetzung, die durch erkenntnistheoretische Erörterungen der Art,

---

[15] Vgl. zum Beispiel Milton ROKEACH, The Open and the Closed Mind. Investigations
into the Nature of Belief Systems and Personality Systems. New York 1960; Paul BLANS-
HARD, Communism, Democracy and Catholic Power. London 1952; Rudolf HERNEGGER,
Macht ohne Auftrag. Die Entstehung der Staats- und Volkskirche. Olten/Freiburg 1963;
Oskar PFISTER, Das Christentum und die Angst. Zürich 1944.

wie sie unter dem Einfluß des deutschen Idealismus und des Historismus angestellt worden sind, um einen methodologischen Autonomieanspruch der Geisteswissenschaften zu legitimieren, keineswegs als illusorisch nachgewiesen werden kann[16].

Eine im Diltheyschen Sinne als Kunstlehre begriffene Hermeneutik hat vielmehr selbst allen Anlaß, für die Klärung ihrer theoretischen Grundlage alle in Betracht kommenden nomologischen Wissenschaften heranzuziehen, wenn sie sich nicht mit einem auf Sinngegebenheiten irgendwelcher Art fixierten hermeneutischen Positivismus begnügen will, der nicht eben vertretbarer sein dürfte als der sensualistische Positivismus, der den Verfechtern dieser Denkweisen mitunter als eine Art epistemologisches Schreckgespenst erscheint.

Erklärung und Aufklärung hängen ebenso miteinander zusammen wie ein theoriefeindlicher *Deskriptivismus* und die kritiklose *Hinnahme historischer Gegebenheiten*, wie sie in gewissen analytischen und hermeneutischen Strömungen zum Vorschein kommen. Daß man bei der Aufhellung historischer Zusammenhänge ohne Theorien auskommen könne, gehört zu den Naivitäten eines erkenntnistheoretisch unreflektierten Historismus, den uns heute Verfechter analytischer und hermeneutischer Denkweisen in schöner Eintracht als Resultat von Untersuchungen präsentieren, in denen weder die Rolle der unexplizierten Erklärungsgewohnheiten und des theoretischen Hintergrundwissens noch die mögliche kritische Bedeutung des theoretischen Fortschritts für die historische Forschung berücksichtigt wird[17].

Sollten die Historiker dem Rat dieser Methodologen folgen, dann besteht die wenig erfreuliche Aussicht, daß die Ergebnisse der theoretischen Sozialwissenschaften in der Historiographie unberücksichtigt bleiben, dafür aber implizite unreflektierte theoretische Vorurteile im Sinne des Alltagsdenkens eine um so größere Rolle spielen. Das wäre ein Rückfall in einen Zustand, den unter anderem schon Max Weber überwunden hatte. Glücklicherweise pflegen solche Ratschläge nicht immer auf fruchtbaren Boden zu fallen[18].

[16] In diesem Zusammenhang ist darauf aufmerksam zu machen, daß bedeutende Beiträge zur Methodologie des Verstehens von Theoretikern stammen, die die Bedeutung des nomologischen Wissens keineswegs gering eingeschätzt haben, wie zum Beispiel Max Weber, Karl Bühler und Heinrich Gomperz. Daß diese Namen in der auf Heidegger zurückgehenden hermeneutischen Philosophie keine Rolle spielen, ist eine Tatsache, die bisher zu wenig beachtet wurde.
[17] Zur Kritik vgl. etwa Leon J. GOLDSTEIN, Evidence and Events in History. In: Philosophy of Science, Vol. XXIX (1962), S. 175–194, DERS., Theory in History. In: Philosophy of Science, Vol. 34 (1967), S. 23–40; vgl. auch meinen Beitrag: Geschichte und Gesetz. Zur Kritik des methodologischen Historismus. In: Kurt Salamun (Hrsg.), Sozialphilosophie als Aufklärung. Festschrift für Ernst Topitsch. Tübingen 1979. S. 111–132.
[18] Vgl. dazu etwa: Franz HAMPL, Grundsätzliches zur Frage der Methode in der Ge-

Daß sich für die Erklärung interessanter Zusammenhänge brauchbare Theorien nicht selten auch *praktisch* verwenden lassen, hat einige Philosophen, die der hermeneutischen Tradition zuzurechnen sind, zu der vorschnellen These verleitet, hinter ihnen stünde ein bloß technisches Erkenntnisinteresse. Auf diese wissenschaftshistorisch, soziologisch und psychologisch fragwürdige These kann ich in diesem Zusammenhang nicht näher eingehen.

Die praktische Bedeutung des theoretischen Denkens läßt sich in aller Kürze auf die Formel bringen, daß einen Tatbestand *erklären* unter anderem heißt: zeigen, wie man ihn prinzipiell *vermeiden* könnte. Ein von der Idee der Aufklärung inspiriertes Forschungsprogramm kann also für die im sozialen Leben weit verbreiteten Phänomene der Dogmatisierung und für andere unter ihren Gesichtspunkten relevante Erscheinungen zu Resultaten führen, die nicht nur für die historische Durchleuchtung, sondern auch für die praktische Gestaltung des sozialen Lebens erhebliche Bedeutung haben. Sie können nämlich die theoretische Grundlage für sozialtechnologische Überlegungen bilden, die darauf abzielen, die Bedingungen einer *aufgeklärten Gesellschaft* zu bestimmen, in der die Inhaber von Herrschaftspositionen der Kritik und Kontrolle seitens der von ihren Entscheidungen betroffenen Bürger ausgesetzt sind[19].

Daß aus einer im Sinne Max Webers wertfreien Sozialwissenschaft nicht ohne weiteres *normative* Konsequenzen für das politische Leben abgeleitet werden können, ist ein Sachverhalt, der den Kritikern dieser Wissenschaftsauffassung Gelegenheit zu Kommentaren verschafft hat, in denen der Eindruck erweckt wird, ohne eine wertende Wissenschaft sei man genötigt, Gesellschaft und Politik mehr oder weniger dem Irrationalismus auszuliefern. Darin wird verkannt, daß die hinter der wissenschaftlichen Erkenntnispraxis stehende Rationalitätskonzeption nicht auf die Sphäre der Wissenschaft beschränkt werden muß und daß die Sozialphilosophie des Kritizismus eine solche Einschränkung sogar explizit zurückweist. Die Methodologie der kritischen Prüfung läßt sich, wie schon erwähnt, auch auf die Probleme des politischen Lebens anwenden. Daraus ergibt sich zunächst eine *Kritik des politischen Rechtfertigungsdenkens*, die der Kritik der analogen erkenntnistheoretischen Auffassungen entspricht, wie sie oben skizziert wurde.

Dieses Denken verkörpert sich vor allem in der *politischen Theologie*,

---

schichtswissenschaft. In: Die Philosophie und die Wissenschaften. Simon Moser zum 65. Geburtstag. Meisenheim 1967. S. 329–349.

[19] Vgl. dazu Karl POPPER, Die offene Gesellschaft und ihre Feinde. Bd. I u. II. 7. Aufl. Tübingen 1992.

die seit der Entstehung des Staates in den ersten Hochkulturen ein
außerordentlich wirksamer Bestandteil der menschlichen Weltorientierung gewesen ist[20] und die uns bis heute in einer Vielfalt von Ausprägungen erhalten geblieben ist, wobei allerdings in den säkularisierten
Versionen dieses Denkens religiöse Rechtfertigungsinstanzen durch die
Geschichte und ähnliche Abstrakta ersetzt wurden.

Der Stil des Offenbarungsdenkens ist jedenfalls auch noch in jener
praktisch motivierten Geschichtsphilosphie zu finden, die uns von
dialektischer Seite zur Legitimation politischer Entscheidungen empfohlen wird. Der Versuch, das eigene Handeln durch die Sinnoffenba-
rungen eines als Wissenschaft drapierten geschichtstheologischen Denkens leiten zu lassen und die daraus stammenden Direktiven anderen
Leuten nicht als eigene Entscheidungen zu offerieren, sondern sie ihnen
als Weisungen höherer Instanzen zuzumuten, ist ein Residuum archaischer Weltorientierung, das man gerade auch bei Denkern findet, die
sich im übrigen modern gebärden.

Man kann zwei Versionen der politischen Theologie unterscheiden,
deren Unterschied vor allem in ihrer Stellungnahme zur bestehenden
sozialen Ordnung zum Ausdruck kommt, eine statische Variante, in
der die für wirksame ideologische Systeme erforderlichen Wunscher-
füllungsphantasmen so verarbeitet sind, daß sie keine Änderungsten-
denzen motivieren, und eine dynamische Variante, in der solche Vorstellungen für den sozialen und politischen Wandel mobilisiert werden.
Vielfach lassen sich beide Varianten aus der *gleichen* ideologischen
Matrix entwickeln.

So enthielt die offizielle politische Theologie des Mittelalters, die
vorwiegend der Rechtfertigung des bestehenden sozialen Systems
diente, eine apokalyptisch-eschatologische Komponente, die zwar von
der offiziellen Hierarchie nach Möglichkeit politisch sterilisiert zu werden pflegte, die sich aber in Krisensituationen sehr gut für die Rechtfertigung sozialer Massenbewegungen revitalisieren ließ.

Die Aktualisierung dieser Komponente führte dann nicht selten zu
einer radikalen Negation der bestehenden Ordnung und zu einem
Katastrophendenken, wie man es heute wieder mitunter von Anhängern der *romantischen Linken* präsentiert bekommt, die sich selbst als

---

[20] Vgl. dazu zum Beispiel: Hans Kelsen, Gott und Staat. (1923). Wiederabgedruckt in:
Ders., Aufsätze zur Ideologiekritik. Neuwied/Berlin 1964; Henri Frankfort, Kingship
and the Gods. Chicago 1947; Ernst Topitsch, Vom Ursprung und Ende der Metaphysik.
Wien 1958; Ders., Kosmos und Herrschaft. In: Wort und Wahrheit, 10. Jg. (1955), S. 19–30;
sowie Rudolf Hernegger, Macht ohne Auftrag, a.a.O.

Verfechter einer kritischen Philosophie verstehen möchten. Es ist jene Philosophie, die man mit Recht eine *Fortsetzung der Theologie mit anderen Mitteln genannt hat*.

Im Vergleich zu dieser politischen Theologie ist die klassische Theorie der *Demokratie* insofern ein Fortschritt, als sie an das tatsächliche Funktionieren der in demokratisch verfaßten Gesellschaften bestehenden sozialen Mechanismus anknüpft und dadurch Impulse gibt, diese Mechanismen wissenschaftlich zu erforschen. Damit setzt sie sich allerdings gleichzeitig in stärkerem Maße kritischen Einwänden aus, die sich auf die wirklichkeitsfremde Idealisierung dieser Mechanismen beziehen, und derartige Einwände sind denn auch in reichem Maße vorgebracht worden.

Außerdem hat sich gezeigt, daß auch in der demokratischen Ideologie noch Residuen des an der Begründungsidee orientierten Rechtfertigungsdenkens enthalten sind, das unter anderem auch die klassische Erkenntnislehre bestimmt hatte. Allerdings sorgte das Element des Utilitarismus und des Individualismus, das in diesem Denken enthalten war, dafür, daß in dieser Rechtfertigung ausdrücklich auf die *Interessen* der Mitglieder der Gesellschaft Bezug genommen werden mußte, was besonders in der ökonomischen Variante der demokratischen Ideologie, in der angelsächsischen Wohlfahrtsökonomik, zu heute noch nicht überwundenen Schwierigkeiten geführt hat.

Die Rückführung aller relevanten Entscheidungen auf die Interessen und Bedürfnisse der Gesellschaftsmitglieder als Letztgegebenheiten ist letzten Endes ein ebenso dogmatisches Verfahren wie der Rekurs auf die reine Intuition oder die reine Erfahrung in der klassischen Erkenntnislehre – ein Verfahren, das am Gewißheitsideal orientiert ist und die Problematik solcher Gegebenheiten und ihrer Deutung nicht berücksichtigt.

Die Idee einer auf dieser Grundlage kalkulierbaren Politik, wie sie wohl am deutlichsten in der Theorie der sozialen Wohlfahrtsfunktionen zum Ausdruck kommt, d. h. einer *more geometrico* verfahrenden Politik, muß also mit dem klassischen Rationalitätsmodell aufgegeben werden und einer Konzeption weichen, die weder den Denkstil der politischen Theologie noch den der politischen Arithmetik kultiviert, das heißt: die dem revidierten Rationalitätsideal des Kritizismus entspricht.

In methodischer Hinsicht ergibt sich aus diesem Modell vor allem die Forderung, daß man politische Problemlösungen, auch soweit sie sich in bestimmten institutionellen Vorkehrungen verkörpert haben, prinzipiell nicht dogmatisiert, sondern sie gewissermaßen als *Hypothesen* behandelt, die stets der Kritik unterworfen und revidiert werden können.

Damit soll allerdings nicht jene *totale Kritik* zum Ideal erhoben werden, die, von utopischen Vorstellungen ausgehend, sich über Fragen der Realisierbarkeit grundsätzlich hinwegsetzen zu können meint. Es kommt vielmehr darauf an, die sich in solchen Phantasmen ausdrükkenden Bedürfnisse in eine Kritik umzusetzen, *die in den bestehenden Verhältnissen die Ansatzpunkte für alternative Problemlösungen zu erkennen sucht,* indem sie, auf der Grundlage der zugänglichen wissenschaftlichen Erkenntnisse, die Bedingungen ins Auge faßt, die unter den in Betracht kommenden Wertgesichtspunkten relevant erscheinen[21].

Im Rahmen einer solchen Kritik hat die konstruktive Phantasie des sozialen Erfinders ein Betätigungsfeld, der die Resultate auf nomologische Erkenntnis gerichteter Wissenschaften für den Entwurf und die sozialtechnologisch fundierte Ausarbeitung konkreter institutioneller Alternativen ausnutzt, um zu realisierbaren Lösungen zu kommen, die der rationalen Diskussion zugänglich sind.

Die Wissenschaft hat in diesem Zusammenhang unter anderem gerade auch die Funktion, uns unangenehme Tatsachen sehen zu lehren, Tatsachen zum Beispiel, die sich in Einschränkungen unserer Wirkungsmöglichkeiten niederschlagen. Solche Einschränkungen mögen sich daraus ergeben, daß die Interessen der Beteiligten nicht miteinander harmonisieren oder daß ihre Überzeugungen nicht miteinander vereinbar sind.

Wer nicht den Glauben hat, im sicheren Besitz der Wahrheit zu sein, und daher ein unkorrigierbares und damit irrationales Engagement in die Waagschale werfen kann, wird in solchen Situationen in der Lage sein, *Kompromisse* zu schließen[22] und darauf zu vertrauen, daß spätere Korrekturen sich aus der *gegenseitigen Aufklärung* der Parteien im gesellschaftlichen Dialog ergeben können. Er wird außerdem bemüht sein, dem *Vorteil* Rechnung zu tragen, der darin liegt, daß sich in den *Parteiungen* des sozialen und politischen Lebens andere Problemlösungen lebendig verkörpern, deren Verfechter die im Denken ihrer Gegenspieler enthaltenen Irrtümer, Schwächen und Lücken so deutlich zu akzentuieren in der Lage sind, wie das meist nur dem echten Widersacher möglich ist.

Der politische *Pluralismus* der Standpunkte und die sich daraus ergebende soziale Dialektik bringen allerdings nur demjenigen diesen Vor-

---

[21] Vgl. mein Buch: Traktat über rational Praxis. Tübingen 1978.
[22] Vgl. dazu Eduard BAUMGARTEN, Von der Kunst des Kompromisses. Studie über den Unterschied zwischen den Amerikanern und Deutschen. Stuttgart 1949.

teil, der bereit ist, auch *vom Gegenspieler zu lernen* – und zwar nicht in taktischer Hinsicht –, und der daher nüchtern genug ist, um das Parteiliniendenken einer politisierten Philosophie und das Katastrophendenken ihrer utopischen Variante zu vermeiden.

Nur eine politische Philosophie, die *kritische Rationalität* und *soziales Engagement* miteinander vereinbar macht und die Gefahren der totalen Politisierung, der radikalen Subjektivierung und der akademischen Neutralisierung überwindet, die sich in den extremen Richtungen des modernen Denkens so deutlich zeigen, wird den Forderungen des Tages gerecht werden können.

VII. Das Philosophieverständnis verschiedener anderer Autoren

Allgemeine Einführung

Bertrand Russell (1872–1970), Literaturnobelpreisträger (1950) und wohl einer der genialsten und vielseitigsten Philosophen des 20. Jahrhunderts, ist weit über den engeren Kreis der Fachphilosophen hinaus einer breiteren Öffentlichkeit bekannt geworden. Nicht zuletzt auch wegen seines politischen Engagements als Pazifist und als Atombombengegner[1]. Die Vielseitigkeit seines Denkens zeigt sich an der Tatsache, daß er nicht nur grundlegende Werke zur mathematischen Logik, Erkenntnistheorie und Sprachphilosophie veröffentlicht hat. Er hat auch interessante Beiträge zu Problemen der Sozialphilosophie, Politischen Philosophie, Ethik und Philosophischen Anthropologie geschrieben und darüber hinaus noch eine brillante Geschichte der Abendländischen Philosophie verfaßt[2]. Obgleich Russell ein wichtiger Anreger und Wegbereiter des Neopositivismus und der Analytischen Philosophie gewesen ist, kann man ihn doch nicht eindeutig diesen Denkströmungen zuordnen. Dies verdeutlicht auch der hier abgedruckte Text »Der Wert der Philosophie«. Dieser Text ist ein Abschnitt aus einem Buch, das Russell 1912 kurz nach der Fertigstellung des Manuskripts der »Principia Mathematica« geschrieben hat, einem gemeinsam mit Alfred N. Whitehead verfaßten Standardwerk der modernen mathematischen Logik. Im folgenden Text sieht Russell eine wichtige Aufgabe der Philosophie in der Beschäftigung mit Fragen, die aus neopositivistischer Sicht unter das Verdikt der Metaphysik und der sinnlosen Scheinprobleme fallen würden. So etwa Fragen wie: »Hat die Welt einen einheitlichen Plan oder Zweck, oder besteht sie aus einem zufälligen Zusammenspiel der Atome? . . . Haben Gut und Böse eine Bedeutung für die ganze Welt oder nur für den Menschen?« Durch die Beschäftigung mit solcher Art von Fragen muß die Philosophie »jenes spekulative Interesse an der Welt wachhalten, das wahrscheinlich abgetötet würde, wenn wir uns ausschließlich auf abgesicherte Erkenntnisse beschränkten« (262). ». . . man soll sich mit der Philosophie nich so-

---

[1] Zur Biographie von Russell vgl. Bertrand RUSSELL, Autobiographie Bd. I–III. Frankfurt 1972–74; Ernst R. SANDVOSS, Bertrand Russell. Dargestellt in Selbstzeugnissen und Bilddokumenten. Hamburg 1980.

[2] Vgl. Bertrand RUSSELL, Philosophie des Abendlandes. 2. Aufl. Darmstadt 1951.

sehr wegen irgendwelcher bestimmter Anworten auf ihre Fragen beschäftigen – denn in der Regel kann man diese bestimmten Antworten nicht als wahr erkennen. Man soll sich um der Fragen selber willen mit ihr beschäftigen, weil sie unsere Vorstellung von dem, was möglich ist, verbessern, unsere intellektuelle Phantasie bereichern und die dogmatische Sicherheit vermindern, die den Geist gegen alle Spekulation verschließt« (266). Neben seinem Plädoyer für intellektuelle Phantasie, Antidogmatismus und spekulatives Denken in der Philosophie äußert Russell im folgenden Text auch noch selbst eine höchst spekulative Idee über den Wert der Philosophie, die an platonische Vorstellungen erinnert: Er spricht von einer »wahren philosophischen Kontemplation«, die eine leidenschaftslos-distanzierte, unparteiliche Betrachtung der Gegenstände in der Welt ist. In dieser Kontemplation erfährt der Mensch eine »Ich-Erweiterung«, die zugleich auch eine moralische und politische Dimension hat. »Die Unparteilichkeit, die in der Kontemplation das unvermischte Verlangen nach Wahrheit ist, ist dieselbe Qualität des Geistes, die sich im Handeln als Gerechtigkeit ausdrückt, und im Fühlen als jene umfassende Liebe, die allen gelten kann und nicht nur jenen, die man für nützlich oder für bewunderungswürdig hält. So vergrößert die Kontemplation nicht nur die Gegenstände unseres Denkens, sondern auch die unseres Handelns und unserer Neigungen: sie macht uns zu Bürgern der Welt und nicht nur zu Bewohnern einer ummauerten Stadt, die mit der Welt vor ihren Toren im Kriege liegt. In dieser Weltbürgerschaft besteht die wahre Freiheit des Menschen, seine Befreiung aus der Knechtschaft kleinlicher Hoffnungen und Ängste« (265). Diese höchst spekulative Ansicht über den Wert der Philosophie für das persönliche Leben und über den Zusammenhang von Wahrheit, Gerechtigkeit und Liebe in der philosophischen Kontemplation, hätte kein Neopositivist und wohl auch kein strenger Verfechter der Analytischen Philosophie jemals vertreten. Sie macht jedenfalls die Vielschichtigkeit des philosophischen Denkens von Russell deutlich.

Walter Kaufmann (1921–1980), Professor für Philosophie an der Princeton-Universität (USA), ist nicht nur durch beachtenswerte Bücher über Hegel und Nietzsche bekannt geworden, sondern vor allem auch durch kritische und originelle Auseinandersetzungen mit der religiösen Tradition und mit aktuellen Tendenzen in der Gegenwartsphilosophie[3]. Der folgende Kaufmann-Text »Revolution in der Philoso-

---

[3] Vgl. Walter KAUFMANN, Nietzsche. Philosoph – Psychologe – Antichrist. Darmstadt 1982; DERS., Hegel. Reinterpretation, Text and Commentary. London 1966; DERS., Religion und Philosophie. Eine Kritik des Denkens unserer Zeit. München 1966.

phie?« ist eine geistreiche, in einem lockeren literarischen Stil geschrie-
bene Kritik an Auswüchsen und Einseitigkeiten der Analytischen Philosophie. Daß Kaufmann dabei keineswegs pauschal »die Analytische
Philosophie« verurteilen möchte, sondern sich im Gegenteil mit vielen
Einsichten und Intentionen dieser philosophischen Denkrichtung identifiziert, zeigt u. a. der Umstand, daß er in seinen kritischen Analysen
zur Gegenwartsphilosophie oft selbst von einem sprachanalytischen
Ansatz ausgeht. So kritisiert er z. B. in dem Buch, aus dem der folgende Text stammt, die unverständliche Sprache mancher Existenzphilosophen (vor allem Heideggers) von einer sprachanalytischen Perspektive aus⁴. Gerade seine Sympathien für die Analytische Philosophie
lassen Kaufmann aber sehr sensibel gegenüber extremen Tendenzen in
dieser Denkströmung sein. In dem hier abgedruckten Text nimmt er in
essayistischer Form vor allem folgende Auswüchse dieser Denkrichtung aufs Korn:

1. die Ansicht, daß die Aufgabe der Philosophie allein in der
Sprachanalyse liege und der Philosoph sich nicht auch mit empirischen
Fragestellungen der Einzelwissenschaften beschäftigen dürfe. Mag
diese rigorose Auffassung von ihren Verfechtern auch mit intellektueller Redlichkeit gerechtfertigt werden, so führt sie letztlich dazu, daß
sich der Philosoph bei Problemerörterungen stets nur mit der Analyse
der Begriffe und Wortbedeutungen begnügen müßte und zur inhaltlichen Problemdiskussion gar nichts beitragen dürfte. »Die Philosophen
auf Sprachanalyse beschränken und sie von der Beschäftigung mit empirischen Gegebenheiten anderer Gebiete fernhalten, würde zu einer
unglückseligen Verarmung der Philosophie – und der Menschheit führen« (270).

2. die bornierte Ignoranz, mit der manche analytische Philosophen
auf die traditionelle Philosophie herabblicken und die Geschichte der
Philosophie am liebsten erst bei den Empiristen oder gar erst bei Russell
und Wittgenstein beginnen lassen möchten.

3. die Abneigung gewisser Vertreter der Analytischen Philosophie
gegenüber kühnen spekulativen Entwürfen und theoretischen Konzepten größerer Reichweite und gegenüber dem Wagnis, an große Probleme zunächst einmal noch höchst spekulativ heranzugehen.

Kaufmann plädiert im Gegensatz zu diesen extremen Tendenzen in
der Analytischen Philosophie ähnlich wie Russell für den Mut zur intellektuellen Phantasie im philosophischen Denken und zur Vermittlung
eines kritischen Verhaltens gegenüber »Fesseln der Engstirnigkeit«,

---

⁴ Walter KAUFMANN, Der Glaube eines Ketzers. München 1965. S. 373ff.

»intellektueller Phantasielosigkeit«, »Furcht vor Meinungsverschiedenheiten« und »Pedanterie« (283 ff.).

Ernst Topitsch (geb. 1919), em. Professor für Philosophie an der Universität Graz, hat sich durch wissenschaftliche Arbeiten auf dem Gebiet der Weltanschauungsanalyse und Sozialphilosophie einen internationalen Ruf erworben, in einer breiteren Öffentlichkeit ist er durch zeitkritische Analysen in Massenmedien und Stellungnahmen zu politischen Entwicklungen bekannt geworden. Der hier abgedruckte Beitrag »Philosophie zwischen Mythos und Wissenschaft« bringt den philosophischen Standpunkt von Topitsch, der vom »Wiener Kreis«, vom kulturwissenschaftlichen Positivismus eines Hans Kelsen und Heinrich Gomperz sowie vom Kritischen Rationalismus geprägt ist, deutlich zum Ausdruck. Von Topitschs Standpunkt aus liegen die Hauptaufgaben der Philosophie in der Wissenschaftstheorie und in der Erarbeitung einer umfassenden »Theorie der menschlichen Weltauffassung« (300).

Topitsch hat in seinen eigenen Versuchen, eine solche Theorie menschlicher Weltauffassung und Selbstdeutung zu entwickeln, vier Grundtypen von Modellvorstellungen unterschieden, die dem Menschen immer wieder in verschiedenartigen Ausprägungen und Variationen zur Selbst- und Weltinterpretation gedient haben: 1. biomorphe Vorstellungen, die dem Erfahrungsbereich der biologischen Lebensvorgänge entstammen (z. B. Zeugung, Geburt, Wachstum, Reife, Altern, Tod), 2. soziomorphe Vorstellungen, die aus der Erfahrung des eigenen Wollens, des zweckhaften Wirkens und Handelns und der gesellschaftlichen Beziehungen resultieren, 3. technomorphe Modellvorstellungen, die der künstlerisch-handwerklichen Sphäre entnommen sind, sowie 4. ekstatisch-kathartische Modellvorstellungen, deren psychische Wurzeln in jenen emotionalen Antrieben liegen, die den Menschen immer wieder zur Konstruktion von kompensatorischen Gedankengebilden veranlassen, welche das Fertigwerden mit naturgegebenen Schranken, tatsächlichen und eingebildeten Widrigkeiten, realen Versagungen usw. leichter machen sollen (291). Diese Grundmuster menschlicher Selbstdeutung und Weltauffassung, die in den Mythen der menschlichen Frühzeit noch deutlich erkennbar waren und dort noch wichtige kognitive und lebenspraktische Aufgaben erfüllten, sind Topitschs Auffassung zufolge in rationalisierter Form auch noch in einem großen Bestandteil der neuzeitlichen Philosophie aufweisbar. Über die Rationalisierung des Mythos sind diese Relikte der mythischen Weltauffassung bis in das neuzeitliche spekulativ-philosophische Denken überliefert worden[5], wo sie als kognitiv wertlose, emotional geladene Denk-

---

[5] Topitsch ist diesem Überlieferungsprozeß vor allem nachgegangen in: Ernst To-

motive und Vorstellungen durch die verschiedensten Immunisierungsstrategien der empirisch-rationalen Überprüfung und Kritik entzogen
werden.»Einer solchen Abschirmung gegen die Kritik ist die traditionelle Philosophie kaum weniger bedürftig als die Astrologie, und zwar
sowohl hinsichtlich ihrer ›ewigen Probleme‹, nämlich der aus dem Mythos ererbten Widersprüche, als auch bezüglich ihrer ›ewigen Wahrheiten‹, der nach Preisgabe der mythischen Inhalte verbleibenden Leerformeln. Wird nämlich Licht in die historischen und systematischen
Voraussetzungen der erwähnten Gedankengebilde gebracht, dann lösen sich jene Probleme oft buchstäblich in nichts auf und es zeigt sich die
völlige Gehaltlosigkeit dieser Wahrheiten« (299). Toptisch betrachtet es
als eine zentrale Aufgabe der Philosophie, diese »mythisch-metaphysi-
schen Überlieferungen in einer umfassenden Theorie der menschlichen
Weltorientierung« aufzuarbeiten. Er verbindet mit dieser Aufgabe der
Philosophie eine aufklärerische Absicht: ». . . je klarer wir uns der Tatsache bewußt werden, mit welcher Macht primitives und archaisches
Erbgut bis tief in sublime Kulturleistungen hineinwirkt, desto eher gewinnen wir von ihm Abstand und hören auf, ihm blind verfallen zu
sein« (287).

Der hier abgedruckte Aufsatz von **Hans-Michael Baumgartner**
(1933–1999), ehemals Professor für Philosophie in Bonn, und
Otfried Höffe (geb. 1943), Professor für Philosophie an der Universität Tübingen, ist die Fortführung einer Diskussion, die im Anschluß an
ein Kolloquium und die Veröffentlichung der Vorträge dieses Kollo-
quiums in dem Aufsatzband »Philosophie – Gesellschaft – Planung«.
Hrsg. v. H. M. Baumgartner, O. Höffe, Chr. Wild, München 1974,
entstanden ist[6]. Baumgartner und Höffe sind der Ansicht, daß die
Philosophie sowohl als Erkenntnis- und Wissenschaftskritik als auch
als praktische Philosophie auch heute noch eine entscheidende und
durch nichts ersetzbare Funktion besitzt. Sie sehen Aufgabengebiete
der Philosophie vor allem in vier Bereichen: 1. im Bereich der Wissenschaft, 2. bei der gesellschaftlichen Planung, 3. in der Auseinandersetzung mit der Sinnfrage der menschlichen Existenz und 4. in der Erfüllung des ureigensten Zwecks der Philosophie, wenn man Philosophie
versteht als »methodisch bestimmte Form des Wissens und zugleich als
Tätigkeit von Menschen unter der leitenden Idée des Humanen« (271).

PITSCH, Vom Ursprung und Ende der Metaphysik. Wien 1958; DERS., Gottwerdung und
Revolution. München 1973; DERS., Erkenntnis und Illusion. Hamburg 1979; DERS., Heil
und Zeit. Tübingen 1991.

  [6] Andere Beiträge dieser Diskussionen sind veröffentlicht in: Hermann LÜBBE (Hrsg.),
Wozu Philosophie? Stellungnahme eines Arbeitskreises. Berlin 1978.

Im »Konzert der Wissenschaften« hat die Philosophie die Funktion, ». . . eine neue Identität zu stiften, und zwar sowohl für die verschiedenen wissenschaftlichen Disziplinen als auch für die forschenden Individuen. Ihre Aufgabe ist es, eine kritische und zugleich normative Wissenschaftstheorie in der Perspektive des methodischen wie des humanen Sinns der Wissenschaften zu begründen, um sowohl die Forschenden und die Lehrenden als auch die Lernenden zu einem reflektierten Selbstverständnis in ihrer differenten Tätigkeit anzuregen« (303). Im Rahmen der gesellschaftlichen Planung hat die Philosophie, soweit sie sich als praktische Philosophie versteht, den primären Zweck, die Idee der Humanität in den Planungsprozessen zur Geltung zu bringen. Sie muß »Theorie und Praxis der gesellschaftlichen Planung im Vorgriff auf die Idee der Humanität kritisch und konstruktiv untersuchen« (306). In bezug auf die Sinnfrage der menschlichen Existenz hat die Philosophie die Aufgabe, ». . . konstruktive Entwürfe von Normen, Verhaltensweisen und Lebensformen unter dem Vorgriff auf Sinnerfüllung, auf Eudaimonie und Freiheit«, zu liefern. Die philosophische Ethik »sollte und könnte . . . auf dem neuzeitlichen Reflexionsniveau und in bezug auf die zeitgenössische Lebenswelt sittliche Grundhaltungen diskutieren und sie (neben den klassischen Tugenden etwa Toleranz, Solidarität usf.) von den Prinzipien Eudaimonie und Freiheit her begründend entwickeln« (310).

Hans Lenk (geb. 1935), em. Professor für Philosophie an der Universität Karlsruhe, ist ein vielseitiger Denker, dessen Interessen weit über das engere Fachgebiet der Philosophie hinausgehen. So hat er u. a. zur Grundlagendiskussion in den Sportwissenschaften eine Reihe von wichtigen Beiträgen geliefert[7]. Lenk hat sich in mehreren Büchern mit der Frage nach dem Ziel und den Aufgaben der Philosophie in unserer heutigen Zeit beschäftigt. Er tritt dabei für eine »pragmatische Philosophie« ein[8], d. h. eine Philosophie, die eng an der Wissenschaftspraxis orientiert ist und das interdisziplinäre Gespräch mit den Einzelwissen-

---

[7] Vgl. z. B.: Hans LENK, Sport, Arbeit, Leistungszwang. Diskussionsbemerkungen zur neuen sozialkritischen Kompensations- und Anpassungstheorie über den Sport. In: Leistungssport, I, 2 (1971), S. 63–70; DERS., Leistungssport: Ideologie oder Mythos? Zur Leistungskritik und Sportphilosophie. Stuttgart ²1974; DERS., Sozialphilosophie des Leistungshandelns. Das humanisierte Leistungsprinzip in Produktion und Sport. Stuttgart 1976; DERS., Die achte Kunst. Leistungssport-Breitensport. Zürich 1985.
[8] Vgl. Hans LENK, Philosophie im technologischen Zeitalter. Stuttgart 1971. S. 9ff.; DERS., Wozu Philosophie? Eine Einführung in Frage und Antwort. München 1974; DERS., Pragmatische Philosophie. Plädoyers und Beispiele für eine praxisnahe Philosophie und Wissenschaftstheorie. Hamburg 1975. S. 11 ff.; DERS., Pragmatische Vernunft. Philosophie zwischen Wissenschaft und Praxis. Stuttgart 1979.

schaften sucht, die aber zugleich auch einen engen Bezug zu aktuellen Problemen und zum praktischen Alltagsleben haben muß. In dem folgenden Beitrag »Perspektiven pragmatischen Philosophierens« hebt Lenk zunächst einige bleibende Funktionen der Philosophie hervor, so u. a. die sokratische Funktion als Forum für Diskussionen von fächerübergreifenden Problemen zu dienen, sowie die Funktion, immer wieder auch Diagnosen des Zeitgeistes zu versuchen. Gegenüber der These vom Ende der Philosophie wird darauf verwiesen, daß philosophische Fragen und Stellungnahmen heute nach wie vor öffentlichkeitswirksam und politisch bedeutsam sind, allerdings oft nicht unter dem Etikett »Philosophie«, sondern den Etiketten »Soziologie«, »Wissenschaft«, »Gesellschaftstheorie«, »Ideologiekritik« usw. (315). Lenk fordert die Philosophen zur »Überwindung der Auffassung, Philosophie sei bloß ein Sammelbecken rein analytischer Techniken, zu mehr spekulativer Konstruktion, zu mehr Mut in inhaltlichen Entwürfen und wertend-urteilenden Stellungnahmen« auf (320). Philosophen sollen vor allem auch bei einer vernünftigen Diskussion über Werte und Normen mitwirken, ohne dabei allerdings den unhaltbaren Anspruch auf eine mögliche absolute Letztbegründung von Normen und Werten zu erheben. »Bei der Untersuchung von Wertsystemen und bei der Konstruktion global orientierter Moralen, besonders der Modelle einer gesamtmenschheitlich orientierten auf qualitativ bestmögliches Überleben möglichst aller oder vieler ausgerichteten Minimalethik und der erforderlichen Entscheidungsmaßstäbe für strategische und systemhafte Planung, sollten Philosophen kritisch mitsprechen, um nicht das Feld bloßen Willkürentscheidungen oder technokratischen Tendenzen. . . zu überlassen« (322). Modernes Philosophieren muß dem Prinzip der »kontrollierenden Kritik« genauso wie der »kreativen Konstruktion« (329) verpflichtet sein, es soll sich programmatisch sowohl als kritizistische Aufklärungsphilosophie verstehen als auch keine Scheu davor haben, utopische Leitideen als Sinnentwürfe ohne Sicherheitsgarantien anzubieten. Denn Philosophie hat »wie eh und je mit der Freiheit und dem Humanum ebenso zu tun wie mit Kunst, Lebenskunst, Stil, Kreativität und Poiesis, auch mit Antidogmatismus, Ironie, Humor und. . . mit allen Weisen der bewußten und durchdachten Selbsterfahrung« (332).

Kuno Lorenz (geb. 1932), Professor für Philosophie an der Universität Saarbrücken, stammt aus jener Philosophen-Gruppe, die sich unter dem Einfluß von Paul Lorenzen und Wilhelm Kamlah in den sechziger Jahren in der BRD gebildet hat und die als Erlanger Schule des

Konstruktivismus bekannt geworden ist[9]. Im folgenden Artikel von Lorenz kommen Grundgedanken dieser Denkrichtung zum Ausdruck. Gleich einleitend heißt es zum Selbstverständnis der Philosophie: »Philosophie ist nur in der Tätigkeit des Nachdenkens darüber, was man sagt und tut und warum – in der Selbstreflexion –, und im Diesesselbst-sagen-können wirklich. Weil aber ein solches Sagen-können das Darüber-sich-verständigen-können einschließt. . . ist Philosophie eine Einheit von Selbstreflexion und Kommunikation« (335). In Auseinandersetzung mit der sprachkritischen Wende der Analytischen Philosophie, wie sie von Bertrand Russell, Georg Edward Moore, Ludwig Wittgenstein, Moritz Schlick, Rudolf Carnap u. a. initiiert worden ist, bemängelt Lorenz an der Analytischen Philosophie, daß in deren Sprachphilosophie, Erkenntnis- und Wissenschaftstheorie bloß die gegenstandsbeschreibende Funktion der Sprache im Zentrum der Überlegung stehe, die gegenstandskonstituierende Funktion und deren Zusammenhang mit der zuerst genannten Funktion aber vernachlässigt werde. Die gegenstandskonstituierenden Leistungen der Sprache und das auf die Sprechsituation bezogene »Wissen *um* etwas« (die »Objektkompetenz«), das von dem von der Sprechsituation unabhängigen »Wissen *über* etwas« (der »Metakompetenz«) unterschieden werden müsse, habe erst die konstruktive Philosophie wieder ins Blickfeld gerückt. Am Beispiel der Interpretation von Kalkülen in der Grundlagendiskussion der Mathematik verdeutlicht Lorenz den Unterschied zwischen analytischer und konstruktiver Wissenschaftstheorie: »Die in der analytischen Wissenschaftstheorie metasprachlichen Konstruktionen nämlich bei der Untersuchung von Axiomensystemen, werden von der konstruktiven Wissenschaftstheorie objektsprachlich verstanden, und das heißt als *vorgeführte* Konstruktionen mit Figuren, die anschließend natürlich auch noch beschrieben werden können. An die Stelle syntaktischer Untersuchungen einer interpretierten oder interpretationsbedürftigen, also mit einer Semantik zu versehenden (axiomatischen) Theorie tritt eine inhaltliche, nicht selbst schon axiomatisierte Theorie syntaktischer Konstruktionen« (344). Als zentrales Prinzip der konstruktiven Philosophie hebt Lorenz das dialogische Moment hervor. Diese Philosophie geht von »Elementarsituationen lebensweltlicher Erfahrung« aus und führt sprachliche Unterscheidungen methodisch und schrittweise in dialogischen Lehr- und Lernsituationen (345) ein. Sie ist um die Entwicklung einer »dialogischen Logik« bemüht und sieht wie Plato »das argumentierende Gespräch als Gestalt der Philosophie« (349).

---

[9] Weitere Philosophen, die aus dieser Schule stammen bzw. ihr nahestehen, sind u. a. Oswald Schwemmer, Friedrich Kambartel, Jürgen Mittelstraß und Christian Thiel.

Der Wert der Philosophie

Wir sind jetzt am Ende unserer kurzen und sehr unvollständigen Übersicht über die Probleme der Philosophie angelangt, und es wird gut sein, wenn wir uns zum Schluß überlegen, welchen Wert die Philosophie hat und weshalb man sich mit ihr beschäftigen sollte. Diese Frage stellt sich nicht zuletzt auch deshalb, weil viele Menschen unter dem Einfluß der Wissenschaft oder der Bedürfnisse des praktischen Lebens dazu neigen, in der Philosophie nicht mehr als ein harmloses, aber auch nutzloses Spiel zu sehen, das aus begrifflichen Haarspaltereien und Streitigkeiten über Dinge besteht, über die wir ohnehin nichts wissen können.

Diese Auffassung ergibt sich offenbar teils aus einer falschen Vorstellung über Sinn und Zweck des Lebens, teils aus einer falschen Vorstellung über das, was die Philosophie erreichen will. Die Naturwissenschaft ist – vermittels der mit ihrer Hilfe gemachten Erfindungen – unzähligen Menschen von Nutzen, die von ihr überhaupt keine Ahnung haben; deshalb darf man ihr Studium allemal empfehlen, nicht nur, oder nicht in erster Linie, wegen des Einflusses, den sie auf den Studenten ausübt, sondern wegen ihres Nutzens für die Menschheit überhaupt. Diese Art von Nützlichkeit ist nicht Sache der Philosophie. Wenn die Beschäftigung mit der Philosophie überhaupt einen Wert hat, und zwar auch für andere Menschen als Philosophiestudenten, dann kann dies nur indirekt zustande kommen, durch ihren Einfluß auf das Leben derer, die sich mit ihr beschäftigen. In diesem Einfluß, in diesen Auswirkungen, müssen wir also zunächst den Wert der Philosophie suchen.

Wir müssen uns außerdem – wenn wir bei diesem Versuch nicht scheitern wollen – von den Vorurteilen der fälschlich so genannten »Männer der Praxis« frei machen. Der »Praktiker« ist – einem häufigen Gebrauch des Wortes nach – jemand, der nur materielle Bedürfnisse kennt, der einsieht, daß der Mensch Nahrung für seinen Körper braucht, aber vergißt, daß auch der Geist seine Nahrung braucht. Wenn es allen Menschen gut ginge, wenn Armut und Krankheit auf das niedrigste überhaupt mögliche Maß reduziert wären, bliebe noch viel zu tun übrig, um eine Gesellschaft zu schaffen, die Wert hätte. Aber selbst in der Welt, die wir jetzt haben, sind die Güter des Geistes mindestens ebenso wichtig wie die leiblichen Güter. Der Wert der Philosophie ist ausschließlich unter den Gütern des Geistes zu finden; und nur Menschen, denen diese Güter nicht gleichgültig sind, können davon überzeugt werden, daß die Beschäftigung mit der Philosophie keine Zeitverschwendung ist.

Das Ziel der Philosophie – wie das aller anderen eigentlich geistigen Tätigkeiten, des »Studiums« im ursprünglichen Sinne des Wortes – ist Erkenntnis. Die Erkenntnis, um die es ihr geht, ist die Art von Erkenntnis, die Einheit und System in die angesammelten Wissenschaften bringt, und die Art, die sich aus einer kritischen Überprüfung der Gründe für unsere Überzeugungen, Vorurteile und Meinungen ergibt. Man kann allerdings nicht behaupten, daß die Philosophie bei dem Versuch, definitive Antworten auf ihre Fragen zu finden, sehr erfolgreich gewesen wäre. Wenn man einen Mathematiker, einen Mineralogen oder einen anderen Gelehrten fragt, zu welchem Bestand an Wahrheiten es seine Wissenschaft gebracht habe, wird seine Antwort mit Leichtigkeit solange dauern, wie wir ihm zuhören wollen. Aber wenn man dieselbe Frage einem Philosophen stellt, wird er – wenn er offen und ehrlich ist – zugeben müssen, daß man hier zu keinen positiven Resultaten, die mit denen anderer Wissenschaften vergleichbar wären, gekommen ist. Zum Teil erklärt sich das aus dem Umstand, daß man einen Gegenstand nicht mehr zur Philosophie zählt, sobald definitive Erkenntnisse über ihn möglich werden; es bildet sich dann in der Regel eine neue und selbständige wissenschaftliche Disziplin. Das ganze Studium der Himmelserscheinungen, das jetzt zur Astronomie gehört, war einmal Teil der Philosophie; Newtons großes Werk hieß *Die mathematischen Prinzipien der Naturphilosophie*. Die Erforschung der menschlichen Seele, die zur Philosophie gehörte, hat sich jetzt von ihr gelöst und ist zur wissenschaftlichen Psychologie geworden. So sind die Ungewißheiten der Philosophie weitgehend doch mehr eine Sache des Anscheins als real: die Fragen, die man eindeutig beantworten kann, werden den Wissenschaften zugeordnet, und nur diejenigen, auf die man im Augenblick noch keine eindeutige Antwort finden kann, bleiben übrig als ein Rest, den man als Philosophie bezeichnet.

Nun ist dies allerdings wohl nur die halbe Wahrheit über die Ungewißheiten der Philosophie. Es gibt viele Fragen – und unter ihnen solche, die für unser geistiges Leben von profundestem Interesse sind – die, so weit wir sehen können, für den menschlichen Intellekt unlösbar bleiben müssen, wenn seine Fähigkeiten sich nicht zu einer Größenordnung entwickeln, die uns bis jetzt unbekannt geblieben ist. Hat die Welt einen einheitlichen Plan oder Zweck, oder besteht sie aus einem zufälligen Zusammenspiel der Atome? Ist das Bewußtsein ein beständiger Teil der Welt, so daß wir noch auf ein unbeschränktes Wachstum an Weisheit hoffen dürfen, oder ist das Bewußtsein ein transitorisches Phänomen auf einem kleinen Planeten, auf dem das Leben nach einiger Zeit unmöglich werden wird? Haben Gut und Böse eine Bedeutung für die ganze Welt oder nur für die Menschen? – Das sind Fragen, die die Philosophie stellt, und die von verschiedenen Philosophen verschieden beantwortet worden sind. Ob man die Antworten nun noch auf andere Weise entdecken kann oder nicht, es scheint jedenfalls so, als ob die Antworten der Philosophie samt und sonders nicht als wahr ausweisbar sind. Und doch, so gering die Hoffnung, Antworten zu finden, auch sein mag: es bleibt Sache der Philosophie, weiter an diesen Fragen zu arbeiten, uns ihre Bedeutung bewußt zu machen, alle möglichen Zugänge zu erproben und jenes spekulative Interesse an der Welt wachzuhalten, das wahrscheinlich abgetötet würde, wenn wir uns ausschließlich auf abgesicherte Erkenntnisse beschränkten.

Man muß zugeben: Viele Philosophen haben gemeint, daß die Philosophie die Wahrheit bestimmter Antworten auf solche fundamentalen Fragen feststellen könne. Sie haben z. B. angenommen, daß die wichtigsten religiösen Glaubenssätze strikt beweisbar seien. Um solche Versuche beurteilen zu können, muß man sich eine Übersicht über das menschliche Wissen verschaffen und sich eine Meinung über die uns zur Verfügung stehenden Methoden und die Grenzen unseres Wissens bilden. Es wäre nicht klug, hierüber dogmatische Aussagen zu machen; aber wenn uns die Untersuchungen der voraufgegangenen Kapitel nicht in die Irre geführt haben, werden wir die Hoffnung aufgeben müssen, philosophische Beweise für religiöse Lehrmeinungen zu finden. Wir können deshalb irgendwelche Antworten auf diese Fragen nicht als etwas akzeptieren, das auch nur zum Teil den Wert der Philosophie ausmacht. Noch einmal: Der Wert der Philosophie darf nicht von irgendeinem festumrissenen Wissensstand abhängen, den man durch Studium erwerben könnte.

Der Wert der Philosophie besteht im Gegenteil gerade wesentlich in der Ungewißheit, die sie mit sich bringt. Wer niemals eine philosophische Anwandlung gehabt hat, der geht durchs Leben und ist wie in ein Gefängnis eingeschlossen: von den Vorurteilen des gesunden Menschenverstands, von den habituellen Meinungen seines Zeitalters oder seiner Nation und von den Ansichten, die ohne die Mitarbeit oder die Zustimmung der überlegenden Vernunft in ihm gewachsen sind. So ein Mensch neigt dazu, die Welt bestimmt, endlich, selbstverständlich zu finden; die vertrauten Gegenstände stellen keine Fragen, und die ihm unvertrauten Möglichkeiten weist er verachtungsvoll von der Hand. Sobald wir aber anfangen zu philosophieren, führen selbst die alltäglichsten Dinge zu Fragen, die man nur sehr unvollständig beantworten kann. Die Philosophie kann uns zwar nicht mit Sicherheit sagen, wie die richtigen Antworten auf die gestellten Fragen heißen, aber sie kann uns viele Möglichkeiten zu bedenken geben, die unser Blickfeld erweitern und uns von der Tyrannei des Gewohnten befreien. Sie vermindert unsere Gewißheiten darüber, was die Dinge sind, aber sie vermehrt unser Wissen darüber, was die Dinge sein könnten. Sie schlägt die etwas arrogante Gewißheit jener nieder, die sich niemals im Bereich des befreienden Zweifels aufgehalten haben, und sie hält unsere Fähigkeit zu erstaunen wach, indem sie uns vertraute Dinge von uns nicht vertrauten Seiten zeigt.

Ganz abgesehen von dem Nutzen, den solches Aufdecken unvermuteter Möglichkeiten bringt, gewinnt die Philosophie ihren Wert – und vielleicht ihren vornehmsten Wert – durch die Größe der Gegenstände, die sie bedenkt, und durch die Befreiung von engen und persönlichen Zwecken, die sich aus dieser Betrachtung ergibt. Wer sich gleichsam von seinen Instinkten treiben läßt, bleibt in dem engen Kreis seiner privaten Interessen eingeschlossen: Familie und Freunde mögen mit zu diesem Kreis gehören, aber die Außenwelt ist nur das, was die Vorgänge im Kreis der instinktiven Wünsche fördert oder stört. Diese Lebensform mutet irgendwie fiebrig und eingezwängt an, und das philosophische Leben ist im Vergleich dazu ruhig und frei. Die private Welt unserer triebhaften Interessen ist klein; sie verliert sich im Innern einer großen und machtvollen Außenwelt, die früher oder später unsere private Welt in Trümmer legen wird. Wenn wir es nicht fertigbringen, unsere Interessen zu erweitern, bis sie die ganze Außenwelt umfassen, sind wir in der gleichen Lage wie die Garnison einer belagerten Festung: wir wissen, daß der Feind uns nicht entkommen lassen wird und daß die Kapitulation letzten Endes unvermeidlich ist. Wenn wir so leben, wird es keinen Frieden, sondern nur einen endlosen Streit zwischen dem Drängen unserer Begierden und der Machtlosigkeit unseres Willens geben. Und wenn unser Leben groß und frei sein soll, müssen wir diesem Streit und unserer Gefangenschaft in ihm entkommen.

Ein Ausweg ist die philosophische Kontemplation. Ihr Weitblick teilt die Welt nicht in zwei Lager ein, in Freunde und Feinde, Nützliches und Schädliches, Gutes und Schlechtes: er ist ein unparteiischer Blick auf das Ganze. Wenn die philosophische Kontemplation nicht durch fremde Zusätze verdorben wird, will sie nicht beweisen, daß die ganze Welt dem Menschen verwandt ist. Jeder Gewinn an Wissen ist auch eine

Erweiterung unseres Selbst, aber eine solche Erweiterung gelingt am besten, wenn man sie nicht unmittelbar sucht. Sie gelingt, wenn der Wunsch zu wissen frei wirksam ist, durch Betrachtungen, die nicht von vornherein in ihren Gegenständen diese oder jene Eigenschaften suchen, sondern die das Selbst den Eigenschaften anmessen, die sich an den Gegenständen finden. Unser Selbst wird nicht erweitert, wenn wir uns nehmen, wie wir sind, und zu beweisen suchen, daß diese Welt uns ähnlich genug sei, um sie ganz ohne Rücksicht auf irgend etwas uns Fremdes erkennen zu können. Die Sucht, so etwas beweisen zu wollen, ist eine Form des Selbstbehauptungswillens, und der Selbstbehauptungswille ist immer ein Hindernis für die Erweiterung unseres Selbst, die wir wünschen und von der wir wissen, daß sie erreichbar ist. Wenn der Selbstbehauptungswille in die philosophische Spekulation eindringt, betrachtet er dort wie anderswo die Welt als Mittel zu seinen Zwecken; er macht sie damit zu etwas, das geringer sein soll als er selbst, das heißt: er legt unsere Würde in Ketten. In der Kontemplation dagegen gehen wir vom Anderen aus, und durch seine Größe werden wir selber zu etwas Größerem gemacht. Der betrachtende Geist gewinnt einen Anteil an der Unendlichkeit der von ihm betrachteten Welt.

Deshalb sind solche Philosophien, die die Welt dem Menschen angleichen, der Seelengröße nicht eben förderlich. Die Erkenntnis ist eine Vereinigung des Selbst und des Anderen; und wie alle Vereinigungen leidet sie unter Herrschsucht, also auch unter dem Versuch, die Welt zur Konformität mit dem zu zwingen, was wir in uns selber finden. Es gibt eine weitverbreitete philosophische Neigung zu der Ansicht, daß der Mensch das Maß aller Dinge sei, daß die Wahrheit von Menschen gemacht, daß Raum, Zeit und die Welt der Universalien eigentlich Besitztümer des menschlichen Geistes seien und daß, wenn es etwas gebe, das nicht vom menschlichen Geist erschaffen sei, es für uns unerkennbar und belanglos sein müsse. Wenn unsere Überlegungen richtig waren, ist diese Ansicht falsch. Darüber hinaus aber beraubt sie die philosophische Kontemplation auch all dessen, was ihren Wert ausmacht, indem sie die Kontemplation an das Selbst fesselt. Was so Erkenntnis genannt wird, ist nicht eine Vereinigung mit dem Anderen, sondern eine Ansammlung von Vorurteilen, Gewohnheiten und Begierden, die zwischen uns und die Außenwelt einen undurchdringlichen Schleier legt. Wer an einer solchen Erkenntnistheorie Gefallen findet, ist wie jemand, der nie sein eigenes Haus verläßt, aus Furcht, sein Wort könnte draußen nicht mehr Gesetz sein.

Die wahre philosophische Kontemplation dagegen findet Genugtuung in jeder Vergrößerung des Nicht-Selbst, des Anderen, in allem, was die betrachteten Gegenstände und erst dadurch das betrachtende Subjekt vergrößert. Was bei der Kontemplation noch persönlich oder privat ist, alles, was von Gewohnheiten, eigenen Interessen oder Wünschen abhängt, verzerrt den Gegenstand und stört die Einheit, nach der der Intellekt strebt. Indem sie so eine Barriere zwischen dem Subjekt und dem Objekt aufrichten, werden diese persönlichen und privaten Dinge zu einem Gefängnis des Geistes. Der freie Intellekt will die Dinge sehen, wie Gott sie sehen würde, frei vom Hier und Jetzt, von Hoffnungen und Ängsten, ohne den Plunder gewohnter Meinungen und traditioneller Vorurteile, ruhig, leidenschaftslos, nur von dem einen und alle anderen ausschließenden Wunsch nach Erkenntnis beseelt, nach einer Erkenntnis, die so unpersönlich, so rein kontemplativ ist, wie das für Menschen möglich ist. Deshalb wird der freie Intellekt auch die abstrakte und allgemeine Erkenntnis, die von den Zufällen der persönlichen Geschichte unberührt bleibt, höher schätzen als die Erkenntnis durch die Sinne, die notwendigerweise von einem ganz persönlichen Gesichtspunkt und einem Körper abhängt, dessen Sinnesorgane entstellen, was sie uns enthüllen.

Der Geist, der sich an die Freiheit und Unparteilichkeit der philosophischen Kontemplation gewöhnt hat, wird sich auch in der Welt des Fühlens und Handelns etwas von dieser Freiheit und Unparteilichkeit erhalten. Er wird seine Ziele und Wünsche als Teile des Ganzen betrachten, und ihre Dringlichkeit wird sich vermindern, weil er sie als unendlich kleine Bruchteile einer Welt sieht, die im Ganzen von den Taten eines einzelnen Menschen unbeeinflußt bleibt. Die Unparteilichkeit, die in der Kontemplation das unvermischte Verlangen nach Wahrheit ist, ist dieselbe Qualität des Geistes, die sich im Handeln als Gerechtigkeit ausdrückt, und im Fühlen als jene umfassende Liebe, die allen gelten kann und nicht nur jenen, die man für nützlich oder für bewunderungswürdig hält. So vergrößert die Kontemplation nicht nur die Gegenstände unseres Denkens, sondern auch die unseres Handelns und unserer Neigungen: sie macht uns zu Bürgern der Welt und nicht nur zu Bewohnern einer ummauerten Stadt, die mit der Welt vor ihren Toren im Kriege liegt. In dieser Weltbürgerschaft besteht die wahre Freiheit des Menschen, seine Befreiung aus der Knechtschaft kleinlicher Hoffnungen und Ängste.

Fassen wir unsere Betrachtungen über den Wert der Philosophie zusammen: man soll sich mit der Philosophie nicht so sehr wegen irgendwelcher bestimmter Antworten auf ihre Fragen beschäftigen – denn in der Regel kann man diese bestimmten Antworten nicht als wahr erkennen. Man soll sich um der Fragen selber willen mit ihr beschäftigen, weil sie unsere Vorstellung von dem, was möglich ist, verbessern, unsere intellektuelle Phantasie bereichern und die dogmatische Sicherheit vermindern, die den Geist gegen alle Spekulation verschließt. Vor allem aber werden wir durch die Größe der Welt, die die Philosophie betrachtet, selber zu etwas Größerem gemacht und zu jener Einheit mit der Welt fähig, die das größte Gut ist, das man in ihr finden kann.

WALTER KAUFMANN

Revolution in der Philosophie?*

Wenn Philosophen von einer Revolution der Philosophie reden, beziehen sie sich gewöhnlich auf die sogenannte Analytische Philosophie. Gemeint ist jene Richtung der Philosophie, die am Vorabend des Zweiten Weltkrieges an den Universitäten Oxford und Cambridge entwickelt wurde. Nach dem Krieg griff sie auf die Vereinigten Staaten über und gewann unter Berufsphilosophen mehr Einfluß als jede andere philosophische Schule, Pragmatismus und Existentialismus eingeschlossen. Die neue Philosophie geht wesentlich auf Wittgensteins späte Lehren und seine postum veröffentlichten Werke zurück. Sie ist auch dem Werk von George Edward Moore (1873–1958) verpflichtet, dessen Nachfolger auf dem Lehrstuhl von Cambridge Wittgenstein war.

In der gesamten englischen Philosophie seit 1900 ist ein radikaler Wechsel in Ton und Stimmung erfolgt; natürlich gibt es noch einige wenige Außenseiter und Überlebende aus früherer Zeit, und es sei auch im Augenblick noch dahingestellt, welches Verdienst diesem Wandel zuzuschreiben ist. Der Umbruch hat zwar die Philosophie des europäischen Kontinents und Südamerikas kaum beeinflußt, macht sich aber an den führenden Hochschulen und Universitäten der Vereinigten Staaten sehr bemerkbar.

Wie soll man diesen Umbruch beschreiben? Wir könnten auf die systematische Hinwendung der Philosophie zur Umgangssprache hinweisen; auf die Beliebtheit von Redensarten wie »Würde es nicht befremdlich sein zu sagen . . .?« und »Klingt es nicht merkwürdig . . .?« Um diese Methode genauer zu bestimmen, müßte man untersuchen, wie sie sich in Ländern berufener Praktiker ausnimmt – und schon würden wir uns von unserem ursprünglichen Vorhaben entfernen.

Warnock sagt: »Es ist auf jeden Fall sicher, daß Fragen des ›Glaubens‹ – Fragen von religiöser, moralischer, politischer oder ganz allgemein ›kosmischer‹ Art – selten, wenn überhaupt, von der zeitgenössischen Philosophie aufgegriffen werden. Warum dies so ist? Der erste Teil einer Antwort ist schnell erteilt: Weil es eine Unmenge anderer Fragen gibt, für die sich die Philosophie heutzutage mehr interessiert.«

---

* Vom Herausgeber gekürzter Beitrag.

Man könnte bezweifeln, ob eine bloße Interessenverlagerung Revolution genannt zu werden verdient, bis man erkennt, worauf die Mehrzahl dieser Philosophen zu verzichten bereit ist: auf den Versuch, »über sein eigenes Leben und das Leben der anderen ehrlich nachzudenken«. Sie geben damit nicht nur eine der edelsten Funktionen der Philosophie als Sache individueller Entscheidung preis, sondern feiern diese Preisgabe als entscheidenden Fortschritt und entmutigen andere, die Suche nach Ehrlichkeit auf weniger akademische Gebiete auszudehnen. Da viele hochintelligente und zutiefst humanistische Geister sich diesen Standpunkt zu eigen machten, scheint es geraten, die Gründe dafür kurz zu untersuchen.

»Religiöse, moralische, politische oder ganz allgemein ›kosmische‹« Fragen seien nicht Angelegenheiten der Philosophie, weil, wie es heißt, die Philosophen nicht über die nötigen Spezialkenntnisse verfügen. Wer in Gemeinschaft mit Naturwissenschaftlern und Soziologen einen Posten an einer Universität bekleidet, muß über ein spezielles Fachwissen verfügen, sonst ist er ein Scharlatan.

Was also *ist* demnach die wirkliche Aufgabe der Philosophie? In einem frühen Essay über »Systematisch irreführende Redewendungen« behauptet Ryle, philosophische Analyse sei die Analyse solcher Wendungen und »dies ist die alleinige und vollständige Funktion der Philosophie«. Merkwürdigerweise ist die Behauptung ihrerseits äußerst »irreführend«: Es ist eine Empfehlung in der Maske einer Beschreibung. Als das verstanden, wofür sie sich ausgibt, nämlich als Beschreibung, ist die Behauptung einfach falsch. Wer in einem guten Wörterbuch oder einer guten Geschichte der Philosophie nachschlägt, hat sehr bald heraus, daß die Analyse systematisch irreführender Redewendungen nie und nimmer »alleinige und vollständige Funktion der Philosophie« gewesen ist. Sie ist es auch heute nicht, außer man weigert sich, die Tätigkeit jener Philosophen als Philosophie zu bezeichnen, die sich nicht auf derartige Analysen beschränken.

Solche Analysen können von großer Bedeutung sein, und ich habe nichts gegen sie einzuwenden. Aber die Behauptung, daß die Analyse irreführender Wendungen die »alleinige und vollständige Funktion der Philosophie« sei oder sein solle, bleibt willkürlich und nicht plausibel.

Sicher ging es Ryle – ebenso wie der angestrebten Revolution – darum, daß die Philosophen endlich aufhören sollten, sich mit empirischen Fakten zu belasten, die sie mangels Spezialkenntnissen sowieso nicht verarbeiten könnten. Solche Fakten sollten Wissenschaftlern und Historikern überlassen werden, während die Philosophen bei der Analyse, beispielsweise systematisch irreführender Redewendungen, bleiben sollten. Aber obwohl sie sich im Prinzip gegen das Eindringen der Philosophen in benachbarte Bereiche aussprachen, drangen die philosophischen Sprachanalytiker ihrerseits in die Sprachwissenschaft ein. Zu ihrer Rechtfertigung weisen sie darauf hin, daß es in der Sprachwissenschaft an Fachleuten fehle. Darauf gibt es zwei Antworten, die einander ergänzen.

Erstens fehlt es vielleicht auch auf anderen Gebieten an Fachleuten. Und wenn philosophische Sprachanalytiker das Recht haben, in die Sprachwissenschaft einzudringen, muß anderen Philosophen das Recht zugebilligt werden, Vakanzen anderer Nachbargebiete zu besetzen. Zweitens: Während sich zahlreiche Disziplinen im Lauf der Zeit von der Philosophie getrennt haben und selbständig geworden sind – zuletzt die Psychologie und Soziologie –, breitet sich die philosophische Sprachanalyse durch Errichtung neuer Institute und Lehrstühle weiter aus. Was soll angesichts dessen in den nächsten Jahren aus der Philosophie werden? Sollen sich die Philosophen pensionieren lassen, oder sollen sie sich nicht lieber der zunehmenden Spezialisierung widersetzen, indem sie einfach die Grenzen überschreiten?

Hervorragenden Sprachanalytikern gelangen Erkenntnisse, die Sprachwissenschaftlern ohne gründliche philosophische Ausbildung nicht beschieden waren. Die Folgerung liegt auf der Hand: Religionsphilosophie und Staatsphilosophie brauchen ebensowenig von der Bildfläche zu verschwinden wie Erkenntnisphilosophie und philosophische Sprachanalyse, aber wer fremde Gebiete betritt, sollte über die entsprechenden Kenntnisse verfügen. Besitzt er sie, hat er jede Aussicht, Leistungen zu vollbringen, die dem Soziologen und Politiker, dem Theologen und Priester, dem Naturwissenschaftler und Philologen möglicherweise versagt bleiben werden. Manche Philosophen finden, daß Kollegen, die über eine solche Doppelbegabung verfügen, sie auch nutzen sollten. Freilich bezweifeln sie, daß die Ergebnisse ihres Tuns noch der Philosophie zuzurechnen sind. Auch sehen sie keinen besonderen Grund, weshalb Philosophen sich mit fremden Techniken befassen und auf fremden Gebieten tätig sein sollen; mit solchem Recht könnten ja Naturwissenschaftler und Theologen, Psychologen und Soziologen philosophische Forschung betreiben.

Sie könnten es in der Tat! Aber die Hauptfrage ist, ob die Aufgabe der Mühe wert ist. Wenn ja, will es nicht viel heißen, daß irgend jemand sonst es ebensogut tun könnte, obwohl zugegeben nicht mit größerer Leichtigkeit. Darüber hinaus: wenn solche Bemühungen erforderlich sind, haben Philosophen weniger eine Entschuldigung, sich davor zu drücken, als irgend jemand anders; denn in der Philosophie sind derartige Bemühungen Tradition, und ihnen auszuweichen ist soviel wie eine bewußte Abkehr von dieser Tradition. Schon einige Vorsokratiker waren recht gute Naturwissenschaftler. Die Sophisten ebneten dem Studium der Grammatik den Weg. Aristoteles war universell gebildet. Descartes und Leibniz waren erstklassige Mathematiker. Spinoza leistete mit seinem »Theologisch-politischen Traktat« einen ungemein wichtigen Beitrag zur kritischen Analyse der Bibel. Hobbes stand auf der Höhe der Wissenschaft seiner Zeit und übersetzte daneben Thukydides und Homer. Hume war Historiker. Kant formulierte die sogenannte Kant-Laplacesche Theorie von der Entstehung des Sonnensystems und schrieb einen Essay über die Notwendigkeit eines »Völkerbundes«. Hegel war ein glänzender Historiker. Nietzsche besaß nach Freud ein genaueres Wissen über sich selber als je ein Mensch vor ihm oder nach ihm, seine Selbsterkenntnisse stimmten oft auf überraschende Weise mit den mühselig gewonnenen Erkenntnissen der Psychoanalyse überein . . .

Vielleicht war Hobbes' Übersetzung des Thukydides bloß ein Nebenprodukt, sozusagen ein Hobby. Er ist zugegebenermaßen ein Sonderfall. Dennoch ist es mehr als wahrscheinlich, daß nicht nur sein geschliffener Prosastil davon profitierte, sondern auch seine politische Philosophie. Spinoza übte den Beruf des Linsenschleifers nicht zum Vergnügen, sondern zum Broterwerb. Die Übersetzung des Thukydides ist damit nicht vergleichbar; sie steht eher auf der Stufe von Spinozas Bibelstudien, die wiederum *seiner* politischen Philosophie eng verbunden waren. Kants große »Ideen zu einer allgemeinen Geschichte in weltbürgerlicher Absicht« (1784) enthalten seine Geschichtsphilosophie und werfen in diesem Zusammenhang den Gedanken eines »Völkerbundes« auf. Die Philosophen auf Sprachanalyse beschränken und sie von der Beschäftigung mit empirischen Gegebenheiten anderer Gebiete fernhalten würde zu einer unglückseligen Verarmung der Philosophie – und der Menschheit führen.

In mancher Hinsicht ist die sogenannte Revolution der Philosophie konterrevolutionär. Sie hält einzelne von dem Versuch ab, auf eigenen Füßen zu stehen, sie möchte die Philosophen »in eine Ecke und ›Spezialität‹« bannen. Sie lehrt junge Philosophen, weder Ketzer noch Revolutionäre zu werden, weil es ihnen an der fachlichen Eignung dazu fehle. Vielleicht gehört es aber zu den Aufgaben der Philosophen, sich die erforderlichen Kenntnisse anzueignen? Natürlich wird das nicht jeder können. Aber hingehen und sagen: »Was nicht jeder kann, darf keiner auch nur versuchen« ist ein Rezept für Mittelmäßigkeit – eine »gemeinsame Bekriegung alles Seltenen, Fremden, Bevorrechtigten«.

In Wirklichkeit ist die Revolution der Philosophie wohl eher eine große Krise, in verschiedener Beziehung der Krise der modernen Religion nicht unähnlich. Der Fortschritt der Naturwissenschaften hat unzählige Glaubensüberlieferungen, Grundsätze und Hypothesen ins Wanken gebracht, wenn nicht gar unhaltbar werden lassen. Um dem zu wehren, haben die Theologen für alte Glaubenssätze neue Interpretationen ausgetüftelt, bis sich ein paar vernünftige Leute zu fragen begannen, was am Ende vom Glauben noch übrigbleibe, wenn das so weiterginge. Der alte Glaube war zwar klar, wurde jetzt aber als falsch aufgegeben. Der neue Glaube, hieß es, sei gefeit gegen alle Fortschritte der Naturwissenschaften – aber seine Umrisse bleiben verschwommen, bloße Formeln oft und bar jeden klaren Inhalts.

Dies eine Mal überflügeln die Philosophen sogar die Theologen in dem Ehrgeiz, dem andern stets um eine Nasenlänge voraus zu sein. Statt zuzugeben, daß der wissenschaftliche Fortschritt die Philosophie in eine schwere Krise gestürzt hat, daß unzählige Dogmen der konventionellen Philosophie als unzulänglich oder falsch entlarvt wurden, frohlocken viele Philosophen stolzgeschwellt über eine angebliche Revolution der Philosophie. In Wahrheit ist jedoch ein großes Erbe in Frage gestellt. Die bedeutenden Namen aus mehr als zwanzig Jahrhunderten Philosophie und Religion sind in Gefahr. Und es ist keineswegs mehr unbestritten, ob die großen Klassiker weiter gelehrt werden sollen.

Von einem berühmten Philosophen der Gegenwart geht das Gerücht, er habe, als ihm der Lehrstuhl einer führenden Universität angeboten wurde, abgelehnt, weil er auch hier Vorlesungen über Platon hätte halten müssen. Er soll gesagt haben: »Ich werde nur eines lehren – die Wahrheit!« Das Gerücht ist nicht verbürgt: Niemand würde einem namhaften Philosophen Vorlesungen über Themen abverlangen, die ihm nicht zusagen. Dennoch wirft die Anekdote ein bezeichnendes Licht auf die Krise der Philosophie. Sie wirft auch die Frage auf, ob man die modernen Philosophen zu der Aufrichtigkeit, mit der sie ganz offen mit alten Traditionen brechen, nicht eher beglückwünschen sollte, statt ihnen den Vorwurf eigenbrötlerischer Besserwisserei zu machen. Freilich dürfte in Wahrheit kein zeitgenössischer Philosoph so weit vorgeprellt sein wie der Held unserer Anekdote, die denn in den einschlägigen Kreisen auch nur als witziges Bonmot kursiert. Wenn die Mehrzahl der modernen Philosophen wie unser Held mit den Traditionen gebrochen hätte, wenn Philosophen unserer Zeit einen Platon und Aristoteles, einen Kant oder Spinoza überragen würden, wenn schließlich die zeitgenössische Philosophie die klassische Philosophie ebenso weit überflügelt hätte, wie die moderne Naturwissenschaft die Naturwissenschaft früherer Jahrhunderte überflügelt hat – dann könnte man die Situation der modernen Philosophie eher mit der Situation der Naturwissenschaften vergleichen als mit der der zeitgenössischen Theologie. Während jedoch die neuere Naturwissenschaft Giganten hervorgebracht hat, die keinen Vergleich mit den größten Geistern der Vergangenheit zu scheuen brauchen, und während es in ihr von Spitzenwissenschaftlern, die revolutionäre Entdeckungen gemacht und umwälzende Theorien entwickelt haben, im wahrsten Sinne des Wortes nur so wimmelt, herrscht in der modernen angelsächsischen Philosophie ein tiefes Mißtrauen gegen hervorragende Persönlichkeiten und umfassende Theorien. Nicht genug damit, daß man Reichweite für ein oft erfolgloses Streben nach Genauigkeit opfert, wird auch die Weiterentwicklung der Theorie – einst fast ein Synonym für Philosophie – der Suche nach Übereinkünften in Fakten aufgeopfert. Ohne Platon und die übrigen klassischen Philosophen würde die Philosophie ein so jämmerliches Bild abgeben, daß sie sich neben den Naturwissenschaften überhaupt nicht mehr sehen lassen könnte. Man zieht es daher vor, lieber doppelgleisig zu fahren. Also fährt man fort, Platon zu lehren und trotz gelegentlicher Sticheleien gegen »Dilettanten« zu den Riesen der Vergangenheit emporzublicken. In der angelsächsischen Philosophie ist es heute immer noch leichter, mit Arbeiten *über* Platon und die Vorsokratiker, Hegel oder Nietzsche Erfolg zu haben als etwa dadurch, daß man schriebe *wie* sie. Die Situation gleicht der der Religion, nicht der der Naturwissenschaften. In unseren theologischen Seminaren und Instituten ist es von Vorteil, über Kierkegaard und andere, noch bedeutendere Persönlichkeiten aus entfernter Vergangenheit zu faseln und zu schreiben. Aber wehe dem, der auf die Idee kommt, ihnen nachzueifern!

Es ist eine legitime philosophische Praxis, sich ausführlich über alte Theorien zu verbreiten, die Themen betreffen, über die selbst zu theoretisieren nicht angebracht wäre. Einführungen in die Kritik des Christentums gelten als dankbare, lohnende Aufgaben, wenn ihnen die Werke Kants, Hegels und Nietzsches zugrunde liegen; weit öffnen sich ihnen die Spalten philosophischer Fachblätter – auch wenn sich die kritischen Thesen längst als nicht mehr stichhaltig erwiesen haben. Dieselben Leute, die solche Dokumentationen wärmstens begrüßen, lehnen aber jede zeitgenössische Kritik am Christentum ab – so verständig die Gründe auch sein mögen. Unfundierte Kritiken wiederzugeben gilt als statthaft für einen Philosophen, eigene kritische Thesen aufzustellen vereinbart sich angeblich nicht mit der Würde des Berufs.

Bei flüchtiger Betrachtung ist man geneigt, die Lage der Philosophie mit der Lage der Geschichtswissenschaft zu vergleichen. Von einem Historiker wird erwartet, daß er *über* Napoleon schreibt, nicht, daß er ihm nacheifert. Die Analogie ist jedoch völlig falsch. Napoleon war kein Historiker, und der Historiker, der über ihn schreibt, ist sich dessen bewußt. Philosophen jedoch schreiben über Philosophen der Vergangenheit, die für bedeutend genug gehalten werden, um in den Spalten der Fachzeitschriften diskutiert zu werden. Beiträge in der Art der Klassiker aber aus der Feder von Zeitgenossen sucht man vergeblich darin.

Zweifellos gibt es unzählige Gründe dafür. Der wichtigste liegt meines Erachtens in dem Ansehen, das die Naturwissenschaften genießen. Bezeichnend ist ein Vorschlag, den der Verband amerikanischer Philosophen im Jahre 1960 verbreitete: »Viele Gesuche von Philosophen um Forschungsstipendien schneiden im Vergleich zu den Gesuchen aus anderen wissenschaftlichen Disziplinen unvorteilhaft ab. Wir glauben, daß dieser Eindruck teilweise daher rührt, daß die Forschungskomitees der Stiftungen und Universitäten an die Präzision und Verbindlichkeit gewöhnt sind, mit der naturwissenschaftliche Projekte formuliert zu werden pflegen. Philosophische Projekte entziehen sich in vielen Fällen einer solch präzisen Umschreibung. Um diesem Dilemma zu entgehen, erlaubt sich unser Komitee die folgenden Anregungen. *Entwurf*: Spezifizieren Sie die These, die es zu beweisen gilt; definieren Sie genau das Gebiet, das Sie zu bearbeiten wünschen, oder bestimmen Sie Ihr Gesuch so exakt wie möglich durch a) eine Beschreibung des Problems oder der Probleme, die Sie zu untersuchen vorhaben; b) einen Abriß Ihres Arbeitsplans; c) falls eine Zusammenarbeit mit anderen Gelehrten möglich ist, machen Sie genaue Angaben über den Charakter und das Ausmaß dieser Zusammenarbeit . . .«

Unsere Philosophen hegen keine besondere Vorliebe für die Geschichte der Philosophie als solche. Die amerikanischen Philosophen sind auf diesem Gebiet durch die Gleichgültigkeit des amerikanischen Schulsystems gegenüber dem Sprachenstudium überwiegend sogar stark beeinträchtigt. Was sie anstreben, sind greifbare Resultate: Übereinstimmung in der Beurteilung von Fakten und die Vermehrung von Wissen. Die Geschichte der Philosophie ist nur *ein* Gebiet, auf dem derlei Übereinkünfte erzielbar sind. Bei der Lektüre der Empfehlungen des Forschungskomitees ist auf den ersten Blick erkennbar, daß Untersuchungen über Spinozas »Ethik« und Platons »Staat« genehm sind – vorausgesetzt freilich, der Bewerber hält sich an die genau abgesteckten Grenzen seines Vorhabens und beschränkt sich auf die Erörterung be-

stimmter Aspekte des Meisterwerks, über das er schreiben will. Aber
nehmen wir einmal an, die Bewerber hießen – Platon und Spinoza.
»Ich möchte ein Buch mittleren Umfangs über Gott, den Menschen
und die Welt schreiben. Ich plane fünf kleinere Kapitel: Das erste über
Gott, das zweite über die Natur und den Ursprung des Geistes, das
dritte über die Natur und den Ursprung der Empfindungen. An praktische Versuche im Laboratorium und sonstige Zusammenarbeit ist nicht
gedacht. Eigentlich handelt es sich nicht einmal um Forschung im
strengen Sinn. Ich habe lediglich vor, in meinem Lehnstuhl zu sitzen
und nachzudenken. Reisen sind nicht geplant. Der Besuch von Bibliotheken erübrigt sich, Mitarbeiter würden nur stören. Wenn es die Zeit
erlaubt, werde ich mich in den letzten zwei Kapiteln mit der Knechtschaft des Menschen und der Macht der Gefühle, der Macht des Geistes
und der menschlichen Freiheit beschäftigen. Es fällt mir schwer, das
Problem oder die Probleme zu umreißen, über die ich zu arbeiten wünsche, da es wenig Probleme gibt, über die ich nicht zu schreiben wünsche. Voraussichtliches Ergebnis: Ein kleines Büchlein. Ergebenst, B.
Spinoza.«
»Ich wünsche einen Dialog von höchstens 300 Druckseiten Umfang
zu schreiben. Beginnen möchte ich mit einer Erörterung der Gerechtigkeit; später möchte ich dann auf sämtliche Tugenden zu sprechen
kommen und auch auf andere für die Moralphilosophie wichtige Probleme. Als Hauptthema schwebt mir die politische Philosophie vor;
ausführlich will ich zum Beispiel meine Konzeption vom idealen Staat
entwickeln. Gegen Ende der Schrift will ich noch rasch auf alle wichtigen derzeitigen Regierungsformen kritisch eingehen. Da ich in der
Vergangenheit ziemlich viel herumgereist bin und bei dieser Gelegenheit etliche Philosophen und Staatsmänner kennenlernen konnte, erüb-
rigen sich weitere Reisen und Konsultationen. Auch des Besuchs von
Bibliotheken kann ich getrost entraten. Alles, was ich brauche, ist ein
Lehnstuhl, ein wenig Zeit und Muße. Bei der kritischen Betrachtung
der verschiedenen Regierungsformen werde ich mich möglichst kurz
fassen. Weit mehr Raum möchte ich der Metaphysik, der Erkenntnistheorie sowie meinen Gedanken zu Problemen der Erziehung, der Lite-
raturkritik und der Theologie widmen. Die Möglichkeit, daß mir beim
Schreiben neue Probleme einfallen, die ich natürlich nicht unberücksichtigt lassen könnte, muß ich mir vorbehalten. Selbstverständlich
habe ich vor, ein wohldurchdachtes Buch zu schreiben; leider bin ich im
Augenblick nicht in der Lage, mit Bestimmtheit vorauszusagen, wie
die Darstellung der einzelnen Themen verlaufen wird: das ergibt sich
erst beim Schreiben – vielleicht auch erst beim Umschreiben oder gar

bei nochmaligem Umschreiben . . . Sollte ich am Ende dennoch einige wichtige Punkte ausgelassen haben, kann ich sie ja in einem späteren Dialog gesondert behandeln. Mitarbeiter brauche ich nicht. Auf einen bestimmten Titel habe ich mich noch nicht festgelegt. Wahrscheinlich wird ein einzelnes Wort tunlich sein, möglichst ein recht gemeinverständliches Schlagwort. Ob sich meine Philosophie überhaupt in Worten ausdrücken läßt, ist zwar ungewiß, möchte ich aber fast bestreiten. Es geht mir nicht so sehr um die Mitteilung gesicherter Ergebnisse, die man sich durch die Lektüre meines Büchleins gleichsam aneignen könnte; vielmehr möchte ich eigentlich nur ein paar Funken schlagen. Vermutlich wird mein Büchlein nur ganz verstehen, wer jahrelang mit mir zusammengearbeitet hat. Aber selbst der wird vielleicht nicht begreifen, worum es mir letzten Endes geht. So ist das nun einmal mit der Philosophie. Der größte Philosoph, der jemals gelebt hat, mein Lehrer Sokrates, hat sich niemals angemaßt, mit fertigen Beiträgen aufzuwarten. Manche behaupten zwar, er habe eine bestimmte Methode gelehrt. Aber diejenigen, die ihn selbst kannten, sind über das Wesen dieser Methode durchaus verschiedener Auffassung. Jedenfalls wurde mein Lehrer wegen seiner Lehren hingerichtet. Auf Ihre gfl. Unterstützung bauend, Ihr Platon.«

Derlei Gesuche würden »im Vergleich mit Gesuchen aus anderen wissenschaftlichen Disziplinen unvorteilhaft abschneiden«, und »die Forschungskomitees der Stiftungen und Universitäten sind an die Präzision und Verbindlichkeit gewöhnt, mit der naturwissenschaftliche Projekte formuliert zu werden pflegen«. Sie würden solche Projekte schwerlich begünstigen, während sie historische Sekundärstudien mit präzis umrissenen Grenzen wohlwollend fördern würden. Die Ironie der zeitgenössischen Philosophie gipfelt in der Pointe, daß die oben zitierte »Empfehlung« vom »Komitee zur Förderung originärer (!) philosophischer Arbeit« stammt.

Die Forschungskomitees sind für diese Lage nicht verantwortlich. Als Vorsitzender eines solchen Komitees verbürge ich mich dafür, daß kein Intelligenter auf die Idee kommen würde, ein Gesuch wie die soeben skizzierten einzureichen. Geschähe es doch einmal, hätten wir allen Grund, über den Antragsteller hinweg zur Tagesordnung zu schreiten. Es liegt keineswegs in meiner Absicht, Komitees anzuprangern oder Verschwörungen von Dunkelmännern aufzudecken. Ich will nur demonstrieren, welche Wandlungen die Philosophie durchgemacht hat und wie sehr sich ihre heutige Lage von früher unterscheidet.

Viele kluge und originale Geister wandern heute zur Physik und anderen Naturwissenschaften ab, wo Kühnheit und zuchtvolle Phantasie

Triumphe feiern. Dem großen Mathematiker David Hilbert wird eine Glosse zugeschrieben, die heute weniger paradox klingen dürfte als noch vor wenigen Jahrzehnten. Als sich ein Student von der Mathematik abwandte, um Romane zu schreiben, kommentierte Hilbert: »Da hat er gut daran getan; er hatte nicht genügend Phantasie, um es in der Mathematik zu etwas zu bringen.«

Die Begabtesten von denen, die bei der Philosophie bleiben, wenden sich oft der symbolischen Logik zu – einen Zweig der Philosophie, der der Mathematik am nächsten steht. Hier ist Präzision noch im Schwange, hier kann man durch originäre Beiträge noch den Beifall der Fachkollegen erzwingen und greifbare Resultate erzielen. Andere der Besten gehen in die analytische Philosophie. Dem Beispiel des jungen Ryle folgend, analysieren sie »irreführende Redewendungen« in der berechtigten Erwartung, zu greifbaren Resultaten und Übereinstimmung in der Beurteilung von Fakten zu gelangen. Wieder andere folgen den Fußstapfen des Oxforder Professors J. L. Austin (1911–60), dessen geniale Beherrschung der Sprachanalytik sich mit einer seltenen Begabung für Humor und einer ungewöhnlichen moralischen Autorität verbanden, die von der Kraft und der Lauterkeit seiner Persönlichkeit ausgingen. In seiner klassischen Erläuterung seiner Methode in »A Plea for Excuses« heißt es: »Der uns überlieferte Wortschatz umfaßt alle Unterscheidungen und Zusammenhänge, die die Menschheit im Laufe unzähliger Generationen für wert befand, festzuhalten und weiterzugeben: In einem langen Ausleseprozeß mußte sich ihre Gültigkeit bewähren. Sicher sind sie zuverlässiger als alles, was wir uns an einem schönen Nachmittag im Lehnstuhl auszudenken vermöchten – aber diese Methode ist die beliebteste Alternative.« Feine Unterschiede in der Umgangssprache verweisen zuweilen auf grundlegende Widersprüche; Austin war ein Meister in der Aufdeckung subtilster Abweichungen unter scheinbaren Synonymen. Er vertiefte sich in der Tat so sehr in diese Probleme, daß er sich selten bemühte, ihre philosophische Bedeutung zu explizieren. Und manchmal sagte er, vielleicht nicht ganz ohne Ironie, wir seien eben noch nicht reif für »philosophische« Fragen.

Das Ärgerliche an den »religiösen, moralischen, politischen und allgemein ›kosmischen‹ Fragen« ist, daß man schließlich die Hoffnung verliert, zu Übereinstimmungen gelangen zu können, und man deshalb nicht ganz sicher ist, was einen lohnenden Beitrag ausmacht. Wer sich für Ethik interessiert, beschäftigt sich mit »Metaethik«. Urmsons »Concise Encyclopedia of Western Philosophy and Philosophers« unterscheidet: »1. *Moralische Fragen*, zum Beispiel: Soll ich dies oder jenes tun? Ist Polygamie schlecht? . . . 2. *Fragen über faktische moralische An-*

schauungen, zum Beispiel: Was sagte oder dachte Mohammed (oder ich selbst) tatsächlich über Recht und Unrecht der Polygamie? . . . 3. *Fragen über den Sinn moralischer Worte* wie ›sollen‹, ›Recht‹, ›gut‹, ›Pflicht‹ *oder das Wesen der Begriffe oder der* ‹*Dinge*‹, *auf die sich diese Worte* ›*beziehen*‹, zum Beispiel: Was meinte Mohammed, als er äußerte, Polygamie sei kein Unrecht? – Da es sich um drei deutlich unterschiedene Arten von Fragestellung handelt, wäre es verwirrend, wollte man für Versuche, alle drei Fragen zu beantworten, den Sammelbegriff ›Ethik‹ verwenden, was übrigens umsichtigere moderne Autoren sorgfältig vermeiden . . . Entsprechend den drei Kategorien von Fragen unterscheiden wir zwischen 1. Moral, 2. darstellender Ethik und 3. Ethik.« Die Mehrzahl der analytischen Philosophen tritt dafür ein, nur in bezug auf Fragen der dritten Art von »Ethik« zu sprechen; manche freilich bevorzugen vorsichtigere Ausdrücke wie »Logik der Ethik«, »Metaethik« und eine Menge anderer.

Dieselben Unterscheidungen gelten auch für Religionsphilosophie, politische Philosophie und andere Gebiete. Die wenigen analytischen Philosophen, die sich auf diese Gebiete vorgewagt haben, befassen sich mit einem »Vokabularium der Politik«, um den Titel eines Buches zu zitieren, sowie mit der »Sprache der Religion«. Hier herrschen Hoffnung auf Übereinkünfte und handfeste Beiträge.

Die dreifache Unterscheidung ist gewiß nützlich, die begriffliche Klärung moralischer und religiöser Vokabeln sicherlich ein Gewinn. Der Wunsch, handfeste Resultate zu erzielen, ist verständlich und legitim; eine Beschäftigung mit derartigen Problemen bietet keinen Anlaß zur Kritik.

Dennoch fällt auf, daß sich die traditionelle Philosophie nicht mit den »Meta«-Fragen zufriedengab. Sie behauptete ihren Platz irgendwo zwischen den Naturwissenschaften und der Literatur. Platon postulierte das Studium der Mathematik als Vorbedingung für das Studium der Philosophie, und er interessierte sich sehr für wichtige Begriffe. Nichtsdestoweniger bezweifeln wir, daß es ihm mehr als Sophokles oder etwa Shakespeare und Goethe im Sinn gelegen habe, Beiträge zu machen. Lesen wir nicht die Werke der großen Philosophen der Vergangenheit eher so, wie wir die Werke eines Sophokles, Shakespeare oder Goethe lesen – nicht aber, wie der Naturwissenschaftler die Klassiker auf seinem Gebiet studiert? Die Schriften Platons, Aristoteles', Spinozas und Kants sind in einem andern Sinn Philosophie, als die Werke der Archimedes und Kopernikus Naturwissenschaft sind. Anders als in der Naturwissenschaft ist in der Philosophie und Literatur die

Unhaltbarkeit von Meinungen und Argumenten durchaus kein hinlänglicher Grund dafür, die Werke eines großen Denkers nicht zu lesen. Zu den wichtigsten Zielen jeder Erziehung gehört, daß wir andere Meinungen begreifen lernen und die Fesseln der Engstirnigkeit, der intellektuellen Phantasielosigkeit abstreifen, die uns noch aus den Tagen unserer Kindheit anhängen. Dostojewski hatte nicht die Absicht, etwa den Mord zu rechtfertigen. Aber sein Roman »Schuld und Sühne«, wie übrigens auch seine anderen Hauptwerke, verändern die Einstellung des Lesers zum Verbrecher, überhaupt zu anderen Menschen und nicht zuletzt zu sich selbst. Lesen wir Platon und Spinoza, so werden auch sie ihren Einfluß auf unser Verhalten zu Menschen, die anderen Glaubens sind als wir und die über dieselben Dinge anders als wir urteilen, nicht verfehlen, und vielleicht sehen wir am Ende unser eigenes Ich in einem anderen Licht.

Fast alle philosophischen Klassiker traten das Erbe des Sokrates an, der in der »Apologie« den Anspruch erhob, der größte Wohltäter seiner Stadt gewesen zu sein. Er brüstete sich damit, »die Mission der Philosophie – sich selbst und die anderen zu ergründen« erfüllt und nachgewiesen zu haben, daß Menschen, die für weise gehalten werden und sich selbst für weise halten, weit davon entfernt seien, weise zu sein; er habe seinen Mitbürgern »die Schamröte ins Gesicht getrieben, weil sich ihr ganzer Ehrgeiz darauf richtete, Geld, Ruhm und Ehre anzuhäufen statt nach Weisheit und Wahrhaftigkeit zu trachten«. Sich selbst verglich er mit einer Stechfliege, die dem Gewissen der Mitbürger keine Ruhe gönne.

Am Ende von Platons »Symposion« sagt Alkibiades von Sokrates: »Wenn ich den Perikles und andere gute Redner hörte, so schienen sie mir zwar gut gesprochen zu haben – so etwas habe ich jedoch nie dabei empfunden, noch war meine Seele dabei in Aufregung oder klagte mein eigenes Herz mich an, daß ich mich in einem Zustand befinde, wie er eines freien Mannes unwürdig ist; aber von diesem Marsyas ward ich oftmals in eine solche Stimmung versetzt, so daß mir das Leben unerträglich erschien, wenn ich so bliebe, wie ich bin.«

Ähnlich haben Spinoza und Nietzsche gewirkt. Aber während wenige andere große Philosophen Sokrates' Beredsamkeit in seiner »Apologie« erreichten, fordern sie fast ausnahmslos auf ähnliche Weise heraus. Diese Herausforderung gleicht nicht gänzlich derjenigen, die in großen dramatischen Werken oder Romanen an uns ergeht: Die Philosophen machen uns für unsere liederlichen Denkgewohnheiten, für die Armseligkeit und Trägheit unserer Gedanken erröten. Das gilt auch von Wittgenstein und Wisdom, Ryle und Austin – auch wenn es manchmal den Anschein hat, als wollten sie diesen unprofessionellen Appell verheimlichen –, und manche ihrer Studenten und Adepten überhören ihn auch.

Fast alle bedeutenden Philosophen stimmen mit Sokrates darin überein, daß »das ungeprüfte Leben nicht lebenswert« sei. Freilich irren sich Philosophen selbst nur allzu häufig. Aber nicht selten sind es gerade die Irrtümer, die ihrem Anruf Stärke verleihen. Die Begeisterung der Studenten mag sich am *Programm* eines Descartes oder Kant entzünden – ihre *Unvollkommenheiten* lassen jedoch erkennen, daß noch nicht alles, was not tut, bereits getan wurde.

Die Auseinandersetzung mit Problemen, die in jedermanns Leben eine Rolle spielen, ist kein Kinderspiel. Aus der Sicht der entscheidenden Werke der analytischen Philosophie erscheint uns die traditionelle Philosophie über weite Strecken hinweg mehr als unzulänglich. Wenn sich die Mehrzahl der jungen Philosophen daher auf weniger dramatische, umgänglichere Probleme zu werfen sucht, kann man das sehr wohl verstehen.

Spinozas »Ethik« klingt mit den Worten aus: »Alles Ausgezeichnete ist ebenso schwierig wie selten.« Ist das ein Grund, weshalb *keiner* das Ausgezeichnete anstreben sollte? Selbst diejenigen, die Sokrates' stolzen Anspruch, der »größte Wohltäter seiner Stadt gewesen zu sein«, mißbilligen, müssen doch zugeben, daß die Sokratische Stechfliege auch einen Beitrag macht. Und wenn der keine Philosophie ist, was ist er dann?

In gewissem Sinn hat jeder wahrhaft große Philosoph die Philosophie revolutioniert. Es ist dies eines der Kriterien für philosophische Größe. Unsere Philosophiegeschichten konzentrieren sich auf die Philosophen, die Bleibendes geleistet und auf die eine oder andere Weise die Entwicklung beeinflußt haben, so etwa Platon, Aristoteles, Descartes und Kant. Im 19. Jahrhundert, nach Hegel, endete die Gemeinsamkeit der europäischen Philosophie. Gegen Ende des Jahrhunderts übte Nietzsche zwar noch mächtigen Einfluß auf das französische und deutsche Denken aus, schon nicht mehr jedoch auf das Denken der angelsächsischen Welt. Man darf also sagen, daß es seit Kant und Hegel keine allgemeine Revolution der Philosophie mehr gegeben hat. Allenfalls gab es lokale Revolutionen. Möglicherweise zählt dazu der Pragmatismus in den USA, wenngleich es mehr als zweifelhaft erscheint, ob Peirce, James und Dewey tatsächlich tiefgreifende und fortdauernde Änderungen bewirkt haben. Vielleicht war der Existentialismus auf dem europäischen Kontinent eine lokale Revolution, vielleicht auch die in England und Amerika beheimatete Analytische Philosophie. Freilich ist gerade deren Charakter eher konterrevolutionär als revolutionär. Man ist versucht zu folgern: Die Philosophie braucht nicht revolutioniert zu werden, sie sollte lieber wieder revolutionär gemacht werden.

Torheit wäre es, zu verlangen, daß alle Philosophen dasselbe tun sollen. Man braucht nicht zu bedauern, daß nicht jeder Philosoph sich zum Kritiker seines Zeitalters bestellt fühlt. Aber es wäre eine Schande, wenn *alle* mit ihrer Kritik solange hinterm Berg zurückhielten, bis sie jemand dafür anstellte, Kritik zu üben – gleichsam als ob man Stechfliege auf Bestellung werden könnte.

Es gibt *keine zentrale* Tradition der Philosophie. Menschen der unterschiedlichsten Interessen und Geisteshaltung finden die verschiedensten Vorbilder und Strömungen vor, an die sie sich anlehnen können oder die ihnen nahestehen. Ein Kritiker, der gegen die wachsende Sucht seiner Kollegen nach Übereinstimmung protestiert, sollte gewiß nicht den Schluß ziehen, daß alle Philosophen übereinstimmen sollten. Im Gegenteil, er sollte lieber gleich auch gegen den mannigfaltigen Druck protestieren, der auf die Studenten zu dem einzigen Zweck ausgeübt wird, damit sie nur ja nicht etwa auf die Idee kommen, daß sich der »Beruf« des Philosophen möglicherweise doch mit der Funktion der Sokratischen Stechfliege vereinbaren läßt.

Wenn es Philosophen versagt bleibt, Übereinstimmung in der Beurteilung von Fakten oder Ansichten zu erzielen, ist das weder eine Schande für sie noch ein Grund zu Einwänden gegen die Philosophie. Auf die meisten Fragen von Tragweite sind mehrere Antworten möglich, die vertretbar sind; die meisten Antworten freilich sind nicht vertretbar. Sie sind gedankenlos und widersprechen offenkundigen Tatsachen oder enthalten Trugschlüsse, Inkonsequenzen und Verwirrung.

Scylla, der Fels, hält die eigene Position für die einzig annehmbare. Charybdis, der Strudel, hält alle Ansichten für gleich gut. Ein Virtuos kann verschiedene Positionen erfolgreich verteidigen. Wirbelnd und schwindlig schließt daraus Charybdis, daß alle Religionen und Philosophien, alle Morallehren und Kunstwerke gleich gut sind. Scylla dagegen, mit einem Geist von Stein, widersteht allen Argumenten und beharrt darauf, daß sie allein im Recht sei.

Versteinerter Dogmatismus und der Strudel des Relativismus sind des Philosophen gleichermaßen unwürdig. Sorgsam soll er die Spreu vom Weizen trennen, Fehler rügen, besonders wenn sie weit verbreitet sind, und sorgsam haltbare Alternativen zu wohlbekannten Ideen entwickeln. Soll der eine diese Alternative verteidigen, ein anderer jene: Furcht vor Meinungsverschiedenheit ist für den Philosophen, was Furcht vor der Verwundung für den Soldaten – Feigheit! Und der Stolz auf eine Revolution, die dem Streit der Meinungen über ernste Probleme ein gewaltsames Ende setzt, gliche verzweifelt der Freude darüber, daß die Philosophie ». . . ging in ihr Grab; sanft schläft sie nach des Lebens Fieberschauern«.

Mögen also ein paar Philosophen getrost irreführende Redewendungen analysieren und andere die Abweichungen der Synonyme heraustüfteln; sollen die einen bei der Logik bleiben und die anderen über Platon schreiben; sollen wieder andere schließlich ruhig über »Fragen der Moral« nachdenken – in der Hoffnung, daß diejenigen, die sich mit der Literatur der »Moral« sowohl als auch der Metaethik befaßt haben, etwas Lohnendes über die Moral beitragen können. Und sollen einige Philosophen sich ruhig auch mit religiösen Problemen beschäftigen – in der Hoffnung, daß diejenigen, die sich über die Bedeutung religiöser Begriffe den Kopf zerbrechen und die Literatur der religiösen Begriffe, der gegensätzlichen religiösen Standpunkte und sonstiger religiöser Probleme studiert haben, in der Lage sein mögen, etwas zur Diskussion religiöser Fragen beizusteuern. Selbst wenn sie sich im Einzelfall nicht erfüllen, sind derlei Hoffnungen gewiß vernünftig; es lohnt sich daher, diese Tradition fortzuführen. Scheitern wir, können andere aus unseren Fehlern lernen und es womöglich besser machen.

Ganz ähnliche Erwägungen treffen auf Fragen der Form zu. Manche ziehen die Monographie vor, andere halten es lieber mit mehr künstlerischen Formen. Die wissenschaftliche Monographie ist für manche Themen immer noch die beste Äußerungsform in der Philosophie. Aber wäre es nicht ein Elend, wenn man der Monographie deshalb eine Monopolstellung einräumt? Vergessen wir schließlich nicht, daß die meisten Werke der philosophischen Klassik keine Monographien waren: zum Beispiel Platons »Symposion« und »Republik«, Hobbes' »Leviathan«, Spinozas »Ethik«, Humes »Abhandlung« und »Dialoge über natürliche Religion«, Hegels »Phänomenologie des Geistes« und sämtliche Werke Nietzsches.

Jede Form birgt ihre Gefahren. Es sind ihrer zu viele, um sie alle aufzuzählen. Eine Gefahr der Monographie ist zweifellos eine gewisse Neigung zur Pedanterie. Nie wird es uns jedoch gelingen, die Pedanterie gänzlich abzuschaffen. Die Propheten schmähten sie, aber einige Talmudisten führten sie zu neuen Gipfeln; Jesus wandte sich dagegen, aber auf den Kirchenkonzilen feierte sie beispiellose Triumphe. Sie ist nicht Schatten der Naturwissenschaft, sondern man begegnet ihr zu allen Zeiten und allerorts. Die Methoden der Naturwissenschaft nachzuäffen ist nur eine der sterilen Erscheinungsformen der Pedanterie, auf die Schillers Verse passen:

»Wie er räuspert und wie er spuckt,
Das habt Ihr ihm glücklich abgeguckt.«
Pedanterie ist eine Manier, in der der relativ Unschöpferische ungemein schöpferisch zu werden vermag. Da auch bei den schöpferischsten Geistern die Schöpferkraft nachlassen kann, haben selbst von den allergrößten einzelne zuweilen bei den Krücken der Pedanterie Zuflucht gesucht – Männer wie Thomas, Kant und Hegel nicht ausgenommen.

Ganz offenkundig bietet jedoch eine Abneigung gegen Pedanterie keine Garantie für Größe; kein Philosoph hat das je behauptet. Prätentiöse Nichtpedanten von geringer oder keiner Substanz sind Legion.

Kunstvolle Ausdrucksweisen sind anregend, bleiben aber oft in der Luft. Wir bestaunen ein brillantes Feuerwerk von Epigrammen, aber der Autor bleibt nicht lange genug bei einem Punkt, um uns zu zeigen, was dafür und dawider spricht. Meistens bleibt es bei mehr oder weniger unterhaltsamer Konversation, und es wird wenig getan, um uns zu helfen zu entscheiden, was die Ideen wert sind. Man könnte daraus folgern, daß die Form der Monographie vorzuziehen sei. In Wahrheit bleiben aber auch viele Essays selbst unserer ersten analytischen Philosophen in der Luft, und es bleibt unklar, was aus ihnen folgt. Keine Form wirkt Wunder.

Bisweilen versuchen Philosophen auch, ihre Erfahrung des Philosophierens zu vermitteln – das philosophische Leben, in dem die Probleme, die sie behandeln, nur Episoden sind. Sie mahnen uns ernsthaft an Platons Verachtung (in seinem siebenten Brief) derjenigen, »welche im Grunde keine wahren Jünger der Philosophie sind, sondern welche nur mit Meinungen übermalt sind«, und an die Hartnäckigkeit, mit der er sich darauf versteifte, daß es keine Schrift von ihm gebe noch geben werde, die seine Philosophie enthalte; »denn in bestimmten sprachlichen Schulausdrücken darf man sich darüber wie über andere Lehrgegenstände gar nicht aussprechen, sondern aus häufiger familiärer Unterredung gerade über diesen Gegenstand sowie aus innigem Zusammenleben entspringt plötzlich jene Idee in der Seele wie aus einem Feuerfunken das angezündete Licht und bricht sich dann selbst weiter seine Bahn«.

Der Philosoph kann versuchen, das mitzuteilen, was, wie er weiß, nicht jedermann verständlich gemacht werden kann. Er mag sich bemühen, in den Seelen einiger aufgeschlossener Geister seine Funken zu schlagen. Und wenn auch die meisten von ihnen nur von seinen Ideen naschen – einerlei ob sie daran Anstoß nehmen oder davon erbaut sind –, mag er hoffen, daß andere solange mit seinem Buch leben, bis ein Funke überspringt.

Die Monographie stellt nicht die einzige Form dar, in der sich ein Thema abhandeln läßt. Vielleicht will jemand nur aufzeigen, wie sich eine Sache zu einer andern verhält oder wie der Sinn eines Urteils erst aus der Beziehung zu anderen Urteilen klar wird oder wie ein scheinbar eindeutiger Gesichtspunkt in einem ganz anderen Licht erscheint, sobald man ihn in größere Zusammenhänge versetzt. Detailarbeit kann von größtem Wert sein, ist aber nicht das einzig Wertvolle. Eine Darstellung in großen Zügen muß nicht notwendig im schlechten Sinn »populär« sein – oder überhaupt populär. Die Funktion der Stechfliege ist kaum ein Musterbeispiel für Popularität.

Man kann ein Detail aufgreifen und es drehen und wenden, wie ein Hund seinen Knochen dreht und wendet, wenn auch häufig mit größerem Nutzen. Man kann jedoch auch die Frage nach der Bedeutung einer bestimmten Richtung der Philosophie stellen, dabei aber unversehens auf das Problem des Engagements stoßen; von da ist der Weg nicht weit zur Theologie; in nichttheologischer Absicht geht man an theologische Probleme heran, fährt mit einer untheologischen Würdigung religiöser Überlieferungen fort, denkt über das Wesen der organisierten Religionen nach, um schließlich bei der Moral zu landen. Ein solcher Versuch, seinen Standpunkt umfassend zu begründen, braucht nicht unkritisch, oberflächlich, eines Philosophen unwürdig zu sein. Natürlich wäre solch ein Unterfangen gewagter und eher zum Scheitern verurteilt als die mit peinlichster Genauigkeit bis ins kleinste Detail fortgeführte Analyse eines Details. Aber Whitehead hat recht, wenn er in seinen »Modes of Thought« sagt: »Furcht vor Irrtum ist der Tod des Fortschritts« (22). Solange man sich, statt sich mit einer Aura der Unfehlbarkeit zu umgeben, der Gefahren bewußt bleibt und sie seinen Lesern nicht verschweigt, kann von einem unzumutbaren Risiko keine Rede sein. Sind die Worte klar, bleiben auch die Irrtümer sichtbar; sie können aufgegriffen und korrigiert werden.

Allzu viele Philosophen möchten nur allzugerne Graham Greene gleichen: In der Meinung, damit auf jeden Fall am sichersten zu gehen, bemühen sie sich um einen Stil, der sich so fachmännisch, handwerklich und glatt wie möglich gibt. Neben Greenes Romanen nehmen sich die Werke Camus' vergleichsweise dilettantisch aus: Seine Dichtungen weisen Risse und Fugen auf und erreichen nicht immer das selbstgesteckte Ziel. Sie entbehren der Glätte, aber sie nähern sich dafür der Größe.

In seiner umfänglichen Versdichtung »Andrea del Sarto« fand der in gewisser Hinsicht dilettantische Dichter Robert Browning, dessen Stern angesichts des derzeit herrschenden Professionalismus auch im

Bereich der Dichtkunst im Sinken begriffen ist, die klassische Formulierung dafür. Ein paar Zeilen aus dem Gedicht mögen meine Ausführungen zu diesem Punkt beschließen:

»Des Menschen Griff soll seine Kräfte überschreiten –
Wozu sonst ist der Himmel da? Alles ist silbergrau,
friedlich und tadellos mit meiner Kunst!? – wie schrecklich!«

Sodann ein Werk Raffaels betrachtend (sonderbare Wahl – jedoch nicht meine, sondern Brownings):

»Der Arm geriet zu lang – der da zu kurz:
Ein Irrtum wohl aus künstlerischem Überschwang –
Der Körper – seine Seele, sozusagen, stimmt genau,
Genau genug, daß jedes Kind ihn greifen kann.
Der Arm jedoch . . .! – Könnt' ich nicht selbst ihn ändern?
Kaum wag' ich es – ei, niemand sieht ja zu;
Her mit der Kreide – rasch, hier lang den Strich!
O weh – die Seele! Er ist Raffael! Schnell wieder weggewischt!«

J. L. Austin, der äußerst scharfsinnig war und einen ausgesprochenen Sinn für Humor besaß, verkörperte auf glänzende Art das geistige Gewissen des Sokrates. G. E. Moore, dessen Schriften nicht gerade vor Humor sprühen, teilt sich mit Austin in die gleiche geistige Erbschaft. Ehrlichkeit, die höchste Anforderungen an sich stellt, ist eine so seltene Eigenschaft, daß beide Männer schon allein ihretwegen unsere uneingeschränkte Bewunderung verdienen. Gleichwohl wäre es falsch, das andere Vermächtnis des Sokrates, das sich am glücklichsten in seiner Metapher von der Stechfliege ausdrückt, mit einem bloßen Rechtfertigungsversuch abzutun. Es wäre nicht nur falsch, sondern auch höchst unsokratisch, lediglich Toleranz für die Stechfliege zu fordern.

Die antiakademische Auffassung, die Philosophen seien das »schlechte Gewissen ihrer Zeit« – um noch einmal Nietzsche zu zitieren –, wurde in gewissem Umfang von Sartre und Camus übernommen. In seinem Vortrag an der Sorbonne anläßlich der ersten Generalversammlung der UNESCO im Jahre 1946 sprach Sartre von der »Verantwortung des Schriftstellers«. Wie seine theoretische Literatur immer, ist auch dieser Vortrag von einer eigenartigen Ungeschliffenheit.

Sartres Griff überschreitet oft seine Kräfte. Aber in seinen besten Werken ist er glänzend. Der folgende Absatz spricht kraftvoll aus, was zu sagen fällig war:

»Wenn sich ein Schriftsteller entschlossen hat, über einen Aspekt dieser Welt Stillschweigen zu bewahren, haben wir das Recht, ihn zu fragen: Warum hast du es vorgezogen, von jenem statt von diesem zu reden? Und da du mit dem Vorsatz redest, die Dinge zu verändern, und da es keine andere Möglichkeit, zu reden, gibt – warum willst du dann lieber dies verändern als jenes? Warum willst du lieber die Methode der Herstellung von Briefmarken verändern als die Methode der Behandlung der Juden in einem antisemitischen Land und umgekehrt? Stets muß er daher die folgenden Fragen beantworten: Was willst du verändern? Warum lieber dies als jenes?«

Philosophie zwischen Mythos und Wissenschaft

Die Überzeugung, daß sich die Philosophie gegenwärtig in einer Krise befindet, ist heute fast allgemein verbreitet; strittig ist allenfalls der Charakter und die Tragweite dieser Krise. Dabei werden mitunter sehr radikale Meinungen geäußert. So bemerkte kürzlich ein skeptischer Betrachter, die derzeitige Hauptaufgabe der Philosophie bestehe im Kampf gegen ihre eigene Überflüssigkeit. Nun ist dieses bittere Bonmot vielleicht nicht ganz wörtlich gemeint, doch beleuchtet es in drastischer Weise die gegenwärtige Lage. Zweifellos sind sehr erhebliche Teile des überlieferten philosophischen Motivbestandes und Lehrgutes in eine höchst prekäre Situation geraten. Diese Krise der traditionellen Philosophie hängt nach einer verbreiteten und wohl im wesentlichen richtigen Auffassung mit jener menschheitsgeschichtlichen Wende zusammen, die man als den Aufstieg der modernen Welt oder – vielleicht genauer – als die wissenschaftlich-industrielle Revolution bezeichnen kann. Im Zuge dieser Entwicklung, die in ihrer Gesamtbedeutung wohl selbst die Seßhaftwerdung und die Entstehung des Staates übertrifft, sind auch die überkommenen Formen der Deutung des Kosmos, des Individuums und des Erkennens fragwürdig und durchschaubar geworden, während neue, präzisere und besser überprüfbare, sich herausgebildet haben und weiterhin herausbilden.

Wohl hat es empirisch-rationale Wissenschaft schon früher gegeben, aber erst in den letzten Jahrhunderten hat sie nicht nur selbst einen immer rascheren Aufschwung genommen, sondern in ihrer praktischen – technischen und organisatorischen – Anwendung und in ihren sozialen Konsequenzen die tatsächlichen Lebensverhältnisse der Menschen tiefgreifend umgestaltet, wobei diese praktischen Auswirkungen ihrerseits wieder die Entwicklung der Forschung förderten. Eines der vom kultursoziologischen Standpunkt wichtigsten Resultate war die Durchbrechung des Intelligenzmonopols, welches jahrhundertelang der Klerus und daneben eine literarisch-ästhetisch orientierte Bildungsschicht innegehabt hatten. Mehr und mehr gewann der an empirischem Wissen orientierte Fachmann an Bedeutung, der jenen älteren Formen der Weltauffassung meist mit distanzierter Skepsis gegenüberstand.

Der Aufstieg der neuzeitlichen Erfahrungswissenschaften und die Fortentwicklung der mathematisch-logischen Formaldisziplinen förderte verwandte Bestrebungen in der Philosophie. Langsam begann sich die Wissenschaftstheorie von den überkommenen, halbtheologischen Formen der Beschäftigung mit dem Erkenntnisproblem zu emanzipieren und erreichte schließlich in der modernen philosophy of science ihre volle Unabhängigkeit. Damit ergab sich unter anderem die Grundlage für eine logisch-systematische Kritik an den älteren Ausprägungen menschlicher Weltdeutung und Selbstinterpretation. Zugleich wurden die historischen und psychologisch-genetischen Aspekte dieser altehrwürdigen Gedankengebilde zum Gegenstand empirischer Untersuchung: von der Kunstgeschichte bis zur Entwicklungspsychologie, Verhaltensforschung und Abstammungslehre haben sich zahlreiche Einzeldisziplinen mit einschlägigen Fragen beschäftigt. Schließlich wandten die Soziologie und zumal die Ideologiekritik ihr Augenmerk den pragmatisch-politischen Funktionen der traditionellen Weltauffassung zu.

Unter diesen Gesichtspunkten beginnt sich ein Bild von der philosophia perennis abzuzeichnen, das zu deren Selbstverständnis und zu deren Ansprüchen in völligem Gegensatz steht und dessen Umrisse im folgenden wenigstens kurz angedeutet werden sollen. Weit entfernt davon, ein »Streben nach Wahrheit um der Wahrheit willen« darzustellen, erscheint dieses Philosophieren vielmehr als eine Tätigkeit, die eng mit primitiven und elementaren Situationen des menschlichen Lebens zusammenhängt und völlig von werthaften und lebenspraktischen Motiven abhängig ist. Wir können das Spiel dieser Motive und die daraus hervorgegangenen Formen der Weltauffassung nicht nur bis in das Frühlicht der uns noch historisch greifbaren Geistesentwicklung zurückverfolgen, sondern wir dürfen sogar annehmen, daß manche seiner Voraussetzungen bis in jenes phylogenetische Erbe hinabreichen, welches uns mit den höheren Tieren gemeinsam ist[1]. Damit soll — um jedem Mißverständnis vorzubeugen — kein Versuch gemacht werden, den Menschen und sein Weltbild irgendwie auf das Tier zu reduzieren. Im Gegenteil: je klarer wir uns der Tatsache bewußt werden, mit welcher Macht primitives und archaisches Erbgut bis tief in sublime Kulturleistungen hineinwirkt, desto eher gewinnen wir von ihm Abstand und hören auf, ihm blind verfallen zu sein.

Die Erforschung der stammesgeschichtlichen Grundlagen der menschlichen Weltauffassung hat in jüngster Zeit wesentliche Fortschritte gemacht, deren Bedeutung auch dadurch nicht beeinträchtigt

---

[1] Ernst TOPITSCH, Phylogenetische und emotionale Grundlagen menschlicher Weltauffassung. Torino 1962. Neu abgedr. in W. E. Mühlmann/E. W. Müller, Kulturanthropologie. Köln 1966; DERS., Erkenntnis und Illusion. Grundstrukturen unserer Weltauffassung. Hamburg 1979.

werden kann, daß einige Vertreter der »evolutionären Erkenntnistheorie« da und dort über das Ziel hinausgeschossen haben[2]. Ganz allgemein können Lebewesen sich selbst und ihre Art nur dann erhalten, wenn sie in der Lage sind, wenigstens ein Mindestmaß an durchschnittlich zutreffender Information über ihre Umwelt aufzunehmen und darauf in entsprechender Weise zu reagieren. Durch den Prozeß von Mutation und Auslese – eine Form des Prozesses von *trial* und *error*, Versuch und Irrtumsausschaltung – bildet sich im Laufe unzähliger Generationen eine im Erbgut gespeicherte »Erfahrung der Art« mit praktisch-lebenserhaltender Funktion. So entstehen die bekannten »angeborenen Auslesemechanismen«, die auf bestimmte lebenswichtige Umweltdaten selektiv ansprechen und zugleich ein der betreffenden Situation angemessenes Verhalten hervorrufen; dieser Vorgang ist zumindest bei den höheren Tieren mit einem oft intensiven Gefühlserlebnis verbunden. So üben diese Steuerungsmechanismen eine dreifache Funktion in einem aus: sie *informieren* (mit einer gewissen Verläßlichkeit) über das Vorliegen lebensbedeutsamer Gegebenheiten in der Umwelt, sie *bewirken ein adäquates Verhalten* und produzieren zugleich eine *emotionale Erregung*. Man kann sie daher auch als plurifunktionale Führungssysteme bezeichnen.

Schon im Tierreich wird aber diese genetische Erfahrungsbildung durch die individuelle und ansatzweise sogar soziale ergänzt, beim Menschen aber kommt es zur weitgehenden Ersetzung der instinktbestimmten Überlieferungen, doch begegnen wir auch bei ihm wieder plurifunktionalen Führungssystemen. Diese beruhen vor allem auf dem Zusammenwirken von Sprache und gesellschaftlichem Leben.

Man hat mit Recht darauf hingewiesen, daß gerade die höchsten Stufen der tierischen Entwicklung nur in sozialer Lebensform erreicht werden, und neueste Untersuchungen haben sogar wahrscheinlich gemacht, daß sich die Intelligenz der Hominiden – und in weiterer Folge des Menschen – zunächst im Leben der Gruppe herausgebildet hat und erst sekundär in den Bereich des »Hantierens«, des Umganges mit Dingen, übertragen wurde. So sind etwa die Schimpansen auf freier Wildbahn recht schwache »Techniker«, aber in ihrem sozialen Verhalten – besonders in den Rangkämpfen innerhalb der Gruppe – bereits erstaunlich raffinierte »Politiker«[3]. Das hat man lange nicht bemerkt, weil sich die klassischen Forschungen zur Intelligenz der Menschenaf

---

[2] Zur evolutionären Erkenntnistheorie vgl. Gerhard VOLLMER, Evolutionäre Erkenntnistheorie. 6. Aufl. Stuttgart 1994.
[3] F. DE WAAL, Chimpanzee politics. London 1982. Deutsch: Unsere haarigen Vettern. München 1983.

fen auf »technische« Leistungen in Situationen konzentrierten, die von den Experimentatoren künstlich geschaffen waren und im natürlichen Biotop der Tiere kaum eine Rolle spielten.

Wie die Intelligenz, so hat sich auch die Sprache vor allem im gesellschaftlichen Bereich herausgebildet. Schon die oft hochdifferenzierte Mimik, Gestik und Lautgebung vieler Säugetiere besitzt einen ausgesprochen sozialen Charakter, sie dient nicht nur dem Ausdruck und der Kundgabe, sondern auch der Fühlungshaltung mit den Gruppengenossen, der Aufforderung und oft auch der Mitteilung an diese. Wenn auch beim Menschen die Darstellungsfunktion hinzukommt, so bleibt sie doch völlig in jenes ältere Erbe eingebettet und ist nur schwer davon völlig zu trennen.

In gewissem Sinne ist die menschliche Sprache ebenfalls ein plurifunktionales Führungssystem, in welchem Informationsvermittlung und Verhaltenssteuerung mit einer starken emotional-werthaften Komponente verbunden ist. Sie gibt dem Menschen nicht nur – ja vielleicht nicht einmal in erster Linie – wertfreies Faktenwissen, sondern oft schon mit der Benennung der Dinge und Wesen auch eine Anweisung, wie man sich zu ihnen gefühlsmäßig, wertend und handelnd verhalten solle. Dabei sind die der Sprache inkorporierten Werte und Normen natürlich die in der jeweiligen Gruppe vorherrschenden. So kann man die Sprache auch als ein sozial abgestütztes plurifunktionales Führungssystem bezeichnen, das seinerseits auf die Sozialstruktur stabilisierend zurückwirkt.

Der soziale und emotionale Charakter der Sprache ist aber auch in anderer Hinsicht für die menschliche Weltauffassung grundlegend geworden. Die lebenswichtigsten und gefühlsmäßig am stärksten ausgezeichneten Sachverhalte – die Beziehungen zu den Mitmenschen – liefern Ausdrücke, die auch auf bedeutsame belebte und unbelebte Objekte angewendet werden. Die so entwickelten Bezeichnungen für Personen und personifizierte Dinge bilden als urtümliche Gruppe von Substantiven die Grundlage für die spätere Substanzkategorie, während die kaum weniger wichtigen Ausdrücke für menschliche oder den vermenschlichten Gegenständen zugeschriebene Verhaltensweisen, Willenserlebnisse oder Stimmungen samt ihrer Ausdehnung auf sonstige Vorgänge und Veränderungen den Grundstock für die Gruppe der Tätigkeits- und Zeitwörter darstellen. Diese Sprachformen suggerieren die Deutung des Weltgeschehens nach dem Modell sozialer Handlungszusammenhänge, ja das Universum erscheint schließlich als großes Sozialgebilde, das nicht nur die menschliche Gesellschaft, sondern auch den gesamten soziomorph gedeuteten Kosmos umfaßt.

Das so entstandene »sozio-kosmische Universum« ist eine der wichtigsten Grundlagen der mythisch-magischen und später religiös-metaphysischen Weltdeutung. Alles Geschehen wird nach Art des sozialen Handelns aufgefaßt, als Wirken von magisch begabten Menschen oder von menschenartig agierenden Wesen (Tieren, Pflanzen und Gestirnen, aber auch Göttern, Geistern und Dämonen). Das alles ist oft eingeschlossen in eine Gesamtdeutung des Universums als Sozialverband, von der schlichten Familie bis zum reichgegliederten Staat. Dabei spiegeln sich die irdischen Hierarchien mitunter nicht nur in der »Über-«, sondern auch in der »Unterwelt«. Den »himmlischen Heerscharen« entsprechen die gleichfalls rangmäßig abgestuften »Legionen des Höllenfürsten«. Diese Entsprechung geht so weit, daß mitunter behauptet wurde, der Zweifel an der Existenz des Satans, der Dämonen und der Hexen impliziere auch denjenigen an der Existenz Gottes, der Engel und der himmlischen Heiligen. Vor allem aber werden nicht nur die sozialen Verhältnisse als analogiehafte Modellvorstellungen auf den Kosmos übertragen, sondern in Rückanwendung dieser Projektion auf ihr Urbild wird die irdische Staats- oder Gesellschaftsordnung in die vermeintlich kosmische eingefügt und ihr untergeordnet: der soziale Mikrokosmos erscheint nur mehr als Abbild des allumfassenden sozialen Makrokosmos, das menschliche Gesetz soll dem »Weltgesetz« nachgebildet werden.

Vielleicht nicht ganz so urtümlich und bedeutsam ist eine andere Gruppe der vom menschlichen Handeln entlehnten Modellvorstellungen, nämlich die technomorphen. Bestimmte Gegenstände oder auch die ganze Welt gelten als Ergebnis eines künstlerisch-handwerklichen Verfertigens nach einem vorgefaßten übermenschlichen Werkentwurf. Wohl schon in vorgeschichtlicher Zeit hat man den Himmel als Mantel oder Zeltdach betrachtet und später wurden vor allem bestimmte Lebensvorgänge – wie die Morphogenese und die (relative) Konstanz der Arten – als Verwirklichung vorgegebener »Werkpläne« der Natur oder Gottes gedeutet. Auch solche Vorstellungen lassen sich im Rahmen plurifunktionaler Führungssysteme leicht mit normativem Anspruch auf das Verhalten der Menschen rückübertragen: das irdische Bauwerk soll dem Himmelsgebäude nachgebildet werden, das menschliche Handeln soll dem »Wesen«, dem von der »Natur« oder in den »göttlichen Schöpfungsgedanken« vorgefaßten Entwurf des Menschen entsprechen usw. Im Mythos sehr verbreitet sind auch biomorphe Vorstellungen wie etwa das Weltei, das Welternpaar oder das doppelgeschlechtige Urwesen, doch sind diese im Zuge des philosophischen Rationalisierungsprozesses stark zurückgedrängt worden.

Schließlich wäre noch eine weitere Gruppe von Leitvorstellungen zu nennen, die vor allem der Magierekstatik und den Reinigungskulten schamanistischer und verwandter Prägung entstammen. Nach diesen ekstatisch-kathartischen Traditionen kann sich die Seele in Ausnahmezuständen wie Traum, Trance oder Rausch vom Körper lösen und hat in solchem – aller irdischen Fesseln ledigen – Zustand zauberische Macht und hellseherische Fähigkeiten. Sie ist aber auch dem Druck der Realität (Tod, Leid, Bedürftigkeit, Abhängigkeit, Schuld) wesensmäßig entzogen oder kann ihm auf einem Heilsweg wieder entzogen werden. Zwar sind diese Vorstellungen eher moralisch-politisch neutral, lassen sich aber auch den Bedürfnissen praktischer Menschenführung verfügbar machen.

Ursprünglich jedenfalls liegt der Kernbereich der Führungssysteme näher bei jenen Leitvorstellungen, die aus der Lebenswelt des Menschen in das Universum projiziert und von dort mit autoritativem Anspruch auf die menschlichen Verhältnisse rückbezogen werden. Dieser Mechanismus von Projektion und Reflexion liegt übrigens auch der Astrologie zugrunde, die ja in den alten Hochkulturen ausgesprochen politischen Charakter trug: nach Analogie des irdischen – und zumal staatlichen – Mikrokosmos wurde der astrale Makrokosmos gedeutet, und aus diesem schloß man auf jenen zurück.

Aus solchen Ansätzen hat sich in den Hochkulturen des Alten Orients die imponierende Gesamtdeutung des Universums als einer kosmischen Herrschaftsordnung, eines großen Staates entwickelt, die legitimierend und festigend auf die irdische Herrschaftsordnung zurückwirkte und daher von deren Vertretern nachdrücklich gegen jede Kritik geschützt wurde. In ihren noch nicht durch die Rationalisierung beeinträchtigten Vollformen haben diese eng mit der Sozialstruktur verbundenen Gedankengebilde genau die bekannte dreifache Funktion. Sie informieren über [wirkliche oder vermeintliche] Tatsachenverhältnisse, und zwar besonders über Zusammenhänge zwischen Handlungen und Handlungsfolgen – dies gilt auch für die Astrologie. Die Überzeugung vom Bestehen solcher Zusammenhänge bildet dann oft die Grundlage von Verhaltensnormen [im Sinne hypothetischer Imperative], etwa wenn man glaubt, durch genaue Beobachtung moralischer oder ritueller Vorschriften Naturkatastrophen abwenden zu können, oder wenn man mit Hilfe astrologischer Therapien Krankheiten zu heilen versucht. Doch können solche Gedankengebilde dem Menschen auch ganz allgemein das Gefühl vermitteln, daß er im Einklang mit der harmonischen Ordnung des Universums steht, wenn er die Normen seiner Gruppe befolgt. Schließlich verfügen sie neben diesen verhaltenssteuernden Funktionen auch über rein emotionale Wirkungen, indem sie die Welt zu einem schönen und erhabenen Kosmos verklären oder die Befriedigung dessen versprechen, was A. Gehlen mit einem harten, aber treffenden« Ausdruck als »Interessen der Ohnmacht« bezeichnet hat[4], also illusionäre Kompensationen für unabwendbare Versagungen anbieten. Im ganzen aber ist diese Weltauffassung stark empirisch-pragmatisch orientiert. Sie soll dem Menschen nicht etwa bloß Gefühlserlebnisse, sondern viel handgreiflichere Erfolge gewähren: Gesundheit, Nahrung, Sieg.

Gerade hier setzt aber die Kritik am frühesten ein. Die langsame Erweiterung der Einsichten in die tatsächlichen Kausalbeziehungen läßt die mythischen Annahmen über die Zusammenhänge von Handlungen und Handlungsfolgen unglaubwürdig werden. Man erkennt etwa, daß Naturkatastrophen nicht auf moralische Verfehlungen, sondern auf physische Ursachen zurückzuführen sind. Dadurch tritt der Glaube an die empirisch-pragmatische Leistungsfähigkeit dieser Vorstellungen stark zurück, während sich die anderen Funktionen in den Vordergrund schieben. Beispielsweise bleibt von der Annahme magischer Wechselwirkungen zwischen Kosmos und Gesellschaft nur die bloß normative Forderung übrig, die menschliche Staats- und Moralordnung solle irgendwie der »Ordnung des Alls« entsprechen, oder lediglich die betrachtende Versenkung in die Schönheit und Harmonie des Universums. In ähnlicher Weise schwindet die Überzeugung von der aktiven Weltüberlegenheit, der Zauberkraft der vom Leibe gelösten Seele, und es bleibt nur der Glaube an die kontemplative Weltüberlegenheit des innersten Wesenskernes des Menschen, seines »wahren Selbst«.

Dieser Prozeß ist für den Übergang von den archaischen Vollformen des Mythos zu seinen rationalisierten Spätformen in der traditionellen Philosophie charakteristisch. Es handelt sich um einen sehr deutlich ausgeprägten Rückzug aus dem Bereiche falsifizierbarer Behauptungen in denjenigen des nicht Falsifizierbaren, nämlich in die Gebiete ethisch-politischer Handlungsanweisungen oder ästhetisch-kontemplativer Erbauung. Diese Immunisierungsstrategie führt zugleich auch zu einem Verblassen der lebendigen Bildhaftigkeit und zu einer Verarmung des konkreten Inhaltes des Mythos. Im Verlaufe solcher Rationalisierungsprozesse werden ferner oft die inneren Widersprüche der my-

---

[4] Arnold GEHLEN, Der Mensch. Seine Natur und seine Stellung in der Welt. Berlin 1940. S. 449.

thischen Überlieferungen bewußt und damit zu Problemen philosophischer Spekulation.

Eine derartige Rationalisierung des Mythos vollzog sich in verschiedenen sozialen Zusammenhängen. Nicht selten erwachte das Bedürfnis nach einem tieferen Durchdenken jener machtvollen Traditionen als Folge schwerer Konflikte, in welchen die rivalisierenden politischen Gruppen jeweils die eigenen Ansprüche und Interessen mit der kosmischen Ordnung identifizierten oder durch sie legitimierten. So kam es zur Entwicklung dessen, was P. Honigsheim als »Scholastiken« bezeichnet hat[6]. Darunter sind Gedankengebilde zu verstehen, die eine Stellung zwischen Mythos und Wissenschaft einnehmen und die von verschiedenen Gruppen verwendet werden, um die absolute Richtigkeit oder zumindest die Überlegenheit der eigenen politischen, religiösen oder wirtschaftlichen Anschauungen über diejenigen aller Konkurrenten zu beweisen. Aber auch innerhalb von Priesterschaften, die Zeit zu spekulativem Denken besaßen, wollte man die traditionellen Glaubensgehalte in systematische Form bringen, um sie besser lehren und verteidigen zu können. Schließlich widmen sich solchen Problemen auch Individuen ohne institutionelle Bindung. Diese erfreuen sich zwar einer größeren intellektuellen Bewegungsfreiheit, überschreiten aber doch nur selten den Rahmen des Überlieferten. So besteht zwar in sozialer Hinsicht ein sehr bedeutender Unterschied zwischen den von machtvollen politischen und religiösen Gruppen getragenen und den nur von Einzelpersonen oder kleinen Konventikeln gepflegten Formen des rationalisierten Mythos, im Hinblick auf den Inhalt ist aber die Differenz nur gering. Es hat daher zwischen den beiden Formen meist sehr enge Beziehungen gegeben. Beispielsweise beruht die christliche Theologie weitgehend auf den Lehren hellenischer und hellenistischer Philosophen, und umgekehrt ist ein sehr wesentlicher Teil der neuzeitlichen Philosophie nichts anderes als eine oft nur geringfügig modifizierte Theologie.

Es ist im gegebenen Rahmen nicht möglich, im einzelnen auf das Verhältnis zwischen den mythischen und den daraus entwickelten philosophischen Formen der Interpretation des Kosmos, des Individuums und des Erkennens einzugehen. Hier kann nur angedeutet werden, daß schon die frühe griechische Philosophie soziomorphe und technomorphe Modelle in größtem Ausmaße zur Deutung des Universums in sei-

---

[5] Paul HONIGSHEIM, Über die sozialhistorische Standortgebundenheit von Erziehungszielen. In: O. W. Haseloff/H. Stachowiak, Schule und Erziehung. Ihre Probleme und ihr Auftrag in der industriellen Gesellschaft. Berlin 1960. S. 41 ff.

ner Gesamtheit wie auch einzelner Ausschnitte aus diesem verwendet hat, und das gleiche gilt auch für die Interpretation des Individuums und seiner Seele – man denke an den »Seelenstaat« der platonischen Politeia oder an die aristotelische Auffassung der Seele als der Form des Leibes.

Große Bedeutung haben auch die ekstatisch-kathartischen Seelenvorstellungen erlangt, die aus der orphisch-pythagoreischen Mysterienreligiosität besonders über Platon in die philosophische und theologische Tradition des Abendlandes eingeflossen sind. Aus diesen Quellen stammt die Überzeugung, daß das »wahre Ich« des Menschen dem Realitätsdruck – Tod, Leid, Bedürftigkeit, Schuld – grundsätzlich überlegen sei. Auf dem Boden dieses älteren Überlieferungsgutes hat sich auch die Beschäftigung mit dem Erkenntnisproblem entwickelt. Während die vorsokratischen Naturphilosophen das Denken und Erkennen meist als eine vom Körper abhängige Leistung des menschlichen Organismus betrachteten und mit Hilfe technomorpher Modelle zu erklären suchten, drangen seit Empedokles auch ekstatisch-kathartische Vorstellungen in die Erkenntnislehre ein: die vom Leibe unabhängige und unsterbliche »höhere Seele« verfügt nach dieser Auffassung auch über ein höheres Erkenntnisvermögen, welches die den bloßen Sinnen unzugänglichen Heilswahrheiten zu erfassen vermag. Seither stehen einander in der abendländischen Tradition zwei erkenntnistheoretische Grundpositionen gegenüber, die man als »Erkenntnisphysik« und »Erkenntnistheologie« bezeichnen könnte. Zur letzteren sind die verschiedenen Lehren vom reinen Nous, vom weltüberlegenen und leidlosen »Geist« zu rechnen, der sich zur Schau der ewigen Ideen aufzuschwingen vermag oder als »tätige Vernunft« über allen bloß empirischen, psychomentalen Denk- und Erkenntnisvorgängen steht. Doch gibt es noch extremere Möglichkeiten: vor allem in Indien hat man das Motiv der Weltüberlegenheit des »wahren Selbst« bis zur Umkehrung des Verhältnisses zwischen Mensch und Welt emporgesteigert: nicht wir sind von der gegenständlichen Realität abhängig, sondern die Gegenstandswelt vom »Ich«, da sie von ihm geschaffen und aus ihm hervorgegangen ist. Aufgabe der Erkenntnislehre ist es dann, den Nachweis für die Richtigkeit dieser These zu erbringen. Solche Gedankengänge liegen auch noch der Kantischen Transzendentalphilosophie und dem nachkantischen Idealismus zugrunde[6].

Doch können derartige Gedankengänge auch eine massive ideologisch-politische Funktion erhalten, etwa wenn man behauptet, die

---

[6] Ernst TOPITSCH, Mythische Modelle in der Erkenntnislehre. In: Studium Generale, 18 (1965), S. 400ff.; DERS., Die Voraussetzungen der Transzendentalphilosophie. Kant in weltanschauungsanalytischer Beleuchtung. Hamburg 1975.

Einsicht in das Wesen der wahren Gerechtigkeit und der wahren Staatsordnung oder in den wahren Sinn der Geschichte sei nur dem »höheren Erkenntnisvermögen« der »Auserwählten« zugänglich, seien dies nun die platonischen Philosophenkönige, die gnostischen electi oder die selbsternannten Verwalter des wahren proletarischen Klassenbewußtseins.

Aus den hier skizzierten Voraussetzungen, die aber von den Denkern nicht durchschaut wurden, ist eine ganze Anzahl der »ewigen Probleme« der philosophia perennis hervorgegangen. Eine Reihe davon ergab sich aus der erwähnten Projektion soziomorpher Modelle in das Universum und ihrer Rückbeziehung auf die menschliche Lebenswirklichkeit. Wenn das »kosmische Gesetz« als absoluter Maßstab über dem irdischen steht, was ist dann sein Inhalt? Wenn die göttliche Herrschermacht zur Allmacht und Allursächlichkeit gesteigert wird, wie kann sie dann von der Verantwortlichkeit für das Übel im allgemeinen und für die menschlichen Missetaten im besonderen entlastet werden? Wenn schließlich die göttliche Allmacht folgerichtigerweise auch das menschliche Handeln bewirkt, ist es dann nicht sinnlos, daß sie dem Menschen zugleich moralische Vorschriften macht? Wenn man, um Gott von der Verantwortlichkeit für das Übel und das Böse zu befreien, dieses als ein »Nichtseiendes« bezeichnet, so ist es damit nicht aus der Welt geschafft, und außerdem ist es dann widersinnig, den Menschen für ein »Nichtseiendes« womöglich mit ewiger Höllenpein zu bestrafen. Ähnliche Schwierigkeiten ergeben sich in der Seelenlehre. Ist der menschliche Wesenskern aller Schuld entrückt, dann kann er nicht in der Rolle des Büßers auftreten, ist die Seele unsterblich, dann kann sie nicht die technomorphe »Form des Leibes« bilden, die ja mit der Auflösung des Individuums untergeht. Eine solche »Form« kommt fernerhin nicht als Subjekt der Schuld und Objekt der Vergeltung in Frage. Wenn weiters das »wahre Ich« dem Realitätsdruck entzogen ist, wie verhält es sich dann zu dem leidunterworfenen empirischen Menschen? Wird schließlich dieses »höhere Selbst« bis zur absoluten Einheit, Einfachheit und Einzigkeit emporgesteigert, so erhebt sich die Frage nach seiner Beziehung zu der Vielheit menschlicher Individuen. Ganz allgemein führen die Versuche, den »Urgrund« der Welt, der Seele und des Erkennens über alle Schranken empirischer, sprachlicher und logischer Faßbarkeit emporzuheben, zu dessen gänzlicher Entleerung und damit zu der Schwierigkeit, was denn diese nur mehr negativ umschreibbare Wesenheit überhaupt noch zur Lösung kosmologischer, psychologischer und erkenntnistheoretischer Probleme beitragen kann.

Solche und verwandte Fragen haben die theologisch-philosophische

Spekulation durch die Jahrtausende beschäftigt, ohne eine Lösung zu finden, und sie sind tatsächlich unlösbar, solange man ihre Voraussetzungen nicht aufdeckt und sie damit als Scheinprobleme erkennt. Diese Voraussetzungen bestehen eben in der Verwendung einer Anzahl emotional getönter Modellvorstellungen, die miteinander teilweise oder gänzlich unvereinbar sind, zu bestimmten werthaft-praktischen Zwecksetzungen, die einander ebenfalls widersprechen. Häufig hat man diese Vorstellungen und Zielsetzungen einfach nebeneinander herlaufen lassen und der jeweiligen Situation entsprechend behandelt. Wollte man ethisch-politische Handlungsanweisungen legitimieren, so griff man auf das »Naturgesetz« als Norm zurück, wollte man sich über die Widrigkeiten des Lebens erheben, dann versenkte man sich in die unverbrüchliche »Harmonie des Kosmos«. Erleichterung der Realitätsdruckes versprach auch der Glaube an den »leidlosen Geist«, Befriedigung des Verlangens nach »ausgleichender Gerechtigkeit« und wirksame Beeinflussung menschlichen Verhaltens gewährleistete die Lehre von der Vergeltung im Jenseits usw. Erst wenn diese völlig heterogenen Motive und Modelle zu einem geschlossenen System vereinigt werden sollten, wurde offenkundig, daß hier alles allem auf Schritt und Tritt widerspricht.

Trotz dieser prinzipiellen Schwierigkeiten hat sich diese Art der Weltauffassung mit der größten Zähigkeit behauptet. Die wohl wichtigste Ursache dafür lag in ihrer engen Verbundenheit mit institutionell verfestigten Führungssystemen, wie sie in den verschiedenen »Scholastiken« einen Höhepunkt erreichte. Aber auch ohne derartige äußere Garantien versprachen diese Gedankengebilde den Menschen so vielfältige emotionale Befriedigungen und oft auch lebenspraktische Vorteile, daß man sich kaum bereitfand, sie unter dem Eindruck rein rationaler Argumente fallenzulassen. Dazu kommt, daß sich eine echte Alternative zu diesen Überlieferungen – nämlich die wertfreie Weltauffassung der modernen Wissenschaften – erst sehr spät entwickelt hat.

Um diese Traditionen möglichst gegen alle Einwände abzuschirmen, hat man – unbewußt oder bewußt – die verschiedensten Immunisierungsstrategien benützt. Beispielsweise hat man sich schon sehr früh mit bemerkenswertem Geschick gewisser psychologischer Kunstgriffe bedient. So wurden etwa antike Mysterienkulte gegen jede Überprüfung durch die Behauptung abgedeckt, jeder Versuch einer Entschleierung der göttlichen Geheimnisse würde deren Heilswirksamkeit für den Neugierigen zunichte machen und diesem obendrein Unglück bringen. Der Kritik hat man aber auch vorgebeugt, indem man jeden Zweifel an den zu schützenden Glaubensgehalten als Ausdruck einer

Verblendung deutete, in welcher der »gefallene Intellekt« der Ver-
dammten befangen sei. Geradezu ingeniös ist ein Stratagem, mit dessen
Hilfe man just aus dem Ausbleiben prophezeiter oder versprochener
Ereignisse, also aus der Falsifizierung bestimmter Vorhersagen, eine
zusätzliche Überzeugungswirkung zu gewinnen suchte. Man behauptete nämlich, daß nur der unbedingte Glaube an die betreffende Lehre
ihre Heilswirksamkeit gewährleiste – wartete der Adept vergeblich auf
den verheißenen Erfolg, so konnte die Schuld an dem Fehlschlag nur
bei ihm selbst, bei seiner mangelnden Glaubenskraft liegen, nicht aber
bei der Lehre als solcher. Anderer Immunisierungsstrategien haben sich
schon in archaischer Frühzeit die Orakelpriester und Astrologen bedient, indem sie ihre Prophezeiungen so abfaßten, daß sie mit jeder oder
doch fast mit jeder künftigen Gestaltung der Dinge vereinbar waren;
eine subtilere Variante dieses Verfahrens bestand darin, daß man mitunter auch falsifizierbare Voraussagen machte, aber zugleich für den
Fall des Fehlschlagens eine unüberprüfbare Erklärung des Mißerfolges
bereithielt.

Derartige Verfahrensweisen sind auch in den zu philosophisch-theologischen Spekulationen rationalisierten Mythen sehr häufig anzutref-
fen. Ja, der zur Philosophie führende Rationalisierungsprozeß bestand
im wesentlichen in der Abstoßung der empirisch prüfbaren und daher
falsifizierbaren Elemente des Mythos[7]. Gefördert wurde die Tendenz
zum Rückzug in den Bereich des nicht Falsifizierbaren und allgemein
zum Gebrauch von Immunisierungsstrategien durch die soziale Form
der philosophischen Auseinandersetzung, nämlich die Disputation.
Hier kommt es nicht darauf an, kontrollierbare Informationen zu vermitteln, sondern darauf, sich jeder Widerlegung durch den Gegner zu
entziehen. So blieb meist siegreich, wer seine Thesen am geschicktesten
immunisierte, doch ließen sich gute Erfolge oft auch mit recht simplen
Kunstgriffen erzielen.

Zu den letzteren zählt beispielsweise die Verwendung von pseudo-
empirischen oder [häufiger] pseudo-normativen Leerformeln, also von
Ausdrücken, die den Eindruck ewiger Wahrheiten bzw. absoluter sitt-
licher Prinzipien dadurch erwecken, daß sie mit jedem in Frage kommenden Sach- oder Normgehalt vereinbar sind. Hierher gehören beispielsweise die altehrwürdigen Grundsätze des Naturrechts wie suum
cuique tribuere, honeste vivere, neminem laedere usw. Obwohl ihre

---

[7] Zu den Problemen der Falsifizierbarkeit und der Immunisierungsstrategie vgl. Karl R.
POPPER, Logik der Forschung. Wien 1935 und neuere Auflagen, und DERS., Conjectures and
Refutations. London 1963, sowie Hans ALBERT, Traktat über kritische Vernunft. 4. Aufl.
Tübingen 1980.

logischen Mängel ohne weiteres erkennbar sind, haben solche Formeln doch durch viele Jahrhunderte als echte Aussagen bzw. Verhaltensanweisungen gegolten[8]. Doch gibt es auch anspruchsvollere Verfahren. Da jede Widerlegung auf einem Widerspruch beruht [sei es nun ein solcher zwischen Aussagen und Aussagen oder – in weiterem Sinne – zwischen Aussagen und Fakten], so mußte sich der Gedanke aufdrängen, Widersprüche wenn schon nicht generell, so doch in den für die Immunisierung bestimmter Lehren relevanten Zusammenhängen zuzulassen. Solche Versuche erfreuten sich auch im Hinblick auf die oben [S. 295] behandelten widersprüchlichen Motive und Modelle des traditionellen philosophisch-theologischen Denkens großer Beliebtheit.

Darüber hinaus können beliebige Gedankengebilde gegen jede logische Kritik abgeschirmt werden, indem man die Geltung der Logik bestreitet oder sogar eine »höhere«, etwa eine »dialektische« Logik postuliert, nach welcher diese Gebilde einwandfrei sein müssen; zureichende Angaben über die Kontrollierbarkeit dieser »höheren Logik« werden jedoch nicht gemacht.

Im übrigen hat schon Marx das dialektische Mysterium ganz ähnlich wie die bereits erwähnten Orakelpriester und Astrologen benützt, um sich gegen mögliche Widerlegungen abzusichern. Das hat er auch in einem – nicht zur Veröffentlichung bestimmten – Brief an Engels vom 15. August 1857 ganz klar ausgesprochen. Darin berichtet er von einem Artikel, den er für die »New York Daily Tribune« über einen Aufstand in Indien geschrieben hatte, und fügt geradezu mit Augurenlächeln hinzu: »Es ist möglich, daß ich mich blamiere. Indes ist dann immer mit einiger Dialektik wieder zu helfen. Ich habe natürlich meine Ausführungen so gehalten, daß ich im umgekehrten Fall auch recht habe«.[9] Auffallenderweise wird diese Selbstentlarvung in der Marx-Literatur kaum berücksichtigt.

Um bestimmte Doktrinen gegen jede Kritik durch die empirisch-rationale Wissenschaft abzusichern, ersinnt man häufig auch besondere – »höhere« oder »tiefere« – Wahrheits-, Wirklichkeits- und Erkenntnisbegriffe, die dadurch charakterisiert sind, daß die von ihnen behauptete Wahrheit, Wirklichkeit oder Erkenntnis nicht überprüfbar ist. Hierher zählt beispielsweise die Berufung auf einen besonderen »geisteswissenschaftlichen Erkenntnisbegriff«, der in einem beziehungsvollen clair-

---

[8] Hans KELSEN, Was ist Gerechtigkeit? Wien 1953.
[9] Karl MARX/Friedrich ENGELS, Werke. Bd. 29. Berlin (Ost) 1963. S. 160f.; vgl. Ernst TOPITSCH, Die Sozialphilosophie Hegels als Heilslehre und Herrschaftsideologie. 2. Aufl. München 1981.

obscur gelassen wird und jedenfalls mit den strengen Methoden philologisch-historischer Wahrheitsfindung wenig zu tun hat. Sehr wirksam können gewisse Lehrgehalte gegen alle wissenschaftliche Prüfung geschützt werden, indem man sie als Voraussetzungen, ja als die »wahren Voraussetzungen« aller Wissenschaft hinstellt. Eine weitere beliebte Immunisierungsstrategie ist die Behauptung, daß an den betreffenden Gedankengebilden nur eine »immanente Kritik« zulässig sei, wobei man als immanente Kritik bloß eine solche anerkennt, die keine wesentlichen Punkte in Frage stellt.

Sehr häufig sucht man verschiedene Lehrmeinungen dem Risiko einer Überprüfung zu entziehen und ihnen einen privilegierten Status zu sichern, indem man sie durch die Autorität eines »großen Philosophen« deckt. Dabei ist oft ein aus der Politik bekannter Vorgang zu beobachten: ein Denker wird planmäßig »aufgebaut«, damit man sich hinter der so geschaffenen Autorität verschanzen kann. Ein solches Verfahren wird aber nicht nur mit einzelnen Philosophen, sondern auch mit dem überlieferten Lehrgut in seiner Gesamtheit praktiziert: man baut die »große Tradition der abendländischen Philosophie« zu einer autoritativen Erhabenheit auf, der gegenüber jede Forderung nach kritischer Kontrolle nur mehr als überheblicher Aberwitz, ja als schlechthin blasphemisches Unterfangen erscheinen muß. Dieselbe Strategie wird auch von den Astrologen geübt, die sich gleichfalls gern auf die Autorität ihrer mehrtausendjährigen, über zahlreiche Kulturkreise verbreiteten Traditionen berufen.

Einer solchen Abschirmung gegen die Kritik ist die traditionelle Philosophie kaum weniger bedürftig als die Astrologie, und zwar sowohl hinsichtlich ihrer »ewigen Probleme«, nämlich der aus dem Mythos ererbten Widersprüche, als auch bezüglich ihrer »ewigen Wahrheiten«, der nach Preisgabe der mythischen Inhalte verbleibenden Leerformeln. Wird nämlich Licht in die historischen und systematischen Voraussetzungen der erwähnten Gedankengebilde gebracht, dann lösen sich jene Probleme oft buchstäblich in nichts auf, und es zeigt sich die völlige Gehaltlosigkeit dieser Wahrheiten. Es wird aber auch offenkundig, daß diese leeren Formeln ihren historischen Erfolg gerade ihrer Inhaltslosigkeit verdanken, die es erlaubt, sie in den Dienst jeder beliebigen moralisch-politischen Zielsetzung zu stellen. Dies gilt für das Naturrecht ebenso wie für die Dialektik.

Wenn wir das Ergebnis dieser Überlegungen in schlagwortartiger Kürze zusammenfassen wollen, so können wir sagen, daß die mythische Weltauffassung einen Prozeß der Differenzierung erfahren hat und teilweise noch erfährt, in welchem sich aus ihr einerseits ein überprüfbares Wissen entwickelt, das freilich gewisse werthafte Anliegen nicht befriedigt, andererseits aber ein Restbestand stark emotional geladener Motive und Vorstellungen überbleibt, der mittels einer Fülle von Immunisierungsstrategien gegen jede Überprüfung und damit gegen jedes Risiko einer Falsifizierung abgesichert wird. Ist diese These richtig, so resultieren daraus sehr weittragende Folgerungen für die Zukunft der Philosophie.

Als sachlich wichtigste Aufgabe ergibt sich die Weiterentwicklung der Philosophie als Wissenschaftstheorie im Sinne der modernen philosophy of science. Wenn sich der Autor unter dem Druck der Raumnot entschlossen hat, es bei diesem Hinweis bewenden zu lassen, so darf er zu seiner Entschuldigung wenigstens anführen, daß es zu diesem Thema bereits eine weitläufige und zum Teil ausgezeichnete Literatur gibt. Indem er eine andere Problematik in den Mittelpunkt seiner Ausführungen stellte, wollte er auch einer Tendenz entgegenwirken, die unter den Vertretern der modernen analytischen Philosophie ziemlich verbreitet ist und die ihm nicht unbedenklich erscheint. Ähnlich wie die Astronomen geneigt sind, in der Astrologie nur naiven Aberglauben oder unverschämten Schwindel zu erblicken, so betrachten nicht wenige moderne Wissenschaftstheoretiker die traditionelle Philosophie bzw. Metaphysik bloß als eine Anhäufung sinnloser Sätze oder lassen sie einfach als uninteressant links liegen. Eine solche Haltung kann einen Verzicht auf sehr wichtige Erkenntnismöglichkeiten bedeuten. Auch wer den Wahrheitsanspruch der astrologischen Lehren als völlig unhaltbar erkannt hat, vermag sie als unschätzbare Zeugnisse vergangener Formen menschlicher Weltauffassung zu würdigen und als solche wissenschaftlich auszuwerten. Dasselbe gilt erst recht für die Philosophie. Ein engsinniger Positivismus, der das nicht wahrhaben will, beraubt sich interessanter, ja faszinierender Einblicke in den Aufbau und die Eigenart von Interpretationen der Welt, des Menschen und des Erkennens, die Jahrtausende hindurch das Denken in ihrem Bann gehalten haben. So tritt neben die Fortbildung der modernen Wissenschaftslehre – mit ihr verbunden und sie ergänzend – als durchaus gleichrangige Aufgabe die Erarbeitung einer Theorie der menschlichen Weltauffassung, wie sie in den oben entwickelten Gedankengängen angedeutet wurde.

Hans-Michael Baumgartner/Otfried Höffe

Zur Funktion der Philosophie in Wissenschaft und Gesellschaft*

Seit eineinhalb Jahrhunderten geistert die Rede vom Ende der Philosophie durch Gelehrtenstuben und literarische Öffentlichkeit, und es hat den Anschein, als beende jeder selbstbewußte Denker seit Marx die Philosophie von neuem: Übersteigen die einen sie zur politischen Praxis, so überwinden sie andere in einem andenkenden Denken oder im existenziellen Glauben, während eine dritte Gruppe die Philosophie untergegangen findet in der Herrschaft von Technik und Wissenschaft. Allerdings ist das vielfach verkündete Ende der Philosophie nicht eingetreten; die Philosophie lebt, wenngleich nicht mehr fraglos und ohne Anfechtung: sie steht seither unter Legitimationszwang. Die Frage nach Sinn und Funktion der Philosophie ist darum unvermeidlich. Sie gehört mittlerweile nicht nur zum Grundbestand ihrer eigenen Probleme. Sie ist überdies komplementärer Ausdruck einer sozio-kulturellen Entwicklung, die, mit der fortschreitenden Emanzipation der Wissenschaften von der Philosophie und dem Aufschwung eines technologisch verwertbaren Wissens über Natur und Gesellschaft, sowohl die Wissenschaftsinstitutionen wie die Gesellschaftsstruktur derart verändert hat, daß dem Selbstverständnis der Zeit entsprechend philosophische Bildung zunehmend als obsolet und funktionslos erscheint. Auf diesem Hintergrund erweist sich die defensive Lage der Philosophie und ihre prinzipielle Verunsicherung als strukturell bedingt; das Problem ihrer Rechtfertigung ist darum keineswegs akademisch. Wozu also noch Philosophie?

Eine Antwort ist sicher davon abhängig, was unter Philosophie verstanden, wie sie definiert und in welchem Horizont die Frage gestellt wird. Ist aber schon die Frage nicht eindeutig, so ist eine einheitliche Antwort nicht zu erwarten. Das einzig Eindeutige an der Frage nach dem Sinn der Philosophie, das grundlegend Gemeinsame, ist allein die Tatsache, daß diese Frage überhaupt gestellt wird und heute nur allzu berechtigt erscheint. Diese Tatsache reiht sich in die Kette der Indizien ein, die dafür sprechen, daß die hochentwickelten Industriegesellschaften gegenwärtig in eine Krise geraten sind, die man mit Jürgen Haber-

---

* Vom Herausgeber geringfügig gekürzter Beitrag.

mas, Hermann Lübbe und anderen als Orientierungs- oder Legitimationskrise beschreiben könnte. Nicht mehr der Aufschwung der natur- oder sozialtechnologisch relevanten Wissenschaften scheint daher heute die Philosophie in Bedrängnis zu bringen. Vielmehr ist es der durch die Technologien mit hervorgebrachte Krisenzustand der Gesellschaft selbst. Die Führungsrolle der technologischen Wissenschaften, die dadurch bedingte Akzeleration der menschlichen Lebensvorgänge und die aus ihr resultierende Instabilität der Gesellschaft, ferner das durch den Historismus der Geisteswissenschaften verstärkte und zugleich gesellschaftlich bedingte Absterben der großen Traditionen: all dies hat ein Klima geschaffen, in dem philosophische Reflexion als überflüssige Tätigkeit, als parasitäre Eigenbrötelei und bestenfalls als privater Luxus erscheint. Das Ende der Philosophie im klassischen Sinn scheint erneut unvermeidlich. Auf der anderen Seite wecken die bezeichneten Krisenphänomene das Bedürfnis, eine neue Identität für die deformierten Gesellschaften zu finden, ein Bedürfnis, das – im Sinne Hegels wenigstens – auch ein Bedürfnis nach Philosophie ist. Dann aber täuscht der erste Eindruck. Die Orientierungskrise der gegenwärtigen Industriegesellschaft ist mit Bezug auf die Philosophie ambivalent: sie drängt sie ab ins Private und scheint sie doch gleichzeitig im öffentlichen Interesse zu fordern.

In welchem Sinn sollte Philosophie angesichts dieser Lage noch eine Funktion für die Gesellschaft, für die Wissenschaft, für das Selbstverständnis der Menschen besitzen? Im weiteren sollen Überlegungen über die heutigen Aufgaben der Philosophie in vier Richtungen hin erfolgen.

1. Philosophie im Konzert der Wissenschaften

Voraussetzung der folgenden Überlegungen ist die Einsicht, daß sich die Wissenschaften seit Beginn der Neuzeit fortschreitend von der Philosophie emanzipiert und in eine Fülle von Natur- und Kulturwissenschaften differenziert haben. Voraussetzung ist weiterhin, daß die Differenzierung der Wissenschaften einen negativen Rückkoppelungseffekt gezeitigt hat, der die Gelehrten zu Fachleuten werden ließ, die über immer weniger immer mehr wissen. Die Emanzipation der Wissenschaften von der Philosophie und ihre gegenseitige Abgrenzung führt – und darin liegt die Dialektik dieses Vorganges – zu einer merkwürdigen Desintegration jener gesellschaftlichen Institution, die wir als Universität kennen und die ursprünglich die Einheit einer gelehrten Republik repräsentierte. In diesem Zusammenhang fällt der Philosophie eine neue Funktion zu. Sie hat nicht mehr wie früher a principio, sondern gleichsam a tergo – als kritische Reflexion der gemeinsamen Strukturen und der gemeinsamen Sinngebung wissenschaftlichen Wissens[1] – eine Integration, eine neue Identität zu stiften, und zwar sowohl für die verschiedenen wissenschaftlichen Disziplinen als auch für die forschenden Individuen. Ihre Aufgabe ist es, eine kritische und zugleich normative Wissenschaftstheorie in der Perspektive des methodischen wie des humanen Sinnes der Wissenschaften zu begründen, um sowohl die Forschenden und Lehrenden als auch die Lernenden zu einem reflektierten Selbstverständnis in ihrer je differenten Tätigkeit anzuregen. Diese Funktion der Philosophie ist im übrigen invariant gegenüber speziellen philosophischen Schulmeinungen oder Traditionen. Die Methodologie nämlich, mit deren Hilfe die Normen der Humanität oder die Strukturen wissenschaftlicher Disziplinen begründet werden, ist nicht ausschlaggebend. Ausschlaggebend dagegen ist es, daß die Idee des Ganzen des menschlichen Wissens wie auch die Idee der Humanität durch Philosophie in einer methodischen Form präsent gehalten werden und für die Wissenschaften und die Gesellschaft katalysatorische Bedeutung entfalten. Darüber hinaus kommt der Philosophie die Aufgabe zu, in einer wie auch immer vermittelten Weise Motor des Erkenntnisprozesses zu sein. Im Kontakt mit den Wissenschaften trägt sie zur Beibehaltung und zur Entwicklung der Qualitäts- und Reflexionsstandards der Wissenschaften bei. Sie ist außerdem in der Bearbeitung ihrer eigenen Tradition wie in der kritischen Aufnahme der durch die Wissenschaften erbrachten Ergebnisse ein nicht zu unterschätzendes Ideen- und Theorienreservoir für Innovationen in den Natur- und Humanwissenschaften. Beide Gesichtspunkte, die regulative Funktion für das Selbstverständnis der Wissenschaften wie auch die heuristische Funktion als potentieller »Produzent« von Hypothesen und Ideen, begründen die Notwendigkeit einer Institutionalisierung der Philosophie an den wissenschaftlichen Hochschulen. Aber auch für die Philosophie selbst, für die Beibehaltung ihres eigenen wissenschaftlichen und theoretischen Niveaus ist der unmittelbare Kontakt mit der wissenschaftlichen Forschung unverzichtbar, soll sie nicht, unter dem Niveau ihrer eigenen Geschichte, in spekulativen Wildwuchs verfallen. Dies bedeutet gerade nicht, daß Philosophie ausschließlich in der Zuordnung zu bestimmten Fachwissenschaften, als sogenannte Bindestrichphilosophien (Geschichts-, Natur-, Rechts-, Sprach-, Kunst- und Religionsphilosophie), bei den Fächern selbst zu installieren wäre. Eine solche Institutio-

---

[1] Vgl. Hans-Michael BAUMGARTNER, Art. Wissenschaft. In: Handbuch philosophischer Grundbegriffe. München 1973/74. S. 1740–1764.

nalisierung würde den desolaten Zustand einer Zersplitterung lediglich fortschreiben. Im Gegenteil: Philosophie kann die ihr eigentümliche Funktion nur als selbständiges Fach und mit einer eigenen ›scientific community‹ erfolgreich in Angriff nehmen.

Ob als Fachbereich, als Seminar oder als Zentralinstitut – Philosophie muß als eigenes Fach an den wissenschaftlichen Institutionen der Gesellschaft vertreten sein. Nur so kann sie für ein angemessenes methodisches und humanes Selbstverständnis der Wissenschaften sorgen und jenseits einzelwissenschaftlicher Methoden die Standards und Normen theoretischer und praktischer Selbstreflexion setzen, deren Stelle ohne die Präsenz der Philosophie in den Wissenschaftsinstitutionen unvermeidlich naturwüchsig durch Ideologien besetzt würde. Philosophie besitzt gegenüber den Wissenschaften die Funktion einer kritischen reflektierenden Urteilskraft. (Daß Philosophie darum auch an den höheren Schulen in geeigneter Weise gelehrt bzw. unterrichtet werden sollte, erscheint als folgerichtig.)

2. Philosophie und gesellschaftliche Planung

Der bisherige Erfolg gesellschaftlicher Planung ist umstritten. Der allzu globalen Auseinandersetzung nämlich zwischen überschwenglichen Enthusiasten auf der einen und ihren zivilisationspessimistischen Kritikern auf der anderen Seite ist sie noch immer nicht enthoben. Deshalb ist es zweckmäßig, daran zu erinnern, daß Planung kein prinzipiell neues Phänomen darstellt. Wohl hat ein längst bekanntes Tun, das dem Handeln vorausgehende Überlegen, durch seine Beziehung auf Gesellschaft im ganzen eine neue Dimension gewonnen. Formulierte doch bereits Aristoteles in seiner Nikomachischen Ethik die Einsicht, daß zu einem im emphatischen Sinn humanen, zu einem verantwortlichen Handeln neben dem Verfolgen der rechten Ziele (gesichert durch die sittlichen Tugenden) auch eine Überlegung (βο῀υλευσις) der Mittel und Wege gehört, die ein Erreichen der rechten Ziele erwarten lassen; eine spezifisch menschliche Tätigkeit, die sich als Klugheit (φρ῀ονησις) in ihren vier Aspekten: der persönlichen, der ökonomischen, der gesetzgebenden und der politischen Klugheit darstellt und realisiert. Hinzuweisen ist ebenso darauf, daß das Interesse an der neuen Dimension von Überlegung, daß das Interesse an einer systematischen und institutionalisierten, zudem nicht auf den Bereich der Mittel beschränkten Form, eben der Planung, nicht erst dort entsteht, wo man in utopischem Überschwang das endgültige Glück der Menschheit oder das Reich der (Herrschafts-)Freiheit glaubt herstellen zu müssen. Schon aufgrund der weit komplizierteren Lebensverhältnisse sind Klug-heitserwägungen in wissenschaftlich abgestützte Planungen zu trans-formieren, und aufgrund der gesteigerten wissenschaftlichen Fähigkei-ten und Kapazitäten ist gesellschaftliche Planung nicht bloß dringend gewünscht, sondern im Prinzip auch möglich. (Daß im einzelnen man-nigfache Hindernisse und Widerstände bestehen, läßt sich allerdings nicht leugnen. Im konkreten Fall findet man erhebliche Mängel an ent-sprechendem Diagnose-, Prognose- und Steuerungswissen, an geeig-neten organisatorischen und politischen Verhältnissen usf. Zudem ist gegenwärtig eine zunehmende Ressourcen-Knappheit bei gleichzeitig starkem Aufgabenzuwachs zu beobachten, womit jedem Planungs-vollzug enge Grenzen gesetzt sind. Aber diese Situation optimal zu be-wältigen, gehört selbst in den Aufgabenbereich von Planung.) Beide Bedingungen, die Komplizierung der Lebensverhältnisse und die Stei-gerung der wissenschaftlichen Kapazitäten, finden wir in unseren plu-ralistischen Demokratien und hyperkomplexen Industriegesellschaften in hohem Maß erfüllt.

Der in traditionalen Gesellschaften gegebene homogene Kosmos sittlich-politischer Werte hat sich aufgelöst. Das etwa in der griechi-schen Polis durch sittliche Tugenden gewährleistete Sehen und Aner-kennen der rechten Ziele mußte daher schwierigen Prozessen der Ziel-konsensbildung weichen. Überdies ist jene Mittelüberlegung höchst unzureichend geworden, die sich allein auf die aus sittlich-politischer Lebenserfahrung gebildete Klugheit stützt. Dafür sorgt schon die Ver-vielfältigung der zu erwägenden Handlungsalternativen, die Interde-pendenz der Zielbereiche, die Zunahme funktionaler Imperative in ei-ner anspruchsvolleren und zu weiten Teilen übervölkerten Welt, die Knappheit der Ressourcen und – paradoxerweise – auch die Erfahrung der ins Bedrohliche angewachsenen disfunktionalen Nebenfolgen einer kurzsichtigen Planung. Ob man den Verkehrssektor oder den Ar-beitsmarkt, die Energieversorgung oder das Bildungswesen betrachtet: verantwortliche Politik ist geradezu zur Planung gezwungen; der Pla-nungsbedarf nimmt sogar laufend zu. Aufgrund einer immensen Stei-gerung sowohl des technischen und sozialen Erkenntnisstandes als auch des Steuerungswissens ist die Politik zur notwendig gewordenen Pla-nung auch fähig. Es erscheint uns daher wenig sinnvoll, in den Chor pauschaler Bewertungen – sei es enthusiastischer Planungseuphorie, sei es pessimistischer Planungskritik – einzustimmen. Die Diskussion des Problems sollte sich vielmehr auf das Wie (auf Struktur und Methoden) und das Worumwillen (auf Erwartungen, Reichweite und Sinn) gesell-schaftlicher Planung konzentrieren.

Seit je hat es die Philosophie als eine ihrer wichtigsten Aufgaben betrachtet, Wirklichkeit reflexiv zu erschließen. Deshalb sollte sie auch
die *neue Wirklichkeit*, den Bedarf und die Realität gesellschaftlicher Planung, weder naturwüchsigen Entwicklungen und den ihr folgenden
Ideologien noch dem in gewisser Weise ebenso naiven wissenschaftlichen Ansatz der Entscheidungs- und Systemtheorien (verbunden mit
den entsprechenden empirischen Wissenschaften) überlassen. Gerade
die praktische Philosophie wäre aufgefordert und in der Lage, Theorie
und Praxis gesellschaftlicher Planung im Vorgriff auf die Idee der Humanität kritisch und konstruktiv zu untersuchen. Sie fände sich dann
vor drei wesentliche Aufgaben gestellt[2]:

Die erste Aufgabe fordert eine detaillierte Kritik von Planungs- und
Entscheidungsverfahren sowie der komplementären rationalen Entscheidungstheorien (der Entscheidungstheorien im engeren Sinn, der
Spieltheorie, Wohlfahrtsökonomie, Sozialwahltheorie und System-
theorie), *sofern* diese – wegen ihres zu engen Nutzen- und Rationalitätsbegriffs – eine an Humanität orientierte Planung und Entscheidung
grundsätzlich verstellen.

Zweitens geht es um konstruktive Entwürfe zu einem an Humanität
orientierten, gleichwohl durch Rationalität und Pluralismus bestimmten Verfahren öffentlicher Entscheidungsfindung. Um es bei der hier
gebotenen Kürze nur thetisch und am Beispiel der konzeptorientierten
wissenschaftlichen Politikberatung zu formulieren: für eine durch Rationalität, Pluralismus und die Idee der Humanität bestimmte Politikberatung sind verschiedene Merkmale charakteristisch: Ihrer Infra-
struktur nach ist sie dann durch wissenschaftliche Rationalität bestimmt, wenn sie die Erkenntnisse der entsprechenden Fachwissenschaften aufgreift, sie im Licht der spezifischen Planungsaufgabe interpretiert und sie mittels produktiver Synthesis methodisch zu einem
Ganzen integriert. – In dem durch Problemanalyse, Zielbestimmung
und konstruktiven Entwurf gekennzeichneten Planungsprozeß haben
die Wissenschaften insgesamt die methodische Funktion einer negativen Entscheidungsinstanz. Denn zunächst führen die wissenschaftlichen Erörterungen eines Planungsproblems in der Regel lediglich zu
einem Lösungs*raum* und nur in Sonderfällen zu einer einzigen Lösung;
ferner kommt ein Konzept ohne politische (Aufgaben- und Ziel-) Vor-
gaben gar nicht zustande und wird ohne die Anerkennung politischer
Instanzen zur Grundlage politisch gültiger Entscheidungen. – Die Ziel-

---

[2] Vgl. Otfried Höffe, Strategien der Humanität. Zur Ethik öffentlicher Entscheidungsprozesse. Freiburg/München 1975.

planung ist als ein methodisch angelegter kommunikativer Prozeß durchzuführen, der sich angesichts der Willensvielfalt in der Gesellschaft und nach Maßgabe grundlegender normativer Leitprinzipien (etwa der Verfassung) dadurch um eine Verständigung über die vorhandenen Ziele und Bedürfnisse bemüht, daß er einen gesamtgesellschaftlich gültigen aufgeklärten Rahmenkonsens erprobt. Wissenschaftliche Konzeptplanung ist ihrer Binnenstruktur nach ein experimenteller Konsens. – Zwischen Wissenschaft und Politik besteht weder ein dezisionistisches Verhältnis der Beziehungslosigkeit noch ein szientistisches der Konvergenz oder gar der Identität. Vielmehr läßt sich die Wissenschaft auf Kooperation mit der Politik ein, und die Politik unterwirft sich mit der Institutionalisierung der Konzeptplanung dem Kriterium des wissenschaftlichen Sachverstandes. – Der Sinn der Kooperation liegt in einer rational und kommunikativ aufgeklärten Politik. Und zwar gewinnt sie dann eine wesentlich humane Bedeutung, wenn sie Leitprinzipien, die von der Idee der Humanität bestimmt sind, mit den Anforderungen der soziokulturellen Situation vermittelt.

Eine dritte Aufgabe eröffnet sich der praktischen Philosophie mit der Analyse der Chancen und Grenzen einer an der Idee der Humanität ausgerichteten gesellschaftlichen Planung. Hier ist der theoretische Ort, die Voraussetzungen und Folgen eines falschen Selbstverständnisses von Planung zu erörtern und sowohl an einer naiven Planungseuphorie Kritik zu üben wie an ihrer zivilisationspessimistischen Antithese. Denn es läßt sich zeigen, daß weder das endgültige Glück der Menschheit hergestellt noch das Humanum selbst, eine sinnerfüllte Existenz des Menschen, direkt geplant werden kann. Gleichwohl ist gesellschaftliche Planung diesen Zielen gegenüber weder belanglos noch gleichgültig. Sie befindet vielmehr über die limitierenden Grund- und Rahmenbedingungen; sie erstellt oder verbaut die erforderlichen Lebensverhältnisse, unter denen die Menschen sich selbst verwirklichen: unter denen sie eine erfüllte personale Existenz führen können.

Ohne Zweifel hat die Philosophie in der Bundesrepublik solche und ähnliche Aufgaben noch wenig in Angriff genommen. Schon die traditionellen Grenzziehungen im Wissenschaftsbetrieb erweisen sich als großes Hindernis. Die (analytische) Wissenschaftstheorie konzentriert sich auf eine vornehmlich rekonstruierende wissenschaftliche Methodenlehre, die allenfalls zu einer Logik rationaler Entscheidung, nicht aber zu einer kritischen Erörterung des zugrunde liegenden Rationalitätsbegriffs führt. Entsprechend ist die politische Philosophie in ihrem Gefolge vorwiegend mit der Legitimationsproblematik von Herrschaft und Staat oder der Institutionsfrage beschäftigt, und die normative

Ethik wendet sich ausschließlich der Explikation und Begründung von Normen des persönlichen Lebens zu. Daß diese Disziplinen für sich ihr Recht haben, bleibt unbestritten. Die Reflexion der neuen Wirklichkeit, der gesellschaftlichen Planung, liegt jedoch erst im Schnittfeld dieser Disziplinen. Im Überschreiten traditioneller Grenzen und im Rückgang auf eine zugleich erkenntniskritische und normative philosophische Reflexion eröffnet sich angesichts der gegenüber den traditionalen Gesellschaften veränderten soziokulturellen Lage ein Aufgabenfeld, in dem die Philosophie exemplarisch ihre Kompetenz und Relevanz erproben kann, statt ihre Nutzlosigkeit oder auch ihre intangible Bedeutsamkeit bloß zu beteuern.

3. Philosophie und humane Existenz

Das Humanum, das sich der konstruktiven Planung entzieht, und die ihm zugrunde liegende regulative Idee eines zugleich guten und vernünftigen Lebens gehören nach wie vor zu den vornehmsten Gegenständen philosophischer Reflexion. Die Griechen nannten es ἐυ ζῆν, das gelungen geglückte Leben, die sinnerfüllte Existenz. In diesem Problembereich der (normativen) Philosophie der Praxis hat die Philosophie seit Platon und Aristoteles Kompetenz beansprucht und sie – im Gegensatz zur spekulativen Kurzgeschichte des Kompetenzverfalls (Marquard) – auch immer wieder realisiert, zum Teil geradezu epochemachend wie in der Moralphilosophie Kants. An diesen Sachverhalt zu erinnern, heißt zugleich an einer Bestimmung und Chance der Philosophie festzuhalten, die anthropologisch fundamental ist und sich gegenüber jedem Versuch, sie für obsolet und nichtig zu erklären, resistent verhält. Im übrigen erweist sich philosophische Ethik im engeren Sinn zugleich als eine notwendige Ergänzung zur philosophischen Reflexion gesellschaftlicher Planung.

Was aber läßt sich unter »sinnerfüllter Existenz« verstehen? ›Sinn‹ ist eine Kategorie des Selbstzwecks, des Unbedingten, des Vernünftigen, dessen angemessene Reflexion sich einem Denken versperrt, das im Bereich des Bedingten verharrt und in der Tradition des deutschen Idealismus verstandesmäßiges Denken genannt wurde. Eine erste Aufgabe philosophischer Ethik besteht deshalb darin, in einer transzendentalen Analyse das Moment des Unbedingten im menschlichen Handeln zu explizieren. Versteht man mit Aristoteles das menschliche Handeln als ein Streben, als ein spontanes Zulaufen auf ein Ziel, dann ist das Unbedingte als ein höchstes Ziel zu verstehen, als die Eudaimonie, die Aristoteles zu Recht via eminentiae als qualitativ vollständige Erfüllung menschlichen Strebens (αὐτάρκεια) bzw. als τὸ τελείοτατον (das, was in hervorragender und endgültiger Weise Ziel ist) bestimmt hat, d. h. als Ziel, über das hinaus kein anderes Ziel mehr gedacht werden kann. In der neuzeitlichen Philosophie wird die Verantwortlichkeit menschlichen Handelns nicht mehr vom Strebens-, sondern vom Willensbegriff her verstanden, die Problematik des Unbedingten deshalb zu einem schlechthin ersten Anfang des Handelns verschärft. Dieser Anfang ist mit Kant via reductionis als Autonomie der Vernunft, als Freiheit im strengsten, im transzendentalen Verstande zu begreifen. Gegenwärtig ist die Begründungsproblematik zwar wieder zu einem Schwerpunkt der philosophischen Auseinandersetzung avanciert. Im Diskussionsfeld zwischen der utilitaristischen Ethik, der analytischen Kant-Rezeption (Prinzip der Verallgemeinerung), der praktischen Philosophie der sogenannten Erlanger Schule, dem Modell eines praktischen Diskurses bei *Habermas* und *Apels* Idee einer Kommunikationsgemeinschaft konnte sie aber noch nicht zufriedenstellend gelöst werden, und zwar – wie uns scheint – deshalb nicht, weil der Unbedingtheitscharakter des ethischen Gegenstandes und die ihm gerecht werdende transzendentale Analyse nicht ausreichend beachtet sind.

Freilich ist die transzendentale Analyse im Rahmen einer philosophischen Ethik nicht mehr als ein erster Abschnitt. Einen zweiten bildet das vielfältige Geschäft philosophischer Kritik. Erziehungsprozesse, Handlungsweisen, Lebensanschauungen und auch die Verhaltenswissenschaften sind daraufhin zu prüfen, ob und inwieweit sie einer sinnerfüllten Existenz Raum geben oder ob sie ihn nicht vielmehr verstellen, da sie doch offensichtlich den Prinzipien der Eudaimonie und der Freiheit zuwiderlaufen. Hierhin gehört etwa eine Kritik des Behaviorismus unter dem Aspekt, daß er die Dimension menschlicher Verantwortung und Freiheit eliminiert, aber auch eine Kritik des Determinismus in der zeitgenössischen Variante, nach der man alle Verantwortlichkeit tendenziell auf ein unbestimmtes Kollektiv, die Gesellschaft, oder auf die Geschichte im ganzen abzuwalzen versucht.

Ein drittes Aufgabenfeld betrifft konstruktive Entwürfe von Normen, Verhaltensweisen und Lebensformen unter dem Vorgriff auf Sinnerfüllung, auf Eudaimonie und Freiheit. Solche Entwürfe können nicht zu ausbuchstabierten Handlungsvorschriften führen. Philosophie ist weder für das Heil noch für das Nutzenwissen und auch nicht für das konkrete menschliche Glück kompetent. Dieser Kompetenzmangel ergibt sich nicht etwa aus der Resignation am Ende einer Kompetenz-Reduktionsgeschichte, sondern aus der Einsicht in Methode und Sinn von Philosophie sowie in die Eigentümlichkeit des ethischen Gegenstandes. Denn je nach den persönlichen Interessen und Fähigkeiten, je nach der individuellen und gesellschaftlichen Lage stellt sich sinnerfülltes Handeln mit Notwendigkeit unterschiedlich dar. Das »moralphilosophische Vademecum« (Rassem), das aus einer ethischen Theorie hervorgehen könnte, wäre von einer nicht gewohnten Art, einer Art, die man als »Rationalität der Freiheit« bezeichnen könnte. Unter dem Vorgriff auf das schlechthin Gute, die Eudaimonie bzw. die Freiheit, führt die philosophische Ethik Grundriß(τ ὑπω)-Analysen durch, wie es etwa Aristoteles in der Nikomachischen Ethik für die im Kontext der griechischen Polis relevanten Lebensformen und Situationstypen unternommen hat[3]. Sicher ist auch diese Aufgabe in der gegenwärtigen Philosophie deutlich vernachlässigt. Aber statt vor den unbezweifelten Erfolgen der Verhaltenswissenschaften zu kapitulieren, die zwar das notwendige empirische Wissen erbringen, aber nicht für eine Rationalität der Freiheit kompetent sein können, sollte und könnte die philosophische Ethik auf dem neuzeitlichen Reflexionsniveau und in bezug auf die zeitgenössische Lebenswelt sittliche Grundhaltungen diskutieren und sie (neben den klassischen Tugenden etwa Toleranz, Solidarität usf.) von den Prinzipien Eudaimonie und Freiheit her begründend entwickeln.

4. Zum Zweck der Philosophie

Herausgefordert durch die nicht zu Unrecht beschworene Sinnkrise in den komplexen Industriegesellschaften und aus Anlaß einiger skeptischer Diskussionsbeiträge zur Funktion der Philosophie, sollten unsere Überlegungen wesentliche Aufgaben der Philosophie deutlich machen, die sich ihr im Rahmen der Wissenschaften und der Gesellschaft stellen und deren Bewältigung ihr durchaus gelingen könnte. Daraus resultiert unsere Hauptthese, daß Philosophie sowohl als Erkenntnis- und Wissenschaftskritik wie als praktische Philosophie eine entscheidende und durch nichts zu ersetzende Funktion besitzt. Es wäre jedoch ein Mißverständnis, wollte man annehmen, daß die Philosophie dadurch auf bestimmte Funktionen reduziert und ein nichtfunktionales Philosophieren für unmöglich oder sinnlos erklärt würde. Tatsächlich sollte nur gezeigt werden, daß die Philosophie zur Erfüllung von wissenschaftlich und gesellschaftlich relevanten Aufgaben fähig ist und daß die Übernahme dieser Aufgaben in einem doppelten Sinn unverzichtbar wird. Sie wird es sowohl für die Philosophie, wenn sie sich nicht für ein Glasperlenspiel, sondern für die sinnbestimmende Analyse von Wirklichkeit hält, als auch für die Wissenschaften und die Gesellschaft, wenn

---

[3] Vgl. Otfried Höffe, Praktische Philosophie – Das Modell des Aristoteles. München/Salzburg 1571. Teil II.

diese sich unter Kriterien von Methode, von Freiheit und Humanität stellen.

Durch den Erweis von wissenschaftlichen und gesellschaftlichen Aufgaben wird die Philosophie keineswegs funktionalisiert bzw. ihrem eigentlichen Wesen entfremdet und zu einem Mittel für andere Mächte und deren Zwecken degradiert. Denn weder sind die Zwecke, denen die Philosophie dort dient, ihrem eigenen Wesen fremd, noch ist mit jenen Funktionen der Aufgabenbereich der Philosophie schon vollständig durchschritten. Die Philosophie dient nämlich nicht in erster Linie dem immanenten Fortschreiten von Wissenschaft und Gesellschaft als solchem. Sie dient vielmehr Zwecken, die – wie Wissenschaftlichkeit und Freiheit – für die Philosophie selbst konstitutiv sind, sofern man sie nur als methodisch bestimmte Form des Wissens und zugleich als Tätigkeit von Menschen unter der leitenden Idee des Humanen begreift. Die Suche nach wissenschaftlichen und gesellschaftlichen Funktionen der Philosophie stößt also auf Zwecke, die ihr nicht äußerlich und fremd, sondern die im Gegenteil für sie wesentlich sind. Darüber hinaus übernimmt die Philosophie ihre Funktionen, ohne sich von außen vorschreiben zu lassen, *wie* sie es tun sollte; folgt sie doch ihren eigenen Methoden. Zu einem methodischen Philosophieren gehören etwa die logische Begriffsbildung, die Vergewisserung einer empirischen Basis durch empirisch-analytische, hermeneutische oder phänomenologische Verfahren sowie durch kritische Kenntnisnahme der einzelwissenschaftlichen Resultate; ferner rechnen dazu die axiomatisch-deduktive und die analytisch-reduktive Untersuchung begrifflicher Strukturen, die transzendental-kritische Rückwendung des begrifflichen Denkens auf sich selbst sowie die dialektisch-systematische Entwicklung ihrer Begriffe[4].

Durch solche genuin philosophischen Methoden wird weniger unser bestehendes Sachverhaltswissen erweitert als der mit dem Sachverhaltswissen beschrittene Weg des Menschen, die Welt und sich selbst methodisch zu erschließen, auf einer zweiten (reflexiven) Ebene fortgesetzt. Indem die konstitutiven Elemente eines methodisch gewonnenen Sachverhaltswissens: die Kategorien, Kriterien, Methoden usf. selbst einer methodischen Kontrolle unterworfen werden, kommt das natürliche Streben des Menschen nach Wissen, von dem schon der erste Satz der aristotelischen Metaphysik gesprochen hat, in einem formalen (nicht materialen) Sinn zu Ende. Autonome Philosophie ist sonach zum

---

[4] Zur Bestimmung der Philosophie und ihrer Methoden vgl. Hans-Michael BAUMGARTNER/Helmut KRINGS, Christof WILD, Art. Philosophie. In: Handbuch philosophischer Grundbegriffe. München 1973/74. S. 1071–1087, insbes. 1080 ff.

einen jene Theorie des Wissens, durch die der Mensch als das zum Wissen und zur Wahrheit fähige Wesen zu sich selbst kommt. Analog verhält es sich im Bereich des (sittlichen) Handelns: die einmal begonnene Bewegung des Menschen, nicht blind seinen Trieben und Leidenschaften zu folgen, sondern der Vernunft gemäß zu leben, und die im sittlichen Handeln realisierte Distanzierung des Menschen von sich als naturalem Wesen kommt erst dann zu ihrem formalen (nicht materialen) Ende, wenn das Leben nach der Vernunft noch einmal auf die Elemente, Kriterien und Prinzipien seiner Vernünftigkeit hin reflexiv analysiert wird. Autonome Philosophie ist daher zum anderen jene Theorie des (sittlichen) Handelns, durch die der Mensch als das zum Handeln und zur Sittlichkeit fähige Wesen zu sich selbst kommt. In den beiden wechselseitig aufeinander bezogenen Formen, in der Theorie des Wissens und in der des Handelns verfolgt die Philosophie – jenseits der gerade dadurch mitbegründeten Funktion innerhalb der Wissenschaften und der Gesellschaft – das ihr eigentümliche Telos und erweist sich somit – neben ihrer wissenschaftlichen und gesellschaftlichen Relevanz – als eine autonome Tätigkeit des Menschen. Ihr Verständnis als Zweck an sich selbst (Autonomie) steht nicht im Widerspruch zu ihrer Funktion, sondern im Verhältnis materialer Einheit und formaler Wechselbegründung. Die Frage nach dem Sinn und Rechtfertigung der Philosophie, nach ihrem Wozu, ist darum nicht schon als Frage die Bestätigung ihres Endes in instrumenteller Vernunft; sie läßt sich überdies auch sinnvoll beantworten.

Perspektiven pragmatischen Philosophierens

Bleibende Funktionen der Philosophie

Nach wie vor hat die Philosophie *erstens* so etwas wie eine sokratische Funktion, wie man sie nennen könnte – eine Aufgabe, die Experten ins Gespräch zu ziehen, Perspektiven und Interessen der Allgemeinheit oder des Allgemeinen einzubringen und in einer gewissen Integrationsfunktion über die verschiedenen Disziplingrenzen hinweg als ein Forum und Brennpunkt der Diskussion (besonders an der Universität) zu wirken. Dies wird besonders deswegen immer wichtiger, weil die Koordinierung von interdisziplinären und fächerübergreifenden Problemen zunehmend schwieriger und nötiger wird: Systemprobleme, Zielsetzungs- und Wertprobleme gewinnen immer größere Aktualität und Bedeutsamkeit bei fast allen umfangreicheren langfristigen und mittelfristigen Planungsproblemen. Dies soll im folgenden noch näher behandelt werden.

Der Philosoph bleibt *zweitens* wie eh und je ein Fachmann für eine zwar tastende, aber in gewisser Weise doch wagende argumentative Behandlung des Normativen, selbst wenn er keine absolute Moralphilosophie oder absolut begründete Kritik vorlegen kann. Dies scheint im übrigen für die Moraltheologie ebenso zuzutreffen wie für die Moralphilosophie. Im Unterschied zur Philosophie scheint jedoch offenbar die Moraltheologie durchaus noch publizitätsfähig zu sein.

Man muß es *drittens* auch weiterhin als eine sinnvolle Aufgabe oder als ein Arbeitsfeld für die Philosophen ansehen, am exemplarischen Problem eine Erziehung zur rationalen Diskussion zu vermitteln. Die Einübung disziplinierter und disziplinierender Diskussionsmethoden, der Logik, der sachlichen Argumentation – gerade auch etwa im Normativen – scheint nach wie vor für Studenten, ja, besonders für heutige Studenten, keineswegs überflüssig zu sein.

Ich glaube, auch hier könnte und müßte der Philosoph heute und künftig eine wichtige Erziehungsfunktion ausüben.

Es existiert *viertens* auch heute noch ein Bedürfnis nach philosophischen Fragestellungen. Man kann mit Lübbe[1] ein gewisses Sinn-

---

[1] Vgl. Hermann Lübbe, Wissenschaftspolitische Aspekte der Philosophie. In: Wirtschaft und Wissenschaft, 21 (1973), H. 1, S. 17–23.

erfahrungsvakuum diagnostizieren, einen Mangel an Identitätsfindung und -konsolidierung, der ein intellektuelles Orientierungsbedürfnis erzeugt. Das Ausmalen alternativer Utopien spielt für die intellektuelle Orientierung eine wesentliche Rolle. Warum soll man all das allein den Erfahrungswissenschaftlern, den Zukunftswissenschaftlern überlassen, die mit Szenariotechniken auch eher spekulativ, wenn auch teilweise von Daten hochgerechnet oder extrapoliert, globale Zukunftsentwürfe machen? Warum sollte man das den (eben nur angeblich rein empirischen) Zukunftsforschern zutrauen und nicht auch zum Beispiel gerade beim Entwerfen alternativer Utopien etwa Sozialphilosophen eine Chance geben? Die Diskussion der letzten Jahre hat gezeigt, daß sich hier sogar wirksame Möglichkeiten der politischen Einflußnahme bieten; greifen der Vernunft verpflichtete Philosophen diese Diskussion nicht auf, wächst die Gefahr, daß der Freiraum von ideologischen Taktikern besetzt und die Diskussionsfunktion usurpiert wird.

Fünftens wäre das altbekannte Hegelsche Wort anzuführen, daß die »Philosophie ihre Zeit in Gedanken erfahren« sei, stets und immer erneut als eines ihrer Hauptthemen die Diagnose des Zeitgeistes der Gegenwart zu versuchen habe. Dies gilt zumindest seit Nietzsches Prophetie von der Heraufkunft des europäischen Nihilismus in dramatischer Zuspitzung.

Hierzu gehört auch zweifellos *sechstens* das Ansprechen der öffentlichen Probleme im Bereich der Philosophie und von seiten der Philosophen. Es ist sicherlich ein wesentlicher Grund für den Mangel an Resonanz der Philosophie in der Öffentlichkeit, daß dies jahrzehntelang vernachlässigt wurde. Kaum einmal haben Philosophen seit Jaspers' Beispiel wieder zu den aktuellen öffentlichen Fragen Stellung genommen – nicht einmal, soweit diese Moralisches betreffen. Die Diskussion um die Abtreibung und den § 218 StGB, um Geburtenregelung, Tötungsbeihilfe, um das Dilemma zwischen dem Recht jedes einzelnen auf Leben und dem Recht auf einen menschenwürdigen Lebensstandard in einer Zeit der Bevölkerungsexplosion sind unabhängig von einer »professionellen« philosophischen Stellungnahme geführt worden. Und auch solche Fragen, die an die Grundrechte rühren, wie jene über Menschenwürde, Freiheit und Gesellschaft, Individualisierung gegenüber sozialen Werten, Individualismus gegen Sozialismus, Freiheit und Manipulation, Rationalität bei der Setzung und Projektion von Planungszielen, über Feststellung und Wirkung technologischer Machbarkeit und der mit ihr verbundenen Normativität technologischer Möglichkeiten: man solle alles das auch herstellen, was man herstellen kann, schließlich die politischen Partizipationsprobleme, Fragen von Mitspracherechten, ja, die Begründung der Prinzipien unserer repräsentativen Demokratie selbst – alles das sind Probleme, die durchaus *normative* Gesichtspunkte enthalten und letztlich auf *philosophischen* Grundüberzeugungen beruhen oder zumindest mitberuhen. Der Philosoph ist hier herausgefordert und könnte und sollte Stellung beziehen.

Etikettenschwindel?

In diesem Zusammenhang ist zu sagen, daß offenbar die philosophischen Stellungnahmen heute kaum mehr unter dem Etikett »Philosophie« die Öffentlichkeit erreichen können und diskutiert werden. Man könnte behaupten, das Etikett »Philosophie« habe abgewirtschaftet, und diese Tatsache sei aufzufassen als eine gewisse »gesunde« Reaktion auf die absolutistische Epoche der Philosophie und deren zentralistische Wahrheitsverwaltung mit ihrem hochfliegenden Übermut oder ihrem überfliegenden Hochmut, nämlich dem Anspruch, vermeintlich zu allen Problemen eine logisch eindeutig ableitbare Lösung aus absolut gewissen Axiomen zur Hand zu haben. In der Tat waren es in den letzten Jahren durchaus *philosophische* Thesen und Kritiken, die sozial- und kulturpolitischen und im allgemeinen Sinne gesellschaftspolitischen Einfluß gewannen: Marx's politisch wirksame Thesen, teilweise mißverstanden, sind nicht diejenigen des Ökonomen Marx, sondern des Sozial- und Geschichtsphilosophen Marx, der ein Utopist, ein Visionär war, teilweise als ein neuer Heiliger verehrt wurde und wird. Marx war und ist *Philosoph* und als *solcher* durch seine Ideen wirksam gewesen. Die Grenze zwischen Philosophie und Ideologie ist oft kaum auszumachen. Vielleicht kann Philosophie, wenn nicht kritisch-aufklärerisch, so manchmal nur ideologisch in eine größere Öffentlichkeit hineinwirken – dies kann hier nicht diskutiert werden.

Jedenfalls ist ihre – oft eher mittelbare – gesellschaftliche und politische Auswirkung nicht zu leugnen. Oft traten in den letzten Jahrzehnten philosophische Aussagen unter dem Signum der Soziologie auf. So war die sogenannte kritische Sozialwissenschaft der Frankfurter Schule eine Sozial*philosophie,* die sich als Wissenschaft drapierte; dabei mag das Phänomen der ideologischen Aufwertung der eigenen Bemühung durch das Prädikat ›wissenschaftlich‹ eine gewisse Rolle gespielt haben. Entsprechendes gilt auch für andere Thesen und Problemlösungsvorschläge, die teilweise unter dem wertgeladenen Markenetikett »Wissenschaft« »verkauft« werden, in Wahrheit jedoch *philosophische* Stellungnahmen umfassen: z. B. für Gesellschaftstheorie, Ideologiekritik, Normen- und Wertprobleme, sog. Methodenprobleme usw.

Rehabilitierung der praktischen Philosophie

Allgemein läßt sich konstatieren: Einen gewissen Aufschwung der Philosophie hat es zumindest dem Bedarf nach gegeben – für die Sozialphilosophie und wohl auch für die Moralphilosophie, allgemeiner für die praktische Philosophie. In diesem Sinne kann man heute mit einer gelungenen und vielleicht sogar begrenzt öffentlichkeitswirksamen schlagwortartigen Formulierung von einer Wiedererstarkung, einer »Rehabilitierung der praktischen Philosophie« (Riedel) sprechen und zwar von einer Rehabilitierung der praktischen Philosophie aus praktischen Gründen und unter dem Druck (lebens)praktischer Probleme. Für diese Revitalisierung der praktischen Philosophie lassen sich viele Gründe anführen, von denen einige kurz zusammengefaßt seien: Neben dem *zuerst* zu nennenden methodologischen Erfordernis der Spezialwissenschaften, ihre Grundlagenprobleme wissenschaftstheoretisch zu erörtern, sind *zweitens* anzuführen: die Orientierungs- und Identitätssicherungsbedürfnisse, das Zieldefizit in chronisch virulenten »Orientierungskrisen« (insbesondere bei der jeweils heranwachsenden akademischen Generation); diese zutreffende Diagnose von Lübbe[2] erklärt einiges von der vor anderthalb Jahrzehnten grassierenden Ansteckungswirkung ideologisierter traditioneller Heilslehren in der Universität (und neuerdings auch der sog. Jugendsekten) von z. T. philosophischen Ansätzen in nichtphilosophischer (nicht-analytischer, nicht erkenntnisbezogener) Funktion. Allerdings bin ich nicht der Meinung Lübbes[3], die Philosophie sei nun auf die Aufgabe des »Orientierungskrisen-Managements« durch die »professionellen Konfusionsspezialisten«, die Seminarphilosophen, zusammenzustreichen.

Der *dritte* Grund für die Wiederbelebung der Philosophie liegt in der Ausdehnung überfachlicher Problemverflechtungen angesichts der jede Einzeldisziplin übergreifenden kulturell-sozial-politisch-ökonomisch-ökologischen Systemzusammenhänge: Einzelne Fachexperten einer Disziplin können, auf sich gestellt, die Problemlage einfach nicht mehr überschauen. Neben der Notwendigkeit interdisziplinärer und teamartiger Kooperation entsteht für jeden ein gewisser Zwang zur Lücke, wird auch »Mut zur Beschränkung auf das Wesentliche«, oft auch »Mut zur Lücke«, zu Perspektivenbegrenzungen in der Einzel-

---

[2] Vgl. Hermann LÜBBE, a.a.O.; sowie: DERS., Philosophie als Aufklärung. In: Manfred Riedel (Hrsg.), Rehabilitierung der praktischen Philosophie. Bd. 1. Freiburg 1972. S. 243–265; DERS. (Hrsg.), Wozu Philosophie? Berlin 1978.
[3] LÜBBE, Wissenschaftspolitische Aspekte der Philosophie. In: Wirtschaft und Wissenschaft, 21 (1973), H 1, S. 17–23.

sicht, und zur Toleranz gegenüber anderen Ansätzen sowie die Einsicht von deren Notwendigkeit unerläßlich. Dies wiederum eröffnet dem Mut zur Kritik, zur konstruktiven Spekulation neue Spielräume. Generalisten werden gebraucht – doch nicht nur diese, sondern auch *Universalisten*. Der »Spezialist für das Allgemeine«, als welcher der Philosoph traditionell oft bezeichnet wurde, der philosophische Universalist oder Globalist, der neben dem erfahrungswissenschaftlichen Generalisten stehen sollte, kann heute angesichts der Problem- und Informationsexplosion der letzten Jahrzehnte kein Universalgenie mehr sein: Ein Leibniz ist nicht wiederholbar. Zu Recht enttäuscht worden sind die hochfliegenden Hoffnungen des Deutschen Idealismus in dieser Hinsicht, nämlich die Ansprüche, alle Probleme ließen sich ohne ernsthafte Erfahrungskontrolle allein durch spekulatives Denken lösen. Doch generalistische und universalistische Stellungnahmen zu fächerübergreifenden Fragen sind nach wie vor nötig.

Sie können sich nur verwirklichen in der inter- und supradisziplinären Zusammenarbeit, im Teamwork von Wissenschaftlern, Philosophen – der Philosophen verschiedener Richtungen – und anderer Generalisten. Ein gesprächsoffenes Philosophieren und spekulativ-konstruktiv-synthetisches inhaltliches Denken ist neben aller präzisierenden zerlegenden Analyse nötig zur Sicherung der Deutungsvielfalt und zur Zusammenordnung von schöpferischen Neuansätzen. Eine vielseitige Diskussion zur Konfrontation und zur wechselseitigen Korrektur zwischen Fachwissenschaftlern, Philosophen und Praktikern – etwa Planern und Politikern – ist ein Gebot der Stunde. Die schon erwähnte sokratische Aufgabe, welche die Philosophie auch gegenwärtig übernehmen sollte, nämlich Anreger und Brennpunkt der fachübergreifenden Gespräche zu sein, führt mit einer gewissen inneren Notwendigkeit zur teamartigen Arbeitsteilung – im übrigen auch in der Philosophie selbst.

Hinsichtlich der Zusammenarbeit der Philosophie mit den Verhaltenswissenschaften und auch den Naturwissenschaftlern läßt sich zustimmend Adornos These zitieren: »Unter den fälligen Aufgaben der Philosophie ist sicherlich nicht die letzte, ohne amateurhafte Analogien und Synthesen dem Geist die naturwissenschaftlichen Erfahrungen zuzueignen.«[4] Ich möchte dieses Zitat nicht nur auf die naturwissenschaftlichen, sondern auf alle verhaltenswissenschaftlichen (insbesondere die sozialwissenschaftlichen) Resultate und bei den Naturwissenschaften insbesondere auch auf die Biologie bezogen wissen, ohne

---

[4] Theodor W. ADORNO, Wozu Philosophie. In: DERS., Eingriffe. Frankfurt 1963. S. 25.

behaupten zu wollen, daß alle oder auch nur einige der geistigen oder
philosophischen Probleme völlig auf natur- oder verhaltenswissen-
schaftliche zurückführbar wären.

Den *vierten* Grund für die neue Aktualisierung der Philosophie bieten
Bewertungsfragen und die Erstellung und Rechtfertigung von Beurtei-
lungskriterien, z. B. für Planungsentwürfe und Diskussionen im Lichte
erfahrungswissenschaftlich und praktisch voraussehbarer Konsequenzen, die wiederum anhand von Werten, letztlich von Grundwerten zu
beurteilen sind. Eine vernünftige Diskussion über Werte und Normen
ist möglich. Wenn auch keine absoluten Aussagen über Grundwerte
verlangt werden können, so kann doch die Annahme oder Verwerfung
von Normen, sogar von Grundnormen rational diskutiert werden,
nämlich angesichts anderer, als höherrangig eingeschätzter (Grund-)
Werte oder hinsichtlich der beurteilbaren Konsequenzen. Es gibt
durchaus praktische, praktikable Argumente und im allgemeinen auch
Übereinstimmungs- und Zustimmungsmöglichkeiten im Normativen, ohne daß deshalb strikte Ansprüche auf eine absolute Letztbegründung von Werten und Normen erfüllt werden müßten oder könnten
und ohne daß etwa notwendig die absolute Erzeugung einer voll ausgearbeiteten inhaltlichen Moral aus einem letzten Grund beschworen
werden müßte. Das Gesagte über die Diskutierbarkeit gilt besonders
für Zielprojektionen, für Systemplaner, die heute geradezu nach »neu-
en Werten«, »neuen Normen« rufen. Bei Zielbegründungsproblemen,
Zielsetzungsfragen, Zielplanungsdurchführungen und in ähnlichen
Zusammenhängen wird die Philosophie neuerdings immer wieder dazu aufgefordert, Rezepte für neue Werte, neue Normen, neue Zielprojektionen, neue Leitlinien zu entwickeln. Sie ist aber keine Rezeptwis-
senschaft, sondern eine Bewußtmachungsdisziplin.

Man hat gemeint – so Ozbekhan[5] sehr pointiert –, die Technologen
hätten ihre Schuldigkeit getan, nun seien die Philosophen wieder an der
Reihe. Die Philosophen aber hätten sich bis zur Selbsttrivialisierung auf
Sprachgebrauchsanalysen, auf bloße historische Hermeneutik und deren Auslegungskünste oder formale Kalkülkonstruktionen zurückgezogen. Ohne die Verdienste und unverzichtbaren Ergebnisse der analytischen Philosophie schmälern zu wollen, muß man feststellen, daß
dieses Urteil zum guten Teil berechtigt ist. In ihrem falsch verstandenen Gewißheitsstreben waren nämlich die Philosophen zu vorsichtig,

---

[5] Vgl. H. OZBEKHAN, Toward a General Theory of Planning. In: E. Jantsch (Hrsg.),
Perspectives of Planning. Paris 1969. S. 47–155.

zu mutlos; sie haben lieber triviale, aber objektiv lösbare, als dringend wichtige Probleme behandelt. Analytische Philosophen haben vielfach die Probleme beiseitegelassen, die uns unter den Nägeln brennen, die aber heute zu wichtig sind, als daß man Jahrhunderte darauf warten könnte, bis man über präzisere Instrumente zu ihrer Behandlung verfügt oder gar eine endgültige Lösung erzielt. In der Philosophie gibt es kaum endgültige Lösungen. Dies gilt gerade auch dann, wenn bestimmte Problementwicklungen, die Entdeckung neuer Gesichtspunkte, neue Grundeinsichten nicht mehr übergangen werden können, geistesgeschichtlich nicht mehr rückgängig zu machen sind. Die Hoffnung allerdings, von den Philosophen neue, absolut sicher und strikt fundierte Werte und Normen, gleichsam neue Rezepte zu erhalten, ist logisch überzogen und utopisch; dies dürfte ein wichtiges Ergebnis der wissenschaftstheoretischen Diskussion der letzten Jahrzehnte sein. Es gibt keinen philosophischen Königsweg zur Lösung aller Probleme. Insbesondere die Forderung der Technologen und Planer nach »neuen Werten« und Zielen ist überzogen, wenn sie in den Anspruch an den Philosophen mündet, daß dieser absolut gültige Rezepte liefere.

Allgemein darf man sogar die These wagen, daß die überkommenen philosophischen Wertsysteme hinsichtlich der Normen- und Gesetzesbildung – zumal in Hinsicht auf die Erhaltung (oder gar Wiederherstellung) der »Natur« und »Natürlichkeit« – noch keineswegs ausgeschöpft sind. Die Probleme der Wertrechtfertigung scheinen im wesentlichen nicht in den letzten Grundlagen zu stecken, sondern bei der *Anwendung* von Bewertungen, in der Abgrenzung von Reichweiten, mehr in den Gewichtungsfragen und Prioritätskonflikten, in den Ausführungsmodalitäten und bei den praktischen normativen Auswertungen der Sekundärwerte, also in der Anwendung eher als im Konsens über Grundwerte. Über die letzten Fundamentalwerte in abstrakter Bezeichnung ist man sich zumeist oder bald relativ einig, soweit es sich um kultur- oder institutionssichernde Werte handelt und sobald man nicht einzelne von ihnen dogmatisch verabsolutiert und dadurch andere »unterdrückt«. Es lassen sich »funktionale« (auf Durchführbarkeit, Übersichtlichkeit, Ordnung, Wirksamkeit, Dauer und Sicherung ausgerichtete) Überlegungen und Argumente im Lichte von Grundwertbeurteilungen beibringen – etwa zur Erhaltung menschlichen Lebens und zur Sicherung des menschenwürdigen Überlebens –, die durchaus eine Chance auf Einsehbarkeit über Kulturgrenzen hinweg haben; dies zumindest innerhalb einer Epoche, in der die abendländische Kultur sich weltweit ausbreitet und, fragwürdig genug, alle anderen Kulturen zu »überrollen« scheint. Auch dabei sind Fragen der Gewichtung, sind

Konflikte der Priorität und Akzentsetzung und andere Schwierigkeiten zu berücksichtigen.

So darf man vielleicht doch mit vorsichtigem Optimismus für die Wiedererstarkung der praktischen Philosophie in die Zukunft sehen – mit einem gewissen »Mut zur Utopie« und in der Hoffnung auf die Verwirklichung der noch unwahrscheinlich anmutenden Vernünftigkeit. Darin besteht vielleicht die geschichtlich wirksame, aber absichtslose »List der Vernunft«, daß von Vorbedingungen und vom Ablauf bestimmte Systemzwänge angesichts der globalen Problemverflechtungen und der wechselseitigen Abhängigkeiten zunehmend die Vernünftigkeit aus Eigeninteresse (etwa auch bei den Großmächten) unterstützen. Doch der nur in sog. »überraschungsfreien«, von Wahnsinnstaten absehenden Szenarios abzusteckende »Weg der Vernunft« ist weit – unendlich weit? Jedenfalls ein Weg, der in eine bestimmte Richtung führt. Die Philosophie kann und muß bei der Trassenprojektierung mithelfen. Entsprechend ihrer Grundentscheidung zur Vernunft, gerade auch im Normativen, darf sie nicht den Kopf in den Sand stecken – es sei denn, sie gäbe alles Lebenswerte, alle Lebenswerte auf und ergäbe sich einem umfassenden Nihilismus, der nicht einmal Nietzsches »nihilistischer« Heroismus sein könnte.

Mut zum Entwurf

Insgesamt verbindet sich also das Plädoyer für die Wiedererstarkung und Bestärkung der Philosophie angesichts neuer Anforderungen und Aufgaben mit einem Appell zu einer offenen Zusammenarbeit unterschiedlichster wissenschaftlicher und intellektueller Bemühungen, einer Aufforderung zu mehr und mutigen Entwürfen, zu Neuansätzen, zur Kreativität, zum Überwinden der Auffassung, Philosophie sei bloß ein Sammelbecken rein analytischer Techniken, zu mehr spekulativer Konstruktion, zu mehr Mut bei inhaltlichen Entwürfen und wertendurteilenden Stellungnahmen. Wir haben die Ergebnisse ernst zu nehmen, daß die bloßen Untersuchungen von Methoden, etwa in der Wissenschaftstheorie und in der analytischen Philosophie, für sich genommen oder allein zur Lösung von inhaltlichen Problemen nicht sehr viel beitragen können. Der Optimismus über neue, von der Lebenspraxis orientierte pragmatische Aufgaben der Philosophie kann sich nicht auf einen inhaltlichen Erzeugungsmechanismus für optimale Problemlösungen gründen, sondern auf einen Bedarf, der von außen – wenn man so will: von der »Gesellschaft« – an die Philosophie herangetragen wird. Er stellt sich praktisch in einer dialogischen oder sokratischen Brennpunkt- und Forumsaufgabe dar, in der Hoffnung auf deren

Durchführbarkeit und Wirksamkeit. Vornehmlich ist hier die Universität gefordert – trotz aller deprimierenden Erfahrungen vergangener Jahrzehnte über die aufklärerische Wirkung philosophischer Belehrung, trotz allen Mißbrauchs philosophischer Ansätze zu Ideologien der Gewalt- oder der Teilgruppenherrschaft. Es wurde schon zugegeben, daß der hier vielleicht etwas zu pointiert vertretene, wohl noch zu relativierende Optimismus teilweise von der Art einer »ihre eigene Erfüllung bewirkenden Vorhersage« ist, ähnlich einem Palmström-Argument schließend, »daß nicht sein kann, was nicht sein darf«. Daher ist dieser vorsichtige Optimismus mit Appellcharakter darauf angewiesen, daß Philosophen in engagierter Mitarbeit die Eigendynamik dieser optimistischen Prognose fördern und diese tatkräftig lancieren.

Aufgaben von Philosophen

Es gehört u. a. zur Aufgabe des Philosophen, daß er in einen Freiraum hineinspringt, den zu betreten Fachexperten der Einzelwissenschaften sich oft scheuen. Es gibt bestimmte philosophische Methoden, die nicht den Wissenschaften im engeren Sinne zugehören, sondern über den erfahrungswissenschaftlichen Rahmen hinausgehen. Dazu gehört insbesondere das vernünftige Argumentieren im Bereich normativer Entscheidungsvorbereitung. Die Aufgabe des Philosophen besteht z. T. darin, für das Gespräch mit den anderen Experten ein Forum zu bilden, einen Brennpunkt darzustellen; denn die Erfahrung lehrt, daß die Diskussion unter spezialisierten Fachwissenschaftlern angesichts überfachlicher Probleme allzu häufig unzulänglich bleibt. Insbesondere die Grundlagenprobleme der Wissenschaften und der Bereich der Werte und Normen stellen derartige Aufgabenbereiche für das philosophische Denken dar. Ähnlich wie der Narr bei Shakespeare hat der Philosoph eine fruchtbare kritische Tätigkeit auszuüben, die von außerordentlicher praktischer Bedeutung für Entscheidungen und für das Bloßlegen ideologischer Verzerrungen ist. Auch die Philosophen selbst können bei ihrem Geschäft der Begriffs- und Ideologiekritik nicht vor ideologischen Scheuklappen sicher sein. Man mag jedoch Hoffnung hegen, daß dem durch die ständige Gegenüberstellung verschiedenartiger philosophischer und wissenschaftlicher Gesichtspunkte zu begegnen sei, daß die Wahrscheinlichkeit einseitiger Verzerrung durch Berücksichtigung vielfältiger Ansätze herabgesetzt wird.

Ferner ist die Formulierung und Analyse von Grundeinsichten und Grundsätzen zur Vereinbarkeit und zur Verbindung von theoretischen

Erkenntnissen einerseits und Bewertungen sowie normativen Handlungsregeln andererseits, nach wie vor eine dringliche Aufgabe für die Philosophie. Das ist aus der Erörterung von Planungsproblemen und aus entsprechenden Forderungen von seiten vieler Politiker, Planer, Juristen und Pädagogen deutlich geworden. Diese methodischen »Brückenprinzipien« (Albert) zu entwickeln, zu analysieren und argumentativ zu stützen, ist eine wichtige Aufgabe für die Philosophie. Bei der Untersuchung von Wertsystemen und bei der Konstruktion global orientierter Moralen, besonders der Modelle einer gesamtmenschheitlich orientierten, auf qualitativ bestmögliches Überleben möglichst aller oder vieler ausgerichteten Minimalethik und der erforderlichen Entscheidungsmaßstäbe für strategische Systemplanungen, sollten Philosophen kritisch mitsprechen, um nicht das Feld bloßen Willkürentscheidungen oder technokratischen Tendenzen oder jenem ideologischen Etikettenschwindel zu überlassen, der philosophische Probleme unter das Etikett »Wissenschaft« bringt und nötige Differenzierungen nach Methoden, Erfahrungsgehalt, wertendem Charakter usw. verwischt.

Philosophen können heute freilich kein absolut begründetes oder aus letzten Grundsätzen ableitbares vollständiges System der Moral liefern, aber sie können sich auf eine gewisse Übereinstimmung in lebens-, kultur- und institutionensichernden Grundwerten stützen. Es gibt neben normenlogischen Vereinbarkeitsschlüssen Praktikabilitätsargumente für moralische Entwürfe etwa in rückblickender Beurteilung aufgrund der Konsequenzen. Sie sprechen gegen den totalen Relativismus von Moralen. Grundwerte und -normen wie Achtung, möglichst weitgehende Sicherung und der Schutz menschlichen, aber auch kreatürlichen Lebens oder Verhinderung/Minimierung unnötigen Leidens, spielen dabei eine grundlegende Rolle und sind in allen Kulturen irgendwie institutionell verankert, selbst wenn die Formen der diesbezüglichen Normen kulturrelativ wechseln. Über konkrete Gewichtungen und Konfliktlösungen sowie über Ausführungsbesonderheiten kann der Philosoph natürlich nicht von oben, *abstrakt* entscheiden, sondern nur im Konzert mit anderen Vorschläge machen, zur Diskussion stellen und andere Ansätze vernünftig beurteilen. Im übrigen scheint sich eine gewisse Minimalethik gleichsam von selbst empirisch auf dem Wege der erfahrbaren Wirklichkeitsveränderung durchzusetzen, ineins mit dem wie erwähnt fragwürdigen Siegeszug der abendländischen Kultur.

Philosophische Probleme können nicht mehr in vollständiger Unabhängigkeit von wissenschaftlichen Erkenntnissen und auch nicht prinzipiell losgelöst von der Lebenspraxis behandelt werden. Umgekehrt hängen fachliche Problemstellungen auch von methodologischen und wissenschaftstheoretischen, also philosophischen Perspektiven ab. Es gibt keine strikt nach Disziplinen angeordnete Schubfächereinteilung aller Erkenntnisse, insbesondere nicht in Grenzgebieten und vielen Bereichen der Grundlagenforschung, der System- und Sozialwissenschaften und der technologischen Großforschung. Eine nicht nach Parzellen abgeteilte Grundlagendiskussion von Vertretern verschiedener Schulen, Disziplinen, Richtungen und Problemorientierungen ist nötig, nicht nur zur wissenschaftstheoretischen Kriteriendiskussion, sondern zur Lösung fachübergreifender Systemprobleme, die sich gegenwärtig allenthalben, besonders aber in den angewandten Sozial- und Technikwissenschaften stellen. Hierbei kann die Philosophie als wissenschaftstheoretisch-methodologische Disziplin und als »ehrlicher Makler« auf dem Diskussionsforum eine unverzichtbare vermittelnde Aufgabe erfüllen.

Die Forderung nach interdisziplinärer Zusammenarbeit sollte natürlich nicht die Senkung des erreichten logischen Niveaus oder den Verzicht auf erreichte methodologische Einsichten bedeuten, sondern gerade deren forcierte Anwendung in praxisnahen Zusammenhängen. Die überfachliche Zusammenarbeit mit den Erfahrungswissenschaften setzt selbstverständlich ein fachwissenschaftliches Mitverständnis, eine Zweitkompetenz seitens der Philosophen voraus.

Wenn eingewandt wurde, daß solche fachübergreifenden Aufgaben und Ansätze der Philosophie wie die Ermunterung zu interdisziplinärer Arbeit kein eigenes Philosophenmonopol begründen, sondern »ebensogut ohne Anwesenheit von Philosophen« vonstatten gehen könnten, so kann dem nicht zugestimmt werden. Die Wissenschaftstheorie als philosophische Disziplin ermöglicht erst die vergleichende methodologische Diskussion. Natürlich können auch Fachwissenschaftler wissenschaftstheoretisch argumentieren – sie tun dies dann aber gleichsam dilettierend in philosophischer Weise: Nicht nur Philosophen philosophieren. Wenn die Philosophie heutzutage kein Themenmonopol, keine einzigartige Fachkompetenz in Lebensfragen und erst recht nicht in inhaltlich gebundenen Wissenschaftsfragen hat, dann kann man ihr nicht gut die fehlende Begründung eines inhaltlichen Monopols zum Vorwurf machen.

Die überfachliche Zusammenarbeit mit Erfahrungswissenschaftlern hat auch einen Nutzen für die Philosophie selbst: Solche Zusammenarbeit ist nicht nur vorteilhaft und nötig für die wissenschaftstheoretische Grundlagendiskussion und für den Fachspezialisten angesichts der

wachsenden fächerübergreifenden Probleme, sondern auch der Philo-
sophierende kann von der überfachlichen Diskussion profitieren. Die
philosophische Forschung ist auf kritische Korrektive und Anstöße aus
anderen Disziplinen, insbesondere aus den Verhaltenswissenschaften,
angewiesen – heute mehr denn je. Selbst ein universell interessierter
Philosoph kann z. B. nicht mehr alle verzweigten Problemfelder des
menschlichen Verhaltens überblicken. Er ist auf Anregungen aus den
Einzelwissenschaften angewiesen. Die Personalunion des aktiv forschenden Fachwissenschaftlers mit dem Philosophierenden ist zwar
fallweise weiterhin erwünscht und nötig, sie reicht aber nicht aus, um
der Bildung von fachbeschränkten Scheuklappen und von Einseitigkeiten vorzubeugen. – Eine ständige zwischen den Fächern stattfindende
und sie übergreifende Diskussion ist die notwendige Ergänzung zur
Schreibtischphilosophie, eine Diskussion, die sich auf argumentativer
Kritik und Konfrontation sowie auf wechselseitiger wohlwollender
Korrekturbereitschaft und auf verhältnismäßig dauerhafter problemorientierter Zusammenarbeit aufbaut. Der kooperative Stil der
Diskussion mit Experten anderer Richtungen entspricht zudem der
Komplexität der meisten fachgrenzenübergreifenden Problembere-
che, deren Fragen mehr und mehr die Kapazität eines jeden Einzelfor-
schers übersteigen.

Auch in Universitäten wurde – vor allem Hereinbrechen bürokrati-
scher Lehrdeputatsverordnungen, die eine wohlverstandene und vielfach notwendige Interdisziplinarität behindern – zunehmend Seminare
von Kollegen aus verschiedenen Fächern abgehalten; eine sinnvolle
Lösung, besonders in einem Fach wie Philosophie, das eine *Problem*disziplin und nicht zunächst ein Stoffach ist. Es ist klar: Ein Philosoph
kann heute nicht mehr über die Wahrnehmungen reflektieren, ohne die
Ergebnisse der Wahrnehmungspsychologie und Sinnesphysiologie zur
Kenntnis zu nehmen. Eine Zusammenarbeit ist umgekehrt auch für
den Wahrnehmungspsychologen interessant.

Nötig scheint daher eine Arbeitsteiligkeit innerhalb der Philo-
sophengemeinschaft selbst: Nicht nur in den Analysen der speziellen
Wissenschaftstheorie, sondern auch in der Diskussion öffentlicher Fragen muß unter Philosophen eine gewisse Arbeitsteilung eingeführt und
gepflegt werden, soweit sie nicht schon von selbst eintritt. Arbeitsteiligkeit unter den Philosophen: ein Widerspruch in sich – zumindest eine
höchst unangemessene Forderung? Die »Spezialisten für das Allgemeine« können nicht – nicht mehr – Spezialisten für alles sein. Dieser
Vorschlag umfaßt keineswegs die Forderung, der Philosoph solle sich
um alles und jedes kümmern, sondern besagt, daß er eine sinnvolle

Arbeitsteilung sowohl zwischen Einzelwissenschaft und Philosophie als auch innerhalb der Philosophie selbst vertreten solle. Es muß also philosophische »Halbspezialisten« geben; in dem entsprechenden Nachbarbereich müssen sie wenigstens eine »Mitführkompetenz« (Lübbe) besitzen. Das gilt für die Wissenschaftstheorie ohnehin und ist hier auch längst bekannt und anerkannt. Es läßt sich nicht mehr ohne Scharlatanerie behaupten, man könne ohne wohlgegründetes Wissen von der Quantenmechanik ernsthaft zur Philosophie und Wissenschaftstheorie der modernen Physik Stellung nehmen. Dieses Verständnis sollte möglichst schon in der Ausbildung angelegt sein: Studenten der Wissenschaftstheorie sollten ein zweites wissenschaftliches Hauptfach voll studieren, möglichst sogar wissenschaftliche Arbeit in diesem erfahrungswissenschaftlichen Fach leisten. Philosophen können trotz der sinnvollen Forderung nach Interdisziplinarität nicht oder nur höchstens in einer gewissen vorbereitenden programmatischen Phase geistige Zehnkämpfer, »Leistungssportler des Interdisziplinären«[6] sein. Eine gewisse mittlere Spezialisierung des »Spezialisten für das Allgemeine« ist also nötig; der totale »Globalist«, der integrierte Alleskönner ist ein Unding.

Dem erwähnten kooperativen Stil der Diskussion mit Experten und erfahrungswissenschaftlichen Generalisten sowie mit Praktikern anderer Richtungen entspricht nun auch in der Philosophie selbst die Notwendigkeit einer neuen Integration, einer Zusammenführung der arbeitsteilig spezialisierten Philosophen innerhalb ihres Bereichs. Der alte Ruf nach dem dialogischen Philosophieren, nach der Philosophie im Gespräch, muß wieder in neuer (?), alter Form, durch ein vielseitiges »polylogisches«, »sokratisches« Denken ergänzt werden, ohne daß deshalb das »einsame Denken« völlig verdrängt werden könnte oder sollte. Das sokratische Gespräch gewinnt gerade in der sog. »Welt der Macher« eine besondere Bedeutsamkeit.

Sinnvoll wäre eine dauernde partnerschaftliche Zusammenarbeit der Angehörigen verschiedener philosophischer Schulen unter diesem Gesichtspunkt – einfach, um die Vielfalt der Blickwinkel und Ansätze zu sichern und neue Begegnungs- und Anknüpfungsmöglichkeiten sowie Gelegenheiten zu wechselseitiger Korrektur und Anregung zu liefern. Warum sollten nicht gemeinsame Seminare von Phänomenologen und Logikern, von Wissenschaftstheoretikern und Rechtsphilosophen, Metaphysikern und Sprachphilosophen stattfinden?

---

[6] Odo MARQUARD, Inkompetenzkompensationskompetenz? Über Kompetenz und Inkompetenz der Philosophie. In: Hans-Michael Baumgartner/Otfried Höffe/Christoph Wild (Hrsg.), Philosophie-Gesellschaft-Planung. München 1974. S. 119.

Pragmatisches und öffentlichkeitsrelevantes Philosophieren

Ein weiteres Problem bezieht sich auf die Rolle und die Aufgaben der Philosophie und der Philosophen in bezug auf die öffentlichen Lebensfragen: Mit dem Gewinn neuer konstruktiver, ja, spekulativer Freiräume angesichts unübersichtlicher systemhafter Fernwirkungs- und Problemverkettungen in der komplexen modernen Weltgesellschaft müssen sich die Philosophen vermehrt den aktuellen Themen der Gegenwart zuwenden und sich den Problemen von öffentlicher Bedeutsamkeit stellen. Sie haben diese Pflichten zu lange vernachlässigt, sich zu lange in das akademische Villenviertel des Geistes zurückgezogen und Glasperlenspiele der Weisheit gespielt, bis sie Einfluß und Glaubwürdigkeit fast verspielt hatten. Ein neues soziales und öffentliches Engagement der Philosophie ist nötig, eine neue *pragmatische Philosophie*, eine praxisnahe Philosophie der lebenspraktischen Fragen, einschließlich der gesellschaftlichen und der durch die Wissenschaften und durch soziotechnische sowie ökonomische und ökologische Umstände gegebenen Probleme.

Pragmatisches Philosophieren ist sehr wohl zu unterscheiden vom pragmatistischen Philosophieren: es ist zu verstehen als praxisnahes, problemnahes, offenes, gesprächsbereites, viele Gesichtspunkte, besonders auch die der Adressaten und Fächer berücksichtigendes, kooperatives Philosophieren. Es gibt leider bis heute keine ausgearbeitete Philosophie des Arbeits- und Leistungsverhaltens, außer der marxistischen Variante keine ernsthafte alternative Philosophie der wirtschaftlichen Phänomene, seit Simmels gleichnamigem Buch keine neue »Philosophie des Geldes«, keine Philosophie der Planung, kaum eine umfassende und realistische Philosophie der Technik. Es existieren kaum Ansätze zur Wissenschaftstheorie der Wirtschaftswissenschaften, der Systemwissenschaften, der Planungswissenschaften. Es findet sich bisher nur Weniges zur Methodologie der Sozial- und Verhaltenswissenschaften. Hier ist von seiten der Philosophie noch viel zu tun: Aufgeschlossene Philosophen, die sich nicht mehr im Elfenbeinturm vergraben wollen, sollten sich bei solchen Problemen engagieren und u. a. auch Vorurteile entlarven und entkräften. Auf der deutschen philosophischen Szene findet sich bisher leider kaum ein Aufnehmen, geschweige eine durchdringende Diskussion der sogenannten lebenspraktischen, uns alle bedrückenden Fragen der Menschen und der technikgeprägten Gesellschaft von heute. Als der »Spiegel« die Euthanasiefrage diskutierte, wurden Theologen zitiert, aber außer nur beiläufigen Aussagen von Kant und Kolakowski keine Philosophen. Vergeblich sucht man bei uns Zeitschriften wie *Philosophy and Public Affairs* und *International Journal of Applied Philosophy*.

Es geht hier weniger um die Rechtfertigung der Philosophie vor Philosophen als um die Ermittlung der Möglichkeiten, wie die Philosophie wieder in der Öffentlichkeit wirksam werden könne: Um das in den vorherigen Thesen geforderte praxisnähere und kooperative Philosophieren zu intensivieren, zu forcieren, zu lancieren, bedarf es einer neuen Öffentlichkeitsarbeit der Philosophen – und zwar ohne die Attitüde des vom hohen Kothurn der Weisheit herabblickenden und ex cathedra urteilenden Besserwissers. Bescheidenheit tut not. Den meisten Philosophen, wenn sie nicht gerade Sokrates hießen oder sokratisch philosophierten, fiel dies schwer. Zu der erwähnten Bescheidenheit gehören auch Verständlichkeit der Sprache – freilich ohne bis zur Falschheit gelangender Simplifizierung. Hier haben Philosophen – besonders deutsche – oft gesündigt.

Partnerschaftliches Philosophieren

Ein verständliches, bescheidenes, kooperativ beitragendes Philosophieren ohne herrschend erhobenen Zeigefinger, ein solches sokratisches Philosophieren im eigentlichen Sinne ist nur ohne Dünkel und ohne Attitüde der Besserwisserei möglich. Deswegen muß auch das Plädoyer für die Philosophie in der Öffentlichkeit in gesprächswilliger und daher praxisnaher, problemorientierter »Verpackung« erfolgen; es muß sich von der Sprache und vom Inhalt her auf den Partner einlassen. Ein sokratisches Philosophieren kann sich nicht auf das Rühmen vergangener philosophischer Großtaten oder gegenwärtiger Leistungen oder das Versprechen künftiger Soloresultate versteifen. Neben dem erwähnten Stil gemeinsamer Diskussion mit Experten anderer Richtungen entsprechen etwa Round-table-Diskussionen im Fernsehen mehr dem auf Abwechslung und Vielfalt eingestellten öffentlichen Erwartungshorizont als monolithische Monologe. Der alte, schon erwähnte Ruf nach dem dialogischen Philosophieren muß auch öffentlich befolgt werden.

Selbstverständlich prägen die Ziele und Umstände wie auch die Partner den Stil einer solchen Diskussion: Die Auseinandersetzung in der wissenschaftsinternen Fachdiskussion wird sich – das ist trivial – in Betonung und Stil von der Universitätsfachvorlesung ebenso merklich unterscheiden wie von der televisionären Round-table-Diskussion, die oft zur telegenen Selbstdarstellung versierter Medienprofessoren und zum intellektuellen Showgefecht gerät.

Richtet sich die fachliche Diskussion mehr auf methodologische

Kritik und präzise Details, so die öffentliche eher auf inhaltliche Gesamtstellungnahmen und -argumente. Die verwendete Sprache müßte dementsprechend und mit Rücksicht auf die jeweiligen Zuhörer nach Schwierigkeitsgrad und Terminologie unterschiedlich ausfallen. Dennoch sollten auch Philosophen unter sich – und wer ist hier von Sünde frei? – das arabische Sprichwort bedenken (und beachten): »Große Weisheiten lassen sich stets in wenige – und meist einfache – Worte fassen«.

Wiedergeburt der Metaphysik

Die überwiegende Mehrheit auch der analytischen Philosophen ist neuerdings bereit, die Unverzichtbarkeit metaphysischer Ideen anzuerkennen. Daher dürfte kaum noch bestritten werden, daß widerspruchsfreie Metaphysik nur mit Hilfe von anderer Metaphysik sicher zu verwerfen wäre[7]. Das Durchleuchten der metaphysisch-philosophischen Grundvoraussetzungen und deren kritische Diskussion ist daher ein unerläßliches Korrektiv gegenüber den (unter Umständen untergründigen, kultur- und sozialgeschichtlich aber stets unterschätzten, höchst wirksamen) Langzeiteffekten philosophischer Überzeugungen und Strömungen. Philosophie ist also nötig zur Korrektur ihrer selbst und der nicht völlig zu vermeidenden, ja, für Orientierungen in unübersichtlichen Krisenlagen sogar in gewisser Weise nötigen Ideologie.

Übrigens hat die Diskussion über die Wissenschaftstheorie im Zusammenhang mit der Wissenschaftsgeschichte ergeben: Metaphysische Spekulationen haben sich auch als unentbehrliche »Motoren« des wissenschaftlichen Fortschritts erwiesen. Feyerabend bezeichnete metaphysische Ideen als »wissenschaftliche Theorien im Embryonalzustand«: »Metaphysische Systeme sind wissenschaftliche Theorien in einem sehr frühen Stadium«[8]. Lakatos spricht sogar von einer »wissenschaftlichen Metaphysik«, die »integraler Bestandteil der Wissenschaft« sei[9] und eine entscheidende Rolle bei der Grundlegung und der ersten Entwicklung erfahrungswissenschaftlicher Theorien spiele. Beispiele bieten etwa die Theorien über Planetenbahnen von Kepler sowie

---

[7] Vgl. Wolfgang STEGMÜLLER, Metaphysik-Wissenschaft-Skepsis. Frankfurt/Wien 1954. S. 105.

[8] Paul FEYERABEND, Wie wird man ein braver Empirist? In: Lorenz Krüger (Hrsg.), Erkenntnisprobleme der Naturwissenschaften. Köln/Berlin 1970. S. 323 und 305f.

[9] Vgl. Imre LAKATOS, Popper zum Abgrenzungs- und Induktionsproblem. In: Hans Lenk (Hrsg.), Neue Aspekte der Wissenschaftstheorie. Braunschweig 1971. S. 86; vgl. auch: DERS., Falsifikation und die Methodologie der wissenschaftlichen Forschungsprogramme. In: Imre Lakatos/Alan Musgrave (Hrsg.), Kritik und Erkenntnisfortschritt. Braunschweig 1974. S. 132, 136ff.

die Gravitationstheorie Newtons und ihre geschichtliche Entstehung. Handelt es sich hier nur um eine Art »Trostpreis« für die Metaphysik? Dies halte ich für ein zu bescheidenes »Understatement«. Jedenfalls muß man sich neu dieser von der Wissenschaftstheorie und der Wissenschaftsgeschichte ausgehenden Herausforderung an metaphysische Entwürfe stellen; und es scheint durchaus sinnvoll, auch eine Auferstehung metaphysischen Denkens zu fordern und zu fördern – und sei es nur aus heuristischen Überlegungen oder aufgrund des Arguments, daß Metaphysik eben nicht metaphysikfrei zu verwerfen sei. Natürlich muß dabei das erreichte Niveau analytischer Methodenpräzision nach Möglichkeit voll gewahrt bleiben und genutzt werden.

Kritik allein ist nicht genug

Nach dem Scheitern der rationalistischen Hoffnung absoluter Letztbegründung und der zentralen obersten Wahrheitsverwaltung durch philosophische Päpste richtet sich ein rationales Philosophieren methodisch an der Idee einer grundsätzlich allgemein anwendbaren, aber von Durchführbarkeits- und Humanitätsüberlegungen geleiteten bzw. gezügelten Kritik aus, am Konzept der konstruktiven kritischen Überprüfung, die freilich nicht notwendig naiv als auf Widerlegung i. e. S. ausgerichtet aufgefaßt werden muß. Darüber *daß* ein kritischer Ansatz gewählt werden muß, daß eine oder gar *die* Hauptaufgabe der Philosophie die Kritik ist, hat man Einigkeit erzielt. Die Geister scheiden sich erst bei der Erörterung der möglichen Wege.

Die Kritik bedarf der vorweg geleisteten Konstruktion, wenn sie vorgelegte konstruktive Entwürfe durch Argumente kontrolliert. Kritik allein ist nicht genug. Konstruktivität, Mut zum inhaltlichen Entwurf (der erst die methodologische Form zur eigentlichen *Philosophie* ergänzt), die Ausgangsbasis gemeinsamer kultureller, lebenspraktischer oder durch Konvention gewonnener Grundüberzeugungen (die freilich selbst nicht grundsätzlich der Kritik entzogen sind) – all dies erweist sich als unerläßlich für philosophische Entwürfe, die zugleich praxisnah und undogmatisch sein sollen. Kritik setzt den inhaltlichen Ansatz voraus, die kreative Vermutung, den Entwurf, den Einfall, die Spekulation. Kritik – als Kontrolle – muß einen Gegenstand, einen Ansatzpunkt, einen Aufhänger, etwas zu Kritisierendes, zu Kontrollierendes voraussetzen.

Als sozialphilosophisches Modell verspricht diese dem Prinzip von kreativer Konstruktion und kontrollierender Kritik verpflichtete Philosophie nicht utopisch-optimistisch eine mündige Gesellschaft, sondern bietet nur eine Beurteilungen ermöglichende Leitidee; sie stellt nur

ein methodisches Gerüst für ein erst mit philosophischem Inhalt zu
füllendes Programm dar. Die geforderte Leitidee und das praxisnahe
Programm genauer zu formulieren, Ansätze dafür zu entwickeln und
anzuwenden, ist eine dringliche Aufgabe heutigen Philosophierens.
Philosophen sollten sich im Konzert der Richtungen und Wissenschaften, Bildungsinstitutionen und Politikdebatten und auch der öffentlichen Diskussionen wieder für ein solches Leitideal engagieren. Sie
müßten dazu beitragen, daß das Leitbild der Vernünftigkeit angenommen wird, daß die regulative Idee der kritischen Vernunft sich sozial
verbreitet. Vernunft ist heute höchstens noch als Ideal auffaßbar. Sie ist
ein wirkliches psychisches Vermögen, kein Organ, keine sich automa-
tisch verwirklichende Fähigkeit; sie bezeichnet eher eine Leitidee, hat
regulative Funktion und hat sich nur in dieser Deutung bewährt[10]. Die
traditionellen Thesen von der reinen, von allen Realbedingungen abge-
lösten – oder ablösbaren – »absoluten« Vernunft haben sich als Fiktio-
nen erwiesen.

Nachabsolutistisches Philosophieren

Der Stil der Philosophen kann in der »nachabsolutistischen« Epoche
des Philosophierens nicht mehr absolutistisch sein; das heißt, der praktischen Problemen gegenüber und für Zusammenarbeit aufgeschlossene Philosoph kann nicht mehr aus scheinbar unumstößlichen Axiomen
angeblich absolute Weisheiten deduzieren, sondern er muß sich kooperativ und bescheiden in die zwischen- und überfachliche Diskussion
einfügen. Dies letztere zu wagen, dazu geben nicht nur die jedes Exper-
tenwissen übersteigenden Problemsituationen im »planetarischen«
Zeitalter Anlaß. Auch methodologische Untersuchungen zur Wissenschaft, zur Rolle theoretischer Entwürfe und metaphysischer Grundideen bei der schöpferischen Neuentwicklung und ebenso Einsichten
zur »Nichtparzellierbarkeit« der Erkenntnis (die nicht in sauber getrennte Schubfächer abgepackt werden kann), können dem Philosophen wieder Mut machen, den Mut, den er allzulange, allzu zaghaft
(verängstigt, durch übermäßige Methodenskrupulosität und analytische Abstinenz von wesentlichen inhaltlichen Einsichten nahezu steril
geworden) vermissen ließ. Ein unbürokratisches Philosophieren, ein
risikofreudiges, oder, um es mit Simon Moser zu sagen, ein »sport-
licheres Philosophieren« ist wieder möglich und nötig. In der Öffentlichkeit kann dieses aufgeschlossene Philosophieren manchmal nur

---

[10] Vgl. vom Verf., Pragmatische Philosophie. Hamburg 1975. S. ff; DERS., Pragmatische Vernunft. Stuttgart 1979, sowie DERS., Vernunft als Interpretationskonstrukt. In:
DERS. (Hrsg.), Zur Kritik der wissenschaftlichen Rationalität, (im Druck).

dann noch Resonanz finden, wenn es nicht unmittelbar unter dem
verhältnismäßig abgewirtschafteten Etikett ›Philosophie‹ betrieben
wird.

Pragmatische Provokationen

Gerade die erwähnte Auseinandersetzung mit den Herausforderun-
gen der Wissenschaften, die sich ja alle aus der Philosophie entwickelt
haben, weisen Grundlagenprobleme philosophischer Art auf – zumal
auch angesichts ihrer fantastischen, allen vordergründigen Wirklich-
keitssinn übersteigenden Ergebnisse (man denke nur an die Energie-
Masse-Umwandlung nach der Relativitätstheorie und an die »kernal-
chimistische« Umwandlung der Elementarteilchen ineinander). Wenn
diese Gesetze »die Wunder« sind, wie Hochkeppel, Rilke paraphrasie-
rend, meint, die kein »philosophischer Traum noch überfliegen« könnte[11], so stellen sie doch philosophische wissenschaftstheoretische Probleme dar. Man kann sogar der Meinung sein, daß Einsteins Entwicklung der speziellen Relativitätstheorie in erster Linie eine *wissenschaftstheoretische* Revolution gewesen sei. Wenn sich die Philosophie, wie im
bisherigen entwickelt, wieder vermehrt den Problemen der Praxis und
auch den Fragen der angewandten Wissenschaften und Technik widmet, wird sie die akademische Weltfremdheit aufgeben müssen, wenigstens an den Stellen der Konfrontation mit der Praxis. Eine pragmatische Wende der Philosophie ist nötig – und hat bereits begonnen.

Fernwirkungen von Ideen

Wenn man Bereiche wie die Geisteswissenschaften, die Theologie,
die Rechtswissenschaft betrachtet, die stärker noch als die Naturwissenschaften von begrifflichen Deutungen, Ideenentwicklungen und
auch Moden abhängig sind, kann man ohnehin nicht von einer einfluß-
losen und praxisfremden Philosophie sprechen: Die Grundideen der
modernen repräsentativen Demokratie sind wie erwähnt ausschließlich
von Philosophen entwickelt worden, dasselbe gilt für die auf Locke
zurückgehende Formulierung der Menschenrechte, wie sie etwa in die
Verfassung von Virginia und später der Vereinigten Staaten von Amerika nahezu wörtlich eingingen. Soll man die Entwicklung der Ideen
ungelenkt dem natürlichen Wildwuchs überlassen oder glauben, daß
die zuständige Realwissenschaft in aufbereitender Kärrnerarbeit nicht
nur den Boden für neue sozialphilosophische Ideen bereitet, sondern
diese selber erzeugt? Das allzu säuberlich trennende, aufgliedernde,

---

[11] Vgl. Willy HOCHKEPPEL, Mythos Philosophie. Hamburg 1976. S. 170.

zurechnende und abrechnende Urteilen ist dem oben kritisierten Schubfächerdenken, dem geistigen Kleingärtnertum allzusehr verpflichtet, um trotz aller modisch-forschen Polemik selbst der Kleinkrämerei, einer bekrittelnd-negativistischen zumal, zu entkommen.

Belebte Freie Kunst

Die Philosophie hat einen großen Magen. Trotz aller Selbststerilisierung, schulengebundener Dogmatisierung und akademischer Verbeamtung, hat sie es weiterhin wie eh und je mit der Freiheit und dem Humanum ebenso zu tun wie mit Kunst, Lebenskunst, Stil, Kreativität und Poiesis, auch mit Antidogmatismus, Ironie, Humor und – last but not least – mit allen Weisen der bewußten und durchdachten Selbsterfahrung. In einer allzusehr auf Nützlichkeit und Output ausgerichteten verwalteten Welt ist das anscheinend Überflüssige, das heißt das, was nicht zur äußeren Lebenssicherung oder zur Güterproduktion dient, keineswegs unnütz und unnötig: Mit Ortega y Gasset könnte man sagen, daß erst das Überflüssige das Dasein sinnvoll und human gestaltet, daß der Mensch das Wesen sei, das des Überflüssigen notwendig bedarf. Als freies Spiel, als Spiel der Freiheit – durchaus auch in aufbauender Ironie und Selbstironie – ist Philosophie eben auch eine gelebte freie Kunst: »Eine Kunst als Lebenskunst, als Kunst zu *existieren*«[12], eine antitechnokratische, antidogmatische, antibürokratische und zuweilen auch antiszientistische, spielerisch-schöpferische Tätigkeit. Wie Leben sich im Tiefsten nur in der eigenen Tätigkeit, im Eigenhandeln verwirklicht[13], so kann ein wahrhaft humanes personales Existieren gerade in einer Zeit der extremen Gefährdung alles Individuellen, in einer Zeit, in der das Individuum schon totgesagt wurde, sich im Streben »eigentlich« zu sein, in der Frage nach dem Selbstsein ausdrükken. Nicht die Selbsteinordnung als ›-ist‹ oder ›-ianer‹, nicht das gelehrte virtuose Spiel mit den Thesen anderer, mit Lehren der Klassiker macht den Philosophen, sondern das »*Abspringen*, um das Kunststück des Philosophierens selbst zu wagen, aus dem eigenen Ursprung, nachdem ich die Probleme aus eigener Erfahrung kennenlernte, *abspringen*, selbst auf die Gefahr hin, daß ich danebenspringe, stürze, und das Gelächter mich überschüttet – *das heißt echt philosophieren*. Das beste Beispiel bleibt uns Sokrates«. Selbst wenn man scheitert, so ist es eben ein echteres Philosophieren, »das Scheitern denkend zu erfahren«, als nur referierend zu lehren, nachzuplappern[14]. In diesem ursprünglichen

---

[12] Hans RICHTSCHEID, Die Philosophie in der Welt der Macher. München 1977. S. 88.
[13] Vgl. v. Verf., Eigenleistung. Zürich-Osnabrück 1983.
[14] Vgl. RICHTSCHEID, a.a.O.

Sinne zu philosophieren bedeutet nicht Forschungsgegenstände zu sammeln, zu klassifizieren, objektiv zu behandeln – obwohl es natürlich auch ein methodologisch-wissenschaftliches Philosophieren gerechtfertigterweise gibt: eben in der Wissenschaftstheorie und Methodologie. Echtes, tiefes Philosophieren ist im Grunde im Tiefsten existentiell: »Wiederholung der Menschwerdung des Menschen«. An das Humanum, an das Selbstsein, »an Freiheit appellieren, das heißt philosophieren«. Diese zugleich kritische, existentielle und freiheitliche Funktion der Philosophie muß dazu führen, daß Philosophie über alle künstlichen Begrenzungen hinausweist, zugleich »an des Menschen Grenzen und Situation an diesen Grenzen« erinnert und in »eine Position zwischen Stühlen«, zwischen allen Stühlen gerät: »Lehrstühlen, Kirchenstühlen, Partei-, Gewerkschaftsstühlen, Stühlen aller Art im Daseinsapparat«[15]. Während Hochkeppel dies als ein Ärgernis der Philosophie monierte, gilt dem ironischen Existenzphilosophen Richtscheid dies gerade als »das ›Positive‹ der Philosophie«.

Nach dem fehlprophezeiten Ende

Wir philosophieren nicht »nach dem Ende der Philosophie«, wie Marquard[16] meinte, sondern nur in einer nachabsolutistischen Phase. Ähnliches gilt für die Wissenschaften. Auch sie können sich nicht im Besitze absolut sicherer Wahrheiten wähnen; das ist ein zweifelsfreies Ergebnis der Wissenschaftstheorie der letzten Jahrzehnte, das übrigens schon die jainistischen Philosophen Indiens (Parshva, Vadhar-mana Mahavira) im 8. bis 6. Jahrhundert v. Chr. in ihrer Erkenntnistheorie betonten! Sie scheinen Ben Akiba zufolge die ersten kritischen Rationalisten gewesen zu sein. Nicht das Zeitalter philosophischen Denkens ist vorüber, sondern nur die Epoche angemaßter absoluter Wahrheitserkenntnis und zentralistisch organisierter Wahrheitsverwaltung. So erweist sich der gesamte Angriff gegen die Philosophie nun doch nicht als gegen *alle* Philosophie gerichtet, sondern nur gegen die akademische Institution, gegen die anspruchsvolle dogmatische Wahrheitsverwaltung traditioneller Geistesherrschaft durch philosophische Dogmatik und Ideologie, die als schöpferisches Philosophieren aufzutreten vermeinte, aber in Wirklichkeit eine Kirchenherrschaft der Verwaltung absoluter Wahrheiten aufgebaut hatte. Diesen überhöhten Anmaßungen, die überzogene Erwartungen weckten, ideologische Mißverständnisse erzeugten und Scheinsicherheiten schafften, braucht in der

---

[15] Ebda, S. 29.
[16] Vgl. MARQUARD, a.a.O., S. 112.

Tat nicht nachgeweint zu werden. Der Abschied von der dogmatischen Absolutheitsphilosophie öffnet gerade wieder die Tür für schöpferische philosophische Versuche, für ein wagemutiges Philosophieren, für existentielles Denken, für das Aufgreifen lebenspraktischer Sinn- und Wertprobleme. Dies ist in einer »Welt der Macher« oder Möchtegern-Macher, in einer Zeit der äußersten Gefährdung personaler Individualität und Identität eine ungemein wichtige, geradezu humanitäre Aufgabe.

KUNO LORENZ

Dialogischer Konstruktivismus

Unter den zahllosen Versuchen, den großen Umwälzungen auf allen Gebieten – in den Wissenschaften und Künsten ebenso wie in Technik und Politik –, die an der Wende des 19. zum 20. Jahrhundert stattfanden und deren Erbschaft bis heute noch nicht abgearbeitet ist, auch philosophisch zu begegnen, hat die sprachkritische, von Ludwig Wittgenstein schließlich durchgesetzte Weise zu philosophieren die nachhaltigste Wirkung gehabt. In diesem Verständnis ist Philosophie nicht selbst eine Wissenschaft mit einem eigenständigen Gegenstandsbereich, den sie, wie die übrigen Wissenschaften den ihren, erforscht und darstellt. Sie hat vielmehr als Bestandteil der Wissenschaften zu gelten, deren Aufbau sie sprachkritisch in der Weise noch einmal rekonstruiert, daß der Zusammenhang der Wissenschaften untereinander und ihr schrittweiser Aufbau aus einer gemeinsamen Welt des Alltags einsehbar wird. Philosophie ist weder eine »Grundwissenschaft«, eine Wissenschaft vom Seienden oder von den ersten Gründen oder den allgemeinsten Gesetzen oder wie immer Philosophie einmal bestimmt war und dann das Schicksal erlitt, für unverbindliche oder gar unverständliche Spekulation gehalten zu werden. Sie ist aber auch keine »Überwissenschaft«, eine ihrerseits empirisch orientierte Wissenschaftswissenschaft, die andere Wissenschaften als ihren Gegenstand untersucht, könnte sie doch dann die Rekonstruktion wissenschaftlicher Tätigkeit nur noch in Gestalt einer Beschreibung des status quo und damit unter Ausschluß ihrer eigenen Verfahrensweise bewerkstelligen.

Erst wenn Wissenschaft auch noch weiß, was sie tut und warum sie es tut, kehrt sie den zu ihr gehörigen philosophischen Aspekt heraus. Philosophie ist nur in der Tätigkeit des Nachdenkens darüber, was man sagt und tut und warum – in der Selbstreflexion –, und im Dieses-selbst-sagen-können wirklich. Weil aber ein solches Sagen-können das Darüber-sich-verständigen-können einschließt – woran sollte sich das Sagen-können sonst bewähren –, ist Philosophie eine Einheit von Selbstreflexion und Kommunikation. Damit ist zugleich deutlich, daß Philosophie nicht nur als Bestandteil der Wissenschaften erscheint, auch den anderen menschlichen Handlungs- und Redeweisen, seien sie technisch, künstlerisch, politisch oder anders bestimmt, gliedert sich Philosophie in Gestalt von Selbstreflexion und Kommunikation ein.

Sie verfährt selbst wissenschaftlich, insofern ihr die wissenschaftstheoretischen Werkzeuge, die für die sprachkritische Rekonstruktion der
Einzelwissenschaften benötigt werden – und dazu gehört alles, was die
von der Einzelwissenschaft verwendete Sprache und die von ihr einge-
setzten Untersuchungsmethoden bereitzustellen und zu beurteilen erlaubt –, in der Selbstreflexion stets sowohl Mittel wie Gegenstand sind.
Aber darin erschöpft sich Philosophie nicht. In der Selbstreflexion
künstlerischen Handelns etwa tritt auch die Fertigkeit, darüber Ver-
ständigungsprozesse in Gang zu setzen und das heißt, die von den
Künsten ausgebildeten sinnlichen Zugangsweisen zu Gegenständen
ihrerseits vermitteln zu können, als eine philosophische Leistung auf.
Der philosophische Aspekt politischer Tätigkeit wiederum – und natürlich darf er nicht mit wissenschaftstheoretischer Arbeit innerhalb
einschlägiger Einzelwissenschaften, etwa der Politikwissenschaft oder
der Rechts- und Staatswissenschaften verwechselt werden – ist mit dem
Hervorkehren von Konsensbildungs- und Entscheidungsprozessen in
bezug auf Zielvorstellungen, sowohl im Blick auf ihren Verlauf wie auf
ihre Beurteilung, und zwar individuell und institutionell, aufs engste
verknüpft.

Zunächst allerdings hat die um 1900 einsetzende, von Bertrand Russell und George Edward Moore getragene sprachkritische Wende die
Analytische Philosophie in einer Gestalt hervorgebracht, die der vollen
Radikalität gegenüber leitenden Annahmen sowohl einzelwissenschaftlicher Arbeit wie philosophischer Tradition noch entbehrt. Russell nämlich sah es als eine Hauptaufgabe an, eine für die exakten
Wissenschaften – das sind primär Mathematik und Physik, er dachte
aber zum Beispiel auch an die Psychologie – geeignete Wissenschaftssprache aus der für unproblematisch gehaltenen Umgangssprache zu
konstruieren, während Moore sich ganz auf die überlieferte Sprache der
Philosophie konzentrierte und versuchte, den in ihr möglicherweise
verborgenen Sinn durch Reduktion auf die Umgangssprache freizule-
gen. Beiden Programmen, dem Konstruktionsprogramm Russells und
dem Reduktionsprogramm Moores, liegen zwei Unterscheidungen
innerhalb der Gebrauchssprache, also der von den Wissenschaftlern
und Philosophen jeweils verwendeten natürlichen Sprache, zugrunde.
Zum einen nämlich wird der für die gegenseitige Verständigung un-
problematische Kern der Gebrauchssprache, die Umgangssprache,
von der nur in schriftlichen Zeugnissen zugänglichen und der Interpretation bedürftigen Sprache der philosophischen Tradition, der Bildungssprache, abgehoben, zum anderen wird diese selbe Umgangssprache der von den Wissenschaften verwendeten Fachsprache gegen-

übergestellt. Für Bildungssprache und Wissenschaftssprache aber gibt es Verständigungsprobleme, die zunächst artikuliert und dann gelöst werden müssen.

Russell nun entledigt sich dieser Aufgabe, formuliert als Forderung, die logische Form sprachlicher Ausdrücke zu bestimmen, durch die Konstruktion einer wenigstens formal einwandfreien Wissenschaftssprache, nämlich die nur das symbolische Schema einer Sprache bildende künstliche formale Sprache – eine »Idealsprache« – der (zusammen mit Alfred North Whitehead verfaßten) *Principia Mathematica*[1]. Diese Idealsprache wird in ihrem Aufbau allein dadurch gerechtfertigt, daß sie erstens widerspruchsfrei und zweitens ausreichend ist, alle bereits inhaltlich bewiesenen und damit als wahr geltenden Aussagen der fraglichen Wissenschaft, also der Arithmetik und der Analysis im Falle der *Principia Mathematica*, nach expliziten Regeln rein syntaktisch abzuleiten. Ein solches Verfahren der Kalkülisierung einer wissenschaftlichen Theorie hat nun mit der Schwierigkeit zu kämpfen, daß einerseits bereits vor der Aufstellung eines Kalküls eine zuverlässige inhaltliche Theorie vorliegen muß, weil sonst nicht kontrolliert werden kann, ob die Kalkülisierung überhaupt angemessen ist, andererseits aber die Kalkülisierung gerade zu dem Zweck vorgenommen wird, eine präzise Theorie zur Verfügung zu haben, die an die Stelle einer nur vage intuitiv begründeten inhaltlichen Theorie treten kann. Dieser Schwierigkeit läßt sich ersichtlich nicht anders begegnen, als den ursprünglichen, mit dem Aufbau einer Wissenschaftssprache verbundenen Anspruch abzuschwächen und die in kalkülisierter Gestalt vorliegende Theorie zu einer Beschreibung der faktisch in den Wissenschaften geübten inhaltlichen Begründungsverfahren zu machen, die sich zu deren Rechtfertigung dann aber nicht mehr heranziehen läßt.

Aus dem Programm der Konstruktion einer Wissenschaftssprache ist aufgrund der Orientierung allein am Verfahren der Kalkülisierung, auch »Formalisierung« genannt, unversehens eine bloße Deskription schon bestehenden Wissenschaftswissens mit den Mitteln einer Idealsprache geworden. Da sich dann aber auch das Russells Überlegungen leitende Ziel, auf dem Weg über eine korrekte Sprache das Wesen der Welt (the nature of the world) sichtbar zu machen, nach dem neugewonnenen sprachkritischen Verfahren gar nicht mehr einwandfrei formulieren läßt – was soll es heißen, von einer »Natur«, »Struktur« oder »Form« der Welt zu reden unabhängig und neben den entsprechenden

---

[1] Vgl. Bertrand RUSSELL/Alfred N. WHITEHEAD, Principia Mathematica. Bd. I–III. Cambridge 1910–1913.

Eigenschaften der sprachlichen Darstellung –, ist im logischen Empirismus Russells Konstruktionsprogramm konsequent in eine verselbständigte Untersuchung von Art und Leistung formaler Sprachen umgebildet worden. Es kann höchstens ein vorläufiges, gebrauchssprachlich repräsentiertes Wissen über die Welt mit dem in einer formalisierten Wissenschaftssprache aufgehobenen Wissenschaftswissen verglichen werden. Der metaphysische Rest in den Konstruktionen Russells wird dadurch eliminiert, daß man darauf verzichtet, der Idealsprache Rückschlüsse auf die Beschaffenheit der nichtsprachlichen Wirklichkeit abzuverlangen, und statt dessen fordert, daß die Idealsprache in ihrer Struktur, der logischen Form, mit der Struktur der Umgangssprache übereinstimmt. Aus dem Gegenüber von Sprache und Welt ist ein Gegenüber zweier Sprachen geworden.

In der folgerichtigen Fortsetzung, wie sie im logischen Empirismus durch Rudolf Carnap Profil gewann, geht es nunmehr darum, den nichtempirischen Teil der Wissenschaftstheorie als Theorie der Wissenschaftssprache zu entwickeln. Philosophie wird zur »Wissenschaftslogik«. Denn erst dann, wenn philosophische Aussagen konsequent auf die logische Syntax der Gebrauchssprache, also die grammatische Syntax der ursprünglich von Russell entworfenen Idealsprache beschränkt werden, läßt sich die grundsätzlich nicht verifizierbare philosophische Rede über das Verhältnis von Sprache und Welt als angeblicher Leitfaden für die Konstruktion der Idealsprache vermeiden. Jede Möglichkeit einer Rechtfertigung der Regeln dieser Idealsprache ist damit vertan. Was bleibt, ist lediglich ein Verfahren der, wie Carnap es nennt, »rationalen Nachkonstruktion«[2], nämlich des in der realistischen Gebrauchssprache der Einzelwissenschaften dargestellten Wissens mithilfe einer formalen Sprache. Die sprachkritische Rekonstruktion einer Einzelwissenschaft als philosophische Aufgabe wird auf die Konstruktion einer geeigneten Metasprache beschränkt und erscheint damit als ein Fall allein von »knowledge by description« in der Ausdrucksweise Russells[3].

Für die Behandlung der von der Bildungssprache gestellten Verständigungsprobleme hat Moore einen anderen Weg als Russell eingeschlagen, allerdings endet er an einer sehr ähnlich zu charakterisierenden Stelle. Moore hat von Anfang an die Bestimmung der logischen Form sprachlicher Ausdrücke im Unterschied zu ihrer grammatischen Form

---

[2] Rudolf CARNAP, Der logische Aufbau der Welt. Hamburg ²1961. S. IX.
[3] Vgl. Bertrand RUSSELL, The Problems of Philosophy. Oxford 1912. Deutsch: Probleme der Philosophie. Frankfurt 1967.

nicht an den Aufbau einer formalen Sprache gebunden, die diese logische Form als grammatische Form zeigt. Vielmehr erlauben bereits die grammatischen Umformungen innerhalb der Gebrauchssprache alle relevanten logischen Unterschiede bei grammatisch gleichartigen Erscheinungen zum Ausdruck zu bringen. Zum Beispiel erlaubt die Aussage »Einhörner sind unwirklich« im Unterschied zur Aussage »Löwen sind Säugetiere« die synonyme Umformung »es gibt keine Einhörner«, womit der grundsätzlich von normalen Begriffswörtern verschiedene Status des Wortes »unwirklich« nachgewiesen ist. Es bedarf also keineswegs erst einer Idealsprache, um die logische Form sprachlicher Ausdrücke zu bestimmen, vielmehr genügt dazu bereits die Kenntnis der Umgangssprache. Worauf es bei der logischen Analyse nach Moore ankommt, ist, für den zu analysierenden Ausdruck, der normalerweise einen bildungssprachlichen, der philosophischen Tradition zugehörenden Teil enthält, zum Beispiel das Wort »unwirklich«, eine umgangssprachliche Fassung vorzuschlagen und dann zu prüfen, ob diese Fassung dem Alltagswissen oder common sense entspricht. Moores philosophische Arbeit galt daher der möglichst sorgfältigen Aufdeckung der in der Umgangssprache in Kraft befindlichen inhaltlichen Bestimmungen, und nicht, wie bei Russell, der Angabe des formalen Rahmens einer für wissenschaftliche Zwecke geeigneten Sprache. Die inhaltlichen Bestimmungen der Umgangssprache, die es aufzusuchen gilt und die durch den alltäglichen Gebrauch der jeweiligen Ausdrücke gegeben sind, bedürfen nach Moore auch keiner eigenen Rechtfertigung; in ihnen stellt sich nämlich das Alltagswissen dar, das jeder, der hier weiterfragen wollte, ohnehin bereits in Anspruch nehmen müßte. Für Moore wie für Russell ist es daher richtig zu sagen, daß einerseits das bestehende Alltagswissen und andererseits das bestehende Wissenschaftswissen durch eine sprachphilosophische Reflexion nicht mehr hintergangen werden und nach ihrem eigenen Verständnis auch nicht mehr hintergangen werden können. Die in beiden Fällen leitende Prämisse, nämlich die eindeutig bestimmte Welt der überlieferten Naturphilosophie (natural philosophy) und der überlieferten Moralphilosophie (moral philosophy) sprachlich treu darzustellen, bleibt unausgesprochen und kann daher auch nicht kritisch geprüft werden. Es bleibt bei einem realistisch verkürzten Ideal möglichst vollständiger Beschreibung der einen, als eindeutig bestimmt geltenden Welt.

In ganz ähnlicher Konsequenz hat daraufhin der linguistische Phänomenalismus, auch »ordinary language philosophy« genannt, die philosophische Aufgabe auf eine selbständig gewordene Untersuchung na-

türlicher Sprachen eingeschränkt. Diese Untersuchungen dienen nicht
mehr bloß dazu, die philosophische Tradition auf der Basis eines von
jedem anzuerkennenden Alltagswissens verständlich zu machen. Auch
hier war der Einfluß Wittgensteins, nicht durch seinen *Tractatus logico-
philosophicus*, wie für den logischen Empirismus, sondern durch die
Vorstudien zu den erst aus dem Nachlaß herausgegebenen *Philosophischen Untersuchungen* entscheidend. Hatte Wittgenstein doch im
Gegenzug zu Russell und Moore im Lauf der dreißiger Jahre eine neue
Form der sprachanalytischen Methode zu entwickeln versucht, die
durch den Rückgang auf die Praxis menschlichen Lebens, die »gemeinsame menschliche Handlungsweise«[4], wie es bei ihm heißt, jene Sicherheit vermitteln soll, die der bloß theoretische Ansatz auf dem Wege
einer Konstruktion formaler Sprachen nicht zu liefern vermag. Die
logische Form sprachlicher Ausdrücke kann im Unterschied zu ihrer
grammatischen Form nur durch Rückgang auf ihren Gebrauch in der
Lebenspraxis aufgefunden werden. So heißt etwa eine Aussage verstehen bei Gilbert Ryle, wissen, unter welchen Bedingungen sie verwendet werden kann, heißt, mit ihr umgehen, heißt, um sie argumentieren
können[5]. Die philosophische Aufgabe kann sich nicht mit einer bloßen
Übersetzung fragwürdiger Aussagen der Tradition in scheinbar unver-
fängliche umgangssprachliche Ausdrucksweisen begnügen, wie es die
ihrer Rede von Bedeutungen sichere Sprachanalyse nach dem Vorbild
Moores noch unbedenklich tun konnte, war doch deren Vertrauen in
das den common sense repräsentierende Alltagswissen noch nicht erschüttert. Im linguistischen Phänomenalismus weiß man, daß Irrefüh-
rungen in allen Teilen der Gebrauchssprache, auch in der Umgangssprache, auftreten können; sie zu beheben erfordert die Einübung in die
Kunst der Argumentation, ein per definitionem umgangssprachlicher
oder auch fachsprachlicher Gebrauch. Bildungssprachlicher Gebrauch
entsteht zusammen mit den philosophischen Problemen der Tradition
erst, »wenn die Sprache *feiert*«[6], dem Kontext der Lebenspraxis also
entzogen wird. Natürlich dürfen dann zum Beispiel die üblichen philosophischen Debatten, auch viele der Gegenwart, nicht als die gesuchte
Kunst der Argumentation zugelassen werden. Der ganze infrage stehende Unterschied zwischen Umgangs- und Bildungssprache würde
aufgehoben: der gewöhnliche Sprachgebrauch (ordinary use) muß vor
philosophischem Sprachgebrauch (philosopher's jargon) auf irgendei-

---

[4] Ludwig WITTGENSTEIN, Philosophische Untersuchungen. Oxford 1953. § 206.
[5] Vgl. Gilbert RYLE, Categories. (1938). Wiederabgedruckt in: DERS., Collected Papers
II. London 1971. S. 170–184.
[6] Ludwig WITTGENSTEIN, a.a.O. § 38.

ne Weise ausgezeichnet werden. Das aber geschieht jetzt durch den empirisch feststellbaren Sprachgebrauch (ordinary usage) in einer natürlichen Sprache.

Aus der logischen Analyse der Gebrauchssprache wird unversehens doch wieder eine grammatische Analyse ihres Kernbereichs, eben der faktisch verwendeten Umgangssprache. Die Zuverlässigkeit der Umgangssprache läßt sich ohne methodischen Zirkel nicht mehr in Zweifel ziehen, und deshalb verdient die Struktur der Umgangssprache die besondere Aufmerksamkeit auch des Philosophen, allerdings ohne daß er für die Prinzipien seiner Beschreibung noch eigenständig begründete Hilfsmittel mitbringen könnte.

In dieser Situation kann der Ansatz der konstruktiven Philosophie und Wissenschaftstheorie, wie er von Wilhelm Kamlah und Paul Lorenzen begonnen und in der von Jürgen Mittelstraß herausgegebenen *Enzyklopädie Philosophie und Wissenschaftstheorie*[7] in seiner bisherigen Arbeit dokumentiert ist, als ein Versuch verstanden werden, die in der Analytischen Philosophie und Wissenschaftstheorie vernachlässigte Rolle des Russellschen »knowledge by acquaintance« wieder in das ihm gebührende Licht zu setzen. Historisch allerdings ist dieser systematische Zusammenhang erst in jüngster Zeit beachtet worden, bedurfte es dazu doch einer Befreiung des »knowledge by acquaintance« aus dem bei Russell vorherrschenden sensualistischen Kontext einer durch »gegebene Sinnesdaten« hervorgerufenen sprachunabhängigen Evidenz. Sie war zwar der konsequent weitergeführten Sprachkritik im logischen Empirismus bereits zum Opfer gefallen, dabei aber gleich derart, daß wegen der an die Stelle der Lehre von der sinnlichen Basis gerückten Theorie der Protokollsätze auch das »knowledge by acquaintance« selber als ein eigenständiges Wissen neben dem »knowledge by description« nicht mehr bemerkt werden konnte. Selbst wenn die von Wittgenstein in seinem *Tractatus* benützte Unterscheidung zwischen dem, was sich sagen, und dem, was sich nur zeigen läßt, als ein erster Schritt zu einem adäquaten Verständnis dieser beiden Weisen von Wissen aufgefaßt worden wäre – Carnap hat im logischen Empirismus gegen Wittgensteins erklärte Überzeugung die Behauptung durchgesetzt, daß das, was sich zeigen lasse, metasprachlich wiederum gesagt werden könne –, so hätten sich – Carnaps Fehldeutung Vorschub leistend – die internen Beziehungen zwischen Sprache und Welt, die sich an Sätzen zeigen lassen, im Unterschied zu den externen Beziehungen, die sich

[7] Vgl. Enzyklopädie Philosophie und Wissenschaftstheorie. Hrsg. v. Jürgen Mittelstraß. Bd. I–III. Mannheim 1980ff.

mit Sätzen sagen lassen, auf Übereinstimmungen allein der Form oder Struktur von Sprache und Welt beschränkt. Materielle Teilhabe, Sprechen selbst auch als einen Bestandteil der Gegenstände aufzufassen, von denen gesprochen wird, gehört noch nicht zu den Einsichten des *Tractatus*. Und übrigens auch noch nicht zu den Einsichten im Werk Moritz Schlicks, obwohl dessen Unterscheidung zwischen Erleben und Erkennen[8] durchaus das Verständnis von der Existenz zweier durch Zwischenstufen miteinander verbundener Weisen von Wissen, einem auf die Sprechsituation bezogenen Wissen *um* etwas, oder *Objektkompetenz*, und einem von der Sprechsituation unabhängigen Wissen *über* etwas, oder *Metakompetenz*, hätte vorbereiten können.

Erst mit der von Wittgenstein in den *Philosophischen Untersuchungen* vollzogenen pragmatischen Wende, die zu einem neuen Verständnis auch des philosophischen Pragmatismus bei Ch. S. Peirce geführt hat[9], wurde es möglich, im Bereich der Handlungen eine für Sprache und Welt gemeinsame Basis zu sehen. Die Sprachebene ist nicht mehr selbstverständlich die Metaebene gegenüber der Ebene der Gegenstände, vielmehr ist an ihr durchgehend ein symptomatischer, also »gegenständlicher«, und ein symbolischer, also »repräsentierender«, Zug bestimmbar, nämlich je nachdem, ob Sprache gegenstandskonstituierend, zur Objektkompetenz gehörig, oder gegenstandsbeschreibend, zur Metakompetenz gehörig, eingesetzt wird.

Natürlich treten dieselben Verhältnisse auch im Zusammenhang von Objekt- und Metasprache auf und haben dort zu der historisch ersten Auseinandersetzung zwischen konstruktiver und analytischer Wissenschaftstheorie geführt, nämlich angesichts der Frage, ob eine Theorie von Kalkülen operativ oder axiomatisch auszusehen habe. Im Falle des arithmetischen Kalküls K_o: $\Rightarrow$ $|$

$n \Rightarrow n$ $|$ etwa lassen sich unter den Aussagen über den Kalkül – es handelt sich dabei grundsätzlich um Ableitbarkeitsaussagen einschließlich ihrer logischen Zusammensetzungen, z. B. › $|$ $|$ $|$ ‹ ist ableitbar in K_o, symbolisiert: $\vdash_{K_o}$ $|$ $|$ $|$, als arithmetische Elementaraussage gelesen: $|$ $|$ $|$ ε natürliche Zahl – einige wahre Aussagen als Axiome oder »erste Sätze« in der Weise auszeichnen, daß sich alle übrigen wahren Aussagen durch logisches Schließen gewinnen lassen. Man kann daher Aussagen über den Kalkül entweder »umweglos« beweisen, durch Vorführen der behaupteten Ableitbarkeiten, oder

[8] Vgl. Moritz SCHLICK, Allgemeine Erkenntnislehre. Berlin (1918). Frankfurt [2]1978.

[9] Vgl. Bernd M. SCHERER, Prolegomena zu einer einheitlichen Zeichentheorie. Ch. S. Peirces, Einbettung der Semiotik in die Pragmatik. Tübingen 1984.

»mit Umweg«, indem sie als logische Folgerungen aus den Axiomen gewonnen werden. Es bedarf zusätzlich nur noch einer operativen Deutung auch der logischen Verknüpfungen, etwa so, wie sie Lorenzen in seiner »Einführung in die operative Logik und Mathematik«[10] vorgeschlagen hat.

Im axiomatischen Fall werden die konstanten arithmetischen Terme mithilfe eines Operationszeichens ›'‹ für die Nachfolgeoperation, ausgehend vom konstanten Term ›0‹, gebildet 0, 0′, 0″, 0‴, ... Die so gebildeten Zeichen gehören sämtlich der Ebene der Sprache über die arithmetischen Gegenstände an, also ›0′ natürliche Zahl‹ und nicht ›»0′‹ ε natürliche Zahl‹ ist eine korrekt gebildete arithmetische Elementaraussage. Im operativen Fall hingegen werden die konstanten arithmetischen Terme unmittelbar durch Aneinanderfügen des Grundzeichens ›|‹ gebildet: ›|‹, ›||‹, ›|||‹, ›||||‹, ...‹ Die Nachfolgeoperation wird nicht bezeichnet sondern ausgeführt, ein eigenes Operationszeichen ist überflüssig. Allerdings bleibt es nicht bei bloßer Ausführung, in Gestalt der Regel ›n ⇒ n |‹ tritt zugleich auch noch eine Notation der Ausführung auf, es handelt sich also um eine *Vorführung* der Nachfolgeoperation. Mit der Vorführung ist sowohl der Handlungsaspekt wie der Sprachaspekt dieser Operation aktuell: es wird Objektkompetenz ausgedrückt. Der Term ›n |‹, der deshalb, als Bestandteil der Regel, zur Sprache *über* die Konstanten gehört – und das sind in diesem Fall selbst die arithmetischen Gegenstände und nicht bloß ihre Namen, wenn man von dem Abstraktionsschritt, der das Grundzeichen ›|‹ durch ein beliebiges anderes Grundzeichen zu ersetzen erlaubt, der Einfachheit halber einmal absieht –, ist auch Bestandteil der Ebene der arithmetischen Gegenstände: in der Termbildung ›n |‹ wird Sprache *auch* gegenstandskonstituierend, in der Termbildung ›n′‹ hingegen *nur* gegenstandsbeschreibend eingesetzt. In diesem besonderen Fall von Gegenstandsbeschreibung allerdings wird auf der Ebene der Namen von genau demjenigen gegenstandskonstituierenden Verfahren Gebrauch gemacht – Strichfolgenbilden –, das die beschriebenen Gegenstände zu charakterisieren erlaubt. Augenfälliger tritt die »abstrakte« – gegenstandsbeschreibende – und »konkrete« – gegenstandskonstituierende – Termbildung etwa im Fall der Additionsterme auseinander: Wieder ist die Regel ›n, m ⇒ nm‹ zugleich eine Notation der Ausführung der Operation der Addition von zwei Strichfolgen, also der Term ›nm‹ eine Vorführung der Additionsoperation, hingegen ‹n+m‹ lediglich eine Beschreibung, deren Berechtigung, nämlich daß

---

[10] Vgl. Paul Lorenzen, Einführung in die operative Logik und Mathematik. Berlin 1955.

genau ein so beschriebener Gegenstand, *das* Resultat der Addition ›n+m‹, auch existiert, hier sogar eigener theoretischer Überlegungen bedarf.

Die operative Theorie tritt auf als System von Aussagen zur Konstruierbarkeit konkreter Modelle für die von der axiomatischen Theorie lediglich durch Beschreibungsmittel unterstellten Gegenstände mit ihren Eigenschaften und Beziehungen. Noch deutlicher, und dabei zugleich der historischen Entwicklung im Zusammenhang der Bemühungen um die Widerspruchsfreiheit der (axiomatisierten) Arithmetik und Analysis näher, läßt sich der Unterschied zwischen konstruktiver und analytischer Wissenschaftstheorie in bezug auf Kalküle auf folgende Weise charakterisieren: Die in der analytischen Wissenschaftstheorie metasprachlichen Konstruktionen, nämlich bei der Untersuchung von Axiomensystemen, werden von der konstruktiven Wissenschaftstheorie objektsprachlich verstanden, und das heißt als *vorgeführte* Konstruktion mit Figuren, die anschließend natürlich auch noch beschrieben werden können. An die Stelle syntaktischer Untersuchungen einer interpretierten oder interpretationsbedürftigen, also mit einer Semantik zu versehenden (axiomatischen) Theorie tritt eine inhaltliche, nicht selbst schon axiomatisierte Theorie syntaktischer Konstruktionen[11]. Dieser Schritt hat mindestens zwei wichtige Folgen. Die erste Konsequenz war, daß die Beschreibungsmittel, also insbesondere die prädikativen Ausdrücke, wieder ausdrücklich an die Verfahren gebunden sind, die zur Konstitution der zu beschreibenden Gegenstände/Gegenstandsbereiche dienen, ähnlich wie in der Frühphase der Analytischen Philosophie bei Bertrand Russell des »knowledge by description« an das »knowledge by acquaintance« anschloß, auch wenn bei Russell, wie bereits erwähnt, die in das »knowledge by acquaintance« eingehenden sprachlichen Hilfsmittel – ihr Einsatz zur Gegenstandskonstitution, nicht zur Beschreibung – noch keine Beachtung fanden. Das ist auch der Grund, warum hier von »Objektkompetenz« und »Metakompetenz« statt von »knowledge by acquaintance« und »knowledge by description« gesprochen wird. Es könnte sonst erneut suggeriert werden, die zum knowledge by acquaintance führende Tätigkeit enthalte ausschließlich Wahrnehmungshandlungen, insbesondere also keine Sprachhandlungen, und weiter, daß sich knowledge by description allein auf der Ebene der sprachlichen Repräsentation sichern lasse, ohne den Prozeß, der zu den Repräsentationen führt, miteinzubeziehen.

---

[11] Zur Verwandtschaft mit der Philosophie und Wissenschaftstheorie Gonseths vgl. G. HEINZMANN, Schematisierte Strukturen. Eine Untersuchung über den Idoneismus Ferdinand Gonseths auf dem Hintergrund eines konstruktivistischen Ansatzes. Bern 1982.

Festhalten aber läßt sich, daß der Reduktionsschritt Russells nämlich der seine logischen Konstruktionen ursprünglich leitende Gedanke nach vollständiger Eliminierbarkeit sowohl der Mengenterme $\varepsilon_x A(x)$ (gelesen: Die Menge der Gegenstände, die die Aussageform $A(x)$ erfüllen) wie der Kennzeichnungsterme $\iota_x A(x)$ (gelesen: derjenige Gegenstand, der die Aussageformen $A(x)$ erfüllt) durch geeignete Bedingungen an die beteiligten Aussageform $A(x)$, von der konstruktiven Wissenschaftstheorie voll übernommen worden ist. Es kommt nunmehr darauf an, über die Verfahren zur Gewinnung von Aussageformen, und zwar in Abhängigkeit von den Verfahren, mit denen die Gegenstandsbereiche, über denen sie erklärt sind, zur Verfügung gestellt werden, Klarheit zu gewinnen.

Für die auf dem arithmetischen Kalkül als primärer Praxis aufgebauten Disziplinen Arithmetik und Analysis liegt seit längerem ein ausgearbeiteter Vorschlag vor[12], dessen Durchführung an die Befolgung insbesondere des *methodischen Prinzips* gebunden ist: Jeder Verfahrensschritt geht aus und bedient sich ausschließlich solcher Unterscheidungen, die als Resultate früherer Schritte gewonnen wurden, wobei solche Elementarsituationen lebensweltlicher Erfahrung (im Fall der Arithmetik die Zählpraxis) den Ausgangspunkt bilden, die gemeinsamer unmittelbarer Vergewisserung zugänglich sind; damit soll erreicht werden, daß jede Aussage über die Konstruktion und ihre Ergebnisse durch umgekehrtes Durchlaufen des Konstruktionsverfahrens zirkelfrei begründbar wird.

In dieser Zuspitzung bei der Beschreibung des Programms der konstruktiven Philosophie und Wissenschaftstheorie wird nun ein weiteres Problem sichtbar, das mit dem methodischen Prinzip allein nicht gelöst werden kann: Wie lassen sich Konstruktionen vorführen, wenn sie nicht mit Schreibmarken vorgenommen werden, also wenn die am Anfang stehenden Elementarsituationen lebensweltlicher Erfahrung nicht, wie die Zählpraxis, als Kalkülregeln notierbar sind. Hinzu kommt, daß auch die logischen Verknüpfungen von Aussagen, sind Aussagen dann doch nicht mehr auf Ableitbarkeitsaussagen in Kalkülen zurückführbar, nicht mehr mit den Mitteln der operativen Logik erklärt werden können.

Erst der weitere Schritt, und das war die zweite Konsequenz, der darin bestand, ein die Anwendbarkeit des methodischen Prinzips regierendes *dialogisches Prinzip* herauszuarbeiten, hat diese Probleme lösbar

---

[12] Vgl. Paul LORENZEN, Differential und Integral. Eine konstruktive Einführung in die klassische Analysis. Frankfurt 1965.

gemacht: Jede nach dem methodischen Prinzip gewonnene Unterscheidung ist nur dadurch gemeinsam verfügbar, daß sie in einer dialogischen Elementarsituation des Lehrens und Lernens, einer *Lehr- und Lernsituation*, von beiden Handlungspartnern erworben wird. Angewandt auf die anfänglichen Elementarsituationen lebensweltlicher Erfahrung, die gemeinsamer unmittelbarer Vergewisserung zugänglich sein sollten, wird die unmittelbare Vergewisserung in einen Prozeß der Vermittlung verwandelt und erst damit in einer Praxis, und zwar in einer kommunikativen Praxis, verankert.

So wird es möglich, den zunächst auch von der konstruktiven Philosophie wie schon von der analytischen Philosophie Russellscher Prägung geteilten Glauben an die eine, grundsätzlich gemeinsam zugängliche Welt, die es begründet darzustellen gilt – meist als Appell an die einheitliche, kein theoriebetreibendes Subjekt auszeichnende Vernunft formuliert –, als »metaphysischen Rest« aufzugeben, ohne dabei zugleich den Schritt des logischen Empirismus im Sinne Carnaps zu tun, nämlich eine sprachkritische Behandlung des Zusammenhangs zwischen Prozessen der Gegenstandsbeschreibung und Prozessen der Gegenstandskonstitution für undurchführbar zu halten. Vielmehr werden in Anknüpfung an und in Weiterbildung von Wittgensteins Sprachspielverfahren – Sprachspiele sind eigens entworfene Muster und damit »Maßstäbe« menschlicher Sprachverwendung in Handlungszusammenhängen[13] – Lehr- und Lernsituationen als methodisches Hilfsmittel eingesetzt, Sprachverwendungshandlungen durch Spracheinführungshandlungen zu rekonstruieren.

Dabei ist entscheidend, daß an Sprache der gegenständliche Zug (ihr Handlungscharakter) und an Handlungen der repräsentierende Zug (ihr Sprachcharakter) beachtet wird, soll der Zusammenhang von Gegenstandskonstitution und Gegenstandsbeschreibung, von Objektkompetenz und Metakompetenz, nicht nur postuliert, sondern seinerseits sprachlich artikulierbar werden.

Die scheinbar unüberbrückbare Kluft zwischen Sprache und Welt – das Erbe der neuzeitlichen Philosophie –, von der in der analytischen Philosophie fast durchweg – zu den wichtigen Ausnahmen zählt neben Wittgenstein auch Schlick – behauptet wird, daß sie sich sprachkritisch nicht rekonstruieren lasse und insofern gar nicht existiere, wird durch die zugleich pragmatische und dialogische Verankerung des Philosophierens im dialogischen Konstruktivismus überwindbar: Symbolisieren von Welt – Handlungen »bezeichnen« die Gegenstände, mit

---

[13] Vgl. Ludwig WITTGENSTEIN, a.a.O., S. 7ff.

denen handelnd umgegangen wird – und Naturalisieren von Sprache – Sprachhandlungen sind »Bestandteile« der Gegenstände, von denen geredet wird – machen Wittgensteins Einsicht, daß der Bereich der Handlungen gemeinsame Basis für Sprache und Welt ist, ihrerseits artikulierbar.

Mit einer Lehr- und Lernsituation nämlich kann das Auseinandertreten von Handeln und Sprechen so vorgeführt werden, daß der menschliche Handlungsspielraum zunehmend differenzierter bestimmt, insbesondere die Ausgliederung der Subjekte und der Objekte aus dem Handlungsganzen jeweils selbst als Prozeß begriffen werden kann. Die Handlungssubjekte werden dabei in den voneinander abhängigen Prozessen der Individuation und der Sozialisation ausgebildet; man zählt die differenzierteren unter den daran beteiligten Handlungen zur Praxis der Künste. Entsprechend voneinander abhängige Prozesse zunehmend differenzierterer Feststellung von Identität und Verschiedenheit – jenseits von Handlungen der Alltagspraxis gehören die hier auftretenden Handlungen zu den Wissenschaften – führen zur Bestimmung der Handlungsobjekte.

Zu Beginn jedoch ist die dialogische Elementarsituation der Lehr- und Lernprozeß (processus d'apprentissage) einer Handlung – der zunächst fehlenden Differenzierungen des Handlungsganzen wegen besser »Prähandlung« genannt – durch Vor- und Nachmachen, also durch Repetition und Imitation. Dabei markieren die beiden beteiligten Personen zwei unterscheidbare Gesichtspunkte – und das ist bereits die erste, aber hier auch einzige Subjektdifferenzierung – gegenüber der als fortsetzbare Folge von Aktualisierungen (singulare »tokens«) eines Schemas (universaler »type«) auftretenden Prähandlung: *Ausführung* oder Vollzug auf der Seite des gerade Tätigen, und *Anführung* oder Erkennen auf der Seite des gerade »nichttätigen« Gegenübers. Die Ausführung ist dabei nichts anderes als der singulare Aspekt, die Anführung hingegen der universale Aspekt der Prähandlung.

Sollte der Ausführende auch die Rolle des Gegenübers übernehmen, Anführen das »Ziel der Ausführung« sein (umgangssprachlich: jemanden wissen machen, um welche Handlung es sich handelt), so sprechen wir von *Vorführen*: die Handlung ist *auch* eine Zeichenhandlung, tritt also sowohl gegenständlich wie repräsentierend auf.

Wird in einem neuen Schritt die Anführung ausdrücklich als Ausführung einer anderen Prähandlung verstanden, nämlich einer gegenüber der ursprünglichen Handlung als Zeichenhandlung auftretenden Wahrnehmungshandlung, einer »Wahrnehmungsperspektive« – dazu bedarf es einer eigenen Lehr- und Lernsituation –, so läßt sich die unabhängig von immer wieder neu aufgesuchten Lehr- und Lernsituationen bestehende Einheit einer Prähandlung, die Prähandlung als Präobjekt (-Schema), als Invariante ihrer Wahrnehmungsperspektiven, in Fregescher Terminologie: ihrer »Gegebenheitsweisen«, begreifen. Von »Präobjekt« und nicht von »Objekt« sprechen wir an dieser Stelle deshalb, weil noch keine Gliederung des Schemas in unterscheidbare Einheiten, die Individuen, vorliegt. In einer Lehr- und Lernsituation höherer Ordnung schließlich, einer »Prädikation«, kann ein *Artikulator* als symbolische Repräsentation eines Präobjekts eingeführt werden. Dabei ist ein Artikulator die (phonische oder graphische) Marke einer als selbständige Sprachhandlung auftretenden ursprünglichen Wahrnehmungsperspektive, die zunächst, als Teil des Präobjekts, nur deren Symptom gewesen ist.

So ergibt sich in Verallgemeinerung der oben erläuterten Verhältnisse beim arithmetischen Kalkül, daß ein Artikulator in seiner symptomatischen Rolle gegenstandskonstituierend, in seiner symbolischen Rolle hingegen gegenstandsbeschreibend auftritt.

Unter Beachtung beider Prinzipien, des methodischen wie des dialogischen, können im dialogischen Konstruktivismus sowohl die Gegenstandsgemeinschaft, die Teilhabe an einer in einem Kernbereich gemeinsamen Welt – und das schließt die Verfügung über gemeinsame Mittel der Repräsentation ein –, als auch die Sprachgemeinschaft, die Verfügung über einen Kern gemeinsamer Verständigungsmittel – und hier müssen zugleich gewöhnliche Handlungen gemeinsam beherrscht werden –, also sowohl Objektkompetenz wie Metakompetenz, kritisch rekonstruiert werden.

Das bedeutet, worauf wir mit Beispielen aufmerksam gemacht haben, daß man faktisch als beherrscht wie als gestört erfahrene Fertigkeiten, zunächst im Alltag, dann auch in dessen Fortsetzung in den Wissenschaften und in den Künsten rekonstruiert, und zwar durch die Konstruktion von Sprachspielmodellen wachsender Komplexität mit dem Ziel, sowohl ein Verstehen des Selbsterzeugten als auch eine Erklärung des Widerfahrenen zu erreichen.

Historisch allerdings ist das dialogische Prinzip zuerst nur in einem sehr eingeschränkten Bereich, dem der formalen Logik, eingesetzt worden und hat dort bei dem Versuch, die Beschränkungen der operativen Logik zu überwinden, zur Entwicklung der dialogischen Logik geführt: An die Stelle des von der analytischen Philosophie grundsätzlich bevorzugten semantischen Wahrheitsbegriffs zur Charakterisierung sprachlicher Gebilde als Aussagen – mit seiner Hilfe ist eine befriedigende Behandlung des Zusammenhangs von Gegenstandskonstitution und Gegenstandsbeschreibung der strikten Trennung von Objekt- und Metasprache wegen ausgeschlossen – ist in der konstruktiven Philosophie ein pragmatischer Wahrheitsbegriff getreten, expliziert als Gewinnbarkeit in einem für jede logisch zusammengesetzte Aussage erklärten Dialogspiel, dessen Regeln als Argumentationsregeln relativ zum Bereich der logisch einfachen Primaussagen gelten sollten[14].

Der anfangs vernachlässigte Unterschied zwischen den Regeln in ihrer Funktion für die Partei und den Regeln in ihrer Funktion für die Existenz von Strategien hat dazu geführt, die Spielregeln weitgehend nur in ihrer die Geltung von Aussagen festlegenden Rolle zu betrachten. Die Spielregeln als Argumentationsregeln wurden als Sprachspielmodell für die *Begründung* von Aussagen verstanden und so der Anschluß an die platonische Charakterisierung des philosophischen Miteinanderredens als eines argumentierenden Gesprächs hergestellt; die Suche nach einem selbständigen pragmatisch-dialogischen Fundament schon der *Bedeutung* logisch zusammengesetzter Aussagen, auf das sich die Argumentation zu stützen hätte, unterblieb.

Erst der weitere, in der konstruktiven Philosophie und Wissenschaftstheorie bislang umstrittene Schritt[15], die Spielregeln ausschließlich als Bedeutungsregeln aufzufassen, und das heißt, den jeder Aussage kanonisch zugeordneten Artikulator[16] im Falle logisch zusammengesetzter Aussagen als Repräsentation eines durch die Spielregeln festgelegten Interaktionsschemas zu lesen, macht es möglich, die Argumentation um die Geltung einer Aussage, also die Existenz einer Gewinnstrategie, auf das die Bedeutung der Aussage festlegende, in Partien aktualisierte Dialogspiel zu beziehen.

Nur so ist beides, Gegenstandsgemeinschaft und Sprachgemeinschaft, auch im Fall logisch zusammengesetzter Aussagen, in gegenseitiger Abhängigkeit auf einer pragmatisch-dialogischen Basis kritisch rekonstruiert.

Für das argumentierende Gespräch als Gestalt der Philosophie, wie sie von Platon erstmals bestimmt und im dialogischen Konstruktivismus ausdrücklich wieder aufgegriffen worden ist, hat diese gegenseitige Abhängigkeit zumindest zwei wichtige Folgen: Erstens darf Philo-

---

[14] Eine Übersicht dazu in: Paul LORENZEN/Kuno LORENZ, Dialogische Logik. Darmstadt 1978.

[15] Vgl. die Dokumentation: Logik und Pragmatik. Hrsg. v. C. F. Gethmann. Frankfurt 1982.

[16] Durch den Sternoperator in: Hans REICHENBACH, Elements of Symbolic Logic, New York 1947, § 48, z. B. gehört zur Aussage »Sam raucht« der Artikulator »Rauchen Sams«.

sophieren als ein besonderes Reden nicht aus dem Zusammenhang mit den übrigen Handlungsvollzügen, denen es überlegend – sie reflektierend, wie es in der neuzeitlichen Tradition heißt – gegenübersteht, gerissen werden. Es kann diese Handlungsvollzüge nämlich weder ersetzen – das wäre ein Versuch zu einer rein theoretischen Lebensführung und könnte zu den Verirrungen führen, einer Vergeistigung menschlichen Lebens zum Zweck der Überwindung seiner materiellen Abhängigkeiten das Wort zu reden – noch darf es sie sich gleichsetzen – dies wiederum wäre ein Versuch zu einer rein praktischen Lebensführung, der überlegenden Distanzierung unbedürftig, weil im Vollzug schon sich zeige, was nur nachträglich als theoretisch oder praktisch gültig überflüssigerweise noch gesagt werden könne.

Zweitens muß im Philosophieren nicht nur jeder geäußerte Geltungsanspruch argumentationsfähig gemacht werden, es müssen sich vielmehr dabei zugleich auch noch die Vorbedingungen für eine Ausbildung dieser Fähigkeit zur Argumentation schaffen lassen, nämlich durch Aufdecken und Überbrücken der Verschiedenheit der Gesprächspartner in den nicht geäußerten und weitgehend auch nicht bewußten Vormeinungen und Erwartungen, den »Hinterwünschen«, im Zusammenhang mit den Äußerungen.

Von solchen heute gern als »offen« charakterisierten Dialogen, den argumentierenden Gesprächen, die nicht wirklich vorkommen, sondern nur ein Ideal sind, also bloß sprachlich vorgestellte Situationen, deren Verwirklichung das Ziel geeigneter, natürlich nicht nur sprachlicher Handlungen sein soll, müssen die nichtoffenen oder »verzerrten« wirklichen Dialoge unterschieden werden, die nur in dem Maße als verzerrt, nämlich mit unaufgelösten Standpunktvoraussetzungen belastet, erkennbar sind, als in ihnen das Interesse am offenen Dialog verfolgt wird. Jeder Abbruch eines Dialogs, ob aus Zeitmangel oder aus Resignation oder auch aus zunächst unbekannten Gründen, ist ein Anzeichen dafür, daß Verzerrungen sich nicht haben ausgleichen, vielleicht nicht einmal haben aufdecken lassen.

Hier nun werden wir erneut der Grenze gewahr, die, historisch gesehen, die Auflösung des zumindest unsere Tradition weithin beherrschenden Glaubens an die *eine* eindeutig bestimmte Welt der Natur und die ebenso eindeutig bestimmte Welt der Sitten befördert hat. Wir haben gelernt, nicht nur eine Vielzahl gleich berechtigter und dabei durchaus nicht miteinander verträglicher Regelungen von Lebensweisen anzuerkennen, sondern auch gelernt, mit einer Vielzahl ebenso gleich berechtigter und doch nicht durchweg miteinander verträglicher Strukturen von Weltansichten zu rechnen, die als verschiedene »ways

of worldmaking« (ein Ausdruck Nelson Goodmans) uns zur Entdek-
kung und Ausbildung derzeit noch ganz ungenutzter Fähigkeiten her-
ausfordert. Dazu gehören beispielsweise Wahrnehmungsfähigkeiten
gegenüber künstlerischem Handeln ebenso wie das Wahrnehmenkön-
nen von heute so dringlich gewordenen ökologischen Gleichgewichts-
zuständen.

So wichtig es ist, angesichts der gegenwärtigen Situation zu fragen,
wieviel von dem, was man mittlerweile könne, auch zu tun erlaubt sei,
so wichtig ist die Mühe um die andere Frage, wieviel von dem, was an
Fähigkeiten verschüttet jeder einzelne mit sich führt, wieder auszubil-
den möglich ist.

In diesen zwei Fragen wird auf zwei einander widerstreitende Zielsetzungen angespielt, die in dem Maße sich herausbilden, als die Selbstverständlichkeit eingespielter Lebensweisen und artikulierter Weltansichten verlorengeht: Das eine Ziel, die eine Sozialität erst ermöglichende Gleichheit der Menschen zu befördern – das Prinzip Gerechtigkeit – und das andere Ziel, die eine Individualität erst verwirklichende
Verschiedenheit der Menschen zu schützen – das Prinzip Freiheit –.

Beide Ziele markieren Situationen in der Zukunft beim Versuch,
diese Situationen als gegenwärtige festzuhalten. In der Reflexionshal-
tung, im einfachsten Fall von der als »Prädikation« bezeichneten Lehr-
und Lernsituation höherer Ordnung rekonstruiert, treten Reden und
Handeln auseinander, insofern zugleich mit dem Versuch, sich der
gemeinsamen Welt, aus der man kommt, zu vergewissern, diese Gemeinsamkeit verschwindet: Es wird die schon genannte Vielfalt der
Lebensweisen und Weltansichten sichtbar, in der die gemeinsame Welt
nurmehr als bloße, von vielen Individuen oder auch Gruppen getragene, handlungsleitende Idee zur Wiederherstellung der verlorengegan-
genen Einheit, der Gegenstandsgemeinschaft und der Sprachgemeinschaft, wiederkehrt.

Die von den Meinungen dargestellte und von den Wünschen zu
verändernde Welt als eine einheitliche Welt jenseits bloß individueller
Meinungen und Wünsche auch zu wissen suchen, verwandelt das gesuchte Faktum der gemeinsamen Welt in eine erst zu erfüllende Norm.
Und die beiden Aspekte dieser Norm, der soziale und der individuelle,
treten als die genannten einander widerstreitenden Prinzipien Gerechtigkeit und Freiheit auf.

Die Suche nach Aufrechterhaltung des labilen Gleichgewichts zwischen Gerechtigkeit und Freiheit, und sie spiegelt sich in den dialogischen Elementarsituationen als ein Erzeugen von Übereinstimmung
unter Beachtung der Verschiedenheit der Perspektiven, birgt vielleicht

die Chance einer neuen Zusammengehörigkeit zwischen den in ihrer Verschiedenartigkeit nun auch anerkannten Lebensweisen und Weltansichten.

KURT SALAMUN

Über konstruktive und kritische Aufgaben der Philosophie

Im folgenden wird die These vertreten, daß die Philosophie sowohl konstruktive Aufgaben (Fördern des interdisziplinären Dialogs, Entwerfen von Orientierungsidealen in Form von Humanitätsideen, moralischen und politischen Leitbildern, Sozialutopien, Rekonstruktion von Idealen des wahren Menschseins aus der Geschichte der Philosophie, Anbieten von undogmatischen Sinn- und Glückskonzepten) als auch kritische Aufgaben hat, inbesonders auf dem Gebiet der Weltanschauungs- und Ideologiekritik. Weltanschauungen und Ideologien vermögen sehr positive Funktionen in unserem Leben zu erfüllen (sie bieten Maßstäbe zur Werte- und Sinnorientierung, helfen bei der Komplexitätsreduktion der vielschichtigen Wirklichkeitserfahrung, Entlasten vom Druck der Realität in Leidsituationen usw.), sie können aber auch Auslöser von massenhaftem Leid in politischen Situationszusammenhängen sein (durch das Stimulieren von Agressions- und Gewaltausbrüchen, von religiöser Intoleranz und politischem Fanatismus, das Rechtfertigen von kriegerischen Auseinandersetzungen usw.).

Gibt es eine permanente Rechtfertigungkrise der Philosophie?

Neben der Philosophie gibt es wohl keine andere Universitätsdisziplin, in der so viele Diskussionen über das Selbstverständnis des Faches geführt werden. Man braucht sich dazu nur die zahlreichen Bücher und Aufsätze vor Augen zu halten, die immer wieder unter Titeln wie »Was ist Philosophie?«, »Was soll Philosophie?« oder »Wozu Philosophie?« erscheinen oder an die programmatischen Arbeiten zu denken, die so prominente Philosophen des 20. Jahrhunderts wie Bertrand Russell, Karl Jaspers, Gabriel Marcel, Theodor W. Adorno oder Karl R. Popper über Aufgaben und Zweck der Philosophie geschrieben haben.[1] Angesichts der permanenten Diskussionen über das eigene Selbstverständnis könnte man meinen, die Philosophie befinde sich in einer permanenten Rechtfertigungskrise. Als tiefere Ursachen für diese Krise werden oft folgende beiden Umstände genannt:

(1.) In der Philosophie gibt es *keinen Erkenntnisfortschritt* wie in den

---

[1] Vgl. die Artikel der genannten Autoren in diesem Band.

Einzelwissenschaften. Dies zeigt sich augenscheinlich an dem Umstand, daß Bücher in den Einzelwissenschaften durch neue Entdeckungen und Erkenntnisse oft schnell überholt sind, während in der Philosophie hingegen Werke, die vor Jahrhunderten oder sogar Jahrtausenden verfaßt wurden, als unüberholt gelten (z. B. die Dialoge Platons).

(2.) Aus der Philosophie haben sich im Verlaufe der Entwicklung unserer Kultur eine einzelwissenschaftliche Disziplin nach der anderen verabschiedet und als eigenständige Wissenschaftsdisziplinen etabliert. Mit dem fortschreitenden Prozeß des *Ausdifferenzierens von Einzelwissenschaften* aus der Philosophie, − in diesem Jahrhundert etwa der Psychologie, Pädagogik, Soziologie und Linguistik, − zeichnet sich die Gefahr ab, es könnte einmal nichts mehr übrig bleiben, was als genuine Aufgabe einer eigenen Disziplin der Philosophie anzusehen sei. So hat etwa der neopositivistische Philosoph Moritz Schlick das Ende der Philosophie als einer eigenständigen Disziplin einmal mit folgenden polemischen Sätzen an die Wand gemalt: »Philosophische Schriftsteller werden noch lange alte Scheinfragen diskutieren, aber schließlich wird man ihnen nicht mehr zuhören und sie werden Schauspielern gleichen, die noch eine Zeitlang fortspielen, bevor sie bemerken, daß die Zuschauer sich allmählich fortgeschlichen haben. Dann wird es nicht mehr nötig sein, über ›philosophische Fragen‹ zu sprechen, weil man über *alle* Fragen philosophisch sprechen wird, das heißt: sinnvoll und klar«.[2]

Ich glaube nicht, daß die These von der permanenten Rechtfertigungskrise der Philosophie eine hinreichende Erklärung bietet, warum Philosophen(Innen) so oft über Zweck und Aufgaben ihrer eigenen Disziplin diskutieren. Ich betrachte es vielmehr als eine *genuine Aufgabe der Philosophie*, permanent über ihre Aufgaben und Ziele nachzudenken. Philosophieren in diesem Sinne stellt eine Meta-Reflexion über Denkbemühungen dar, von der auch philosophische Denkbemühungen nicht ausgeschlossen sind. Philosophen(Innen) dürfen einem ernsthaften Prüfen und Begründen ihrer Tätigkeit nicht mit oberflächlichen Argumenten ausweichen. Solche Argumente sind etwa: Philosophie entzieht sich jeder Begründung in Nutzen- und Zweckkategorien, weil sie von vornherein Selbstzweck ist; oder: die Notwendigkeit von Philosophie ist schon deswegen erwiesen, weil jeder Zweifel an der Notwendigkeit der Philosopie ebenfalls schon Philosophie ist.

In einem ähnlichen Sinn wird es als ständige Aufgabe der Philosophie

---

[2] Moritz SCHLICK, Die Wende der Philosophie. In diesem Band S. 19.

angesehen, – sofern man sie als metawissenschaftliche Disziplin versteht, – auf Voraussetzungen, werthafte Vorannahmen, Aufgaben, Ziele, logische und sprachliche Strukturen usw. der wissenschaftlichen Denkbemühungen und Aussagensysteme zu reflektieren. Der Existenzphilosoph Karl Jaspers hat die *Aufgabe der Philosophie zur Metareflexion über die Wissenschaft* im Gefolge von Gedanken seines großen Lehrers und Vorbildes Max Weber einmal so formuliert: Eine prinzipielle Grenze der Denkbemühungen in den Erfahrungswissenschaften besteht darin, daß sie sich nicht selber ihren Wert oder ihren Sinn zu geben vermögen.[3] Noch so zahlreiche und exakte wissenschaftliche Erkenntnisse können die Frage nicht beantworten, welchen Stellenwert die Wissenschaft im menschlichen Leben einnehmen soll. Es ist daher Aufgabe der Philosophie, über den *Wert der Wissenschaft für das menschliche Leben* immer von neuem nachzudenken. Darüber hinaus habe jeder Philosoph die Aufgabe, über Sinn und Zweck seiner eigenen Tätigkeit nachzudenken, und zwar in einer möglichst differenzierten Form.

Vergegenwärtigt man sich die neuere Diskussion um das Selbstverständnis der Philosophie, so könnte man im Gefolge einer Unterscheidung, die u. a. Hans Lenk und Hans Albert wiederholt in ihren Schriften verwendet haben,[4] folgendes sagen: Philosophie hat einerseits konstruktive und andererseits kritische Aufgaben.

Konstruktive Aufgaben der Philosophie

Zu den konstruktiven Aufgaben der Philosophie gehört z. B. der Entwurf von Problemsituationen und *allgemeinen Fragestellungen, die einzelwissenschaftliche Forschungen zu interdisziplinärer Zusammenarbeit integrieren können.* Die Philosophie soll dabei, wie Hans Lenk es einmal formuliert hat, eine »dialogische oder sokratische Forumsfunktion« für interdisziplinäre Gespräche ausüben.[5] Der Philosoph kann in interdisziplinären Gesprächen mit Fachwissenschaftlern, sofern er sprachanalytisch ausgebildet ist, zunächst einmal begriffliche Präzisierungsvorschläge einbringen. Darüberhinaus kann er gerade als Nicht-Experte etwas zu Fachdiskussionen beitragen, indem er fachspezifisch verengte Problemlösungsdiskussionen durch spekulativ-kühne, allge-

---

[3] Vgl. Karl Jaspers, Einführung in die Philosophie. 23. Aufl. München 1983. S. 96 f.

[4] Vgl. Hans Lenk, Philosophie im technologischen Zeitalter. Stuttgart 1971; Ders., Pragmatische Philosophie. Plädoyers und Beispiele für eine praxisnahe Philosophie und Wissenschaftstheorie. Hamburg 1975; Hans Albert, Konstruktion und Kritik. Aufsätze zur Philosophie des kritischen Rationalismus. Hamburg 1972.

[5] Vgl. den Artikel von Hans Lenk in diesem Band, u. zwar S. 315 f., 323 ff.

meinere Perspektiven bereichert, die zwar aus fachspezifischer Sicht oberflächlich und naiv erscheinen mögen, aber dafür das behandelte Problem in einen weiteren Kontext stellen. Dadurch können Implikationen und Konsequenzen von beabsichtigten Problemlösungen ins Blickfeld geraten, für die man aus einer fachspezifischen, spezialistischen Sichtweise blind ist. Daß dabei das generalistische Bemühen von Philosophen(Innen) nicht zu einer Haltung der philosophischen Besserwisserei ausarten darf, aus der heraus die Ergebnisse von Einzelwissenschaften in ihrer Bedeutung herabgemindert werden, versteht sich wohl von selbst. Im Gegenteil, jeder Philosoph sollte darum bemüht sein, sich in mindestens einer (wenn möglich aber in mehreren) einzelwissenschaftlichen Fachdisziplinen zumindest eine »Halbkompetenz« oder eine Mitdenk- oder »Mitführkompetenz«, wie dies Hermann Lübbe einmal genannt hat,[6] anzueignen.

Zu den konstruktiven Aufgaben der Philosophie zählt auch das spekulative *Entwerfen von weltanschaulichen Sinn- und Orientierungsidealen*, Sozialutopien, alternativen Moralkonzepten und Lebensformen, die als Kontrast zu etablierten Orientierungskonzepten und Lebensformen zur Diskussion gestellt werden sollten. Dabei kann es natürlich nicht Aufgabe der Philosophie sein, solche alternativen Konzepte mit einem *Absolutheitsanspruch* vorzutragen und als allgemeinverbindlich vorzuschreiben. Auch wenn eine *rationale Letztbegründung* von alternativen Sinnkonzepten und Wertmaßstäben unmöglich ist, sollte die Philosophie solche Konzepte zumindest anbieten, d. h. sie als *mögliche* Orientierungsziele und Annäherungsideale explizit vor Augen stellen. Es ist nicht einzusehen, warum für das Anbieten von Sinnidealen und Leitideen für eine erfüllte und vernünftige Lebensführung allein Vertreter(Innen) von religiösen Konfessionen zuständig sein sollen. Solche Ideale lassen sich mit vernünftigen Gründen rechtfertigen, ohne dabei auf göttliche Offenbarungsgehalte bezug nehmen zu müssen.

Eine wesentliche Komponente dieser konstruktiven Aufgabe der Philosophie liegt in der *historischen Rekonstruktion*. Die Geschichte der Philosophie ist reich an impliziten und expliziten *Idealen des wahren Menschseins*, moralischen und politischen Verhaltensidealen, *Humanitätsidealen*, Glücksvorstellungen und Ideen über die menschliche Selbst- und Sinnverwirklichung. Diese weltanschaulichen Orientierungsideale gilt es immer wieder neu zu rekonstruieren, um sie auf ihre Realisierbarkeit und Aktualität unter den Erfordernissen der Gegenwart befra-

---

6 Vgl. Hermann Lübbe, Wozu Philosophie? Aspekte einer ärgerlichen Frage. In: Ders. (Hrsg.), Wozu Philosophie? Stellungnahmen eines Arbeitskreises. Berlin/New York 1978. S. 125 ff.

gen und als mögliche Orientierungsmaßstäbe anbieten zu können. Gerade in einer Zeit, in der so oft über eine herrschende *Sinn- und Orientierungskrise* geklagt wird, erscheint dies besonders dringlich. So gibt es z. B. in der Geschichte der Philosophie des 20. Jahrhunderts (etwa im existenzphilosophischen Denken) interessante Vorstellungen vom Verwirklichen eines »wahren Menschseins«, die für den Menschen im 21. Jahrhundert attraktive weltanschauliche Sinnorientierungen bieten können. Nachdem die weltanschaulichen Sinnangebote von traditionellen, religiösen Konfessionen und kirchlichen Institutionen im Verlaufe von Säkularisierungs- und Liberalisierungsprozessen zunehmend an Anziehungs- und Bindungskraft verlieren, darf das Feld der weltanschaulichen Sinnangebote nicht *autoritären Sekten-Gurus* und *Propagandisten fundamentalistischer Basisreligionen* überlassen werden. Vielmehr muß die Philosophie verstärkt darum bemüht sein, durch Anbieten von »Sinnentwürfen ohne Sicherheitsgarantien« (Hans Lenk) dem wachsenden Bedürfnis nach Sinnorientierungen entgegenzukommen.

Im oben erwähnten existenzphilosophischen Denken hat z. B. Karl Jaspers zwei Konzeptionen existentieller Selbstverwirklichung vertreten, die geeignet sind, auf persönliche Sinnfragen eine befriedigende Antwort zu geben. Es sind dies die Konzeption von der existentiellen Selbstverwirklichung durch Bewältigen von *Grenzsituationen* des menschlichen Lebens (Tod, Leiden, Kampf, Schuld), sowie die Konzeption vom Verwirklichen des »eigentlichen Selbstseins« in der *zwischenmenschlichen existentiellen Kommunikation* mit einem anderen Menschen.[7] Auch die *dialogische Ich-Du-Beziehung*, wie sie Martin Buber in vielen seiner Schriften als idealtypisches Verwirklichen eines echten »Personseins« vor Augen geführt hat, kann als eine mögliche Konzeption der Selbst- und Sinnverwirklichung angesehen werden. Daß Buber neben der dialogischen Ich-Du-Beziehung zu einem Mitmenschen und zu »geistigen Wesenheiten« (z. B. Werken der Kunst) eine solche Beziehung auch zur Natur für möglich hält, läßt ihn aus ökologischer Perspektive sehr aktuell erscheinen. Ebenfalls nicht uninteressant für die *Sinnfrage der menschlichen Existenz* mag Jean Paul Sartre's frühe Idee des unbedingten Engagements und Selbstentwurfs erscheinen. Dieser Idee zufolge ist der Mensch ein Wesen, das absolut frei im Entwurf seines Soseins ist, aber absolut verantwortlich dafür, wozu er sich in seinem Handeln bzw. Nicht-Handeln in jeder Lebenssituation für die Anderen entwirft. Damit werden das *Prinzip der Freiheit* und der *Ver-*

---

[7] Ich habe diese Konzeptionen näher dargestellt in: Kurt SALAMUN, Karl Jaspers. München 1985.

antwortlichkeit als Leitprinzipien für ein sinnvolles Leben nachdrücklich vor Augen gestellt. Sogar der auf den ersten Blick hin nihilistisch erscheinenden Philosophie des Absurden von Albert Camus läßt sich aus der Sicht der existentiellen Sinnfrage ein positives Verhaltensideal abgewinnen: es ist eine *heroische Lebenseinstellung,* die trotz aller Sinnlosigkeitserfahrungen und nihilistischen Grundstimmungen den Lebenssinn und die Würde des Menschenseins in einer permanenten Revolte gegen das Absurde sieht, d. h. im aktiven Aufsichnehmen und *Aushalten der erlebten Sinnlosigkeit* und Absurdität. Es gilt im vollen Bewußtsein der Sinnlosigkeit möglichst intensiv zu leben. Daß Camus in einer späteren Denkphase auch sozialmoralische Ideale (Leidminimierung, Maßhalten usw.) mit der Idee vom wahren Menschsein verbunden hat, ergänzen diese Idee um Aspekte der sozialen und politischen Lebensdimension.

Nicht nur die *Existenzphilosophie,* sondern auch andere philosophische Denkrichtungen des 20. Jahrhunderts enthalten implizit oder explizit Sinn- und Selbstverwirklichungskonzepte, die Verhaltens- und Lebensziele nahelegen und damit individuelle Orientierungskrisen bewältigen helfen können. Dies gilt etwa auch für die *Philosophie des Kritischen Rationalismus,* die Karl R. Popper entwickelt hat.[8] Diese einflußreiche Denkströmung enthält ein *liberales Menschenbild,* das aufs engste mit der politisch-gesellschaftlichen Ordnung korrespondiert, wie wir sie mit dem Ideal einer offenen, pluralistisch-demokratischen Gesellschaft als erstrebens- und verwirklichenswert ansehen. Man könnte die Grundeinstellungen, die mit diesem Menschenbild verbunden sind, wie folgt charakterisieren: kritisch und selbstkritisch, ablehnend gegenüber rationalistischen Anmaßungen und Selbstüberschätzungen der Vernunft aber ebenso gegenüber nebulosen Irrationalismen, die Errungenschaften von Wissenschaft und Technik schätzend – ohne den wissenschaftlich-technischen Denkstil zu verabsolutieren, mißtrauisch gegenüber jeglicher Konzentration von Macht, anti-dogmatisch, anti-fundamentalistisch, gradualistisch denkend und bereit zu vernünftigen Kompromissen, moralisch und politisch engagiert zum Zwecke maximaler Leidminimierung in möglichst vielen Lebensberei-

---

[8] Vgl. dazu: Karl R. POPPER, Die offene Gesellschaft und ihre Feinde. Bd. I: Der Zauber Platons. Bd. II: Falsche Propheten: Hegel, Marx und die Folgen. 7. verb. Aufl. Tübingen 1992; DERS., Das Elend des Historizismus. 6. verb. Aufl. Tübingen 1987; DERS., Auf der Suche nach einer besseren Welt. Vorträge und Aufsätze aus dreißig Jahren. 2. Aufl. München 1987. Vgl. auch die Bücher: Kurt SALAMUN (Hrsg.), Moral und Politik aus der Sicht des Kritischen Rationalismus. Amsterdam/Atlanta 1989; Hans ALBERT/Kurt SALAMUN (Hrsg.), Mensch und Gesellschaft aus der Sicht des Kritischen Rationalismus. Amsterdam/Atlanta 1993.

chen, pluralistisch und offen für Werte anderer Kulturen soweit diese individuelle Freiheits- und Menschenrechte nicht verletzen, bemüht um das Bewahren größtmöglicher individueller Freiheitsspielräume ohne Verletzung von Freiheitsspielräumen anderer usw. Der *kritisch-rationale Mensch* ist ein aktiver Menschentyp, der sich ständig auf der Suche nach neuen Problemlösungen und nach Verbesserung von wissenschaftlichen Erkenntnissen, gesellschaftlich-politischen Institutionen und persönlichen Lebenseinstellungen befindet. Stets offen für Neues und bisher Unbekanntes, vermag er Ungewißheit und mangelnde Eindeutigkeit von Lebenssituationen aus der Einsicht leicht zu ertragen, daß diese Situationen ja offen für seine eigenen Initiativen und gestalterischen Fähigkeiten sind. Er ist permanent darum bemüht, sich für das Verwirklichen von mehr Freiheit, Offenheit, Pluralität und von größerer Humanität im Sinne der Leidminimierung einzusetzen.

Kritische Aufgaben der Philosophie

Was die kritische Funktion der Philosophie betrifft, so ist die Geschichte der Philosophie reich an Gesichtspunkten der Erkenntnis- und Vorurteilskritik, der Sprachkritik, der Kultur- und Weltanschauungskritik und der Gesellschaftskritik. Als Beispiele seien hier nur die *Lehre von den Idolen* genannt, die der englische Rechtsgelehrte, Politiker und Philosoph Francis Bacon am Beginn des 17. Jahrhunderts in einem der ersten systematischen Ansätze zu einer Theorie des vorurteilsbefangenen Denkens entwickelt hat; die Einsichten in das *logische Verhältnis* (die logische Nicht-Ableitbarkeit) von *Erkenntnis* und *Wertung* oder von Sein und Sollen, die der schottische Aufklärungsphilosoph David Hume gewonnen hat; die Einsichten in *Rechtfertigungsfunktionen* von religiösen und politischen Ideen für Besitz- und Herrschaftsverhältnisse, wie sie in *Vorurteilstheorien* französischer Aufklärungsphilosophen (Paul Th. Holbach, Adrien Helvétius) teilweise vorformuliert und dann von Karl Marx explizit dargelegt wurden.

Auf dem Hintergrund von Bacons kritischen Analysen über den Einfluß von subjektiven Interessen und Wertungen auf das wissenschaftliche Denken und von Humes Einsicht, daß sich normative Aussagen (Werturteile, Handlungsanweisungen usw.) nicht mit logischer Notwendigkeit aus Tatsachenerkenntnissen ableiten lassen, vermag die Philosophie in unserem wissenschaftlich-technologischen Zeitalter vielerlei kritische Aufgaben zu erfüllen: Sie kann wissenschaftliche Aussagenzusammenhänge auf *stillschweigend vorausgesetze Wertgesichtspunkte* befragen und diese dann explizit vor Augen stellen. Sie vermag Kritik an jener »technokratischen Hintergrundideologie« (Jürgen Habermas) in der modernen Industriegesellschaft zu üben, durch die öffentlich der Eindruck geweckt wird, gewisse politische Entscheidungen und Direktiven wären die logisch notwendige und unabdingbare Konsequenz aus wissenschaftlichen Tatsachenerkenntnissen und technischen Expertisen. Die damit verbreitete Meinung, politische Entscheidungen ergäben sich mit logischer Notwendigkeit aus wissenschaftlichen Erkenntnissen, ist für eine pluralistische, demokratische Gesellschaft aus mehreren Gründen fatal: (a) sie legt bei wissenschaftlich nicht vorgebildeten Staatsbürgern(Innen) eine resignative Einstellung der *Politikabstinenz* nahe, (b) sie leistet einem Politikertyp Vorschub, der persönliche Verantwortung für politische Entscheidungen nur zu gerne auf wissenschaftlich-technische Sachzwänge abschiebt und (c) sie bestärkt die *Präpotenz von wissenschaftlich ausgebildeten Managern und Technokraten*, die sich anmaßen, aufgrund ihrer wissenschaftlichen Fachkompetenz auch schon die beste Qualifikation für den Beruf der Politik zu haben.

Eine wichtige kritische Aufgabe der Philosophie, die ich hier besonders betonen möchte, liegt im Ausarbeiten von Instrumentarien oder *systematischen Richtlinien zur Analyse von weltanschaulichen Gedankengebilden und Ideologien.*[9] Es geht dabei um systematische Gesichtspunkte, die zur kritischen Überprüfung der Entstehung, der Strukturen und der Funktionen von Weltanschauungen und Ideologien in den verschiedensten Lebensbereichen dienen können. Unter Einbezug von erkenntnis-, sprach- und gesellschaftskritischen Einsichten aus der Tradition der Philosophie, von Ergebnissen der sprachanalytischen Philosophie, der Logik und der modernen Erkenntnislehre, hier insbesondere der Einsichten Karl R. Poppers, kann Philosophie zu einer kritischen Instanz werden, die systematische Richtlinien anbietet, um an Weltanschauungen und Ideologien gefährliche *anti-demokratische Denkformen* schon frühzeitig zu erkennen und aufzuweisen. In dieser Rolle hat Philosophie auch eine immense Bedeutung für die *politische Bildung.* Gerade Karl R. Popper hat in seinem epochalen sozialphilosophischem Werk »Die offene Gesellschaft und ihre Feinde« auf Grundmuster anti-demokratischen Denkens nachdrücklich aufmerksam gemacht, die im Verlauf der Menschheitsgeschichte immer wieder dazu gedient haben, autoritären politischen Bewegungen den Weg zu bereiten und *totalitäre politische*

---

[9] Vgl.dazu meine Bücher: Ideologie-Wissenschaft-Politik. Sozialphilosophische Studien. Graz/Wien/Köln 1975; Ideologie und Aufklärung. Weltanschauungstheorie und Politik. Wien/Köln 1988; (Hrsg.), Aufklärungsperspektiven. Weltanschauungsanalyse und Ideologiekritik. Tübingen 1989; (Hrsg.), Ideologien und Ideologiekritik. Ideologietheoretische Reflexionen. Darmstadt 1992; Vernunft und Kritik. Gesammelte Vorträge und Aufsätze. Zweisprachige Ausgabe. Pusan 2000.

Herrschaftsstrukturen zu rechtfertigen. In Weiterentwicklung seiner ideologiekritischen Gedanken lassen sich für eine kritisch-systematische Ideologietheorie einige wesentliche Richtlinien formulieren, unter denen man Weltanschauungen und Ideologien immer wieder kritisch prüfen sollte, in welchem Ausmaß sie gefährliche anti-demokratische Tendenzen enthalten.

Diese systematischen Richtlinien bestehen darin, Weltanschauungen und Ideologien auf das Vorkommen folgender struktureller Denkmuster und Sprachformen hin zu untersuchen, die im Zuge gründlicher philosophischer Analysen generell als zentrale Komponenten von gefährlichen ideologischen Gedankengebilden identifiziert werden konnten:

(a) *Absolutheits- und Ausschließlichkeitsansprüche*: Absolutheitsansprüche treten in Form von Behauptungen auf, bestimmte Einsichten oder Grundprinzipien einer Weltanschauung seien in einem *absoluten Sinne wahr*, d. h. ein für allemal gegenüber Widerlegung gefeit, über jeden Zweifel und jede Kritik erhaben und auf ewige Zeiten unrevidierbar und unveränderlich. Die Überzeugung, es gebe eine manifeste absolute Wahrheit und man könne sich dieser Wahrheit ein für allemal vergewissern, hat oft die gefährliche Konsequenz, daß sie Ausschließlichkeitsansprüche auf den *alleinigen Besitz* der absoluten Wahrheit (der absolut wahren politischen Überzeugung, des absolut wahren religiösen Glaubens usw.) nahelegt. Sie fördert *Fanatismus* und *Intoleranz* gegenüber Andersdenkenden und Andersgläubigen. Soziologisch orientierte ideologiekritische Untersuchungen haben mehrfach gezeigt, daß mit politischen Ideologien und fundamentalistischen religiösen Glaubenssystemen, die der Idee einer absoluten Wahrheit verpflichtet sind, in der gesellschaftlichen Praxis autoritäre und anti-demokratische Verhaltensformen und Institutionen einhergehen. In Sozialsystemen, die eng an derartige Ideologien gebunden sind, werden die jeweils dogmatisierten absoluten Grundwahrheiten nicht bloß durch Behaupten ihrer *Unbezweifelbarkeit* gegen jedes In-Frage-stellen und jede Kritik abgeschirmt. Ihre Abschirmung erfolgt zumeist auch durch das Androhen von institutionellen Sanktionen, die von offiziellen Rede- und Schreibverboten bis zu Freiheitsentzug und physischem Terror reichen.

(b) *Erkenntnismonopole* oder *Interpretationsprivilegien*: Ansprüche auf derartige Monopole und Privilegien werden in der Regel von *charismatischen Führerpersönlichkeiten*, kleinen verschworenen Gruppen oder selbst ernannten gesellschaftlichen Eliten in bezug auf das richtige Auslegen einer Weltanschauung erhoben. Sie berufen sich dabei stets auf irgendeine Form eines »höheren Wissens« oder eine nur ihnen zugängliche *höhere Erkenntnisform.*[10] Spricht sich ein Führer oder eine Elite selber das alleinige Recht zu, bestimmte Kernsätze einer Weltanschauung richtig auszulegen, dann bleibt den übrigen Anhängern dieser Weltanschauung nichts anderes mehr übrig, als der auserwählten Elite oder der Führerpersönlichkeit gläubig und vertrauensvoll *zu gehorchen.* Das beanspruchte Deutungsmonopol bezieht sich dabei nicht nur auf die Entscheidung, welche Bestandteile zum unrevidierbaren Kernbestand einer Weltanschauung zu rechnen sind, sondern stets auch darauf, welche Personen als rechtgläubige Anhänger(Innen) der betreffenden Weltanschauung zu betrachten sind und welche als böse Abweichler(Innen), Abtrünnige, Häretiker, Revisionisten. Daß durch ein weltanschauliches Interpretationsmonopol gewöhnlich auch *Ansprüche auf Einfluß- und Machtpositionen,* auf soziale und materielle Privilegien im gesellschaftlichen Unterbau der betreffenden Weltanschauung gerechtfertigt werden, ist eine von der soziologisch orientierten Ideologienforschung häufig festgestellte Tatsache. Bei diesem anti-demokratischen Denkmuster ist zumeist eine Variante des *Denkmotivs eines unkontrollierbaren höheren Wissens* im Spiel. Ein eindrucksvolles Beispiel dafür findet sich bereits, wie u. a. Hans Kelsen und Karl R. Popper deutlich gemacht haben,[11] in der Staatslehre Platons. Dort sind es die Philosophen, denen ein von den anderen Ständen im Platonischen Staat gänzlich unkontrollierbares Erkenntnismonopol zugesprochen wird, das sie allein dazu berechtigen soll, die Staatsgeschäfte zu führen und alle politischen Entscheidungen zu treffen. Denn nur sie sind angeblich dazu in der Lage, in einem von den Angehörigen der anderen Stände prinzipiell nicht nachvollziehbaren intuitiven Erkenntnisakt die Ideen des Guten und der Gerechtigkeit zu schauen.

(c) *Immunisierungsstrategien:* Selbsternannte autoritäre Interpretationseliten oder Führerpersönlichkeiten versuchen das von ihnen beanspruchte weltanschauliche Interpretationsmonopol stets *gegen Kritik abzuschirmen.* Dies kann durch Gewalt, Zensur und Frageverbote geschehen aber ebenso durch subtile Rechtfertigungsargumentationen, die man mit einem treffenden Ausdruck von Hans Albert als »Immunisierungsstrategien« bezeichnen kann.[12] Diese Art von Argumenta-

---

[10] Eine kritische Analyse dieses Denkmotivs, auf religiöse Überzeugungssysteme bezogen, findet sich u. a. bereits in der Französischen Aufklärungsphilosophie, vor allem bei Paul Thiry HOLBACH. Vgl. dessen Buch: System der Natur oder von den Gesetzen der physischen und moralischen Welt. (übersetzt v. F. G. Voigt). Frankfurt 1978. S. 395 f.

[11] Vgl. Hans KELSEN, Aufsätze zur Ideologiekritik. Neuwied 1964. S. 229 ff.; Karl R. POPPER, Die offene Gesellschaft und ihre Feinde. Bd. I. S. 144 ff.

[12] Vgl Hans ALBERT, Traktat über kritische Vernunft. 5. verb. u.erw. Aufl. Tübingen 1991. S. 64.

tionen weisen bei näherer Betrachtung oft logische Fehlschlüsse auf (etwa den Fehlschluß von den Entstehungsbedingungen einer Behauptung oder Überzeugung auf deren Wahrheit bzw. Falschheit = genetischer Fehlschluß), oder sie gründen sich auf *Suggestivdefinitionen* oder auf dem Gebrauch von *Leerformeln*. Unter Leerformeln versteht man sprachliche Wendungen, die in dem Zusammenhang, in dem sie geäußert werden, keinen näher angebbaren oder zumindest nur einen sehr geringen Informationsgehalt besitzen. Zu diesen Formeln zählen so bekannte moralische Forderungen und humanistische Parolen wie die Gerechtigkeitsforderungen »Jedem das Seine«, »Jedem nach seinen Fähigkeiten« oder »Jedem nach seinen Leistungen«. Diese Forderungen mögen von Weltanschauungspropagandisten und Ideologen in den verschiedensten Zusammenhängen noch so eindringlich vorgebracht werden, sie bleiben solange leere und nichtssagende Phrasen, solange keine Maßstäbe angegeben werden, nach denen die jeweiligen Fähigkeiten und Leistungen bemessen werden.

(d) *Alternativ-radikalistische Denkmuster*: Dabei handelt es sich um Denkmuster, die radikale Alternativen nahelegen, kein graduelles Abstufen und Differenzieren zulassen, sowie Kompromisse grundsätzlich ausschließen. Solche Denkmuster äußern sich in starren *dichotomischen Orientierungsrastern* und dogmatisierten *bipolaren Kategorienschemata*. Erfolgt im Erkenntnisprozeß das Strukturieren der politischen und gesellschaftlichen Wirklichkeit über derartige kategoriale Schemata, hat dies nicht bloß eine stark übertriebene Komplexitätsreduktion zur Folge, sondern führt zu krassen Verzerrungen und Verfälschungen politisch-gesellschaftlicher Sachverhalte. Noch so komplizierte gesellschaftliche Beziehungen und politische Konstellationen werden auf ein *Entweder-Oder*, ein *Für-mich* oder *Gegen-mich* reduziert. Auf der Sprachebene manifestieren sich derartige Denkmuster in emotional aufgeladenen Polarisierungskategorien und Schwarz-Weiß-Zeichnungen. (Beispiele für emotional aufgeladenen Polarisierungskategorien aus verschiedenen Ideologien wären: aus der nationalsozialistischen Ideologie das Kategorienpaar: »arisch-jüdisch«; aus der marxistischen Ideologie die Kategorienpaare: »sozialistisch-bürgerlich«, »sozialistisch-kapitalistisch« oder »sozialistisch-imperialistisch«; aus neoliberalistischen und neokonservativen Ideologien die Gegensatzpaare »demokratisch-sozialistisch«, »freiheitlich-sozialistisch«; aus Öko-Ideologemen das Gegensatzpaar »natürlich-technisch«; aus feministischen Ideologemen das Gegensatzpaar »weibliche Vernunft-männliche Rationalität«.

(e) *Dogmatische ganzheitliche (holistische) Denkformen*: Solche Denkformen bestimmen eine Weltanschauung dann, wenn darin ständig

eine *letzte Einheit, Ganzheit* oder *Totalität* beschworen wird, die es zu
verwirklichen gilt, sei es in bezug auf die Erkenntnis, den Menschen,
die Natur, die Gesellschaft, die Gemeinschaft, den Staat usw. und wenn
dabei alles Partikulare, Individuelle, Unvollständige, Differenzierte
und Vielfältige als bloß vorläufig, vordergründig und unzulänglich
hingestellt wird. Abweichung, Pluralität und Individualität werden im
Vergleich zur Einheit, Geschlossenheit, Ganzheit, Totalität eines Staates, einer Gesellschaft, einer Gemeinschaft, einer Rasse, einer Klasse,
einer Nation, einer Partei usw. als minderwertig betrachtet. Derartige
Denkformen kommen, wie Popper betont hat,[13] in so illusionären
Ideen zum Ausdruck, man könne Gesellschaften oder Staatsgebilde als
Ganzes planen, als Ganzes steuern und kontrollieren, oder durch ein
radikales ganzheitliches Sozialexperiment (eine »totale Revolution«) von
Grund auf gänzlich neu gestalten.

(f) *Feind-Stereotype und Verschwörungstheorien:* Das An-die-Wand-
Malen von Feind-Bildern im Rahmen von Weltanschauungen dient
häufig als Mittel, um Auflösungstendenzen von Gruppen hintanzuhal-
ten und Machtpositionen von Führerpersönlichkeiten oder Eliten innerhalb von Gruppen zu festigen. Führt doch eine tatsächliche oder eine
hochstilisierte Bedrohung von Außen im Rahmen einer Gruppe in der
Regel zu einem engeren Zusammenrücken der Gruppenmitglieder.
Daß das *Hochstilisieren von Feind-Bildern* in einer Weltanschauung aber
die Gefahr in sich birgt, daß die als bedrohlich hingestellte Gruppe oder
Person erst durch die Feind-Stigmatisierung zu einer feindlichen Haltung veranlaßt wird (das Phänomen der self-fulfilling-prophecy), wurde in sozialwissenschaftlichen Untersuchungen öfters herausgearbeitet, so etwa im Zusammenhang mit dem Erforschen der *Sündenbock-
Strategie.* Popper hat in seinen erkenntnis- und weltanschauungskriti-
schen Arbeiten mit Recht die Erwartung kritisiert, man könne für
unerwünschte Ereignisse im persönlichen Lebensbereich und in der
politisch-gesellschaftlichen Welt stets gewisse Menschen oder Gruppen
ausfindig machen, die zum Zwecke des Herbeiführens des betreffenden
Ereignisses Pläne geschmiedet und miteinander konspiriert haben.
Dieses »Vorurteil des Alltagsverstandes« ignoriert den Tatbestand, daß
viele unerwünschte Ereignisse, von denen man betroffen wird, einfach
unbeabsichtigte Folgen von Handlungen Anderer sind und nicht das
Resultat absichtsvoll geplanter Aktivitäten und Verschwörungen von
Bösewichten, Intriganten, Neidern, übelwollenden Konkurrenten
usw.

---

[13] Vgl. Karl R. POPPER, Das Elend des Historizismus. S. 66 ff.

(g) *Utopisch-messianische Heilsideen*: Diese Art von Ideen vermitteln im Rahmen von Weltanschauungen und Ideologien die Überzeugung, zu einer *auserwählten Elite* von Menschheitsbeglückern und *Heilsbringern* zu gehören. Sie wecken elitäre Gefühle der Zugehörigkeit zu einem auserwählten Volk, einer auserwählten Nation, einer besonderen Partei, Rasse, Klasse oder Gruppe, die vom Schicksal, von der Geschichte, von Gott oder irgendeiner anderen metaphysischen Instanz zu etwas Außergewöhnlichem und Einmaligem berufen sei: eine erlösende *Heilstat* – auch gegen den Willen der Mehrzahl von Betroffenen – zu vollbringen wodurch ein bedrängendes Übel ein für allemal beseitigt oder ein endgültiger Heilszustand geschaffen wird.

Varianten dieser *Grundmuster anti-demokratischen Denkens* finden sich, wie ein Blick in die Geistesgeschichte zeigt, in vielen Weltanschauungen und politischen Ideologien. Sie erfahren im Kontext von *Nationalismus, religiösem Fundamentalismus, Rechts- und Linksextremismus* usw. immer dann erneute Konjunkturen, wenn sie von politischen Demagogen aufgegriffen und im Dienste von Machteroberungs- und Machterhaltungsinteressen propagandistisch aktiviert werden. Sieht man eine zentrale Aufgabe der Philosophie in der kritischen Analyse von Weltanschauungen und Ideologien,[14] dann impliziert diese Aufgabe das Prüfen von Weltanschauungen und Ideologien auf das Vorhandensein solcher Grundmuster anti-demokratischen Denkens. Dabei ist die Philosophie auf die Zusammenarbeit mit anderen Wissenschaftsdisziplinen (so vor allem der Geschichtswissenschaft, Soziologie, Psychologie, Politologie, Linguistik und Religionswissenschaft) angewiesen.

Vom Bildungswert der Philosophie aus der Kompetenzperspektive

Angesichts einer heute weithin herrschenden Effizienz-Ideologie ist es notwendig folgenden Sachverhalt nachdrücklich ins Gedächtnis zu rufen: Philosophie als Fachdisziplin hat bisher erheblich zum Vermitteln einer Bildung beigetragen, die man in der traditionellen Pädagogik zum Unterschied von der inhaltlichen Bildung und Fachausbildung die *formale Bildung* genannt hat. Der *Bildungswert* der Philosophie liegt darin, eine *Reflexions- und Orientierungsdisziplin* zu sein. In ein anderes Sprachspiel (Ludwig Wittgenstein) übersetzt, das für betriebswirtschaftlich Ausgebildete verständlicher ist, die in ihrem Denken auf Kategorien wie »Effizienz«, »Effektivität«, »Kompetenz«, »Qualifika-

---

[14] Diese Position vertritt etwa auch Ernst Topitsch. Vgl. dessen Bücher: Erkenntnis und Illusion. Grundstrukturen unserer Weltauffassung. 2. überarb. u. erw. Aufl. Tübingen 1988; Heil und Zeit. Tübingen 1990.

tion«»Optimierung«, »Controlling« usw. fixiert sind, könnte man sagen, daß die Philosophie mit ihren verschiedenen Disziplinen (Erkenntnislehre, Logik, Ethik, Wissenschaftsphilosophie, Philosophische Anthropologie, Sozialphilosophie, Religionsphilosophie, Sprachphilosophie usw.) in Erfüllung der in diesem Artikel genannten konstruktiven und kritischen Aufgaben auf das Vermitteln einer *theoretischen und lebenspraktischen Reflexionskompetenz* abzielt. In Verbindung und Zusammenarbeit mit anderen Disziplinen der Geistes- und Kulturwissenschaften (Sprach- und Literaturwissenschaft, Geschichtswissenschaft usw.) trägt Philosophie dazu bei, eine Reihe von *Basisqualifikationen* oder *Schlüsselqualifikationen*[15] zu vermitteln, die immer gefragt sein werden und deren Einüben in früheren Zeiten als explizite Aufgabe der Grundlagendisziplinen einer Philosophischen Fakultät angesehen wurden.

Zu diesen Basisqualifikationen gehören folgende Kompetenzen:

Meta-Reflexionskompetenz: die Fähigkeit, in Entscheidungssituationen spezialistische Problemlösungsvorschläge von einem allgemeineren Blickwinkel und aus mehreren Perspektiven zu betrachten und sie auf mögliche Konsequenzen und Nebenfolgen zu überdenken.

Differenzierende Analysekompetenz: die Fähigkeit, Situationen und Probleme möglichst vorurteilsfrei, sachgerecht und differenziert zu analysieren und in komplizierten Problemlagen die wichtigen von den weniger wichtigen Problemaspekten zu unterscheiden.

Logisch-folgerichtige Argumentationskompetenz: die Fähigkeit, in Gesprächen (Verhandlungen, Reden, Präsentationen, Beratungen usw.) widerspruchsfrei, logisch folgerichtig und rational überzeugend zu argumentieren.

Verbale Ausdruckskompetenz: Gewandtheit und Kreativität im sprachlichen Ausdrucksvermögen, sowie die Fähigkeit, auch komplizierte Gedanken sprachlich klar auszudrücken; zu dieser Kompetenz gehören nicht zuletzt umfassende Fremdwortkenntnisse und zumindest oberflächliche Vertrautheit mit Begriffen aus verschiedenen Fachterminologien, die ihre Wurzeln im Griechischen, Lateinischen oder im Englischen haben. So gibt es heute viele Lehnwörter aus dem Fachjargon der angelsächsischen Sozialwissenschaften.»Soziologenchinesische« Ausdrücke sollten in eine einfache verständliche Sprache übersetzt werden können.

Schriftliche Formulierungskompetenz: die Fähigkeit, Schriftstücke (Briefe, Ansuchen, Erlässe, Mitteilungen, Werbebroschüren, Bedie-

---

[15] Vgl. Jürgen MITTELSTRASS, Leonardo-Welt. Über Wissenschaft, Forschung und Verantwortung. Frankfurt 1996. S. 284 ff.

nungsanleitungen, schriftliche Stellungnahmen bei Behörden usw.) gut verständlich, übersichtlich und informativ abzufassen.

Rationale Kritikkompetenz: die Fähigkeit, Widersprüche, Ungereimtheiten, Leerformeln, verdeckte Wertungen und Interessen in sprachlichen und schriftlichen Äußerungen zu erkennen und mit einsichtigen Argumenten kritisch aufzuweisen.

Selbstreflexionskompetenz: die Fähigkeit, eigene Einstellungen, Überzeugungen und Vorurteile kritisch zu hinterfragen, sowie persönliche Wunschvorstellungen, Selbsteinschätzungen, Lebenserwartungen und Lebenspläne realistisch zu überdenken.

Politische Orientierungskompetenz: die Fähigkeit, politische Systeme in ihren Vorzügen und Nachteilen zu beurteilen und die Vorteile pluralistisch-demokratischer Regierungssysteme gegenüber totalitären Systemen und autoritären Herrschaftspraktiken zu rechtfertigen.

Ideologiekritische Beurteilungskompetenz: die Fähigkeit, in politischen Ideologien und fundamentalistischen Weltanschauungen anti-demokratische Denkformen und manipulative Verbalstrategien, wie sie in diesem Artikel hervorgehoben wurden, zu durchschauen.

Sozial-moralische Orientierungskompetenz: die Fähigkeit, sich rational an sozial-moralischen Grundwerten und humanen Wertprinzipien zu orientieren und sich über die Implikationen und Konsequenzen dieser Orientierung Rechenschaft zu geben.

Metareflexions- und Orientierungskompetenzen werden in einem hoch technisierten *Computerzeitalter* stets gefragt sein. Denn wo hochspezialisiertes Sachwissen unerläßlich ist, bedarf es als Ausgleich und Ergänzung immer auch der *Fähigkeit zur Metareflexion* und *umfassenderen Orientierung* (auch Werteorientierung) über das spezialisierte Fachwissen hinaus. Diese Fähigkeit schließt ebenso ein kritisches Reflexionsvermögen über Wertstandpunkte, weltanschauliche Sinnangebote und politische Ideologien ein. Die Pflege und Vermittlung dieses kritischen Reflexionsvermögens habe ich hier als wichtige Aufgabe der Philosophie besonders betont.

Ausgewählte Literatur zu den einzelnen Kapiteln

(es werden nur deutschsprachige Ausgaben und Bücher angeführt)

I. Neopositivismus

Wichtige Primärschriften:

Ludwig WITTGENSTEIN, Tractatus logico-philosophicus. Frankfurt 1984. (Paperback: edition suhrkamp 12)

Moritz SCHLICK, Gesammelte Aufsätze 1926–1936. Hrsg. v. Friedrich Waismann. Wien 1938. Reprograph. Nachdruck Hildesheim 1965.

–, Allgemeine Erkenntnislehre. Frankfurt ²1979. (suhrkamp taschenbuch wissenschaft 269)

Rudolf CARNAP, Der logische Aufbau der Welt. Berlin 1928. Neuausgabe nach der 4. unveränderten Aufl. Frankfurt/Berlin/Wien 1979. (Paperback: Ullstein-Bücher Nr. 35 007: Ullstein-Materialien)

–, Logische Syntax der Sprache. Wien 1934. 2. Aufl. 1968.

Alfred Jules AYER, Sprache, Wahrheit und Logik (übersetzt und herausgegeben v. H. Herring). Stuttgart 1970. (Paperback: Reclam 7919–22)

Rudolf CARNAP/Hans HAHN/Otto NEURATH, Wissenschaftliche Weltauffassung – Der Wiener Kreis. Wien 1929. Diese Programmschrift des Wiener Kreises ist nahezu zur Gänze wiederabgedruckt in dem Auswahlband: Hubert Schleichert (Hrsg.), Logischer Empirismus – der Wiener Kreis. München 1975. (Paperback: Wilhelm-Fink-Verlag: Reihe Kritische Information 21)

Hans REICHENBACH, Der Aufstieg der wissenschaftlichen Philosophie. Braunschweig 1968. Dieses Buch bildet auch den ersten Band (1977) der von Andreas Kamlah und Maria Reichenbach bei Vieweg in Braunschweig herausgegebenen Gesamtausgabe der Werke Reichenbachs.

Otto NEURATH, Wissenschaftliche Weltauffassung, Sozialismus und logischer Empirismus. Hrsg. V. Rainer Hegselmann. Frankfurt 1979. (suhrkamp taschenbuch wissenschaft 281)

–, Gesammelte philosophische und methodologische Schriften. Bd. 1 u. 2. Hrsg. v. Rudolf Haller und Heiner Rutte. Wien 1981.

Einheitswissenschaft – das positive Paradigma des Logischen Empirismus. Hrsg. v. Joachim Schulte u. Brian McGuinness. Frankfurt 1992.

Ausgewählte Sekundärbücher:

Victor KRAFT, Der Wiener Kreis. Der Ursprung des Neopositivismus. Wien 1950. 3. Aufl. 1997. (Paperback: Springer Verlag)

Wolfgang STEGMÜLLER, Hauptströmungen der Gegenwartsphilosophie. Bd. I. Stuttgart 1952. 7. Aufl. 1989, und Bd. II. Stuttgart 1975. 8. Aufl. 1987. (Kröners Taschenbuchausgabe Bd. 308 und 309)

Leszek KOLAKOWSKI, Die Philosophie des Positivismus (aus dem Polnischen übersetzt v. P. Lachmann). München 1971. 2. Aufl. 1977. (Paperback: Serie Piper 18)

Hans Joachim DAHMS (Hrsg.), Philosophie, Wissenschaft, Aufklärung. Beiträge zur Geschichte und Wirkung des Wiener Kreises. Berlin 1985.

Manfred GEIER, Der Wiener Kreis. Reinbeck 1992. (Rowohlt Monographien 508)

Rudolf HALLER, Neopositivismus. Eine historische Einführung in die Philosophie des Wiener Kreises. Darmstadt 1993.

Friedrich STADLER, Studien zum Wiener Kreis. Ursprung, Entwicklung und Wirkung des Logischen Empirismus im Kontext. Frankfurt 1997.

II. Existenzphilosophie

Wichtige Primärschriften:

Sören KIERKEGAARD, Die Krankheit zum Tode. In: Ders., Gesammelte Werke. 1. Abt. Düsseldorf 1965.
–, Abschließende unwissenschaftliche Nachschrift zu den Philosophischen Brocken. In: Ders., Gesammelte Werke. 16. Abt. Düsseldorf 1958.
Martin HEIDEGGER, Sein und Zeit. Halle 1927. 17. Aufl. Tübingen 1993.
Karl JASPERS, Philosophie. Bd. II. Berlin 1932. 4. Aufl. 1973.
–, Existenzphilosophie. Drei Vorlesungen. Berlin 1938. 4. Aufl. 1974.
Martin BUBER, Ich und Du. In: Ders., Das dialogische Prinzip. Heidelberg 1972. 5. Aufl. 1984.
Jean-Paul SARTRE, Das Sein und das Nichts. Versuch einer phänomenologischen Ontologie. Hamburg 1994.
–, Ist der Existentiallismus ein Humanismus? In: Ders., Gesammelte Werke. Philosophische Schriften Bd. 4. Hamburg 1994.
Albert CAMUS, Der Mythos von Sisyphos. Ein Versuch über das Absurde. Hamburg 1959. (rowohlts deutsche enzyklopädie 90)
–, Der Mensch in der Revolte. Essays. Hamburg 1953. (rororo 1216)
Gabriel MARCEL, Metaphysisches Taschenbuch. Wien/München 1955.
–, Sein und Haben. Paderborn 1954. 2. Aufl. 1968.

Ausgewählte Sekundärbücher:

Otto Friedrich BOLLNOW, Existenzphilosophie. Stuttgart 1955. 9. Aufl. 1984.
Fritz HEINEMANN, Existenzphilosophie – lebendig oder tot? Stuttgart 1954. 4. Aufl. 1971. (Urban-Taschenbücher 10)
Max MÜLLER, Existenzphilosophie im geistigen Leben der Gegenwart. Heidelberg 1949.
Hinrich KNITTERMEYER, Die Philosophie der Existenz von der Renaissance bis zur Gegenwart. Wien/Stuttgart 1953.
Wolfgang JANKE, Existenzphilosophie. Stuttgart 1982.
Alexander SCHWAN, Existenzphilosophie und Existentialismus. In: Politische Philosophie des 20. Jahrhunderts. Hrsg. V. Karl Graf Ballestrem und Henning Ottmann. München 1990. S. 211–242.
Josef SPECK (Hrsg.), Grundprobleme der großen Philosophen. Philosophie der Gegenwart V: Jaspers, Heidegger, Sartre, Camus, Wust, Marcel. Göttingen 1982. 2. Aufl. 1991.

III. Hermeneutik

Wichtige Primärschriften:

Friedrich SCHLEIERMACHER, Hermeneutik und Kritik. Mit einem Anhang sprachphilosophischer Texte Schleiermachers. Hrsg. und eingeleitet von Manfred Frank. Frankfurt 1977. 6. Aufl. 1995. (suhrkamp taschenbuch wissenschaft 211).
Wilhelm DILTHEY, Der Aufbau der geschichtlichen Welt in den Geisteswissenschaften. Einleitung von Manfred Riedel. Frankfurt 1981. (suhrkamp taschenbuch wissenschaft 354)
Martin HEIDEGGER, Sein und Zeit. 17. Aufl. Tübingen 1993.
Hans-Georg GADAMER, Wahrheit und Methode. Grundzüge einer philosophischen Hermeneutik. 5. Aufl. Tübingen 1986.
Emilio BETTI, Die Hermeneutik als allgemeine Methodik der Geisteswissenschaften. Tübingen ²1972.
Otto Friedrich BOLLNOW, Das Verstehen. Drei Aufsätze zur Theorie der Geisteswissenschaften. Mainz 1949. Wiederabgedruckt in: Otto Friedrich Bollnow, Studien zur Hermeneutik. Bd. I: Zur Philosophie der Geisteswissenschaften. Freiburg 1982. S. 13–102. (Alber-Broschur Philosophie)
Hans-Georg GADAMER/Gottfried BOEHM (Hrsg.), Seminar: Philosophische Hemeneutik. Frankfurt 1976. (suhrkamp taschenbuch wissenschaft 144)

Hans-Georg GADAMER, Gadamer-Lesebuch. Hrsg. v. Jean Grondin. Tübingen 1997. (UTB 1972)

Ausgewählte Sekundärbücher:

Joachim WACH, Das Verstehen. Grundzüge einer Geschichte der hermeneutischen Theorie im 19. Jahrhundert. Tübingen 1926. Repogr. Nachdruck Hildesheim 1966.
Otto PÖGGELER (Hrsg.), Hermeneutische Philosophie. München 1972. *Heidegger*
Manfred RIEDEL, Verstehen oder Erklären? Zur Theorie und Geschichte der hermeneutischen Wissenschaften. Stuttgart 1978.
Hendrick BIRUS (Hrsg.), Hermeneutische Positionen. Schleiermacher-Dilthey-Heidegger-Gadamer. Göttingen 1982.
Otto Friedrich BOLLNOW, Studien zur Hermeneutik, Bd. I: Zur Philosophie der Geisteswissenschaften. Bd. II: Zur hermeneutischen Logik von Georg Misch und Hans Lipps. Freiburg 1982 u. 1983.
Jean GRONDIN, Einführung in die philosophische Hermeneutik. Darmstadt 1991.
Gianni VATTIMO, Jenseits der Interpretation: die Bedeutung der Hermeneutik für die Philosophie. Frankfurt 1997.
Bernulf KANNITSCHEIDER (Hrsg.), Hermeneutik und Naturalismus. Tübingen 1998.

IV. Marxismus-Leninismus

Wichtige Primärschriften:

Karl MARX, Die Frühschriften, Hrsg. v. Siegfried Landshut. Stuttgart 1953. 6. Aufl. 1971. (Kröners Taschenausgabe Bd. 209)
–, Das Kapital. 3 Bände (1867–1894).
Friedrich ENGELS, Herrn Eugen Dührings Umwälzung der Wissenschaft (»Anti-Dühring«). 1878.
–, Ludwig Feuerbach und der Ausgang der klassischen deutschen Philosophie. 1878.
Wladimir Illjitsch LENIN, Materialismus und Empiriokritizismus. 1908.
–, Staat und Revolution. 1917.
Josef STALIN, Fragen des Leninismus. 1926.
Die hier angegebenen Klassikertexte von Marx, Engels und Lenin sind entweder in broschürten Ausgaben oder als Teile der Gesamtausgaben der Werke von Marx/Engels bzw. Lenin im Dietz-Verlag der ehemaligen DDR in hohen Auflagen erschienen. In Auszügen finden sich Teile dieser Werke auch u. a. in: Karl MARX/Friedrich ENGELS, Studienausgabe in 4 Bänden. Hrsg. v. Iring Fetscher, Frankfurt 1966. (Fischer Bücherei 764–767); W. I. LENIN, Studienausgabe, 2 Bde. Hrsg. v. Iring Fetscher. Frankfurt 1970 (Fischer Bücherei 6012/13)

Ausgewählte Sekundärbücher:

Iring FETSCHER, Von Marx zur Sowjetideologie. Frankfurt 1956. 19. erw. aufl. 1975.
–, Karl Marx und der Marxismus. München 1965. 4. erw. Aufl. 1985. (Serie Piper Band 374)
–, Der Marxismus. Seine Geschichte in Dokumenten. München 1967. 3. Aufl. 1989.
Gustav A. WETTER, Sowjetideologie heute I: Dialektischer und historischer Materialismus. Frankfurt 1962. 15. Aufl. 1975. (Fischer Bücherei 460)
Wolfgang LEONHARD, Die Dreispaltung des Marxismus. Ursprung und Entwicklung des Sowjetmarxismus, Maoismus und Reformkommunismus. Düsseldorf 1970.
Walter THEIMER, Der Marxismus. Lehre – Wirkung – Kritik. Bern 1950. 8. erw. Aufl. München 1985. (UTB-Taschenbücher 258)
Christof HELBERGER, Marxismus als Methode. Frankfurt 1974.
Leszek KOLAKOWSKI, Die Hauptströmungen des Marxismus. Bd. I-II. München 1977–79. Neuausgabe 1988–1989. (Serie Piper 821–823)
Karl Graf BALLESTREM, Das politische Denken des Marxismus. In: Politische Philosophie des 20. Jahrhunderts. Hrsg. v. Karl Graf Ballestrem und Henning Ottmann. München 1990. S. 147–172.

Peter Koslowski, Nachruf auf den Marxismus-Leninismus. Tübingen 1991.
Camilla Warnke (Hrsg.), Die ökonomische Theorie von Marx – was bleibt? Marburg 1998.

V. Kritische Theorie

Wichtige Primärschriften:

Theodor W. Adorno/Max Horkheimer, Dialektik der Aufklärung. Philosophische Fragmente. Frankfurt 1971. 11. Aufl. 1984. (Fischer Taschenbuch 7404)
Theodor W. Adorno, Negative Dialektik. Frankfurt 1966. 2. Aufl. 1975. (suhrkamp taschenbuch wissenschaft 113)
Max Horkheimer, Zur Kritik der instrumentellen Vernunft (hrsg. v. Alfred Schmidt). Frankfurt 1967. Neuausgabe 1985. (Fischer Wissenschaft 1680)
–, Kritische Theorie. Bd. I u. II (hrsg. v. Alfred Schmidt). Frankfurt 1968. 3. Aufl. 1977.
Max Horkheimer, Gesammelte Schriften. Bd. 1–19. Hrsg. v. Alfred Schmidt u. Genzeler Schmid Noerr. Frankfurt 1988–1996.
Herbert Marcuse, Triebstruktur und Gesellschaft. Ein philosophischer Beitrag zu Sigmund Freud. Frankfurt 1965. 2. Aufl. 1969. (Bibliothek Suhrkamp 158)
Die erste deutschsprachige Ausgabe dieses Buches erschien unter dem Titel: Eros und Kultur. Ein philosophischer Beitrag zu Sigmund Freud. Stuttgart 1957.
–, Der eindimensionale Mensch. Studien zur Ideologie der fortgeschrittenen Industriegesellschaft. Neuwied 1967. 19. Aufl. 1984. (Paperback: Sammlung Luchterhand 4)
–, Versuch über die Befreiung. Frankfurt 1969. (edition suhrkamp 329)
Jürgen Habermas, Erkenntnis und Interesse. Frankfurt 1968. 2. Aufl. mit einem neuen Nachwort 1973. (suhrkamp taschenbuch wissenschaft 1)
–, Theorie des kommunikativen Handelns. Bd. 1 u. 2. Frankfurt 1981. 3. Aufl. 1985.
–, Faktizität und Geltung. Beiträge zur Diskurstheorie des Rechts und des demokratischen Rechtsstaats. Frankfurt 1992.
Axel Honneth, Kritik der Macht. Reflexionsstufen einer kritischen Gesellschaftstheorie. Frankfurt 1985.

Ausgewählte Sekundärbücher:

Albrecht Wellmer, Kritische Gesellschaftstheorie und Positivismus. Frankfurt 1969. (edition suhrkamp 335)
Günther Rohrmoser, Das Elend der Kritischen Theorie. Freiburg 1970. (rombach hochschul paperback, Bd. 13)
Alfred Schmidt, Zur Idee der Kritischen Theorie. Elemente der Philosophie Max Horkheimers. München 1974. (Reihe Hanser 149)
Martin Jay, Dialektischer Phantasie. Die Geschichte der Frankfurter Schule und des Instituts für Sozialforschung 1923–1950. Frankfurt 1976.
Raymond Geuss, Die Idee einer Kritischen Theorie. Königstein/Ts. 1983.
Axel Honneth/Albrecht Wellmer (Hrsg.), Die Frankfurter Schule und ihre Folgen. Berlin 1986.
Rolf Wiggershaus, Die Frankfurter Schule. Geschichte, Theoretische Entwicklung, Politische Bedeutung. München 1988. 5. Aufl. 1997. (dtv wissenschaft 4484)
Hans-Joachim Dahms, Positivismusstreit. Die Auseinandersetzung der Frankfurter Schule mit dem logischen Positivismus, dem amerikanischen Pragmatismus und dem kritischen Rationalismus. Frankfurt 1994. (suhrkamp taschenbuch wissenschaft 1058)
Gerhard Bolte, Von Marx bis Horkheimer. Aspekte kritischer Theorie im 19. und 20. Jahrhundert. Darmstadt 1995.

VI. Kritischer Rationalismus

Wichtige Primärschriften:

Karl R. POPPER, Logik der Forschung. Wien 1935. 10. verb. Aufl. Tübingen 1994.
–, Die offene Gesellschaft und ihre Feinde. Bd. I u. II. Bern 1957 u. 1958. 7. Aufl. Tübingen 1992. (UTB 1724 u. 1725)
–, Das Elend des Historizismus. Tübingen 1965. 6. verb. Aufl. 1987.
–, Vermutungen und Widerlegungen. Das Wachstum der wissenschaftlichen Erkenntnis. Teilband I u. II. Tübingen 1994 u. 1997.
–, Objektive Erkenntnis. Ein evolutionärer Entwurf. Hamburg 1973. 4. erg. Aufl. 1984.
–, Die beiden Grundprobleme der Erkenntnistheorie. (Aufgrund von Manuskripten aus den Jahren 1930–33 hrsg. v. Troels Eggers Hansen). Tübingen 1979. 2. Aufl. 1994.
–, Auf der Suche nach einer besseren Welt. Vorträge und Aufsätze aus dreißig Jahren. München 1984. Neuausgabe 1987. 8. Aufl. 1995. (Serie Piper Bd. 699)
–, Alles Leben ist Problemlösen. Über Erkenntnis, Geschichte und Politik. München 1994. 8. Aufl. 1996.
Karl Popper Lesebuch. Ausgewählte Texte zu Erkenntnistheorie, Philosophie der Naturwissenschaften, Metaphysik, Sozialphilosophie. Hrsg. v. David Miller. Tübingen 1995. 2. Aufl. 1997. (UTB 2000)
Hans ALBERT, Traktat über kritische Vernunft. Tübingen 1967. 5. verb. u. erw. Aufl. 1991. (UTB 1609)
–, Konstruktion und Kritik. Aufsätze zur Philosophie des kritischen Rationalismus. Hamburg 1972.
–, Traktat über rationale Praxis. Tübingen 1978.
–, Die Wissenschaft und die Fehlbarkeit der Vernunft. Tübingen 1982.
–, Kritik der reinen Erkenntnislehre. Das Erkenntnisproblem in realistischer Perspektive. Tübingen 1987.
–, Kritischer Rationalismus. Vier Kapitel zur Kritik illusionären Denkens. Tübingen 2000. (UTB 2138)
William W. BARTLEY, Flucht ins Engagement. Tübingen 1986.
John W. N. WATKINS, Freiheit und Entscheidung. Tübingen 1978.
Alan MUSGRAVE, Alltagswissen, Wissenschaft und Skeptizismus. Eine historische Einführung in die Erkenntnistheorie. Tübingen 1993. (UTB 1740)

Ausgewählte Sekundärbücher:

Gerard RADNITZKY/Gunnar ANDERSSON (Hrsg.), Fortschritt und Rationalität in der Wissenschaft. Tübingen 1980.
Lothar SCHÄFER, Karl Popper. München 1988. (Beck'sche Reihe Große Denker 516)
Gunnar ANDERSSON, Kritik und Wissenschaftsgeschichte. Kuhns, Lakatos' und Feyerabends Kritik des Kritischen Rationalismus. Tübingen 1988.
Kurt SALAMUN (Hrsg.), Moral und Politik aus der Sicht des Kritischen Rationalismus. Amsterdam/Atlanta 1991. (Schriftenreihe zur Philosophie Karl R. Poppers und des Kritischen Rationalismus, Bd. I)
Hans ALBERT/Kurt SALAMUN (Hrsg.), Mensch und Gesellschaft aus der Sicht des Kritischen Rationalismus. Amsterdam/Atlanta 1993. (Schriftenreihe zur Philosophie Karl R. Poppers und des Kritischen Rationalismus, Bd. IV)
Manfred GEIER, Karl Popper. Reinbeck 1994. (rowohlts monographien 468)
Volker GADENNE/Hans Jürgen WENDEL (Hrsg.), Rationalität und Kritik. Tübingen 1996.
Volker GADENNE (Hrsg.), Kritischer Rationalismus und Pragmatismus. Amsterdam/Atlanta 1998. (Schriftenreihe zur Philosophie Karl R. Poppers und des Kritischen Rationalismus, Bd. X)
Ingo PIES/Martin LESCHKE (Hrsg.), Karl Poppers kritischer Rationalismus. Tübingen 1999.
Herbert KEUTH, Karl Poppers Philosophie. Tübingen 2000. (UTB 2156)
Kurt SALAMUN (Hrsg.), Schriftenreihe zur Philosophie Karl R. Poppers und des Kritischen Rationalismus. Amsterdam/Atlanta: Rodopi. Bd. I (1991)–Bd. XIV (2001).

VII. Ausgewählte Werke der in diesem Kapitel vertretenen Autoren

Bertrand RUSSELL, Das menschliche Wissen. Darmstadt 1952.
–, Mystik und Logik. Wien 1952.
–, Moral und Politik. München 1972.
–, Freiheit ohne Furcht. Erziehung für eine neue Gesellschaft. Reinbeck 1975.
–, Die Philosophie des logischen Atomismus. München 1976. (sammlung dialog 389)
–, Eroberung des Glücks. Neue Wege zu einer besseren Lebensgestaltung. Frankfurt 1977. (suhrkamp taschenbuch 389)
–, Probleme der Philosophie. 14. Aufl. Frankfurt 1980. (edition suhrkamp 207)
–, Philosophische und politische Aufsätze. Stuttgart 1988. (Reclam Universal Bibliothek 7970)
–, Philosophie des Abendlandes. Ihr Zusammenhang mit der politischen und der sozialen Entwicklung. Zürich 1950. 7. Aufl. Darmstadt 1997.
Walter KAUFMANN, Der Glaube eines Ketzers. München 1965.
–, Religion und Philosophie. Eine Kritik des Denkens unserer Zeit. München 1966.
–, Jenseits von Schuld und Gerechtigkeit. Von der Entscheidungsangst zur Autonomie. Hamburg 1974.
–, Tragödie und Philosophie. Tübingen 1980.
–, Nietzsche. Philosoph, Psychologe, Antichrist. Darmstadt 1982. 2. Aufl. 1988.
Ernst TOPITSCH, Vom Ursprung und Ende der Metaphysik. Wien 1958. 2. Aufl. München 1972. (dtv Wissenschaftliche Reihe 4105)
–, Sozialphilosophie zwischen Ideologie und Wissenschaft. Neuwied 1961. 3. Aufl. 1971.
–, Gottwerdung und Revolution. Beiträge zur Weltanschauungsanalyse und Ideologiekritik. München 1973. (UTB 288)
–, Die Voraussetzungen der Transzendentalphilosophie. Kant in weltanschauungsanalytischer Beleuchtung. Hamburg 1975.
–, Die Sozialphilosophie Hegels als Heilslehre und Herrschaftsideologie. 2. erw. Aufl. München 1981. (Serie Piper: 156)
–, Erkenntnis und Illusion. Grundstrukturen unserer Weltauffassung. Hamburg 1979. Neuausgabe Tübingen 1989.
–, Heil und Zeit. Ein Kapitel zur Weltanschauungsanalyse. Tübingen 1990.
Hans-Michael BAUMGARTNER, Die Unbedingtheit des Sittlichen. Eine Auseinandersetzung mit Nicolai Hartmann. München 1962.
–, Kontinuität und Geschichte. Zur Kritik und Metakritik der Vernunft. Frankfurt 1972. Neuausgabe Frankfurt 1987. (suhrkamp taschenbuch wissenschaft 706)
–, Hrsg. mit Jörn Rüsen, Seminar: Geschichte und Theorie. Umrisse einer Historik. Frankfurt 1976. (suhrkamp taschenbuch wissenschaft 98)
–, Kants »Kritik der reinen Vernunft«. Anleitung zur Lektüre. Freiburg 1985. 2. Aufl. 1988. (Alber Kolleg Philosophie)
–, (Hrsg.) Das Rätsel der Zeit: philosophische Analysen. Freiburg 1993 (Alber-Reihe Philosophie)
–, (Hrsg.), Grenzen der Ethik. München 1994.
–, (Hrsg.) mit Hans Waldenfels, Die philosophische Gottesfrage am Ende des 20. Jahrhunderts. Freiburg 1999. (Alber-Reihe Philosophie)
Otfried HÖFFE, Praktische Philosophie – Das Modell des Aristoteles. München 1970.
–, Strategien der Humanität. Zur Ethik öffentlicher Entscheidungsprozesse. Freiburg 1975. Neuauflage Frankfurt 1985. (suhrkamp taschenbuch wissenschaft 540)
–, Ethik und Politik. Grundmodelle und -probleme der praktischen Philosophie. Frankfurt 1978. (suhrkamp taschenbuch wissenschaft 266)
–, Sittlich-politische Diskurse. Philosophische Grundlagen – Politische Ethik. Frankfurt 1981. (suhrkamp taschenbuch wissenschaft 380)
–, Immanuel Kant. München 1983. (Beck'sche Schwarze Reihe: Große Denker 506)
–, Politische Gerechtigkeit. Grundlagen einer kritischen Philosophie von Recht und Staat. Frankfurt 1987. (suhrkamp taschenbuch wissenschaft 800)
–, Kategoriale Rechtsprinzipien. Ein Kontrapunkt der Moderne. Frankfurt 1990. (suhrkamp taschenbuch wissenschaft 1170)
–, Moral als Preis der Moderne: ein Versuch über Wissenschaft, Technik und Umwelt. Frankfurt 1995. (suhrkamp taschenbuch wissenschaft 1046)

–, Demokratie im Zeitalter der Globalisierung. München 1999.
Hans LENK, Kritik der logischen Konstanten. Philosophische Begründungen der Urteilsformen vom Idealismus bis zur Gegenwart. Berlin 1968.
–, Philosophie im technologischen Zeitalter. Stuttgart 1971. 2. Aufl. 1972. (Urban-Taschenbücher 807)
–, Metalogik und Sprachanalyse. Studien zur analytischen Philosophie. Freiburg 1973. (rombach hochschul paperback 56)
–, Pragmatische Philosophie. Plädoyers und Beispiele für eine praxisnahe Philosophie und Wissenschaftstheorie. Hamburg 1975.
–, Pragmatische Vernunft. Stuttgart 1979. (Reclam Universal-Bibliothek Nr. 9956)
–, Zur Sozialphilosophie der Technik. Frankfurt 1982. (suhrkamp taschenbuch wissenschaft 414)
–, Zwischen Sozialpsychologie und Sozialphilosophie. Frankfurt 1987. (suhrkamp taschenbuch wissenschaft 708)
–, Zwischen Wissenschaft und Ethik. Frankfurt 1992. (suhrkamp taschenbuch wissenschaft 980)
–, Einführung in die angewandte Ethik: Verantwortlichkeit und Gewissen. Stuttgart 1997.
–, Einführung in die Erkenntnistheorie: Interpretation – Interaktion – Intervention. München 1998. (UTB 2005)
–, Praxisnahes Philosophieren: eine Einführung. Stuttgart 1999.
Kuno LORENZ, Elemente der Sprachkritik. Eine Alternative zum Dogmatismus und Skeptizismus in der Analytischen Philosophie. Frankfurt 1970.
–, mit Paul Lorenzen, Dialogische Logik. Darmstadt 1978.
–, (Hrsg.), Konstruktionen versus Positionen. Beiträge zur Diskussion um die konstruktive Wissenschaftstheorie. Bd. 1 u. 2. Berlin 1979.
–, (Hrsg.), Identität und Individuation. Bd. 1 u. 2. Stuttgart 1982.
–, Einführung in die philosophische Anthropologie. Darmstadt 1990.
Kurt SALAMUN mit Ernst Topitsch, Ideologie – Herrschaft des Vorurteils. München 1972. (Langen – Müller – Stichworte Bd. 5).
–, Ideologie – Wissenschaft – Politik. Sozialphilosophische Studien. Graz/Wien/Köln 1975.
–, Karl Jaspers. München 1985. (Beck'sche Schwarze Reihe; Bd. 508: Große Denker).
–, Ideologie und Aufklärung. Weltanschauungstheorie und Politik. Wien/Köln 1988.
–, (Hrsg.), Sozialphilosophie als Aufklärung. Festschrift für Ernst Topitsch. Tübingen 1979.
–, (Hrsg.), Karl R. Popper und die Philosophie des Kritischen Rationalismus. Amsterdam 1989.
–, (Hrsg.), Aufklärungsperspektiven. Weltanschauungsanalyse und Ideologiekritik. Tübingen 1989.
–, (Hrsg.), Ideologien und Ideologiekritik. Ideologietheoretische Reflexionen. Darmstadt 1992.
–, (Hrsg.) mit Hans Albert, Mensch und Gesellschaft aus der Sicht des Kritischen Rationalismus. Amsterdam/Atlanta 1993.
–, (Hrsg.), Philosophie – Erziehung – Universität. Studien zur Erziehungs- und Bildungsphilosophie von Karl Jaspers. Frankfurt 1995.
–, (Hrsg.), Geistige Tendenzen der Zeit. Perspektiven der Weltanschauungstheorie und Kulturphilosophie. Frankfurt 1996.
–, Vernunft und Kritik. Gesammelte Vorträge und Aufsätze. (Zweisprachige Ausgabe: Koreanisch-Deutsch). Pusan/Südkorea: Dong A University Press 2000.

Quellennachweis

Moritz SCHLICK, Die Wende der Philosophie.
Aus: Moritz Schlick, Gesammelte Aufsätze. 1926–1936. Wien: © Gerold-Verlag 1938. S. 32–39.

Hans REICHENBACH, Die alte und die neue Philosophie: Ein Vergleich.
Aus: Hans Reichenbach, Der Aufstieg der wissenschaftlichen Philosophie. Braunschweig: © Vieweg-Verlag 1968. S. 339–365.

Karl JASPERS, Was ist Philosophie?
Aus: Karl Jaspers, Einführung in die Philosophie. München: © Piper-Verlag 1961. S. 9–27.

Gabriel MARCEL, Die Verantwortlichkeit des Philosophen in der Welt von heute.
Aus: Gabriel Marcel, Tragische Weisheit. Zur gegenwärtigen Situation des Menschen. Wien: © Europa-Verlag 1974. S. 31–50.

Otto Friedrich BOLLNOW, Hermeneutische Philosophie.
Originalbeitrag für diesen Band. © Otto Friedrich Bollnow.

Hans Georg GADAMER, Hermeneutik als praktische Philosophie.
Aus: Manfred Riedel (Hrsg.), Rehabilitierung der praktischen Philosophie. Bd. 1: Geschichte, Probleme, Aufgaben. Freiburg: © Rombach-Verlag 1972. S. 325–344.

Manfred BUHR/Matthäus KLEIN, Philosophie.
Aus: Georg Klaus/Manfred Buhr (Hrsg.), Philosophisches Wörterbuch. Bd. 2. 12. Aufl. Leipzig: © VEB Bibliographisches Institut 1976. S. 931–933.

Autorenkollektiv (Leiter: F. W. Konstantinow), Die Parteilichkeit der Philosophie.
Aus: Autorenkollektiv (Leiter: F. W. Konstantinow), Grundlagen der marxistisch-leninistischen Philosophie. 5., nach der 2. russ. Ausgabe durchgesehene Aufl. Berlin: © Dietz-Verlag 1975. S. 35–40.

Theodor W. ADORNO, Wozu noch Philosophie.
Aus: Theodor W. Adorno, Eingriffe. Neun kritische Modelle. Frankfurt: © Suhrkamp-Verlag 1963. S. 11–28.

Max HORKHEIMER, Die gesellschaftliche Funktion der Philosophie.
Aus: Max Horkheimer, Kritische Theorie. Bd. II (hrsg. v. A. Schmidt). Frankfurt: © S. Fischer-Verlag 1968. S. 292–312.

Karl R. POPPER, Wie ich die Philosophie sehe.
Aus: Johann Chr. Marek/Josef Zelger (Hrsg.), Österreichische Philosophen und ihr Einfluß auf die analytische Philosophie der Gegenwart. Bd. I. Innsbruck/München 1978. S. 11–20. – © Karl R. Popper.

Hans ALBERT, Philosophie als Engagement für kritische Vernunft.
Für diesen Band ergänzte Fassung eines Artikels, der unter dem Titel »Programm der Neuen Kritik: Rationalität« und »Programm der Neuen Kritik: Engagement« in »Neues Forum«, XV. Jg. (1968), Heft 179/180, S. 715–719 und XVI. Jg. (1969), Heft 182, S. 78–81, erschienen ist. – © Hans Albert.

Bertrand RUSSELL, Der Wert der Philosophie.
Aus: Bertrand Russell, Probleme der Philosophie. Frankfurt: © Suhrkamp-Verlag 1967. S. 135–142.

Walter KAUFMANN, Revolution in der Philosophie?
Aus: Walter Kaufmann, Der Glaube eines Ketzers. München: Szczesny-Verlag 1965. S. 53–78. – © Walter Kaufmann.

Ernst TOPITSCH, Philosophie zwischen Mythos und Wissenschaft.
Für diesen Band überarbeitete Fassung des Artikels aus der 1. Aufl. dieses Buchs.

Hans M. BAUMGARTNER/Otfried HÖFFE, Zur Funktion der Philosophie in Wissenschaft und Gesellschaft.
Aus: Zeitschrift für philosophische Forschung, Bd. 30 (1976), S. 413–424. – © Hans M. Baumgartner/Otfried Höffe.

Hans LENK, Perspektiven pragmatischen Philosophierens.
Wesentliche Teile dieses Beitrags sind in anderer Anordnung veröffentlicht worden in: Hans Lenk, Philosophie als Fokus und Forum. Zur Rolle einer pragmatischen Philo-

sophie. In: Hermann Lübbe (Hrsg.), Wozu Philosophie? Berlin: de Gruyter-Verlag 1978, S. 35–69, und in: Hans Lenk, Aktuelle Aufgaben der Philosophie in unserer Zeit. In: Kindlers Enzyklopädie Der Mensch. Bd. VII. München 1984, S. 267–292. – © Hans Lenk.

Kuno LORENZ, Dialogischer Konstruktivismus.
Originalbeitrag für diesen Band. © Kuno Lorenz.

Kurt SALAMUN, Über konstruktive und kritische Aufgaben der Philosophie. Wesentlich erw. Fassung eines Artikels, der bisher in zwei Varianten erschienen ist, u. zw. in: Der blaue Reiter – Journal für Philosophie, Heft 1 (1995), sowie in: Kurt Salamun, Vernunft und Kritik. Gesammelte Vorträge und Aufsätze. (zweisprachige Ausgabe: Koreanisch-Deutsch). Pusan: Dong A University Press 2000.

Personenregister

Hans-Georg Gadamer bei Mohr Siebeck

Gadamer Lesebuch
Herausgegeben von J. Grondin.
1997. XV, 308 Seiten (UTB 1972). Broschur.

Hermeneutische Entwürfe.
2000. VIII, 246 Seiten. Broschur.

Gesammelte Werke

Band 1: Hermeneutik I. Wahrheit
und Methode. Grundzüge einer
philosophischen Hermeneutik.
2. Auflage 1990. XI, 494 Seiten. Broschur
und Leinen.

Band 2: Hermeneutik II. Wahrheit
und Methode. Ergänzungen,
Register.
2. Auflage 1993. VII, 533 Seiten. Broschur
und Leinen.

Band 3: Neuere Philosophie
I. 1987.
XI, 444 Seiten. Broschur und Leinen.

Band 4: Neuere Philosophie II.
1987.
IX, 498 Seiten. Broschur und Leinen.

Band 5: Griechische Philosophie I.
1985.
VIII, 386 Seiten. Leinen.

Band 6: Griechische
Philosophie II.
1985. VI, 341 Seiten. Leinen.

Band 7: Griechische Philosophie III.
1991. VIII, 472 Seiten. Broschur und
Leinen.

Band 8: Ästhetik und Poetik I.
1993. IX, 451 Seiten. Broschur und Leinen.

Band 9: Ästhetik und Poetik II.
1993. IX, 481 Seiten. Leinen.

Band 10: Hermeneutik im
Rückblick.
1995. IX, 479 Seiten. Leinen.

Bände 1–10.
1995. zusammen. LXXXVII, 4579 Seiten.
Leinen. Auch als Taschenbuch: UTB 2115.

Jean Grondin
Hermeneutische Wege.
Hans-Georg Gadamer zum
Hundertsten. Herausgegeben von
G. Figal, J. Grondin, D. J. Schmidt.
2000. VIII, 356 Seiten. Fadengeheftete
Broschur.

Jean Grondin
Einführung zu Gadamer.
2000. IX, 262 Seiten (UTB 2139). Broschur.

Jean Grondin
**Hans-Georg Gadamer –
eine Biographie.**
1999. XI, 437 S. Broschur DM 58,00;
Leinen DM 98,00

Mohr Siebeck
Postfach 2040
D-72010 Tübingen

Fax 07071 / 51104
e-mail: info@mohr.de
www.mohr.de

Karl R. Popper bei Mohr Siebeck

Lesebuch
2. Auflage 1997. XVIII, 460 Seiten
(UTB 2000). Broschur.

Das Elend des Historizismus
6. A. 1987. XVI, 132 Seiten (Die Einheit der
Gesellschaftswissenschaften 3).
Broschur und Leinen.

Die offene Gesellschaft und ihre Feinde
Übersetzt von Paul K. Feyerabend,
Anhang übersetzt von Klaus Pähler
Band 1: Der Zauber Platons. 7. A. 1992.
XXIX, 475 Seiten. Leinen.
Auch als Taschenbuch: UTB 1724.
Band 2: Falsche Propheten. Hegel,
Marx und die Folgen. 7. Auflage 1992. VI,
526 Seiten. Leinen. Auch als
Taschenbuch: UTB 1725.

Logik der Forschung
EdG 4. 10. A. 1994. XXIX, 481 S. ISBN
3-16-146234-3 Broschur und Leinen.

Die beiden Grundprobleme der Erkenntnistheorie
2. A. 1994. XXXIII, 476 Seiten (Die Einheit
der Gesellschaftswissenschaften 18).
Broschur und Leinen.

Vermutungen und Widerlegungen
Das Wachstum wissenschaftlicher
Erkenntnis
Teilband 1: Vermutungen 1994. XII,
369 Seiten (Die Einheit der Gesellschafts-
wissenschaften 86). Broschur und Leinen.
Teilband 2: Widerlegungen 1997. VI,
369-627 Seiten (Die Einheit der Gesell-
schaftswissenschaften 97). Broschur und
Leinen
Studienausgabe in einem Band:
2000. XII, 627 Seiten. Broschur.

Eine Welt der Propensitäten
1995. 93 Seiten. Gebunden.

Gesammelte Werke

Band 8: Das offene Universum
Herausgegeben W.W. Bartley III,
übersetzt von E. Schiffer.
2001. ca. 200 S. ISBN 3-16-147566-6 Leinen.

Band 9: Die Quantentheorie und das Schisma der Physik
Herausgegeben W.W. Bartley III,
übersetzt von H.-J. Niemann.
2001. ca. 300 Seiten. Leinen.

Herbert Keuth
Die Philosophie Karl Poppers
2000. XXI, 444 Seiten (UTB 2156).
Broschur.

Karl Poppers kritischer Rationalismus
Herausgegeben von I. Pies
und M. Leschke.
1999. VI, 249 Seiten (Konzepte der
Gesellschaftstheorie 5). Broschur.

Bryan Magee
Karl Popper
1986. VIII, 127 Seiten (UTB 1393).
Broschur.

Christoph von Mettenheim
Popper versus Einstein
1998. 238 Seiten. Leinen.

Mohr Siebeck
Postfach 2040
D-72010 Tübingen

Fax 07071 / 51104
e-mail: info @ mohr.de
www.mohr.de